# 秦亡汉兴

The Fall of Qin Dynasty and the Rise of Han Dynasty

## 从秦制的困局到汉制的超越

于朝阳◎著

新世界出版社
NEW WORLD PRESS

图书在版编目（CIP）数据

秦亡汉兴：从秦制的困局到汉制的超越 / 于朝阳著
. -- 北京：新世界出版社，2024.4
ISBN 978-7-5104-7910-6

Ⅰ. ①秦… Ⅱ. ①于… Ⅲ. ①政治制度史—研究—中国—秦汉时代 Ⅳ. ① D691.21

中国国家版本馆CIP数据核字（2024）第 054983 号

# 秦亡汉兴：从秦制的困局到汉制的超越

作　　者：于朝阳
责任编辑：张晓翠
责任校对：宣　慧　张杰楠
责任印制：王宝根
出　　版：新世界出版社
网　　址：http://www.nwp.com.cn
社　　址：北京西城区百万庄大街 24 号（100037）
发 行 部：(010)6899 5968（电话）(010)6899 0635（电话）
总 编 室：(010)6899 5424（电话）(010)6832 6679（传真）
版 权 部：+8610 6899 6306（电话）nwpcd@sina.com（电邮）
印　　刷：天津旭丰源印刷有限公司
经　　销：新华书店
开　　本：710mm × 1000mm　1/16　尺寸：170mm × 240mm
字　　数：492 千字　印张：33
版　　次：2024 年 4 月第 1 版　2024 年 4 月第 1 次印刷
书　　号：ISBN 978-7-5104-7910-6
定　　价：88.00 元

# 前言

读史不为猎奇，为明人心；识人不为褒贬，为鉴其行。既观一树，也瞰森林；既明往昔，也晓今朝。既论天下兴替，也道黎民苍生。

时势造英雄。英雄，绝非靠一己之力就能成就事业。他们背后往往站着一股力量、一个集团甚至一个阶层。时势，即社会生产力与社会文化共同作用下限制英雄决策的边界。从秦始皇到汉武帝，大一统中央集权国家创立初期，一个个叱咤风云的英雄人物从历史长河中脱颖而出。在风起云涌的变革时代，只有跳脱出固有思维，才能看出“英雄造时势”的另一面，也才能窥见他们必须妥协的“时势困英雄”之局限和无奈。而秦汉时期第一个被困在局中的，恰恰是开创帝制的秦始皇。

今本《史记·秦始皇本纪》共1万余字，秦始皇称帝前的部分只有2000字左右。其中，秦国10年统一战争部分只有500字左右。做了25年的秦王后，秦始皇才开始12年的皇帝生涯。后人多着眼于称帝后的秦始皇，而在此前漫长的25年里，在秦始皇宏伟形象的背后，迷雾中的秦王政又经历了些什么呢?

秦始皇是神秘的秦王，也是中国历史上第一个皇帝。一统天下的背后，秦王嬴政有着太多的未解之谜。比如，他的王后是谁？辅佐他统一六国的丞相是谁?早期亲政的嬴政真的大权在握吗？这么重要的信息，史书竟是大片空白。在历史的蛛丝马迹中，解开这个谜题的方向隐隐指向了楚国。

在秦灭六国的征途上，唯有楚国让秦军败北。而在秦朝的覆灭中，也正是张楚政权率先掀起反秦的浪潮。项楚势力紧随其后，成为关东起义的轴心力量。在秦朝的建立与覆灭过程中，“楚”一直是一面鲜明的反秦旗帜。楚虽三户，亡秦必楚。秦与楚到底有怎样的历史纠葛?

都说秦朝亡于暴政，更有人说即使秦始皇不死，秦朝也一样会灭亡。果真如此吗？秦始皇制定出众多苛刻的政策，到底是出于什么样的心理？只因他天性刻薄？

走在前人没有涉足过的历史无人区，秦始皇其实走入歧路和迷途了……最终，楚将刘邦推翻了秦朝。楚怀王被复辟的关东各国尊为共主，项羽则成了西楚霸王。秦灭楚国，项楚灭秦，坐拥秦地而出身项楚集团的楚人刘邦最终又灭了项楚，以故秦地与秦都为中心，建立了西汉王朝。

在这个大变局中，是刘邦这群平民出身之人最终站在了时代之巅。西汉建立后，到底是汉废秦政，还是汉承秦制？汉高祖又如何消弭了秦始皇始终无法解决的关中与关东两大板块之间的地域矛盾？他在短短8年内，就从一介小吏实现了一统江山的逆袭。仅他的家乡沛县，就涌现出众多可以安邦定国的英雄人物，这是巧合吗？刘邦是如何驾驭这些能力超群、性格迥异的不同类型人才的？自称是赤帝子的刘邦为何主动脱下红衣，穿上了与秦同色的黑色龙袍？

汉高帝十二年（公元前195年），即将崩逝的汉高祖刚好衔接上了秦始皇二十六年（公元前221年）那年被秦始皇放弃的制度。有了前朝的前车之鉴，汉高祖施行了一次历史性的调头。

汉文帝原本是刘邦的一个不起眼的儿子。他为何能继承皇位？他给后世中国注入了何种难以察觉的政治逻辑和文化心理？他为何在最后时刻，放弃了与掣肘皇权的利益集团之间的决胜之局？汉景帝冷酷狂躁的背后，为汉武帝奠定了一个怎样的有利局面？他真的只是一个作为不大的过渡性皇帝吗？文景之治，全靠无为而治才得以实现吗？

文景二帝如履薄冰，朝着变局的终点，再次缓缓前行。

为什么汉武帝的建元新政会遭遇狙击而失败，甚至让他一度沦为傀儡皇帝？后来成功的太初改制，难道仅仅就是改改礼制、礼仪和服饰颜色吗？这到底是动了谁的奶酪？

大一统制度经历了从秦末的猝然崩溃到汉初的涅槃重生，在随后几代帝王的接续努力下，大一统的秦制终于演变为大一统的汉制。

汉武帝抵达了秦汉百年变局的终点，成为又一位被称为“千古一帝”的雄主。可当年迈的他回望历史时，却发现自己在不觉间成了孤家寡人，已经走到了“亡秦之迹”的悬崖边，高处不胜寒……

# 目 录

## 第三章　文景的缓进

## 第四章　武帝的抵达

## 最终章　时代的尾声

# 第一章
# 始皇帝的迷失

# 一、神秘秦王

## 01　三大外戚的形成

从秦昭王之母——出身楚国宗室芈氏的宣太后主政起，几十年内，秦国朝堂上形成了强势的楚系外戚势力。他们在秦国裂土封侯，垄断相权，风头一时无两。在秦昭王晚年，秦国的战略重心转向北方，此后秦国对楚国转向积极外交。

秦昭王去世后，秦孝文王的王后华阳夫人（宣太后的孙媳）作为楚女，成为楚系外戚的又一代表。秦孝文王刚在位三天就去世，其子秦庄襄王继位，这就是秦王政的父亲——嬴异人。

秦王政的母亲赵夫人，又称赵姬，是赵国人。最初，她同在赵国钻营的吕不韦进行政治捆绑。异人在赵国做质子时，吕不韦将自己的情人赵姬献给异人做夫人。说是献妾，更可能是民间流言。要知道，赵姬是赵国豪门之女，家族力量大到异人逃回秦国后仍可以庇护身为人质的赵姬母子。况且是异人主动向金主和谋主吕不韦讨要赵姬，起初吕不韦还感到被冒犯。赵姬本身自带一定的政治资源，而吕不韦最终为政治利益将赵姬送给异人，实际上是把这部分赵国资源让渡给了他。

吕不韦曾多次前往秦国游说，撮合异人和华阳夫人结为政治同盟。此时异人将名字改为子楚，以示要将华阳夫人奉为母亲尽孝，为自己打上鲜明的楚系烙印。没有儿子的华阳夫人便视子楚为嫡子，助子楚成为太子。

吕不韦是华阳夫人与子楚联络的中间人、谋主以及金主。这个时期的吕不韦和赵姬都可算作楚系外戚的盟友。吕不韦能够迅速当上丞相，背后也少不了楚系外戚的支持。

子楚的生母夏姬应出身夏地。夏地在战国时期属韩国，因此夏太后很可能是韩国人。在赵国丢下赵姬母子回到秦国后，子楚新纳了一位夫人。这位夫人生下了嬴政的弟弟成蟜。按惯例，新夫人很可能是夏太后的同乡，韩国贵族之女。后来，她的儿子成蟜依靠韩国献地立功封君，最终也是在韩地反叛秦国。毋庸置疑，夏太后是韩夫人母子的主要后台。她们属于韩系外戚。

子楚认华阳太后为养母后，由此，楚系华阳夫人和韩系夏太后两大外戚集团之间就存在着激烈的竞争。

成蟜的出生，不仅威胁着赵姬与嫡长子嬴政，也威胁着没有血缘优势的楚系外戚。即便华阳太后给子楚再纳个楚国夫人，那也只是侧室，而且生子与否，多久生子，都不可控。即使孩子生出来，身份也是庶幼子，名分不高，这显然不划算。

吕不韦一直和华阳太后姐妹有来往，算是老相识。他早就与华阳太后结盟。对于华阳太后及楚系外戚而言，扶持与吕不韦关系密切的赵姬母子，是他们制衡夏太后及韩系外戚的最优选择。因此，华阳太后与楚系外戚支持迎回子楚羁留在赵国的夫人赵姬与长子嬴政。

对子楚而言，亲生母亲比成年后认的养母更亲密、更可靠。但是，一个常年在赵国负责秦赵外交事宜的秦国质子，在秦国并没有自己的羽翼，只有借助华阳太后的力量才能归国继承王位。对他来说，楚系外戚是一支对王权有一定威胁但又不能不合作的势力。所以，扶持生母背后的韩系外戚就是一个合乎情理的制衡方式。但同时为了让楚系外戚继续支持自己，子楚依照宗法制度立赵姬为正夫人，立嬴政为嫡长子。

在楚系与韩系两大外戚势力在朝堂上处于一种微妙的平衡状态时，仅在位三年的秦王子楚就意外早逝。年少的太子嬴政登上王位。此时华阳太后与夏太后成了祖母太后，而嬴政的生母赵姬成了帝太后。帝太后作为嬴政的亲生母亲，天然地更靠近王权，因此逐渐摆脱依附的楚系外戚，成为一支独立的新外戚势力——赵系。

## 02 三后同台

秦庄襄王在位期间，楚系的华阳太后与赵姬原为盟友，是公子政的后台，与韩系的夏太后支持的公子成蟜竞争继承权。各系外戚势力不仅在秦国朝堂上争权夺利，更在背后深刻影响着秦国与楚国、赵国、韩国等大国的外交关系演变。

秦国与赵国同祖同源，皆为嬴氏赵姓，故秦王嬴政也被称为赵政。他的父亲子楚在二十多个兄弟中排行居中，地位不高，寄人篱下，在赵国做质子。恰逢秦国与赵国剑拔弩张的对峙之时，嬴政在赵国邯郸出生了。异人一家不仅受到人身限制，还整日担惊受怕，如履薄冰。

嬴政一岁时，秦军挟长平之战大捷之威攻入赵国，围住了赵都邯郸。这时，身为人质的嬴异人一家成了赵国人泄愤的对象，不仅被囚困在邯郸，而且沦为板上鱼肉，随时可能被愤怒的赵人杀掉。

嬴政三岁时，父亲嬴异人抛下母亲和年幼的他，逃回秦国。很可能就是这一年，父亲纳了新夫人韩氏，而留在赵国的嬴政母子靠着娘家的庇护才得以苟活。不过，异人改名子楚后成了秦国太子的嫡子，将来很可能继承王位。赵国应是看中了他的利用价值，才睁一只眼闭一只眼放他离开，而嬴政母子成了新的人质。

嬴政四岁时，与母亲寄居在邯郸的外公家。一个弱女子带着孩子住在娘家，又是赵国人反感的对象，难免遭人非议，少不了被欺负。嬴政对这段备受欺凌的经历难以释怀。童年寄人篱下的生活让嬴政过早地感受到世态炎凉，这一定程度上影响了他成年后的性格和价值观，具体表现在：身为秦王的嬴政既能做出“居约易出人下”的低姿态，也能奉行“得志亦轻食人”（《史记·秦始皇本纪》）这种为了达成目的可以放弃一切的实用主义。这一年，父亲子楚与韩夫人在咸阳生下了弟弟成蟜。弟弟一出生就身份尊贵，在咸阳城中备受呵护。

嬴政九岁时，与赵国斗得你死我活的曾祖父秦昭王去世。祖父秦孝文王继位，父亲子楚被立为太子。秦孝文王积极改善与赵国的关系，赵国同意放嬴政母子回国。这是嬴政第一次回到秦国，此时父亲已经和韩夫人度过了七年时光，陪伴着弟弟成蟜长大。或许，父亲无论在陪伴的时间还是在心理接受度上，对成蟜母子的感情都已经超过了嬴政母子。更何况，韩夫人母子与父亲的生母夏太后更为亲近，更像是血浓于水的一家人。而嬴政母子，要不是丞相吕不韦与楚系外戚的积极运作，很可能被永远抛弃在邯郸。当然，此时赵国国力衰微，不愿意与秦国继续高强度对抗。如果有赵国血统的王子成为秦国太子，在秦国形成一股赵系外戚力量，赵国就具备了一定程度的外交优势。因此，答应放人也符合赵国利益。

嬴政十一岁时，父亲子楚正式登上王位，他作为长子被立为太子。但亲奶奶夏太后始终支持弟弟成蟜。他的太子之位，并非不可动摇。

嬴政十三岁时，父亲突然去世，他继位成为少年秦王。两位祖母太后与母亲帝太后共管内廷，相国吕不韦主抓外朝。

嬴政十八岁时，十五岁的弟弟成蟜出使韩国，并促成了韩国献给秦国“百里之地”，立功受封为长安君。他的封邑为咸阳（今陕西省咸阳市东北）南部的长安乡，就是后来大名鼎鼎的长安城，与秦咸阳城隔着渭河相望，扼守渭北的咸阳城与渭河南北的交通，地理位置十分重要。这背后应当是韩系外戚的夏太后与韩夫人的运作。

其实，夏太后的政治能量很可能被后人低估。疑似夏太后陵墓的西安市长安区神禾塬战国大墓，是四墓道亚字形，并出土了六马鞍车的天子规格大墓。史家往往认为子楚能够继承王位，全靠华阳夫人一方。但事实上，子楚长期在赵国从事外交，娶了赵姬并获得赵国资源。其生母夏太后虽非王后，却应拥有一定的韩国资源。加上携楚国资源的楚系外戚支持，子楚其实是秦国的三大邻国（赵国、韩国、楚国）都支持的秦国继承人。

韩系外戚毕竟是子楚亲生母亲的势力，不应被小觑。成蟜在韩国献地支持下立功封君，应得益于韩系外戚的运作，替成蟜招揽名望。这让世人认为成蟜是更有资质的秦公子。相比之下，此时的嬴政并无建树，只是凭借嫡长子身份获得王位的傀儡。这是韩系外戚对秦王嬴政的一次进攻。嬴政后来建功立业之心异常强烈，也很可能与屡屡受到韩系外戚这般刺激有关。甚至广泛流传几千年的吕不韦与嬴政的父子传言，以及吕不韦与赵姬的关系、赵姬与嫪毐的关系之类的秘闻，对嬴政母子形成舆论中伤。在制造与传播这些舆论上，动机最大的就是韩系外戚。韩系外戚明白，一旦有着血缘优势的夏太后去世，嬴政这个秦王与他们就再无任何瓜葛，所以他们必须找机会扳倒嬴政。

嬴政二十岁时，偏向弟弟的亲祖母夏太后去世。韩系外戚失去了最大的靠山以及最后联系王权的血缘纽带。

嬴政政二十一岁时，失去夏太后这个血缘纽带与靠山的韩系外戚，果然开始遭到全面围剿。先是长安君成蟜被派去攻打赵国，却突然背叛秦国向赵国投降，还被赵国授予封地——饶。最后成蟜率领屯留的军民反秦，死在屯留。但这个时候，成蟜只有十八岁，很难想象这个年纪会有什么成熟的反叛计划和决策，更像是被狗急跳墙的韩系外戚裹挟着反叛的。

成蟜造反的屯留，正是当年秦赵长平之战所争夺的上党高地。但上党郡原是韩国领土，韩国无法抵御秦国的进攻，本土与上党郡的联系被切断。因此，韩国一边答应将上党郡献给秦国换取和平，一边又让上党郡的地方官归降赵国。这就造成秦赵双方同时宣称占有上党，进而引发秦赵两个强国之间赌上国运的战略对决。

屯留曾是韩国的土地，秦赵两国却在这里兵戎相见。秦国最终获胜并占领屯留，但该地经历了惨痛战争，故韩国百姓对秦国素怀不满，因此这又是一次成蟜借助韩国影响力对抗秦王政的事件。成蟜兵败自杀后，秦军仍遭到屯留军民的顽抗。最终，秦国将该地的叛军全部处决，又将反抗秦国的故韩百姓迁往西部边疆，这才镇压住上党高地的反叛。若处理不好，就会酿成长平大战那般惨烈的后果。

也就是这一年，赵系外戚的重要人物嫪毐被封为长信侯。秦国向来是无功不封。能够封侯，说明在这场成蟜叛秦的风波中，嫪毐很可能立下大功。

嫪毐是吕不韦的门客。吕不韦是卫国濮阳人，卫国紧邻赵国邯郸一带。吕不韦后来又长期在赵国活动。嫪毐早期跟随吕不韦在赵国活动，后来他又成为帝太后赵姬的情人，便于动用在赵国的资源。嫪毐的食邑在河内的山阳，而封国在太原郡，这两个地方是从两面包夹上党高地的要塞之地。可见嫪毐能够封长信侯，靠的应是参与平定成蟜屯留叛乱。嫪毐在太原郡的封国是秦国从赵国手中夺取的，故而嫪毐本人可能就是赵人，负责安抚故赵百姓。结合这些来看，吕不韦与赵姬、嫪毐的家乡都在赵国或距离赵都邯郸不远的濮阳一带，可视为同乡。

吕不韦原就是帝太后赵姬嫁给秦王子楚之前的情人。赵姬成为帝太后之后，吕不韦又成了赵姬的情人，两人一直处于政治捆绑状态。但赵姬年轻，嬴政二十一岁这一年，她大概还不到四十岁，吕不韦却已经五十岁上下了。吕不韦做太后情人不仅风险大，而且有心无力，因此才安排门客嫪毐去做太后的情人。

嫪毐作为赵系外戚，应该是动用了赵国资源，帮助秦国以较小代价镇压了韩系外戚怂恿、赵韩两国支持的成蟜之乱。从此，韩系外戚被清扫出局。

嫪毐借此封侯，势力迅速膨胀，甚至与同为赵系外戚的吕不韦形成了竞争关系。这一次，看似是赵系外戚赢了韩系外戚，实则是楚系外戚毫发无伤，坐山观虎斗，而赵系外戚自此产生了分裂。

这个分裂，源于帝太后赵姬的荒淫无度。她这样一个放纵过度、不顾儿子安危的权力拥有者，很难称之为成熟的政治家。与诱灭情人义渠王的宣太后相比，赵姬是个只知情爱、沉溺肉欲、德不配位的昏乱太后。可她的权位实在是太高了。当她与吕不韦保持着情人关系时，吕不韦的政治地位就会十分稳固。当她的情人变成嫪毐这样一个没有远见的跋扈小人，她也听之任之，导致吕不韦的政治地位下降。吕不韦以为自己献上的是一个男宠，实际上是一个不知进退、不知分寸的内贼。

嫪毐与吕不韦的关系已经剑拔弩张，而帝太后只认“现任”，不认“前任”。赵系外戚已然分裂，溃败是迟早的事情。

相国吕不韦原本是楚系与赵系之间的调和者。早年吕不韦与华阳太后姐妹的关系很好，他们是楚系盟友。吕不韦主动结束与帝太后的情人关系，也是想要尽可能地减少自己的派系色彩，在两支外戚势力间保持中立的优势。赵系外戚崛起后，吕不韦应该是努力把住秦国的人事方向盘，调和两系争执，保持国政稳定。但嫪毐不同，他是一个目光短浅的小人，只懂得你死我活的零和博弈。他轻佻霸道，在乎私利，一味求大求全，势必不会为国家利益而与楚系相互妥协。吕不韦与楚系外戚都成为嫪毐的打击对象。

嬴政二十一岁了，在他加冠亲政时，嫪毐企图控制咸阳的防卫。此时，夏太后已死，公子成蟜反叛被杀，嬴政最大的国内敌对势力韩系外戚已经被清除。华阳太后仍旧健在，唯有楚系外戚与赵系外戚相互制衡。秦王按惯例举行冠礼并亲政，理应不会再有强势的反对方。

可嫪毐却想趁着秦王前往雍城举行冠礼，把楚系外戚与吕不韦一网打尽。嫪毐自称秦王“假父”，以为自己不仅能够建立国中之国，还可以替唯一与秦王有血缘关系的帝太后扫除没有血缘关系的楚系势力，还能取代楚系支持的吕不韦，得到相国一职。在嫪毐看来，韩系的倒台归功于他作为赵系核心的一手操作。韩系倒了，楚系自然也会跟着倒。

这次跟随嫪毐反叛的有负责咸阳宫守卫的卫尉竭与中大夫令齐，有都城咸阳和王畿关中地区的最高长官内史肆，还有掌控着咸阳的弓弩兵的佐戈竭等。此时，更多的朝堂重臣都在三百里外的雍城参加秦王政的加冠仪式。可见，赵系外戚主要渗透的是京城、宫城、京畿的行政与防卫系统。赵系外戚想借秦王政在外地举行加冠仪式的机会控制京城，围困秦王与大臣，最终失败了。

嫪毐在这局游戏中，完全忽略了某个极其重要的玩家的能量与决断，那就是已成年并亲政的秦王嬴政。帝太后和嫪毐大概都没有料到，帝太后的亲生儿子嬴政最终站在了没有血缘关系的华阳太后与楚系一方，并且借嫪毐的反叛事件顺势清洗了赵系外戚。

嬴政对于没有血缘关系的嫡祖母、楚系外戚，乃至秦国与楚国的外交关系，到底有怎样的情感与看法呢？

## 03　大秦最后的外戚

直到嫪毐搅局之前，楚系外戚一直算是比较安生的。夏太后死于秦王政八年（公元前239年）。帝太后与嫪毐败于秦王政九年（公元前238年）。华阳太后死于秦王政十七年（公元前230年）。在嬴政亲政到华阳太后去世之间的九年间，作为最后唯一还存有体面和威严的老太后，华阳太后也没有太多掣肘过亲政后的嬴政。嬴政在嫪毐之乱中选择站队楚系外戚，也就是嫡祖母华阳太后一系。此后，他重用楚籍士人和楚系外戚。楚系外戚的昌平君，楚人隗状、李斯，都是在这个时期走向历史舞台的。

嬴政为什么不选择自己的亲生母亲呢？主要原因就是，作为一个政治家，嬴政早就看出母亲赵姬与其情夫嫪毐根本不是合格的“政治家”。嫪毐发动政变时，嬴政非常恼火。在嬴政的冠礼上，在楚系外戚、赵系外戚等各方平衡的态势下，以吕不韦为代表的朝堂将实际权力移交给他。而嫪毐所为，纯粹是出于私心，是想要打破既有的政治力量格局，影响他亲政背后的政治平衡。

帝太后没有能力做第二个“宣太后”，嫪毐又是一个小人和莽夫。他们此时政变的一大连带作用，无疑是让嬴政的权力旁落。而华阳太后识大体、顾大局，无论是亲政前还是亲政后，她都没给嬴政添过堵。也许在嬴政眼里，母亲帝太后就是一个典型的“恋爱脑”，她已经被嫪毐彻底蒙蔽，连亲生儿子都不在乎。被母亲背叛和放弃，这是多让人伤心的事情啊。

嬴政的一生，可以说，是被亲人不断遗弃的一生。

从出生起，他就跟父亲一样是人质，还曾置身邯郸之战那种险境。这等于是开局就被亲祖父抛弃了。在危急时刻，父亲逃回咸阳，把他们母子撂在邯郸继续当人质。这等于是被亲爸抛弃了。好不容易回到咸阳，当了太子，但夏太后一心扶持弟弟成蟜。这等于是被亲祖母抛弃了。好不容易当上秦王，但弟弟和他身后的亲祖母一直心怀叵测，最终弟弟反叛。这等于是被亲弟弟抛弃了。好不容易熬到了亲政，但母亲的情人又在自己即将掌权时夺权，想把自己变成傀儡。这等于是也被一直以来唯一陪伴在身边的母亲抛弃了。

所有亲人，仅有的亲人，都将自己抛弃了……

嬴政到后期称帝后，一不立皇后，二不立太子，三不封诸子为王，四不封宗亲为侯。这不断被至亲出卖的一生，或许让他形成了一种特别的情绪体验与情感认知，或许他压根就不相信亲情和亲人。

嬴政不信任宗亲的性格，很大程度上是由他自己的人生经历造成，进而形成了他决策上的路径依赖。他身为秦王的执政前期，没有后期金戈铁马的波澜壮阔，而是充满了外戚集团间的对抗。

帝太后与嫪毐倒台时，秦王嬴政继续借机牵连，以发现吕不韦与帝太后昔日丑事为由，罢免了吕不韦。此时秦王政背后，除了仅存的楚系外戚，还应包括关中本土军功世家的少壮派势力。

秦国本土势力也想借此机会抑制外戚势力，主张驱逐来自各国的客卿，这些人实际上主要是外戚带来的智囊团。秦国本土势力还要求给疑似韩国间谍的韩人郑国定罪。

秦王嬴政又反向平衡，采纳了楚人李斯《谏逐客书》的建议，取消了逐客令。李斯有两个身份标签——楚国人、吕不韦舍人。这是对赵系、楚系外来人才释放出的信号，嫪毐事件就此打住，不再牵连。秦王嬴政以郑国渠工程利在秦国为由，不追究修建郑国渠的韩人郑国，对韩国人才也放出信号，停止对韩系人才的打击。秦王嬴政深知这些人事斗争应点到为止。他依然把国家利益放在第一位。

对秦王嬴政说教母子孝道的谏臣，都被他下令杀死。这些人应该与赵系外戚有关，秦王嬴政是在找理由打击。可以看出，他对母亲背叛的愤恨有多强烈。但当茅焦和顿弱以太后事件导致外交利益受损、国内宗法秩序会受到冲击的说辞来说服他时，他便接受了。可见嬴政那种刻在骨子里的实用主义取向。帝太后被迎回咸阳甘泉宫，并且恢复流放到巴蜀的嫪毐舍人的政治权利，这标志着嬴政亲政前这段外戚集团大乱斗自此翻篇。帝太后将继续制衡楚系外戚，政局回到嫪毐政变前原本的斗而不破的状态。但帝太后毕竟名誉扫地，与秦王政完全没有血缘关系的楚系外戚成为唯一强势的外戚集团。

其实嬴政不是真的完全对母亲无情。爱之深，恨之切，毕竟母亲是唯一陪伴他到最后的至亲。多年以后，秦军在统一战争中攻破邯郸，嬴政亲自回到邯郸，把当年欺负过母亲的那些仇人全部活埋。帝太后于秦王政十九年（公元前228年）去世，而恰好是秦王政十八年（公元前229年），嬴政在邯郸大肆报复童年仇人。很可能此时赵姬已经患病，甚至病重即将离世，勾起了嬴政与母亲相依为命的童年回忆。他对母亲只是怒其不争，恨其没有政治家意识，恼于母亲为了情人竟将自己置于险地。

华阳太后是一个远嫁到秦国，终生没有生养，守寡二十年，最后孤身老死于异国他乡的老妇。她晚年时身边已经没有任何亲人。当初有一个被血脉嫡亲们抛弃和排挤的九岁孩童，曾来到她身前跪拜，呼喊她为祖母。这个孩子甚至被亲祖母仇视。也许，这位四朝常青、极有分寸感的华阳太后是真心喜欢这个也很有分寸感的孩子，把他当作自己的孙子。华阳太后无子，却深得丈夫秦孝文王的宠爱和敬重，可能也是个和蔼可亲、识大体的女性。对后来的秦王政而言，这位嫡祖母是位不干预孙子亲政的慈祥奶奶。嬴政在亲政时，站队到华阳太后一边，对自己的母亲怒目相向，很可能出于他与华阳太后感情很好，政治互信程度高。因为他们互相理解，都有政治家气度。或许小嬴政还屡被华阳太后教导和提点。

从秦孝文王时起，华阳太后成为嬴政最大的后台。嬴政九岁以后的童年，就是靠这个没有血缘关系的嫡祖母才建立起政治安全。她是少年嬴政安全感的直接来源。

亲祖母夏太后才是小嬴政心里的大反派。夏太后及其背后的韩系外戚在秦庄襄王时期，可能是压过华阳太后的最强势力。毕竟秦孝文王死了，华阳太后作为嫡母的最大利用价值就消失了。与秦庄襄王没有血缘关系的华阳太后反而成了夏太后的潜在对手。可能是在嬴政继位后，华阳太后才重新占了上风。

从现有史料来看，直到嬴政亲政的第九年，华阳太后病逝，嬴政都没有忤逆过华阳太后，甚至一直重用隗状、李斯、昌平君这些楚人。

嬴政对华阳太后应是有敬重的。这位没有亲人、没有后代的老妇人，即使地位再尊贵，即使有一帮蝇营狗苟、虚情假意的近臣围绕身边，她这一生也没有妄求过什么。晚年的华阳太后其实比晚年想归汉而不得的王昭君还可怜，毕竟王昭君拥有权力和孩子。一个远在他乡的权力旋涡中、没有亲人可以依靠的老人，最终在一个与自己名义上是亲人但实际上没有血缘关系的孙子的关照下，平安地走到了生命的终点。起初，她庇护了这个不相信亲人的可怜孩子。后来，这个孩子庇护了她。

从秦王嬴政的祖父、父亲执政到他统一中国之前，以华阳太后为首的楚系外戚积极地影响了秦楚关系，让秦国的扩张方向不再指向楚国。嬴政亲政后，对楚系外戚也一度保持积极扶持与合作的态度。这段很长的时期里，楚人隗状成为秦国的丞相。秦王嬴政与楚系的合作应当是持续了相当长的一段时间。这种合作背后，其实也是争取楚国在秦国对北方进行一系列兼并战争时尽可能保持中立态度。

但是这期间，楚系与王权之间最大的桥梁，除了华阳太后外，很可能还有长公子扶苏的母亲，秦王嬴政的原配楚夫人。

秦惠文王与秦昭王都是十九岁被立为秦王，二十二岁行冠礼。秦王嬴政也是二十二岁行冠礼，算是依照秦国惯例。参考秦惠文王于行冠礼的第二年迎娶原配魏夫人可知，行冠礼后秦王将择偶举行大婚。秦王嬴政也极可能在行冠礼后第二年迎娶了自己的原配夫人。

可是此时赵系外戚刚刚倒台，秦王嬴政与母亲帝太后的关系仍然僵持。此时仍然有太后威严且能名正言顺地为嬴政挑选媳妇的，只剩下华阳太后。华阳太后身为楚人，自然会为嬴政挑选楚女为后。而优先与楚国交好，用联姻对楚国进行战略麻痹，也符合秦国先西后东、先北后南的统一战略。那么，未被史料记载的嬴政的原配王后，很可能来自楚国。

秦末的陈胜吴广起义后，张楚政权打着长公子扶苏和楚末名将项燕的旗号，号召楚地百姓起义反秦。这种历史现象说明，秦始皇原本属意的接班人长公子扶苏在楚人心中很有亲近感，他很可能具有楚国血统。如同嬴政的弟弟成蟜或有韩国血统，能够依靠韩国资源立功封君，甚至能够在秦国的故韩之地发动叛乱，公子扶苏在楚地有极强的号召力，他屡次为含楚人在内的远方黔首强行向秦始皇谏言，这说明扶苏很可能是楚系王后生的嫡长子。

关于这位楚系王后，历史上没有留下只言片语。秦国历代王后的记载本就缺失严重，但秦亡后汉初时人已不必对秦室有所忌讳，竟然也未对这第一位皇帝的原配留下任何记忆，着实让人捉摸不透。毕竟，连嬴政母亲的风流韵事都广泛流传，嬴政的情感生活却无人知晓，其原配连名字、是王后还是皇后的名分都没留下记载。更可能是这位王后很早就去世了，后来嬴政也没有再立后。我们可以看到，嬴政对长公子扶苏既抱有厚望但同时又不确立其为太子，处于一种矛盾的情感状态，或许他对扶苏的母亲即自己的原配也处于这种矛盾的情感状态。这是因为，身为楚女的王后是秦楚之好的象征，但秦王嬴政最终却背弃了秦楚之好，这让楚人猝不及防。

# 二、秦楚碰撞

## 01　后方起火

当嫪毐趁嬴政在雍城举行冠礼，在咸阳发动政变时，《史记·秦始皇本纪》记载如下：

王知之，令相国昌平君、昌文君发卒攻毐。

《史记索隐》对该条注曰：

昌平君，楚之公子，立以为相，后徙于郢，项燕立为荆王，史失其名。昌文君名亦不知也。

《史记索隐》在《史记·春申君列传》中也有注解：

楚捍有母弟犹，犹有庶兄负刍及昌平君，是楚君完非无子。

《秦始皇本纪》的断句，历来史学家都有争议。有学者认为是“令相国、昌平君、昌文君发卒攻毐”，也有学者认为这句就是“令相国昌平君、昌文君发卒攻毐”。这里牵涉昌平君是否做过秦国相国的问题。后世刊行的各版《史记》，多采用后者，可前者的逻辑却更为通顺。无论哪一种解读，至少有一个信息可以明确，那就是昌平君是这次平叛行动中的重要领兵者之一。

昌平君是楚国公子，势必与华阳太后在一边，属于楚系外戚的重要人物。无论他是不是相国，都是外戚之争最后摊牌时站在最前方的代表。

昌文君，多被认为是昌平君的弟弟。但正如长信侯嫪毐与文信侯吕不韦并非兄弟，秦国的封君称号纵然字面相近，并不意味着他们就一定出自同一阵营。在只记载秦国大事的睡虎地秦简《编年纪》中记有：“（二十三年）四月，昌文君死。”说明昌文君始终是秦国的重要人物，而且被《编年纪》的作者喜所代表的秦国故楚地百姓所关注，昌文君很可能是楚人。

秦庄襄王去世时，吕不韦任相国辅政。但《秦始皇本纪》原文是“委国事大臣”，也就是说并不是只有吕不韦一人辅政。兵权方面，是交给蒙骜、王齮、麃公三位老将。其中，蒙骜活得最久，一直活到秦王政七年（公元前240年），在率领秦军主力对外作战时战死沙场。到秦王政十年（公元前237年），从嫪毐发动政变的主要同谋来看，嫪毐控制的是京畿区域的政务官，并没有掌握秦国的主力军队。这个时候，秦国兵权有可能是在楚系外戚的重臣手中。

《秦始皇本纪》还记载，嬴政对嫪毐“作乱而觉”，“王知之”，说明嬴政已经提前掌握了叛乱线索与消息，进行平叛部署和决策的就是嬴政本人。嬴政此时派（相国）昌平君、昌文君去平叛。

嬴政在亲政之时遭遇危机，至少能把京畿之内的统兵权交给昌平君，说明他对楚系以及对昌平君个人都是非常信任的。否则，赵系的嫪毐叛乱如果演变成楚系的昌平君叛乱，又该如何？

昌平君是一个被丢弃在秦国的楚国公子，大概也是一个人质，一生都在国外打拼，为秦楚关系奔走。嬴政与昌平君或许同病相怜。只是昌平君没能从秦国回到楚国，而嬴政则在楚系外戚的庇护和运作下从赵国回到秦国。一直以来，昌平君所在的楚系是嬴政背后的人际庇护网。在华阳太后为楚系外戚制定的拥立嬴政的原则下，昌平君肯定没少对嬴政多关照和施以援手。秦朝统一前后的隗状、李斯等丞相也都是楚国人，加上原配王后可能为楚女，深具楚地声望的长子扶苏深得器重，可知嬴政与楚系和昌平君的良好关系很可能持续至秦国对楚国发动战争前。

原本，按一些学者的推测，昌平君很可能是《秦始皇十二年铜戈铭文》中出现的丞相启，名为熊启。但2019—2020年整理的《里耶秦简》显示：

> 廿五年……二月癸丑，丞相启移南郡军段（假）守主：略地固当辄输，令足灶岁，唯勿乏。传书洞庭守。

丞相启一直到秦王政二十五年（公元前222年）二月仍然在位，而此时昌平君已死，所以丞相启应该不是昌平君。但这并没有动摇昌平君整体的历史形象，昌平君是秦国封君、楚国王子、平叛嫪毐时的领兵主将，可能曾任相国，是楚系外戚政治势力在秦国朝堂上的代表人物之一。他应是秦始皇早年较信任的人。

秦王政二十一年（公元前226年），秦王政第一次伐楚。这是秦王政突然调转枪头，指向二十年没有兵戎相见的楚国。他开始排斥楚系外戚奉行的秦楚友好的外交理念。这一次，昌平君及其代表的楚系外戚集团肯定是伐楚计划的极力反对者。可显然没有人能阻止秦王政势要统一的意志与脚步。但第一次伐楚最终竟失败了，其中就有昌平君的搅局。

秦王政第一次伐楚没有采纳功勋卓著的老将王翦六十大军的方案，而是听信青年将领李信二十万大军的方案。结果，李信率领的二十万秦军大败。这一次，秦军损失惨重，士气低迷，且面临楚军“日进而西”（《史记·白起王翦列传》）的全面溃败的风险。

就在伐楚前不久，韩国的复辟力量也在新郑反叛。如果楚军也一路向西挺进，取得战略局势的扭转，那么恐怕会与关东的复国力量集结在一起，提前上演秦末关东诸侯复辟的反秦浪潮。那么不仅不会有统一的秦王朝，而且可以悲观地想象，伐楚军事行动的破产会对西边秦国国内造成震动，关东复辟势力则为之振奋。秦军主力不保，将引发连锁效应。如果韩魏趁机复国，燕赵趁机复土，齐国趁机加入六国合纵，秦国将会陷入全面被动的局面。像邯郸之战后的秦昭王那样，不仅没能吃下赵国，还丢失不少秦国战前的领土。

第一次伐楚之所以失利，不仅仅是因为楚军的顽强抵抗，还与秦国政坛的后院起火有关。《史记·白起王翦列传》中记载了李信伐楚之战的经过：

遂使李信及蒙恬将二十万南伐荆。王翦言不用，因谢病，归老于频阳。李信攻平舆，蒙恬攻寝，大破荆军。信又攻鄢郢，破之，于是引兵而西，与蒙恬会城父。荆人因随之，三日三夜不顿舍，大破李信军，入两壁，杀七都尉，秦军走。

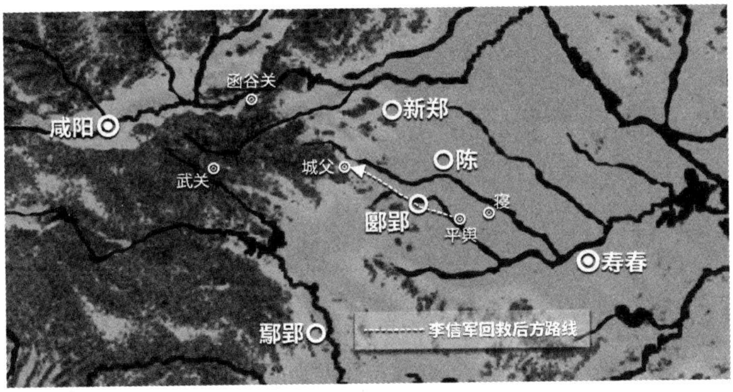


**李信军回救后方路线**

刚开始，李信与蒙恬的军队还数次击败楚军。李信已经攻下了处于鄢郢、城父东边的平舆、寝两座城。这里的鄢郢，从与城父、平舆、寝等地名相近的正常地理方位来看，应是“郾郢”，并非距离战场四百多公里外、已为秦南郡数十年之鄢郢。本来李信军攻势正猛，应该向东继续攻打寿春，为什么会突然回师，向西攻打身后的郾郢？楚军从东边追击，最终大破李信军。如果李信率领之秦军后方的郾郢也有楚军，秦军岂不是被东西前后夹击？秦军身后的郾郢，应是秦国的城池，为何会突然成为敌方城池，出现敌方的军队？

答案就在《史记·秦始皇本纪》中：

（二十一年）王翦谢病老归。新郑反。昌平君徙于郢。

把一生奉献给秦国的昌平君，突然去了郢，开始给秦军后院点火。结合睡虎地秦简《编年纪》中所记载的：

> 廿年，……韩王居□山。
>
> 廿一年，韩王死。昌平君居其处，有死□属。

两则史料对照，韩王安在秦王政二十年（公元前227年）被迁到的“□山”，就应该是昌平君在秦王政二十一年（公元前226年）所迁的郢。秦王政二十一年，是王翦告老、第一次李信伐楚的年份。“有死□属”，疑为“有死士属”，说明昌平君带了私兵前去。

秦王政二十一年，秦国开始对楚国和魏国大规模用兵。此后的两年间，王贲的北路秦军对楚国稍作局部打击，腾出楚国境内通往魏国的道路空间后，王贲就独自向魏国发动灭国战争。李信率领的南路秦军负责灭楚，攻势高开低走，最终被楚国阻击。

嬴政曾于秦王政十九年（公元前228年）遭遇明目张胆的刺杀，而且韩国故都新郑（已经归降并设为郡）的贵族策划反叛秦国，复辟韩国。种种事件让嬴政意识到安抚新占领区的民心很重要，否则当地贵族不配合，后患无穷。因此，一直在秦国供职的楚国公子昌平君，可能被派往楚国故都郢，安抚楚国民众。但昌平君此行竟带领私兵和死士前往，随后在郢反叛秦国，截断了在郢以东与楚军正面对峙的秦军的后路。后方叛秦的昌平君与正面的楚军前后夹击李信率领的秦军。迫于形势，秦军不得已又向西回击昌平君，以保证后勤通道畅通，却被楚军追上合围，最终腹背受敌，败给楚军。这一次，昌平君果断站在了楚国这边。

从这些蛛丝马迹来看，楚系外戚的力量虽然从嬴政归国后始终辅佐他，但到了秦王政二十一年昌平君徙于郢且秦军攻楚时，楚系外戚已遭弃用。

嬴政与楚系外戚的关系原本融洽，这是嬴政从不到十岁时就一直依靠的力量。但当嬴政已经打残三晋与燕国，慑住了齐国时，他急迫地想要一统天下，踢出这临门一脚，成为千古第一人。这时候，昌平君作为华阳太后死后楚系外戚集团的代表，是持否定和反对态度的。

昌平君长期在秦国辅佐秦王，熟悉秦国朝堂的一切。这种人，嬴政不仅没有提前防范，竟然还派他去楚国故地安抚楚民，将给伐楚前线输送补给的阵地拱手交予了这个自己很放心的老伙计。

嬴政大概没有想到，昌平君——这个应大他十几岁，曾护他童年周全，很可能与自己同病相怜，辅佐自己多年的老伙计、好兄弟、好亲戚会突然出卖自己。嬴政没想到，昌平君生长在秦国，成家立业在秦国，走上人生巅峰在秦国，和自己通宵达旦地畅谈谋划在秦国，他最终居然认定自己还是楚国人。

昌平君不仅给秦国后院点火，葬送了秦军，还实现了一直没机会完成的追求，即归国称王。

《史记·秦始皇本纪》记载：

二十三年，秦王复召王翦，强起之，使将击荆。取陈以南至平舆，虏荆王。秦王游至郢陈。荆将项燕立昌平君为荆王，反秦于淮南。

或许，站在昌平君的立场上，是嬴政先背叛了对楚国和自己这些楚系亲信的承诺。也或者，昌平君是在精心策划后算计了嬴政，这才导致了秦国前线军队沦陷的困局。毕竟，他后来一度成为末代楚王。这样的大国诸侯王，难道不比秦国封君的诱惑更大吗？昌平君也有自己的终极功业理想，那就是阻止小老弟嬴政的兼并，回到楚国建功立业，并成为楚国雄主。

可是身处这个时代，谁能阻止得了嬴政？嬴政愤怒了。当嬴政决心把六十万大军交给王翦，发动第二伐楚战争时，昌平君最终被历史的车轮碾轧，国破身死。《史记·秦始皇本纪》记载：

二十四年，王翦、蒙武攻荆，破荆军，昌平君死，项燕遂自杀。

在昌平君反叛后，秦王政如何对楚系外戚集团进行政治肃清、打击面有多广，这些问题史料无载。为什么秦王政会让自己的原配夫人从历史上消失得干干净净？很可能在这次清洗楚系势力时，他不得不放弃本来与自己恩爱的楚女王后。

昌平君在秦国与楚国之间站错了队。或许他至死也不明白，为什么自己能够阻止嬴政的第一次伐楚，却阻止不了第二次。因为他终究没看懂为什么秦国能坐上历史的战车碾轧同时代所有竞争者包括楚国。嬴政可以输一次、两次甚至更多次，但楚国承担不了一次失败。秦国与楚国的差别到底在哪儿呢？

## 02　对立的旗帜

楚国和秦国在战国后期逐渐走向两个相反的制度方向。秦国几乎全盘废弃了西周的大封建制度体系，而楚国却发展出媲美西周的楚国版封建体系。

战国末年，经历了商鞅变法的秦国代表着与西周分道扬镳的秦制理念。楚国在战国早期的变法夭折，则让楚国没有继续走深入变法的路线，而是在很大程度上保留了周制理念，走向了与秦晋法家所倡导的集权与选拔路线截然不同的分权与任亲道路。尽管战国时期列国出于图存图强，都推行不同程度的集权化改革，但整个天下浸润周朝封建理念已经长达八百年。相比最后才挤入华夏核心区的秦国而言，关东列国出于世卿世禄制遗留的血缘贵族政治惯性，集权改革程度相对偏低，对周制理念的保留程度比秦国更高。而楚国又是留存宗亲贵族政治属性最强的国家，自然汇聚起反对秦制路线的舆论支持。

原本楚国是变法较早的国家，战国前期就推行吴起变法。但刚积累起一些强国基因，变法就因权力更迭而夭折。支持变法的楚悼王一死，楚国贵族势力就对吴起发起了异常粗暴的反攻倒算。在楚悼王灵堂射杀吴起时，楚悼王的尸身也惨遭乱箭“鞭尸”。于是楚国变法宣告破产。前车之鉴如此惨烈，从此楚国王族不敢再涉足集权化改革的深水区。后来，屈原变法再度试图碰触贵族特权这个敏感地带，仍然是惨淡收场。

战国时代，楚国在周制的贵族封建理念基础上，持续深化以血缘为纽带的世家贵族政治统治。当时吴起对楚国政治的现状评价就是：“大臣太重，封君太众，若此则上偪主而下虐民，此贫国弱兵之道也。”（《韩非子·和氏》）吴起提出“使封君之子孙三世而收爵禄”，就是针对封建贵族制度的世袭传统进行改革。

从吴起变法失败到楚国被秦国灭亡，可考据的楚国最高官职令尹共有十人，其中除了战国末期发动政变的外戚李园外，其他九人不是王子就是受封的楚国大贵族。最终楚国发展出以景、屈、昭、项、怀、唐等家族为首的地方大贵族。他们在自己的封地内高度自治，且他们的封地常在楚国的国本腹地。

《史记·春申君列传》中记载：“封为春申君，赐淮北十二县。后十五年黄歇言之楚王曰：淮北地边齐，其事急，请以为郡便。因并献淮北十二县，请封于江东。考烈王许之。”

春申君最初的封地有淮北十二县之大，后又改封至楚国腹地的江东。封君的封地有数县之大，且封在像关中平原这样的国本腹地，这在秦国是不可能发生的。此时的楚国被称为战国版“小西周”也不为过。可见楚国与秦国在制度路线上相背而行，差距越来越大。

简单来说，秦制的方向就是中央集权。楚制的方向，则更倾向于周制，更偏向于封邦建国，分权自治。秦制是当时周文化所倡导的封建天理的叛逆者、挑战者和颠覆者。那个年代，即使经历过不同程度的变法，关东列国也多是顽固的“老封建”。这个封建是指中国历代传统上对“封建”的解释，即柳宗元《封建论》中“夏、商、周、汉封建”的封邦建国。“封建亲戚，以藩屏周”，就是周制的精髓。

秦制则是“裂都会而为之郡邑，废侯卫而为之守宰”“公之大者”（柳宗元《封建论》）的中央集权制度。这恰恰是周制分权分治理念的对立面。近代学者引进日本对“feudal”一词的翻译“封建”，套用在中国古代中央集权帝制时期，实在是与中国古人对“封建”一词的传统解释大相径庭。故本书所言“封建”，皆为中国古代传统意义上的封建。

虽然战国时期礼崩乐坏，但在思想文化上已然浸润周文化世界观与价值观数十代，更倾向于周文化对世界与政治存因的解释。对于深彻推翻周制的秦制和天下是一人之天下的秦国，时人在道理上就不理解。在他们眼中，秦国那一套制度很激进。秦制虽然强国效果不错，但在关东舆论场上并不讨喜。楚国则是当时最坚持分封自治的地区，是文化上反对秦制的舆论大本营。楚国被关东舆论视为能够团结关东反抗秦制、恢复旧制的制度楷模和历史坚守者。

其实赵、魏、韩三晋地区，虽然变法程度不及秦国深彻，但也较楚国更为深入。这些地区中枢被摧毁后，就很容易被秦国同化。反而是分治理念最强的楚国面对秦国的兼并战争更有韧性。毕竟分治的贵族虽然总在掣肘国政，却也会为家族地盘和家族利益拼死抵抗。秦灭楚，楚灭秦，秦地之汉国又灭西楚。整段秦汉之际的历史大变局，本身就是可以作为旁证的宏观现象。秦在统一战争中和秦末战争中遭遇的舆论困局，时时都有楚国坚韧的身影。因为楚国代表了秦制的反面、关东的舆论方向。楚国能够借助这股周制遗风强化民心软实力，那楚国的硬实力又如何呢？

关于秦国统一六国的顺序，一般把楚排在燕和齐的前边，倒数第三。但从大战役角度讲，楚国其实是最后一个。此前秦国征伐赵国与燕国，早就把燕赵逼到了偏远之地的角落里。赵国流亡势力改国号为代国，而跑到辽东偏安的燕国势力仍沿用旧有国号。灭楚之后，秦国才收拾了燕赵残余势力，故而一般认为灭燕是在灭楚后。但实际上，从统一战略和灭国战役角度讲，灭燕早在攻破燕都、统一关内燕国核心区时就已经完成了。而齐国自齐湣王失国后就已是一盘散沙，既一概不参与任何合纵连横，在外交上躺平，又对楚国吞鲁这样危及核心的行为不加干涉与阻止，最后对秦国也是不战而降。所以，灭楚实际上是秦国统一战争的终极之战。否则，秦国怎么会在伐楚时遭遇统一战争中唯一的一次大败呢？

## 03　虚封制改革

秦王嬴政统一天下看起来一蹴而就。史书里描述得并不详细，给人的感觉是一帆风顺、水到渠成。但这种前所未有且一气呵成的统一战争，真会是那么简单？史书给出的信息太少了，但我们看看后来秦朝发生的事情，就能感受到秦王嬴政面临的局面。

秦朝末年，陈胜、吴广在楚地振臂一呼，建立张楚政权。天下云集响应，反叛力量如潮水汹涌，秦朝大厦瞬间倾覆。这个时候，秦朝已经立朝十几年。而当年秦王政在搞统一兼并时，楚人哪怕一刻也没有接受过秦国的管辖。在关东地区的统治合法性与舆论号召力上，统一前的秦国比后来的秦朝更加不占优势。

楚虽三户，亡秦必楚。楚人经历过秦王政的外交背叛。秦王政也很可能感受到秦国楚系外戚的背叛。这种故事性的恩怨情仇只是秦楚反复对撞的宿命的表现。到了秦汉之际，秦地与楚地仍在反复对撞。楚人可谓是统一前后最后一支能够撼动秦国的力量。这种力量不仅是在国力、军力层面，更是在一种文化心理层面。楚国吞并鲁国是战国晚期关东地区少有的重大地缘变局，加上楚国在统一战争中重挫秦国，说明楚国虽然最终无法抵御秦灭六国的历史洪流，但依然是代表旧势力的最后力量。

秦国第一次伐楚，楚国不仅反击了秦国，而且将战线向西推进到城父一线。如果楚国继续扩大战果，可能会攻入三川郡、颍川郡等故韩境，帮助韩国复国。甚至秦王政有可能就此丢失祖辈几代人拼搏而来的江山。届时，这位被视为好大喜功又无能的秦王，将会被秦人和秦国各种利益集团鄙视成什么样？真到了这一步，年轻的秦王政能不能保住王位都两说。于是在这危急关头，秦王政亲自纵马前往王翦的家乡，焦急地去恳求近乎被自己罢黜的名宿老将王翦复出。这是嬴政向关中军功世家集团认错与安抚的姿态。除了为军事考虑，这也是为朝局考虑。

王翦是什么人？他在秦国统一战争中立下首功，是秦国关中军功利益集团与兵学世家的首席代表。

在那个在竹简上书写、传媒技术落后的时代，即使世卿世禄的贵族地主阶级逐渐衰落，门阀地望的士族阶级仍未形成，但高深的学问仍主要垄断在世家手中。这是连纸张都没有、基础教育无法普及的时代，生产力决定的必然历史阶段。包括兵家的学问，仍通常是以兵学世家的家学作为传承方式。史书没有记载秦国的王齮、王陵等将领与王翦是否有血缘关系，但关中名将多出自王姓，即使王翦与王齮、王陵等秦将不是近亲，或也是兵学世家之同族出身。

这种世家，主要形成于秦代，贯穿至汉代。在史料中可见的关陇世家有：王翦—王贲—王离家族，蒙骜—蒙武—蒙恬—蒙毅家族，冯劫—冯去疾—冯无择—冯敬家族，司马错—司马靳—司马昌—司马毋怿—司马喜家族，李信—李广—李蔡—李敢—李陵家族等。

在秦王政亲政前，两位掌握最高统兵权的大将军蒙骜与王龁去世不久后，王翦与蒙武就走上历史舞台，成为秦王政执政时期的两大军事支柱。王翦与蒙武的时代刚落幕，嬴政称帝之后的蒙恬与王离就搭班成为秦朝二十万精锐部队的两大领军人物。出现连续三代最高军职的“王蒙组合”，不会是历史的巧合，而是关中军功世家形成的体现。统一战争时，王翦无疑是这个利益集团中最有威望的代表人物。

那秦王政为什么敢在伐楚时让王翦归乡养老？如前所述，伐楚时已经是统一战争的最后阶段了。秦王政认为，即使任用少壮派李信伐楚，也不会有多大的变故。于是他卸了王翦的兵权，交予李信。

值得注意的是，秦王亲政之初，吕不韦罢相后“就国河南”（《史记·吕不韦列传》），回到作为列侯的封地。仅仅十年，到了王翦时就成了“归老于频阳”（《史记·白起王翦列传》），回了家乡。后来，同为丞相，同为列侯，统一后任相的李斯也只能“怀通侯之印归于乡里”（《史记·李斯列传》），就是说卸任之后只能拿着侯印回到故乡。而在统一之后，北击匈奴、建立军功的军事骨干蒙恬并未记载被秦始皇封侯。

归乡，意味着王翦哪怕有爵位也没有封邑。根据《史记·秦始皇本纪》记载《琅琊刻石》的列侯次序，没有什么功绩的武城侯王离，排在屡立战功的其父通武侯王贲与秦丞相之前。一般认为王离的侯号“武城侯”是承袭自去世的祖父王翦。王翦是有列侯爵位的。但王翦、王贲父子二人的封地邑名均不可考，很可能是有爵无地。

从秦统一战争到秦朝时期的列侯，与统一战争前的秦国和汉朝建立后的列侯不同，前者是虚封，不是实封。若如此，在统一战争时期，包括王翦在内的因功封侯的旧秦国军事贵族经历了秦王嬴政进一步的去贵族化改革。他们的侯爵之位应是虚封，无食邑、无侯国。

《史记·李斯列传》记载："使秦无尺土之封，不立子弟为王，功臣为诸侯者，使后无战攻之患。"《汉书·地理志上》记载："秦遂并兼四海。以为周制微弱，终为诸侯所丧，故不立尺土之封。"清人俞正燮则在《癸巳类稿》（卷十一）《关内侯说》中总结秦代列侯制度："列侯在秦为二十级之赐爵，乃虚封，不得为实封立国。"

显然，秦王嬴政在统一过程中就在进一步推进中央集权，消除大封建制度的余留。将君侯由实封转向虚封，这说明秦王嬴政已经在公开推行"有功终不得封侯"（《史记·白起王翦列传》）的去实封，甚至去封侯的制度。《王翦列传》中没有记载其侯爵，可能意味着秦王嬴政一度中断了封侯制度，到了后期落实虚封原则之后才恢复。

从吕不韦就国到王翦归乡的十年间，这种虚封列侯的改革应是秦王嬴政本人所推动的。尽管秦王嬴政把军中官位优先许诺给几大军功世家，使王家、蒙家、冯家等军头仍然效忠，但整个关中军功集团对秦王嬴政的政策一直有意见。这种改革的阻力一直存在。

面对秦王嬴政亲自请他复出，王翦要求必须调六十万军队给他伐楚。然后在秦王嬴政送他出征时，王翦又提出让秦王赏赐他大量的田宅园池。秦王嬴政问他为什么要这么多，他说"为大王将，有功终不得封侯"，所以要在尚被重用时多为子孙请置些家业。秦王嬴政大笑着同意。后来王翦到了函谷关，又连续五次派使者向秦王嬴政讨要田宅。别人问王翦为什么频繁要封赏，王翦说他带走了秦国全部兵马，害怕秦王猜忌，所以要多为子孙讨要田宅置办家业，避免秦王猜忌。

不少人认为，这是王翦为了让秦王嬴政认为自己是贪财而不贪权才如此做的。其实，代入这场改革的大背景就知道，这是王翦向秦王嬴政做出了妥协。六十万秦军是秦国的全部家当，秦王政全部委以王翦，肯定会有忌惮。恐怕秦王嬴政同时也会担心，如果王翦灭楚成功，这不世之功将何其难封。

嫪毐叛乱，最让秦王嬴政厌恶的不仅仅是他与太后的私情和擅权，更是嫪毐无视秦国制度，公然建立封国，有破坏秦国郡县制、复辟封建之嫌。显然秦王嬴政内心有更加深彻地进行集权化改革的理想。

秦王嬴政清理外戚势力的同时，又用虚封制反向制衡关中军功集团，给了本土势力一记重击。他正在暗自扶持的是后来李斯代表的职业官僚集团。秦王嬴政每隔十年就让关中军功集团中的青壮派取代老人，并有计划地推动高爵虚封，企图让秦国彻底摆脱西周以来的封建制度。王翦退休，就是一种弹压与冷落。然而，政治算盘打得好，耐不住打仗是个技术活儿。灭国统一战争更是最高难度的技术挑战，秦王嬴政对昌平君的反水显然失算了。李信伐楚遇到麻烦就不顶用了，技术不过关，秦王嬴政不得不反过来再求王翦出山。

所以，当秦王嬴政恳求（加上威逼利诱）王翦复出收拾伐楚烂摊子时，王翦表现得扭扭捏捏。这是一个被弹压的政治集团的诉求姿态。后来，王翦复出后却只为自家狂讨田宅奖赏，更像是做给他背后的军功集团看的。

一来，此时秦国已经暂停分封或虚封列侯。王翦自己都没有封地，关中军功集团里的其他将军们更别想有，估计多少会有不服。王翦只要田宅奖赏，不要食邑封地。在明明能够代表军功集团要挟秦王嬴政的节骨眼上，这等于反过来替秦王挡难题。秦王大笑，是因为王翦爷爷还是替他这个后生着想啊。否则，如果王翦要的是爵位与食邑的裂土封侯，而不是家宅私田等财政支出性质的赏赐，秦王该如何面对自己发起的改革？答应王翦，改革破产；不答应王翦，战事失败。

二来，就像王翦自己所说，讨要封赏，秦王放心。秦王为什么放心？因为老将军是个财迷？不，因为老将军敢于吃独食儿让别人眼红，招惹骂名。敢于自黑，自限势力，自破党朋，侧面替秦王压制失去楚系外戚制衡的关中军功集团。王翦这么贴心，秦王政也就放心了。这么看，王翦很支持年轻的秦王，敢替秦王扛雷。搞不好，秦王政在王翦爷爷那里一直都是个值得力挺的好后生形象。

所以，秦王嬴政在选将时，半开玩笑说，王老爷子年龄大了，胆怯了，不选他。现在回头找王翦时张口又是一副“王爷爷你就忍心这样撒手不管我了吗”的口吻。真正的嬴政形象，很可能并不是影视剧中常见的那种抑郁症少年的形象。如果没点人格魅力，在这么巨大利益平台下的激烈集团斗争中，一个傀儡少主是攒不出嫡系的。对待有用的臣子一贯“出人下”，为达目标宁可“轻食人”，这是一个实用主义者，是随时会变换姿态的政治变色龙。他也是一个热爱工作、工于谋事、为志向愿意随时调整自己方式的工作狂。这大概才是秦朝塑造的“威严肃穆”和后世塑造的“冷酷无情”的两种官方形象背后、隐没在毁誉之中的嬴政的真实性格。

秦国进行了深入改革，昌平君难道不知道秦国当下政局的一些微妙变化？肯定知道。所以昌平君叛秦，占领秦国东南部旧楚的秦土，敢向秦国本土进攻，实际上有两大方面的把握：

第一，从外部来讲，秦国虽然摧枯拉朽地消灭关东诸国，但不得关东地区的人心。如果能靠分裂秦土争到这个楚王王位，将成为一面具有号召力的政治旗帜。如果操作得当，就能遏制秦国的灭国势头，实现战国再平衡，那么他将成为关东的反秦领袖、楚国的中兴之主。十几年后的放羊娃熊心都能成为共主楚义帝，可见楚国在关东地区巨大的号召力。

第二，他了解秦国内部局势。他知道当下军功集团内王翦等老人与少壮派之争，秦王政与本土军功、外戚两大利益集团之争，也知道少壮派李信的水平。他更知道此时秦国政坛正处于一个政治交替之时，秦王嬴政试图全面掌控权柄的同时，也在进行具有隐患的改革，并遇到了很大的阻力。这时，关中统治集团新老梯队交替，秦王政正处在政治攻坚的敏感时期。昌平君大概觉得自己知己知彼，至少此战不殆。

昌平君策划此时归国，与项燕等楚国封建大贵族合作，拥揽楚国和关东声望，与嬴秦分庭抗礼。鹿死谁手，还未可知。想必，昌平君是一个有傲气、有野心、敢决断的人。毕竟，他是人质，他看着长大的嬴政也是人质，凭什么只有嬴政能够做成这番大事业？

但昌平君千算万算还是算漏了一环。他虽然知彼，但不知己。也就是说，他熟悉秦国国情，却不了解楚国国情。楚制做不到秦制的动员程度。他没有料到嬴政能顺利安抚住关中军功集团的情绪。

昌平君错判了。嬴政不是秦昭王，王翦也不是白起。此时的秦国和秦制也不是当年的秦国和秦制。他希望看到的秦国之变故并没有发生。当年秦昭王对白起也是用“强起”的方式，但白起不听王命，最终被逼死。王翦当然知道这前车之鉴。当遭遇几乎一致的秦王“强起”时，王翦服从于王命，没有做第二个白起。当秦国立刻再次动员六十万大军，秦王嬴政用“已矣，将军勿复言”（《史记·白起王翦列传》）的坚决口气，要求王翦必须完成任务的时候，王翦放下了集团利益之争，将国家利益放在了第一位，向秦王嬴政妥协。否则，他将是与白起一样的拒命、渎职之罪。

这就是秦制的特征，一切依法依令而不依情依势。昌平君投向的贵族内斗与掣肘不断的楚国，可做不到这一点。

## 04　秦灭楚之战

秦国六十万大军集结东出，楚国却各自为政。其实，秦国第一次败给楚国，也并非出于楚国集全国之力的支撑。

楚国属于大封建体制。这个体制下，春申君可以得到十几个县封地、建立国中之国。这种体制无法做到高强度的全国动员，因此楚国不断丢失国都，王室不断东迁。国都遭难时，地方贵族更多是保存实力，优先自保，持观望态度，并不使出全力。没有集中动员，楚国各大板块实则处于谁先上谁先死，都不上慢慢一起死的博弈与内耗之中。率领楚军击败秦军的项燕，与其说是为国而战，不如说是为自己家族而战。

楚国王畿本来已迁至郢陈，即今河南周口市一带。楚国见秦国势大，又将都城迁往寿春，即更东边五百里处，今安徽淮南市一带。但项燕家族封地世代在项，项城距郢陈只有五十里地，一旦秦军攻向郢陈，项家的封地肯定不保。项家只要不想从封建大贵族沦为丧家之犬，就必须坚决抗秦。楚国其他贵族眼看着项燕一家抗秦，却只想保存自家实力，只吆喝不出力。

集权制的秦国虽然有全国动员的能力，面对楚国之中枢更有优势，但面对项家这种为保家而战、坚决抵抗会夺走自家利益之秦制的封建贵族，遭遇顽抗是避免不了的。这是集权与分权的对立，天敌相遇。

砍楚王这根柱子容易，但在楚国到处拔钉子，遍地打击封建豪族很难。如果秦军真要和遍地为保家而战的楚国贵族死磕，即使取胜，代价也很大。王翦很可能深知这种情况，知道打楚国不是打楚王一家，而是可能遍地陷入泥潭，才会坚持讨要六十万军力。但王翦更明白，对付这种地方顽抗势力，与其硬碰，不如等它内讧。王翦坐拥六十万大军，面对楚军挑战却坚守不出，这是在对耗。

秦国的体制，可以为六十万大军长期提供稳定的补给。而楚国的体制，虽然在同仇敌忾时可以短期内为楚军提供足够的补给，但如果这个同仇敌忾的劲头一直被吊着，时间一长终究会泄了气，内部的各种争议与博弈就会涌现出来。首当其冲的就是与王翦对耗的项家。毕竟战线在项家封地附近，而战争是要烧钱的。项家军一直守在豫东前线，腹地贵族们却坐山观虎斗，消耗的主要是项燕家的钱粮。项燕果然坐不住了，引兵向东。于是王翦追击项燕，大败楚军。

其实，春申君的改封事件就体现了楚国那种只求自保的政治逻辑。春申君的封地原本在淮北，由于紧邻边疆，局势不稳，就将封地迁到了江东，即故吴国一带。这一带是楚国富饶的国本腹地。楚王竟都准许改封，可见楚国的封建力量之顽强。

关于项燕之死，有两种不同的记载。一种是依据《秦始皇本纪》的说法：秦王二十三年（公元前224年），楚王负刍在平舆被俘虏。项燕在淮南立昌平君为楚王。秦王亲自前往郢陈坐镇，震慑各方力量，避免再出现昌平君在后背插刀的类似情况。秦王政二十四年（公元前223年），项燕与昌平君被王翦击败，昌平君死，项燕自杀。

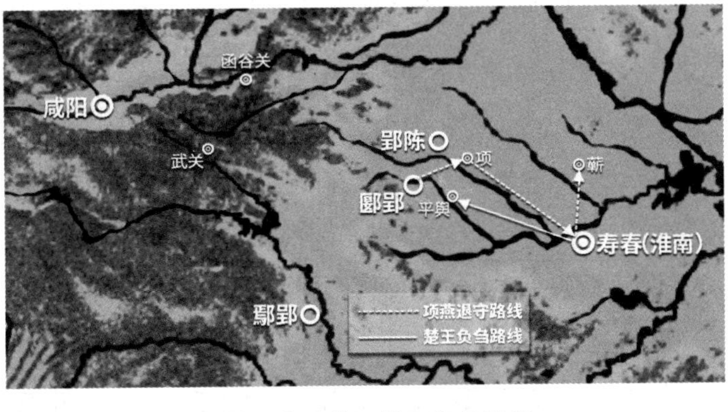


项燕退守路线及楚王负刍路线

另一种是依据《楚世家》《六国年表》《白起王翦列传》的说法：秦王政二十三年（公元前224年），项燕引兵向东，到蕲南被秦军追击所破，项燕被杀。秦王政二十四年（公元前223年），楚王负刍被俘虏，楚国灭亡。

《秦始皇本纪》摘录于《秦记》这一秦国的官方史料，而《楚世家》等摘录于楚国的史料。秦人说，王翦在平舆俘虏了楚王后，项燕跑到淮南拥立了新楚王，秦军杀过来后兵败自杀。楚人说，项燕自己离开豫东前线，引兵向东到蕲南后被王翦追上所杀，然后秦军南下，楚王被俘虏。

这是一个先后责任的问题。秦人认为楚王先兵败被俘，项燕又拥立新楚王，再败后自杀。这是抬高项燕。楚人说，虽然项燕殉国，但如果不是项燕失守前线，秦军就无法南下。楚王一直坚守在都城，最后亡国才被俘。

关于项燕拥立昌平君为新楚王这一点，秦人提到了，楚人没有提。更像是秦人说，我们秦国的昌平君背叛了秦国，跑去被你们的项燕立为楚王；楚人说，我们根本不承认有昌平君这个末代楚王，我们的末代楚王只有亡国被俘的负刍。

楚人或是不知道楚王负刍早已经被俘，不承认昌平君是楚王；或是故意说楚王负刍到最后一刻才被俘。总之，只有项燕认昌平君是楚王。楚人认为项燕有失守之责，是他断送了楚国主力和防线。

看这整个灭楚过程，秦国没有作伪动机，反而是楚国有很大的内斗迹象。

楚国王畿本部的各大封建势力根本不服项燕，不认项燕拥立的昌平君。后来秦末复辟时，楚国势力中的项氏与景氏就大打出手，最终项梁杀死了景驹。因为景氏有王族血统，可以直接称楚王，不受控制。而项梁没有王族血统，只能找到放羊娃熊心来做自己的傀儡。可见楚国内部对亡国过程的历史就存在多种争议说法。《秦始皇本纪》出自《秦记》，这一段更可信。但是按司马迁所说，《秦记》记载历史有一个毛病，就是《秦记》记录事件没有具体时间，所以时间线混乱。那么，如果说《秦始皇本纪》的叙事更可信而时间上稍有偏差，那么按照《楚世家》的时间去对应，两种说法相融合则是：

王翦的秦军与项燕的楚军在郾郢一带对峙。项燕后勤不济，引兵向东，试图用项家楚军保护自己的封地项城。楚王看到项燕消极抵抗，为了保住淮北，保住淮南王畿地区最后的屏障，于是亲率另一支楚军前来郢陈附近的平舆一带阻挡秦军，却被秦军生擒。项燕距离平舆较近，他最先得知楚王被俘虏，由此判断此时郢陈到平舆一带势必无法保住，包括他的项城。于是，项燕带领所部楚军，与偷取郢陈献给楚国、与项燕夹击李信的昌平君回到淮南的楚国王畿。项燕宣布楚王被俘，另立从秦国归楚的公子昌平君为楚王，并试图利用昌平君的影响力抵御秦国最后的攻击。

但楚国各大封建贵族根本不承认陌生的昌平君为楚王，并且坚称楚王负刍尚在，没有被俘。于是项燕与昌平君离开淮南王畿，又驻扎到淮北的蕲南，试图阻挡秦国最后的攻击，可惜最终兵败身亡。也正是因为楚国内部就对项燕之死的说法不一，才会出现十几年后陈胜起义时还能打出项燕活着的旗号。

这就是最后的楚国，仍然内斗不休，各大封建贵族优先自保，无法整合国家力量。

贵族山头林立的楚国，无法具备秦国那种高程度的动员力和凝聚力。楚国能赢第一局，却赢不了第二局、第三局。秦国可以输第一局、第二局，但只需要赢一局，就是彻底的胜利。这就是制度效率带来的对比优势。这就是历史的车轮滚滚向前，历史的潮流浩浩荡荡。

昌平君败了，虽然他最后被项燕拥立为末代楚王，但终究改变不了历史的洪流大势，身死国灭。可是，楚国在最后的抵抗中已经展现出了它是代表周制的旧势力，最后能让秦国代表的新势力遭受重创，最后具有挽回僵而未死的旧制度之可能性的坚定力量。

楚国覆灭后，躺平已久的齐国直接投降。秦王政终于从历史的迷雾中走出，轮廓逐渐清晰起来。但他的身影太过巨大，大到掩盖这个过程中本应该发光发热的其他重要参与者的形象，比如，协助他统一的丞相们。或许，让丞相们消失，本身就是秦始皇改革的一部分。

# 三、隐身丞相

## 01 相权的巅峰

秦昭王四十七年（公元前260年），秦国打赢长平之战，战胜赵国并歼灭了赵国的有生力量。次年，发起对赵国都城的邯郸之战，将赵国逼入死角。然而，邯郸之战前后两次打了两年，秦国最终功亏一篑，在各国联军的阻击下，被迫撤退。命悬一线的邯郸彻底解围。秦国此次失利的战略影响较为严重，此前长平之战后取得的战果基本上丧失殆尽。据《韩非子·有度》，不仅秦国已经占领的原韩国上党地区、原赵国的太原地区，甚至连早就纳入秦土数十年的原魏国河东地区也给丢了。

在打赢了长平之战这场战略对决后，赵国都城邯郸门户洞开，秦国已然居高临下。这本该成为统一的起点，结果却是秦国版图大幅缩减。作为执政半个多世纪的一代雄主，这临门一脚，秦昭王愣是把球踢偏了。

《吕氏春秋·审应览·应言》记载："秦虽大胜于长平，三年然后决，士民倦，粮食□（脱字，当为"匮""竭""乏"之类）。"《史记·白起王翦列传》记载："今秦虽破长平军，而秦卒死者过半，国内空。"邯郸之战失败后，年迈的秦昭王没有再动过灭赵国的心思，秦国在战略上转攻为守。最后的几年，他主要是夺回河东等失地，在边境报复韩赵魏，没有余力再进行大规模的战略进攻。

白起是反对邯郸之战的，阻拦秦昭王进行对赵的灭国战。在与白起争执中，秦昭王始终不相信白起反战的理由，不明白自己凭什么不能一气呵成打赢邯郸之战，成为灭六国的起点。

宣太后与早年的秦昭王，一边在南方蚕食楚国，一边在北方驱逐魏国在河东的残余力量。占领河东后的秦国离赵国本土就只隔着韩国的飞地上党。

秦昭王后期奉行远交近攻战略，对迁都到东方的楚国不再远追。战略重心转移向北方，在消化掉河东板块后，又试图夺取还未与韩国本部断开的飞地上党。

此时的上党高地，已然是秦国河东与赵国腹心地带的都城邯郸之间最后的缓冲屏障。如果秦国得到上党，韩国只是失去一块飞地，但赵国王畿却会受到直接威胁，所以，赵国不会坐视不理。

之前，韩国显然无法抵抗秦国的攻势，就故意给秦赵两国做局，一边将上党割让给秦国，一边又让赵国实际接手上党。于是，秦赵两个当时最强大的国家同时宣称拥有上党，在上党地区爆发了长平对决。

其实，对赵国的激烈反应，秦昭王应该是有一定预判的。毕竟，上党高地对邯郸有居高临下的俯冲之势。秦国占领此地已经威胁赵国本部，赵国不可能轻易让秦国得到上党，正如秦国也不会让赵国染指河东一样。但秦昭王打赢长平之战后，不是修整国政、消化上党，而是忍不住想一口气灭掉赵国。要知道，赵国可是当世第二强国。不仅生吞赵国困难，而且一旦赵国被生吞，魏、韩、燕、楚、齐都会直接感受到末日威胁。因此，白起对秦昭王分析说："远绝河山而争人国都，赵应其内，诸侯攻其外，破秦军必矣。"（《史记・白起王翦列传》）这其实已经点出了其他大国不可能坐视赵国被灭的现实。但秦昭王不听，果尝败局。

秦昭王崩逝与嬴政继位，其实只有四年的时间差。为什么后来秦王政能够一气呵成地连挑六国，而秦昭王攻一个已经被打残的赵国也功亏一篑呢?

两位秦王之间崛起的秦丞相吕不韦给出了答案，并对秦国的东出战略做出了调整，补上了被秦昭王忽略的最大地缘战略缺口——中原。

吕不韦是卫国濮阳人，早年在韩国阳翟经商，后来又在邯郸经营，资助在赵国做人质的秦国公子异人，成为其谋主，并助其坐上秦王之位。

卫国的版图处于魏国包围中。卫国是魏国的附庸，也临近赵国、齐国、楚国，因此卫国是一个在大国夹缝中存活的小国。但这个小国吸收各国所长，人才辈出，吴起、商鞅、吕不韦等都是卫国人。吕不韦生在地缘政治交汇点的卫国，对魏国、赵国、齐国等大国的形势恐怕都不陌生。

阳翟是韩国故都，处在韩国本土，又是楚国本土通往秦国本土的要塞。因此吕不韦对韩国、秦国、楚国的形势也不会陌生。吕不韦虽然早年是商人，但对各大国的地缘政治博弈恐怕了如指掌。这样一个长期活跃在中原一带的人物，自然会发现秦昭王在邯郸之战中挫败的真正原因：秦国没有优先东出中原，反而让中原的魏、韩两国可以联合开放南北通道，轻而易举地实现从南方楚国到北方燕国的千里合纵联盟。

如果秦国不从中原伸出一个触角，设置据点，同时震慑南北，切断合纵的通道，那么楚国作为一个大国就会随时北上参与合纵，而赵燕等国也可以南下援楚。因此，吕不韦修正了秦昭王的打南再打北、先边角再中心的扩张策略，而是优先从中原形成战略楔入，进行地缘突刺，建立秦国在中部的据点，以便在关东合纵时实现南北切割。

其实秦昭王在晚年遭遇挫败后，或许已经意识到了这一战略。秦昭王晚年灭西周国，占韩国阳城，说明他已经着手从中原一线东略。秦昭王早年不走此路线，或许与其兄长秦武王有关。秦昭王本为庶出，因为秦武王在东征中原时身亡，他才凭借继承权斗争上位，并且清洗了秦武王派系，包括其母亲惠文后。秦武王生前主张优先从中原东出，那么至少在秦昭王早年间，他与宣太后母子应是秦武王路线的反对派。

在位五十六年的秦昭王于晚年想要调头进攻中原时，已太过年迈。这个从中原东出的战略于他而言，已经力不从心。但当时的老太子即后来的秦孝文王已经将子楚立为嫡子，子楚的谋主又是吕不韦。或许秦昭王与儿子、孙子，以及秦国高层已经达成了战略共识，那就是改从中原的崤函、河洛一线优先突进。而子楚的谋主吕不韦恰恰是常年经营阳翟的知韩派，又长期活跃在濮阳、邯郸一带，能够稳住赵国与魏国。吕不韦正是此时秦国所需要的对中原形势了如指掌的人才。

秦孝文王在位仅三天就去世了。子楚继承王位，这就是秦庄襄王。吕不韦被立为丞相。从吕不韦成为丞相起，秦国相继灭东周国，夺取韩国的成皋、巩，夺取魏国的汲、氏篸、有诡、酸枣、雍丘、山阳等城邑。这是沿着黄河两岸一条线，从中原楔入关东地区。到了嬴政亲政那一年，从关中的内史向东，连着黄河新设的三川郡与东郡，已经从中原一线伸出一条秦国领土带，抵住了东方的齐国。

此时，秦国已经彻底将北边的赵国、燕国和南边的韩国、魏国、楚国从中线给分割、隔离开。这个时候，关东各国再想要实现合纵，只能从齐国实现了。但齐国自从被灭了一次国后，原有的利益格局被打破，成了一盘散沙。齐国奉行孤立主义外交，合纵连横一概不参与。加上秦国奉行远交近攻，重点拉拢和安抚齐国，让齐国彻底成了一个始终袖手旁观的自闭国家。甚至秦国大军兵临城下时，齐国都是直接躺平投降。

吕不韦帮助秦国实现了沿黄河中线楔入式扩张，在黄淮海平原上优先切断南北再分而击之的地缘战略。这算是吸取了秦昭王的教训，为统一六国的战争奠定了地缘战略基础，而且这个路径对后来的两汉司隶以二三地理阶梯线划分畿内、畿外之都畿战略影响颇深。因此，最后一个助推统一六国的关键战略推手，不是六世之烈的某个秦王，而是吕不韦。

吕不韦在秦王政继位那一年，由于主少国疑，被立为相国，号称秦王政的“仲父”。战国时期的相国与丞相是两个官职。相国在战国时期叫相邦，是百官之长，上可专主，下可专国。汉代为了避刘邦的名讳，所以改称为相国。相国在其他国家出现很早，在秦国是于秦惠文王时期设立的。秦武王继位后又分设左右丞相。“丞”是辅助的意思，丞相是辅助相国的副相。但随着秦汉制度的演变，丞相慢慢取代了相国的功能，成为汉代的百官之长。

在秦庄襄王在位的三年中，吕不韦仅是丞相，到嬴政继位时才被升为相国，真正独揽相权。这是秦国相权的巅峰时刻，因为吕不韦实际上替秦王履行王权在前朝的权力。

吕不韦在任期间，不仅修正了秦国的扩张战略，而且为秦国较为刻板的政策注入了一种全新的精神。

秦国原本奉行商鞅制定的秦晋法家之耕战政策，事决于法。吕不韦是商人出身，更懂得百姓的需求，一定程度上纠正了商鞅重农抑商、管控臣民的治理方式。此前过于刚性的秦制，在吕不韦主政时期呈现出较大程度的弹性。只讲利而不讲义的秦晋法家，在吕不韦的扭转下，开始出现柔和的一面。

就在嬴政亲政的前一年，吕不韦为了让自己的执政思想与路线得以长久施行，正式发布了自己主持编纂的《吕氏春秋》。《吕氏春秋》在东汉被划入杂家著作，它融合先秦各派学说，“兼儒墨，合名法”（《汉书·艺文志》）。但从东汉起，研究该书的学者就普遍认为它在理论方法上深受黄老道家的影响，实为黄老思想鲜明之著作。其中提到“无为而行”的思想，对秦末汉初的刘邦集团影响颇深。

《吕氏春秋》中的一些主张，被秦王嬴政继承颇多。但总的来讲，这部巨著除了体现了吕不韦的一些治国思想，也有很多符合吕不韦个人立场的约束君权的思想，这是与秦国惯有的法家理念及秦王的利益相抵触的。比如，吕氏提倡“天下非一人之天下”，推崇“众封建”。虽然在军事上，吕氏主张以“义兵”进行统一战争，但关于战后体制，他仍认为应效法前代，采取分封制。

吕不韦不仅是这样提倡的，而且实际上已经这样去做了。嫪毐原是吕不韦的门客，是吕不韦推荐给帝太后的。在嫪毐与吕不韦决裂之前，他们同属赵系外戚。嫪毐得到帝太后宠幸后，虽然跋扈，但能够在河西、太原两郡之大的土地上建立封国，不能说这完全没有以吕不韦为代表的前朝的许可。毕竟嫪毐总共只有一年多的时间得势，根基并没有那么稳固。

嫪毐封国事件，能过吕不韦这一关，应是吕不韦拿嫪毐当一个试验品，当一个诱饵，试探秦国法家官僚对他“众封建”主张的底线。显然，秦王嬴政亲政，“觉”出嫪毐有异动，亲自部署对嫪毐势力的剿杀，并借此牵连吕不韦，弥合了吕不韦正撕开“封国”政策的口子。吕不韦罢相后“就国”，十年后，王翦告老却是“归乡”。二十多年后，李斯也害怕自己“怀通侯之印归于乡里”，也是归乡。可见，秦王嬴政亲政后，最终推翻了吕不韦“众封建”路线，连列侯都是没有侯国的虚封，向集权制度又迈进了一步。

吕不韦赶在秦王嬴政亲政前夕发布《吕氏春秋》，并且用挂在咸阳城门上、有能改动一字者赏千金的方式，将《吕氏春秋》的主张宣扬至全天下，为《吕氏春秋》制造舆论。此举在博得天下士人对吕不韦路线的认同与好感的同时，也给予秦国重卿功臣以受封诸侯的诱惑与遐想。吕不韦认为他是给即将亲政的秦王政加了一个“紧箍咒”，却没想到刚刚亲政的秦王会不惜进一步牺牲自己母亲的形象，用雷厉风行又精准狠辣的政治狙击，将他本人示以世人的贤臣形象和所提倡道义的路线旗帜迅速推翻。一个私通太后的权臣，将此前苦心经营的圣贤形象荡然一空。他秉持奇货可居的商人思维，却没料到这个秦王嬴政并不以商人的思维行事。这个秦王不做交易，只搏生死。

正是因为他要给秦王嬴政加“紧箍咒”，反而使秦王嬴政不愿容他。吕不韦的败亡，不仅仅是人事斗争、权力斗争所致，还有更深层次的原因。吕不韦广揽门客，为“众封建”呐喊，形成了秦王嬴政向往之秦制的对立势力，是秦国内部倾向周制的倡导者。其实，分封诸侯对军功集团的诱惑也不大，因为这个集团赖以生存的基础是军功爵制度。军功爵制需要统一稳定的政策，而诸侯自治，各地各行其道，并不利于军功爵制的稳定贯彻。秦王嬴政要主导秦国路线，必须拔掉吕不韦这杆旗帜。否则，秦王嬴政的统一就仍然是一次周朝的还魂，这不是他想要的。

秦国相权的高光时刻就此结束。

自此以后，秦再不设相国，而是始终设置左右丞相来互相制衡。但直到李斯以前，中国第一次形成统一的单一制国家，在这样一个巨大的历史转折期，在秦始皇统一华夏这样重要的事业中，秦国的丞相在史料中连一笔带过的待遇都不一定能得到。秦国相权在吕不韦任职这个巅峰时期戛然而止。此后为秦国统一做出贡献的丞相们，全部淹没在秦始皇巨大的历史身影中。其中最可怜的，莫过于被史书彻底遗忘的丞相启。如果不是现代考古学家在出土文字中发现了他的存在，这个协助秦始皇统一六国的丞相，连姓名都要失载了。

## 02 被隐没的丞相启

秦国实行物勒工名制度，即为保生产质量，需在生产器物上铭刻制造者与监管者的名字。时任秦国相国或丞相作为最高监管人，也需要被刻上名字。因此在出土的秦国青铜器具上，一般可以看到铭文所刻的当朝相国或丞相是谁。比如，四川青川出土的秦戟上刻有“九年相邦吕不韦造”，证明吕不韦在秦王政九年（公元前238年）时仍然是相国。

《史记·秦始皇本纪》记载，吕不韦于秦始皇十年被免相。但在秦王政九年嫪毐叛乱时，秦王嬴政“令相国昌平君、昌文君发卒攻毐”，这里断句有争议，前文已述，有学者认为应是“令相国（吕不韦）、昌平君、昌文君”。前者的字面意思，昌平君即相国，吕不韦没有参与。后者的字面意思，相国吕不韦与昌平君一同参与平叛，昌平君不是相国。《史记索隐》对该句注解道：“昌平君，楚之公子，立以为相。”

相就是相国，一般为独设。秦汉的相国与丞相两个职位的区分是较为明显的，相国很少会泛指丞相。但如果昌平君曾任秦相没有确证出土，这仍是一个历史悬案，无法确定昌平君是否曾任相国。结合文献记录和考古发现来看，相国一般是单置职位，若昌平君在秦王政九年任相国，则与出土秦戟和吕不韦在秦王政十年（公元前237年）罢相的记载有一定出入。如果《史记索隐》只是断错句而会错意，而非昌平君后来又被立为丞相，那么昌平君任相就只是一个误会。

吕不韦在秦王政十年罢相。考古出土的《秦始皇十二年铜戈铭文》中记载：“十二年，丞相启、颠造。”说明吕不韦罢相后的第三年，未设相国，而是设丞相两人。本作在前文《后方起火》一节中，已经指出《里耶秦简》记载丞相启在秦王政二十五年（公元前222年）仍在相位，不可能是昌平君。如果没有更多秦王政十年、秦王政十一年（公元前236年）出土证据的话，那么很可能丞相启与丞相颠就是在相国吕不韦被罢之后的继任者。

除了《秦始皇十二年铜戈铭文》外，出土的《秦始皇十七年铜戈铭文》中记载：“十七年，丞相启、状造。”这个时候首相丞相启仍然在位，但次相颠换为了丞相状。《秦始皇本纪》记载秦始皇二十八年（公元前219年）的丞相是丞相隗林与丞相王绾。考古出土的《秦二十六年铜诏版》中记载的秦始皇二十六年（公元前221年）丞相是丞相隗状与丞相王绾。可知丞相状就是丞相隗状，也是《秦始皇本纪》中的丞相隗林。

综上可知，丞相启在位时间至少从秦王政十二年（公元前235年）到秦王政十七年（公元前230年）。丞相颠不确定，但没有做到秦王政十七年。不过，如果昌平君是在吕不韦被罢免之后短暂任相，昌平君就有可能是“十二年铜戈”中的丞相颠。

吕不韦倒台后，原本已经集于吕不韦一身的相权又重新被分割、制衡。但史书失载，只见于考古出土的丞相启以及丞相颠就成了秦代最大的谜团之一。

关于秦朝史料匮乏的原因，有人认为是秦国的传世材料本身就很少。但从众多秦简的出土来看，即使材料很少，也不至于完全忽略掉堂堂百官之首和秦始皇之原配王后。

如果丞相启是紧接着吕不韦任相，那么从秦王政十年（公元前237年）到秦王政二十五年（公元前222年），他一直任丞相。这是什么概念？从嬴政亲政到他第一次从行政上统一中国的十五年间，都是丞相启作为行政之首在辅佐。这个丞相能力再平庸，会平庸到什么地步？存在感再弱，会弱到什么地步？协助嬴政统一中国的丞相，而且担任时间可能足足有十五年。这个时间算是非常久了，可追平西汉丞相的最长任期纪录。

丞相启或许不是绝世能臣，但不至于平庸到史书上连一个字都没留下，这应该是秦廷整体的宣传策略。丞相启可考在任时期内，一直都是首相。丞相启前期的副相丞相颠，同样不见于史书。只有后期的副相隗状，在秦始皇统一前后，接替丞相启成为首相，因他跟随秦始皇出巡而被史书提及，而且他的名字还被后世错记为隗林。首相槐状之下的副相王绾，也不过就被提到三次。统一时期的丞相集体消隐或非偶然，可能是被遮去了相权的光芒。

汉初似乎也很大程度上刻意遗忘这段关于秦丞相启的历史。这个并没有直接证据，但间接迹象表明，汉初之人不可能都不知道秦丞相的事迹。

汉初知道秦丞相启其人的，就有那位汉文帝时期任相时间和丞相启一样达十五年之久，创下西汉在任时间纪录的丞相张苍。张苍卒于汉景帝前元五年（公元前152年），享年一百余岁。根据这个时间推测，张苍二十岁左右时，秦丞相启任相。一直到张苍三十五岁左右，丞相启才卸任。

张苍在秦朝担任御史，是掌管机密文书的柱下史。那么他入仕秦廷时，也大概率是丞相启担任秦相时期。他最终做到柱下史，掌管档案，见丞相亦是常事。而张苍后来担任汉相，为什么他也没把丞相启的这段历史信息提供给汉初史家？

张苍把救命恩人、汉惠帝时的丞相王陵当成父亲一样尊敬。丞相启卸任时，王陵至少四十岁。他们都是亲历过丞相启时代的人。正是秦国吞并天下之时，他们怎么会对秦国的最高长官一无所知呢？

刘邦本人竞聘上岗，成为亭长的时候，大致就是丞相启在任期间。他既然去考秦国官吏，岂有不知秦国百官之首是谁的道理？在那个年代，文盲较多，也许平民说不出太多朝堂人物的名字，但君主是谁、王后是谁、首相是谁，这个应该是最基本的常识。如果人们连这个都不知道，那国家宣传可谓出了大问题。何况，丞相启可能干了十五年之久，至少也有十三年，经历了秦国灭六国的绝大部分战争。他绝不是匆匆下台、民间记不住的那类丞相。

汉代史官司马谈、司马迁父子的祖上是秦代官宦世家，从秦国灭蜀的大将司马错，到秦昭王时期追随白起的将领司马靳，再到秦始皇时主持冶铸铁器的铁官司马昌。司马迁父子又为史官，尤其崇尚历史，也没有道理对丞相启一无所知。

司马谈和冯遂关系要好。冯遂的父亲冯唐活到九十多岁身体还硬朗，差点儿被汉武帝征召入仕。对于自己幼年时的秦丞相以及自己成年时的秦朝，冯唐也不至于太陌生。司马谈是有条件在自己的人际圈中征集秦朝历史故事的。汉初寿命比较长的老人还有万石君石奋，甚至还有丞相启在位期间就成为秦将的南越王赵佗。当然，赵佗不会刻意为汉朝史官提供历史信息，但这些说明汉初有很多经历过丞相启时代的人物，当时的民间不至于没有一点关于丞相启的记忆。在位或足足十五年的丞相，到底会被认为多么没有存在感，史书中才会只字不提？

司马迁在《太史公自序》中记载，汉武帝元封元年（公元前110年），父亲司马谈去世前拉着他的手，哭着嘱咐他完成整理历代史料，为明主忠臣立传，为后世留学的遗志，否则司马谈死不能瞑目。司马迁也流着泪答应父亲，一定会完成这个使命。司马谈虽然远没能完成《太史公书》，但他这段话，可以说是中国史学史的一个精神标杆。这是史学复兴的里程碑事件，只是被隐没在他儿子巨大的成就中。

司马谈这么看重历史，尤其是历史人物，却任由秦始皇初期很关键的历史人物被完全埋没，这有一定的矛盾性。

秦始皇时期的历史本该信息量很大，今天反而只有属于二次文献的《史记》、属于三次文献的《资治通鉴》等可供参考。今人更多是靠出土的秦简等文物才可以看到秦史的细理。这与秦始皇禁书、项羽火烧咸阳等文献劫难或有不小关系。

其实司马谈、司马迁父子也是有一手的秦始皇时期史料可以查阅的，就是《秦记》。司马迁翻着秦朝官史《秦记》写《史记》。司马迁在《六国年表》中吐槽说，《秦记》不写日月，太过粗略给他带来不便。《秦记》不只在西汉时仍流传，而且连东汉班固也看过。两汉史家都看过秦国官史《秦记》，这是当时仍传世的重要编史源头素材之一。

司马迁父子在金匮石室内，面对萧何抢救下来的秦廷档案，以及汉初百年间各地献上来的家传文献，对着《秦记》，竟然不知道秦国统一天下时的丞相是谁？或者认为统一阶段，国政压力、后勤供给难度最大时期，秦国首相的所作所为不值一提？丞相启任相的时候，嬴政才二十出头，再独断专行，一个二十岁的年轻人能把丞相挤得连影子都不剩？

## 03 秦丞相集体隐身之谜

关于丞相启的历史形象遗失，笔者有个猜想方向。

首先，秦朝官方本身就在消除相权的存在感，而且这种消除是从丞相启开始的。

称帝之后，秦始皇大力塑造个人的伟岸形象。在天下纷乱不止后进行第一次行政统合以形成单一制国家的历史节点上，国家靠个人崇拜凝聚人心。这从动机上是很容易理解的。吕不韦出于自己的立场考量，主张众封建、封功臣，因此《吕氏春秋》强调，思想文化统一的方向是兼容杂取。秦始皇统一时，其实留用了吕不韦这种兼取思想。因此《秦始皇本纪》中的石刻颂文中，经常提到统一的过程是“诛乱除害”，目的是“不用兵革”。丞相王绾等人也提出秦始皇的历史功绩是“兴义兵”，这种以战止战的思想，正是《吕氏春秋》中反复提到的“义兵”统一之思想。

秦始皇留用这种以战止战的思想，却选择了另一种行政体制：行政要定于一尊，搞中央集权制度。文化思想上杂取并收，政治上高度集权。思想杂取而制度集中，匹配效果并不如人意。在这种社会转型的迷茫时刻，领袖政治与领袖崇拜起码能归拢人心，塑造出让时人可信任的政治对象与历史主体。从这个意义上说，秦朝塑造的秦始皇个人形象对时人而言，不是一个人，而是一个标志。

因此，我们可以合理地怀疑，秦始皇自己就在减弱相权的影响，弱化丞相的作用与形象。丞相启这样一位功勋丞相，如果是像吕不韦一样，倒台于激烈的政治斗争，那么历史不会错过这个精彩的故事，多少会留下一笔。但历史上却并没有这一笔，说明丞相启虽然在位十几年，而且几乎全程协助统一六国的战争，但他应该是告老归乡，或者是病逝于任上。相权的交接是和平的。

嬴政则在丞相启为他的伟业发挥最后的光热后，选择冷处理丞相启的历史形象。秦朝建立后，在历史性总结丞相启的功绩时，应该都转划给了秦始皇，为秦始皇的形象添砖加瓦。这不一定就是秦始皇的个人意志，而是为了安抚局势，当时的统治集团塑造领袖形象以定人心的思想工作共识。

出于秦始皇塑造个人形象的需要，丞相启或许真的是对秦始皇路线亦步亦趋，于是丞相启的功绩在秦廷史料中被弱化。这种对丞相事迹的遮蔽，在《秦记》中就已经删减得非常明显。秦始皇在大规模禁书、焚书的同时，对统一过程中的历史记录或许存在明显干预。以至于汉初时人纵然还记得这个丞相，却也道不出他的具体事迹。

其次，丞相启也可能与秦始皇的思想、路线有所不同。因此，秦始皇不希望他有过多的历史存在感，比如他很可能仍然秉持吕不韦路线。这一点从丞相搭配上可以看出。对吕不韦路线，秦王嬴政在称帝之前是选择性继承的，但如“众封建”等思想是断然不会采用的，不过为了统合各派人心而不会在明面上反对而已。吕不韦倒台后，门客众多，影响力巨大，秦王嬴政只能羞辱他本人，逼其自杀，而不轻易定罪牵连，搞扩大化斗争。加上当时楚系外戚和关中军功世家两股势力尚强，嬴政只扳倒吕不韦个人，而对吕不韦身后的势力可能并没有进行大规模肃清，比如李斯就是吕不韦的舍人出身。罢逐客令实际上是秦王政表明不排斥既往政治势力的举措。那么，继任的丞相启，可能也是持吕不韦路线与吕氏思想倾向的吕氏派系人物。

丞相搭配的一般规律中，一般正副丞相很少同属一个人事派系，而是分属不同的势力派系，以便于分割相权，使王权居中制衡。丞相启最后与丞相状搭班，他们应是两个立场。丞相状又与丞相绾搭班子，也应是两个立场。丞相绾对秦始皇提出分封建议，倾向于吕不韦路线，则丞相状应持相反倾向，支持集权路线。那么丞相启与丞相状倾向再相反，则丞相启可能与丞相绾的立场相近。那么，丞相启可能持有吕不韦的“众封建”路线倾向。这也可能是他即将成为一代统一名相之时，反而被隐没的原因。

假如丞相启与吕不韦立场相近，对于秦朝来说，晚年的秦始皇和占据上风的法家官僚势必要弱化他的影响。而对于关东地区而言，丞相启始终效忠的是秦国，即使他对关东的立场更怀柔，关东士人也没有在舆论上抬举他的必要。这样夹在两边，立场反而不够鲜明。后来，战胜秦国的关东地区，尤其是获得话语权的楚系势力，以及从楚系中分化出来的楚将刘邦集团也没有必要对这么一个立场不够鲜明的秦丞相大力弘扬或批判。

汉初，丞相启站在给秦国塑造温和形象的吕不韦路线一边，代表了秦国光鲜亲人的一面，不利于树起秦始皇称帝后形成的法家暴秦之负面形象，不能褒扬他。而汉初批他，难免影射当下，会动摇汉朝的“众封建”国策，故而也不能批他。表扬他又等于支持秦始皇统一的功绩，有损汉朝合法性。所以，把他晾在一边不闻不问，是最好的选择。

甚或说，吕不韦在《吕氏春秋》中明确提出了“无为而行”的治理思想，如果丞相启一直提倡的也是“无为而行”，那么汉初奉行无为而治的理念，岂非效仿了暴秦？

因此，汉初可能也故意弱化丞相启的历史存在感。到汉中期，经过持续百年的弱化，民间已经基本上遗忘了这个秦相。丞相颠，以及连名字都被搞错的丞相隗状，这些统一时期的丞相之所以被集体隐身，应该是秦朝有一次历史定案隐去了他们的身影。下一个能被人们铭记的秦丞相已经是秦朝倒台前的李斯了。汉初则持续无视这些统一时期的秦丞相。

秦始皇作为代表整个秦国高层统治集团的一个符号，很多功绩被他独揽。同样的，这些功绩后来又被定性为罪孽、贪欲，这些过错也是秦始皇一个人在背。秦始皇要皇权压过相权，让相权隐没在皇权的身后，那么无论历史评价是功是过，都将由皇权一力背负。

秦始皇统一了天下，但如果不是把这一统之功加于一身，恐怕后来的脏水也不会全部泼在他一个人身上。凡事有得有失，有利有弊。

但丞相王绾却在统一之初挑起了秦朝的第一次路线之争，让秦始皇不能继续隐藏自己的立场，必须亮明底牌。

# 四、路线之争

## 01　第一次路线之争

从秦王嬴政二十九岁灭韩开始，直到三十八岁灭齐，完成华夏版图统一，从开启兼并战争与创立帝国制度，中间有十年的时间。这十年间，秦王嬴政专注于军事战略，并未把统一后的秦制改革方案放在台面上讨论。在秦王嬴政亲政之前，秦相吕不韦曾经借颁布《吕氏春秋》，提出了“兴义兵”“众封建”的统一方式。秦始皇扳倒吕不韦后，采纳了“兴义兵”“以战止战”的军事统一思想，但在“众封建”这一项上始终没有明确表态。

尽管秦王嬴政在虚封列侯上早就迈进一步，但对统一后在诸侯层面上会不会大行分封，态度并不明朗。秦王嬴政知道，这是牵涉利益面甚广的大动作。他的态度是模棱两可的，即在战争期间先不争论，事后再说。整整十年时间，秦王嬴政始终按捺住这个随着统一步伐迈进愈发急迫的国体方向之确立。

统一之后，嬴政才上皇帝尊号，称“始皇帝”。他颁布一系列改革措施，包括改正朔、易服色、以水为德、除谥法、分天下为三十六郡、更名民曰黔首、收天下铁器兵器销毁、统一度量衡。车同轨，书同文。徙天下富豪十二万户于咸阳。在这些统一后的政策基调确立后，贯穿了秦朝十五年，堪称秦朝崩塌导火索之一的集权与分封路线之争也随即出现了。

秦始皇二十六年（公元前221年），秦始皇刚刚完成统一时，秦朝朝堂上的第一次路线之争开始了。丞相王绾主张在燕国、齐国、楚国这样距离秦朝京畿关中地区较远的地方实行分封制，分封皇子为诸侯王。但廷尉李斯认为，周朝就分封了很多同姓子弟，时间久了，血缘疏远了，照样会互相攻伐。他主张整个天下都应该设置以职业官僚为地方首长的郡县，由朝廷垂直管理，不再分封诸侯。这次，秦始皇明确地站在了李斯这边。

秦朝在新拓领土上推广的政策和故秦国本土的政策是有一定差别的。这些秦国的新拓领土被称作新地，新地的立法与故秦地不完全相同。考虑到新领土对秦制的适应能力，秦朝给出了一定的缓冲期和适应期，秉持分步原则，加速推行。这也从侧面说明了，秦始皇心中或有一定的隐忧。作为一个开创时代的政治家，他敏感地意识到，新领土到底要实行怎样的制度，要分封自治还是要中央集权，这是一个绝对不容小觑的政治命题，甚或是政治炸弹。

秦朝统一之初，海内化一，但凡时人能够知晓的天下范围，基本上都属于秦政权统辖范围了。这个时候，是将秦国一国的集权政治制度扩大到天下的每个角落，强制各国移风易俗，还是以秦国为宗主国，对较远的关东地区实行分封制下的封藩性质统治，成了朝堂上最激烈的辩论政题。一派以当时的丞相王绾为主，主张封建制度。一派以当时的廷尉李斯为主，主张集权制度。

处在秦朝这个纸张还没有被发明的时期，文字档案的记录成本和储藏成本非常高，所以史书上寥寥几笔的朝堂争论，都是高度凝练的关于朝堂大辩论的记载。史书惜字如金、高度概括之背后，这次廷议其实蕴含着重大且显著的路线之争。其实想想就能明白，该如何为第一次统一的天下确立国体，这种级别的政治议题，如果不引发朝堂大规模的路线争论，反而显得不正常。

## 02　什么是封建

王绾主张封建诸皇子，其实并非逆流之举，而是顺应后来的历史走向。从汉初同姓王郡国并行制度来看，王绾提出的未必是不合时宜的方案。王绾的方案，其实就是后来刘邦又耗费一生的精力才勉强实现的那一套方案。华夏大地从原始社会到步入文明，再到秦朝，经历了氏族部落、部落联盟、酋邦、邦国、王国再到王朝。而在中央集权制度被确立前，天下从来没有归属于一家。

封建制度在当时更符合人们的期待，这和先秦时期人的政治身份归属意识有关。在先秦社会，民和土地、财货、物品一样，自身就是依附并归属于封建贵族的私产。在周朝有天子、诸侯、大夫，他们是层层分封、层层授土授民，是不同级别的贵族。他们对属内的土地与臣民而言，是拥有独立治权的直属“主人”，而非仅仅在高一级贵族设立的行政政务体系下担任某一层管理者的职业官僚。欧洲对这类封建自治制度有一个谚语是：“我的附庸的附庸不是我的附庸。”这个说法点出了封建制度意识的最大特征：不能越级从属。这也可以进一步理解为，我的主人的主人不是我的主人。

先秦的士阶层虽然在诸侯的国家机构中担任行政职务，有助于培养人脉，维系家族利益的稳固，但担任这些职务的人，也仅仅是帮国君打理国君直属地区的事务。这个直属地区并不包括自己的封地以及封地上归自己所属的臣民。

鲁国是创立周制的周公后代的封国，故而是对周制最为坚持的国家之一。《左传·昭公十二年》记载了春秋时期鲁国的一个经典案例，即南蒯叛逃，最能体现时人的归属意识。

南蒯是季平子的家臣。季平子是架空了国君、控制鲁国国家权力的鲁国大夫，是当时鲁国最具实力的三大集团即三桓之一的季孙氏的家主。季平子作为大夫，是低于天子与诸侯的封建贵族，但也是封君。季孙氏将自己的属地费地，交给雇佣性质的家臣南蒯打理和经营。后来，南蒯却在费地造季孙氏的反，联合鲁国国君——号称是效忠国君——试图扳倒季平子。

但令南蒯没想到的是，平时顺从南蒯、多受南蒯恩惠且与季孙氏渐渐疏远的费地百姓，认为季孙氏才是他们合法的主君，反而驱逐了从鲁国国君那里得到授命并越过季孙氏带领他们的南蒯。

另据《左传·昭公十四年》，南蒯逃到齐国，齐景公也大骂他是叛夫，他却委屈地说他是想要匡扶公室，效忠于国君。听到这里，齐国大夫韩皙更是当着齐国国君的面骂他，说他作为大夫的家臣，反而要越级效忠国君，这样罪过更大。可见不止大夫，连齐景公这样的国君也认同这种分层归属不能越级效忠的封建制。

实际上，封建制代表的是一种政治伦理、社会文化心理，奠定了当时的政治秩序和政治逻辑的基础。效忠国君在后人听起来是忠君爱国，但在当时各级贵族眼中，是破坏了整个政治秩序和赖以遗存的传统文化。越级效忠的颠覆性，对封建贵族而言，属于“皮之不存，毛将焉附”。史书中这么一个简短的事例，就传达出了时人与后人截然不同的政治伦理和归属意识。

于民而言，在谁的封地上就是谁的民。既然封地是国君封给大夫的，大夫就是他们直接的主君，他们不该越级效忠国君。于家臣而言，他们只是有权势，本质上还是民。大夫是自己的主君，不该越级效忠国君。背叛主君可耻，哪怕是越级效忠国君，也会被千夫所指。于大夫而言，自己是直接效忠诸侯国君的。同理，自己不必也不应该越级效忠天子。背叛国君才可耻。于诸侯国君而言，大夫的家臣背叛大夫，去效忠国君，一样是不值得同情的叛逆。齐景公作为诸侯，亦深彻认同此理。同理，诸侯自己则是效命天子。虽然东周时期，这层政治伦理已经崩坏，但这种政治文化心理、传统观念仍然存在。这也是东周天子能僵而不死，以弹丸之地延续了四五百年的重要原因，直到不认这个天理的秦国灭了东周。后世中央集权时代的天子，如果地盘只剩下和东周王室一样的弹丸之地，恐怕早就被各路军阀吞并和废黜了。

时人分级归属、直属效忠的意识，与汉朝开始形成的直到今天仍适用的“位卑未敢忘忧国”（陆游《病起书怀》）之爱国意识，举国忠于皇帝、听命中央的思想，垂直化的中央集权郡县制，以及职业官僚治理模式是完全不同的。

在“天子—诸侯—大夫—国人—奴隶”这个结构中，诸侯直接对大夫施压，大夫可以最大限度地调动依附于自己的基层力量。像秦朝修长城，不过是进一步补充连接起秦、赵、燕等旧诸侯国的长城。甚至不与草原游牧民族接壤的魏国、齐国都在境内修筑长城。战国七雄没有哪一国不具备在境内大规模修筑长城的动员能力，这与贵族驱使庶族的天然驱民观念有关。战国七雄可以说无一国不强驱民力，只是因为那时各国都有紧迫的外部矛盾，这种动员驱使师出有名。贵族对民间的榨取，也会为因应外部压力而有所克制与收敛。封建制度下，阶层结构决定的基层灵活性尚能够为经济托底。毕竟那时国土面积小，管理难度低，大夫一级的地方贵族可以直接获知庶民诉求。

不仅是秦，列国君王都有这样天然的驱民意识。无论是哪国统一天下，在遇到棘手问题时，也许都会优先采取驱使民力的手段。毕竟封邑内的庶民，产权是归封邑大夫所有。诸侯对大夫下令，不需要考虑郡县制下的行政链全局的细节诉求，只需要考虑大夫的目标责任完成度即可，不用考虑其封邑庶民的压力。因为大夫一层自然会在地方利益与国君利益之间进行自适应与权衡。

秦宗室是上古社会的原生贵族。嬴氏部族是夏代开国名臣伯益之后，在秦非子时得到周天子册封，成为陇山一带的秦地主君，并在秦襄公时被周天子封为华夏诸侯。因此，秦始皇统治万民的逻辑，是身为原生贵族的主人姿态。时人歌颂秦始皇统一功绩的时候，总说“永偃戎兵”“各安其宇”“天下和平”“法令出一”“初一泰平”等，而秦石刻提到秦始皇与庶民关系时，通常是只说“忧恤黔首，朝夕不懈”，“黔首安宁，不用兵革”，“烹灭强暴，振救黔首”，“武殄暴逆，文复无罪，庶心咸服”，“亲巡远方黎民”，不会有后世视角那种爱民如子的论调。为什么呢？因为先秦贵族视民为己物、为财产，爱民如同爱财，不值得大书特书。这就是先秦的贵族意识。

上古原生贵族出身的主君对“民”是占有和驱使性质的，而属民对贵族采邑主是无条件服从的状态。先秦贵族最大的功德，莫过于能够约束自己的欲望，让“民”安宁地活着。保持西方所谓的“绅士”，中国所谓的“礼仪”，不滥用民力，就已经是很体恤民众了。这也不是秦国一家之思维，适用于所有诸侯贵族，是自原始社会进入文明社会以来，封建时期牢固的观念。

所以孟子的“民为贵”，是讲给三家分晋后不久的魏国君主听的。彼时，魏国作为晋国大夫造国君的反，道德包袱最小。魏国首先进行变法，最先提倡集权和法治，依靠军功赏赐建立了强极一时的魏武卒，成为战国首霸。后来的秦国变法，实际是深谙魏国李悝变法要义的魏吏商鞅将魏国经验带到秦国的。之所以魏惠王能够听取孟子的“民为贵”，是因为魏国作为叛逆立国的新晋诸侯，轻装上阵，又处在四战之地，才被形势倒逼进行权力下沉的改革，此时的贵族包袱相对轻一些。但魏惠王让孟子在魏国大讲“民为贵，社稷次之，君为轻”，更多是向民间昭显自己的亲民。但他坚决不用孟子的治国之道，不会以此立法。

魏国宗室本身是世袭晋国大夫，依靠自己的宗族力量三分晋国，创立了魏国。所以魏国宗室要防止后来者效仿此举来推翻自己，就必须对晋国旧贵族、旧制度、旧文化进行外科手术级的破除和革新。在宗族势力的支持下，魏国虽然动了旧晋世卿贵族的奶酪，在一定程度上打击了西周与春秋的世卿世禄制度，却没有真正去动自家的宗室贵族。魏国新贵族阶层的势力在战国后期开始反弹，重新坐大，最终形成新贵族养客成风、训练私兵敢死之士、钳制国政的局面，这使李悝变法的精神没有被完全贯彻下去。

魏国的变法，最终只是旧的贵族奴隶主统治转型为新的贵族地主统治。没有像后来效法李悝变法的商鞅变法那样，结构性地重塑国家的政治基础和社会基础，创造出更广泛的平民军功地主阶层。加上魏惠王从汾渭盆地迁都到华北平原，采取放弃西部而去东部争霸的战略，势必沾染齐鲁大地的贵族文化意识，等于是把地缘优势和变法精神留给了已经快被他挤死的秦国。

关东国家变法，很多都是像魏国这样虎头蛇尾。上古时代地广人稀，土地资源充足而人力资源匮乏。贵族奴隶主掌握了奴隶等人力资源，就是掌握了最关键的生产要素。战国时期，原本零星分布的邦国由点扩张为面，土地开发趋于饱和，土地的价值激增。而随着人口规模的增长，人力资源的相对稀缺性在减弱。而且贵族人口的激增，产生了大量只能继承到土地而无法控制城邑的贵族庶出子弟，形成了一个庞大的贩售贵族学识却无爵位的“士”阶层。

关东国家的变法，无非是让拥有继承权、控制了城邑人口的嫡出奴隶主贵族让渡国家权力给供职于官僚体系的庶出士阶层大地主。这些国家的变法，并没有像秦国后期那样近乎极端地排斥血缘贵族，血缘贵族政治仍在掣肘国家的行政职能。因此，关东地区这种浅尝辄止的变革并没有从根本上动摇上层血缘贵族执政的逻辑。赵国的宗亲公子平原君公然对抗替国家收税的赵奢，魏国的宗亲公子信陵君甚至敢私窃虎符、假传王命而未被追究，齐国、楚国更是遍地宗亲大臣，如春申君作为权臣甚至可以拥有十几个县之大的国中之国。

## 03 秦国的试水

反观秦国，从秦昭王前期的樗里子之后，相权甚至兵权就已经长期开放给各国人才，很少有宗亲大臣能够执掌相权与兵权。秦王嬴政的弟弟成蟜获封长安君，封地也不过就是一个乡邑，最后还遭遇清洗。秦始皇称帝之后，更是连皇子都不封。皇子竟无任何可传袭的贵族爵位傍身。

西周虽然强势，但仅仅是用自治藩国的朝贡体系来维系统治，而非采用行政统一。秦国在本国范围内的集权制度改革取得巨大成效，但在全民分治意识尚未完全瓦解之时，连在刚完成统一这么一个重要时间节点上，秦国丞相都认为仍应在关东地区采取分封制度，可见大一统集权制度不仅不合关东地区的风俗意识，并非天下共识，而且也尚未达到秦国国内政治共识的高度。秦朝建立，实际上是第一次从制度层面自上而下地强力削平整个天下的等级身份，但用力过于迅速刚猛，没有像西汉那样有着足够的过渡时间以让舆论适应，没有选择渐进式地转变全民意识。

秦朝天子身为贵族，也没有经验，没有意识到这样一个去封建的社会需要什么样的新型治理模式。秦朝甚至是第一个经历农民组建政权起义的朝代。当胡亥听说这样的组织也很有能量，已经威胁强大的秦朝时，他甚至不相信自己的情报人员对这个农民政权的描述，还杀了情报人员，并逼迫众官员改口，称这是地方上闹土匪，而不是组建了政权的大规模反叛。

秦朝皇子们虽然尊贵，但他们在当时只拥有作为皇帝儿子的个人富贵，并不意味着他们拥有土地和人口以及作为贵族标识的世袭权力。没有世卿世禄制的保障，先秦庶出小宗支脉的沦落是非常快的。秦朝皇子们不仅没有得到先秦那样名正言顺的贵族权力，甚至都不如清朝那些同样也没有土地但至少能够世袭的郡王、贝勒。秦朝与清朝可是差了两千年，即使清朝虚封京王也没有封地，但起码把皇族的宗族力量做大，撑起了皇室。秦朝却是完全不封，秦始皇诸公子连君侯都不是，更别说诸侯了。

古代不止贵族阶层，连底层庶民也极认同身份等级。在交通技术、传播技术尚不发达的两千多年前，有本地的封君为当地人做主，对百姓而言意味着更接近管理者，民众诉求可以更便捷而直接地表达。而在中央集权制度下，谁知道那个距离自己一千多里的皇帝会不会在乎自己这个小地方的利益呢？总体来说，时人的意识是拥护封建贵族等级制度的，这种认知来源不仅来自原生社会的分权自治传统，也源自周朝定下分封制度、礼乐制度、宗法制度后长期形成的社会文化心理与政治逻辑。

李斯作为支持中央集权路线的领军人物，其观点被秦始皇所接受与认可，不久后他又接任丞相之职，负责设计秦王朝新制度。这是一次改头换面的改革。

对于王绾等秦国内部的分封派来说，集权有范围，封建有程度，这是一个分寸问题。而对于秦始皇、李斯等改制派来说，集权与封建二者只能留其一，这是一个选择问题，且必须选择全天下范围的中央集权郡县制。

王绾这次的主张是站在“请立诸子”的态度上，而且只提出对最远的地区实行封建。这既考虑了秦国的宗主利益，又考虑了通过封建诸侯解决对关东“地远”之国的控制难题。这是对立国体制的深刻考量，是站在秦国利益视角的争论，比较温和。因此，这次秦始皇做出采纳李斯大方案的决策后，并未对担任丞相的王绾有个人意见。这一次路线之争虽然主张不同，但没有演化为政治恶斗。

王绾之所以坚持提出这一点，应是考虑到当时施行全面的集权改革是有明显现实阻力的。李斯对关东地区的全盘集权化改革，不仅让关东盘根错节的旧贵族大地主失去了对封邑内土地与人口的治权，还剥夺了他们本可承袭的贵族身份。而广阔的关东地区并没有经历西部秦国那样百年间渐进式的制度适应过程，远离朝廷中枢的士人阶层甚至没有可依傍和接触的地方主君作为庇护者。

主导着关东乡里舆论的地方贵族，就算不求六国复辟，起码也期盼能有皇子就封，可以依附。没有可依附的人，只懂得封建逻辑的贵族们就会迷茫。政治壁垒打破之后，贩售纵横学，甚至是以游说为业的士人，没了游说对象，也会丢饭碗。他们有舆论影响力，肯定会对秦政权不利。这后来都是发生了的。

事实上，秦始皇的集权改革之所以专门放到六国全部兼并之后才定案，应有不愿在统一过程中触碰关东地方贵族与豪族利益、避免给前线战局和地方统战徒增不确定性的考虑。秦始皇遇到的难题非常多，而且不是史书上记载的对某个事情的决策权衡难题，而是一种他与之对抗的社会形势。

秦始皇的皇权之路很孤独。秦朝是唯一完全排斥分封，不立皇后、不立储君、不封皇子的朝代。秦始皇的一生，被祖父抛弃，被父亲抛弃，被祖母背叛，被亲弟背叛，被母亲背叛，被妻子背叛，甚至在扶苏苦劝他改变政策时，他愤怒地认为这也是儿子的背叛。过度防范亲人，抑制宗室，或许是源自他内心的一个无法逾越的痛苦体验与独特经历，那就是他对亲人、血缘和宗族的不信任感。

在前文《虚封制改革》一节中也提及，秦始皇不仅不封诸侯，连列侯都是虚封。即使如此，整个秦朝有记录的列侯也屈指可数。秦朝在历史上是最彻底的一次零分封，是从战国到两汉的宗室或功侯封邑制度中间的断裂期。从后来的历史趋势来看，零分封是有隐患的。

从周公创定宗法制下的嫡长子继承规则开始，少有哪朝不立太子的。唯二的特例，一个是秦朝，一个是清朝。可君主专制最鼎盛的清朝，前期沿用太子立储制度造成了一定的混乱，后期皇帝独嗣或绝嗣不涉立储制度，中期也制定了秘密立储制度——那起码也是立储制度，只不过是不公开的。

至于秦朝，实际是从根本上废除了储君制度，同时废除了后制。没有嫡母，也相当于废除了嫡庶制。在造纸术与印刷术等传媒技术成熟，集权王朝出现科举这样稳定选拔官僚的制度渠道，形成士大夫阶层之前，外戚集团本该是皇权重要的支撑力量之一，秦朝却没有这层支撑。秦朝实则是阉割了周制中的宗法制度。

《史记·秦始皇本纪》记载胡亥被赵高派去的阎乐逼杀时，胡亥想活命，说："吾愿得一郡为王。"不被同意。又说："愿为万户侯。"不被同意。胡亥甚至提出："愿与妻子为黔首，比诸公子。"黔首，也就是平民，还不被允许，最终只能自尽。这里可谓道出了秦始皇独有的秦制之悲凉。秦国没有王，也没有实封之侯。胡亥沿用了秦始皇的这项改革，排斥分封，最后轮到他自己失去皇权保护时，对分封也只能是求而不得了。

胡亥作为皇帝，知道自己的兄长们即诸公子都只是没有爵位的黔首身份。而且他还提到了，自己是有妻子的。胡亥二十岁继位，死的时候应是二十三岁，过了历代秦王加冠和娶妻的年龄，因此他有未被历史记录姓名的妻与子。但他的妻子同样没有被册封为皇后。胡亥临终短短一段话，几乎道出秦始皇针对王、侯、后，零贵族化改革的全部。

零分封、零册封，属于秦始皇改革的一部分，未免极端失当。至少，在秦始皇那个连铁器还没有普及的历史条件下，失去了中间贵族作为统治阶层和庶民阶层间的这层润滑剂，秦朝所遭遇的历史报复已经够狠了。几千年来，在儒家道德视角下，人们惯于指摘秦始皇的个人偏好，却很容易忽略这些政策的作用。零分封，是被忽略的秦始皇众多改革中的一项。

当然，秦始皇的极端去贵族化改革虽然失败了，但他带给华夏民族文化心理的影响却是深远的。在两千二百多年前，强力的编户齐民措施开始点醒中国人，让中国人不再迷信和执着于贵贱是天生的。陈胜、吴广作为历史上第一次平民起义的领袖，在秦末喊出了那句振聋发聩的“王侯将相宁有种乎”。紧跟着出现了一个完全没有贵族背景，也被全民欣然接受的汉朝皇族。这恰恰是秦始皇自己的去贵族化改革所直接引发的权力意识下沉之结果。

秦朝的集权制度显然是超前的。不分封、不立嫡储，都是秦始皇设计的史无前例的大一统集权制度中重要的集权改革措施，二者与书同文、车同轨无异。只是这两项的改革结果与其他改革措施的成功相比，显然是失败的。对秦朝命运来说，这样的结果是恶性的，教训是惨痛的。当然，秦始皇的初衷之一，也是想避免外戚集团的出现。秦始皇排斥宗亲、排斥外戚、排斥有血缘关系之依附于皇权的集团出现，但又有什么比靠血缘纽带建立的人事集团更好的人事补进渠道、更可信任的群体呢？显然也没有。

这也是倒逼刘邦后来把分封列侯、诸侯，册立皇后、太子，将这些被秦始皇弃用的政策全部补齐的反面案例。刘邦采取郡国并行制，表面上看是恢复分封制度的历史倒退，但其成功过渡到汉武帝开创的再次大一统状态，恰恰说明这种保留分封制的过渡是必要的，是缓和的，是符合当时社会普遍观念的。何况封王制度一直延续到20世纪帝制时代结束，显然是有基于生产力条件的需求，是有历史必要性的。

西汉削去诸侯实权，是一个百年间渐进的过程。而且，汉武帝重塑大一统之后，并未抛弃封王制度。两汉一直通过封王制度强化皇族中央以及宗室对地方的影响与控制。甚至某种程度上，在地方士族力量产生前，在地方开枝散叶的皇族抑制了豪强，加强了皇族中央对基层的控制力和舆论影响力。两汉每到末期，宗亲子弟都成为拱卫汉祚存续的中坚力量。比如两汉之交，无论是地方豪强型的南阳刘秀兄弟、河北刘林，还是绿林赤眉等农民军拥戴的刘玄、刘盆子，都是汉室宗亲。无论哪方胜利，大概率都会出现后汉。刘秀继位后，仍旧通过分封皇子来强化皇族中央。

封王制度直到明朝，还一度出现藩王掌兵的实封。而其他虚封朝代，京王们总能以王族之亲脉网络充实中央、屏卫皇族。虽然宗室壮大或会威胁皇权和皇帝本人，但若王族不存，皇帝的子弟连君侯都不是。宗室不兴，那威胁的是帝制时代以血脉作为延续基础的当朝政权，动辄政治秩序土崩，国家瓦解，天下大乱。封王制度，是整个家天下时代在落后的生产力水平以及交通传媒技术背景下，护佑统一政权稳定的正当且必须的条件。秦朝延续时间过短，加上汉朝建立后最终纠正了秦始皇零分封的改革措施，因此秦始皇的这一失败改革措施并未广为人知。

## 04 第二次路线之争

一代名相、秦朝制度的总设计者李斯，在第一次路线之争中赢得了最终胜利。在这场重要的廷议中，秦始皇站在了他的一边。或者说，是他站在了秦始皇一边。李斯由此跨上了位高权重、改写历史的最后一步。

第一次议论分封制度时，“群臣皆以为便”，秦国朝堂上持分封观点的官员也是占多数的，可见秦始皇改革的阻力不只在关东地区。面对巨大的阻力，也许李斯并不是想讨好秦始皇，而是因为李斯是唯一与秦始皇有着令世人匪夷所思之孤独理想的同道之人。

第一次路线之争时，李斯还没有当上丞相，在朝堂上的人事影响力仍然有限。此外，秦朝在全国的郡县制官僚体系还没有铺开。李斯虽然代表的是法家理念，但这次更趋向于个人的立场。秦始皇与李斯于朝堂联手，面对全天下的质疑，一往无前。此后，秦朝的国体和制度得以确立，路线之争仿佛已经结束了。对于制度的落实，一切都在秦始皇强大的权威与声望之下有序地进行着。

其实在《秦始皇本纪》里，秦始皇被描绘得犹如一件不折不扣的历史工具。以秦朝建立为起点，他的所有功绩，都源于秦朝制度和集权政治；他的所有罪过，也是因为秦朝制度和集权政治。我们不知道他有过怎样的忧伤，不知道他爱着什么样的女人，不知道他有什么爱好和娱乐，我们看到的，是他怀着的亘古未有之功业心、冒天下之大不韪的执念。我不觉得同吃五谷杂粮，同有伤痛疾病却精明如此的秦始皇，会真的相信飞升成仙、长生不老。和后来痴迷于道家丹药的皇帝一样，秦始皇广招方术士炼丹，也无非是将人人都无法逾越的生死命数死马当活马医罢了，是想为自己创立的新国家多掌一会儿舵吧。毕竟暗潮汹涌，拥有最强大权威的他在任内能多解决一些问题，他心里能安稳些。

秦始皇心里不安吗？是的。一个安心的皇帝，不会每天强行批阅一百二十斤的奏牍才让自己睡觉。一个安心的皇帝，不会放着安全舒适的宫殿不住，常年奔波在千里之行的路上，而且依旧要批阅那些奏牍。很多人说那是享受。可是，在那个没有平滑的柏油路面，车轮连橡胶圈与简单的减震功能都不具备的时代，相比待在各种物质一应俱全的深宫中，即使车辇再豪华，巡游也终归是颠簸疲惫的旅途——那还是昔日敌国的土地，有人不止一次在路上刺杀过他——他最终也确实累死在路上。本应主宰别人且能够完全自主的秦始皇，为了这庞大的大秦王朝活成了无法停歇的强迫症患者。掌控天下的他，到底在怕什么？

《史记·封禅书》记载，秦始皇称帝的第三年，“与鲁诸儒生议”之后，遵从儒家倡导的礼仪，封禅泰山。在宋代儒家的理学革命之前，儒学越往前，越是充满神秘主义。泰山地处儒家圣地，在周公的封国鲁国境内，紧邻儒学殿堂和治学中心曲阜。作为第一个皇帝，依儒礼封禅泰山，其实是表示对儒家的尊敬和重视。从这里可以看出，秦始皇在称帝之初是极力拉拢儒生的。但封禅之时，秦始皇遭遇暴雨，十分狼狈。即使儒生以礼法不一刁难，即使儒生“闻始皇遇风雨，则讥之”，嘲笑秦始皇，也未见秦始皇有报复之举。从封禅泰山第一帝的角度来看，凭西方定天下后再依齐鲁之礼来泰山封禅，这本身就是招抚东方人心的举措。

秦朝的博士至少有七十多人。确立皇帝称号、改制等大的国策方针的制定，都有博士参与制定和进行廷议。儒学作为先秦最大的学派，当世显学，教育普及的第一线，李克及其学生伏胜、淳于越、鲍白令之、桂贞、茅焦、叔孙通等十七个有名可考的秦朝博士，全都是儒生。而且，叔孙通是秦二世时期的博士。秦始皇临死前，博士也依然活跃，曾奉命作《仙真人诗》。可见，秦始皇称帝之初，并非对儒家刻意打压，而是有意拉拢。即使到他驾崩时，也没有对儒家彻底罢斥。

儒家是周制的最大摇旗者和吹鼓手，周制的核心理念之一就是分封。秦代儒家的核心主张就是分封建国。儒家也是关东舆论的主要代言人，是有教无类的识字教育第一线的工作者。他们能够引导民间舆论，也能有效获取民间诉求。这样一个学派，不只是汉武帝不敢得罪，连儿子都不封的秦始皇也要予以拉拢。但秦始皇除了拉拢名儒为博士，给少数顶尖大儒参政议政权外，却没有对遍及天下的普通儒家子弟开放汉武帝后来那样的入仕渠道。儒家作为一个以知识分子为主的学术集团，其实也是想登堂入殿，实践本学派的治国理念的。但只有议政权，没有行政权，这种不满会积聚，最终成为一股浪潮。

秦始皇三十三年（公元前214年）以前，秦始皇没有焚书坑儒，没有独尊法家，而是给予各学派一定的包容，对儒家进行招揽。按说儒家强调秩序和忠君，只需配合秦朝国体在学术上进一步改造，应该能与秦朝廷有起码的和谐共处。但秦朝的儒家其核心主张就是分封，岂会对秦始皇让步？

《史记·秦始皇本纪》记载，秦始皇三十四年（公元前213年）的寿宴上，竟意外爆发了第二次路线之争。还是分封与集权之争，还是第一次路线之争时熟悉的配方和味道。儒生博士淳于越的这次发难，距离王绾与李斯之争已经过去了九年。秦朝的中央集权郡县制度，已经确立了九年。

博士、齐人、儒生淳于越再次提出分封，引发了更为激烈的路线之争。“今陛下有海内，而子弟为匹夫”，“今（仆射周）青臣又面谀以重陛下之过，非忠臣”。这已经是直接谴责秦始皇采纳集权方案是过错，是不泽后代的道德问题了，指责秦始皇的言辞十分激烈。皇子们又被推到了舆论和政治斗争的前沿。这是把秦始皇架在道德的火炉上烤啊，不分封就是对不起祖宗和后代。以华夏族的宗法观念之深，可想秦始皇心中应当是很愤怒的。

但君主居中决策，选择性采纳意见，而不轻易站队表立场，是权力运作的基本手段。秦始皇没有直接发难，而是依规矩“下其议”，即为解决这次争端，再次举行大规模的廷议。丞相、法家代表、第一次路线之争的胜利方李斯，再次出面抗衡。李斯这次对儒家与淳于越，也不像对站在秦国利益角度提出温和意见的王绾那样客气了。他不仅批驳了淳于越的说法，还请求皇帝：“臣请史官非秦记皆烧之。非博士官所职，天下敢有藏诗、书、百家语者，悉诣守、尉杂烧之。”“若欲有学法令，以吏为师。”这就是禁书、焚书事件，以及全面树立独尊法家的“以吏为师”的开始。自此以后，法家独大，李斯迎来了权势巅峰。

这次路线之争背后，不仅是双方各自的政治伦理、文化意识和制度理想不同，更是因统一而进入权力中枢渠道受阻的关东士人与遍布中央与地方的法家职业官僚的利益之争。已经施行九年的郡县制如果被剜掉一大块，将是多少职业官僚“丢饭碗”的导火索。以吏为师，其实是李斯为稳固身后庞大的法吏集团的入仕途渠道之举，这是对进攻方儒家的一次防守。这次路线之争，贵为丞相的李斯不再是一个人了。他的身后，是一个以他为首，已经运作了将近十年的、新兴的、庞大的、郡县制下的法家职业官僚利益集团。

抑制着被指责之愤怒的秦始皇再次做出决策：“可。”仅一个字，秦朝政治开始走向不可预知的新方向。这个“可”对政治平衡的破坏，将是秦朝爆发的一连串困局中倒下的第一块多米诺骨牌。秦朝的皇子，除了富有、尊贵，在爵位等级上并未得到可名正言顺传袭的正式贵族身份，与民无异，真的就是淳于越所说的“匹夫”。这是秦始皇刚驾崩，他除了胡亥以外所有儿女就全被杀死的根源。淳于越说皇子都是匹夫，秦朝一旦有变“何以相救”，从后续发展来看是非常有道理的，这一点不应否认。

秦始皇没想到的是，紧随焚书而来的，就是储君问题的白热化。储君问题爆发的开端，是所谓的坑儒事件。坑儒，坑的又是儒家。儒家注定了与秦朝的灭亡，与分封和集权的路线之争有着不可分割的博弈当事方之关系。

# 五、长子立场

## 01 儒家代表的关东舆论

秦始皇三十四年（公元前213年），秦始皇本来高高兴兴地举办寿宴，却没想到儒家发难，引爆了分封还是集权的第二次路线之争。这是秦始皇始料未及的。这一次，已经四十六岁的秦始皇再也没有耐心了。他不想再顶着儒生的讥笑去招抚，不想再一遍遍徒劳地去解释。他或许觉得，既然郡县制已经实行九年都无法说服天下舆论，那走出中年、身体每况愈下的他，不必也不敢再等待那些迟迟不来的认可了。他要为自己的政治理想和最大的事业成果，做一次他认为最保险的安排。

李斯说游学之士惑乱黔首，对政策内心不服，在街巷毁谤政策，在君主面前自夸，在民众间带头造谣，甚至结党、阴谋颠覆秦朝。这些游学之士，即治苏秦、张仪之言者，其实就是到西汉中期仍旧活跃的以游说为业的纵横家、策士、谋士等。

秦始皇的统一，实际上断了不少靠国际阴谋、外交与战争才能获利的士人的饭碗。不仅有儒家，这些饱学纵横之术的士人，也都在关东地区的复辟与反对势力中做舆论引导。秦始皇时期，国家表面安定，实则暗流涌动。

第二次路线之争，李斯代表的是法家，他依然坚定地认为分封已经不合时宜，应当在关东全面推行职业官僚制度下的郡县制，由朝廷直接委任地方官员，坚持废除除皇帝以外任何基于血统性贵族的封建制度。

淳于越代表的是儒家。儒家的元圣是周公，孔子从周，创立儒学。儒家一直是周礼、周制的积极倡导学派。先秦时期的儒家和西汉以后的儒家最大的不同点，就是前者是分封制度最坚定的拥护者、鼓吹者和守护者。齐国临近鲁国，儒学发达。但齐国稷下学宫也诞生了齐法家，以及与齐法家相似的黄老之学，实际上齐国也是东方法家的大本营。因此，齐国的稷下学宫是能够产生荀子这样儒法兼修之学者的圣地。而西汉以董仲舒为代表的儒家，是儒家经学内部齐学公羊派的代表。董仲舒所代表的西汉儒家，为什么能把“大一统”提炼为主旨思想，以兼容汉朝的中央集权制度，其实也就顺理成章了。细说起来，秦晋法家的鼻祖是李悝。李悝是孔子的弟子子夏的徒孙，而儒家公羊学派的鼻祖公羊高则变为子夏的弟子，这就可见公羊派与秦晋法家之渊源。

然而，秦朝的儒家还远远没有这个转型的认知和动力。由于儒家是战国第一大显学，是战国时期“教育普及”的第一线，掌握着“修改教科书”的权力，关东“诸生皆诵法孔子”，在关东具有极强的舆论影响力。儒家曾经十分鄙夷被他们认为制度落后、搞集权的秦国。《秦本纪》对早期秦国的评价是：“秦僻在雍州，不与中国诸侯之会盟，夷狄遇之。”《六国年表》甚至说：“今秦杂戎翟之俗，先暴戾，后仁义。”“论秦之德义不如鲁卫之暴戾者”。孔曰成仁，孟曰取义。仁义是儒家的核心思想。德，是周文化的核心理念。鲁，是周文化与儒家文化的大本营。秦离齐鲁最远，在儒生心中就是不讲仁义道德的戎狄。

孔子周游列国，却终生不入秦国。除了兼修儒法的荀子在亲临秦国之后，对秦国展现出的政治清明现象有极高的赞许和认可外，东周罕有儒学大家踏足秦国。即便如此，荀子也认为秦国“县之以王者之功名，则倜倜然其不及远矣”（《荀子·强国》）。这是说秦国远远达不到王者该有的功名，就是因为秦国“无儒”。大夸秦国之后，荀子却预测秦国一旦遇上没有操守的君主就会灭亡。总而言之，连荀子也看出，秦国与儒家的不相融潜藏着巨大的舆论危机。

秦始皇统一后，对儒家采取积极拉拢的姿态，故而在朝堂上为儒家设立七十席位的博士，让他们参政议政，并一度听从儒生的建议，在儒家圣地鲁国登泰山封禅，表明尊敬儒家的姿态。封禅期间，受到儒生讥笑，秦始皇也没有追究。

在第二次路线之争以前，秦始皇对儒家的态度是非常友善和笼络的。当然，秦始皇与儒家的理念不同，只让儒家议政，并不给儒家行政权。但随着面临的各种危机越来越大，最终在儒家发起第二次分封倡议后，秦始皇转向高压政策。秦始皇决定独尊法家为师，对儒家采取弹压态度。尽管如此，儒家博士仍然一直留用。

儒家把实践分封作为政治理念和学术理想，出于其理想国就是西周。但学界毕竟不会干造反的活儿，秦始皇对儒家的姿态也尚可。所以，在秦始皇晚年对儒家转向打压政策前，朝堂上的儒家领袖也想折中一下，向秦始皇最后一次兜售封建方案，即在分封功臣之外退一步，支持分封皇子，相当于支持秦朝合法性与秦始皇本人的权威性与神圣性，却仍然不被秦始皇采纳。

秦始皇坚定地选择法家方案，要在整个天下推广秦国的制度，在那些并不认同这种制度的关东地区推广。他之前的六代秦王方才逐渐把秦国江山一点点秦制化，他却要在一代人十几年的时间里，把另外抵触情绪最浓的大半壁江山也给秦制化。他不仅不允许天下有封建的诸侯国王和实封的君侯大夫，也不允许自己的儿子、妻子拥有法理上可以承袭的贵族爵位之身份和名分。秦朝的整个天下，只有一个拥有合法血统继承权的贵族，就是皇帝本人。

这一时间节点正处在制定过世卿世禄制度、把土地和人口视为私产的贵族层层封建自治的周朝才刚刚结束没多久之际。秦始皇的秦朝与周朝相比，像是从一个极端向另一个极端的剧烈倾斜，震荡程度可想而知。这是一次顶层设计下的异常激烈的社会变革，是皇帝一个人对全天下曾经拥有血统继承属权的贵族地主阶层的宣战。秦始皇身边只有一小群坚持这种制度理想却连选拔方式和途径尚不明确的新兴职业官僚群体的陪伴。

新兴职业官僚作为一种后来渗入华夏文明肌理的历史群体，这时候还很稚嫩。他们面对的对手不是某个国家，而是八百年来的全民信仰和被视为“天道”的固有的社会结构、传统意识、国家存在形式和政治存因解释逻辑。儒家作为当世第一大显学，一直都在鼓吹分封制度的道德性和合理性，是不谙言辞之美的法家在学术理论和舆论宣传上最大的对手。

## 02　儒家对秦制的攻势

关东质疑秦制的舆论风潮愈演愈烈。关东地区不断制造谶语事件，造秦始皇死而地分的舆论。这就是期盼说，秦始皇的制度活不久，只能活一世。如果后来的汉朝最终没有实现去实封自治的郡国并行制，重塑中央集权，那这制度还真就只有一世。那么秦始皇的历史地位与西方马其顿帝国的亚历山大大帝差不多，只是个强悍的征服者，甚至是掠夺者，而非治理者与开创者。

当时的舆论是怎样攻击秦制的呢？秦始皇三十五年（公元前212年），欺讽秦始皇的关东术士侯生与卢生等人逃跑。《史记·秦始皇本纪》中记载他们在背后所说的关于秦始皇的坏话。这些话如果不用儒家的道德语境，而是转换成今天人们能听懂的舆论语境，就能看出，虽然表面上是抱怨诋毁的牢骚话，但潜台词的信息量很大：

> “始皇为人，天性刚戾自用，起诸侯，并天下，意得欲从，以为自古莫及己。”

表面指责：秦始皇太自大了，什么都只相信自己那套，把其他国家都吞并，他决定是什么就是什么，以为自己是最聪明的。

潜台词抨击：秦朝实行统一国家的行政制度，强调朝廷管理，取消王权地方自治，树立皇权权威。

> “专任狱吏，狱吏得亲幸。博士虽七十人，特备员弗用。”

表面指责：秦始皇重用法家官僚，什么都只和法家官僚商量。儒家博士虽然有七十人，但他都不用，只是当作摆设。

潜台词抨击：法吏出身的职业官僚一家执政，只给儒家议政权，没给行政权，儒家没有正规的入仕渠道。

“丞相诸大臣皆受成事，倚辨于上。”

表面指责：官员大臣们都是直接接受皇帝指派，听从皇帝指令。

潜台词抨击：皇帝个人进行决策和人事任命，实际上就是中央集权制度。

“上乐以刑杀为威，天下畏罪持禄，莫敢尽忠。”

表面指责：皇帝喜欢用法律立威，官员们畏惧犯法，又想保住作为职业官员的俸禄，都不敢不尽忠职守。

潜台词抨击：郡县制下的职业官僚制度，以及法治之下，用法律法规约束官员，官员领取薪资收入，并要求官员明确职责分工，而不是让豪绅拥有封地食邑，进行世卿世禄的封建家族自治。

“天下之事无小大皆决于上。”

表面指责：任由皇帝决策天下所有的事务。

潜台词抨击：秦始皇在全国推行的秦制——中央集权，以及服从朝廷的郡县制度。

对中央集权制度的舆论攻击，就是所有舆论说法的核心。虽然这些听起来冠冕堂皇，像是对皇帝个人的道德指责，实际上这样说是蛇打七寸，抓住中央集权制度自上而下垂直管理而非地方自治平行管理的逻辑，攻击秦始皇作为皇帝的职责，就是打击秦制的核心。

不过，他们也说出了一句有用的信息：“上至以衡石量书，日夜有呈，不中呈不得休息。”这点出了秦朝首次在整个天下实践中央集权制度，秦朝相比秦国版图要扩大数倍，因而也遇到了严重的制度瓶颈。秦朝的中央集权并不成熟，政务系统的分拣划归、权责渠道并不顺畅。庞大的国家版图出现后，交通技术与信息技术却没有迭代提升。皇帝要管理数千里之外的土地，严重消耗精力，透支了健康。

术士，这一相对底层但同时又是当时能够掌握文字读写、具有起码知识素养的关东人群，他们的评价恰恰反映了舆论的全局。他们话语间诸多对秦始皇独断的控诉，表面上看是道德指责，但结合那个时期分治与统一、封建与集权正在反复碰撞的时代意识，这些更像是对崭新的中央集权与朝廷制度的不适应、不理解与不接受。因为，他们那代人还没有经历过这种政治制度和社会形态。这应该代表了民间对秦制抵触的普遍说法。但如果这几句所指都算暴政的话，那差不多后世所有皇帝都在施行暴政了，因为皇帝制度规定的皇帝职责即如此。

秦始皇是如何应对这种舆论攻击的呢？他是这样解释和应对的：

“吾前收天下书不中用者尽去之。悉召文学方术士甚众，欲以兴太平。”

潜台词：他虽然禁止旧有的不利于秦国舆论的书籍，但他知道禁书政策会打击文化，也在做出一定弥补，因此才招揽这么多文学方术之士，试图重塑一种新的太平文化。

“诸生在咸阳者，吾使人廉问，或为妖言以乱黔首。”

潜台词：诸生一直在民间煽动舆论。秦始皇真正愤怒的不是方士辱骂他，而是这些说辞明显是颠覆体制的言论。他将这些人全部抓捕并审讯。

“犯禁者四百六十余人，皆阬之咸阳，使天下知之，以惩后。”

潜台词：把制造颠覆舆论的四百多人全部坑杀，针对关东舆论和思想界杀鸡儆猴，以震慑其他散播颠覆舆论的人。

## 03 长子竟站队儒生

但坑儒并没有真正起到舆论引导效果。尤其令秦始皇意外的是，皇长子扶苏这时候站出来说话了："天下初定，远方黔首未集，诸生皆诵法孔子，今上皆重法绳之，臣恐天下不安。唯上察之。"

扶苏说，战争刚刚结束不久，关东地区的民心舆论仍然没有向着朝廷。尤其是"远方"，当指齐地、楚地等贵族地主势力强大、封建意识浓厚的地区。如今，学者、名流们都信仰儒家倡导的分封制度，现在皇帝用重法把他们抓起来杀掉，扶苏害怕天下舆论更加不向着朝廷，希望皇帝改变决定。

注意，传播这些攻讦秦制说法的方士、术士，不管是不是儒生，扶苏都指出他们是"诵法孔子"。扶苏这个说法就是儒家引导舆论传播的证据。这印证了，关东上上下下很多人都是诵法孔子的，以儒家学派的封建理论主张为尊。在秦始皇生命的最后几年，儒家从秦始皇那里得不到行政权或理论支持，就转而在民间制造舆论——反集权，要封建。

秦始皇不立皇后、不立太子、不封皇子。但扶苏作为皇长子，在深润宗法制、奉行嫡长子继承制的华夏族群中依旧是不成文的皇位第一顺位继承人。从声望上看，他也一直被秦始皇当作接班人培养。

扶苏，这位把自己的独立观点和政见隐藏很久的继承人，终于表达出了自己和父亲不一样的路线。

黔首是什么？就是老百姓。"远方黔首未集"，扶苏道出了秦始皇越发独断的政治形势动因——集权制度根本没有被关东地区认可。

此时的意识形态分歧，仍是广泛存在于"黔首"这个关东庶民阶层。民间舆论是跟着当地贵族地主阶级走的，而非朝廷号令。其实，贵族地主作为那个年代的绅士阶层，对庶民的舆论影响力很强。但秦法的逻辑是授田制，不承认贵族地主从祖上传下的大量土地与奴婢等生产资料的合法性。可是统一之后，秦朝又没有对关东贵族地主进行大规模的阶级斗争或军事斗争，等于在一定程度上默认了这些旧贵族拥有大量土地的既成事实。这意味着，众多的县豪虽拥有庞大产业却没有官方认可的产权。那么，这些缺乏安全感却有实力反抗的旧贵族地主，势必反抗动作不断。

这才有了儒家领袖淳于越再次对集权制度的发难。儒家代表关东学界、知识界、县豪与百姓，对秦朝在制度上的设计极其不满。淳于越评价秦制，说这是秦始皇的罪过，言辞极其激烈。但秦始皇再次压制了儒家的主张，并且以吏为师，正式表明了自己的国学邦教、国家思想是法家，几乎绝了儒家的念想。

这才又有了关东术士对秦始皇的恶评。这是被绝了念想的儒家不再抱期望于说服秦始皇，开始发动舆论攻势的表现。他们代表民间出于传统认识对新兴秦制的不满。不过，战国时期列国皆有不同程度的变法，郡县制并非秦朝一家独有。因此，儒家发动的舆论主张，关键点还在于对关东地区是否实行分封。

分封之下，地方上会形成强大的王权，那么也会形成依附于王权、与中央朝廷平行的官僚体系，这其实是有利于当地的儒家知识群体与贵族地主阶层入仕的。舆论之争的本质是东西方地缘利益之争。离秦本部越远的东部“远方”，就离儒家的大本营鲁地越近，舆论就越不利于秦制。

扶苏的判断和认识是，舆论危机一触即发，应采取怀柔政策，做出一定妥协，否则不利于稳定人心局面。

陈胜后来起义时，打着秦公子扶苏和楚将项燕两个八竿子打不着的人物旗号造反，可见扶苏很可能有母家来自楚国的血统。在楚地民间的认识中，尤其在关东的楚地，扶苏很有声望。很可能扶苏一直以来也持有郡国并行的半分封半集权的路线倾向，更符合关东地区尤其是楚人的盼望。

秦始皇的路线是什么？在制度上坚持中央集权，在舆论上坚持法家的高压路线。

扶苏的路线是什么？为了政权稳定，在国家形式上可以对儒家妥协，也就是适当地在远方局部地区恢复分封制，对舆论采取安抚怀柔路线。

扶苏是“数直谏上”，他并不是偶然一次不谨慎地说出观点惹怒了秦始皇，而是多次直言进谏，立场较为坚定。

扶苏如果继位，很可能会为当年的秦国楚系外戚人物平反，恢复分封制，施行郡国并行，对关东舆论采取怀柔妥协的态度。这些都是当下的秦始皇所不能容忍的。一旦扶苏这样做了，废掉秦始皇作为第一个皇帝的开国政治遗产不说，搞不好秦始皇的历史形象还要受损。毕竟这是要推翻秦始皇确立的路线，势必要论证其路线的不合理，那么就要指出秦始皇的决策失误，而皇帝本人的政策路线，一贯是与本人的历史形象挂钩的。因此，秦始皇认为他一直当作接班人培养的扶苏会因担心失去关东人心而产生懦弱倾向，最终会向反对派妥协。秦始皇更怕自己的政治理想与改革果实之制度，会随着他的死以及扶苏的上位而最终流产。

秦始皇怒了，把准太子赶出了京城。但他把准太子赶到了精锐部队去做监军，和自己的心腹武将蒙恬搭班，让扶苏直接接触了军权。他并没有向天下表示扶苏彻底出局，这一操作确实让人迷惑。总之，他对扶苏也算是留下了继续培养重用的余地。

扶苏为什么要跟父亲强大的权威对着干呢？因为，他夹在这个特殊的时代和路线之争中，也有属于储君的压力。

扶苏的历史形象与汉武帝的卫太子非常相似，这并非偶然。当秦始皇与汉武帝这样的权威君主实行高压政策时，一定会触碰大量既得利益集团的利益，导致对方因此而有所集结。高压政策本身就有很强的副作用与破坏性，也一定会有一派官僚站在反对的一面。因此，这些势力最终会汇聚到一个能够影响皇权甚至将来会执掌皇权的旗帜背后。他们会努力影响潜在的皇权执掌者，也即皇位继承人——太子。太子将来继承皇位后，没有开国君主的无上权威，势必要靠大赦天下、以德服人来树立自己的威望。怀柔路线，几乎是秦皇汉武这样的强人政治之后，最有利于接任者的选项。秦朝在秦始皇驾崩后没有这样选择，亡国了。汉朝在汉武帝之后选择了，于是出现了中兴治世。

按淳于越的话讲，秦始皇的儿子都是没有受封爵位、没有实际贵族身份的匹夫。扶苏就是如此。虽然他同时又是第一顺位继承人，是公认的皇子中唯一的潜在得益者。因为分封与集权之争，已经引发了“焚书”这样毁灭历史与文化的知识劫难以及全面独尊法家这样的政治大地震。而且每次提出分封，分封派都首先将这群皇子推向台前，成为分封方案的操作对象——皇子受封诸侯。在巨大的利益与无端的风险下，在秦始皇最后五年迅猛突起的高压政策下，皇子群体岂会没有想法和忧虑？扶苏应该是已经感受到了兄弟们那同时带有不平、不安与期待的目光，感受到了那股来自关东民心，来自皇族宗室的压力。他如果不表个态，作为秦代集权制度唯一的潜在受益者，或许将很快成为反对势力，甚至是期待受封诸侯的自家兄弟们直接攻击的靶心。

这是任何时代的储君都有的压力。在秦朝，皇子要么是封建自治的实权诸侯王，要么是没有贵族身份的匹夫，在这种皇族面临巨大利益落差的时代，皇族的未来领袖势必要承受远超其他时代的压力。扶苏的“匹夫”兄弟们，恐怕对分封也是嘴上不敢说，但心向往之，这是皇子集团天然的利益诉求。扶苏面对的，将是来自整个皇族集团的压力。

扶苏不得不说句话了，而且是站在坚持分封的人群那边，也代表了自己的弟弟们。事实上，这也有利于他继位后的稳定。毕竟没有了秦始皇活着时的权威声望，扶苏继位很可能会遭到外部封建势力以及内部官僚各股人事集团的全面反扑。但秦始皇怎么能允许接班人比自己更得人心、更具统治集团凝聚力？如果皇帝面对接班人的难以替代性优势都不存在了，政变的解释成本就会很低，他的人身安全都会得不到保障。

都说秦始皇独断专行，但秦始皇毕竟也不是能左右每个人心思的神。他再残酷的政治决定都经过廷议，自己只做居中决策，说一句“可”或“不可”。最高决策者不把自己放在某个立场的直接对立面，这是权力运作的基本方式。所以，即使秦始皇对儒家进行了一次强力的敲打，声望甚深的七十位博士仍旧稳稳地站在朝堂上，且直到二世时期还有叔孙通这样结交豪强的能人。

而关东人心浮动，不仅六国复辟势力蠢蠢欲动，连会稽郡守殷通这类秦朝职业官僚利益集团中的封疆大吏，也是见风使舵、野心勃勃之人。只能说，秦朝中央集权制度还不成熟，至少在舆情控制层面未能塑造出适配统一时代的价值观，建立对统一理念的认同感。不得人心共识的认同，仅靠秦始皇强大的个人声望和威慑力暂时维系着表面看起来完整的统一，其背后的秦朝合法性危机实则一触即发。扶苏是要接受这个考验的，他再想韬光养晦，也必须作为顺位继承人，为朝堂缓解这种随时会爆炸的巨大舆论压力，做出个人选择。

其实，刘邦虽然是灭秦建汉，但汉朝辖区却正与故秦国境重合。继承秦制的汉朝，在某种程度上相当于秦朝的涅槃重生。虽然秦末民怨沸腾，但秦始皇个人的威望仍是巨大的。父亲秦始皇给予扶苏的压力，应该是不小的。

## 04 秦始皇的两难

扶苏被贬黜后，秦朝继承人的问题就更大了。秦始皇三十七年（公元前210年），秦始皇最后一次巡游关东。“少子胡亥爱慕请从，上许之”（《史记·秦始皇本纪》）。胡亥登基后逼死蒙毅时说：“先主欲立太子而卿难之。”蒙毅临死前对胡亥说：“夫先主之举用太子，数年之积也，臣乃何言之敢谏，何虑之敢谋。”（《史记·蒙恬列传》）从这些记载来看，蒙毅都要自尽了，还拍胡亥马屁的可能性不大，似乎立胡亥为太子，也是秦始皇一直有考虑的事情。

但最后一次巡游，带着胡亥进行个人考察后，秦始皇最后的遗诏是让扶苏继位。显然，秦始皇在继承人的问题上处于摇摆不定的态度，他并没有真的彻底放弃扶苏。然而，秦始皇到底在摇摆什么呢?

秦始皇恼怒于扶苏向着关东舆论说话，有儒家的分封倾向，可他还在变相地培养扶苏。他摇摆是因为扶苏不会延续自己制定的路线，胡亥作为幼子虽然不怎么懂事，却倾向于这一路线。赵高受皇帝委派做胡亥的老师，“故尝教胡亥书及狱律令法事”（《史记·秦始皇本纪》），属于法吏集团。赵高与胡亥师徒二人是绝对的集权与法家高压路线的支持者。

秦始皇是怕扶苏改他的制度，想保护自己的政治遗产。对于初生的秦制，时人更多是不理解的。理解秦始皇在怕什么，就知道秦始皇的很多政策为什么显得苛暴。

其实，历史上搞变法革命的，没有不搞高压政策的。不搞就变不成，革不了。但历史上有些著名的变法，我们知道是变法。唯独秦始皇的改革，我们总觉得他只是继承了商鞅变法。我们总忽略他在深化中央集权制度，而且在关东的半壁江山上初次且短期内推进远距离的中央集权制度。这种改革的阵痛和反噬，是秦始皇后来实行更多苛刻政策的动机根源。人们常常只看到历史人物的“过”，却很少关注历史人物的“困”。人们更多是用街头式、演义式的道德评说解释为他“刚愎自用”。但如果我们要建立一个能让自己借镜观形的历史观，就不能只看历史人物的“错”，也要看历史人物的“困”。除了观察道德，也要观察立场，辩证地看待得失。否则很多历史人物就只能解释为不可理喻的蠢人。

从政权稳定上讲，秦始皇希望怀柔的扶苏能继位，扶苏可以安定天下。但从自己的政治理想上讲，他不希望扶苏改变他亲手确立的路线，破坏他设计的制度。扶苏能稳定他的政权，却会动摇他的制度。胡亥能够延续他的制度，却可能动摇他的政权。这就是秦始皇的矛盾。

秦始皇晚年贬谪扶苏，其实牵涉储君在政治路线上站队的大问题，也属于一次政治震动。胡亥顺势得宠，都属于继承人问题爆发的体现。秦始皇让扶苏去蒙恬军中，将其罢黜到匈奴与华夏的战争前线，也许是想让他亲眼看看分封复辟、集权崩溃后可能招致的外祸。

扶苏最后自尽，以软弱的形象结束自己的生命，难道仅仅是对一道诏书的失落和恐惧吗？秦始皇贬谪他的真正目的，他应该是知道的。有一点比较明确，扶苏继位，秦始皇有对自身政治路线破产的担忧。扶苏知道，他碰触了秦始皇最大的逆鳞。

秦始皇三十一年（公元前216年），秦始皇开始强烈地感受到国政艰难。《史记·秦始皇本纪》记载，诸生不遗余力地“为妖言以乱黔首”，扶苏也道出“远方黔首未集”的现状，“黔首有人刻石曰‘始皇帝死而地分’”，关东广泛流传着“今年祖龙死”等谶语流言。集权制度不得人心，被很多人看作是独断专行的无道逆行。加上秦始皇用高压政策去刚性应对，贵族与黔首站到一起，问题迟早是要爆发的。胡亥继位初也提到：“朕年少，初即位，黔首未集附。”《秦二世元年十月甲午诏书》中也记载：“天下失始皇帝，皆遽恐悲哀甚。”可以明确感觉到，威压一世的秦始皇之死，的确是关东局势从酝酿到爆发的一个重要转折点。秦朝官方对秦朝的困局是放在明面上说的，毫不隐晦。

在儒家淳于越最后一次向法家集权路线发难的时候，儒家就已经退了一步，请求秦始皇分封自己的儿子，否则诸皇子只是富而不贵。他们明着讲，让秦始皇“师古”，也就是废掉现在这套被儒家认为是罪过的秦制，恢复过去的“天理”，也就是周制、分封制。秦始皇也着急了，坑杀“诵法孔子”的诸生。有人认为这是杀方士，被误会是坑儒。其实是杀鸡儆猴，杀的是“诵法孔子”的方术士，还是做给儒家看的。《说文解字》对“儒”字的解释本就是：“儒，柔也，术士之称。”孔子建立儒学以前，原儒就是对术士的称呼。

从扶苏和秦始皇针对这场舆论战的回应来看，儒家是有组织、有计划、有渠道地实施反秦舆论散播的。秦始皇在反制，只是没有直接拿朝堂上的儒家领袖开刀而已。

主张分封的淳于越错了吗？似乎没有。正如他所说，秦始皇的子弟都是匹夫。宗室不兴，一旦天下有变，无以相救。秦始皇死后一年就烽烟四起，所有子女全部死光。很快，连他的王朝都没有了，更何况他的路线。

主张集权的李斯错了吗？似乎也没有。他说封建诸侯，任由地方坐大和自治，只能带来短暂的和平。不久以后还是会天下混战，诸侯相伐，民不聊生。项楚集团推翻了秦朝，树立了共主，自称为霸王，分封了诸侯。但这个诸侯格局只维系了几个月就坚持不下去了。又是烽烟四起，战火连天。人口三损其二，父子暴尸于路。打了这么些年，皇帝称号又回来了。

他们都没有错，到底是谁错了？

为什么秦始皇遇到了政治阻力，要采取被诟病为“暴君”所行的高压政策呢？这些政策的动机和效用到底在哪里？当我们尝试走进晚年秦始皇的内心世界，或许能解开他最后五年的“暴君”谜团。

# 六、五年暴君

## 01　新制度的动员力

秦始皇统一后废谥号，称以始皇、二世、三世，至于万世。这表明始皇称帝之初，对秦朝国祚延续能力的自信，任谁做到这样前无古人的事情大概都会信心爆棚。但以秦始皇那个年代的历史视野来看，完成大一统之后的天下，已经不是三代历史可以追寻到常例的了。他面对的是前人从未深入过的历史无人区。但作为最后的贵族，他仍旧没能走出数千年来贵族视民如私产的驱民观念，所以才会有动辄数十万人征伐、迁徙、徭役的举措。而且在广袤国土上远距离迁徙，造成的人口损耗是巨大的。

秦始皇保有旧贵族的驱民意识。在秦廷石刻颂文中，秦始皇的功绩主要是以战止战、法令出一、统一之功，但措辞间让人觉得多有主人施恩家仆、泽被苍生之感，秦始皇被塑造为黔首、百姓的大救星。但言辞中并没有爱民如子的思想存在，这是因为秦始皇本就出身于视民如产的原生贵族。他仍旧是身份等级高高在上的贵族主人。秦始皇没有意识到，这种驱民如役物的贵族自信，给他后来应对国政压力时带来一个不好的基调。秦与西汉，差的就是集权制度下是否用民本意识进行自我克制。

夷郡县城，销其兵刃，示不复用。

——《史记·李斯列传》

秦始皇很自信，统一后连郡县城防都不准备要了。可以想象，如果统一之初那些被拆除的大量县城城墙还存在，陈胜、吴广是否还能拿着棍棒就夺取地方武库？刘邦、项羽还能不能一个月在纵横三千里的大地上转几圈，仅四年就建立王业，八年就建立帝业？如果秦朝还留着每座小城池的城防，还有坚壁清野的鏖战可能性，那些郡守县令等秦吏们还会不会轻易投降或被诛？刘邦杀县令，想把持县邑的难度会大多少？夷城政策的规模和速度已经不可考，但这项政策必然是后来关东反对势力以风雷速度推进的原因之一。秦京畿关中的防御再坚固，也抵不住一个城墙关隘都被敞开、整合划一的大关东。

秦始皇把自己变成了最后一支贵族、王族，天下已经没有竞争对手了。连传统强国都能推灭的秦廷军事能力，怎么会应对不了松散的局部反叛？事实上，秦始皇没死时，畅巡天下，除了暗杀之流，也没有出现大规模的军事暴动。秦始皇也许意识到了反对势力的暗流涌动，但没想到他死后，在明处的朝廷与军队会那般不堪一击。这是他异常成功的过往经验注定的局限。他自己都忽视了秦朝的稳定仅仅是依赖于他个人的权威与运作，而非是秦朝本身已经达成了稳定的平衡。

中央集权制度提供了远比封建制度强大的顶层支配能力。顶层却在高强度的动员中，习惯性地忽略了庶民阶层的耐力。自上而下的官僚系统只接受垂直管理和指令，并不会像贵族大夫那样去主动考虑治地内的民力承受阈值。历史上，秦、隋两个长久分裂后的统一，都是亡于过度透支集权制度的动员能力，造成了广泛的民变。

分裂时期为图存，政权不得已而强化国家机器的全局发动能力。在亡国乱命的恐惧下，民间能够接受这种高强度动员。分裂期的国家规模和面积较小，统治者更易察觉国土内的局部异动，能及时调整区域政策，秦、隋这些赢得统一的政权在战时基本都能把握好这个度。可到了地理跨度巨大的大一统时期，全局驱使的成本更大、难度更高。如果依旧依赖这种政策惯性，势必会成为第一个吃螃蟹却不适应而过敏的朝代。秦、隋为紧跟的汉、唐树起了典型的反例，推动了汉、唐文治型政治理念的转型。

秦始皇没有意识到，他兼并和改革出的那个幅员辽阔的大一统王朝，以及那套全新的集权制职业官僚体系的运作方式，和旧有的贵族社会观念、政治逻辑已经严重脱节了。这个初生只有几年的集权制度，其实是不成熟的。

面对国政压力时，秦始皇试图继续用贵族诸侯惯用的驱使民力的方式解决问题。有些是为后来很快继承秦朝的汉朝奠定了稳定发展的基础，比如修长城、修建驰道和直道、开疆拓土、抵御外族入侵以及迁徙豪门的陵邑制度。但在当时来说，这些无疑让秦朝治下的百姓感受到了高压苛政带来的困苦。新生的大一统制度下，高强度透支国家动员力带来的反噬是秦始皇预料不到的。不过这些苛政并非从秦始皇时期才开始推行。

嬴政十三岁继位为秦王，三十九岁统一中国，五十岁去世。在十三岁继位到三十九岁统一中国这段时间内，没有看到多少他被后人批判的事情，而且从三十九岁统一到大概45岁之间，他的所作所为也是正常的。修长城、修阿房宫、修秦始皇陵、修驰道和直道、开发五岭、禁书坑儒、罢黜长子、以吏为师、法家治国，全部集中在他临死前的五年内。

我们能第一时间想到的，秦始皇最被诟病的诸多苛政都发生在秦始皇三十二年（公元前215年）之后。那么，如果秦始皇只活到秦始皇三十一年（公元前216年），他还是暴君吗？

在最后五年，秦始皇为什么要走上这条高压政策路线呢？他在用高压的方式，坚持和维护他的制度革命。

## 02　千古一帝的困局

秦始皇的自信和耐心，在秦始皇三十一年这年，大致就开始崩溃了。这一年，他感受到了前所未有的国政压力。首先引爆的，是国家经济，是旧有的土地制度。

秦始皇三十一年，秦始皇下令“使黔首自实田”（《史记集解·秦始皇本纪·三十一年》引徐广）。秦汉之时，“一夫挟五口，治田百亩”（《汉书·食货志上》）。授田制基本以一户一百亩为标准。有爵者对应爵位等级，国家授予相应的田地数量。经过周代八百年的农业开发与人口增长，到秦始皇统一时，全国人口很可能已达到葛剑雄在《中国人口史》中推定的“四千万左右”。这时候的疆土，却远远未及汉武帝开边后广阔。秦始皇时代，秦朝疆域内的人口很可能已经达到饱和，没有更多的荒地可以开拓。

秦始皇在这一年下令，国家不再按既往制度进行授田，黔首需自己想办法充实田产，但仍需遵循国家规定的所处爵位能够拥有的土地数额限制。这意味着，秦代的授田制度已然崩溃，国家掌握的土地资源枯竭。那么军功爵对应的授田数额，也势必随“黔首”之可授地来源枯竭同时受到冲击。

国家爵位所配给的土地来源，被动开放到交易市场，不再由国家提供。那么，所谓的军功爵制度，原本是对应爵位规定，给予个人一定数量的土地，现在反而成了个人自谋土地，爵位规定成了个人可以拥有的土地数额上限。

国家之所以没有土地，与秦始皇只在制度上进行顶层设计，却没能在关东基层推动重新分配性质的土地革命有关。旧贵族地主阶层仍然把控着大量关东土地。当秦廷掌控的土地资源枯竭，不再对应进行授田，垄断土地的关东旧贵族势力，见官方土地供应骤然萎缩，趁势囤积居奇，要与秦朝打一场经济战。当年粮价应势飙升至峰值，“米石千六百”。国家经济处在崩溃的边缘，秦始皇个人感受到的国政压力应当是日趋激烈。

也正是从次年开始，已经止战数年的秦始皇，开始主动发动大规模征伐战争，征发超级工程徭役。《史记·秦始皇本纪》记载：

> （三十二年）始皇乃使将军蒙恬发兵三十万人北击胡，略取河南地。
>
> 三十三年，发诸尝逋亡人、赘婿、贾人略取陆梁地，为桂林、象郡、南海，以適遣戍。西北斥逐匈奴。自榆中并河以东，属之阴山，以为十四县，城河上为塞。又使蒙恬渡河取高阙、阳山、北假中，筑亭障以逐戎人。徙谪，实之初县。
>
> 三十四年，適治狱吏不直者，筑长城及南越地……天下敢有藏诗、书、百家语者，悉诣守、尉杂烧之。
>
> 三十五年，除道，道九原抵云阳，堑山堙谷，直通之。于是始皇以为咸阳人多，先王之宫廷小，吾闻周文王都丰，武王都镐，丰镐之间，帝王之都

也。乃营作朝宫渭南上林苑中。先作前殿阿房……隐宫徒刑者七十余万人，乃分作阿房宫，或作丽山。发北山石椁，乃写蜀、荆地材皆至……因徙三万家丽邑，五万家云阳，皆复不事十岁……乃自除犯禁者四百六十余人，皆阬之咸阳，使天下知之，以惩后。益发谪徙边。

三十万军队击匈奴，五十万人徙戍五岭，七十万人徙建阿房宫、骊山陵；修直道，筑长城；下焚书令，禁言令，坑杀反对派，以吏为师，独尊法家……如果加上扶苏，就还有准太子被罢黜外放。为什么这最后的五年，秦始皇会有巨大的心态和政策上的变化？感到身体的衰老应是一个原因。分封制与集权制路线斗争，不仅没有随时间淡化而竟越发激烈，且牵涉储君站队，也是一方面。粮价暴涨，咸阳城内兰池遇刺，秦始皇应是感受到了一种他没有预料到的政治阻力。

授田制的崩溃，背后是军功授爵制的危机。军功授爵制的崩溃，背后是统一战争结束后军事掠夺性的经济获取方式将国外存量转化为国内增量的外部输入性经济逻辑的崩溃。朝廷可授田资源已经枯竭，关东也没有战败国再去承担来自失地者的诉求压力，和平时期更没有战争人口损失。全国人口增长较快，土地供给越发紧俏。昔日根本不用顾及的敌国庶民，现在也是必须考虑其生计的大秦子民。新增的成丁人口增加速度，超过降爵继承原则甚至三世收爵原则的军功爵制回收田地的速度。那么，既无军功可立又无战争掠夺之田资可赏，国家也没有多余田亩可授，秦始皇只能“使黔首自实田”。可当田产买卖被解禁，爵位反而成了自筹土地时限制交易上限的紧箍咒。贵族地主再趁机做空经济预期，导致物价暴涨，可谓是彻底将秦始皇了一军。

秦始皇三十一年（公元前216年）之后，秦始皇频繁发动南北大规模战争，过度征用徭役修建超级工程，就是为了应对授田制的崩溃。

秦始皇的统一战争没有伴随大规模的杀戮，等于直接接盘了关东的土地和人口矛盾。但秦国的军功授爵制和授田制在和平时期已经失效。这是对秦朝文治转型的一次考验，更是对中央集权制度的考验。先秦时期，破除世卿世禄制度与贵族封建之后，秦国版的中央集权制度依靠军功爵制作为战争时期的战时选拔机制。后来，很多地方官吏都来自军中。因此，军功爵制是全民阶层晋升与流通的主要渠道。

到大一统和平时期，新的选拔和晋升标准、全新的平民阶层晋升渠道就应该是以文化和道德以及治理才能为主，而非继续坚持战时标准。汉朝的察举征辟制和后来的隋唐科举制，都是这种长期分裂后的上升渠道拓新。秦始皇在最后五年也做出了“以吏为师”的尝试，但显然是失败的。

“黔首自实田”还有一层关键的地缘博弈目标，那就是秦朝能否对关东授田，关系着对关东的控制力。国家授田，也意味着国家限田，国家掌握着土地分配权。这对于秦朝关东地区、六国未实行授田制的旧地主阶层无疑是一种打压和限制。这些地主虽然出于历史既定事实，拥有祖上传下来的土地，但新的国家政权在法理上并没有正式承认他们对这些土地的所有权。这可能是关东人心不安的重要因素。从秦始皇二十六年（公元前221年）统一到秦始皇三十一年，秦始皇在这六年间一直没让关东旧贵族地主对这个新生王朝放下心。因为他们有产，却没有产权。

秦始皇后来的失败在于，这些旧贵族、大地主人人头上悬着一把剑，他却不与这个旧贵族群体进行直接斗争，而是折腾庶民。很可能在秦始皇三十一年前后这段时间，包括粮价飙升在内，都是秦关中朝廷与关东地主阶层进行经济战的结果。可秦国擅长的明明是军事作战，而不是经济战。后来的历史经验说明，如果新生王朝与这个落后的群体直接斗争，无论是阶级斗争还是军事斗争，只要不折腾庶民，其过程可能会很激烈，但结果会是摆脱束缚，轻装上阵，迎来长期的稳定。如果畏惧与腐朽的垄断势力做斗争，而是折腾庶民，纵然一时和平，但烂在骨子里的社会腐朽气息会迅速蔓延，矛盾依然要爆发，导致新的乱战。

长久的王朝，要么相对公平地重新分配资源，要么因为乱世而人口迅速凋零，人均资源自然富足起来。秦始皇偏偏选择折腾百姓，掩盖并推迟斗争。

## 03 错误的药方

秦始皇作为旧贵族，驱民思想和原生贵族的优越感仍然影响着他的抉择思路。他没有把精力用在制度性抑制垄断性的旧贵豪族、创新选拔制度上，而是通过旧贵族常用的对外扩张和驱民方式，为即将落幕的军功爵制度强行续命。

秦始皇制定了三个政策应对：

一是战争。通过南北战争，开疆拓土，增加全国可供给的田亩。做大增量是缓解存量分配危机的最直接方式。河南（今河套地区）、岭南也有大片可耕之地。庞大人数的军队驻扎在那里，已经进行了一定程度上的军垦自足。不过，这些土地的地力相对而言，不似华夏核心区那样肥沃，效果有限。

二是徭役，而且是针对关东地区。关东是统一战争中被兼并的一方，并无太多拥有秦爵者。大量徭役、迁徙对象都是针对关东地区人口的。关东土地的垄断最为严重，庶民已经不够分。所以，把关东大量农耕人口转化为“工程人口”，以徙谪的名义疏散关东人口到边疆屯垦，在塞北等南地修建长城，在岭南屯垦开荒。或以徭役的名义迁徙人口，在关中修造宫殿、陵寝，直接吃国家饭。这是一个全国层面通过国家税赋进行再分配的思维。

三是文化管制。秦始皇在最后几年一改以往的包容态度，焚书坑儒、法家治国、以吏为师。在那个靠竹简与刀笔才能成书、读书成本异常昂贵的年代，通常什么人有书、能够读书而且是六国之书？——关东旧贵族。针对六国内容的禁书令，固然有控制关东舆论的考虑，但从另一个角度讲，也是通过文字狱的方式牵连打击旧有的关东六国旧贵族，目的之一就是要他们手里囤积数代人的巨量土地。也恰好是最后这几年，关东地区开始大肆制造秦始皇死而地分一类的诅咒舆论。这其实表现了关东贵族与秦政权关系急转直下的敌对态度。

但这三个对策，实际上引爆了秦朝更多的问题。

第一，战争，这令秦朝在军事上出现三十万主力在塞北，五十万南征军驻岭南的局面。内部有变，竟然是以二十万刑徒临时成军平叛。这时，秦朝的军事部署已经是典型的强枝弱干、守外虚内，走钢丝式地打战争冒险牌。即使匈奴、百越都不能对抗秦军，但腹地有变，秦军主力在外，也存在远水解不了近渴之内忧隐患。

为什么五十万南征秦军在秦朝遇变后，心甘情愿地跟着赵佗在岭南封关锁国，不期盼回到家乡呢？任嚣与赵佗为什么又轻易看准南越可以割据一方的形势？历史上，包括隋炀帝扬州兵变在内，因远离兵士家乡而发生的兵变不在少数。为什么岭南的五十万秦军与被流放的罪犯就甘心脱离华夏政权？因为他们多数已经在岭南安家。为什么安家？秦始皇的战争目的，就是缓解全国土地与人口的分配不均衡。秦始皇在世时，在政策上就鼓励他们安家，他们已经“与越杂处十三岁”（《史记·南越列传》）。后来南越国的建立，是有秦朝移民国策的推助的。

第二，徭役，让秦朝在政治上处于舆论下风。秦朝征用人数规模大，劳动强度大。而且秦朝第一次统一，一些徭役不就近，全国几百公里地跑，各种法律要求又严苛，在徭役征发需求达到高峰的时候，还动用了一般不征发服役的闾左即赤贫户。古代的迁徙成本之高，应当是以人命为计算单位的。以当时的交通与生产力水平，大规模地驱使农民离开家乡，即使政策有缓解经济压力的考虑，也必然招致口诛笔伐。当然，秦始皇下令修建的驰道、直道设施，可能也存在为这种大迁徙做配套的考虑。

秦朝的刑徒更是要干重活、累活。修长城、宫殿、驰道这些苦力活儿，都是刑徒先上。相比服徭役的黔首，刑徒是镇压对象。不过秦律中，徭役劳动可以量化，用来抵罪或抵债。官奴服徭役，每月还发给粮食。

秦朝还有谪戍制度，就是把大量因犯罪而被贬流放的犯人，或者活不下去的流民，给徙谪到新开拓的领土上。比如岭南，就是由大量这类人去填充的。这些人名义上是贬谪、被流放，实际上是去安家落户、重启人生，给中原腹地腾出人口空间。

《史记·南越列传》记载：“秦时已并天下，略定杨越，置桂林、南海、象郡，以谪徙民，与越杂处十三岁。”《史记·淮南衡山列传》记载：“尉佗知中国劳极，止王不来，使人上书，求女无夫家者三万人，以为士卒衣补。秦皇帝可其万五千人。”与其说这是五十万秦军，不如说这是五十万腾出北方土地指标的移民。

所以，史书上记载秦始皇巡游时，路过某个地方，经常为了点小事，生很大的气，然后把当地一大群的人给牵连徙谪。这被诟病为情绪化，性格暴戾。但实际上，一个执政几十年的政治家，不会连这点度量都没有。秦始皇被当时熟悉他的人评价为“居约易出人下”，其实他的容忍能力是比较强的。他很可能是故意找碴，找定罪理由去迁徙大户，在腾出中原腹地的同时填充新疆土。但这些殖民性质的方案，最终只是导致了岭南秦军闭关隔绝中原，分裂出对中原不管不顾、不闻不问的南越国。

第三，文化管制，更不用说，毁书对整个中国的历史和文化都是巨大损失，是文献浩劫。而且，此举激化了关东地区大地主后来全面支持复辟势力。那些刻意制造的始皇死而土地分的谶语，就是为了迎合关东大地主对秦朝高压政策结束的期盼。秦始皇同时得罪了所有学派，所有的知识群体。

秦朝的军功爵制背后，大批的秦吏不是文人出身。所以，依托于固有的秦国政治文化，面对激增数倍的版图与来自朝廷的高度指令性的集权体系，秦吏在顶层政策与基层治理之间没能起到足够的调和剂作用。

秦始皇的文化管制，遭到了知识界的严重反扑，百家最终站在了秦的对立面。秦的文治选拔渠道后续改革的可能空间被堵死。秦始皇独尊法家，以吏为师，依靠这些不擅宣导而只会堵截舆论、高度唯指令是从的秦吏，显然和民间普遍的文化期待更加脱节。秦始皇的法家治国政策独尊法家，并没有像西汉尊儒学为官学那样最终形成稳定的国家文化选拔体系，形成类似征辟察举的入仕制度。这也是秦始皇一项失败的改革。

总体而言，秦始皇加重徭役，是为让黔首虽然疲累但先吃上饭解决粮食危机。他发动对河套和对岭南的战争来扩充更多的土地、创造更多的军功爵机会，实现“以谪徙民，与越杂处”，缓解人地矛盾。实行文化管制则是试图以简单粗暴的方式迅速统一思想，压制封建意识。

可他没想到，这样搞下来的整体代价是，八十万兵丁远在边疆造成了外强中干的局面，又加速了中原旧贵族复辟势力的舆论发酵。这几个方面制度、政策的制定反倒激化了秦朝的内部矛盾，即使不是秦亡的直接原因，也已成为秦亡的催化剂。虽然可以说，如果不是胡亥继位，这个压力值可以被降下去不少，很可能不会速亡，但在这些制度和高压态势之下，整个官僚系统内部的路线之争也必然越发激烈，继承人问题的爆发和胡亥这种昏君的上位也就是大概率事件了。所以说，秦朝的迅速灭亡与秦始皇执政晚期的政策思路有不小的关系。秦始皇是面临了巨大的困境的，他开错了方子，他推行的高压路线是在玩危险平衡。

## 04 最后五年

秦汉之交的混乱局面，到西汉稳定下来，父子暴尸于路，人口剧减，关东旧贵族在新兴军阀互相无底线的掠夺中已然耗尽实力。刘邦令刘敬继续迁徙人口素质较高的关东贵族入关。秦朝面临的分配不均之经济压力威胁才因天下三分之二人口的死难而消失。

某种程度上可以说，战国时期的六国之亡，是亡于六国被秦国不断挤压，已经缩无可缩，没能力提振民生。六国来自民间的负面压力，矛头一直对着六国贵族所寄生的王族政权。

而秦朝之亡，也仍然是亡于人口与土地矛盾激化的关东局面。秦朝兼并的不只是国家和国土，还纳入了关东数百年封建制的积弊与对集权文化的不适应。秦朝面对关东的土地不均衡局面，一时无力解决民生与田产的分配问题。即使有秦始皇的权威，秦朝也无法在十年内对积弊数百年的土地进行彻底革命性的重新分配。徭役是古代庶民对国家的义务，秦始皇加重徭役与徙谪只是制度层面的运作，而不是全盘破立。他折腾的不是地主，而是平民。

秦始皇的兼并战争，从未发生大规模的人口歼灭战。秦始皇的政治目的很明确，他要的是统一，是一个完整的天下，而不是消灭。他自认为是“兴义兵”，这是自吕不韦时期就提出的秦国统一天下之用兵逻辑。秦始皇不愿意像周公那样二次“翦商”，就是因为他号称统一之后就会永熄干戈，不再有战争。秦始皇认为自己的最大功绩是“初一泰平”，这是他最大的成就与骄傲。如果他自己发动内战，实则是违背了自己的“义兵”主张和形象。他不愿意。胡亥后来更是极端地自欺欺人，不准大臣说陈胜等人的起义是反叛，只能说是闹土匪，不得不说这与秦朝对统一的“兴义兵”的解释逻辑有一定关系。

秦始皇其实承担起了对关东区域进行社会改革的历史重任。他不愿意动武，想要和平解决，于是与关东地主争夺人口。他的政策给世人的压力大，给自己的压力也大。他的健康与事业都被这个重任压垮了。

最终解决问题的，不是秦朝的改革，而是有限的生存资料养不活庞大的人口，是长时期的战国纷争与秦灭六国同诸侯灭秦与楚汉战争对人口的巨耗。

历来的改革者没有不得罪既得利益集团的。秦始皇作为最后的王族和第一个皇帝，想化解那些新旧时代的制度脱节必然要付出代价。但资料匮乏的史书没有记载他所面临的国政压力，很多人只记住了他同历史上每个变法者一样独断专行的逆行者特征，却都忽略了这个千古一帝其实也是一个面临巨大压力的改革家，且是付出了巨大代价、功亏一篑的改革家。

秦始皇三十一年（公元前216年），秦始皇令黔首自实田，很可能已经和关东地主阶层进入了一场经济热战。此前，秦始皇一直不大规模地增发半两钱。由《秦律·金布律》可知，当时是在行钱的同时行布，也就是同时以布为通货。这当然有利于引导战时的布匹物资生产，但在统一后，可便携交易的货币匮乏导致了物贱钱贵的局面。到秦始皇三十七年（公元前210年），胡亥登基，秦朝才"复行钱"，增发秦半两，将钱币作为统一通货。

这侧面说明，秦始皇统一货币政策以及推行法定货币都很艰难。秦始皇三十一年，秦廷的经济政策和货币政策十分被动。秦始皇与关东旧贵族大地主的经济战和金融战，应是在秦始皇三十一年开始就进入白热化了。按说，为驱逐六国旧币、统一货币，解决货币供应短缺，应尽快增发半两钱。但这一年，国家拿不出可授的田地，关东则趁势控制粮食供应，这是粮食危机。一边是粮价高涨，不能增发货币加重通货膨胀；一边是废除六国旧币后，强行推广重如其名、供应量不足且需要行布来进行通货补充的秦半两，导致经济萧条。这场经济危机中，增发货币也不是，不增发也不是，秦始皇夹在两难之间。直到他死后，胡亥才在这种经济压力下"复行钱"，一改秦始皇的克制，进行货币放水，开动印钞机以维系庞大的王朝支出。但胡亥时期增发的秦半两，重量大幅缩水，成了典型的劣币，这实际是薅民间的羊毛。货币信誉坍塌，给秦末经济雪上加霜。

秦始皇在推行"使黔首自实田"的时候，就感受到了来自关东旧贵族的威胁。不仅仅是巡游中的暗杀，包括经济战，还有直接曝光他病情的舆论战。关东地区之所以敢大造谶纬，诅咒秦始皇将死，是因为当时秦始皇坑杀的“诵法孔子”的诸生，多是方术士，他们是替秦始皇炼丹制药的。秦始皇身体如何，对别人是机密，但这些方术士再清楚不过。因此，儒家能够掌握四十多岁的秦始皇活不了多少年这一关键情报，他们才敢在始皇死后之事上去制造舆论。

不过，秦始皇三十一年到秦始皇三十四年（公元前213年），儒家大概也在关中统治阶层和关东地主阶层之间观望和摇摆，他们还想争取一下秦始皇。他们站到秦始皇的个人立场上，希望始皇分封自己的儿子，尽快确立能让关东地主阶层利益合法化的封建制度。这时候的儒家，还是秦廷与关东之间的调和者。然而，秦始皇宁可儿子是匹夫，断然拒绝了分封。不能说儒家博士是在刁难秦始皇，他们也想利用千载难逢的大一统时代机遇，通过与统治者合作来强化自己的地位和影响。所以，这是他们最后一次诚心地争取秦始皇实践他们的封建主张。但秦始皇拒绝了。直到秦始皇三十四年，儒家被公开弹压，他们才彻底站到了关东地主一边。

儒家或许很不明白，秦始皇为何非要得罪全天下去改造社会结构。秦始皇应该也看到了自己的坚持所面临的危机。但秦始皇就是这么“轴”，这么固执，始终选择孤独又充满阻力的那条路。历史有时候就是由“轴人”标注出鲜明色彩的。因为“轴人”遇到困难非要拧到底，或多或少会留下历史前后的不同点。玲珑之人遇到困难，总是会灵活地绕过去，前后不会留有显著的不同。

关东的地主阶层和儒家畏惧秦始皇的政治威望和军事力量。毕竟，正面跟秦始皇搞战争对抗，自己都知道是班门弄斧。所以，他们只是先在舆论和经济上给秦始皇继续施压，秦始皇也反过来在政治上给他们施压。秦廷疯狂地征发民夫到故秦地的工程项目上，未必不是在和这些关东地主阶层争夺基层人口。像闾左之人，普遍都是依附性人口。秦廷就是在争这些人口。

关东地主阶层的舆论，是期待秦始皇的死可以迎来一位能够一改秦始皇路线，重新设计分封制度、重新分配利益格局的继承人。显然，对关东持怀柔态度的公子扶苏是他们所期盼的新帝。如果扶苏继位，大概真的会让郡国并行提前到来吧。但秦始皇把扶苏贬谪，给关东再泼一盆冷水。然而，身体看似健康的秦始皇，最终还是被巨大的压力和工作量给压垮了。关东的谶语，很快就成了现实……

秦始皇三十七年（公元前210年），大地流火，帝星陨落。壮志未酬的秦始皇，带着他未竟的改革离开了人世，离开了他不甘心撒手的已经处在暗流涌动中且越发不安的初生王朝……

秦始皇到底是不是暴君？秦朝到底是不是在行苛政？

秦始皇的决策存在问题，但并不意味着这些就是出自他“暴君”本质的惯性决策。秦始皇是“第一个吃螃蟹又过敏”的人，他也是在一种全新的形势应激下，做出有意识的选择，带来无意识的结果。他试图提出一种解决问题的方案，虽然方案可能并不奏效。既无前例可循又缺乏经验的他，做错了选择。正因为这是一种管理决策，哪怕它的效果并不好，出现了负面作用，它依然是在秦始皇本人仍能有效掌握的预期目标之中。

有人说，秦亡是规律使然，即使秦始皇多活几年也会亡。但秦始皇每天批阅的奏牍字数有几万至十几万字，一百多斤。他根本不可能与不问政的胡亥一样的下场。将秦始皇与胡亥画上等号，硬说即使秦始皇活着，秦朝也是同样的结局，才是无视历史人物对历史的正负推动作用。秦始皇在最后五年才做了苛政之决策，如果他多活几年，会不会像汉武帝晚年一样收手呢？如果不是在巡游的路上猝死，他会不会安排怀柔路线的扶苏正常继位呢？历史没有假设。但是，历史人物的政策处在动态变化之中，他们的死亡时间却显然带有历史本身赋予的不确定性。

秦始皇统一中国后，基本上完成了对中国文明的建构。只有统一国家的核心价值观的塑造，他没能完成。他作为第一个进入历史无人区的掌舵者，正在试错，可是他没有更多时间了。

关东，这次将最后审视和期待的目光转向了秦二世皇帝——胡亥。贯穿秦朝的路线之争不仅没有因为秦始皇的死而停止，反而因为始皇的死以及不合格的继承人上位即将迎来最终结局……

只不过，这结局是秦始皇万万没有想到的。

# 七、沙丘之谋

## 01 始皇之死的两种记载

秦始皇临死时，到底是想要选择扶苏为继承人还是选择胡亥为继承人？现在的说法有两种，一种是以传世文献《史记》为代表的扶苏说；一种是以出土文献《赵正书》为代表的胡亥说。秦国君主是嬴氏赵姓，所以秦王政也称赵政。

当然，并不是说出土的文献就比传世文献更准确。因为出土汉简《赵正书》更像是无名氏借古劝今、托史言道的寓言故事。连书名都是随手所起，秦始皇甚至都不是主角。

按《赵正书》的说法：秦始皇巡游到了柏人开始发病，然后又紧急向太行八陉的井陉而去，最终死在白泉。秦始皇临死前，由丞相李斯和御史大夫冯去疾当面奏请，在白泉亲自立胡亥为“代后”，秦始皇说：“可。”即临终命胡亥为接班人。

按《史记·秦始皇本纪》《史记·李斯列传》《史记·蒙恬列传》的说法：秦始皇从海边巡游到平原津时突然生病，然后命随行的近臣、蒙恬的弟弟蒙毅返回海边，祈祷山川以消病去灾。蒙毅还没回来，秦始皇的病情日益加重，于是就给远在上郡的公子扶苏写下盖有御玺的遗诏，让扶苏身边的蒙恬领兵，扶苏回咸阳主持丧事，为他下葬。遗诏封好，掌管印玺的中车府令赵高却没有交给使者发出。然后，秦始皇在沙丘这个地方去世。跟随车驾的丞相李斯担心皇帝在外地去世，导致众皇子和天下生出变故，就封锁了皇帝驾崩的消息，假装皇帝还活着。

秦始皇去世的事情只有公子胡亥、赵高和五六个亲近的宦者知道。

赵高是这次随行出游的始皇幼子胡亥的老师。赵高先去劝胡亥，说皇帝遗诏只说让扶苏回咸阳主持局面，扶苏回到咸阳就会登基为帝，而胡亥将没有尺寸之封地。胡亥还比较天真，说知子莫若父，既然父皇临终没有下命令分封诸子，也没什么可说的。胡亥甚至说废兄长是不义，不尊父命是不孝，依靠别人推上皇位是无能。胡亥想要推辞，却最终被赵高所说服。这里可以看出，秦始皇宠爱胡亥不是没有原因的。胡亥属于照葫芦画瓢，虽然根本做不到却能讲出漂亮话的少年公子。倒也符合二十岁这个已经成年、看似知晓很多道理却心智尚未成熟的年龄段特征。从赵高劝说胡亥的说辞中可以看出，胡亥篡位，本身就是不分封诸子为诸侯王导致的皇子狗急跳墙。这就是制度路线之结果。

然后，赵高又前去说服李斯同意诈立胡亥为帝。于是，公子胡亥、胡亥的老师赵高与丞相李斯达成合作，毁掉始皇给公子扶苏的诏书，谎称丞相李斯在沙丘接受始皇遗诏，立儿子胡亥为太子。他们又另写假诏书给公子扶苏和扶苏身边的蒙恬，诬陷他们二人有罪，命令他们自杀。皇帝的车驾继续前行，最终从井陉来到九原。当时正值暑天，秦始皇的辒辌车散发出尸臭，李斯命令随行官员每车载一石咸鱼，用来混淆秦始皇尸体的气味。

接到伪诏后，蒙恬怀疑诏书有假，拒绝自尽，对扶苏说诏书有异样。但扶苏不听，直接自杀，蒙恬则被转移关押到阳周。之后，蒙毅回到皇帝车驾前，也被李斯与赵高下令囚禁在代郡。最后，胡亥从九原经秦直道迅速回到咸阳继承帝位，他原本认为扶苏已死，想放过蒙氏兄弟。但在赵高的不停劝说下，最终杀死了蒙氏兄弟。

我们再捋一下《史记》中这个事件的时间线。

首先，秦始皇是在巡游途中，到平原津时开始发病，最终病逝于远离咸阳的沙丘。隐瞒死讯，秘不发丧，是李斯作为丞相“恐诸公子及天下有变”，为大局考虑做出的决策。

同时间，赵高截留了秦始皇临死前命扶苏回咸阳主持大局的遗诏。然后，赵高先去游说胡亥，这个时候他还没有直接去找李斯。也就是说，秦始皇虽然死了，但车驾还在行进。李赵合谋诈立胡亥，很可能不是在沙丘发生，而是在离开沙丘之后。沙丘之谋，仅仅以李斯在沙丘决定秘不发丧为时间起点，宣称皇帝在沙丘驾崩时留下遗诏。但李斯秘不发丧，与后来李赵合谋是两个独立的事件。

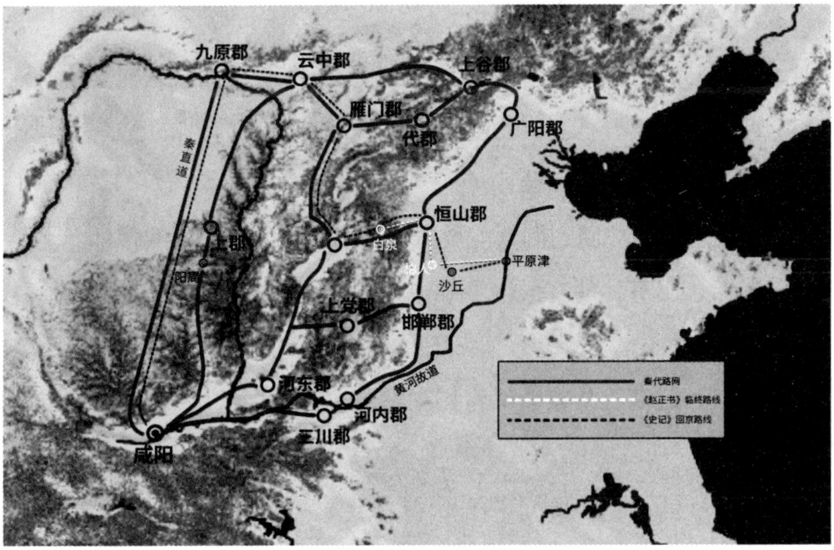


沙丘之谋

李赵达成合作共识，诈立胡亥为太子后，《秦始皇本纪》这里紧跟着写道："行，遂从井陉抵九原"，接着又"行从直道至咸阳"。井陉是太行山的一段山道，白泉就在井陉古道上。可以理解为《史记》这里提到的井陉，和《赵正书》中的白泉，是同一个时间点与地理位置。

于是，李赵假借秦始皇名义赐死扶苏和蒙恬。扶苏和蒙恬当时在上郡。根据《蒙恬列传》里的时间顺序，先是扶苏自杀，然后蒙恬被囚禁在阳周，然后蒙毅被囚禁在代郡，然后车驾回到咸阳，胡亥继位为皇帝，继位后杀蒙氏兄弟。

蒙毅回到御驾前，旋即被捕，被囚禁到代郡。根据车驾路线，雁门郡与代郡有驰道相连，将蒙毅关押到东边的代郡，应当是发生在距离雁门郡不远处。因为雁门郡还是距离扶苏和蒙恬大军所在的上郡太近，让可能已经知情的蒙毅远离上郡更加保险。扶苏自杀和蒙恬被关押的消息传回到胡亥、李斯、赵高这里，应是在蒙毅回来之后。那么，《史记》中沙丘之谋总体的时间线大致如下：

（1）秦始皇在平原津发病，命蒙毅原路转回去祷告山川。

（2）秦始皇在沙丘写下遗诏，让扶苏回咸阳主持局面，并死在沙丘。

（3）从秦始皇在沙丘死亡那一刻起，李斯决定隐瞒死讯，要求车驾继续行进。

（4）应该已经离开沙丘，赵高与胡亥谈妥，又代表胡亥去与李斯谈判。

（5）应该已经离开沙丘，很可能就在井陉，接近白泉的地方，李斯同意合作，拥立胡亥为太子。假借秦始皇名义赐死扶苏。

（6）不久后，蒙毅回到御驾前被抓，被囚禁到远离上郡的代郡。

（7）李斯、赵高、胡亥假借秦始皇活着，从井陉一路到雁门附近，扶苏自杀的消息传回。

（8）李斯、赵高、胡亥假借秦始皇活着，从雁门又到九原，从九原又一路经直道回到咸阳。胡亥继位，正式发丧，杀蒙氏兄弟。

《史记》在这里其实记载了两种说法。一是《史记》本身采信并直接记叙的胡亥诈立事件。这种说法对秦始皇临终安排的记录是：

秦始皇在平原津生病，在沙丘死亡，死前留遗诏立扶苏为继承人。

但《史记》也记载了胡亥自己对始皇遗命的解释说辞："而更诈为丞相斯受始皇遗诏沙丘，立子胡亥为太子。"这个记录只是将继承人由扶苏改成了胡亥。

秦始皇在平原津生病，在沙丘死亡，死前留遗诏立胡亥为继承人。

胡亥回到咸阳称帝后，为秦始皇发丧时，二世朝廷官方宣称秦始皇死在沙丘。《赵正书》与《史记》所记载的死亡地点不同：

秦始皇在柏人得病，在白泉（井陉）立胡亥为太子，然后死亡。

《赵正书》中明确提到秦始皇到了白泉病重时，临死前立胡亥为太子。《史记》中说在胡亥奉遗诏成为太子之后，“行，遂从井陉……”白泉就在井陉。可以理解为两则史料都在说，胡亥是在井陉的白泉这个地方被立为太子。但区别是，《赵正书》说秦始皇到井陉的白泉还活着，亲自立太子。《史记》说秦始皇在沙丘就已经死了，但胡亥到了井陉的白泉才得到遗诏。从沙丘到井陉的路程，恰好应该是李斯决定秘不发丧、继续行进时，从被赵高游说到接受与赵高合谋所走过的时空距离。

总结下来就是，《赵正书》认为秦始皇活着到达井陉时，亲自立胡亥为太子。《史记》认为秦始皇已经死了一段时间，胡亥依靠秦始皇在沙丘临死时的遗诏才成为太子。

湖南益阳兔子山遗址出土的一枚《秦二世元年文告》简牍记载：“天下失始皇帝，皆遽恐悲哀甚。朕奉遗诏，今宗庙事及著以明至治大功德者具矣，律令当除定者毕矣……”这个文物是二世的官方文诰，所以不能指望二世自己公开宣称自己是矫诏诈立。《秦记》作为秦廷的官方档案，肯定也不能按照篡位记录。但这个考古出土中“朕奉遗诏”四个字，恰恰印证了《史记》中胡亥自称是靠遗诏继位的记载。因为《赵正书》说的是秦始皇当场册立，是奉命为太子，而不只是奉诏为太子。

《赵正书》与《史记》，还有一处巨大的不同就是《赵正书》结尾所说：“立高，使行丞相、御史之事。未能终其年，而果杀胡亥。将军章邯入夷其国，杀高。”

按《赵正书》的说法，赵高杀了二世，而秦将章邯攻入咸阳，杀了赵高，灭了秦国。不是刘邦灭亡秦国，而是章邯，这同时推翻了《史记》《汉书》的说法，等于是推翻了汉朝官方关于汉朝建立这段历史的官方说法。

如果秦国是章邯灭的，那么刘邦人生至为关键的从侯臣跃位到君王，成为封建君主的合法性来源——灭秦，先入关中者王，就都被推翻了。同时被章邯灭秦所否定的，还有项羽入关中、烧毁咸阳、戏水分封并成为霸王的合法性。这种说法几乎动摇了楚汉之争的起因，让人无法信服，甚至令人怀疑这篇无名氏所著的寓言故事，是否为章邯后来被封为雍王时期的雍国史官为给章邯表功才刻意而作。

不过总体来看，其实《赵正书》与《史记》在秦始皇之死这里，除了秦始皇死亡地点是沙丘还是白泉以外，并没有根本性的冲突。

《赵正书》记载的基本上就是秦二世的官方说法。《史记》既记载了秦二世的官方说法，又表明该书不采信二世官方说法，并直叙了二世的诈立过程。

## 02 行进路线背后的赌博

《史记》中，秦始皇的车驾路线是：从临淄到平原津渡黄河时，秦始皇生病，又在平原驰道上走了二百里，就驾崩在沙丘。如果秦始皇在沙丘就已经病重，但还能坚持住，根据秦驰道走向，平原津回咸阳，必须先到巨鹿的驰道"丁"字路口转邯郸。最快的路，是从邯郸穿上党到河东，渡河回咸阳。但这一路要穿太行山、太岳山，较为颠簸。再就是走河内，经三川，入函谷关道回咸阳，这条路显然是最平坦且迅捷的。

邯郸城是当时的大都会，故赵国的都城，宫室设施、物资条件和医疗资源应该是非常充足的。如果难以坚持赶路，那么在邯郸养病应该是上选之策。

根据《史记》中沙丘之谋的说法，秦始皇从平原津到沙丘，就是去邯郸的路线。显然秦始皇此时是想要赶到邯郸，然后选择河东郡或三川郡回咸阳，只是没能熬到邯郸就驾崩了。也不知道他原本是选择在邯郸休养，还是经邯郸回咸阳。

但如果根据《赵正书》中柏人得病说，这个路线就很奇怪了。柏人在邯郸与沙丘的北边，在柏人得病，不向南去邯郸，却向北到恒山，进井陉，背离回咸阳的方向。这一路是太行天险，纵然开有驰道，也是十分险峻和颠簸，对病重的秦始皇无异于催命之路。但据其记载，秦始皇一直到白泉都神志清晰，却一直为自己病重将亡而悲哀哭泣。难道秦始皇已经病重，却还要坚持北巡边疆才肯回咸阳？从行进路线上看，《赵正书》的记载可疑。

根据《史记》，秦始皇死在沙丘。那么这条沙丘之后向北的路线，其实是李斯秘不发丧后所选的行程。他的目的也很明了，就是在耗时间，争取足够的时间来落实伪诏的内容，即以秦始皇的名义逼杀扶苏、蒙恬、蒙毅。如果过早回到咸阳，就会向咸阳方面的高官暴露秦始皇已死的事实，同时失去以秦始皇车驾发号施令的优势。

而且，如果李斯马不停蹄，很快就赶回咸阳，正式发丧，拥立胡亥。而统领秦军主力的扶苏与蒙恬此时却没有自尽，没有被捕，那么局势会成什么样？军权与相权直接爆发全面冲突。扶苏与蒙恬所领导的三十万北伐精锐主力，将与咸阳的禁军形成对峙。以扶苏的民望和军望，胡亥可以说没有赢面。但只要耗着，还是"秦始皇"在满天下地游走，就会给扶苏、蒙恬以及天下人制造一种秦始皇还活着的假象。扶苏和蒙恬若要对抗诏书，对抗的就是始皇帝本人的权威。李斯这是在赌博，但也只有这种拖延时间的赌法才有利于李斯和胡亥。事实上，胡亥也是在听闻扶苏自尽、蒙恬被抓，大局抵定后，才飞奔回咸阳。

再退一步说，如果秦始皇病重了还要北巡，又图什么？蒙恬、扶苏二人关系很好，驻扎在上郡，而上郡到九原则遍布蒙恬掌控的军队。秦始皇决定立胡亥为储君，赐死扶苏与蒙恬，却又飞奔着往北疆，奔蒙恬经营了十几年的势力范围而去。蒙恬自己就说了："今臣将兵三十余万，身虽囚系，其势足以倍畔。"他亲口说自己即使是囚徒，要想叛乱都可以成势。秦始皇纵然威望很高，但就可以打包票无端获死罪的蒙恬一定不会反？起码是有反叛风险的。这是冒着兵变风险的赌博，但秦始皇为什么要赌呢？秦始皇没有必要赌，也没有理由赌。他此时已经死了。

只有李斯需要赌。他需要拿"秦始皇"三个字作为筹码，去赌能不能压住蒙恬军的阵势，能不能让蒙恬相信这么一份无厘头的诏书。毕竟当时除了御驾车队，没人知道秦始皇已经死了。无论李斯去不去北疆，最后都要与扶苏、蒙恬做这个最后的博弈。如果泄露秦始皇驾崩的消息，而扶苏、蒙恬的大军兵临咸阳城下，李斯、胡亥回到咸阳依然是引颈就戮，何不趁此暂时窃得皇权之时，充分利用皇权的压迫感来拖延时间？

而且，李斯借"秦始皇"逼近北军部署范围，以示"秦始皇"根本不怕谁造反。从沙丘进入井陉到太原郡之间，车驾是在逼近上郡的。扶苏和蒙恬当时看到的假象就是，“秦始皇”下令让他们自尽，而且在逼近上郡，督促他们去死，要看到他们死。可扶苏如果不死，蒙恬不就范，李斯其实不敢去上郡。到了太原郡，原本李斯走驰道可以直接通上郡，但他立刻拐弯往北，绕开了上郡。当到了雁门郡附近时，扶苏自尽、蒙恬就范的消息传回车驾，而且蒙毅也赶回来了，当场被李斯所擒。李斯确认自己胜券在握，于是决定车驾回咸阳。这时候，车驾从雁门往南回太原郡，一路要走山路。最快的路线是从雁门郡到九原郡，走当时最快的“高速公路”秦直道。

纵观李斯的路线，远离蒙恬大营上郡，也远离咸阳，还留着从当时全世界最快的秦直道作为几日奔回咸阳的后路。这个计划其实很完美，既能远离上郡和咸阳两个容易被瓮中捉鳖的地方，又能在决出生死后以最快的速度回到咸阳。

不止这样，李斯的豪赌似乎还给自己留着后路。扶苏和蒙恬以为秦始皇健健康康地活着，还把胡亥立为太子，并要杀扶苏、蒙恬为胡亥扫除障碍。二人到底是就范还是反抗的消息没有传回车驾前，“胡亥以李斯舍人为护军”。其实，胡亥这个时候是被李斯的私兵控制住的。这个部署简直绝妙。

沙丘之谋，赵高只是谋主以及掌握遗诏的人，当时没有足够的权力。胡亥又只是个傀儡。真正控制住车驾局面的是丞相李斯。他用私兵控制住胡亥，似乎也留有后路。如果扶苏、蒙恬不就范，那么李斯可以杀胡亥，除赵高，从太原或九原直接到上郡，迎立扶苏，称始皇临死前虽以遗诏传位胡亥，但李斯仍然心向扶苏，已经毁掉了遗诏。然后让扶苏相信，虽然秦始皇立的是胡亥，但李斯现在可以重新拥立扶苏。反正始皇在沙丘就死了，就像《赵正书》谎称是死在白泉而非沙丘一样，早死一会儿晚死一会儿，临死前到底是立谁，解释权都在李斯这里。把立胡亥为太子的责任推给秦始皇，一推六二五，还能得个拥立之功。即使扶苏不会继续重用李斯，怀疑他也参与拥立胡亥，但起码李斯在当下阶段是软着陆的。

蒙家兄弟是被李斯、赵高、胡亥往死里整的，因为他们是扶苏党。但丞相冯去疾与将军冯劫，从后来事实走向看，是保持了三公之权力地位的。冯家与李斯达成了默契。而卸了蒙恬的兵权后，戍北军转归王离统领，王家也得了好处。所以，冯家与王家都没有支持蒙家。按李斯的布局，其实沙丘之谋只针对扶苏和蒙家。

## 03 是谁曝光了沙丘之谋的真相

在沙丘知道秦始皇驾崩的，除了李斯、赵高、胡亥，还有五六个宦官。秦始皇曾因为有宫人将自己的言行泄露给李斯，就一次处死了所有有嫌疑的宫人。所以说，秦始皇身边亲近的宫人都是赵高或李斯的人，显然也不可能，但他们此时都选择与赵高和李斯合作。因为不合作，立马就会死。合作了，就是一条绳上的蚂蚱，是共犯，肯定不敢声张。但不敢声张大概也是在秦朝不敢声张。秦朝就剩下三年的命，他们活过三年的可能性还是很大的。汉朝的宫人不少就承自秦朝，毕竟秦汉都城咸阳与长安在当时同属一个县。

秦始皇之前生病时肯定看过随行御医，这些，随行士伍是看在眼里的。可看过御医，过了沙丘后，秦始皇就没一点动静了，连御医都不看了。如果皇帝身体安好，那这几十天里，天气很热，皇帝也不下车透透气，不活动活动腿脚，秦始皇吃喝拉撒都在马车内，甚至听不到皇帝说话的声音，随从士伍不会怀疑？如果皇帝是生病卧床不起，所以不下车，那为什么还一路往九原边疆奔？甚至不在沿途的行宫休息养病？这些都很值得怀疑。

皇帝都没动静了，然后又传出臭味儿。那些禁卫杀没杀过人不知道，但尸臭那种恶臭的味道应该是闻得出来的吧？“棺载辒辌车中”，这里有棺无椁，说明秦始皇死了，不是尸体往那一撂，而是近侍找了可能像箱子一类的东西，把秦始皇的尸体装起来了。但时间久了，尸臭就出来了。秦朝的一石，大致是现在的30多斤。于是，皇帝的御驾车队，顶级豪华的马车上挂满了30多斤咸鱼。皇帝这是什么癖好？大概蛆虫也源源不断地爬出来了吧。

到这个时候，士伍如果还不怀疑，这个智商和机警性也就不配做皇帝的近身保镖了。说那些平日里专注于钩心斗角的随行官员们没有疑心，猜不出秦始皇最可能的情形是什么，从人性心理的角度来讲，更是不可能的。唯一的解释就是沙丘之谋后，李斯已经控制了这支车队。秦始皇的真实情况在接近御驾的至少几十上百号人眼中，已经是不宣之秘。大家仅仅是不想得罪丞相，不想立刻就死而已。而且皇帝驾崩，秘不发丧，其实历代常有，属于老皇帝驾崩时的常规操作。刘邦死的时候吕后也秘不发丧。抛开沙丘之谋，丞相也是为了大局。大家心知肚明，心照不宣，不敢说出来，也不必说出来。但胡亥在这种时候被立为太子，还被李斯的私兵控制住，老狐狸们大概也能嗅出味儿，猜到李斯的野心。他们回到咸阳后，大概就忍不住散播些秘闻了。

汉朝初期，关中好多权贵其实也是秦朝的权贵。他们掌握的有关秦国朝堂秘闻与秦朝高层的人事信息，可能比只记录大事还不计日期的官方档案《秦记》的线索还要多。司马迁本人就属于关中世家圈，其祖上就是秦始皇时期的铁官。这种秘闻传到他耳朵里，再正常不过了。但仅有传闻，还不足以让司马迁采信，还要有关键证据。

《史记》中记载了沙丘之谋中赵高与胡亥、赵高与李斯的对话，有人觉得这种永远不会有人知道的事情怎么会被记录下来，因而质疑司马迁。然而《史记·李斯列传》其实也把泄密真相之人记载下来了——就是李斯本人啊。

> 赵高案治李斯。李斯拘执束缚，居囹圄中，仰天而叹曰："嗟乎！悲夫！不道之君，何可为计哉……日者夷其兄弟而自立也，杀忠臣而贵贱人。"

李斯临死前在狱中大喊二世"夷其兄弟而自立也"，这就是他自己在狱中的陈述，当被狱吏所记录。秦咸阳的狱吏很可能在汉长安仍然是狱吏。李斯作为合作的主谋，被胡亥和赵高背叛，临死前喊出二世自立的事实，这是一个很容易被忽略的直接证据。

书里记载的文言文，包括人物对话，并不是一字一句记录下来的原话。对比不同的史料就知道，这是对原话的总结、归纳和提炼，具有概述性质。古代字符记录和储存的成本极高，文言文要尽可能简洁凝练。秦汉时古人之口语，应该也是白话的，只不过和今天的白话不同。所以李斯的原话，肯定是比较长的，但文言归纳后，就是两个字："自立"。

或许有人会质疑，“自立”不仅有“自立为君”的意思，也有“依靠自力有所建树”的意思。但后者是褒义，是夸奖通过自强自立而有所建树。这整段话都是李斯对胡亥的控诉和指责，把他直接说成是一个昏君。从情境上来说，这里不应该取褒义。

当然，只凭情境还不足以说明。但检索《史记》全书，凡出现“自立”一词，均是指“自立为”之意，比如“自立为侯”“自立为王”“自立为帝”“自立为将军”“自立为某官职”“自立为国家”，而不是自强自树之意。总结来说，《史记》中但凡出现“自立”，全部是指通过不合法的手段，未经授命，自己将自己立为君王或大臣的意思。司马迁从未使用过“自立”一词去讲“依靠自力有所建树”的意思。

那么，如果《史记》中的“自立”只有“自立为君主”这一个词义，司马迁再把李斯讲述中的“自立”明确记载下来，那么就只能指向——胡亥篡权。人们往往忽略了这里的重要性：它代表李斯亲口讲出了真相。

司马迁在《秦始皇本纪》中记载胡亥继位时，还专门做了指引，“语具在李斯传中”，说明司马迁也是想让大家细看《李斯列传》来了解更多细节。这说明这些材料内容的来源，最可能出自李斯本人在案卷中或审问李斯的狱卒提供之说法。

赵高被子婴诛杀后，子婴的一项重要工作就是给赵高定罪。那么，司马迁所参考的重要材料来源，可能就是子婴为了给赵高定罪而重新调查李斯案时，所留下档案的狱吏口供。篡改始皇遗诏，很可能就是赵高的第一大罪，也是子婴否定胡亥政策的执政基础——公开胡亥的篡位行径，揭示胡亥并非秦始皇的正统继承人。子婴在位时间虽短，但拨乱反正的工作肯定是多少都要做的，只不过当时子婴也没料到自己这秦王当不了多久。

其实在《史记》与《赵正书》中，子婴经常劝谏胡亥。可见子婴与胡亥一定程度上很亲近，也许子婴本人就是知情者。刘邦受降秦国后善待子婴，曹无伤透露给项羽的消息称，刘邦想让子婴做自己的丞相。刘邦或许向子婴讨教了一些秦朝灭亡的教训，其中也包括胡亥自立之事。

陈胜起义时，认为二世不当立，当立者应该是公子扶苏。刘邦平英布叛乱时，也生病不愿意见文臣武将，身边仅仅是宦官出入。最后樊哙仗着和刘邦的关系最铁，强行冲进刘邦营帐，看到刘邦安然无恙，才哭着对刘邦说，汉王只和宦官在一起，不和大臣见面，这和赵高与临死的秦始皇一样，让他们担忧。这说明，刘邦、樊哙等人都是知道秦始皇被赵高矫诏这个经验教训的。

而汉朝的太子太傅叔孙通，也曾是秦朝朝堂上活跃的博士，是能为秦始皇和秦二世跑腿和谏言的人物。叔孙通也说“令赵高得以诈立胡亥”（《史记·刘敬叔孙通列传》），说明秦、汉的不少高官也都知道此事，只是大家心照不宣。二世没当政几年，秦朝就灭亡了。到了汉朝，此事情就可以被公开广泛传播了。秦廷还有主管档案文书的柱下御史张苍，最后官至汉景帝的丞相。还有冯无择等原本的秦将，后来做了汉将。汉朝不乏秦朝时期的朝堂官员，能提供秦朝的负面信息。

秦始皇的对外战争、对内徭役，以及针对关东舆情的高压路线，还有继承人问题爆发，都是最后五年才发生的。但恰好从秦始皇三十三年（公元前214年）到秦始皇三十六年（公元前211年），秦始皇有四年没有再进行巡游。相比他之前的五次东巡，这个时间间隔已是很久了。直到在生命的最后一年，秦始皇带着胡亥进行了最后一次巡游与考察。动摇中的他，大概想看看这个被宠惯了的幼子到底能否担当重任。当他真切地观察了实行高压政策四年后关东此时的形势以及胡亥一路的品行后，或许，这些让他临死时决定不能任用那个孩子气的胡亥，而应该有所缓和，选择扶苏当年给他指出的那条路线了。

也许，他最后一刻终于明白，扶苏是对的。但他马不停蹄也没能争取到足够的时间，为扶苏铺好路。近水楼台先得月的胡亥借机上位后，秦朝就病入膏肓，回天乏术，彻底没有回头路了。胡亥这个皇帝，不仅糟糕，而且残忍，对亲人也很残忍……

# 八、惨案元凶

## 01 共同的志向与路线

除了丞相，李斯还有一个身份，就是秦始皇的亲家。李斯的儿子都娶了秦始皇的女儿，李斯的女儿也都嫁给了秦始皇的儿子。他的女婿中不确定是否有扶苏。李斯就算与扶苏不是翁婿，不怎么亲善，但并未见记载他们之间有政怨私仇。做人和思想都敦厚的扶苏上位后，即使不重用李斯，也不至于非要对李斯下杀手。

李斯代表的法家和他个人的立场，都是与秦始皇本人高度一致的绝对集权制度立场。李斯本就是两次路线之争中的集权路线设计者，以及秦始皇晚年法家高压路线的策划者。这样一个身居高位的人，岂能不知一朝天子一朝臣的道理？

对于李斯这样一个亲自为集权制度进行系统设计和操作掌舵的大一统王朝制度设计师、改革执行者，他看待秦制改革之事业，已经不是在贪恋身家和地位的层面了。面对黔首未集的巨大全局压力，那个摇摇欲坠、不被理解的新生制度，如同他培育和呵护却随时会夭折的孩子。他的伯乐和坚定靠山——秦始皇，已经死了。这世上能真正理解和保护这场秦始皇未竟改革的，似乎只剩下他一个人了。他所图的恐怕不是自己的权位和富贵，而是和秦始皇一样，一切都是为大秦王朝的制度遗产能够留存。

胡亥此时只有二十岁，按秦的惯例，尚未及冠，他应该还未娶亲。即使李斯不扶持几个作为女婿的皇子，他与胡亥也无深交，为什么李斯要与赵高合作，选择冒险帮助秦始皇这个最小的儿子呢？真的是李斯一时糊涂、贪恋权位？

或许有一个最关键的原因——李斯的志向。胡亥、赵高、李斯三人有一个明显的共同点，就是信奉法家。

秦始皇曾听闻赵高通于狱法，于是派赵高做胡亥的老师，教胡亥写字和狱律令法事，喻之决狱。二世继位后，仍用赵高申法令，并且大肆更改法律。尽管赵高最终大搞政治迫害，践踏了秦朝依法治国之精神，但赵高的法家取向应该是明确的。这是他能拉上李斯坐一条船，能说服李斯的前提。

《史记·李斯列传》记载，赵高在游说李斯拥立胡亥时，评价公子扶苏“刚毅而武勇，信人而奋士”，而非典型的小人进谗言那样贬低扶苏。这说明，赵高虽然是一个自私的人，却并非看不明白人和事，他并不糊涂。他会观察人事格局，揣度人心，了解别人的立场、观点和需求。秦始皇对赵高的评价是“敦于事”（《史记·蒙恬列传》）。能够成为秦始皇的近臣，赵高察言观色、掌握形势、揣度他人心思的能力不会不强。

如果赵高不懂扶苏的为人，贬低公子扶苏，同样作为明白人的李斯，恐怕不会轻信赵高的话。赵高给李斯进的不是谗言，而是极为诚恳的真言。他知道李斯的人事斗争处境和路线博弈处境，知道李斯与扶苏并没有个人恩怨，主要是路线之争，因此他才会向李斯讲出肯定扶苏的话。

虽然赵高赞美扶苏的能力，却强调公子扶苏一定不会采用李斯的法家路线，并对李斯说：“高固内官之厮役也，幸得以刀笔之文进入秦宫……高受诏教习胡亥，使学以法事数年矣，未尝见过失。”这是向李斯表态说，自己和自己教出来的皇子胡亥，都是法家路线的坚定支持者，请李斯放心。这才是最打动李斯的说法。这是向李斯表明，他们绝对是丞相李斯的法家路线拥护者。李斯支持胡亥，是一场交易，是以保护秦始皇晚年政治路线为目的的。

如果仔细剖析赵高对胡亥、李斯的游说内容，可以发现赵高对胡亥的幼稚和缺乏主见，对李斯的事业立场和犹豫心理，对扶苏的人格以及李斯眼中的扶苏，都总结得恰到好处。赵高虽行小人之事，但却是懂君子逻辑的。

赵高能够理解每个人在不同立场倾向下的复杂性。他出身卑贱，饱尝世态炎凉，能够察觉人性的善恶交织。赵高评价扶苏“信人而奋士”，说明他很了解扶苏是一个优秀且有人格感召力的领导者。赵高能够共情到一个有人格感召力的优秀领导者，应该是什么样的性格和价值观。拥有这种移情能力，对一个小人而言，是非常不容易的。这需要观察者本人不偏执，能够深入别人的内心世界。但赵高太自私，又只能与胡亥绑定到一起。他太了解他这个学生的昏聩性格，却也明白自己只能扶持胡亥以获得权力，做迎合胡亥的小人才可以分得胡亥的权力。

赵高懂扶苏，没有偏见。李斯也懂扶苏，没有偏见。赵高也懂李斯，当然也懂胡亥，懂秦始皇。但赵高知道，自己的立场与扶苏甚至与后来李斯的立场都有着不可调和的矛盾。他是一个追逐利益、不惜耍手段害人的阴谋家。而且在胡亥这样一个性格乖戾、昏聩不明的君主手下做事，他只能选择在小人的路上越走越远，以图自保。

胡亥上台后，申法令，巡郡县，以示强。对秦始皇晚年的高压政策，如发动几大工程加重戍边徭役，他不仅不纠正与缓和，反而火上浇油，变本加厉。

胡亥是秦始皇晚年政治路线明确的拥护者和执行者。而这种政治倾向可能早在秦始皇生前就已经显露，所以秦始皇在最后一次巡游中才会带着胡亥，着重观察和考验他。这大概也是李斯不惜政治冒险，扶植这个自己根本不了解的“毒蛇”上位之原因。李斯看到胡亥是法家倾向，是支持秦始皇晚年高压政策的。或许秦始皇在最后一次巡游、亲眼看见关东情势之后，已经想要有所改变，因此没有选择胡亥。但李斯无疑认为胡亥才是能继续支持秦朝施行法家高压路线的皇帝。

那么，秦二世胡亥对那个始终处于激烈路线博弈状态下的核心政治命题——分封与集权，到底是什么态度呢？显然，是后者。

《史记·卫康叔世家》记载：“二世废君角为庶人，卫绝祀。”秦始皇吞并天下，废分封，行郡县，大国皆绝嗣，唯独留下了只有弹丸领地的卫国国君。虽然具体的理由我们不得而知，但从政治昭示意义上讲，无论出于何种考虑，总之是刻意留下了这个国家。卫国是仅剩的被秦朝承认合法性的封建诸侯国。这就给秦朝的制度空间保留了余地，刻意留下一道缝隙和口子：封建制度没有完全被终结。如果时机到了，国家需要，依然可以再启封建，扩大封建。

卫国存在与否，意义重大。虽然是唯一且很小的诸侯国，但这是分封制的有与无的界限，意味着封建依然还局部存留，合法性依然还在，可以被讨论。集权王朝还有局部分封，同时存在两种制度。这应当是秦始皇给关东期待封建的势力，留的一个充满遐想与期盼的旗帜或者说幌子。

可是秦二世一上台，就无理由地无利益动机地将这仅有的存苗一把铲除，有何政治意义？可视为坚决抵制分封，重申拥护集权的政策意志。

这是李斯、胡亥、赵高三人的共同立场、共同路线。当还在观望新君的政策路线是否会改变的关东旧地主与黔首得知，这最后一个封建旗帜被还能活几十年的青年皇帝给一刀砍断的时候，恐怕就不再对胡亥以及秦朝有任何期待了。但胡亥要砍倒的封建旗帜，又何止这一杆？

## 02　暴绝中华史之宗室惨案

胡亥一上台，还制造了另一件前无古人后无来者、暴绝中华历史的惨案，就是杀光兄弟姐妹。

1976年10月，在秦始皇陵东侧的焦村发现一处陪葬古墓群，有十七座古墓，陪葬等级很高。在已发掘的古墓中，墓主的遗骸散乱各处，身首异处。因此，学者怀疑是公子和公主被杀后作为陪葬而埋在此地的。

《史记·秦始皇本纪》记载：胡亥对赵高说："大臣不服，官吏尚强，及诸公子必与我争，为之奈何？"胡亥说他害怕秦始皇的诸皇子都会"与我争"。他真的是因为忌惮兄弟们夺位才这么做的吗？这只是一层原因。这样一件暴绝整部中华史的宗室惨案，仅仅由新继位的皇帝和一个近臣赵高商量完就给做了，而且竟然没起太大波澜，也颇有些奇怪。皇子们与朝堂势力盘根错节，有多个皇子都是丞相李斯的女婿。李斯代表的朝臣为什么也没有动静呢？胡亥不是说此时"官吏尚强"吗？

秦始皇诸公子虽然没有封爵，但毕竟是皇子，并非没有政治能量。李斯在沙丘之变后，秘不发丧的重点提防对象就是诸公子。赵高说："夫沙丘之谋，诸公

子及大臣皆疑焉，而诸公子尽帝兄，大臣又先帝之所置也。今陛下初立，此其属意怏怏皆不服，恐为变。”（《史记·李斯列传》）

事实上，胡亥面临的压力来自两方，一方是诸公子，一方是大臣。胡亥判断“诸公子必与我争”，实际上是决定先对诸公子动手。胡亥说到的这个争，或是争皇位。毕竟皇兄们的老丈人李斯还在相位上。按理说，胡亥羽翼未丰时，最应该保护这些皇子的就是掌握相权的李斯。胡亥杀这些皇子时，最可能出手反制的也应该是李斯。这样李斯的后路更多。但李斯就是没动静，一点都没。

一般认为，诸公子和大臣是各自与胡亥争权。但是，结合此前对政治路线之争的分析，就会发现这次整部中华历史上仅有的惨案，也许不仅仅是新君的个人意志就能完成的。这背后恐有整个顶层官僚系统的助推。大臣对胡亥的施压，可能恰恰是让胡亥打击诸公子。

赵高在沙丘之谋说服李斯时提到：“皇帝二十余子，皆君之所知。”始皇有二十多个儿子。胡亥才刚刚继位，就有十二个公子在咸阳被公开处决，六个公子在杜邑被杀害，三个公子在皇宫内自杀，十个公主在杜县被车裂。加上此前已经被逼自尽的长公子扶苏，秦始皇应有皇子二十三人，胡亥以莫须有的罪名无端杀害了其他的二十二人。而且他连姐妹都不放过，将十个公主以车裂酷刑处死。

历代的宫廷斗争固然残忍，但这么简单粗暴、无来由地将自己的兄弟姊妹一把灭绝的，可谓暴绝古今中外，骇人听闻。从赵高后来挑选秦王，只从旁支或秦始皇孙辈中挑出一个年长的子婴来看，秦始皇的其他亲生子女应是都被杀光了。秦始皇如果泉下有知，估计要拍烂棺材板，后悔没在巡游的路上先掐死这个逆子。

胡亥为什么要做这么绝，难道一个与他感情比较好的兄弟姊妹都没有吗？诸公子“必与我争”，不仅是争皇位，也不排除争地盘，即诸公子会助推分封制，公子们想做诸侯王。这是李斯代表的法家大臣不愿意看到的。因此，以李斯为首的朝堂重臣，才会袖手旁观，眼睁睁地看着胡亥行此暴虐之事。

当秦始皇的子女被初登基的胡亥以迅雷之势全部杀光的时候，《史记·秦始皇本纪》里用到两个“振恐”：“宗室振恐。群臣谏者以为诽谤，大吏持禄取容，黔首振恐。”

宗室振恐可以理解，因为整部中国历史只有胡亥做下这样惨绝人寰的宗室惨案。刚一登基就无差别、无理由地杀死30多个兄弟姐妹，包括没有皇位竞争关系的姐妹。立朝皇帝的亲生儿子尚且是此等无力抵抗之悲惨命运，宗室怎么可能不恐惧？

那么黔首振恐，是为什么呢？毕竟是高层的权力斗争，平民就算震惊，也不一定会恐惧。史书上说“大吏持禄取容”，是平民听闻这群中央集权郡县制下的大官僚们对此皇室惨案不闻不问，所以振恐。其实就是在说，平民对这种职业官僚和集权制度更加厌恶了。除了他们配合了胡亥惨无人道的行为，更重要的是，黔首期盼的秦朝皇子分封版的秦封建方案，在扶苏和一众兄弟死后，再无一丝可能性。期盼分封的百姓被断了念想，彻底绝望了。

如果结合分封派与复辟势力在关东黔首阶层长期的舆论造势去看，黔首长期以来对始皇帝诸公子能够被封为关东诸侯有巨大的期盼，期待给本地人一个诸侯或大夫，结束那种被遥远的朝廷中央无度驱使的苦日子。否则在那个穷人连写字的竹简都用不起的大文盲时代，民众无法顺畅地表达自身诉求。

当得知秦始皇的儿子全部遇害，无一人幸存时，这种长期的舆论期待瞬间破灭。因诸公子之死，期待的分封制度几乎被釜底抽薪，可能性成为零。黔首的振恐以及失望，这样理解是不是就变得自然了？

胡亥自以为这么做，是断了分封派的念想，但其实是把拥护分封的一派彻底推向了秦朝的对立面。结合关东的舆情形势，既然秦朝版的分封已经不可能实现，那么“黔首”就被动集中到重回战国割据式封建的舆论浪潮中。当时的百姓不是一开始都想推翻秦朝的，从陈胜起义打着秦长公子扶苏的名义就能看出，有很多百姓是既拥护秦朝又希望秦朝能够分封的。但胡亥的所做所为却让关东从“要秦朝分封”彻底转为“不要秦朝，要分封”的舆论之势。在这种舆论之下，秦朝的执政合法性、社会基础就崩溃了。

当一个王朝、一个帝王，成了人人得而诛之的过街老鼠，谁推翻它、毁灭它、背叛它，不仅不用背负不忠的骂名，还能直接获得为民请命的贤名、被万众拥戴，那么这个王朝或帝王，就必然在破窗效应下，成了墙倒众人推、破鼓万人捶的天然靶心，无论谁都可以上去踩一脚。秦朝在天下舆论间的合法性垮台，“战国”就又重新上演了，伴随的是生灵涂炭。

此案发生的同时，赵高还杀了一批“郡县守尉有罪者”，其实也是对前朝老臣李斯所代表的法家职业官僚集团动了刀。李斯是集权制度的设计者、最大的法吏集团代表以及郡县制下职业官僚群体的代言人。一旦启动分封，诸侯国将会形成与中央平行关系的独立地方官僚系统，这会让大量李斯的法家门徒失权失位。李斯这才对多个皇子女婿和公主儿媳被杀，不闻不问，这正是为了他坚持的路线。他天真地以为诸公子死绝了，分封制就不可能复辟了。但赵高和胡亥本身也在针对和牵连他们这些大臣。赵高给胡亥制定的方向是“案郡县守尉有罪者诛之”，“尽除去先帝之故臣，更置陛下之所亲信者近之”（《史记·李斯列传》），同时借机清除李斯的羽翼。李斯却仍抱着侥幸心理，以为这只是一般的案件牵连。

李斯没有任何动静，是忍痛杀亲，壮士断腕。他也希望对越发激烈的分封制诉求进行釜底抽薪，保证他的制度理想能够长存。他明白，他选择的不只是胡亥，更是自己的路线。所以，以他为首的高层官僚对这样骇人听闻的行径集体沉默，甚至是默许。

昔日以王绾为代表的旧秦国官僚以及山东各派士人，都认同分封制的天然合法性。以王绾与淳于越为代表的先后两次就分封路线发难，是以始皇诸子为分封操作对象。这个时候，李斯代表的法家官僚集权路线，要对抗的是整个天下人心。路线之争在拥有足够权威的秦始皇死后不仅没能停止，反而更为激烈。李斯可能也是不知道该怎么应对了，才会对二世这种绝无仅有的非法昏招不闻不问。只不过李斯没想到，胡亥虽然没有改变制度和路线，却把基本的政治操守和法律底线践踏得支离破碎。而且，胡亥更像是个政治低能儿，将朝政大权交给此人，无论分封还是不分封，秦亡都是必然。

如果扶苏继位，秦朝或许会打开分封的闸口，提前进入汉初那样的郡国模式。而胡亥虽然十分昏聩，却不折不扣地执行了秦始皇晚年的法家高压路线，不仅全部继承，甚至变本加厉。

李斯以为胡亥继位，杀光诸公子，就能避免分封。但画虎不成反类犬，严重缺乏权变能力的胡亥模仿秦始皇完全失败，不仅糟蹋了秦朝文治转型的机会，还大跨步地将秦彻底推向深渊。

胡亥残杀所有兄弟姐妹后，仅三个月，大泽乡起义的燎原之火便熊熊燃烧。而那杆高高举起的复仇大旗，不仅浸染着关东黔首的民心血泪，也召唤着扶苏萦绕不去的亡灵，以及悲彻华夏大地的皇室血脉惨案中三十余条冤魂的哀呼……

这些亡灵看着弟弟作孽时，一定在焦急地祷告苍天："谁来救救这大秦？"

# 九、亡秦者胡

## 01 诛除法吏

秦始皇三十二年（公元前215年），方士从海上为秦始皇带回一则神迹，写着谶言："亡秦者胡也。"秦始皇认为这"胡"指的是胡人，也就是当时的匈奴。但如果秦始皇知道他死后的秦朝如原地自爆般土崩瓦解，他大概会惊醒，这个"胡"，指的是他的儿子胡亥。秦二世是个多奇葩的皇帝呢？他认为，杀人，然后换上自己人，就可以解决所有的执政难题。

赵高"更法"，是一个看似不起眼但影响很广泛且恶劣的历史事件，是一个不容易察觉的历史节点。从二世开始，赵高版秦律"务益刻深"，比秦始皇时期要严苛许多。而且二世本人其实没有什么规矩，想杀谁就杀谁，甚至不需要尊重一下秦法。胡亥上位之后，首先以莫须有之罪屠杀了所有的兄弟姐妹，令宗室震惧。宗室敢怒而不敢言。胡亥不仅仅得罪了宗室，还对法吏、军吏、儒家等群体同时动刀，一起得罪。

李斯自以为胡亥不会动他，但实际上胡亥和赵高在"案郡县守尉有罪者诛之"，"尽除去先帝之故臣，更置陛下之所亲信者近之"时，就在想尽办法地陷害先皇的故臣和以李斯为首的郡县地方大员。这是在对法吏集团发动攻击。

当时军吏群体的代表，有三大兵家将门世家：蒙家的蒙恬、蒙毅；冯家的冯去疾、冯劫、冯无择；王家的王翦、王贲、王离。

秦始皇重用法家进行改革，由法吏集团的左丞相李斯实际掌控政务，他的权力与影响力压过了军吏集团的右丞相冯去疾。秦始皇死时，冯去疾是右丞相，一般坐镇京师。一旦扶苏继位，冯去疾的族弟冯劫又很可能接替冯去疾，从御史大夫升任丞相。

扶苏又与当时正掌握兵权的军事世家的蒙恬成为军中搭档，与蒙家关系要好，亦在军吏中有自己的力量。蒙恬又很可能顶替李斯的左相位置。那么，扶苏的朝堂上，很可能是军吏集团当道，没有法家的位置。蒙家出身齐国，冯家出身韩国，实际上秦始皇座下的几大军事世家的祖籍并非都是秦国，他们与关东地区的矛盾并不大，不一定会反对分封皇子。

其实，秦始皇的“以吏为师”，也很难说只有李斯所代表的法吏得到好处，军吏同样是“以吏为师”的受益群体。因为秦朝的吏，很多都是从军队上退下来的军吏，最终到地方上成为官吏，学习秦律并掌管刑讼。毕竟秦朝的选拔机制是军功，所以李斯的法吏文官集团与将门世家的军吏武官集团之间，可谓是你中有我，我中有你。真让冯家与蒙家挤掉李斯，未必会有什么大的人事缺口与政治震动。两大集团虽然在高层是两个人际圈，但在中基层殊途同归，都是吏。以吏为师，既可以是军吏集团的“吏”，也可以是法吏集团的“吏”。

扶苏对关东持怀柔路线倾向，与儒家博士的主张有共同点，就是反对法家的高压路线。扶苏若继位，有可能提高儒家博士的地位和权力，让儒生成为后备官员力量。李斯是客卿起家，并未从军，属职业官吏。以李斯为首的这些真正治刑名之学的法家门徒，很可能会面临被军功世家代表的军吏集团与儒家代表的儒学集团全面挤掉的风险。这是李斯不选扶苏而选择胡亥的根本原因所在。李斯背后是一个利益集团，这个法吏集团担心扶苏会继位。

但胡亥一上来，为了帮助亲信赵高掌握朝堂权力，屁股还没坐热，就对同样支持他上位的李斯和法吏集团开火了。李斯只想着胡亥和赵高有法家倾向，能支持法吏集团，但谁想胡亥对他与法吏集团过河拆桥、卸磨杀驴，大肆用冤狱牵连打击，进行政治迫害。李斯从来就没见过这样没有底线出招的。

秦始皇是“事统上法”（《史记·封禅书》），“事皆决于法”（《史记·秦始皇本纪》）。胡亥采用法家高压政策路线，但行事作风却是逆法家理念而行。他不顾法家“不别亲疏，不殊贵贱，一断于法”（司马谈《论六家要旨》）的原则理念，压根儿就不依法进行人事任命，全凭个人喜好而定。其实，胡亥上位时有过几个月的平稳光景，他还巡游辽东。但他屁股没坐热，就急于发动赵高这些亲党与李斯的法吏集团火拼。仔细看这段历史细节，先于关东民变发生的，其实是秦朝堂内讧。

不管激进法家的李斯和法吏集团是否代表历史的消极面，他们所坚持的对关东的高压路线是否为失措之举，但他们在那个时间点上是秦朝堂绝对的中流砥柱、政权栋梁。像云梦睡虎地秦墓的墓主即秦吏喜能把秦律竹简当作自己的陪葬，这说明法吏对法律的尊崇是信仰级的。而胡亥对法吏集团的粗暴迫害、对秦律的擅改和毁弃实是自断根基。秦始皇最后五年的苛政哪怕不够明智，也绝对不会像这个傻儿子一样，拎不清轻重，破坏掉政治运行的基本秩序，自掘坟墓。

## 02　迫害儒家

法家和儒家主张对立，一个是集权立场，一个是分封立场，但好在两个学派都是知识分子。胡亥迫害法家知识分子，若是为抬升法家的敌人儒家，也算是给自己拉队伍，搞统战。胡亥却不，他只是想帮赵高掌权。对法家，他要迫害。反对集权和高压的儒家，他更要迫害。活跃在朝堂的儒家博士主要是议政，作为秦始皇的智库存在，他们的权力相对更小，势力相对更弱。对以他们为代表的儒家，胡亥迫害起来更是无所顾忌。

关东叛乱爆发后，胡亥把与关东舆论关系密切的儒家博士叫到跟前。凡是认为关东叛乱属于反叛的，全部按罪论处。装傻说只是闹土匪的，也全部罢免。这其实是嫌儒家用关东起义“恐吓”朝廷，逼儒家不准制造天下大乱的舆论，顺便把这些博士全给清理掉。

怎么说呢？秦始皇焚书坑儒，只坑杀了被定罪的几百人，就是为了对儒家的舆论杀鸡儆猴，并没有对朝堂上的儒家领袖——数十个作为智库的博士下杀手，儒家的博士集团安安稳稳地到了二世时期。他这样做的效果尚且不佳，胡亥却天真地以为，不准儒家博士在朝堂上、在他面前说不利于朝廷的话，那么儒家就无法制造舆论了……这无异于掩耳盗铃。幼稚之程度，令人咋舌。从这次开始，活跃在秦始皇时期的儒家博士群体就被胡亥粗暴地消灭了。

秦始皇为什么不对儒家下手？因为秦始皇不傻，他知道儒家是关东舆论的领军学派。毕竟儒家是开扫盲班的，奋斗在当时的教育第一线，是最大的学派。秦始皇要拉拢，要怀柔……孔子周游列国却一生不入秦，秦始皇要说对儒家有什么特殊好感，应当是没有的。他就是为了稳定人心，让儒家在朝堂上代表关东民意，也有足够的发声渠道和力量，才建立了博士制度。胡亥对这些几乎毫无认识。

而且，秦始皇还设有廷议制度，法家和儒家之间才能争执得那么激烈。廷议其实就是议政大会制度，具有很鲜明的秦代民主特征。秦始皇是采用苛政，但不是昏聩，对于众多的国政决策是下至百官朝会讨论，是将议题由不同规模的廷议进行广泛协商辩论之后，才最终做出决定的。

胡亥后来借关东叛乱，采纳李斯的建议，行申子、韩非子的督责之术，废除廷议制度，这才是从制度性的中央集权变成了随心所欲的皇帝个人极权。

胡亥一通胡乱操作，彻底断绝了秦廷与关东之间的舆论缓冲余地。对原本还能争取一下在两边游说讲和的中间人儒家，胡亥也直接撕破脸皮，被逼成绝对的敌人。

儒家在秦朝主张分封，代表关东民意，但至少部分儒家博士群体支持的是分封始皇诸子，也就是刘邦用尽一生才实现的那套同姓王郡国并行的分封方案。儒家是反集权，但不完全是反秦政权。

可胡亥哪管这些。他废个独苗卫国、打击关东念想也就罢了，更绝的是，胡亥上位三四个月，就把自己的兄弟姐妹全都杀光。分封，还能分给谁？他是用行动告诉所有人：都死绝了，封不了了。分封？想都不要想！

关东老百姓断然没有想到，这年少的皇帝竟然如此丧心病狂。

胡亥以为他做得绝，断了儒家和关东的分封念想，他赢了。实际上他迫害儒家博士，不给关东在朝堂上一点发言权，也不愿意通过儒家博士去体察关东的压力值处在一个什么水平，民间的愤怒已经突破阈值，秦朝大厦将倾他都不自知。

堵住关东发声渠道，绝掉关东念想，那不是让关东认输，而是逼关东铤而走险发起战争。汹汹民意之下，掩耳盗铃是没用的。

宗室凋零，也没外戚，才会有最后的“指鹿为马”，皇帝彻底失去了任何支撑力量。

当然，这个时候作为法吏集团代表的李斯，乐于看到这种分封制被釜底抽薪、断绝操作对象与可能性的情形。所以“群臣谏者以为诽谤，大吏持禄取容”，法家官僚集团于是在这一项上站到胡亥一边。军吏集团的冯去疾仍然把握着右相之权，王离得到了蒙恬腾出来的秦军主力指挥权，也都冷眼旁观。

其实到了这一步，李斯、冯家、王家都处在囚徒困境中，他们自以为优先自保、出卖队友就可以存活。实际上，他们各方会得到最差的结果。基本秩序烂了，秦朝就烂了。皮之不存，毛将焉附？

## 03 排挤军吏

蒙家兄弟遇难时，军吏集团的另外两大代表家族冯家和王家都没有实际行动，都选择优先保住自己的位置。冯家继续任相，王离则取代蒙恬掌管了秦朝的戍北精锐部队。冯家与王家被小山头利益蒙蔽了双眼，对真正的危机过于短视。

可胡亥从一开始，既不相信法吏，也不相信军吏。他只相信老师赵高。赵高与李斯暂时合作，所以他也只是暂时相信李斯。对右相冯去疾和大将军冯劫，他并没有任何信赖感。甚或说，他对军人本身就是以轻蔑待之的。

陈胜起义后，军事情报人员但凡说是反叛的，都被胡亥下狱治罪。只有说是闹土匪，说地方官就可以摆平的，他才留用。连情报人员的真话都听不进去，有这种皇帝，秦朝灭亡才算是必然结局。

胡亥这样对待情报人员，最大的动机可能是什么？如果是大规模的反叛，就应该从北境调回秦军精锐主力赴关东平叛；如果是匪盗，相对薄弱的地方守军去应对就可以了。恐怕胡亥和赵高最畏惧的就是让驻守在北境的三十万秦军主力有回到秦朝腹地的理由。因为冤杀这支部队的统帅蒙恬和监军公子扶苏，还没到半年，军心不向他。

王家只有年轻的孙辈王离，作为统军副将，在蒙恬之后接管了这支军队。但王离能不能、肯不肯压住这支部队对二世的愤恨，也是另说。毕竟，王离虽然为图自保，没有挺身而出为扶苏与蒙恬仗义执言，但看着蒙恬作为军功世家和一代名将，就这样被迫害而死，王离同为世家出身，同为秦朝军人，与蒙恬共事多年，岂会不心生怜悯，岂会不兔死狐悲？王离和二世、赵高又能有多亲近呢？

胡亥和赵高不愿意承认陈胜起义是大规模反叛的动机，在于他俩心虚，畏惧这支不向着自己的秦军主力回到腹地。但这是贻误战机啊！胡亥和赵高做了很多这种不知轻重、不顾后果的混账事。

掌管南越五十万军队的任嚣死于秦二世二年（公元前208年）。他临死前教自己的副将赵佗闭关自立，不管中原的纷争，建立了南越国。嬴政从秦始皇三十三年（公元前214年）开始大规模向岭南移民，实际上是鼓励岭南秦军和谪戍秦民落户安家。岭南纵然有地方保护主义的思想存在，但几十万大军连一点都不派回中原勤王，可见胡亥要么是调不动这支部队，要么是根本就不想调。至少胡亥已经错过了叛乱早期，秦廷还有足够实力撬动岭南秦军勤王的机会。当任嚣与赵佗决定自立的时候，胡亥屠戮宗室、迫害大臣的暴君恶名早就传开了。如果不是胡亥，而是秦始皇或者扶苏遭遇关东反叛，应该真的会是另一种局面。若蒙恬率北方二十万秦军与任嚣率南方十几万秦军，加上从关中出击的禁军甚至是刑徒军，三面合围关东叛军，秦朝的局面会完全不同。

不过，即使胡亥很昏聩，我们也不能脱离时境去理解他。比如面对历史上第一次大规模的平民起义，他不愿意相信平民可以组建政权，只认为那是小股寇匪。一方面，他的政治敏感度确实很低且性格暴躁，另一方面，在胡亥之前有文字可溯的一千多年历史里，确实没有一个君王遇到过所谓平民组建的政权或军队，确有其历史局限性。

胡亥要当鸵鸟，不愿意面对必须召回正规军的现实，骗自己说关东的匪患靠战斗力较差的地方守军就可以压下。他连情报人员都杀，大抵是他畏惧军吏集团。尤其是蒙恬一手带出来的三十万精锐与扶苏更亲近，对他怀有仇恨。

最终，召回精锐迅速平叛的战机被贻误了，战略窗口期过去了。陈胜、吴广起义由于是在中部先行燎原，一旦坐大则阻断东西联系，中东部就都大面积失控了。项梁、景驹、刘邦等东部势力都是跟在陈胜屁股后边一路收割。关东的诸侯和军阀，纷纷借机复辟封建制度。王离率领的秦军主力首次明确出现在二世时期的史料中，已经是章邯出关围攻赵国前后了。

## 04 只信任老师

在赵高给胡亥的权力制衡设计里，借扳倒扶苏和蒙家这个事件，李家和冯家的利益会得到巩固，王家第三代的王离又顺势接掌了秦军主力，也是受益方。要不是胡亥后期执政一团糟，失了天下，这个计谋能做到拉拢三派打一派，从胡亥立场上讲，赵高算是一个称职的谋士。

但很可惜，赵高工于谋身，拙于谋务。也许，能够屈身逢迎、放低姿态，说明赵高的器量不一定狭小，但若论他的格局，实在只是砸锅取餐、竭泽而渔的水平。他与他教出来的徒弟胡亥，对权力的认知相似，都认为只要被称作皇帝，就可以生杀予夺，靠杀人与恐吓就可以解决他人不服的问题。比如沙丘之谋，蒙家兄弟后来已经是乞降的姿态，胡亥“即欲释蒙恬”，也有放过他们的意思，但赵高“恐蒙氏复贵而用事，怨之”，“日夜毁恶蒙氏，求其罪过，举劾之”（《史纪·蒙恬列传》），仍然坚持把蒙家往死里逼，这导致三十万秦军与胡亥的关系变得异常尴尬。整个军功世家所代表的军吏集团也都兔死狐悲，对胡亥无法完全信任。

赵高只是借皇权狐假虎威，一时得意。其实他指鹿为马时，秦廷已近风雨飘摇了。他对胡亥的性格把握得太准，将胡亥哄到深宫之中，并将权力托管给他运作。

赵高很会算计，但心里却没有天下，没有大的格局，甚至没有基本的忠心和人情味。他可以看懂外在的利益格局与人心立场，却不明白权力表象背后实际的支撑力量是什么。比如，他教唆胡亥斩草除根，杀绝兄弟姐妹，这么做虽然可以断绝皇位威胁，断绝分封口实，但是权力信誉已经先于权力本身垮塌。他与胡亥一样，就是不明白皮之不存毛将焉附的道理。

昏聩的胡亥，就更谈不上知人，也谈不上自知，总是一味地听信赵高。他的父亲秦始皇是一个工作狂，没有多少时间陪伴他成长。他的名字叫胡亥，母亲很可能只是一个被胡人部落进献给秦王的地位卑贱的胡人女子。胡亥如果小时候是被胡人母亲带大，或许他的长相与华夏族人也多少有别，他的生活习惯受胡风影响，可能也与其他兄弟不同。或许他会受到其他兄姊的歧视。

而秦始皇一生孤苦，极少感受到亲情的温暖。胡亥又是能说出废兄矫诏不义不孝这般漂亮话的幼子，有胡人血统的他，可能也如多数混血儿一样相貌出众可爱。缺乏管教，加上秦始皇对幼子的宠溺，从心理角度看，胡亥实在是有性格上的缺陷。

胡亥身边没有外戚辅佐。除了赵高，也没有人会真心教导他。母亲去世后，只剩下他一个十几岁的孩子，孤身处在波谲云诡的深宫之中。只有自己的老师、宦官赵高既关照他的生活起居，又教他读书学习，与他亲近，并对他寄予厚望，替他筹谋计划。胡亥对赵高的信任和依赖是显而易见的，甚至他被赵高派人逼迫自杀前也只是想再见赵高一面，希望与赵高面谈，竟没有表现出对赵高背叛自己的怨恨。他对赵高的信任几乎是出自本能的。

但赵高不一样，他太了解胡亥乖戾的性格。他经常会“恐二世怒，诛及其身”（《史记·秦始皇本纪》），因此他借胡亥的昏聩不明，谋划指鹿为马，掌控朝堂以为自己留下后路。最后，赵高却与刘邦集团私下谈判，准备拿胡亥当替死鬼，以保住自己的性命和利益。从某种程度上说，赵高杀胡亥，也是最后无奈的推责与自保之举。

也许赵高对胡亥是有感情的，毕竟胡亥是他一手调教出来的徒弟，对他也算是有知遇之恩。但利益攸关，性命攸关，赵高可不敢像胡亥一样昏头，把身家都压到胡亥身上。对赵高而言，不得已时可以把胡亥推出去牺牲掉。赵高，终归只是一个自私的老师。但胡亥是自童年起就只有赵高陪伴，他对赵高，相比赵高对他，情感与信任上更无所保留。

李斯并未主动选择胡亥，沙丘之谋这个局是赵高主动穿针引线，最终得以攒成。没有赵高，就没有胡亥这个秦二世。虽然胡亥信任他，但他却根本不会治理天下，带着笨徒弟胡亥在作死的道路上狂奔。如果扶苏继位，他们大概率能善终。可他们非要去夺，夺这个他们根本驾驭不了的器柄。或许胡亥也郁闷，他这个皇帝，做得怎么就和父皇那种感觉完全不一样呢?

始皇猝亡的时间点，是关东铺垫已久的反攻倒算全面爆发之际。

秦始皇未竟的改革，终于彻底熄火了。李斯，作为替秦始皇守护这改革遗产的同路之人、忠诚的路线执行人、设计人，在激烈的路线之争中几次挺起集权制度，秦始皇在制度革命战线上的并肩战友，最终含冤入狱，被秦二世和赵高腰斩于市。秦朝的最后希望，被赵高埋葬了。

暴力统治将输给暴力反抗。秦汉之交的灭秦战争与楚汉战争，最终以家家有冤魂、父子暴尸于道以及远超秦始皇统一战争的惨烈终结了贯穿秦朝的路线之争。当朝堂之争最终尘埃落定时，秦始皇与李斯都没想到，结局竟是这个朝堂必须倒下。

赵高、胡亥、李斯并不明白，高高在上的权力不仅是由实体的行政体系构架而成，更是被一种无形的信誉网络所托举。一旦不顾公德人心，严重透支权力的信用，结局只会是从高处坠落，粉身碎骨！从这个角度上讲，秦与胡亥的命运，倒是给中华民族后来的发展提供了深刻的案例教训，给后人展示了再强大的王朝也有迅速崩溃的可能隐患，鞭策了汉朝贤君政治的产生。

德不配位，必有灾殃。上天和李斯、胡亥、赵高三个人都开了个玩笑。仅仅三年，李斯苦心呵护的事业和制度，赵高醉心玩弄的阴谋和权力，胡亥一心追求的躲在皇宫深处的及时行乐，都不过是自欺欺人的水月镜花，瞬间烟消云散。一同失去的，还有他们本不该戛然而止的生命。

# 十、埋葬希望

## 01 章邯与李斯

陈胜、吴广起义军坐大之时，胡亥自欺欺人，不准官员承认这是叛乱，不调精锐部队回师腹地。直到陈胜的将领周文打到戏水，进入关中，打到六国攻不破的函谷关，像鸵鸟一样把头埋起来的胡亥才反应过来：不平叛他是会死的啊！他之前以为只要当上皇帝，他就可以生杀予夺，任性而为，天下无人能管，完全自由自在地活。此刻他终于认识到，当了皇帝也会被反叛、推翻以及杀害。

这时候，胡亥发现关中兵力空虚，急需凑出一支能够勤王救驾的军队。

其实，秦始皇时期不是没人想造反。比如，刘邦、彭越、英布等人都是秦始皇死的那年开始拉队伍的，像刘邦是跑到山里当土匪，彭越、英布是跑到大泽附近去当水泊好汉，项家也一直在从事反叛活动，是被通缉的逃犯。秦二世时候的反秦名将，在秦始皇时期真的就只是匪盗，但秦二世治下，直接就发展成了军阀。

秦始皇晚年的苛政，主要是徭役严重。那时候，徭役造成的人口损失率很高。但总体来看，秦始皇发起的骊山陵、阿房宫两大关中工程，起到了与关东争夺人口的侧面作用。在函谷关被破、关中危机、咸阳危机时，这个抢夺人口的策略起了效果。秦廷急忙从骊山刑徒中凑出二十万临时军队，这成了拯救秦朝的最后的中坚力量。

危急时刻，打退周文的二十万刑徒军是谁率领的？章邯。章邯的官职是少府，列九卿之一，生平不详，不知是被隐去了秦国统一战争时的功绩，还是之前根本就不是将领，不好讲，但很可能是位年轻些的将领。但少府一职，顶头上司肯定是丞相。当时的右相是冯去疾，左相是李斯，一个属军吏集团，一个属法吏集团。而御史大夫叫德，信息不详。但前任御史大夫冯劫转做将军，应是在朝堂掌管军事的，或为三公之一的太尉，他是冯去疾族中的兄弟。后期的御史大夫德没有参与李斯和冯氏兄弟三人最后的联名死谏，可能是亲胡亥或赵高的一派。

所以，章邯的顶头上司应该是掌政务实务的李斯，章邯对李斯和冯去疾负责。那么，他大概率是李斯的人，也可能是冯去疾的人。跟着李斯即法吏更有实权，跟着冯去疾即军吏，其军事才能更解释得通。但他和李斯应在职责上存在直接隶属关系，是李斯和冯去疾都放心的人，应当没问题。

现在还有一种说法，说章邯的这个少府，不是九卿少府，而是被误省两个字的“将作少府”。如果是将作少府，那大概率是直接管理骊山刑徒的长官，对骊山刑徒的工作最为熟悉，整编和率领骊山刑徒成为秦军更说得通。

但无论是哪个少府，章邯的负责上级，都应该是丞相府。章邯与李斯的接触应该是最频繁的。

章邯带领二十万刑徒军打退并杀了周文，挫伤了关东的士气，立下救国大功。但危机刚解除，秦廷就对章邯进行制衡。秦二世派长史司马欣与都尉董翳作为章邯的副将，与章邯一起率军平叛。

司马欣原是栎阳狱掾，是职业法吏，有法律专业素养。司马欣与蕲县狱掾曹咎交好，说明他们是这个专掌刑狱系统的法律专业圈的。司马欣应属法吏集团，身后是李斯。董翳是都尉出身，是军人、军官，但生平不详，大概率是军吏集团的一员，与三大军功世家中的至少一家关系不错。此时蒙家已经倒台，王离又比较年轻，他大概率是冯家的人。这两人与章邯搭在一起，其实就是李斯与冯去疾二人都能接受的人事组合，起到互相辅助与监督的制衡作用。所以，后来这一波灭陈胜、项梁的秦朝最后的强势军团，实际上是法吏集团李斯与军吏集团冯去疾两位丞相合力的结果。这两大集团，原本就是秦廷的两大中流砥柱。

陈胜死后，他底下的人纷纷自立，起义军成了一盘散沙。项梁死后，楚怀王趁机把握军权，制衡项家。这是秦朝平叛的大好时机。章邯围攻赵国时，王离率领二十万北方秦军也已经回到腹地，与章邯形成合力。秦朝运势明显回暖。只要胡亥放手什么都不干，让李斯和冯去疾去解决问题，这秦朝也就保下了。可胡亥与赵高这一对“作精”师徒，岂能在此时默默无闻，毫不“作”为？必须作，往死里作……

人生苦短，胡亥要及时行乐，于是赵高把胡亥与前朝大臣隔离了。李斯见不到胡亥，赵高把持着皇帝的起居行止。所以，李斯与冯去疾推出章邯、司马欣、董翳这支大军后，实际上等于秦始皇留下的相权力量暂时撑住了朽空的皇权，撑住了秦朝这座摇晃的大厦。但相权一旦强势起来，依附皇权、狐假虎威的赵高就害怕了。

王离的戍北秦军回来了，刑徒大军也是两位丞相府的法吏、军吏两派嫡系在掌控。这加起来四十万的大军，可都在外朝手里。只要平叛成功，仗着几十万大军的兵威和平叛声望，李斯和冯去疾的权力肯定会达到如日中天、无法撼动的地步。胡亥再怎么作，他是皇帝，就算架空皇帝，两个丞相也不会先对皇帝怎么着，何况秦始皇就剩这一个儿子了。但赵高不一样啊，馊主意都是他出的，第一个被清算的就得是他。赵高能看明白这些。

赵高一直在努力地扯后腿。他先是两头欺骗李斯和皇帝，让李斯和皇帝产生龃龉。然后，在李斯的老下属章邯与李斯的儿子李由在前线奋战之时，赵高对秦二世进谗言说，李斯的儿子李由身为三川郡守却玩忽职守，故意在关东反叛中放水，才导致此前的咸阳危机。秦二世让人去查这件事，但李斯有所听闻，应该是制造了一些阻力，暂时没能给李由定罪。但赵高最后还是趁李斯直谏秦二世停建阿房宫将其惹怒之机，将李斯直接下狱并杀害。李由在李斯死后不久也战死沙场。

李由的被查与被杀，是赵高“作死”战略的一个重要组成部分。三川郡是哪里？洛阳、荥阳所在，是中国二三地理阶梯线的豁口处，名关汜水关（又称虎牢关）所在，是关中面向黄淮海大平原的门户。刘邦后来就是以荥阳为前沿军事基地进行楚汉鏖战的。李由扼守这么重要的门户，不仅得不到支持，反而在关键时刻被怀疑、被查、被弹压，最后战死。给前线大将的后院点火，赵高是专业的。

## 02 被秦廷捅刀的秦军

此时的章邯部队呢?

章邯军巨鹿南棘原，筑甬道属河，饷王离。王离兵食多，急攻巨鹿。

——《史记·张耳陈馀列传》

章邯令王离、涉间围巨鹿，章邯军其南，筑甬道而输之粟。

——《史记·项羽本纪》

章邯杀陈胜于城父，破项梁于定陶，灭魏咎于临济，在关东几大势力领袖已死的大好局面下，章邯与王离等军合围赵国，准备平定河北。平叛眼看就要成功，章邯大军却没有与王离大军直接合兵，而是去为王离大军解决输送粮食的后勤补给问题。

这个操作看起来成迷。想当年无论是秦昭王打长平之战还是秦始皇灭六国，都不会在敌我对抗的生死关头让精锐部队分兵几十万去为另一部大军解决后勤供应问题。秦昭王和秦始皇都是在战况紧要关头亲自去前线的，秦昭王更是河东总动员，就是要保证战争补给。后勤问题在秦始皇那里，会是个“需要章邯分出精锐去解决”的问题吗?

章邯的二十万常胜大军分兵去当后勤，可见这个补给线有多薄弱。秦朝的朝堂显然已经无法为在前线作战的二十万章邯军与二十万王离军提供基本的后勤补给了。这是为什么呢?

因为李斯这时已经被杀，赵高接任了丞相一职。后来项羽九战秦军，靠的就是断掉甬道，断掉秦军军粮。秦军有四十万，项羽楚军只有几万。历史上以少胜多的战役，有几个不是从搞掉兵力更多一方的粮食开始的呢?

应该说，王离和章邯的后勤补给线太弱了。他们的军事行动本身就是临时抱佛脚，本就没有朝堂上制定的完备的战略和支持可言。朝堂甚至还在谋划怎么坑死这支秦军，哪还会给什么后勤支持?

前线正在奋斗，后方的李斯、冯去疾、冯劫都被赵高扳倒了。他们被扳倒的直接事件，仅仅是谏言停止阿房宫工程。

应该说，李斯就是秦朝苛政的主要设计者，是主张对关东地区采取高压政策的一派。但李斯和冯家两位大员，相当于三公俱出，联名向皇帝进谏，希望停止这些原本是李斯主张的工程。李斯为何要主动终止自己的路线？据《史记·秦始皇本纪》：

> 盗多，皆以戍漕转作事苦，赋税大也。

“赋税”，这其实就是要替章邯、王离等人解决后勤问题。战争是烧钱游戏，后勤很重要，李斯与冯去疾都是明白的。李斯再怎么推崇高压路线，也不至于在危急关头都看不清局势，还继续高压，这点起码的分寸还是有的。然而，他们遇上了胡亥与赵高这对神级“作死”师徒组合。三公？三公算个什么啊，全都下狱。

权力，表面上看是如臂使指，但其实权力是一个隐性的、自上而下的人际信用网络构成的信用体系。秦廷至此，公信力荡然无存了。

冯去疾和冯劫不堪受辱，直接自己抹了脖子。其实啊，人家军事世家，秦朝换成汉朝，李信家族的子孙李广、李蔡啊，冯去疾家族的子孙冯敬、冯奉世啊，照样都是兵家名门世族，同样受到重用。秦朝堕落至此，连这些秦国的世家大族都不愿意保，实在是不得人心了。

李斯一开始没自杀，还想着能不能扳回来。不过正是因为他没自杀，章邯那边儿还留有一线希望。当李斯被灭族的消息传到章邯这里时，章邯正大破项梁。此后，他把赵王歇围困在巨鹿，还在河北死撑，显然还存在立功而被赵高放过的侥幸心理。但章邯已经逐渐转向消极状态。

其实这个时间点上，胡亥是可以选择停止苛政、大赦天下，全力支援秦军后勤的，但他故意不做正常选择。在秦军合围赵国，即将平定河北的形势最佳时间点，胡亥连关中的资源都不愿意抽出来去支持秦军的军事行动，反而在对拼后勤的秦军与关东联军两方主力军大决战的生死关头，逼死二冯，抓捕李斯。秦始皇如果看到这关键时刻给自己人背后捅刀的一幕，怕是急得连棺材板都要拍碎了。

李斯是章邯在朝堂上最后的希望，李斯不死，章邯还能拼。而章邯也是李斯最后的希望，李斯盼望着章邯能立下大功，用骁勇的秦军反向牵制朝堂上的赵高。将来章邯凯旋，总能威慑朝堂，给李斯复出的资本。可李斯遇到的是赵高这种不靠谱的队友和胡亥这种不靠谱的老板，他们根本不在乎章邯率领的秦军是胜是败。李斯根本不理解赵高与胡亥的脑回路。在这对极品师徒组合那里，杀人就是杀人，为什么要考虑杀人之后的影响呢?

当李斯连胡亥“自立”这个大家一起犯下的沙丘之谋都给抖出来时，赵高不耐烦了，直接跳过逼供环节，将李斯灭族。

## 03 熄灭希望

李斯被赵高急火火地杀了。章邯为了保存实力，静观朝堂变化，开始“战数却”（《史记·秦始皇本纪》）。赵国战场，很多人只看到了项羽带着项家军过来，对着章邯、王离两支十倍于己方的秦朝大军一顿痛打，却没看到在项羽到来之前，章邯的内心大概已经绝望了。他被自家老板在背后捅刀子，哪还有心思恋战。失去了李斯这个靠山的章邯，绝望感更强。

王离是关中世家、灭六国第一名将王翦的孙子，曾率秦国戍北主力军队守土卫疆。王离被俘虏，始终未降，史料没有交代他后来的下落，应该是被杀。而涉间、苏角都战死沙场，一心殉国。他们是秦朝最辉煌的主力正规军，他们作为秦军的骄傲，身上的那种军人荣誉感，和作为文官被临时转型为武将的章邯是不同的。

章邯最后消极避战，是因为他迷茫了。作为朝堂上的臣子，章邯原本不掌兵，他不是军人。他很可能是法吏出身的文官，临危受命。他挽大厦于将倾，一路斩杀关东叛军首领，成了大秦最后的名将、最后的支柱，但换来的竟是自己的靠山被无辜冤杀，而自己也随时会被冤杀。他是在为一个毫无底线、毫无信誉、毫无能力、毫无方向的朝廷卖命。

章邯等军数却，上书请益助。（《史记·秦始皇本纪》）

章邯军变得消极，因为已经得不到基本的后勤支持了。正在拯救秦廷的军队，却在被秦廷推向悬崖。秦二世和赵高派人催战并指责章邯。这样下去，要么让章邯在战场上消耗，要么扣章邯一个抗旨的大罪。章邯很恐惧，但他与司马欣、董翳决定最后一次试探此时已经是赵高掌权的朝堂，对他们这支军队到底是什么态度。

司马欣回到咸阳，得到的回馈是秦二世与赵高的拒听、拒信、拒见与追杀。当“作死”师徒二人组把游戏玩到这一步时，这个政权即使是神仙也难救了。

司马欣反馈给章邯的信息说：“有功亦诛，无功亦诛。”当这就是可见的命运时，章邯三人再傻也知道该怎么做了。于是，章邯投降了项羽，最后的秦军瓦解。项羽带着诸侯联军入关，与灭秦的刘邦会师。

回看整个秦末的时间线：

秦二世二年（公元前208年）七月，李斯被冤杀。赵高接任丞相。

秦二世二年九月，章邯攻破项梁军，项梁战死。此时朝廷的变故应该已经传到章邯军中。

章邯与王离两部秦军围赵王于巨鹿。章邯与王离得不到朝廷的补给，章邯只能亲自率军在当地补给后勤。

秦二世二年十二月，项羽的楚军到达巨鹿战场，并第一次击败正面的王离秦军。

秦二世三年（公元前207年）一月，王离军彻底溃败，王离被俘。章邯军消极应对，数次退却。

秦二世三年二月，项羽的楚军再次击败后勤出现问题的章邯军。

秦二世三年四月，章邯派司马欣回到咸阳，最后一次试探朝廷的态度。结果司马欣被胡亥与赵高拒绝接见，并被胡亥与赵高派人追杀。

秦二世三年五月，章邯决定放弃对秦朝的效忠，投降项羽。

秦二世三年六月，章邯与项羽谈妥投降条件，正式叛秦。

秦二世三年七月，项羽封章邯为雍王。

秦二世三年八月，看到前线秦军已经彻底瓦解，意识到秦朝已经危在旦夕，赵高设计指鹿为马事件，清洗朝堂要员，彻底架空胡亥，并于不久后杀死胡亥。

秦二世三年九月，赵高降秦朝为王国，立子婴为秦王，并与正在进攻武关的南路楚军将领刘邦谈判，准备献出秦地以保身家性命，瓜分关中，却被子婴在继位当天所杀。

秦二世三年十月，与赵高方面诈作和谈的刘邦趁机突袭武关，而后一路挺进关中。子婴见楚军已经兵临咸阳城下，于是投降刘邦。秦国灭亡。

秦二世三年十一月，项羽坑杀二十万投降秦军。

秦二世三年十二月，项羽进入关中，杀秦王子婴，将故秦国分为雍、塞、翟、汉，史称“分关中为四国”（《史记·秦楚之际月表》）。

从李斯死后，章邯消极出战开始，秦朝的命运就已经是定数。首先，赵高手里没有合适的统帅，没有善于统筹调度的朝堂官员。当秦军的有生力量被歼灭后，关中是阻止不了诸侯联军的。

后来，刘邦还带了十万兵马在关中，想要阻止诸侯的四十万联军都阻止不了，何况秦朝几十万精锐全部被师徒俩玩死的局面，恐怕秦始皇在世也难以逆转，毕竟是有城无军了。存人失地，人地皆存。存地失人，人地皆失。即使子婴杀掉赵高，想重整朝堂，也无力回天了。

如果朝堂上没有发生那样的变故，李斯仍在，而且能保证后勤补给，章邯军不被拖入为后勤奔忙，章邯、王离两支秦军能积极合力一处，围点打援，先吃掉大部分诸侯军。等项羽到来，他再能征善战，几万人打几十万人，在十倍悬殊的情况下，楚军就算不被秦军吃掉，也绝对围不住这四十万大军。

而且，项羽当时也没粮了，所以才劝降章邯。项羽破釜沉舟，原本只留下三日粮。项羽楚军后期的补给来源应是在战胜后夺取了秦军辎重粮草。章邯之前建立的部分粮仓，被楚军抢到手，才保证了楚军后期几个月的军需不断。如果章邯、王离对秦廷保持基本的信心并与皇帝有起码的互信，即使打不过项羽，哪怕放弃赵国，突围归秦，最终也不一定会亡国。四十万大军回师，保住秦国应是没有太大的问题。

可实际情况是，即使章邯当时能回来保秦境，他也坚决不敢回来了。如果他们不胜而归，胡亥和赵高就有直接理由给他们定罪。章邯是被逼到了秦军不死完不敢结束战斗的地步。所以后来秦军投降后，秦军士卒被坑杀前有牢骚，认为是章邯诈了他们。说明当时秦军士卒能看明白，秦军本来就没有到弹尽粮绝、无法脱离战场而必须投降的地步。只是赵高与章邯在搞派系内斗，不正常供给军队，而且把章邯逼进了怎么做都无解的死局。

是章邯丧失了信心，是章邯、司马欣、董翳三个人关起门为他们率领的秦军做出了投降的决定。可秦军士兵的锐气仍在，因此项羽才要坑杀二十万秦军降卒。

如果子婴早几个月杀赵高，章邯军能得到子婴朝堂的正常补给，得到子婴安抚，或让秦军精兵退守关内，再或者子婴让章邯军与王离军进行分工，一部驻守京畿关中附近，应对刘邦所率领的南路楚军对腹地的进攻，一部在河北与项羽联军对战，而不是像赵高那样急于同时消耗掉昔日蒙恬带领的王离军与李斯后来筹措的章邯军，那么关西与关东的均势大概是能够形成的，秦国就能保住。毕竟关东的复辟国家也只是一盘散沙，不久就会为地盘利益产生内讧。秦廷只要保存有生力量，守住故秦国之地，留得青山在，不愁没柴烧。

楚汉战争就是刘邦以关中为基本盘，继秦朝之后的再次统一。后来汉朝的辖境就相当于秦始皇统一时的秦国辖境。关西的关中平原、成都平原等故秦国粮仓地带并未受战争的太大波及，经济实力相对关东而言保存较好。如果秦国有三四十万的军队扼守关中，保境可能性是不小的。国力骤衰，但国本犹在。

但历史没有如果。赵高借皇权狐假虎威一时爽，靠掌握了咸阳县令等京畿戍卫干出弑君之事。秦二世被赵高当替罪羊杀掉了，但赵高并没有什么强固的政治基础和社会基础，连起码的声誉和威望都没有。

原本赵高当时和刘邦率领的南路楚军私下有接触，刘邦已经派人去武关谈判。但谈判到半截，刘邦突袭武关。而武关一破，子婴基本上就失去了最后的机会。赵高临死都不忘最后坑秦国一把。

不过，子婴就算暂时保住武关，不让刘邦从武关先进来，后来的函谷关也大概率保不住。子婴杀赵高，是在和关东局势赛跑。但他毕竟是在秦军崩溃后才掌握重塑关中政治的权力，此时已经为时太晚了。子婴继位后，就算能提振一下朝堂信心，也凑不出几万老弱去应对排山倒海而来的数十万诸侯联军了。

## 04 最后的王族

秦末战争时，十四年前统一六国的秦军精锐怎么都不见了？应当说，正是因为还有一支强大的军队托底，胡亥这般花样作死，败家三年，到章邯投降时才算彻底败光，这已经算是慢的了。哪个国家如果在背后拿刀捅着自己前线的军队，还能在大规模战争中最终取胜，还能不亡国，那才叫稀罕事。

秦始皇如果活着，秦朝显然不会是这个结局。秦始皇的苛政，是最后五年才开始的。旧贵族依然垄断关东土地，关东土地矛盾越发激烈。秦始皇眼看着授田制搞不下去，粮价飙升，于是在政策上试图通过军事移民、谪戍移民、徭役移民来缓解关东的土地矛盾。这搞到最后成了苛政，但本质上是通过非正常的临时性移民政策，来缓解人口和资源的矛盾。秦始皇对距离咸阳如此遥远的国境，其实并没有足够的治理经验可循。

但要说再来一次大规模的关东叛变潮，秦始皇压不住吗？当我们了解秦军在胡亥与赵高手中崩溃的本质原因时，显然不会认为这是任谁都压不住的叛乱。只要章邯军能好好作战，不为后勤补给和派系暗算忧虑，秦朝的结局就有很大变数。

胡亥根本不管什么军功爵位和秦律法治，他连正在立功的重臣都可以随时、无须理由地随意处死。当庙堂已经彻底失灵，基本的权力信用与政治秩序已经不存在，什么制度都会沦为空谈，这才是秦亡的直接原因。

当然，之所以失灵，是因为秦始皇并没有设计好权力制衡模式。秦始皇所设计的最高点的皇权制度，是秦朝巨大的金字塔架构权力体系的盲点所在。既没有受到足够的制约，也没有足够的力量去托底。

首先，虚封列侯，不封宗王，宗亲力量薄弱。胡亥甚至可以直接杀死所有的兄弟姐妹。

其次，秦始皇让相权“隐身”，用自己高强度的工作分走实际上应属相权团队的一部分职责，最终使得相权无法对皇权进行足够的约束。当李斯的相权刚刚要发挥作用，就被异化的皇权打压下去了。

再次，秦始皇又进行了强枝弱干、守外虚内的军队部署，将秦国大军置于边境。当胡亥的皇权与边境军队产生龃龉时，胡亥甚至担忧边地的秦军回到腹地勤王，而让军队与本部腹地高度分离。军队的后勤供给则高度依赖朝堂供应，令秦军又显得过于依赖朝堂的政治形势。这样，军权对皇权也无法形成有效制衡。

这些都是促进秦亡的因素。但“因素之一”，不能叫“根本原因”，不是决定性的。只要有正常人继位，可以修补或改革这套制度，改正弊端，政权就能稳定下来。可惜，上来一对“活宝级”的师徒组合不断作死。

一代人有一代人的使命，坐拥充裕的时间去修正制度的弊病，是守成的后代需要去做的。后代也需要发挥自己的主观能动性去因势利导，应时而变。

数百万平方公里的大一统国家形成，使秦朝处在整个文明史中由王国时代向统一王朝转型的时间点，处在数千年未有的社会大变局之中。秦朝改革又处于统一国家草创阶段对大一统制度阶段性探索的失败节点，所以无论在当世还是在后世的争议都特别大。

正因为秦朝文明意义重大，后世往往习惯于用制度决定论解释朝代更迭，而忽略了文明起步期的转型阻力，对秦朝之变的探讨很多都成了意识形态站队。但制度只是众多历史要素之一，秦朝制度有问题，因此而短命。短命可以是秦、新、武周这样一二十年左右国祚的短命，也可以是魏、晋、隋这样四五十年国祚的短命。秦朝之所以没能突破二世而亡，更多是出于政治原因而不是制度原因。制度存在问题，但靠强平衡或弱平衡政治生态撑到四五十年的朝代也很多。这就是柳宗元在《封建论》中所讲“秦之失，失之于政，不在于制”的道理。

其实，汉景帝时的七国之乱，也恰恰是汉朝建立将近五十年时爆发的，但西汉在战前政策上并没有严峻问题，战时操作中也没有出现问题，三个月就迅速平定，成功渡劫。

嬴政发动的统一战争造成的人口减少，相比秦末战争其实要少很多。秦始皇并没有完成战国时期历史周期律下华夏大地农业开发趋于饱和后的第一次马尔萨斯陷阱与人口周期转型。若是秦始皇在世，关东爆发大规模叛乱，也许面对关东六国遗留下的尖锐的人地矛盾、阶层结构而在政策上显得有些手足无措的秦始皇，反而会经历二次统一战争时更大规模的人口消耗战，以一个更加残暴君主的形象，实现大秦王朝的暂时稳定。战争的动员与谋划，正是他擅长的领域。当然，这种稳定也可能是暂时的。完善制度，历来需要很多代人的努力，变数仍然很多。

秦始皇与周武王都曾面临着同样的两件事：一是灭其国而夺其法统；二是确立基础体制框架。周武王之后周公旦做出至关重要的顶层设计让王朝稳定下来。周公旦也做了两件事：一是借三监之乱二次翦商，再次通过军事镇压，解决第一次征服时未能解决的地方贵族势力，通过军事斗争与土地斗争，缓解了关东分配等根本性矛盾；二是确定王畿的战略基本盘，并制礼作乐，让关东接受了周制。

秦始皇没能做成周公做成的事。秦始皇虽然也设计了全套的秦制，但显然秦制未能被天下普遍接受，因而未能完成这种适配统一王朝的价值观塑造。仅论到了清朝还有的虚封京王制度，秦始皇身处两千多年前竟概不封王，说明秦始皇对周制存在矫枉过正、不切实际的一面。这个问题，本应是扶苏这样的继承人去解决。可惜，秦始皇又不封太子。继承人问题比所有问题都先爆发，最终堵绝了所有问题解决的希望。

秦始皇将“初一泰平”作为自己的历史功绩，认为自己“兴义兵”平定天下，那么就不应该再起战事。他的迁徙人口之手段，在一定程度上使关东疲敝，但也刺激了关东各阶层。他其实是把必须靠军事斗争或阶级斗争才能彻底解决的关东根本性矛盾压了下来，留给了后人。但后人恰恰又是胡亥这般水平。

胡亥不是懂事的周成王。李斯、赵高也不是明智的周公旦。甚至，胡亥、李斯、赵高这几个人，压根儿就不是秦始皇想建立的班子。

秦始皇把皇帝变成了唯一的合法贵族，那么平民的底气也就充足起来。陈胜属于平民起义，一呼百应，但他起义的理由与口号之一，居然是嫌公子扶苏没当上皇帝。他诈称自己是公子扶苏，说明不少造反者还是拥护秦公子的人，期盼着让秦朝换个皇帝就行。

秦始皇统一后有过夷城销兵的政策。叛乱的各方首领们都没想到，夺个地方武库、控制住地方郡县会这么容易。

当胡亥与赵高开始最后的疯狂时，说来讽刺，是骊山刑徒这部分最受苛政之苦的百姓成为最后为秦朝续命的秦军主力。而最终，他们被反对苛政的关东诸侯当作秦军坑杀。

陈胜失败得最快，与他处在中部地区、冲在最前面有关。秦廷在西部，陈胜在中部，也就几个月，陈胜起义就先被扑灭了。扑灭陈胜的刑徒军，也是苦劳役。等于中部的苦劳役造反，要给秦朝换皇帝，西部的苦劳役赶紧救了秦朝。这真是大水冲了龙王庙，一家人不认识一家人。

但躲在中部的陈胜后面搞事情的，是平民和苦劳役吗？

魏国宗亲魏咎、魏豹，赵国宗室赵歇，齐国宗室田儋、田荣，韩国宗室韩成，楚国宗室景驹，以及项梁拥立的宗室熊心……燕国没取得复辟的先机，被新军阀所控制，主要是那边闹匈奴，原本就等着陈胜、吴广他们过来服兵役，支援前线呢。

压灭农民起义，只有几个月，但关东各地几乎都有宗室复辟。躲在农民后面的以项楚系为首的复辟贵族，最终把果子摘了。直到这些以刘邦为首的、在秦末战争中崛起的平民出身的新兴军阀和以项羽为首的复辟贵族，再次争夺果实。

英布——江中大盗。

> 乃率其曹偶，亡之江中为群盗。

彭越——巨野泽大盗。

> 常渔钜野泽中，为群盗。

韩信——佩剑的无业游民。

> 始为布衣时，贫无行……常从人寄食饮，人多厌之者……若虽长大，好带刀剑……其母死，贫无以葬……

张耳——外黄亡命徒。

张耳尝亡命游外黄。

刘邦——芒砀山大当家。

亡匿，隐于芒砀山泽岩石之间。

这些群盗、无行、亡命、亡匿，可是出自汉朝人写的历史。归纳起来，他们最初的政治身份就是平民，职业就是土匪。仔细分析他们与复辟贵族之间的关系，更贴近于今天的一个名词——雇佣军。

如果说刘邦等人在秦朝就落草为寇，可见秦朝早已衰朽不堪了。那试问一句，清朝的中央集权制度成熟，还是秦朝的中央集权制度成熟？为什么清朝有很多土匪、响马、绺子、胡子、马贼，却不崩溃？其实，真正彻底消灭土匪的是社会主义中国。

有人以为秦始皇能决定一切。可纵然他想决定一切，在他那个年代，连纸张都没有，想写个文章，得先砍树、伐木、锯木条、制作竹简。他那个年代没有马镫，而且还没引进西方良马，小矮马比较多，交通讯息传递效率较低。受生产力水平和自然条件限制，他决定不了太多事情。秦始皇的所谓独断，其实和后世由皇帝做最高决策一样，是制度性表现。只是时人封建意识浓厚，不适应皇帝制度这个新生事物。

秦始皇统一了所有，却唯独没能统一关东舆论，没能统一华夏族的核心价值观。从灭韩开始，秦始皇对关东的分封诉求舆论之应对，大抵上是延续秦国一贯的堵截式应对思路：能直接做就不去谈。这个思路来自商鞅。

商鞅变法之初，还向对变法持异议者进行解释。后来有感于思想不能迅速统一，造成变法阻力与成本之大，商鞅索性封闭言路。商鞅的舆论堵截手法是，不让说。不仅不让说变法不好，而且不准说变法好。胆敢赞美一句变法，与毁谤变法同罪论处。这并非靠欺骗煽动支持者的狂热，也不是对错误的文过饰非。不得不说，法家对人性之阴暗面的研究，已臻化境。

一个事物，有人说它好，就有人非要以针对性的心理吹毛求疵地说它不好。很多争论演变到最后，成了为争而争。商鞅正是掐准了这一舆论心理的源头，让一切声嚣归于沉寂。遗忘了，便没有争论了。这比煽动大多数人说它好达不到预期，日后又有委屈的人来清算说它不好，要更好。当然，前提是现实效果得好。老百姓日子越过越顺心，才能做到对变法懒得争论，真正地遗忘。民不妄论，官不党争，高效的集权决策，这大概是荀子访问秦国时见秦民如古民、秦吏如古吏的原因所在吧。也应该是秦国在制定国内舆论应对策略时，一贯的思路和手法。

这也只有秦国这种中间贵族阶层薄弱的偏二元化的扁平社会结构，才能行之有效。复杂的阶级层级下，法家政策是需要社会配合改变和足够时间适应的。秦统一后，面对关东大型都邑中残留的复杂中间贵族层级，这一套就失灵了。无法压灭的汹汹舆情，最终让秦始皇感到恼怒。体现在微观层面，就是朝廷已经讲明了政治正确，但乡里博学多才的旧贵族、地主老爷们却告诉绝大多数不识字的乡亲父老，国家其实是在瞎折腾。这样人心怎能统一？

关东的封建制意识之所以仍旧强大，就是因为秦朝关东地区的中间贵族并未被真正抽空。秦国关东政策的失败，执政合法性的骤然瓦解，就和秦朝廷这种传统的堵截式的舆论应对思路有关。这也是秦朝自商鞅变法起形成的路径依赖之一。

秦始皇强制性地焚书坑儒，独留法家，其实就是秦国这种舆论思维的延续和体现。秦朝的建立，相当于将商鞅施行二十年方在本来就轻装上阵的关中地区完成之变革，还有之后近百年逐渐推广到故秦国蚕食的半壁江山中的变革，猛然在秦朝建立的十余年间，强力施加给另外半壁的华夏。而且这半壁，是全国人口之重心，是拥护周制、周文化的封建意识最牢固的地区。

秦始皇在商鞅变法的基础上，去实封、去分封，进一步去贵族化，而且妻儿宗亲一概不封。统一度量衡、统一货币、统一文字语言等措施都是在迅速消磨地方的本位意识。这些又恰恰是坐拥地方垄断利益的旧贵族们最为忌惮的。其变革的震荡、阻力和反弹力度之强，可以想见。秦朝对集权制度的刚性建立和推广，虽然看似超前于时代，但全民价值观的构建在短期内是跟不上这个时代步伐的。秦始皇仍以旧秦国二元扁平社会结构的宣导思维去应对六国地区复杂的层级结构，效果就是并不匹配和奏效。

秦灭六国，有封建时代自身的优胜劣汰、物理兼并之使命。秦制虽然致力于拔去中间贵族，却不可能拔去固有的原生贵族——秦国王室这一顶层贵族。既要兼容众多地域文化又要兼顾齐民政策的大一统王朝，不可能再延续原生贵族旧有的以民为私产的驱民意识。民奴与主君之关系认知，就是从奴隶主时期传袭下来的原生贵族的糟粕思想，秦始皇根本就没有意识到自己这一点局限。后来，没有贵族包袱的汉朝皇室才开始萌发子民与君父的新统治思想和意识。到了唐朝的“水能载舟，亦能覆舟”，又更进一步。因此，秦朝看似大一统，但并不是所有的历史配件都升级成功了。内核的迭代与蜕变，这最后一项全民价值观的构建与帝王统治思想的转型，秦朝都没能实现。

或者说，不打破关东旧有的阶级秩序和结构，不再大规模地流一次血，时人对封建与集权就仍流于意识形态的争论，就仍是当局者迷，无法看清。秦始皇也没有看清，中央集权制度带来的巨大动员力具有多么大的反噬作用。没有经历郡县制早期缺乏经验的无度动员之血泪，没有经历重启封建之后的残酷战争与死亡，仅依靠自上而下的刚性的权力控慑、压制反抗，统一意识与思想之蜕变又怎么能真正完成?

秦始皇到了统治后期，全国已有四十余郡。他每天必须透支体力批阅大量奏牍，奔波巡视，牺牲健康，才能维系王朝的正常运作。他每日需要批复的奏牍，约为今天的一百二十斤。用秦简的重量做模拟还原实验，按照这个标准，秦始皇每天需要扫阅的字数，可能高达二十万字，这还是当时高度凝练的文言文。这样的信息摄入量，换作今人对当今白话文进行速读，也是非常累人的。秦始皇是一个勤奋的人，却陷入第一次统一偌大疆土后缺乏经验的困局中。他在困局中，开出了无效甚至错误的药方，他甚至没能为下一任继承人做好铺垫工作，但他已经尽力了。秦始皇死后，整个秦朝都是迷茫的，脱缰的各方势力都在混乱中激烈碰撞，走向灭亡。

庞大的法吏官僚，庞大的军吏与军队，当遇到秦始皇这样英明的君主，他们就跟在秦始皇身后，做正常的执行工作。当遇到胡亥这么一个昏聩之人，朝堂上的各方竟然不知所措，没有人敢站出来拨乱反正，只能眼睁睁看着胡亥与赵高作死。这就是迷茫啊，一个由秦始皇设计出来、突然形成的不成熟的官僚群体，而非像汉朝经历一百年打磨慢慢流塑而成的稳定成熟的官僚群体。胡亥与赵高二人，终于原地自爆。陪葬的则是整个秦朝。

说到底，作为王国，通过军事兼并、物理扩充成统一王朝的秦朝，终究是没能解决大一统王朝的基础制度兼容问题。秦朝之速亡，亡于庙堂失灵。有必然的免疫系统衰竭状态，一点小的感染就可能触碰死亡警戒值。当这个感染发生时，本来有一方对症之药，服下之后就可以缓解和稳定病情。但秦朝选错了，病情迅速加重而死。

从栎阳城中商鞅开始推行变法，到咸阳城内最后降格为秦王的子婴，白马素车，将玉玺交予楚将刘邦。奋斗了一百多年的秦王国，第一次统一了华夏大地，却在仅仅建立大一统王朝十五年后，始皇帝驾崩三年后，就盛极而衰，强极而亡。

很快，汉朝就将补上历史的缺口。汉承秦制，将继续走一遍栎阳到咸阳的百年革新之路，找到秦朝没能找到的打开集权制度历史长廊的最后一把钥匙。

也许，当一直与秦相争相伐的对手，也与秦同根同生的兄弟们，齐、楚、燕、赵、魏、韩，都已经离开历史舞台的时候，搭建好中华文明基本框架的秦，其宿命就已经注定。是时候离开这已物是人非、不属于自己的空旷舞台了。是时候把没能完成的变革使命，留给后世崭新的，属于新趋势、新时代、新世界的新英雄们了……

秦王国借锋利的刀刃消灭了其他的王国，实现了大一统。而秦速亡，是它没能躲开砍向自氏族部落起到邦国、王国的这数千年的原生贵族社会以及大秦自己的最后一刀。大秦一统，那转瞬即逝的耀眼瞬间，终究是属于大封建时代的，属于战国七雄的，属于最后一支王族的最后一曲挽歌……

“嗟呼，大丈夫当如是！”咸阳城内，转身之际，那带着接替使命的欣羡目光便投向秦始皇。一刹那，历史风云就变了颜色。从此，历史的主角，姓刘。

# 第二章

# 汉高祖的调头

# 一、潜龙在渊

## 01 豁达的性格

《史记·高祖本纪》记载，刘太公对儿子刘邦的评价用到过“无赖”二字，很多人就认为刘邦早年是一个鱼肉乡里的地痞无赖形象。然而，这里的“无赖”，指“无以赖”，是“没有什么可凭仗”的意思。作为老实本分的小地主或自耕农的刘太公嫌弃刘邦没选择专注于务农生产，为儿子前途的不确定性表示出忧虑和督促态度。那么，早年的刘邦到底是什么形象呢？

刘邦本名刘季，家乡在秦代泗川郡郡治沛县境内的丰邑中阳里。丰与沛原本是两个城邑，今天的丰县和沛县即徐州市下辖的两个县。但秦朝统一后设立郡县，当时丰、沛被合并成一个县级区划，同属秦朝的沛县。也就是说，刘邦时代的那个沛县境内，有两座城邑，一个是沛邑，一个是丰邑。沛邑是沛县与泗川郡的行政中心，而刘邦家是在丰邑的中阳里。

刘邦的胡须被公认为很漂亮，符合古人所崇尚的审美。近代不注重家庭卫生的孩子头发里仍会生虱子和虮子。那么，两千多年前的刘邦能够留下美丽的胡须，说明他不仅很注重卫生和仪表，而且花费了很多时间、很大精力以及经济成本来维系个人形象。

刘邦常戴一种定制的竹皮冠，显贵后也常戴。因此他的着装不一定很华丽，却很有特点，很具个人风格和辨识度，他懂得如何给人留下深刻印象。当然，显贵之后依然还戴，体现出他的节俭、亲民、念旧。刘邦很注重个人形象的塑造。

刘邦后来被郦食其、楚怀王、众老将、王陵母反复称为忠厚、宽大的长者。他仁而爱人，乐善好施，豁达大度，却不爱从事农业生产工作。

刘邦年轻时就外出游历，广交豪杰。他曾与信陵君门客、后来同为秦末群雄之一的张耳结交同游。他曾是一名少年游侠，年轻时就经常听说魏公子无忌的贤名和故事。魏无忌作为战国四公子，广揽英才，门客成群。这种刘邦仰慕的君子之道，应是他不拘一格用人观的源头。

刘邦曾在咸阳看到秦始皇，赞叹道："嗟乎，大丈夫当如是！"信陵君是能够领导关东诸国合纵攻秦且大获成功的统帅，而秦始皇是凭借关西一隅一统关东诸国的非凡君主。显然，刘邦崇拜的是纵横捭阖的地缘政治大师。

在那个交通不便的时代，刘邦游历过大梁。后来，作为秦吏的工作需要，他也经常往返都城咸阳，肯定算是见过世面的。

刘邦成年后与发小卢绾一起学书，应是学习秦国的小篆。在秦代，读书是一件非常奢侈的事情。那时候技术落后，供养一个脱产读书的子弟，对于家庭来说，整体的人力成本与经济成本异常高昂。那时候没有纸张，竹简过于昂贵，而且竹简体积庞大，想储藏书籍，家里需要有宽大的房屋。所谓学富五车，是真的需要用五辆车去装书。

刘邦后来通过了秦朝选拔秦吏的考试，成为秦吏，被任命为当地的亭长。刘邦平时经常对同事们搞恶作剧、开玩笑。

刘邦是出了名的不喜欢儒家。有儒生投奔他，他却往儒生的头冠中撒尿，故意侮辱这些儒生，并经常一口一个"竖儒"地大骂儒生。比如，刘邦初见儒生郦食其时，就故意一边洗脚，一边只简单作揖，极其怠慢。刘邦经常会显示出这种大大咧咧的一面，但他气度很大，有识人之明。当郦食其怼完他，他掂量出郦食其的能力，立马就换了一副恭敬的态度。

刘邦骂儒生陆贾给他讲诗书，陆贾就融合了黄老讲《新语》，刘邦立马仔细捧读，连连叫好，让左右高呼万岁，将其中"无为而治"的理念奉作治国方针，并成就了陆贾汉初第一外交家的美名。

刘邦不喜欢大儒叔孙通，但叔孙通换掉儒服，刘邦就留下了他。他不给刘邦推荐自己的儒学弟子，反而专门将“群盗壮士进之”，给草莽起家的刘邦介绍更多的土匪。后来，汉朝建立后，叔孙通制定朝廷礼仪，为刘邦建立了朝堂秩序，刘邦则给叔孙通的弟子们都封了官。

因此，刘邦给人的感觉是爱憎分明，性格上直来直去，面上不搞弯弯绕，没架子却有脾性的一个人。

刘邦做事务实，态度随意，是个“无所不狎侮”（《史记·高祖本纪》）的整蛊大师，经常爆粗话。但他不是一个刻薄寡恩的毒舌，只是贫嘴达人。一方面，他外在性格上有捣蛋滑头的一面；另一方面，他为人也是真的是大度忠厚。比如，郦食其是优秀的策士与纵横家，凭借三寸不烂之舌策反了几十座城，却因受韩信的连累而被烹杀。郦食其死后，刘邦感激并追思他，破例给郦食其的儿子封侯。类似的情况还有，沛县从臣奚涓没能等到封侯的那天就战死沙场，他甚至连儿子都没有。于是，刘邦把奚涓的母亲封侯。沛县从臣周苛被项羽所杀，周苛的儿子周成被刘邦封侯。刘邦是个重情义且念旧的人。

刘邦成为皇帝后，正和爱妾戚姬亲热之时，被口舌结巴的老乡、位列三公的御史大夫周昌撞见。周昌赶紧要跑，刘邦不顾尚未平歇的身体，追过去，两条大腿一下子骑到了周昌的脖子上，还问周昌：“我是个什么样的君主？”周昌对着他说：“你就是个桀、纣一样的荒淫暴君！”刘邦大笑。这是一个完全没有架子的皇帝。周昌是连萧何都非常恭敬的贤臣，刘邦平时在大事上也非常敬畏周昌。

但刘邦也不是谁的玩笑都开。他能分得清关系的远近，知道不同性格的人对插科打诨的接受程度不同。他开玩笑是分对象、有分寸的。刘邦对王陵就很尊敬，像对兄长一样，不会对王陵乱开玩笑。因为刘邦与他无论情感还是出身都距离太远。王陵是县豪出身，比刘邦出身的阶层要高不少。后来刘邦死后，王陵做了丞相，地位和声望也颇高。刘邦称帝后，对他大概也是以礼相待。

对刘邦而言，不是说做不到以礼相待，只不过对人总是客客气气反而显得关系像隔了层窗户纸，不是能关起门说话的好哥们儿，感情距离更远。刘邦就是靠这种圆融变通的待人风格，才在地方上黑白两道通吃。他不仅与县里的大官小吏关系亲密，还有一群屠狗斗殴之辈认他当大哥。

## 02 不得志的亭长

刘邦只是个农户的儿子，父亲刘太公能供他们兄弟读书，说明他家至少是个人丁兴旺的自耕农家庭，甚至是个小地主家庭。但刘邦是有远大志向的，否则他也不会不务家业，少年就外出游历做游侠，已经成年还坚持学习统一后的新文字小篆以及秦朝的法律，并参加秦吏的选拔考试。

刘邦内修学问做秦吏，外结张耳等豪杰做侠士，上交沛县县豪、官吏为友，下结市井屠夫成党。但做了亭长后，他才发现身为小吏缺乏立功晋升的渠道。毕竟，他成为秦吏的那一年，秦始皇的统一战争已接近尾声了。刘邦在道上混得风生水起，但整个天下即将聚合划一，难有立功受爵的机会，几乎没有升官之可能。

刘邦也不像王陵、雍齿等沛县县豪那般富裕。他经常带着自己的狐朋狗友回家蹭饭，大嫂很烦他。有一次，刘邦又带朋友回家吃饭，大嫂故意用勺子刮锅底，提醒刘邦没饭吃了。但等客人都走了，刘邦才发现锅中还有粥，于是怨恨大嫂。刘邦称帝后，族人都封了侯，他却迟迟不封嫂子家的侄子。后来，在刘邦父亲的请求下，他才封这个侄子做了刮锅底的“羹颉侯”。

可见，刘邦家族纵然是富农或者小地主，财力却也仅仅自足，根本支撑不起刘邦广交朋友的志向。父亲刘太公嫌他不好好务农，经常责备他没本事、没产业，不如会干农活的其他兄弟。刘邦曾经以秦吏的身份去咸阳送徭役，路费都是县里的朋友给凑的。

若把秦朝“郡—县—乡—亭—里”之区划，换成今天城市中的“省—市—区—街道—社区”，省会城市的富农甚至小地主家庭出身的街道办主任或派出所所长娶个媳妇应该不难吧？可刘邦在众人眼里就是不务正业，无产无赖之徒，正经人家看不上他，所以他未能在婚配年龄及时娶亲。他只有一个在外的情妇曹氏，生下了他的庶长子刘肥。他这个秦吏，在当时也就是吃点公粮，远不及正经耕作的农人收获多。毕竟，当时的土地就是最主要的生产资料。拥有土地和粮食，在当时就是拥有富足的产业。

刘邦长女鲁元公主在汉五年（公元前202年）已嫁给张敖，这一年已经到了婚配年龄，加上鲁元公主的女儿——汉惠帝张皇后，在汉惠帝七年（公元前188年），汉惠帝驾崩就已经到了十四岁左右的最早生育年龄，那么汉五年时，鲁元公主至少也有十四五岁，由以上推测刘邦与吕后的成婚时间应在秦始皇三十年（公元前217年）左右。这一年，刘邦至少已经三十多岁，在当时而言，已经是成家相当晚的年龄。早年的志向被压抑，他到底有多少生活的无奈、不被亲人与常人理解的痛苦，我们不得而知。

刘邦一生留有《大风歌》《鸿鹄歌》两首诗歌作品传世，气魄与意境都颇为动人。刘邦喜爱戚夫人的舞蹈，自己又擅长唱歌，并且晚年回到沛县组织一百二十个儿童大合唱，还亲自击筑（一种形似古筝的击弦乐器）。刘邦爱好声乐音律，是一个有艺术细胞和情怀的帝王，而且他在高歌之时常会流泪，更显得是性情中人。其实，从刘邦后来在政治上信任并托付吕后但在情感上却专宠戚夫人来看，刘邦有极其理性的一面，也有极其感性的一面。

刘邦喜欢喝酒，还经常赊酒喝，倒头就在酒馆睡一夜。秦朝禁止三人以上聚众喝酒，身为秦吏恐怕更得遵守。恐怕刘邦更多是一人独饮，醉了就睡在酒馆。他独自喝到烂醉，也许说明他豁达示人的性格背后，总有一些他道不出的、不得志的痛苦。

刘邦把财力、精力全用在结交豪杰上，但人过壮年都晋升无望，家里无人嘘寒问暖，且亲人对他的选择不支持、不理解，多有责备。平时虽然看起来直来直去、满不在乎，但经常独自在酒馆酩酊大醉而整夜不愿归家的刘邦，内心深处有多少被别人视作不切实际的理想主义情怀？

刘邦的人物形象背后，分明有一种若隐若现的壮志难舒的无奈和不被理解的孤独。假如历史不给他机会，让他早点死去，比如某次因公事外出时，捧着喝了一把有寄生虫的水，然后死了，那他的确就只是一个地方人脉颇广、在乡里为人还不错的胥吏大叔而已。或许，即使司马迁穿越时空见到了刘邦本人，也难看出那副豪爽直快的外表下，藏着一颗怎样深邃似海的心吧。

但此时，刘邦的平台虽然并不大，圈子层级不高，他却从未放弃在自己选择的方向上努力。他虽然只是一个小小的亭长，但在县里是黑白两道通吃的。白道的不用说，就是沛县的那批县吏，萧何、曹参、夏侯婴、任敖、周苛、周昌这些人。那时候的县是二级区划，沛县又是郡治所在。其中，萧何作为主吏掾，主管群吏，职位不低，他一直在官场上保护刘邦。曹参从事沛县刑狱方面的工作，他以中涓身份追随刘邦。中涓相当于家丁，曹参算是认刘邦为首领，认刘邦为大哥。可见，刘邦在县里有自己的一个秦吏圈子，有较广的社会关系。其他人如卢绾，是与刘邦一起学书的，虽然他在沛县的职业不明，想必也具备了秦吏资格。在黑道上，刘邦有樊哙、周勃这类在民间提刀习武的小弟支持。他们的职业看起来不怎么样，但都是壮士，认刘邦当老大，听刘邦差遣，相当于刘邦聚集的帮会门徒。那个生产力落后的年代，除了务农外，也没有什么丰富的职业。樊哙、周勃等人从事编席、屠宰一类的工作，都是常年混迹市井的道上人物。

刘邦虽然不富有，但从未忘记要建立自己的班底和圈子，至少要努力做一个当地的豪侠之士。

## 03 吕公眼里的刘邦

吕雉的父亲吕公是砀郡豪门，为避仇家，举家迁到了泗川郡，来到了沛县。沛县县令原本就与吕公要好，而且一心向吕公求亲，想要娶吕雉为妻。

沛县的县豪和官吏听说县令来了贵客，都前往道贺吕家乔迁之喜。萧何是负责主持宴会、收份子钱的主吏，他安排礼金不到一千钱的只能坐在堂下。流水的秦官，铁打的士吏。刘邦一向看不上那些高官，一分钱没给，空着手喊了句“我随一万钱”，就直直地进去了。

吕公很惊讶，等见到相貌堂堂、一表人才的刘邦，更觉惊奇。刘邦也不谦让，直接坐到了堂上的上座。萧何于是跟吕公说这个刘季只是夸夸其谈，不过他也默认了刘邦坐在上座。刘邦还戏弄了堂上的众宾客，当时县令应该也在场，大大小小的官吏，根本没人敢斥责刘邦。

酒席中，吕公应该也看出来了，刘邦的职位虽然低，但当地的官员似乎都不敢得罪他。酒席结束后，吕公悄悄地把刘邦留下来，一番攀谈后对刘邦有了进一步了解。摸清刘邦的路子后，吕公竟然对刘邦说，要把女儿吕雉许配给刘邦做打扫屋子的妻妾。

酒席散后，吕媪嫌吕公不把女儿许给县令，却许给一个小小的亭长。吕公却说这不是妇孺之辈所能理解的。其实，吕公怎么会看不出秦王朝在关东的统治已经危机四伏，各种势力在蠢蠢欲动呢？将来的形势一旦有变，先遭殃的就是作为秦官的县令。后来，县令果然在起义浪潮中被县民所杀，而刘邦却成为沛公，走上了帝业之路。

重要的地方领导亲赴吕公的乔迁宴拜贺，县里的名流也纷纷参加宴会并行贺礼。说明吕公在地方上是个人物。从吕后的政治水平来看，她父亲吕公应该不会是一个凭长相挑女婿的神棍老头。

吕公选择刘邦做女婿的记载比较玄乎。当时的刘邦肯定没有史官跟随其后去记录他早年的经历。由刘邦自己回忆当年在民间的经历，再经过司马迁采访到的相关人物后代的讲述，肯定有添油加醋的成分，三分假七分真的美化和对刘邦事迹认知上的偏差。寥寥几语的人物对话，不可尽信，也不可尽不信，须要对历史事件的一贯主观立场予以更客观的解构。但从吕公择婿事件中可以提炼出不少信息。

刘邦年少时是魏楚交界一带的游侠，吕公是从故魏国地区迁徙到沛县的豪门，他应是很容易鉴别出刘邦见识与想法高下的。

吕公一直想把女儿许配给“贵人”，但在他眼里，沛县县令算不上贵人。吕公是从砀郡迁徙到泗川郡，可能是在郡一级与人争斗落败才跨郡迁徙以自保。那么吕家可能是在砀郡郡一级范围都有影响力，家业应该特别大，才会连县令都仰慕。吕公能顶住沛县县令的压力，将吕雉许配给地位远不及县令的刘邦，却未见县令的报复。刘邦在沛县的关系网，至少是沛县县令都有所顾忌的。

吕公相中刘邦，是因为刘邦身后黑白两道的势力以及他八面玲珑的谈吐。吕公是明白人，能透过表面的贫富看穿谁才是更有潜质的明白人。吕公看清了秦朝潜藏祸乱，他不止有洞察他人的眼光，也有分析趋势的智慧。吕公押宝刘邦这么一个职位不高却懂得运作自己背后势力的道中人，可以说吕公是在变天之前已决定不押秦朝。

宴会上，县里的大小官员都在场，刘邦没带贺礼，开空头支票，公然坐入上席。从县令到县吏，公然被刘邦狎侮，竟然没人敢制止，也没人敢得罪刘邦。结合刘邦一向喜欢对同事搞恶作剧、开玩笑，恐怕不少人是畏惧刘邦，不敢说话。还有一些人，根本就是和刘邦穿一条裤子的同一伙儿势力，比如替刘邦给吕公做介绍的萧何，他表面对吕公说刘邦这个人不正经，却完全没有让吕公赶走刘邦或者让刘邦自己回到堂下的意思，这是在给刘邦打圆场，认可刘邦的实际地位。那么这个初来乍到的主人，基本上就可以确定，这个亭长其实是地方上一呼百应、受人尊重的豪侠之士，或者说，就是当地流官都不敢惹的地头蛇。

有人曾这样说：秦汉的皇权不下乡。何况秦朝正处于中央集权最初形成时期，此时统治关东不过区区数年。同样，地方上的郡县长官都是初来乍到，少不了要积极笼络地方上有号召力的豪门与豪侠。秦始皇推动的去贵族化理念，也让各种地方上的三教九流开始各显神通，填补了旧贵族时代的封君大夫等被取缔后社会中间阶层的真空。刘邦就是这么一个豪侠一般的人物，与西汉的郭解类似。

吕公看到了刘邦下能收服屠狗之辈、上能结交达官显贵的活动能力。刘邦这个人，一直到当皇帝都是一样，既能和村头的民夫扯闲拉感情，又能听懂张良、郦食其的天下大势分析，还能跟萧何谈论治务要领，也能判断韩信用兵布阵的战术优劣。刘邦是一个并不专业但总能一点就通的理解力奇才。吕公应该是对刘邦的谈吐气度十分惊奇的。

刘邦与吕家的结亲，实际上是有财力、物力却没有沛县人际网的外来大户吕公看中了在沛县有黑白通吃的人际关系网的刘邦，人脉广泛兼有声望却独缺财力支持的刘邦也看中了吕家的经济实力和阶层影响力。这是他们为关东地区大乱脚步不断逼近、日后充满不确定性的形势所进行的一场一拍即合的联姻。从刘邦后来在吕公故乡砀郡养私兵来看，他们两个人至少有一个共同的认识：当时的地方与中央，即旧贵族地主控制下的地方势力与郡县下的权力系统，日后必有一战，而且此战越来越近。想要生存，必须拥兵。

这是一场被以讹传讹，最终传为算命看相一般奇谈的指婚闹剧，背后却是刘邦个人的一次隐性进阶。出于对刘邦的形象塑造和后来汉廷对吕家的贬抑，这个闹剧之说或是刻意而为。这背后，可能也关系到刘邦长子刘肥的生母为什么只是个姘头的真相。但可以确定的是，刘邦娶了吕雉，就与王陵、雍齿这类沛县县豪一样，不用再愁钱了。

## 04 吕家的助力

刘邦的主要业务之一就是送服徭役者与刑徒到关中。为什么最后这一次押送刑徒，他就管不住，让很多刑徒们跑掉呢？徭役繁重、队伍不好控制只是原因之一。刘邦这次是送被征发去营建骊山陵的刑徒去关中。秦始皇三十五年（公元前212年），为建骊山陵而大起刑徒。刘邦送刑徒去关中，却成了刘邦带着刑徒落草，这大概就是刘邦拉军队的第一步。

刘邦带着刑徒落草之后，曾斩杀一条挡路的大白蛇。后来别人经过这里时，看到有一老妇在此哭泣，说她的儿子白帝子被赤帝子所斩杀，说完就凭空消失了。人们于是相信刘邦就是赤帝子的化身。斩大蛇是很可能发生过的。至于刘邦斩杀白帝子，为赤帝子化身这个解释是必须造的谣。以古代的世界观，想干大事需要得到神权合法性，制造天命者之神秘感。有趣的是，西汉后来灭亡于名字为“蛇”之意的王莽之手，且汉朝被其斩断为西汉、东汉两半。汉朝最后的香火——蜀汉，唯一重拾天下的机会也终止于刘备郁死白帝城。难道白帝蟒蛇与三个汉政权的命运是一个布了五百年的复仇局？确实很巧合。

到秦始皇“东游”的那一年，刘邦又带领队伍转移到芒砀山。从秦始皇三十五年之后，秦始皇只在秦始皇三十七年（公元前210年）东巡。这一年，实际上也是秦始皇身体健康状况被方术士公开，大造“始皇帝死而地分”“今年祖龙死”等谶言的一年。可以想见，这一年关东各大反叛势力都在摩拳擦掌，等着秦始皇驾崩。

沛县人都知道刘邦犯法并落草为寇，为什么县令不为难刘邦在县里的家人？说好的秦法连坐呢？

吕雉经常带着人去寻找刘邦，总是一找就能找到。吕雉说她之所以能找到刘邦，是因为刘邦所处的地方常常有一片祥云。这个说法正好呼应秦始皇常说的东南有天子气的传闻。吕雉在沛县到处传播这个说法，沛县子弟听说之后，纷纷要求加入刘邦的部队。这显然是在县里为刘邦造势。

为什么是吕雉一介妇人，而不是刘邦的兄弟或朋友在县里为刘邦做“头上有祥云”的宣传造势活动？这就是刘邦与吕家联姻的效果，宣传造势等烧钱的“营销工作”都是吕家在做。

刘邦在当地官府人脉广，老丈人吕公是县令也要忌惮的人，刘邦的家人自然不会受到太多为难。吕雉公然在县里搞造势活动，为刘邦煽动舆论而没有人阻止，这背后是吕家这个豪族的力量。吕公找个亦官亦匪的女婿，也是有所图，绝对不是算命看相，嫁了女儿就结束了。刘邦活动的芒山、砀山一带，都在砀郡地界。吕家就是刚刚从砀郡迁到泗川郡不久的砀郡豪族。刘邦就是在老丈人吕公活跃的地界上操练私兵，吕雉怎么会找不到？

我们剔除掉迷信造势的成分，重新解构这段历史就很容易明白，这是在说吕雉进山给刘邦送补给，吕雉在县里为刘邦造势，吕雉在县里为刘邦招募兵员。当然，吕雉一个人能干多少事情？那肯定是吕雉的家族在协助她做这些事。所谓“吕后与人俱求”，这些跟随吕雉去找刘邦的“人”，就是跟随吕雉为刘邦送补给的人。

但西汉朝廷后来清洗了吕家，吕氏家族早期的功绩或被大量删减，不能删的就添油加醋地塑造成迷信小故事。吕雉往返芒砀山大概就是把吕家众人所做的工作都浓缩到吕雉一个人身上。最后就成了我们看到的这般：刘邦头顶一片紫气祥云进山养兵；吕雉没什么事，就寻找祥云进山找他；沛县子弟听了吕雉说祥云，都奔着祥云去投靠刘邦的军队。这应是从汉文帝开始的去吕化的史料整理所致。

刘邦创业的第一桶金就是因与吕家联姻所得。刘邦在县里是个道上的人物，有社会关系，但没钱。吕家是个从外地刚来的富豪，有钱，但没有当地的人际关系网。两家一拍即合，当即联姻。联姻之后，刘邦在县里是有钱有关系。后来刘邦专门在砀郡（吕家产业集中的地区，在砀山附近）养私兵，招人马，为即将到来的关东反秦风暴做准备。

刘邦后来还被楚怀王封为砀郡长。在刘邦的开国功臣中，仅次于丰沛的第二多地域构成人员，就是砀郡功臣。吕雉掌权后封诸吕为王，吕泽的儿子吕产就被封到砀郡所在的梁国。吕公与刘邦一见如故，显然是政治目标上合拍。吕家举家迁徙到沛县，不可能是为当个盛世大地主。恐怕吕家面对天下将变之大势，也早有绸缪，已经被老家砀郡的秦朝官吏察觉。

从刘邦在芒砀山养兵、吕雉频繁进山接应或送补给的分工来看，刘邦是以女婿身份兼任训练私兵的军事统领。这支私兵的粮饷供给应高度依赖吕家。这个时期，刘邦作为女婿冲在前面，吕家则隐在后面。也许，吕公的算盘是：如果将来秦朝不倒，那么吕家就没有参与造反，只是吕家出了一个不肖的女婿当了贼寇，关键时刻能够与刘邦做切割。所以说，这场联姻其实各有所求。但刘邦有如此胆气和定力敢冒下之大不韪，军队的主导权最终倒在刘邦一边，吕家也只能心服口服。

暗流涌动的旧贵族复辟势力都在等待，始皇之死是最好的时机。所谓“东南有天子气”，说明东南楚地的复辟势力尤其汹涌。像刘邦这样进山拉军队的土豪，在关东并不是偶然案例。他们这些小型起义军，早就嗅到大的旧贵族势力的动向。当反秦浪潮开始，刘邦也决定率部返回沛县县城。

县里的主吏萧何、曹参等人，都是刘邦党。县令见形势不妙，也考虑要依附刘邦，于是在萧何等人的劝说下，准备让刘邦的部队进城。但县令优柔寡断，最终又反悔。可见刘邦在外养兵，其实力连县令都惧怕。刘邦根本不是普通的草寇。想想以今天物资之繁荣、技术之发达，养活几口人的小公司都不好经营，何况在那个年代，管理并供给上百人的队伍与口粮，刘邦没有点底子，就冲他自称是神仙的儿子，难道别人就敢跟他混？那也得有饭吃啊。

刘邦起事背后，或许有县令一直以来对他施加压力的关系。这嫌隙可能就是县令最终反悔的顾虑所在。当然，县令还是当初与刘邦争吕雉的情敌。刘邦带兵回沛县并试图进城，被县令阻止。沛县的父老，其实主要是沛县的县豪们，仍然站在县令一边。刘邦在城下，说各路诸侯起义汹汹而来，若沛县站在秦朝一边，有被屠城的风险，所以沛县必须响应陈胜反秦，才能免遭其他起义军主动攻击甚至屠城的厄运。刘邦是用潜在的存亡利害恐吓沛县父老站队杀县官以自保，为沛县父老点明县令不死则全县不安。

刘邦的策反思路表现出缜密、务实且清晰的逻辑，可谓一针见血，他此时已经是引导舆论的好手。沛县打开城门迎接刘邦部队后，沛县父老让刘邦担任沛县县令，主持大局，率领沛县起义。但刘邦却谦让说，自己能力有限，让县里百姓推选能做大事的人担任。萧何、曹参等县里的主要官吏此前敢公开勾结刘邦而差点被县令所杀，后来他们打天下时也都不是怂包，但此时他们却珍惜自己的身家性命，害怕枪打出头鸟，不敢当领头羊，所以极力推辞。

其实，刘邦说不愿做县令，只是他的说辞而已。作为刘邦党，萧何等人怎么会不知道一张庞大的地方势力网是以谁为核心建立起来的。只有黑白两道通吃，此时又带着兵马进城，且有吕家这种县里大户做经济后盾的刘邦，才是不二人选。他们非常清楚当下沛县的核心人物是谁，他们是为引导沛县父老推举刘邦才作辞让的。

刘邦这个时候又展现出非凡的政治眼光。当领导，肯定是自己当。但当什么，差别就大了。当县令，那是迟早要投靠他人的职业官员，只是个领工资的职位。刘邦是要当诸侯。

沛县父老看明白了刘邦的意思，想起了吕氏之前给刘邦造势的那些神奇的传说，就不再推举刘邦当县令了，而是推举他当沛公，使刘邦成为一县两城的小诸侯。刘邦于是祭祀黄帝和蚩尤，显示出要做就做主君而非官吏的政治态度。黄帝为始祖，蚩尤为战神，这就是“国之大事，在祀与戎”。刘邦选用的旗帜颜色更是极具个人辨识度的红色，这源自他斩白蛇的赤帝子传说。这是向天下昭告，自己是一方诸侯，也是向投效自己的人才昭告，他许诺的不是安县富民，而是志在天下，封土许爵。

有人认为这个“沛公”的“公”，是楚制的县级行政首长县公，这种说法显然没有说服力。刘邦后来也四处征战，这并不是在履行县公的职责。这个“公”，是本地人视刘邦为主君的诸侯尊称。刘邦要的是逐鹿天下，当诸侯。无论大小都是个诸侯，但同时又以沛公而非君王这一模棱两可的微末名号，携本地声望，对外示弱以求保全。战略上高标准，行动上求稳，追求利益最大化而不自负贪多，这个分寸拿捏得还是比较准确的。

少年时作为游侠结交英豪博取声名，后来回故乡经营本地关系网取得秦吏职位，又联姻本地新晋大户吕氏取得大地主家族支持做其经济后盾，再寻机起事，到吕氏产业集中的砀郡凭借有利地形作掩护拉军队，吕氏则在丰沛替他制造舆论，最终起义爆发，主动响应反秦诸侯，以老家丰沛为根基，竖起属于自己的诸侯旗帜。这就是一个所谓不停撞运气的“无赖”背后的传奇经历，也是刘邦步步为营，从农民到诸侯的奋斗史。他的野心、志向，是一以贯之的，现实也给了他足够大的机遇。至此，布衣出身的刘邦，进，有一套经营多年的班子，可争雄天下；退，亦是被各路诸侯们争取的本地大吏，不失官爵厚禄。

刘邦终于拿到了门票，即将站在时代舞台上展示他卓绝的战略艺术和识人驭人之才能。但是，天将降大任于斯人也，必先苦其心志。刘邦最先遇到的竟是当头一棒。

## 05　出师不利

刘邦成为沛公后，起初的战略方向一度是以家乡的丰邑与沛邑为根基，趁乱向沛县的北边独立扩张地盘，一点点壮大自己的力量。但这种单打独斗的想法，马上让他吃了一个大亏，从而扭转了他这个并不成熟的战略想法。那就是雍齿被魏国招降，反叛刘邦。

雍齿是当地县豪出身，较刘邦而言其家境与阶层更有优势。刘邦要做沛公，像雍齿、王陵这类的县豪势必是他笼络的对象。刘邦手上只有丰、沛两座城邑，雍齿就被刘邦委以留守丰邑的重任，可见刘邦对其信任和器重。雍齿应是素来与刘邦比较亲近的县豪子弟。可刘邦没想到的是，县豪出身的雍齿表面看起来与刘邦称兄道弟，很亲热，内心却对刘邦这个穷光蛋有很强的优越感，他并不诚心跟随这个自封的沛公。在刘邦外出略地、攻打薛邑时，他带着丰邑转投了魏国。

刘邦刚刚自立为小诸侯，就被自己人出卖，于盛怒之下竟直接病倒了。试想，方才与自己一起高喊口号、最被自己信任和器重的人，刚开始共事就下死手背叛自己，友谊的小船忽翻，这对人的伤害得多深。刘邦小小的丰沛地盘，一下子就丢了半壁。如果不尽快扭转形势，恐怕沛县父老很快就会质疑刘邦根本就没有做诸侯的命，就不会再听从他的领导。

出师未捷身先病的刘邦可能由此想开了，悟透了与雍齿这类随时生变而并不牢固的场面朋友、酒肉朋友的关系实质。雍齿投魏，大概也让刘邦意识到了魏国宗室这类战国旧贵族旗帜尚存的感召力，以及自己作为自封的沛公，仅凭借两城的微弱力量进行独立扩张的艰难和变数之大。危急关头，刘邦的务实精神立马觉醒。于是，他立刻转变了战略方向：从独立扩张的小诸侯，转变成积极依附旧贵族复辟势力的传统大诸侯。他带着丰沛两城主动寻找和投靠贵族大诸侯，试图成为他们旗下的次级附庸。实际上，这就是保持半独立性质的“大夫”一级的跟班和盟友。

刘邦在沛县原有三千人的兵马，雍齿投魏后应该分走一些。刘邦本来是准备投效楚王景驹的。景驹是楚国封建大贵族景氏的后人。这个时候，建立张楚政权的陈胜已经被秦平定。景氏是芈姓，是楚国王族的分支，因此他有楚王族的血统优势，便自立为楚王。

刘邦在路上初遇张良后一起去见了景驹，请求景驹出兵帮他收复丰邑。景驹却先派他跟随东阳甯君去攻打萧西，结果刘邦还失败了。后来，刘邦靠自己经营过芒砀山以及岳父家原为砀郡豪门的优势，攻下砀邑，最终获得了六千人马。刘邦显然对景驹的势力有些失望。

刘邦又去见项梁。第一次见到项梁，项梁就直接给刘邦拨了五千兵马，刘邦一下子就认识到这才是明主。历史上有一种很难用学理解释的人与人之间迅速相知的现象，叫明白人遇到了明白人。项梁并不占刘邦便宜，而是直接大方地给投效者送兵马。于是，刘邦后来一直跟着项楚，而且赶上了项楚集团的爆发式成长时期。刘邦成为项楚集团的一员重要别将。

项楚集团是楚国的封建大贵族。项氏最初被西周作为诸侯分封在项国，后来项地被鲁国吞并，项氏成为鲁国的地方贵族。鲁国后来又被楚国吞并，项氏又成为楚国的封建大贵族之一。项氏的末代领袖项燕，在秦国第一次伐楚时，击败了秦军，立下赫赫之功，在关东拥有很高的威望。最终项燕在秦国第二次伐楚时战死沙场，被楚国人铭记并怀念。陈胜起义之初，就打着项燕还活着的旗号，可见项氏在楚地的民望之高。项氏的领袖项梁紧跟在中部起义的陈胜之脚步，在东部起义反秦。

项氏由于并非楚国王族出身，虽然也积极复辟楚国，但开始时只能在名义上尊奉曾打出项燕旗号的张楚王陈胜，毕竟他们不是出身楚国芈姓熊氏之王族。可出身于数百年封建大贵族的项梁之号召力，显然要远高于刘邦这种自封为公的地方小吏。对刘邦而言，加盟封建大贵族项楚集团虽然失去了独立性，但却是背靠大树好乘凉，今后有了保障。

刘邦带着项梁给的兵马迅速夺回丰邑，赶走雍齿。但是，对家乡丰邑在起义之初就跟随雍齿背叛自己投靠魏国，刘邦一直耿耿于怀，称帝后免除沛邑赋税徭役，却偏偏不免丰邑。

项梁主持大局期间，刘邦常被安排跟项梁的侄子项羽一起在关键战场上协同作战。刘邦就是因此与项羽称兄道弟，可见刘邦是很得项梁和此时项羽的信任和器重的。不然鸿门宴上，对异己一向狠辣不仁、对自己人却感情用事的项羽岂会轻易心软？刘邦与项羽此时是经常在一起作战的好搭档。

项梁不能任由与他属于竞争关系的景氏名正言顺地成为楚王，所以他找到了楚怀王流落民间的后代——放羊娃熊心，将这个放羊娃立为新的楚王，也称其为楚怀王，即后来诸侯共尊的共主楚义帝。有了这个名正言顺的楚王族傀儡做招牌后，项梁攻灭并杀死了景驹，使楚怀王成为唯一的楚王。

刘邦的眼光并没有错。选择跟着项楚势力而非景驹势力，是刘邦押对的一次宝。项梁是一个有政治眼光的明白人，但他没有熬过幸存者偏差。不久之后，项梁就兵败战死。刘邦又要面临选择哪路诸侯的问题。

# 二、怀王之约

## 01 放羊娃的雄心

项梁作为项羽与刘邦两个不世英雄的发掘者与领导者，如果他不死，历史的主角大概率就是他。可惜，他败亡于章邯之手。这下子，项楚集团群龙无首。

项梁原本尊奉张楚王陈胜为主。从陈胜旧部吕臣那里得知陈胜死讯后，项梁又拥立楚王室后裔熊心为楚王。为了勾起楚地百姓对故楚国怀王的思念，他将这个作为傀儡的楚怀王之后，也定号为楚怀王。

项梁一死，放羊娃出身的楚怀王显露出自己是有政治抱负和手段的，并不甘心当一个傀儡。他趁此机会，将都城从盱台迁到了拥有更好定都条件的彭城，并借机收揽军权，主导了楚国朝政。他首先划走吕臣与项羽两部的军权，归到自己手里，又提拔沛公刘邦为砀郡长、封他为武安侯，封项羽为长安侯，号为鲁公。其实在同一时期，楚怀王应该是借自己的楚王施政名分，广封侯爵。史书有载的襄侯王陵、高武侯戚鳃，应都是此时所封。而共敖、吕臣父子等人官职更高，应都有侯爵加身，但楚怀王执政时间较为短暂，所以史书没有明载他们在该阶段的侯号。楚怀王非常清楚自己是一个突然断线的风筝，想要飞得高，必须利用好自己的名分优势，让众将都从自己这里得到名分上的好处以支持自己。

楚怀王座下的众老将都跟楚怀王说，项羽为人残忍，经常屠城，所过无不残灭。不如派遣忠厚的长者打着“兴义兵”的旗号西征，招抚秦国百姓。沛公刘邦就是这样的宽大长者，可以派他去。

项羽是项梁亲侄，是此时残留的项家军的统帅。项伯、项羽叔侄是立楚怀王为傀儡的项氏代表。楚怀王要挣脱束缚，首先要打压项氏。于是，楚怀王遣沛公沿着黄河一线向西略地，收集陈胜、项梁的残部。他不让项羽作为主帅领兵西进，夺了项羽兵权。又让宋义成为项家军统帅，前往河北救赵国，并让项羽做宋义的副帅，让二人互相制衡。其实同时派出的还有沿着江淮向故秦国南部的南郡出征的共敖、王陵等人。

可见，刘邦是在众老将的推荐与拥戴下成为主帅之一。此时项梁身死，他成为依附于项楚集团的各种杂牌军的总代表，并与试图挣脱傀儡身份的楚怀王达成合作，成为进军秦国“正大门”函谷关的统帅。

吕臣是陈胜旧部，吕青是吕臣的父亲。吕氏父子属于外来投奔的军团，楚怀王让吕青父子及吕家部队留守彭城拱卫自己、保存实力，等同为自己托底的禁军。

在楚怀王熊心的设计下，各路杂牌军、项家军、吕臣父子军，这三股军事力量互相制衡，以保证自己的居中协调者地位足够稳固，从而坐实自己的王权。

此时此刻，项氏是最不服楚怀王的。因为楚怀王本是项家所立的傀儡，此时趁项梁兵败，项氏军队处于巨损之后的疲弱状态，他反客为主，夺去项家的主导权与决策权。在项羽看来，这是忘恩负义，背叛项家。

吕家则不同，吕家是外来军团，想要在项楚集团内占据派系优势就需要靠楚怀王进行王命背书。

刘邦旗下的“众老将”，作为楚国地方杂牌小型军团，此时被刘邦拧成了一股绳，试图在此时瓜分项氏此前垄断的话事权，也趁机站队楚怀王，压制项氏。一直到项梁战死时，刘邦都在和项羽并肩作战，明显与项羽接触得更频繁，还“约为兄弟”。刘邦站队楚怀王，在项羽看来，一样是忘恩负义，见风使舵，趁人之危，背叛项家。

在项楚势力已然群龙无首、畏惧秦军优势之际，楚怀王开始发挥他的战略才能。楚怀王从盱台迁都彭城，是从后方腹地逼近前线之举。他是有一些胆略的。

楚怀王这一次亲政，除了广封列侯，让各大势力之间相互制衡，也要替换掉项梁用来监视自己的那套班底，包括楚国令尹、上将军、左令尹、上柱国等关键职位。

宋义，《全汉文》中称其为“故楚令尹”。有人认为他在秦始皇统一前曾任令尹，但该事迹已不可考。他更可能是项梁时期的楚怀王令尹，等同于楚国丞相。项羽与刘邦等项楚集团当时所活跃的区域，包括丰、沛、彭城，原为宋国地界。宋国灭亡后被瓜分，这片区域归属楚国。宋义有可能是当地的宋氏大族。

项梁死后，楚怀王改任吕青为令尹。吕青是外来军团，而且也将吕家兵权交给楚怀王，应该是支持楚怀王的一派。其子吕臣被任命为司徒。吕家将部队交给楚怀王调遣，应是作为都畿禁军。后来楚汉战争时，吕青是在项羽败亡这一年作为西楚霸王左令尹归附刘邦。可见吕青父子始终在彭城经营，在楚怀王被夺彭城为都的项羽驱逐时，背叛怀王，站队项羽。吕家军应是自怀王亲政起，就成为彭城的一支重要军事力量。吕家父子表面上将自己的部队交给怀王节制，实际是占据彭城，投效怀王仅是借助怀王亲政来谋求政治收益。

宋义被改任名义上最高军职的上将军，统率项羽的项家军北上救赵。项羽被降为次将。宋义与项梁在定陶之战时发生了分歧，宋义弃项梁而去。宋义与项家已经产生了龃龉。楚怀王让他从令尹转为上将军，由文职转武职，授予实际的兵权，这些举措应可视作对宋义的拉拢。项梁与齐国关系不好，宋义送儿子去齐国任相，既是人质也是联络人，这是替楚怀王与齐国进行和解。

项梁曾安排自己的兄弟项伯作为楚怀王的左令尹，相当于副丞相。但楚怀王亲政后，将项伯派去与项羽一同伐秦，等于是将他赶出了都城，不让他再监视自己。

陈婴原本是项梁给楚怀王安排的上柱国，也称柱国，地位仅次于令尹。项梁在外作战，陈婴则在盱台辅佐怀王，实则监视怀王。他与项家较为亲密，后来楚汉战争时，陈婴一直追随项羽，直到项羽败亡才改投刘邦。到了楚怀王派兵伐秦时，此时的上柱国却改为共敖，可见楚怀王将身边的关键大臣都进行了替换。共敖被派去从江淮、江汉之间西征，讨伐秦国南郡。楚怀王更愿意让自己亲封的列侯形成多股军事力量，以相互制衡。

怀王在项梁身死、楚国上下都畏惧秦朝的兵锋时反其道而行，竟然制定出多路大军西征伐秦、以攻为守的大战略。这个战略其实是非常成功的，最终确实推翻了秦朝。从这个角度讲，楚怀王其实是个有潜力的政治人物。

楚怀王对他派出去的多路伐秦楚军做出承诺："先入定关中者王之。"（《史记·高祖本纪》）这就是著名的怀王之约，也是后来楚汉战争爆发的溯源事件。

## 02 三路伐秦

由于刘邦与项羽二人在史书中具有绝对的主角光环，所以他们言辞间透露的怀王之约，看似是楚怀王派出两路大军西进：一路是北路的项家军，一路是南路的刘邦军，并与两路将领们约定谁先攻入关中就封谁在关中做关中王。关中王实际上就是秦王，坐拥发达富庶的秦国故地。但史料中没有直接点明却有间接记载的是：除了项羽走河北，刘邦走河南，至少还有一路，就是共敖与王陵等人，"义帝柱国共敖将兵击南郡"（《史记·项羽本纪》），西略故秦南郡的江北一路。因此，楚怀王的规划至少应是北、中、南三路并进伐秦。

宋义、项羽所率领的项家军，先正面对战秦军主力救赵国，再经上党或河内走轵关进入河东，渡临晋关入关中，是为北路。

刘邦沿黄河南岸，收集陈胜、项梁残部，进洛阳盆地，攻函谷关入关中，是为中路。

上柱国共敖与高武侯戚鳃、襄侯王陵等人，原本应该是沿着长江北岸的江淮、江汉，从两湖盆地进入南阳盆地，攻武关入关中，是为南路。

可楚怀王没有想到，宋义被项羽发动兵变所杀，项羽夺回了兵权。项羽竟然还以少胜多，正面吃掉了整个秦军精锐。而原本应该走中路正面攻击秦关中门户的刘邦突然改走南路，硬生生夺了王陵等人规划的攻关路线。

怀王将令尹由宋义换为吕青，让吕青父子及吕家部队留守彭城拱卫自己，让宋义进入项家军与项羽互相制衡，领北路军伐秦，正面对抗秦军。将柱国由陈婴换为共敖，让共敖领南路军伐秦。任命沛公刘邦为砀郡长、武安侯，从中路伐秦。这些就是楚怀王所做的短暂的努力。

楚怀王借项梁已死、项家实力大损之机进行了人事大换血，并以攻代守、分兵三路代秦，做出了其短暂执政生涯中最具高光时刻的决断。

楚怀王不惜得罪项家，尝试把握住一生难得的揽权之机遇，这其实也是一种赌博，赌一把局势能否走向他所设计的平衡中。如果他的设计成功了，他便会成为地位稳固的楚王，哪怕只像东周天子那样，据有方寸土地，做个吉祥物，也算是放羊娃的逆袭成功。如果他的设计失败了，正如他被项羽派人杀害的结局，他毕竟也是豁出去赌过了一把。

只是可惜，他以一个放羊娃的身份，无一兵一卒，无寸功寸土，没有人脉和声望，意外地被项梁拉进局中做傀儡。他在各路军阀的夹缝中存活，没有一点自己的嫡系班底、军队和实力。他的努力，终究还是徒劳一场。其实他最失败的一点，就是他虽然智谋足够，却没有身先士卒。刘邦、项羽之所以能夺取天下，就是因为身先士卒，带出了高度效忠自己的嫡系部队。如果怀王能够亲征，或许在人身安全上要面对来自内部项楚军队和外部秦朝军队的风险，但一旦成就些许军功，掌握住部分军队，他的命运就会截然不同。帝王的派系制衡方法，终究只是一种政治上的调和手段，是权力的润滑剂。这是术。而决定政治前途的永远都是实力。这是势。怀王与敢于破釜沉舟的项羽相比，终究是棋差一着。

怀王之约时，各方都没有后人的上帝视角，还不知道秦朝朝堂已经烂到骨髓里去了。当时章邯消灭了张楚政权，又刚杀了项梁，围困赵国，秦朝明显是势头偏强的一方。而且提倡法家高压路线的李斯也被当成替罪羊处死，关东人心在观望秦朝会不会因为这次叛乱而改变法家政策，会不会改为安抚怀柔的路线，重启分封制度，停止苛政与徭役。楚怀王为了刺激军心与民心，决定正面硬攻秦国，才制定了至少三路出击的方略。

自从战国后期秦国把疆界推出荥阳进入黄淮平原后，已经将韩国和魏国切割得十分凌乱，燕国又远离中原，关东地区只剩下三大轴心板块——北赵，中齐，南楚。

以秦汉之时的天下局势观之，则会发现：破赵，黄河以北大定；破齐，从中间进行战略切割，可让南北无法合流合力，便于逐个击破；破楚，则江淮大定。正是从这一意义上，汉景帝七国之乱时，被分割的齐地迟迟无法整合，因而赵军与吴楚联军受阻于齐地内部的掣肘最终无法合流，这就为周亚夫率领的朝廷大军争取了有利的战略时机。

秦末的形势也是如此。赵国已经被围住，齐国又迟迟不肯与项家结盟抗秦，章邯军与王离军会师后一旦合兵拿下赵国，黄河以北就会大体平定。如同楚汉战争时，韩信略定黄河以北，刘邦与韩信又软硬兼施拿下齐地，汉王联军的精锐兵力就会从向南推向楚国，进行最终楚汉决胜大会战。秦末形势与楚汉形势、七国之乱的战略形势是相似的。毕竟那个时候的地缘格局没有发生根本性变化。

宋义、项羽的北路楚军是楚军中的精锐主力，要正面对垒章邯的秦朝平叛主力部队，而且后来王离的秦朝戍边精锐部队也与章邯会合。北路楚军仅有几万人，而秦军四十万人，声势浩大。论北、中、南三路西征楚军哪一路的风险最大，无疑是北路项家军。但风险越大，收益也越大。北路楚军一旦成功，就会吃下秦军的有生力量，像项羽消化掉秦军之后，从几万人的规模一跃扩充为十几万人。加上在巨鹿会战，各路诸侯也都以项羽为盟主，联军总数达到四十万人。

楚怀王就是项楚军事集团拥立的，项家军的规模与战力也是最强的。所以，楚国最强的一支军队战河北，从正面硬啃秦军最强主力，倒也无可厚非。而且，项梁刚刚被章邯所杀，项家军对章邯军恨得咬牙切齿，这个时候楚怀王让项家军对阵章邯军也是最合适的。

但是，楚怀王让与项梁有隙的宋义架空项羽的兵权。宋义带着项家军“留四十六日不进”，却主动联络与项梁关系不和的齐国，对告急的赵国与各路河北诸侯联军作壁上观，采取一个拖字诀，企图等到秦军与联军两败俱伤时，再与秦军决战，坐收渔利。楚怀王的预想可能是让宋义逐步掌控住项家军，然后待秦军久拖疲惫之际，再让宋义坐收渔利，进攻秦军。如果外交上与齐国修好，属于外交成绩。如果楚国能和齐国建立东方联盟，刘邦与共敖两路楚军再将黄河到长江之间的秦郡平定，那么即使彻底放弃河北，楚国至少也可以保有黄河以南地区。楚怀王的国君地位就能够依靠这次成功的指挥部署而坐定。

但谁都没想到，眼看家族权力要消散的项羽直接把宋义父子给杀了，重新控制住了项家军。楚怀王制定的齐楚结盟、疲秦弱赵，用北路军牵制秦军主力的计划就此流产。楚军兵变，项羽成了脱缰的野马，不再听王命。毕竟，这路楚军就是项羽自己带出来的兵，岂会为一点名分就背弃项羽？楚怀王的北路军设计失败。

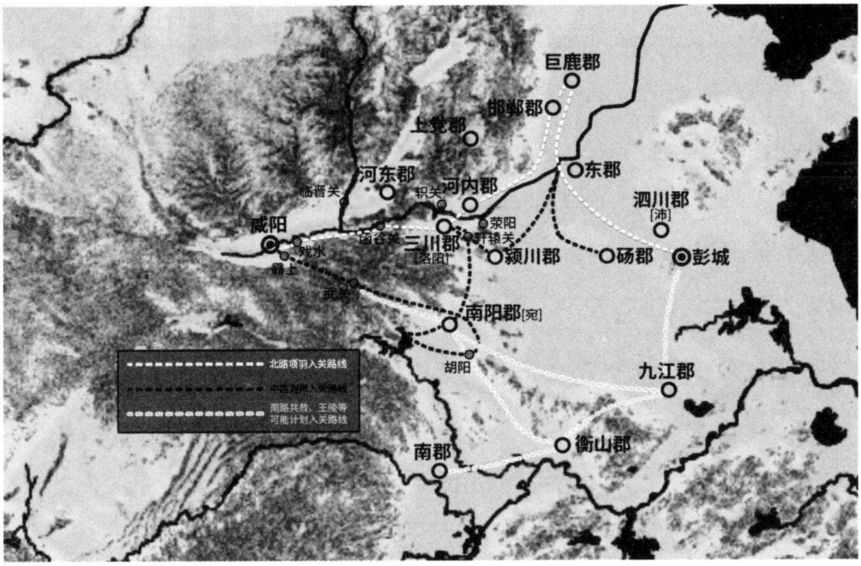


刘邦入关

刘邦的中路楚军战河南，属于收益不大，风险很小，成功概率看起来却比较大的一路。此前，项羽与刘邦已经联手将扼守洛阳盆地的三川郡郡守李由斩杀。李由是李斯的儿子，李斯此时也被赵高冤杀。在楚怀王和刘邦代表的众老将眼里，荥阳到函谷关一线实际上已经没有秦军大规模的军事力量可以阻击楚军，属于秦朝的薄弱环节。从正东叩关函谷，这是楚军伐秦的主路，代表楚怀王寄希望于刘邦这个众老将口中的宽大长者能够灭秦以制衡项羽。

刘邦的中路楚军一路吞并各路诸侯溃散的散兵游勇，队伍迅速壮大。他袭陈留，直接越过昌邑、开封等城池，直奔洛阳盆地而去。只是刘邦并没有沿着黄河直接进入洛阳盆地，而是向南拐到属于故韩国区域的颍川郡，协助韩王成抗击秦军。韩国有刘邦投奔项梁之前就结识的友人张良。张良出身韩相世家，正带领当地的韩国军队打游击。刘邦与张良会合，屡次击败驻守三川郡、颍川郡一带的秦将杨熊与赵贲。略定韩地之后，刘邦楚军又从嵩山以南的轩辕关挺进洛阳盆地。

当初，三川郡郡守李由与丞相李斯父子被诬陷，李斯被杀，李由灰心战死。洛阳到开封一带的三川郡本就军心不稳。刘邦挺进洛阳盆地时，秦二世与赵高沉醉于政治斗争，再次瞎操作，主动派人以作战失利为由把退守荥阳的杨熊当场处死。阵前杀将，让洛阳盆地东部的秦军失去了主帅，不再对已经进入洛阳盆地的刘邦楚军后背形成威胁。刘邦再无后顾之忧，准备从洛阳盆地直接奔向函谷关。

但让刘邦没想到的是，“先入定关中者王之”的怀王之约，对关东各路大小军阀的诱惑十足。刘邦才刚刚打到洛阳东，还没看到函谷关的影子。赵国将领司马卬不去救被围困的赵王，却渡过黄河，跑到洛阳盆地来，也准备攻打函谷关一线，企图先破函谷关进入关中。刘邦一看友军和自己抢功劳，抢路线，又和友军司马卬打了起来。而且刘邦居然没打过司马卬，被迫退回到了嵩山以南的轩辕关外。

轩辕关外，嵩山东南一带是韩国地盘，张良对这一带的地形和道路十分熟悉。于是，张良以韩国盟军的名义，前来与刘邦会合，劝刘邦改变从函谷关进攻关中的想法，改走南阳，绕道武关进关中。刘邦采纳了他的意见，放弃了正东的中路路线。张良所部也代表韩王成报答刘邦，追随刘邦一起入关。

函谷关是关中与关东交锋的第一大关，虽然号称“一夫当关，万夫莫开”，但仅论地形而言，关中四塞中的南武关、北萧关、西散关都是两千米崇山峻岭合围的绝险之地，比函谷关所凭借的黄河与黄土台塬更为险恶。函谷关之所以有名，是因为它处于崤函古道这条人口稠密、人员往来频繁的交通要道上，军队在这里更容易展开军事攻关行动，是历来六国合纵连横的首选之正东门户。而关中的秦国防御力量，也主要集中在函谷关。也正因如此，赵国的司马卬等其他势力也会对从这里进入关中趋之若鹜，各路诸侯的竞争必然十分激烈。武关是秦朝京畿关中的偏门，属于容易被忽视的软肋，是秦军防御薄弱的地带。

刘邦从南阳盆地挺进关中。问题随之而来，南路原本就是上柱国共敖以及高武侯戚鳃、襄侯王陵等人的南路楚军进军路线。王陵还是沛县县豪，是刘邦素来以兄长待之的同乡。遇到友军怎么办？

## 03 向友军开火

至丹水，高武侯鳃、襄侯王陵降西陵。

——《史记·高祖本纪》

引兵西，无不下者。至丹水，高武侯鳃、襄侯王陵降。

——《汉书·高帝纪》

刘邦为了抢入关为王的头功，与自己平日很尊敬的同乡老哥王陵等楚军一通火拼。最后王陵打不过刘邦，向刘邦投降，给刘邦让道。刘邦率中路楚军抢了南路楚军的路线，还对南路的自家楚军部队兵戈相向，《汉书》上有所隐晦，只提及“王陵降”。《史记》中更是闪烁其词，把刘邦至丹水，王陵“降西陵”两件位置距离很远的前后事件放在一起说。

这段记载背后，其实是刘邦为了先入关中，对着自家楚军开炮，并不体面。可见当时秦军主力被以北路楚军为首的诸侯联军牵制在河北战场时，南边各路中小军阀对乘虚先入关中的渴望之迫切与竞争之激烈。

由于王陵被作为同僚的刘邦摆了一道，所以他对刘邦有一定的忌恨情绪。王陵本来就是沛县县豪，是刘邦“以兄事”的当地有名望的大人物。他本就看不上小吏出身的刘邦，可能因此才没有直接追随沛公，而是自成一系或追随共敖，得到了襄侯之位。此时，刘邦也才刚刚被封为武安侯，二人地位相当。大家井水不犯河水，本来还能做同乡和战友，但刘邦居然以武力强迫王陵归附，王陵也只能无奈投降于刘邦。

及高祖起沛，入至咸阳，陵亦自聚党数千人，居南阳，不肯从沛公。及汉王之还攻项籍，陵乃以兵属汉。

——《史记·陈丞相世家》

安国侯王陵：以客从起丰，以厩将别定东郡、南阳，从至霸上。入汉，守丰。

——《史记·高祖功臣侯者年表》

于是，《史记》中出现了两种对王陵这段事迹矛盾的记载。《陈丞相世家》中说他投降刘邦之后，让出武关路线给刘邦，却不肯跟随刘邦进关中，而是留在南阳。后来，他在南阳又聚集了自己的兵力，到了楚汉战争时期，才再次归附刘邦。可《高祖功臣侯者年表》中又记载说王陵在南阳投降刘邦后，跟随刘邦进入关中。

安国侯王陵：以自聚党定南阳，汉王还击项籍，以兵属。

——《汉书·高惠高后文功臣表》

《汉书》中修正了《高祖功臣侯者年表》的说法，与《陈丞相世家》保持一致。这里之所以会出现矛盾，大致就是因为王陵在第一次投降刘邦时，并不心服，不愿意追随刘邦，就留在南阳盘踞。一直到楚汉战争时，项羽逼王陵站到自己一边，王陵母亲却劝王陵跟随汉王刘邦。项羽一怒之下杀了王陵母亲，王陵自此才下定决心最终投效刘邦。所以为了避讳，他们对这段经历的回溯不清不楚。而且，刘邦和王陵抢功、内斗的这段历史极不体面，《汉书》恐怕也在尽力遮掩。

即使如此，王陵仍免不了对刘邦有怨气。他不仅与刘邦昔日的仇人雍齿关系很好，而且曾经在酒宴上公开评价刘邦“陛下慢而侮人”。大概也只有被刘邦这般坑过的王陵说这话，刘邦才没什么脾气，竟然恭敬地回道：“公知其一，未知其二……”（《史记·高祖本纪》）刘邦到称帝之后，仍然对王陵尊称为“公”，可见刘邦虽然坑了王陵，但对这位沛县德高望重的老哥还是保持尊重和歉意的。

这次被坑的不仅有王陵，应该还有共敖。共敖是仅次于令尹之职的上柱国，官位显赫，地位明显在刘邦之上，当然也在戚鳃、王陵等人之上。“义帝柱国共敖将兵击南郡”，共敖最终被封为临江王，可见共敖应该就是南路楚军的总帅。只不过共敖后来的封地在南郡，留在江汉一带，没有携兵北上继续抢夺关中。刘邦作为楚军主帅，能给投降的南阳郡太守许封殷侯，那么王陵此时的襄侯，如果不是楚义帝所封，则应为共敖所封。王陵、戚鳃应是被在荆江一带与南郡主力作战的共敖派去南阳盆地打通汉江流域的侧翼部队。

刘邦到达丹水后，降伏了王陵与戚鳃。但刘邦又拐向王陵、戚鳃来丹水之前的方向，回头去打胡阳，并且遇上了番君吴芮的部将梅鋗。梅鋗也代表吴芮加入了刘邦的联军，一起攻入武关。而这次刘邦反常地回攻已经被戚鳃、王陵等人一路平定的胡阳，很可能是针对共敖与其他南路楚军进行封锁。当南路楚军的统帅共敖发现刘邦抢了自己领命的进军路线时，就已经被胡阳守军再次阻拦，无法及时赶上来与刘邦的中路楚军争入武关。

共敖应该也是很生气的。后来项羽封共敖为临江王，那时临江国东边的衡山国与九江国都已经归顺刘邦，被切断与西楚联络的共敖已无法支援项羽。甚至连盘踞在临江国北缘的王陵也已经再次归顺刘邦。但是，领土成为孤岛的临江王共敖始终不归顺刘邦。并且共敖死后，继任临江王的其子共尉宁可顶住项羽已经败亡的压力也要坚持反对汉王刘邦，可见临江王父子对刘邦的憎恨之强烈。

刘邦如愿最先挺进武关古道，带着张良与梅鋗等盟军，一路在狭长的武关古道上过关斩将。

就在刘邦到达武关前，失去了李斯这个靠山、被二世与赵高疯狂打压的章邯所部秦军主力已经非常消极怠战，最终崩盘。项羽率领的北路楚军吃掉秦军，一下扩充到十几万人马，并携诸侯联军共四十万浩浩荡荡地南下至洛阳盆地，准备攻击函谷关。

秦军主力被牵制在河北，刘邦这边也越打越顺，一路有盟友军队入伙，并且吃掉了不少沿线秦军，军队总数也壮大到十万人。

但刘邦打到武关的时候，面对的是秦军重点部署兵力、防御优势极强的名关。这本该是最难啃的骨头，但河北秦军主力的崩溃给刘邦带来了一个侧面好处。赵高见秦军主力覆灭，自知秦朝病入膏肓，奄奄一息，于是他指鹿为马，把控朝堂，并杀死了秦二世。赵高为了能自保，派人到武关与刘邦谈判，想要与刘邦瓜分关中，让刘邦保证赵高的身家性命，并且留一个王位。

赵高之所以不与项羽谈判，是因为项羽已经接受了章邯的投降，并且许封章邯为雍王。章邯就是被赵高逼到这个下场的，项羽既然站在章邯那边，势必不会对赵高有所姑息。因此，赵高只能与到达武关的南路楚军谈判。刘邦一贯是优先以政治手段解决问题，见赵高有意接洽，自然愿意尝试以最小的代价入关中。赵高、刘邦让郦食其与陆贾两名优秀的说客，前往武关与守关的秦将进行谈判。这个秦将无疑是接到了丞相赵高的谈判命令，才会让刘邦的人马进来和谈。

可刘邦是要与北路楚军以及留在中路的赵将司马卬等人抢时间入关中，不可能因与赵高讨价还价而拖延了时间。他一边进行和谈，一边借武关秦军放下警惕有所麻痹之时突袭武关，并且将武关屠城。毕竟这些武关的秦军是被他以诈术欺骗过的，之后就很难对他有臣服之心。如果武关的秦军有生力量仍然存在，那么刘邦进入武关后，这些秦军就会随时从背后偷袭，留着他们如芒在背。

但刘邦屠关之后，仍然派人与赵高接洽，试图继续糊弄赵高，让秦军放弃抵抗。但令刘邦没想到的是，此时的赵高已经被子婴所杀。子婴之后组织秦军在蓝田以南的峣关拒守刘邦楚军。刘邦最终以张良的疑兵之计击溃了蓝田防线，正式进入关中，抵达咸阳城下受降秦国。

秦王子婴乘坐素车白马，用丝绳系住脖子，封好皇帝的印玺和符节，在轵道旁向刘邦投降。刘邦终于达成了怀王之约。

关中告破，咸阳告破，秦朝灭亡。天下纷纷奔走相传，刘将军进了咸阳，以一己之力灭亡了不可一世的强秦。刘邦做到了。

这个时候，刘邦成为名正言顺、独自灭亡秦朝的天选之人。此时，千古一帝秦始皇才刚刚死了三年。

这个时候，如果老百姓听到沛公或刘邦两个字，估计不会再说这只是项梁将军手下的一员别将，而是那位灭秦的大英雄刘邦，就是按怀王之约理应成为秦王或关中王的大英雄刘邦。

这个时候，刘邦的声望比项梁还盛。谁还会记得他是个农户出身的平民，谁还会在乎他的祖上是不是贵族呢？

## 04 先入关中者王

秦末战争的进行是非常迅速的。当时的贵族血统观念很大程度上已经崩塌，全靠拳头硬来称王称霸。所以，秦末战争根本不是拼腹地经济、拼基本盘实力的国战，而是游走在华夏大地的各支军阀之间的军团大战。三四年的时间，处在那样的交通、资讯不发达的时代，谁灭了秦，谁就拥有了令其他诸侯难以匹敌的声望。而这声望，可以迅速转化为民心，转化为法统性的治理资源，进而通过民间对英雄主动性的供奉转化为稳定的军事后勤供给能力。

刘邦是个喜好酒色财气的人，到了咸阳就忍不住要享受穷奢极侈的咸阳温柔乡。这个时候，有人来劝谏了。但为什么不是萧何，而是樊哙最先出面直谏沛公离开咸阳宫呢？

第一，萧何是丰沛功臣的县吏派代表，是“以客从”刘邦起事。他是刘邦当年结交的朋友，而不是刘邦属下性质的舍人、涓人。萧何和刘邦的私人亲密度要低一些。樊哙是舍人，是刘邦在沛县的帮会手下，私人关系更近。

第二，樊哙是武将立场，他是与刘邦成为连襟的亲信将领，而将领是带兵的。樊哙劝刘邦离开咸阳，恐怕不是嫌刘邦太奢侈，而是怕上行下效。如果刘邦仍驻军咸阳，而且在咸阳宫里花天酒地、纸醉金迷，带头起负面作用，那么刘邦长期以来对樊哙等人强调的军纪也就难守了。樊哙恐怕已经快约束不住底层的那些眼红的士兵了。大规模的奸淫掳掠一触即发，将造成刘邦军队与秦地百姓之间的仇恨。但刘邦对樊哙所下的不扰民以收买人心的命令却还在，樊哙在执行上有压力。

第三，樊哙是军队里的战将，平时研究最多的就是军事。他很清楚，如果现在一直待在咸阳城里，那么项羽的诸侯联军一旦攻关破关，进入关中，刘邦所部不可能守住咸阳。军心被动摇，军队的战斗力也会直接下滑。何况刘邦现在的十万人马是一路拼凑起来的散兵游勇，军队约束困难。樊哙是在一线带兵的，他对士兵的心理和战斗意志的判断与把握不会差太多。

但刘邦不听樊哙的，毕竟樊哙一贯是个大老粗。刘邦非要留在咸阳，可能也有自己的打算。

此时的刘邦按怀王之约，已经可以称王了，只是没有举行受封仪式而已。刘邦不像我们后人那样开了上帝视角，不知道自己很快就会被踢出关中，也还不知道自己天命所归很快又还定三秦夺回关中，也不知道历时四年的楚汉战争马上就要打响了，更不知道他在关中定都三年后就会成为皇帝。他肯定也没去想，称帝后的自己最终还是定都关中，关中就是他后来的家。他当时的决策只基于当时的条件：刘邦虽然不杀子婴，善待降虏，但他原本想要据秦宫与秦廷财富为己有。毕竟那个年代，打仗图的不就是这些吗？

他还想直接住进咸阳宫中。刘邦不是第一次来咸阳，此前他作为亭长，常去都城咸阳出差，也曾在咸阳服徭役，还在街头见过秦始皇。如果说他是土老帽，头一回进城，被花花世界迷了眼，其实也不对。那他为什么想要占据秦宫？

刘邦已经对秦国父老宣称，自己是怀王之约下先入关中的名正言顺的关中王。当然，这个时候王号还没有定。就像项羽在定自己是西楚霸王之前，大家已称他为项王一样。此时的刘邦是一样的。他有灭秦之声威，事迹迅速传扬于天下，此时是关中的无冕之王。

为什么刘邦后来能与项羽对峙，形成两大诸侯阵营，打楚汉战争争天下？因为在当时有限的生产力条件下，能够让天下所有人都知道的、传颂的、最有声望的诸侯，大概就只有两个。一个是攻入关中、灭亡秦朝的刘邦。一个是在河北巨鹿之战中以少胜多、消灭秦国有生力量的项羽。一个灭秦廷，一个灭秦军，只有这两个人的声望能够压倒其他所有诸侯，成为最具传颂度与合法性的王中王。其实在灭秦仪式完成后，刘邦就已经是王级人物。如果不是项羽在军力上碾压刘邦，别人应该像尊称项羽为项王那样，尊称刘邦为刘王。

刘邦自己也是这么认为的，而且按照诸侯之约，他的封地就应该在关中，所以他就应该是名正言顺的秦王。住在咸阳宫里，就象征着自己是秦宫的新主人，是秦王。继承前朝宫宇，是合法改朝换代的一大标志。那么刘邦占据咸阳城，占据咸阳宫，其实是在向关中民众昭示，他是名正言顺的关中王，拥有关中的一切。咸阳宫就是他王权的象征，咸阳宫的财富也必然是他的财产。

直到当时作为韩军盟友统帅的张良也来劝刘邦，说这是尽失天下人心之举，刘邦才意识到，不止自家将士有意见，还会给整个天下、所有关中父老以及自己的盟友，还有正不满自己独揽灭秦功劳的诸侯们留下攻击自己的把柄。

张良并没有对刘邦进行简单的道德说教。张良真正为刘邦点出的是，灭秦的声望，不等同于秦地的民望。如果要收复秦地的民望，让秦人支持刘邦做这个秦王，就必须离开让士卒眼花缭乱的咸阳，驻军到郊外的霸上，才能做到不扰民，聚焦于如何应对正赶来为难刘邦的诸侯联军。

霸上就是西安东南部的黄土台塬白鹿原头，这里扼守从函谷关与武关两条线路往来咸阳必经的咽喉之处，且居高临下，有俯攻优势。驻扎在这里，本身就是为了应对诸侯联军到来时可能发生的恶战。这个时候，刘邦应该已经听闻了项羽封章邯为关中的雍王，不会让刘邦得到关中，至少不会是整个关中。刘邦这才听取了张良的建议，决定退出咸阳，约法三章，还军霸上，不扰秦民。

秦民父老没有想到楚军这般仁义，他们都想让刘邦直接留下来做秦王。但让秦人大跌眼镜的是，和此时的项羽比起来，刘邦根本不抗揍。

# 三、鸿门屈伸

## 01　后入关中者霸

即使刘邦军在时间上跑赢了项羽军，最终也无法对抗吃掉秦军的项羽。项羽军从几万人马一下增长为十几万人马，加上此时跟随项羽的诸侯联军，有四十万之众，正浩浩荡荡地向关中而来。

军阀混战型的乱世，打仗得到的最大好处是什么？不是攻下一片反复易主的土地，而是吃掉一支对方的精锐部队。项羽吃掉秦军的精锐，没能赶上第一个进入关中，得人失地，最终可能人地皆得。这个才是最大的便宜。所以，当项羽带着壮大后的四十万联军部队进入关中时，刘邦联军只有十万出头，根本就难以招架。而且这个时候，从北方跟随项羽而来的十几路诸侯都是前来关中分赃的，怎么能让刘邦一人独吞灭秦的不世功绩？哪怕你刘邦先入关中了，你刘邦直接受降秦国了，但你没有一支壮大的部队有什么用？照样不让你刘邦做关中王。

刘邦这边还有韩王成的张良军与番君的梅鋗军等同盟部队，他们并非刘邦本人的军队。他们见到项羽联军的四十万之众，恐怕双方一旦发生冲突，就会立马倒戈向项羽。

谁灭秦，谁就会拥有至高的诸侯声望。这个诱惑太大了，刘邦容不得别人过来分羹。项羽带着大军一路向函谷关挺进，他不走河东渡临晋关，非要渡河从函谷关入关中，就为了向天下昭示，他项羽不走偏门，就要走正门，要破掉固守百余年的大名鼎鼎的函谷关。刘邦试图封锁函谷关，却根本守不住，轻易就被项羽派的英布叩开了函谷关的大门。

项羽携尽灭秦军之威，带着各路诸侯联军火急火燎地奔向关中。他们这要干什么？再灭一次秦。因为，灭秦这个具有历史里程碑意义的仪式性事件，不能由刘邦一个人独享。灭秦意味着改朝换代，谁主导了灭秦，谁就是最具声望的天下之主，至少也是霸主。可项羽怎么也没想到，刘邦这么一支弱小的力量居然捷足先登。

项羽原本还许了秦降将章邯一个雍王。关中为雍州，雍王其实就是关中王。项羽已经擅自分封了一个关中王，刘邦这个依怀王之约、赶在项羽之前进入关中的“关中王”，对项羽来说算是怎么回事呢？

对这些在河北救赵时与秦军血战的诸侯们来说，他们冒了最大的风险，吃了最大的苦头，最后，怎么是刘邦一个人灭的秦，与他们这些诸侯无关，这又算是怎么回事呢？

这些人都是来关中二次灭秦、重新瓜分灭秦之功的。所以这个时候，明明是刘邦灭了秦，明明按照楚怀王的约定，刘邦应该成为关中王——可项羽已经不听命于楚怀王了。按项王之约，是封了章邯做雍王。这些待封诸侯当下是唯项羽马首是瞻，以项羽为盟主的。跟着刘邦，却连个从龙之功都没有，他们此时只会支持项羽。

项羽来关中，是携战胜之威、兵锋之利，带着各路诸侯四十万大军一起来的。他们要再举行一次灭秦仪式，以表明刘邦没有把秦朝灭净，刘邦只是个先行进入关中的探路先锋官，而非真正的灭秦统帅。

本来刘邦站队楚怀王就已经让项羽非常不满，但毕竟都是勠力攻秦，没有直接的冲突。但刘邦听从下属建议，居然闭关自守，企图阻止项羽的四十万联军进入函谷关，把联军都挡在门外。这不是断众诸侯财路，拦各路诸侯立功吗？这个时候，关东哪路诸侯会去挑战兵力和战斗力都最强悍的项家军，去帮和自己不在同一本功劳簿上的刘邦说话？这是刘邦对形势判断失误最大的一次，也是刘邦集团最危急的时刻。

关键是，刘邦只有十万出头的兵力，根本打不过项羽的四十万联军。刘邦这是惹众怒。刘邦听了下属的这个昏招，张良得知已为时已晚，只能尽力攒成鸿门酒局，给刘邦做救火队员。

刘邦之所以错判，主要是他对秦人父老也有错判。他认为只要他约法三章，秦人就会坚定地与他站到一起。但刘邦没想到，打下咸阳这么大的城池，却只能“稍征关中兵以自益，距之”。他在关中并没有招到太多兵，可见秦人父老对刘邦的感激和敬佩也只是口头上的。秦人并没有给予刘邦大力支持。

不过，秦民父老确实高兴得有些过头和错乱了。对他们而言，刘邦楚军和项羽楚军有什么不一样呢？他们大概以为楚军都是王师风范，是来解救他们的。因此，实力更强的项羽，也一定有与刘邦同样的贤君风范。当他们得知刘邦楚军和项羽楚军之间还可能发生内讧和恶战，刘邦的楚军又只有项羽楚军的四分之一兵力时，秦国这些父老县豪，其实也有自保的心思，他们并不想与刘邦高度绑定。应该说，秦人当时对带着诸侯跑来举行二次灭秦分赃仪式的项羽，没有太大的抵触心理。

毕竟项羽的军队中还有二十万作为俘虏的关中子弟，项羽相当于是带着秦民父老自家的孩子回关中的。可秦人再次大跌眼镜，他们发现项羽对秦人的态度和刘邦完全不同。项羽不仅在攻入函谷关前，在距离函谷关不远的新安，将二十万秦国降族、秦人子弟全部坑杀，而且在刘邦决意给项羽让路，尊项羽进咸阳，臣服于项羽之后，项羽杀秦王子婴，掘秦始皇陵，烧秦国宫室，毁关中设施，数十万军队对关中百姓大肆劫掠，所过之处无不残破。秦国积累百余年的财货宝物被项羽联军带走，无数关中的良家妇女也被项羽军队掳走。矗立百余年的咸阳宫陷于大火，足足烧了三个月。秦人面对咸阳城的残火与灰烬，对项羽大概恨到骨子里了。他们也恨自己，恨自己不如死保子婴、保秦国，恨自己不如死保刘邦、拒项羽。这是后来关中把老弱病残都送到刘邦战场上，支持刘邦与项羽作战的仇恨根源。

项羽做下这些恶行，就是要让各路诸侯一起见证他们的二次灭秦。这些诸侯明显就是跟着项羽来搞灭国仪式了。既然秦国已经投降一次了，那只有杀光这些投降的人，才更像是二次灭国，他们回去后对关东不知情的百姓才更有说辞和交代。

也许，如果没有刘邦这个意外提前的良好示范，秦人抵抗项羽时的血性还能强一些。他们着实想不到，真正仁义的不是楚军，而是刘邦本人，可惜世上没有后悔药。

项羽不仅不善待关中百姓，甚至还烹杀了建言定都关中的说客。既不让善待秦人的刘邦留在关中做王，也不让章邯这个成为雍王的昔日的秦将拥有完整的关中。

反过来说，秦人守了几百年的函谷关，不是那么好打下来的。项羽其实也是靠刘邦先破武关而入关中，且刘邦的仁义先麻痹了秦人的意志，造成秦人对项羽楚军的期待和幻想，才更让项羽一路无所阻挡，从函谷关又直入关中。当后来吃一堑长一智的秦人明白刘邦才是贤君，那跟着刘邦打项羽复仇时的劲头可谓是无比勇猛。后来项羽兵败，冲上去分尸项羽的五个士卒，都是刘邦在秦地征召的士兵。

两次灭秦，实际上是刘邦与项羽二人作风区别的最大体现。项羽虽然从刘邦手中夺走了咸阳，并压制了刘邦，但秦地的民心从此压倒性地倒向了善待秦人的刘邦。这二次灭秦，仅仅是项羽最后的巅峰时刻而已。

## 02 鸿门宴达成的潜在协议

从刘邦进咸阳到鸿门宴，再到戏水分封，是刘邦整个沛县集团的一个重要跃升期，同时又是危机期。在刘邦据关函谷阻挡项羽进关中失败后，刘邦阵营此时出了个吃里扒外的左司马曹无伤，他偷偷给项羽提供了三条刘邦的“内幕”消息：

“沛公欲王关中”。这是诸侯尽知的消息，是怀王之约。刘邦不想“王关中”才是不正常的。这一条没用。

“使子婴为相”。纵观古今，除了中原王朝对边疆少数民族部族的羁縻统治外，没怎么见过让投降君主任相之事。刘邦善待子婴，但“让人是个礼，锅里没有米”。这条不能当真。

“珍宝尽有之”。曹无伤的人跟项羽说完这句之后，一心要杀刘邦的范增就马上和项羽说刘邦“财物无所取，妇女无所幸”，后来刘邦和樊哙也都当面向项羽表达了这个意思。事实上也是如此。这一条，又不准确。

曹无伤专门给项羽递来了三条无效信息。但项羽怎么可能是为这3条内幕而恼怒于刘邦呢？他无非是恼怒刘邦封锁函谷关、不认项羽封章邯为关中雍王的方案，而要坚持怀王之约，自己做关中王。

项羽想进攻刘邦，项羽的叔父项伯与张良有交情，他立马私自前往刘邦营地找张良，劝张良赶紧逃走。其实，这是传奇化的故事情节。项羽应该是知道项伯前往刘邦营地的。张良所部本身就是韩国军队，只是刘邦的盟军。项伯所谓的劝张良逃跑，实则是劝张良在刘项爆发战争时不要站在刘邦一边。但刘邦与张良有相知互助之情，张良决定借项伯的关系帮刘邦与项羽说和。

项伯官至楚国左尹，即左丞相。在项梁死后，他就是项氏家族长老的角色，实际上在项家的地位不是简单的项羽跟班。刘邦请项伯牵线搭桥为刘邦讲和，不仅没有刺激到项羽对项伯的反感，反而给项羽一种暗示：“我刘邦仍是项家的人，听项家的话，我是在真心争取项家的谅解。”

项伯对项羽的话掷地有声，项羽听从了项伯，而不是项伯求项羽饶过刘邦。其实项羽经常听从项伯的劝说，不只是这一次，足以见项伯在项羽心中的地位。鸿门宴上招待沛公时，项伯与项羽并坐东向，是主位。这场宴会显然是项伯主导的。项伯根本就是项羽在此事上的共同决策者之一，而不是在暗地里替刘邦对项羽使小动作的牵线木偶。

项羽虽然是项梁的侄子，骁勇善战，才能出众，但毕竟项梁才是项楚集团原先的领袖人物。如果项梁大业得成，继承项梁的势必是项梁的儿子。项梁身死，在外征战的项羽保留了残存的项家军，并在楚怀王揽权弹压项氏之时，以一己之力夺回项家在楚国的权力，并且打赢了巨鹿之战，吃掉秦军，成为诸侯之首，一代霸主。但如果项梁没死，项羽只不过是宗亲大将，虽然亲近，地位未必比刘邦高太多。原本项羽就经常与刘邦一起并肩作战，项梁战死时，项羽就正和刘邦一起攻外黄。至少在项梁眼中，刘邦也是一员很受器重的大将。项羽与刘邦熟识，约为兄弟。刘邦年长项羽许多，为人“慢而侮人”，“无所不狎侮”，但豁达开朗，是忠厚长者。项羽为人“仁而爱人”，“见人恭敬慈爱，言语呕呕”。想必项梁活着时，项羽对刘邦是比较尊重的，刘邦与项羽的关系也是比较融洽的。

刘邦在项伯找张良时，就向项伯称“臣”，让项伯一定要帮他向项羽解释和说情。项伯答应了，但让刘邦务必尽快赴项羽营地，亲自向项羽谢罪。刘邦说：“诺。”项伯回去后对项羽说，刘邦是入关中以迎接项羽的大功之臣，项羽又对项伯“许诺”。至此，其实刘邦与项羽已经建立了一个潜在协议：项羽承认刘邦先入关中，应封为关中王的功绩。刘邦向项羽称臣，同意项王而非楚怀王主导分封天下。

鸿门宴之时，刘邦敢来赴宴，就是把身家性命暂时交给项羽，以示臣服。灭秦廷的刘邦，面对灭秦军的项羽——这个比自己小很多的当初很尊敬自己的年轻人，说：“将军战河北，臣战河南……”一口一个“将军与臣”，这明显是俯首称臣的态度。但楚怀王是任命宋义为上将军统北路军战河北，刘邦此时认同项羽战河北，意味着承认项羽主导灭秦的盟主名分。

张良作为刘邦的盟友，一口一个“项王”，也摆明是承认了项羽此时与楚怀王一样，拥有可以替代楚怀王作为盟主进行分封的王权。

项羽得到刘邦的臣服，又反过来向刘邦解释：“此沛公左司马曹无伤言之。不然，籍何以至此？”反手就卖了曹无伤。这时刘邦已经低头，尊奉自己这个霸主，算是顺水人情，项羽也与刘邦达成和解，给刘邦一个交代。

范增主张在宴会上趁机杀死刘邦，说刘邦的军队原本就是短时间内拼凑而成，会立刻作鸟兽散。项伯与范增的路线不同，认为不应大动干戈，再起战端，给项羽留下杀重臣的骂名，于是敦促项羽善待刘邦。范增让项庄舞剑暗杀刘邦时，也是项伯亲自下场与项庄“对舞”，阻止范增。项羽其实是夹在项伯与范增之间。他的优柔寡断背后是族长与谋主之间的路线之争。

其实，范增主张的也不一定是与刘邦进行战争，而是趁鸿门宴杀掉刘邦这个人。错过了鸿门宴的机会，项羽就只有战与不战两个选项了。

整个鸿门宴前后，从项伯替刘邦求情、刘邦亲自对项羽解释，到樊哙对项羽抱怨刘邦身为忠臣被冤枉，都是在强调，刘邦是项羽的有功之臣，刻意淡化刘邦其实有自立之心。项羽“许诺”项伯，对刘邦解释之后，已经是默认了刘邦为项羽的最大功臣。怀王之约，此时变成了项羽对刘邦的许诺。有人说这是项羽的优柔寡断，但这背后至少也有项羽的现实考虑。

项羽也有难处。他手上自己的兵马只有十几万。诸侯联军此时都是嗷嗷待哺，等着分封。但功劳大大小小，关系远近亲疏，分封这碗水，项羽很难端平。后来楚汉战争时期，很多原本投靠项羽的诸侯加入汉王阵营，助刘邦一路直捣彭城，就是因为不满项羽的分封方案，觉得自己吃亏。这些军阀中，对项羽不服气的大有人在。

如果刘邦的近十万人马决意反抗，项羽也硬要打掉刘邦，那么有些诸侯不一定真的替项羽冲在前面。项羽就算要硬吃，也会付出巨大代价。届时就算胜了刘邦，项羽也要消耗自己的大量军力，而且要背负刚灭秦朝就与灭秦功勋诸侯内讧的质疑和骂名，使得诸侯离心。这无疑会削弱项羽的政治资源，背上屠戮第一功臣的骂名。搞不好会演变成两派诸侯集团大规模火拼，提前上演在关中困兽之斗版的楚汉之争。

在这个时间点，最东方与楚国相邻的齐国还没有臣服项楚。所以，项羽也需要抓住灭秦的形势杠杆，迅速确立项楚集团的领导地位。毕竟，项羽接过项梁的旗帜时间并不长，只有一年多，根基并没有看上去那么稳固。刘邦能臣服，双方不再剑拔弩张，对大家来说是最好的结局。为了避免冲突升级，走进不可逆的双输局面，刘邦作为弱势一方主动认怂，实际上也是给项羽一个台阶，双方各退一步。

按照怀王之约，刘邦本来应是关中王。他之所以乖乖就范，任由项羽发配，实际上得到的是项羽承认自己是大功臣，这样就算刘邦的封地不是关中，也至少是大国之地。刘邦要的就是项羽能封块好地给自己。如果项羽真能如刘邦所愿，让刘邦小富即安，刘邦的后劲反而不会那么大。

鸿门宴，其实是项羽对刘邦功劳的承认与“许诺”，是项羽与刘邦“和解”的标志。看似凶险的故事背后，除了范增刻意针对刘邦并想要暗杀刘邦，其实并没有那么千钧一发的险境。两人达成的协议，即刘邦称臣认项羽为君，项羽承认刘邦是最大的功臣，优先分封，是项伯在两头之间已经谈定的。鸿门宴是刘邦不顾生死作保，项羽忍住不杀刘邦作保，互表和解姿态。实际上，刘邦之前说服了项伯，项伯说服了项羽，军事冲突的风险就已经基本化解了。项伯已经把刘邦的意思传达给了项羽。只有范增是个不稳定因素，在台面上威胁刘邦，反而成了刘邦无礼离席而项羽不予追究的原因。

刘邦驻军在霸上，今西安灞桥区白鹿原头。项羽驻军在戏西，今西安临潼区。鸿门在项羽大营一带。从地理上看，刘邦军面对项羽军是居高临下，扼守咸阳的东部门户。刘邦在驻军位置上是守着咸阳的。项羽要入咸阳，必须让刘邦让道。项羽要攻刘邦，是仰攻，处于地形劣势。如果项羽越过刘邦，就会被刘邦从后方威胁。

鸿门宴之后，项羽与刘邦达成默契与和解。刘邦认为项羽已经承认了自己的功劳最大，会优先分封他。于是刘邦放开对咸阳的扼守，任由项羽西进咸阳而不再阻拦。

紧接着就是项羽屠烧咸阳秦宫室，所过无不残破。秦人大失所望。鸿门宴的本质，就是刘邦的战略妥协，把自己的灭秦之功让给项羽。

对项羽而言，既然刘邦已经让路，按约定就应该优先分封刘邦。不过分封这种事情，不是俩人说两句就能达成协议，并最终按协议执行的。

## 03 项羽背约

项羽不愿让刘邦做关中王，但又许诺刘邦优先分封他。于是，项羽采纳范增的建议，将刘邦封至当时作为秦国流放犯人之地的汉中与巴蜀，并拿巴蜀也可以算作关中之地、刘邦仍然是关中之王来搪塞刘邦。

说巴蜀与汉中都是秦地或者关西可以，但狡辩说“汉中是关中”，这无疑让刘邦觉得自己不仅遭受了排挤，而且还被侮辱了智商。毕竟刘邦在鸿门宴上已经示弱，项羽也透过项伯与对刘邦的亲自回应，承认了刘邦的功劳，许诺了优先分封。刘邦支持项羽主导分封方案，其实是承认项羽为实际共主，结果项羽就给个这？

整个秦二世三年（公元前207年）的时间线是这样的：

七月，章邯投降项羽，被项羽许封为雍王。

九月，刘邦攻下蓝田（西安东南）。

十月，刘邦进入咸阳，子婴投降，不久后刘邦还军霸上。

十月，项羽南下到达洛阳一带。

十一月，刘邦约法三章，退守霸上，秦民大悦。

十一月，项羽在崤函以东的新安坑杀二十万秦军降卒。

十一月，刘邦封闭函谷关以抗拒项羽。

十一月中，项羽到达函谷关外，之后攻破函谷关。

十二月中，项羽到达戏水。刘邦挡在霸上，阻止项羽前往咸阳。

十二月，项羽与刘邦在鸿门宴上讲和。项羽得以进咸阳。但项羽随即背约，分秦地为四国，将刘邦封到汉中。

刘邦听闻成为汉王时，他手下的将领群情激奋，刘邦也喊着要和项羽拼命，但最终还是只能接受作为汉王就国。项羽还只让刘邦带走三万士卒去汉中，把刘邦大部分的兵力夺走。

这是刘邦的屈辱。他是忠厚长者，项梁和楚怀王都给他三分薄面，但项羽要榨干他的功绩。鸿门宴是项梁死后，刘邦第一次向项羽做称臣之姿并让出咸阳的历史性事件。但项羽违背的不仅是怀王之约，更是对刘邦的个人承诺。最后他被项羽玩“汉中也是关中”的文字游戏给搪塞敷衍了。好在刘邦自己知道，成为第一个灭秦的众矢之的有多危险，鸿门宴仅是为了求生。到底如何分封自己，主动权都在项羽手中。他没办法对着自己的手下明说，他带着大家一路打进咸阳要封侯拜将，实际上最终是任由项羽宰割的一场空。

当项羽在戏水正式分封之后，刘邦的将士们发现刘邦该得到的什么都没得到，被赶去了那个他们认为是远离家乡的苦恶之地。大家的情绪都非常激动，不愿意去，甚至表示要和项羽拼命。最终，刘邦与萧何强行安抚了军中情绪。运走了秦廷档案的萧何，向大家解释说，汉中以及巴蜀其实是肥沃富庶的后方大粮仓。

即使如此，在戏水分封之后，刘邦的阵营也发生了一个人员结构上此消彼长的变化。一方面是外来投效的人才越来越多，比如著名的韩信、陈平等，一方面是很多刘邦原来的将士开始逃跑。

来到刘邦这里的人多了，是因为秦亡之时只有刘邦拥有可与项羽匹敌的声望，而且刘邦愿意拿出更现实的赏赐去拉拢诸侯，以颠覆当下不利于自己的政治秩序。错过了灭秦战争，最后能搅乱天下好让自己仍然有功可立的机会，就在于说服汉王复仇，鼓动刘邦起兵。各种尚未出人头地，兜售纵横之术、用兵之术的策士、谋士，纷纷来到汉国。

离开刘邦的人多了，是因为在戏水分封后，沛公时代摇摆的成员纷纷对妥协的刘邦失去信心而叛逃。其实刘邦的将士有很多是在西征路上加入的，他们觉得刘邦会成为关中王，想要追随刘邦占领咸阳，却没想到被赶到了万山阻隔的秦岭、巴山以南，当时尚闭塞的汉中和巴蜀。

刘邦对这个情况应该是有预期的。杀曹无伤，尤其是在项羽可能发动全面军事攻击的危险境地下，其实是杀鸡儆猴，震慑内部持消极预期的重要成员。曹无伤现象的出现，是这一波沛公时代集团成员叛逃潮的第一块多米诺骨牌。杀曹无伤，其实是刘邦的危机管理。曹无伤的级别并不低，“立诛”二字的分量，实际上是做给萧何这类可能动摇的高层成员看，做给郦食其这类刚加入沛公阵营为做官的外乡人才看，更是做给像曾经雍齿那样蠢蠢欲动的丰沛摇摆者看。刘邦的家乡在丰沛，其实就在彭城边上。但项羽抢走了彭城，并在此定都。投效项羽才是衣锦还乡，跟着刘邦则是远走他乡，刘邦手下的丰沛乡党岂会不多少产生些动摇?

不过，刘邦虽然暂时离开关中，却把自己的贤君形象深深种入关中父老的心中。他此刻是“存人心而失人失地，则人地皆可再得”。

项羽带领诸侯搞了一番二次灭秦的大秀之后，使刘邦屈服。他又让人报告楚怀王，试探楚怀王此时的态度。他想知道楚怀王会不会屈服于自己。如果楚怀王继续坚持当初之约，仍然主张让先入关中的刘邦做关中王，而不是按项羽许诺章邯的雍王之约，那么就说明楚怀王根本不愿意被项羽继续控制。

楚怀王对项羽回应道："如约。"他坚持让项羽把灭秦首功让给刘邦，意思是不承认项羽主导分封天下的合法性。项羽的分封，不是他这个作为楚国君主和反秦共主的楚怀王之分封。

楚怀王仍旧不明白，制衡只是术，实力才是势。他这样刺激项羽，不配合项羽对分封的主导，不承认项羽的霸权地位，只会激起项羽对他的愤恨。这个时候他已经没有太多实力了。有些形势，斗破了，也就不需要顾及名分了。

项羽立刻羞辱式地架空楚怀王所有的权力，虚称其为义帝，并且对诸侯说义帝无功，不该拥有土地，剥夺了义帝的合法权益，并将义帝驱逐至偏远地带建国，夺义帝都城彭城为自己的西楚都城。吕青、吕臣父子与共敖等义帝的大臣，见项羽不容义帝，也纷纷背叛义帝。

项羽公然羞辱义帝，对义帝进行报复，表面上义帝无法反抗，但以下欺上地羞辱甚至弑杀义帝，他已经得罪了楚人而不自知。项羽回楚国前对关中的烧杀抢掠，也已经得罪秦人。西秦、东楚，当世两大势力板块，他都失了人心，岂能不把一手好牌给打烂呢？

## 04　义帝之死

义帝被驱逐后，项羽觉得义帝可能会被其他诸侯控制，干脆命令九江王英布、衡山王吴芮与临江王共敖将义帝截杀于江中。

义帝的号召力就算还赶不上汉献帝，但若是换作曹操处于项羽的位置，恐怕不会就这么把义帝杀掉。连东周天子也蜗居存续五百年后才被灭亡。本来诸侯们在明面上已经认楚国义帝为天下共主，这也是楚国对全天下的一张名分王牌。即使还有齐国这样与项羽作对的大诸侯，独木难支，也挺不了多久。共主的名分再虚，起码征伐他国时能够师出有名。就像称帝后的刘邦那样，以其皇帝的名分就能对韩信、彭越等诸侯做到直接不战而杀，用政治手段就能解决许多问题。借天子共主名分直接抓捕处死诸侯王，可以省去很多不必要的军事消耗。

可项羽偏不服，看谁不顺眼就要杀死谁，而且要立刻杀死，不顾名分，不需要理由。项羽杀义帝，不明不白地把共主干掉了，招惹了天下的怨言与指责，可谓是有百弊而无一利的昏聩粗莽之举。

项羽坐镇彭城，连卧榻之侧的齐国都搞不定。刚刚分封完天下，还没归国，齐国就开始造他的反。齐国与西楚反复缠斗，让西方的刘邦赢得吞并三秦、蓄力东出的窗口期。

义帝之死，对整个天下来说，到底是不是一件无关痛痒的小事呢？我们来看看刘邦的政治嗅觉和演技。义帝，是一个和刘邦认识没两年，接触没几天的放羊娃。刘邦到了洛阳，听说义帝被项羽杀害，悲愤不已。他脱光上身公然大哭，为义帝举行丧礼，致哀三天。他通告各路诸侯，说项羽流放并杀害义帝，大逆不道，愿诸侯王共同讨伐项羽。

刘邦被项羽背约，未能成为关中王，所以造了项羽的反。从汉中夺取了关中，又吃掉整片故秦国之后，该拿的已经拿完了，刘邦正愁于一时找不到继续东进打地盘、扩大势力的理由。项羽可好，急火火地给刘邦找了个招揽天下诸侯归附，能够名正言顺攻击自己的大把柄——弑君。

项羽分封时，也是封亲不封功。关东的一些握着规模不小的军事力量，准备和项羽抗争到底的大小军阀也不少。汉王以为义帝复仇的名义东出，恰恰成了汇聚这些力量的旗帜。

洛阳的父老能告诉刘邦义帝被杀的消息，说明共主即使没有什么功业，存在感也绝对不会太低。天下皆知，是项羽无端杀了义帝。老百姓肯定想啊，是你项家捧起这共主旗帜给我们洗脑、让我们拥护你项家的，现在你自己无缘无故地折断旗帜，这不是在智商和道德上侮辱我们吗？

这件事，甚至使被项羽指使干了杀义帝这件脏活儿的英布感受到了巨大的舆论压力，间接导致他在楚汉战争的关键时刻反水，转投刘邦来洗白自己。刘邦使人说服英布反叛项羽的最重要的理由就是：你杀了义帝，如果不反项羽戴罪立功，迟早不为天下所容。

义帝的死，可以说是项羽众多政治犯浑举措中最浑的那件，也是决定局势走向和命运转折的那件。一个无兵无权的傀儡，项羽仅因为个人仇恨就置他于死地，这种睚眦必报、不分轻重的性格，怎么可能建立帝业？

项羽当西楚霸王还没俩月，就让所有诸侯都看出了他在政治上的幼稚。估计即使他想称帝，让诸侯上奏表，都没诸侯敢先上。谁愿意和一个政治上不成熟的人坐一条船？不过他也确实不想称帝，他觉得当霸主就很好。项梁大概根本没有对项羽进行过政治接班人的教育，只是当作战将栽培。其实项梁应该是有儿子的，只是历史没有记载。比如项羽的堂弟项庄到底是谁的儿子，史书没有交代清楚。项羽当时能够成为家族领袖，主要是因为他的军事才能让他挽回了项家的地位，但他的政治意识，实在是薄弱。

楚汉战争后期，刘邦在战场上当面给项羽罗列了十条大罪：

一、违反楚怀王的约定和命令，将刘邦贬在汉中。

二、抢班夺权杀宋义。

三、救赵之后不还楚，来关中抢功劳。

四、怀王约入关不施暴行，却烧秦宫室，连秦始皇的陵墓都不放过，掘墓盗宝损阴德。

五、秦王子婴投降却依旧强杀。

六、骗杀二十万秦兵，却封他们主动投降的将领为王。

七、乱封别国将领，让他们反叛自己的国君。

八、抢义帝的都城，夺取别国土地。

九、弑杀义帝。

十、不忠、不义、不仁、不信，天理不容。

刘邦把项羽的主要问题说得很详尽了，最后还总结为：为政不平，主约不信。其实这些罪状，看似繁多，总结起来就一个核心阐述：项羽违背义帝的命令杀宋义，杀战俘，掠秦地。项羽违背义帝之约封秦将，抢功劳，逐刘邦。项羽抢夺义帝都城，放逐义帝，还弑杀义帝。

通篇都是围绕项羽与义帝的关系。

刘邦曾和项羽是战友，又有识人之明，是最了解项羽的人之一。他所列出的内容，都是明面上项羽做过的事，并不是私密传闻，刘邦没有当众造假。但此前很少有人能把项羽的所作所为如此归纳出来，并点破这些行为的性质。尤其是一针见血地将项羽“为政不平，主约不信”的行事作风抛出来时，意味着将秦朝灭亡后没有进入和平治世，而是爆发了楚汉战争，导致天下大乱的直接原因和责任全部推到了项羽身上。其实，如果义帝不死，刘邦就没有理由继续东征。义帝之死至少是楚汉战争在明面上的理由。这一桩桩，一件件，一条条罪状，恐怕连西楚军将士听到也无言以对，因为真的就像是这么回事。

说起刘邦这人，也很难说他多讲信用。可是，刘邦最起码是在该许诺的时候许诺，能反悔的时候反悔。项羽完全是随心而行，该许诺的时候见不得人分羹，能反悔的时候听见好话就心软，全凭喜好而为。

在两军处于长期鏖战对垒的阶段，刘邦列出项羽的十大罪状，用政治手段瓦解了西楚军的道德正义性，打击了项羽军的士气。项羽听到这些罪状后，没有反驳或反过来指出刘邦的问题与责任，反而提出要跟刘邦单挑。刘邦给他列政治罪，项羽却在战争已打了三四年且两军对峙时，要两大诸侯霸主之间进行个人单挑决战。项羽遇到刘邦这样用政治解决问题的高手时，气急败坏却又无计可施，只能逞匹夫之勇。不过他确实很勇，当即埋伏弓弩手射伤了刘邦。

义帝之死，其实是项羽刚刚制定的天下秩序崩塌之直接导火索，属于项羽自己给刘邦递刀的行为。

## 05 战神的妇人之仁

项羽在政治上莽撞，为人处世上也被评价为妇人之仁、嫉贤妒能、任人唯亲。

韩信评价项羽时说，项羽见人恭敬慈爱，言辞亲切，爱惜士卒，却不信任手下的将领，不舍得给手下立功之人封爵。陈平提到项羽恭敬爱人，王陵也提到项羽仁而爱人，但这些都是韩信所指的妇人之仁。

王陵对项羽也有“嫉贤妒能、吝啬封赏”的评价。郦食其在游说齐王田广时，也对项羽持有同样的“有功不赏，排挤贤才”的评价。陈平也提到项羽不能信人、任人唯亲。陈平、韩信与王陵此前都曾归附过项羽，他们对项羽有较为直接的接触和观察，所言非虚。

陈平更直接地点出，项羽因为这种恭敬仁爱、彬彬有礼的待人风格吸引了那些清高自好、重视交际礼节的士人前来归附。但项羽表面上礼贤下士，其实对有真才实学的人吝啬封赏，反而任人唯亲，很多归附的人才最终又离开了项羽。陈平还专门指出，刘邦为人表面上怠慢士人，缺乏礼数，但该封赏给功臣的爵位和食邑，他从来不吝啬。可因为刘邦不讲礼节，唯利是图之小人归附比较多。他认为项羽和刘邦谁能克制自己的短板，巩固自己的长处，谁就能最终得到天下。

楚汉战争很奇特。刘邦从偷袭彭城大胜了一次之后，就被项羽屡次击退，甚至一度面临全军覆没、数次被围困难逃的境地。刘邦能最终获胜的一个很大原因，就是刘邦深谙项羽的性格，让同样了解项羽的陈平用黄金策反、收买与离间项羽手下的文臣武将。成功利用项羽嫉贤妒能、吝啬分封、任人唯亲、感情用事的性格特点，制造了一系列舆论谣言与迷惑事件。项羽对自己的谋主范增与大将钟离眛等人产生疑心，高层团队的互信基础被摧毁。

其实，项羽在待人上有礼有节，领兵时也果敢当先；在政治上却相当莽撞，在处事上优柔寡断。之所以会有这样患得患失的政治性格反差，恐怕还是因为缺乏足够的政治安全感。项羽上位，仅是凭借其出众的军事才能，破除了楚义帝对项家的压制态势，挽救了项家。而且恰逢秦廷内部生变，章邯军队失去战斗意志，被项羽一举击溃。整个过程的时间非常短。

项羽当家，其实是一次颇具偶然性的形势催化。年轻的他没有足够的班底、阅历和政治经验去应付内外复杂的权力斗争形势。他根本没有足够的时间做好成为共主的心理准备。而获得政治安全感的最好方式，就是将亲信尽快提拔至关键岗位，将土地和资源尽可能垄断在自己手里，但这只是一种自我认知陷阱。

说到底，项羽太年轻，而且起家太快，他的班底又多是叔父项梁留给他的。项梁又压根儿没想到自己死得那么快，这重担会压在项羽头上。项羽无心于政治，就爱打仗，唯好以武力压人，不懂以德服人，缺乏政治远见。项梁之死，让他硬撑起家族和天下的担子，对他而言显然是过于沉重的。

项羽最后是以一己之力，对抗刘、韩、彭、英等几大诸侯之力量，甬道被断，后方失火，后勤跟不上了，最终失败。

项羽兵败，决定一死的时候，他也更看重面子，更怀念私情，留下了“霸王别姬”“无颜见江东父老”的典故。可能就像他自己所言，富贵不还乡，如锦衣夜行。他的心态尚处于家道中落后又接过叔父的团队和事业复仇成功并夺回家财的破落贵族少年状态，和老骥伏枥、完全白手起家创业的刘邦相去甚远。刘邦一切都是从无到有，每多一分都是赚的，不嫌少。

项羽的早年记忆中应多为受难与战争。小时候的避难生活令他很情绪化，怀着很深的仇恨，也对亲信更感情用事。就连打仗也是破釜沉舟，采用把情绪化演绎到极致的战术。他耳根子软，所以在大事上优柔寡断。他不太会沟通，和另一倔驴范增分道扬镳。他暴戾记仇，不容义帝，屠城无数，动辄烹杀不服自己之人。他心理脆弱，一朝兵败，便无颜渡江面对江东父老。

项羽战死的那一刻或许会想：如果叔父项梁还活着，该有多好。自己只喜欢征战，只做叔父的一员大将，冲锋陷阵，该有多好。如果是政治能力出众的叔父，断不会让刘邦这个项家的叛徒如此嚣张。而自己，真的不知道为什么斗不过这个老奸巨猾的刘邦。

这是一个依靠自己的军事才能，仅三十岁就名列正史帝王本纪的青年。他不愿意像刘邦摇尾乞怜后悻悻地就国偏远之地那样，悻悻地回到江东家乡，以失败者的姿态面对家乡父老。他不是刘邦，不图东山再起。刘邦要的是利益和功业，项羽要的却是自己最在乎和认可的不败纪录。

项羽是一代战神。他九岁以前是个锦衣玉食的大贵族子弟。九岁之后，国破家亡，他只能沦为通缉犯，与叔叔们四处藏匿，巴结秦吏而苟存。他至死不明白，复仇、荫亲、归乡、守土，他到底做错了什么?

项羽其实不知不觉中开了历史倒车，试图恢复春秋时代已经不合时宜的旧秩序。项羽杀死共主，就等于在冲动下亲手毁掉自己刚刚设计好的新秩序。那时，他就已经奔向灭亡。

# 四、汉承秦制

## 01　旧制最后的招魂

秦以武力兼并六国，以郡县制替代分封制，在关东地区一直处于舆论暴风眼。秦朝的大一统始终不为关东人士所认可。因此，高压苛政也可视为秦朝在无法统合舆论后采取的一种应激策略。这个过于刚性的路线反而遭遇激烈的反弹，加速了秦朝的崩溃。广阔的关东地区人心不服，秦朝庙堂应对失措，自身发生激烈的路线之争，应急体系在内讧中失灵。关东旧贵族的复辟力量趁机推翻秦朝的执政合法性。

战国时代封建体制最顽固的政治势力，关东封建社会意识最浓厚的地区，就是楚国。虽然在项羽实行分封时，六国宗室的复辟力量已经被消耗得已呈强弩之末，立功封王者已经难论出身，但项楚集团代表的政治主张显然仍是必须认同封建诸侯与实封列侯的合法性。

无论项羽还是刘邦，他们都是出身项楚集团的楚将，都是打着反对秦制与秦政的旗号，最终一个实现了灭秦军之功，一个实现了灭秦廷之功。楚虽三户，亡秦必楚，就是在说封建意识最浓厚、距离秦国本部最遥远的楚人最无法接受秦制。果不其然，楚国势力最终推翻了秦朝。抢蛋糕时可以暂时团结，但当楚国复辟了分封制度，如何分蛋糕，问题就出来了。

刘邦一介平民，能八年成就帝业，主要是靠这次灭秦之举带来的巨大声望，使其迅速获得了诸侯合法性，甚至一跃成为诸侯之长式的领军人物。否则，范增怎么赶着要杀刘邦而不是别人呢？可惜，只有范增明白刘邦此时的潜在政治能量有多强。当范增得知刘邦封存府库，对秦人秋毫无犯，并还军霸上，他就已经看穿了刘邦的野心。但刘邦这些同样收买人心的举措，在项伯与项羽看来，却像是刘邦乖乖地等项羽军队过来接盘的懦弱之举。其实这是既收买了关中人心，又留着后手，以等待项羽入关，以将战功让给项羽为由来应对当下的局面。范增看懂了张良献给刘邦的进退自如、一石二鸟之计。这就是面对同样事情，项羽与范增理解能力的不同。刘邦从鸿门宴上溜走后，范增怒吼道："竖子不足与谋！夺项王天下者必沛公也！"

但项羽还是听从范增的计策，做出了一定的补救措施。他将刘邦踢出黄河流域，封到秦岭以南的汉中与巴蜀。

项羽自称为西楚霸王，建立了以自己为核心的新天下秩序。在上，虚尊一个没有实力和实权的楚义帝；在中，置诸侯霸主、西楚霸王项羽；在下，分封十八路诸侯王；在底，广泛分封侯与君，等同于大夫层级。

这和春秋时期的统治架构是一致的。如果说西周的封建是天子主导的威权式封建，那么春秋的封建，就是以齐桓公、晋文公、楚庄王为代表的诸侯主导的霸权式封建。显然，项羽选择了霸权式封建，而不是像刘邦后来那样选择了威权式封建。

鲁地是儒家的学术大本营。战国晚期，鲁国被楚国吞并。楚国又是分封制度最顽固的地区。儒家与楚国的关系十分紧密，与项羽本人也很亲密。项羽最初就是受封为鲁公。项羽的这个分封方案，少不了儒家的建议。

儒家反秦，目的之一就是重建分封制度。项楚灭秦，分封十八路诸侯，建立了"天子—霸主—诸侯—列侯"这么一个模仿春秋时期的封建秩序，这就使儒家的封建主张得以短暂实现。

秦末乱世的熔炉，其实是在重建政治传统和价值观，重塑各方都能接受的政治秩序。但项羽偏偏不拿各方的政治需求当回事，以武力压人。从分封布局那不切实际的理想化程度来看，项羽应该是喜欢一劳永逸，没有过多思考未来的宏观形势。可惜，这个变革时代不是项羽的政治水平和他这套复古的儒家方案可以驾驭的。从项羽弑杀义帝，亲自破坏掉自己刚定下的“天子—霸主—诸侯—列侯”的政治秩序起，项羽就大势已去。到后面，他只是靠自己的个人能力在勉强对抗形势。

项羽之死，实际是动摇了儒家好不容易重新实现的分封复辟。而灭楚的汉，又是集权理念最稳固的故秦国地区当下的代表政权，所以鲁地儒家是难以接受的。

项羽死后，天下降汉，唯独鲁县坚持为项羽守节不降。刘邦本想屠戮鲁城，但考虑到他们恪守礼义，为君主守节不惜一死，就拿着项王的头给鲁人看，鲁地父老这才投降。项羽最终以鲁公之礼仪被安葬在鲁地的谷城。刘邦给他发丧，哭了一场才离去。

项羽采用鲁地儒生模仿春秋霸主之模式、恢复封建制度的历史尝试，在历史规律面前，交出了一份不及格的答卷。之所以如此，是因为项羽背负着旧贵族的地缘仇恨与国族仇恨的包袱，更背负着局限于为自己童年时代的大封建贵族招魂的不合时宜的认知包袱。项羽的人生经验与路径依赖，注定了他能够推翻秦朝，却不能建立“楚朝”。

其实，项羽也对这个制度有所纠结。项羽没有直接称帝，却又想行天子之事。既要忠君讲礼仪，又要弑君谋权力。他一面尊傀儡楚怀王为义帝，一面又对楚怀王行不义之事。按照正统传承的程序进行权力的转移，是政治家应该具备的意识。他给了义帝虚称，就表明他根本不认这个共主。否则他将来怎么可能接过“义帝”这样的称呼？他自己先把已经成型的有利于自己的共主秩序给毁了。以后世的曹操为例，汉献帝其实已经没了天子的威严，天下食汉禄者已少得可怜。江山是曹操打下来的，那么曹操，甚至曹丕逼迫汉献帝禅让，起码在魏国范围之内是可以服众的。但项羽没有这样的打算。

项羽自封为西楚霸王。这个称号，显然为霸主之称号。但这个称号实际上也是一个鸡肋。当时的社会，已经有王道和霸道两种强国之道的认识。王道，就是用文治德教的方式为强国理念。霸道则是用武力扩张为强国之理念。霸王之“霸”，其实让诸侯感受到的更多的是霸道，是武力称霸，极具压迫感。但包括春秋五霸在内，也只是五大盟主。盟主是可以换的。霸王这个称号，听起来风光，实际上对诸侯和民间没有什么法理上、血统上的号召力，反而显得对其他诸侯具有威胁性。

如果说刘邦采用了郡国并行制是一种积极的历史妥协，给了历史更多腾挪与缓冲的空间，是对秦制与周制或楚制的融合；那么，项羽采用了春秋的“天子—霸主—诸侯—列侯”的结构，就完全是排斥秦制，一味地恢复已经不合时宜的周制或楚制，而且还是战国变法浪潮以前的虚君封建。项羽以诸侯越级主导天下，又要人为地设定本是自然形成的霸主之层级，这是项羽对天下设计的结构性失败，结局已经注定。秦始皇的设计固然有其极端的一面，却不代表项羽矫枉过正、走向另一个极端就能成功。

## 02 从约法三章到汉律九章

刘邦不杀子婴，而且善待子婴。沛公左司马曹无伤甚至传言，刘邦想让子婴为相。即使这只是夸大其词，也说明刘邦对嬴氏的态度是招抚，极力避免伤害秦人的历史感情。嬴氏经营关中数百年，嫡系旁支全算上，县豪大地主肯定是不少的。子婴原本就有贤名，此时又是嬴氏代表。善待子婴，其实就是保证嬴氏旁支地主的利益不变，这些都是刘邦收买关中人心之连环举措的组成部分。

县豪父老主动给刘邦捐军饷，刘邦却一反军阀常态，辞让不受。最终，刘邦接受了樊哙与张良的劝谏，还军霸上，不让士兵有扰民的机会。刘邦不对嬴氏进行政治罪审判，让秦吏也都正常工作。最重要的是，刘邦只对秦民父老约法三章，悉数废除秦朝的苛法，秦民非常高兴。刘邦的一套收买人心的组合拳打出来，争取民心之效果非常好。秦人都信服刘邦，盼望着刘邦成立一个新的关中政权。

其实，刘邦初到关中的这套民心组合拳，更多是象征意义上的。刘邦的确得到了人心，但作为一个乱世诸侯王，他需要役源、兵源、税源去对抗其他诸侯，不可能一直都这般节制。

刘邦约法三章，并不是“杀人者死，伤人及盗抵罪”约法三句话。这只是一种总结性说辞。约法三章，即魏国李悝的《法经》六篇与前六篇沿袭了《法经》的《秦律》十八种其中的前三个篇章《盗》《贼》《囚》。刘邦废除了《秦律》相比《法经》细增的其他部分，说白了就是一个简化版的战时司法机制。战时更多是依从军法，而不是律法。

约法三章半年后，刘邦还定三秦，再次入主关中时，丞相萧何就开始推行《汉律》九章。前六篇，仍然是沿袭《法经》。这就是汉承秦制的一部分。后来刘邦称帝建朝，又让叔孙通在九章律之外，制定《傍章》十八篇。到汉武帝时，张汤作《越宫律》二十七篇，赵禹作《朝律》六篇，统称《汉律》六十篇。

刘邦的约法三章，是留下维护社会治安最基础的《盗律》《贼律》《囚律》三大刑律部分，其他行政与经济相关的法律暂时废除。这引得“兆民大悦”，确实是收买人心之举。因为相当于对关中百姓开放了很多经济权限。不过，收益最大的，无疑还是产业丰厚的富商巨贾、县豪官吏。

刘邦的约法《三章》到《汉律》九章，中间隔了多久呢？最短可能只有半年，中间还有刘邦被谪封汉中的四个多月。等他再次还定三秦不久之后，约法三章就变为《汉律》九章。那么，约法三章实施了多久呢？汉元年（公元前207年）十月入咸阳，到汉元年十二月被项羽外放，最多两个月。

说刘邦是因为反秦与废秦法才得到秦地百姓的拥戴，这种说法其实只是刘邦早期的宣传说辞，甚至可能与事实相反。事实上，出于灭秦出身这一点，他虽然不能正面肯定秦朝，但刘邦采取了一系列对嬴秦善待性、继承性的措施，在政策上有过一些侧面肯定秦朝的举措，比如后面章节要具体分析的迁正黜色，最终赢得了秦地民心。

刘邦从汉中还定三秦之后，将都城设置在栎阳。汉承秦制，讲的就是刘邦建汉国开始到汉武帝前期的这段时间里，汉朝大体上采用了秦朝的制度和律法体系，只是在政策上尽可能保持克制，与民休息。

为什么刘邦时期的汉朝制度要向秦制靠拢？因为刘邦的汉朝中央辖区，就是故秦国土地。秦人在刘邦时代，大部分都还在世。秦地就是刘邦后来的兵源、税源、役源。从某种程度上说，秦国是亡于庙堂乱政，但秦地的国本与国力犹在。刘邦作为布衣出身的新兴军阀，既没有关东旧贵族与故秦国的家国仇怨，能够善待和安抚秦人，代表秦人的利益；又是关东楚人出身，代表着关东地区百姓的政策愿望。他是罕有的能够同时安抚关中与关东的绝佳中立者。

于是，历史性的妥协发生在刘邦身上。他延续了皇帝称号，恢复了秦制，却在秦制之上实现了秦始皇始终拒绝的分封关东。郡国并行，是郡县制与封国制的折中。

为什么汉文帝以后与嬴秦渐行渐远，最终在汉武帝时期与秦制彻底分道扬镳？到了汉文帝时，汉朝已经建立了二十多年，秦人多数已经故去，秦人对故国情感的包袱就可以扔掉了。而汉高祖的称帝合法性也从异姓诸侯共推，转为一家一姓一天下。到汉武帝时代，汉朝与秦朝最终实现全面解绑。

秦失于政，而不是失于制。那么秦朝主要的问题是苛政，不是制度层面的，是政策层面的。刘邦在接过秦地的基本盘后，是否废除了苛政呢？他尽力减轻，但战争局面让他对苛政所能减轻的程度极其有限。

兵役方面，萧何征发关中兵员已经到了老弱以及未成年人都得上战场的地步。徭役方面，萧何在战争时期征发大量徭役修建了未央宫以及长乐宫。未央宫是什么规模？虽然规模不及秦阿房宫，但达到了阿房宫的三分之二到四分之三。而且阿房宫修七年未成，未央宫三年就建成了。

为什么刘邦对秦民的兵役和徭役如此繁重，秦人还是死心塌地追随刘邦？

刘邦还定三秦，几乎是古代少有的闪电战。从民望意愿的角度，可以说是秦人请刘邦还定三秦。他们只是害怕了。他们无所谓约法三章还是九章。他们只是害怕如果汉王败了，他们会再遇到一个项羽。

刘邦终于还是选择以关西作为战时基本盘，让关中得以再次成为此后二百余年王朝的直畿地区。但咸阳城被项羽所毁，刘邦后来选择在秦咸阳南郊的长安邑兴建长安城。

汉承秦制，汉承秦都，汉承秦畿，汉承秦法，自此开始。

## 03 秦地与秦制的涅槃

秦国只是在地理意义上兼并了关东，统一了天下，却没有塑造出让关东认同的统一价值观。借着这股风浪，关东各路叛军纷纷崛起。秦廷又意外地沦入德不配位的胡亥、赵高之手，庙堂机制迅速失灵。

在激烈的乱世碰撞中，主张恢复东周大封建制度的项羽暂时获胜。但秦地又岂会坐以待毙？秦地经营了百年，已经打造了坚实的区域经济基础，四通八达的驰道、直道，各种水利、宫宇、驿站、关隘等基础设施一应俱全。汉初的司马迁在《史记·货殖列传》中写道：“故关中之地，于天下三分之一，而人众不过什三；然量其富，什居其六。”这是多么可怕的经济力量和经济集团。有这个集团在，秦朝虽亡，但他们一定会促成一个新的秦地军政集团，重新替他们打碎行政壁垒，重新开路。如果不开路，他们这些大大小小的经济集团就将毁灭于封建复辟的行政割裂中。

这个经济集团是谁？就是当年为刘邦的约法三章欢呼的秦地“诸县父老豪杰”啊！秦朝速亡，终于让这个群体明白，既不能纵容封建主张不要统一，也不能不节制统一之下唯一的君权。因此，汉承秦制，却不承苛繁之秦政，而是制定与民休息的汉政。

刘邦与项羽是执子的棋手，诸侯与百姓是他们的棋子。但他们二人，又何尝不是历史规律的棋子？如果刘邦只想做安乐王，那么秦人或会选择章邯去破壁，刘邦恐怕迟早也是章邯的刀下鬼。经济基础决定上层建筑，刘邦也是被历史的洪流推着走。只不过，他的禀赋和努力使他成为最能顺应历史的那个天选之人。

项羽原本许诺封章邯为雍王，其实就是关中王，最终却四分秦地，不仅违背怀王之约与对刘邦的许诺，而且四分秦地，尤其是让司马欣与章邯两分关中，这也是对章邯的爽约。章邯其实也是一肚子气，他和刘邦一样，认为自己本该是拥有整个关中的关中王。

章邯虽然投降项羽，但他此前救关中、灭陈胜、杀项梁，是有不小威望的。秦地的争霸，只会在刘邦与章邯两人中间进行。也有一派秦人支持他这个有威望的秦人为王，他是与刘邦一样有机会整合秦地的，这是章邯至死不降刘邦的原因。比如，汉简《赵正书》就明显与其他传世史料不符，刻意抬高了章邯在秦末的历史地位，很可能就是与雍国的历史叙事有关。事实证明，章邯也确实是三秦之中抵抗刘邦最久的。刘邦于彭城大败之后，才回到关中，通过水淹雍都废丘城的非常规手段灭亡雍国。与刘邦对峙了一年之久的章邯，在城破后自杀。

废丘城曾是西周懿王的都城，在今西安东马坊遗址。这里不仅出土了带有“废丘”的陶器文字自证，而且与文献记载一致，发现了大量水淹遗迹。刘邦不惜以毁掉废丘城这座与咸阳城废墟距离最近且最大的一处城址，才最终平定章邯的雍国，将关中完全掌控。而这个时候，距离还定另外两秦，已经过去了将近一年。可见，章邯此前在关中渭河南岸，处于与刘邦隔渭河南北对峙的状态，关中最终鹿死谁手还有一定变数。

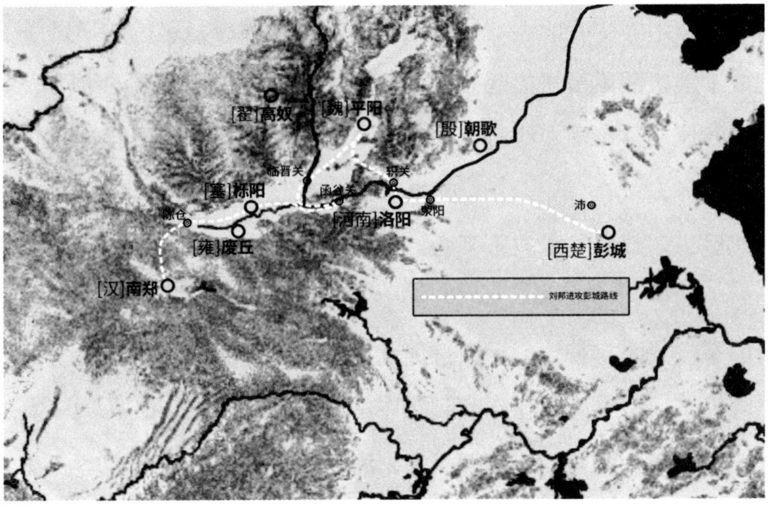


刘邦出关

刘邦遭遇彭城大败，这时候应会担忧秦人不信任他的军事能力而有所动摇，才突然杀了个回马枪灭章邯，彻底断掉大后方的秦地经济集团倒向章邯的可能性。章邯是一代名将，能够坚守废丘城，也就是消失的秦咸阳与还未兴建的汉长安旁边最大的城池。刘邦的战略路径与周文王高度一致。周文王也是从关中西部向东略定渭河北岸，直接向东征服到关外，最后才调转枪头，返回来消灭盘踞在渭河南岸的崇国，《诗经》称之为“伐崇作丰”。

如果刘邦不是要尽快灭亡章邯，恐怕不会用毁灭废丘城的极端方式平定雍国，而是想正常攻取废丘城或受降，将其直接当作汉国的国都，这可以省去后来兴建长安城的高昂成本。但关中父老动摇了，他等不及了。正是废丘城毁灭前后，刘邦正式立刘盈为太子，令太子守栎阳，只能暂时确立远离渭河的栎阳城为汉都。刘邦做这些，都是为了不让关中父老豪杰这个秦地经济集团有机会选边站。

汉中与巴蜀归属秦国已有百余年。百余年间，秦岭以南与关中秦畿形成了高度依附与互补的经济体系，非常牢固。包括陕北与关中也是这种经济关系。项羽强分秦地为四，甚至把关中平原也两分，可以说是在已经作为一盘棋稳定运行了百余年的经济地理单元内，人为设置国别等级的行政壁垒，使原本一体的关税区分裂，短时间必然造成区域经济的失灵与瘫痪。

此时，以咸阳为中心的秦地经济集团一定十分愤怒，这是刘邦只用了一年多就几乎把故秦地版图重新拼凑起来的深刻动力。整个关西地区的经济联系经过秦国的百年经营已非常牢固，经济基础会去重新纠正错乱的上层建筑。刘邦顺应并借助了这个形势。

项羽死后，刘邦也终于放下了心。他老了，他也恐惧这好不容易得来的事业和富贵会转瞬即逝。他何尝不愿做一个安乐诸侯？但秦地的那些经济集团正急迫地寻找新的军政集团，替他们重新打通乱世商路，重新整合故秦版图，重新恢复产销渠道与经济通路。而跟随刘邦到汉中的那些关东子弟，又不愿继续在远乡僻壤追随和保护刘邦。刘邦除了继续战斗，还有别的选择吗？

刘邦也曾感叹道："天下纷纷，何时定乎？"他何尝不期待战争早点结束呢？幸好经济基础决定了上层建筑，秦地能够支持他迅速赢得天下。作为平民出身的他，也没有与秦地的家仇国恨之历史包袱。

秦朝压灭农民起义，只用了几个月。以旧贵族为主的复辟战争却持续了三年。躲在农民后面的贵族，最终把果子摘了。但这些复辟贵族打到了楚汉战争，又纷纷倒台。楚汉战争中，刘邦这边的盟友都是谁？

江中大盗英布，巨野泽大盗彭越，无业游民韩信，外黄亡命徒张耳，陈胜农民军的低阶将士臧荼，秦国县令吴芮……归纳起来，他们的身份说好听点儿就是梁山好汉，说不好听点儿就是平民出身的土匪。刘邦之所以和他们结盟，是因为刘邦也出身市井和草莽。刘邦代表的就是这么一股力量——新兴平民诸侯势力。他们背后不是传统的士人阶层。他们都属于靠着诸侯的军功激励组织起平民军事力量，“皆徼一时之权变，以诈力成功，咸得裂土，南面称孤”（《汉书·韩彭英卢吴传》）的群体。这是贵族社会转向豪强社会的历史过渡期，在社会转型的夹缝中，给这些平民的上升通道与难得的机遇。他们这些佼佼者的背后，是更庞大的平民出身的军功受益阶层，是与旧贵族地主存在天然矛盾的新兴军功地主。

刘邦代表的是不问出身但看军功的这类人。刘邦自己就是项楚的别将出身，最懂这类人的心理。项羽则还是存有贵族心理包袱，重视恢复上层的诸侯封建，吝啬对中下层军官的爵位落实。刘邦所谓的有功就赏，不吝封爵赐土，说明刘邦灌输给整个团队的理念就是军功授爵。刘邦这么一个出身寒微之人，如果不去为这些寒微之人找出路，那么在四年灭秦、八年称帝这么短的时间内，其自身的执政合法性又在哪儿？

其实，刘邦在楚汉僵持阶段曾听从儒家的郦食其建议，有过给六国宗室贵族分发印玺、册立他们复国的想法，最终被张良劝阻。张良劝阻刘邦，是因为如果刘邦又与贵族站到一起，突然政策来个掉头去看血统出身，麾下的平民力量就都会茫然并流失。且不说以前他们传颂的“王侯将相宁有种乎”成了笑话，就此前立下的军功还算不算数，将来战争打赢了还能不能得到相应爵禄，军功爵制还有没有公信力，自己的食邑会不会被划分到与自己没有一点交情的六国后裔领土内，封邑还能不能被落实，就没人拿得准了。

那些依附刘邦的军功士人与底层的军爵士卒，还有那些跟贵族在法理上天然冲突的新兴平民诸侯盟友，几个会拥戴这种决定？这种事，只有依附于旧贵族地主、为封建旧制招魂的儒生才会支持。刘邦讨厌儒生，就是因为儒生与他的理念不符。但当战争僵持不下，刘邦又发现自己的军事能力远不如项羽时，想赶紧坐稳这得来不易的江山，想赶紧争取世家大族的支持，这导致刘邦产生畏惧心理，信心不足，产生了动摇，险些听信了郦食其的儒生之论，有点病急乱投医的意思。当真正的旧贵族张良为他分析清楚实际形势之后，他才认识这是自毁长城。

刘邦最终坚定了依靠秦制、维系军功爵体系的信心。其实，他在汉王时期就一直在努力推动汉承秦制，继承秦制的去贵族化理念。而他继承秦制的第一项举措，就是总被人们忽略的改旗易帜。

## 04 迁正黜色

改正朔，易服色，又叫迁正黜色，往往是标志天子或王朝接受新天命的大事件。比如，刘邦的重孙子汉武帝最终就改正朔，易服色，标志着全新的汉制被确立，与汉承秦制之秦制分道扬镳。

简单来说，改正朔，就是改日历中每年的第一个月是哪个月。易服色，就是更改政权的官方服饰颜色与旗帜颜色。国家国旗的颜色有多重要，不用多说。改服色也可以看作是改旗易帜。

两汉四百余年，汉朝皇帝改旗易帜，一共有五次：

第一次，刘邦在楚汉战争时期的改旗帜颜色事件，很不起眼，但改成功了。

第二次，汉文帝发起的黄龙改制，试图改变刘邦在楚汉时期确立的汉朝服色，失败了。

第三次，汉武帝刚继位，屁股还没坐热就匆忙发起的建元新政，其中也有更改刘邦确立的服色这一项，也失败了。

第四次，建元新政三十五年之后，汉武帝的太初改制。这次改正朔、易服色才算大功告成。

第五次，汉光武帝建立东汉，最终将东汉的服色与旗帜色改为红色。

一些西汉题材的影视剧里，西汉的皇帝，如汉高祖刘邦、汉文帝刘恒、汉景帝刘启、汉武帝刘彻、汉宣帝刘询等，一个个穿着红色龙袍。其实这些都是错的。《史记·张丞相列传》中记载："以高祖十月始至霸上，因故秦时本以十月为岁首，弗革。推五德之运，以为汉当水德之时，尚黑如故。"西汉初年，从汉高祖称帝到汉武帝太初元年（公元前104年）之间的服色与旗帜色，其实是黑色。

秦汉时期的服色与旗帜色，是根据战国时期阴阳家的五德终始说，把金、木、水、火、土五行看成五德，对应的颜色为火赤、土黄、金白、水黑、木青。阴阳家邹衍认为历代王朝各代表一德，按照五行相克的顺序，轮替交换，周而复始，循环往复。他把王朝的五行顺序列为：舜的虞朝属土，为黄色。被禹的夏朝所克，夏朝属木，为青色。夏朝又被殷商所克，商朝属金，为白色。殷商又被周朝所克，周朝属火，为红色。意思就是每个王朝轮替都按属性顺序，借此向百姓说明王朝更替背后的运行天理。

按该理论推定旗帜色与服色，虞土为黄，夏木为青，殷金为白，周火为赤。秦朝认为自己克了周火，即秦朝属水德，为黑。所以，秦始皇穿的是黑色皇袍，秦朝的官军穿的是黑色衣服，秦朝的旗帜是黑色的旗帜。

《史记·历书》记载："是时天下初定，方纲纪大基，高后女主，皆未遑，故袭秦正朔服色。"根据汉朝官方的说法，西汉建立时天下初定，很多制度还没来得及制定，所以就草草承袭了秦朝的正朔与服色。服色包括旗帜色。但实际上，刘邦制定与秦朝一样的正朔服色有更深刻的考量：黑色水德代表着秦朝，而刘邦要继承秦地与秦制。

讲到这里问题就来了。刘邦号称是赤帝子，斩白蛇起义，即斩了白帝子。这是刘邦自己制造的神迹和传说，那么刘邦的旗帜颜色应该是红色。那汉初怎么又是和秦朝一样的黑色呢？第一次改颜色是谁改的？

这就是刘邦在楚汉战争时期，总是被世人忽略的第一次改旗易帜。

刘邦自立为沛公的时候，的确呼应他的赤帝子传说，旗帜都是红色的。他还祭祀了黄帝和蚩尤，仪式感十足。所以，沛公的军队高举红色旗帜，这一点非常明确。

汉元年（公元前207年）十月，当刘邦攻破咸阳，接受子婴投降的时候，刘邦军的旗帜仍是红旗，而秦军的旗帜是黑旗。

刘邦后来没被封为关中王，而是被项羽赶到秦岭以南做了汉王，都城在南郑，这个时候的汉王仍然是红色的旗帜与服色。但刘邦不服气，他早就俘获了关中父老的拥戴之心，仅仅不到半年，就从汉中还定三秦，除了章邯在渭河南岸的那一小块，刘邦基本已经把关中全部夺回来了。但咸阳已经被项羽毁了，没法用，他就定都到关中栎阳，并迅速整合故秦地，坐拥整个战国时期秦国的国境为自己的汉国。他下令除去关中的秦社稷，更立为汉社稷。社为土神，稷为谷神。古时君主祭祀社稷，就是祭祀这两方代表土地的神明。刘邦改秦社稷为汉社稷，其实就是宣示自己以后会是故秦地百姓永远的主君。这个时候，刘邦的旗帜还是红色。

刘邦平定故秦地之后，打着为义帝报仇的旗号，率五路诸侯之兵一路向东，攻入项羽的都城彭城。项羽从齐国战场赶回来，又把刘邦打败。

这个时候，刘邦有些尴尬了。也许在刘邦的设想里，他迅速剿灭项羽之后，关中百姓一看刘邦这么能打，肯定很佩服刘邦，以后就死心塌地地跟着刘邦平定整个天下。但刘邦短暂的直捣彭城后，居然被项羽打得全军溃败。于是刘邦退守荥阳，全靠萧何将关中的老弱病残及未成年人都征发到荥阳，为刘邦补充兵力，刘邦才硬撑住没崩盘。

这个时候，关中父老对刘邦应该是很失望的。他们没想到刘邦会被项羽打得这么惨。关中人心动摇是不可避免的。但屠戮关中的项羽已成为关中秦人的死仇，关中人亟需一个能与项羽对抗的领袖。这时候，刘邦紧急回到关中，用水淹废丘的非常手段，将在关中与他对峙了近一年的章邯消灭，让动摇的故秦人断掉改投章邯的想法。他又让刚回到自己身边的太子驻守都城栎阳，与萧何一起立宗庙、修宫殿、制法令、安社稷，向关中表明他是关中唯一的主君，关中唯一的政权。这是让关中百姓放心，他刘邦不是露水君主，不会从关中打出去就不要关中了。

刘邦这次回到关中后，还有一个经常被忽略的大动作，就是他以一个举重若轻、看似极其不经意的方式，完成了非常敏感的改旗易帜动作，表明自己正式继承故嬴氏之秦国，成为旧秦国臣民的新主人。他为了使自己带领的原楚国部将们甘心本土化，拥抱秦朝制度和臣民，使自己这个沛砀功臣集团成为关中的统治集团，主动把自己的红色旗帜改成了黑色旗帜。

刘邦回到关中的汉都栎阳，问臣子说："秦国以前的上帝祠，是祭拜哪些上帝啊？"

臣子说："四帝，白帝、青帝、黄帝、赤帝。"

刘邦又问："不是有五帝吗？怎么只祭拜四个？"

臣子还没答上来。刘邦抢话说："他们在等我凑齐五帝，我就是那个空缺的第五帝，黑帝。"

于是，刘邦修了黑帝祠，然后把自己先前的赤帝子传说抛到脑后，转身成为黑帝化身，从此以黑色为旗帜色。

其实，刘邦是故意装傻。他怎么可能不知道秦始皇改正朔，易服色，以秦朝为水德，色尚黑？他自己就是秦吏出身，对秦朝的正统颜色不会不知。而且，刘邦与秦军作战四年之久，眼前整天都是乌泱泱的黑色敌军，对秦军的服色与旗帜色再清楚不过了。更何况，刘邦在攻破武关到达蓝田的时候，还增设疑兵旗帜欺骗秦军。他都假装成黑色军服和黑色军旗的秦兵，岂会不知黑色是秦国的国色？若说刘邦不知道秦朝尚黑色，秦帝是黑帝化身，恐怕他自己都不信。说好的自己是赤帝子，怎么又成了黑帝了？

刘邦故意这样问，然后又装作漫不经心地说自己是被秦人等待许久的空缺之黑帝。秦朝祭祀四帝，没有黑帝，是从秦襄公开始，经历秦文公、秦宣公、秦灵公、秦献公等历代秦国君主慢慢形成的制度。可能秦始皇也确实认为自己是黑帝的化身，所以没有祭祀黑帝。刘邦钻了这个空子，说秦人就是在等待他这个天命所归的黑帝到来。

其实，刘邦难以启齿的是，堂堂灭秦之汉王选择了黑色，等同于继承了被自己所灭亡的秦朝之国色，继承了秦朝的制度和旗帜。他其实就是故意昭示，他要汉承秦制，给经历彭城大败之后有所动摇、正在观望的关中经济集团吃颗定心丸，用潜台词告诉这些能看懂潜台词的故秦人，他要代表故秦国建立全新的汉国。

刘邦改自己的旗，易自己的帜，信手拈来，看似无心之举，其实是融入了秦地的风俗，争取了秦地的民心。务实和装傻是刘邦的“两绝”，改旗易帜、易服色这么敏感的事情，让刘邦用一句看似无心之言轻松化解。这次直接继承前朝服色的易服色举措，罕有地以轻而易举的方式实现。而且，刘邦这种称自己是关中盼望的帝君的说法，既没有驳了关中父老的面子，也没有损了丰沛将士们的颜面，一举两得。

当栎阳城头上的红旗被替换成黑旗的时候，关中父老们仿佛又看到昔日的大秦回来了，那心情别提多激动了。

从此，刘邦就不再是红旗、红衣的刘邦，而是黑旗、黑衣的刘邦。影视剧中，那些刘邦从汉高帝二年（公元前205年）以后还穿着大红袍的服装设计，都是与史实背离的。那些汉武帝穿着大红袍的桥段，更是会让汉武帝自己都啼笑皆非。汉武帝只穿过大黑袍和大黄袍。大红袍是东汉的颜色，很多人只知其一不知其二，把西汉也当成清一色的红。

其实，刘邦采用嬴秦黑旗、黑袍这事，效果上讲是有些矮化自己，有点掉价。这黑色版权毕竟是人家秦朝的。这也是后来西汉皇帝屡屡想要改服色的原因。不过，刘邦改黑色，其实是代表汉承秦制，以迎合和收买秦地人心。从汉文帝到汉武帝屡屡想要易色改制，其实是牵扯到改变汉承秦制之汉初制度，触动了利益集团，政治阻力极大，才一波三折。

当然，服色既与秦一致，正朔也与秦一致。在汉武帝改制成功之前，每年的岁首都是十月，十月开始就要换年号。不过刘邦到底还是给自己稍微留了一点点面子。汉初是“色外黑内赤”，皇帝虽然不穿红色皇袍而是黑色皇袍，但穿红色内衣，还能露出点红色。

刘邦建立汉朝，将旗帜由红色改为秦朝的黑色，更代表着出身关东的汉王军政集团与关西经济集团的合流，代表着楚将刘邦坐拥秦地、重新整合华夏的历史潮流。人们常常忽略刘邦改旗易帜事件的重要性，忽略了刘邦是如何将自己的军政班底与秦地秦制挂钩的。

汉国改服色是一次精彩的政治隐喻设计，是确立汉承秦制之汉初制度理念的里程碑事件。结合刘邦在列举项羽十大罪状时，以为子婴、义帝二人同时报仇的政治宣示，他轻松构建起了自己发动楚汉战争的合法性，巧妙地融塑出关西与关东两大板块共同的政治目标。

如果说刘邦在反秦战争中代表关东征讨关西，而又以义帝命他怀柔关西为名争取到了关西人心，那么楚汉战争则是刘邦代表关西征讨关东，而又以关东义帝之臣自我标榜，争取到了关东人心。刘邦真的是一个政治天才，没有人比他更会驾驭形势、左右舆论。从某种意义上说，秦朝之所以败亡，就是欠缺了这份驾驭舆论形势的灵巧。

## 05 不叫秦王之秦王

萧何与太子在汉都栎阳治理关中，为在前线作战的汉王提供后勤补给，征发关中服徭役和兵役者，征收秦地的粮食和税赋。大汉国境与故秦国几乎重叠，所以，刘邦此时是无秦王之名的秦王。故秦人是他作为汉王的社会基础。

萧何在刘邦战事最吃紧、近乎全军溃散的时候，甚至把关中的老弱病残和未成年人都发去从军，这些都需要对关中进行加压与动员。刘邦需要与关中人高度绑定。萧何营建壮丽的未央宫，也没少征用关中百姓，关中百姓很苦。刘邦埋怨萧何把宫殿修得太过宏奢。萧何说一次修到位，今后百姓就不用再受苦。其实这也是在说，刘邦以及他的子孙会世代留在长安，这同样是给关中百姓吃定心丸。

关中百姓曾经也想观望一下、比较一下哪位英雄做他们的关中王比较好，但最终他们意识到，不是谁都会像刘邦那样对他们怀柔。跟着汉王刘邦，苦点总比去死强，跟着汉王灭项王就是秦地百姓唯一的盼头。秦国采用三世降爵的军功爵制，贵族大地主和世家大族相对较少，更多是军功地主。他们普遍习惯历代秦人的耕战传统，动员力和执行意识很强。最终在项羽战死时，争抢着分尸项羽的五名将士，都是刘邦在关中征召的。他们仇视项羽，拥戴刘邦，是刘邦后来灭项羽的中下层基础力量。

项羽将秦地一分为四：陕北的翟王，关中西部的雍王，关中东部的塞王，陕南巴蜀的汉王。刘邦是以南秦整合另外三秦，统一四秦。这四秦是秦国东出函谷关之前的基本盘。捏合故秦地，是刘邦的第一步战略。四秦归一后的第二步战略，就是平定三河。三河是唐、虞、三代的王者所居，分别是：河内，太行山系与黄河所夹的豫北平原，与洛阳盆地隔黄河相望，为殷商所都；河东，吕梁山系与太岳山、中条山以及黄河所夹的晋南盆地，为唐尧、虞舜所都；河南，崤山、伏牛山、嵩山与黄河所夹的洛阳盆地，为夏与东周所都。

秦国从秦昭王时期就开始统治河东，从吕不韦时期就开始统治河南、河内。虽然秦国统治三河的时间没有四秦那么长，也足有数十年之久。在秦国区域经济的分工构建中，三河早已高度融入秦地体系。

项羽把战国末期的秦国基本盘撕扯成了四秦三河，分封七个王。河东魏王、河内殷王、洛阳河南王，作为三河三王，卡在关西与关东之间，阻挡四秦东出。毁掉关中，四分关西，三河缓冲，这就是项羽的地缘设计构想。但是，刘邦能够迅速还定三秦、平定三河，恰恰是因为秦朝是烂在表而没有烂在里，失于政而不是失于制，毁在人事问题而不是毁在地缘战略失当。一句话，整个秦地其实还留有其数十上百年经营出的内在强盛动力。秦朝失去的民心是关东的民心，而秦地的民心并未见得尽失。比如，对于关中百姓而言，郑国渠是保证农业产出富足的关键设施。项羽把关中一分为二，那么郑国渠也被一分为二。没有行政的统一，就不会有治水的统一。郑国渠废了，就会让关中百姓返贫，这对于当时被张良称作天府之国的关中区域的经济打击很大。

然后，蜀道的主道在雍国，崤函道在塞国。整个关西的交通网络，也直接被行政撕裂。这基本上把整个大关西地区原本已经浑然一体的经济分工格局给打乱了。这种分治带来的经济衰退，应该是多发且全面的。可以说，主要靠各种关道连接起来的西部群山之间的各平原区域，被秦国整合成功，作为统一的经济贸易网络整体已有几十上百年的历史。骤然出现的行政壁垒，肯定会使秦地的士农工商饱受这种分裂之苦，期待重新统一的动力远比一马平川的关东大平原地区要强。

常有人说欧洲的分裂带来了更大的竞争，所以分治分权比统一集权好。可如果西方没有远比本土大几十倍的殖民地作为外土单方面持续性地向欧洲本土输血，欧洲的碎片化分裂带来的其实是黑暗的中世纪。

在古代中国也是一样的道理。政治统合带来更低的协调成本和更低的交易成本。如果集权的制衡设计有不受制约的塔尖漏洞，那就设计权力制衡来弥补塔尖的漏洞即可。比如，中国的古典中央集权能够持续两千多年之久，是靠两汉的中朝台阁、外朝官府之间相互制衡，隋唐的三省六部与群相集议相互制衡，宋代的二府三司相互制衡，等等。后世不断地进行改进设计，以制约被集中的权力，避免出现胡亥与赵高那样在集权制度草创阶段不被限制的放纵的皇权，避免社会与政治体系的崩溃。中国古典中央集权的理念是，在央地体系下集中地方权力到中央以避免地方分权自治，同时在被集中权力的中央内部进行集体分工、集体协商、集体决策。显然，秦朝的中央集权尚处在初生阶段、试验阶段，极不成熟。

初生的秦制集权纵然有缺陷，但如项羽那样直接操作统一国家的行政分裂，肯定也是走另一个极端，无疑是在开历史的倒车。如果说关东的问题秦始皇用十几年的时间都没能解决，他的经验跟不上，可关西地区的问题已经过几十年上百年，很多已经被秦国缓进式地解决了。故秦与新地这对概念，是在秦始皇时期秦朝自己就提出的。可见以四秦三河为框架的故秦，如果这时候被强行分裂，设置行政壁垒，无疑是人为制造出诸多激烈的地域对抗。

于是我们看到，刘邦总体战略的前两步即统一四秦、平定三河，基本上是以秋风扫落叶之势完成的，因为这顺应了秦地父老豪杰即关西各经济集团以及故秦板块经济规律的内在诉求。

刘邦在入关时实施的仁政，已经取得了秦父老的信任，他又有灭强秦之功名，军事能力上也是出类拔萃。他作为关东集团的代表，能够善待关中百姓；他出身平民，没有贵族的家仇国恨包袱，最终弥合了关东与关西的矛盾。他其实是最合适的秦地新代表，历史走向也是这样的。

统一四秦、平定三河之后，刘邦就取得了与秦王嬴政几乎一样的基本盘——故秦版图。然后就是第三步战略，再次统一天下。

刘邦平定四秦三河，全部设郡，但从东出开始，号召的却是诸侯联军。很显然，刘邦也能认识到，秦地是一个统一的区域经济分工协作网络，这是秦国经营百年的结果，必须有一个单一制政权来进行统一的管理和协调，才能维系高效的运转。而关东地区在秦朝十余年的短暂统治时间里，其整合却是失败的，完成度远远不够。所以，从楚汉争霸开始，刘邦不谋求郡县制，而是郡国制。这从侧面印证了关西当时的经济本质与关东的不同。

对于关东百姓而言，秦朝灭了自己的故国，自己成了秦人，但秦朝没有很好地消化和处理关东的土地人口矛盾等尖锐问题，而且最终采取了高压政策，让百姓苦不堪言。那么关东的反秦舆论肯定汹涌。可是在项羽称霸的时候，秦朝已经被推翻了，那些成为新诸侯的又是什么人呢？他们或为流亡的六国贵族，或为山野大泽中起家的平民土匪。

四年灭秦战争中，秦朝的地方军很快溃败。可号称是为了诛暴秦、复故国的关东复辟力量，一个个相互攻伐，四处烧杀抢掠，制造了多少家破人亡。《史记·高祖功臣侯者年表》记载：“天下初定，故大城名都散亡，户口可得而数者十二三。”秦汉之际的灭秦战争与楚汉战争，使全国户口锐减到仅剩十分之二三，路边都是肝肠、脑浆满地，数不清的父亲与儿子两代暴尸于道路，才最终实现了一个个精彩的历史人物故事背后残酷的历史再平衡。

那些所谓的新诸侯，不仅会继续征粮、征役，甚至劫掠民间，走马灯似的你来我走，根本不会安下心治理地方，为百姓谋福。当时最遥远的南越国能够独立建国，是因为边地相比中原更安稳，反而得以长久。

其实，到楚汉战争时期，关东的舆论应当已经疲惫了。诛暴秦是为了更好的生活，谁想到迎来的是更凄惨的生活。

在刘邦的号召下，楚人与秦人一起讨伐杀楚义帝与杀秦王子婴的共同仇人——项羽。项羽可以说是同时得罪了秦楚两大国族，与关中轴心力量和关东轴心力量同时结了仇怨。

关中与关东两大地缘集团之间的仇恨，被刘邦这样一个没有旧贵族包袱、在秦楚之间左右逢源的平民出身的皇帝给化解了。战国的地域仇恨最终在刘邦的手上消散，这是历史的选择。楚国人与秦国人，从此都成了汉人。楚制分封与秦制郡县，从此合为一体，成了郡国并行。

刘邦建立汉朝后，把楚国四大家族昭、屈、景、怀氏迁到关中。就连项家，除了项羽伏诛，其他人（如项伯、项襄等）都归顺了刘邦，被封侯，还被赐姓为刘。项羽的项氏族人刘舍，后来还官至汉朝丞相。楚国五大家族全部成了西汉的关中家族。楚国豪族与秦国豪杰竟都成了关中老乡。在西汉，秦地继续保持中枢优势，楚国旧贵们也可以在关中混官场维系财富。楚地百姓因为封建大地主都被迁走而分得了土地，可谓皆大欢喜。同为汉人，还分什么秦国、楚国？

刘邦就是这样能化解地域仇恨的人，可以团结一切可团结的力量。而通过情绪对立制造社会撕裂的人，或许能赚得一时一地一撮人的叫好，最终依旧会作为逆势一方而被时代所舍弃。抓住仇恨不放，在相互敌意的螺旋上升中不断制造和爆发冲突的项羽，哪怕再勇武过人、天资聪颖，也终归是失道寡助。

“色外黑内赤”，刘邦开创的汉朝，就像他选择的服色与旗帜颜色，外黑内红，外秦内楚，外刚内柔，外争内蓄，外有为而内无为。

历史选择了刘邦，刘邦选择了秦地。但刘邦只是一个时代的至高代表，他的身后，有众多顺应历史潮流的英雄。

# 五、红白双簧

萧何是汉初最能为刘邦背黑锅的人。萧何往往唱白脸，得罪人；刘邦往往唱红脸，安抚人。

## 01 第一锅：劝汉王忍辱就国

当刘邦得知项羽分封各路诸侯，违约将本该封关中王的自己改贬为汉王时，刘邦大怒，要和项羽拼命。当时刘邦的班子成员基本还是沛县乡党组成的草台班子，项羽要把他们全部赶到远离关东平原和家乡的汉中和巴蜀，可想当时他们会如何群情激奋。刘邦要跟项羽拼命，恐怕也是因为下边的将领和士卒不愿意去汉蜀。因为从刘邦被封后，就不断有将士逃离汉军。刘邦一路对加盟他的各部军队封爵许愿，甚至许诺封侯。大家见他有攻克咸阳，成为关中王的潜质才纷纷追随他，却没料到他竟然成了被逐出中原文化区、封国偏远的汉王。刘邦面临的士气崩盘阻力是存在的。

刘邦在愤怒舆论之下是不能直接认怂的，否则会有主帅贪图安逸之嫌，伤害自己的威严和汉军士气。但是，要是能和项羽拼命，他就不会去鸿门宴了。能拼早就拼了，是拼不了，打不过，战略上不允许，必须韬光养晦，先去汉中以图喘息才行。此时攻打项羽，与自杀无异。

原本刘邦赴宴鸿门，就已经是向项羽低头，表示臣服。但军队中的将士不知道，认为项羽已经承诺让刘邦受封关中。谁知道项羽最终还是玩了一个文字游戏，说汉中也是关中，将刘邦外放到秦岭以南。原本刘邦有十万军队，项羽最终分封诸侯，整编军队，只留给刘邦三万人马。这是刘邦最耻辱的时刻。

不过刘邦一贯能屈能伸，嘴上嚷嚷着不服气，要攻打项羽，其实更像是顺着将士的情绪在表演。项羽原本封刘邦在巴蜀，没有汉中。汉中是刘邦刻意向项羽讨要的，所以怎么他又像不知情似的，喊着要和项羽拼命呢？

萧何作为沛县集团的文官核心人物，这个时候出来和稀泥，说汉中是个好地方，是“天汉”，应该去，劝刘邦安心做汉王。萧何怎么也像是不知道汉中是刘邦刻意向项羽讨要的呢？其实他们都知道。但无论去巴蜀还是去汉中，都是逆着军心来的。刘邦在沛县的家人后来都成了项羽的人质，将士们的家人和家产也远在关东。萧何敢逆众怒，将士的情绪矛头就会指向萧何。

以萧何后来明哲保身的作风来看，他能这么硬，明显是知道刘邦本人的底线。这无非是刘邦顺着军心骂娘喊杀，萧何逆着军心给刘邦一个台阶下，一个唱红脸，一个唱白脸，护住了刘邦的颜面。但可想而知，那些思乡心切的将领听到萧何这番被贬竟是天命论的言论，仿佛听到“汉中这个地方虽然很荒凉，但是名字好听啊。咱们赶紧去吧……”将士的心中该是何种滋味。到了汉中后，甚至有人诬蔑萧何逃跑，不能不说萧何是被盯上了。

不过，萧何当初抢救咸阳的文书档案，掌握了汉中与巴蜀的税赋情况，知道刘邦拥有的巴蜀与汉中，绝非对秦地经济不太熟悉的关东士人误认为的汉中与巴蜀是不毛之地。萧何深知这不是亏本买卖。他有知识，有珍贵的材料依据，有看似不值钱实则价值连城的档案资料。萧何与刘邦的成功，并非运气使然。

## 02　第二锅：“逼”汉王拜将无名小卒

萧何有一件极可能是暗锅的力作，就是推荐韩信。对于萧何推荐韩信这一事件，按史书原文的视角，其实逻辑上有许多硬伤。

韩信早先在项羽身边做过执戟郎中。郎中虽然是小官，但也是近侍，说明项羽觉得韩信是可以留在身边的。韩信给项羽又出过不少计策，但是项羽都不采用。以项羽的性格和军事才能，如果没有发现韩信的能力，韩信又频繁地给主帅献上低质量的计策，那么项羽怕是会厌恶此人。

但韩信这么一个侍从，与项羽阵营的核心将领钟离眛竟是好友。可见韩信在项营，即使不出名，没能建功，也绝对不是被埋在人堆里没人发现的那种。以项羽在军事能力上的自负来看，恐怕是故意不采纳韩信的计谋，但大概对韩信的计谋心领神会，所以并未为难韩信。比如，项羽的破釜沉舟与韩信的背水一战，在心理战上其实是高度相似的。不过，项羽自负为不败之战神，又被评价为“嫉贤妒能”，肯定是故意冷落同样有才华、容易抢风头的韩信。

韩信在项羽分封天下后，主动投效刘邦。但他籍籍无名，在汉军中只是个名为连敖的小官。一般认为这个职位等同于秦国的典客，职责是接待来客。做个接待生，显然是大材小用。韩信还犯了罪，快要被斩首时被夏侯婴救下。夏侯婴被韩信的谈吐、才学以及气质所震惊，于是就将他推荐给刘邦。可刘邦却让韩信做了治粟都尉。治粟都尉是负责粮食的官员，所以韩信与抓后勤供应的萧何能打上交道。这等于是把他扔给了萧何。

萧何也发现了韩信的惊天才能，又去推荐给刘邦。刘邦还是看不上韩信。直到韩信觉得刘邦不会重用他，逃离汉营。萧何得知后，二话不说就去追，留下了萧何月下追韩信的佳话。这差点儿让汉军以为丞相萧何也要逃离汉中，惹得刘邦大骂。

等到萧何回来了，刘邦骂骂咧咧地问清情况，说给韩信封个将军。萧何说将军的职位太低了，无法人尽其才。刘邦又说，那封个大将军。萧何这才说好。

一贯谨慎小心的萧何，为何这次在刘邦面前这么硬气，几乎是逼着刘邦必须拜韩信为大将？而且以下责上，要求一贯不拘礼数的刘邦必须要对韩信客客气气，用设坛拜将的最高仪式，以示尊重。

更诡异的是，刘邦居然勉勉强强，看似无所谓地就答应了。要知道，大将军是可以节制诸将的，相当于汉王把军权分给一个自己看不上的人，而且理由竟然只是看萧何的情面。而这一年，韩信才二十五岁，从来没有过什么实战经验和领兵资历。对刘邦和萧何等人而言，这就是个无名无功的毛头小伙。

刘邦虽然很大方，对有功之人从不吝啬封爵赐地，但对负责做事掌权的官位不会这么随意许人。对没有立过功甚至不甚了解的无名小卒，授予三公之高位，分出军权，这不符合逻辑。秦汉时期，帝王常常会越级拔擢人才，不过至少是先让做个郎官、客卿，让其为帝王办事，有过一定考察后才授予实权职位。韩信这种一步登天的情况，实在让人难以按书面所言之情理去理解。

无论刘邦在灭秦之前是否接触过韩信，至少明面上刘邦第一次直接接触韩信，应当是夏侯婴推荐韩信那次，是在萧何之前。从这里来看，很可能又是一出红白脸游戏。

灭秦战争，楚汉战争，剪除异姓王战争，刘邦一直都是该集团首要的军事统帅。即使刘邦没有项羽、韩信在军事上那般天才，起码也是当世排名前几的军事专家，经验丰富。一直以来，萧何都是负责后勤治理，并不涉及军事。在刘邦阵营里，统军作战的是刘邦，知兵的是刘邦，真正懂技术的是刘邦，善于发掘人才的也是刘邦，怎么夏侯婴、萧何都能知道韩信的才能举世无双，唯独最应该惺惺相惜、相见恨晚的刘邦反而屡次故意不用韩信，对这样一个明显是同专业的大才突然蒙蔽了心眼呢？

军事作战是专业技术，地形、阵法、兵器、兵种、战术、战略、补给……每方面都是需要掌握的技术活儿。汉王阵营里，最懂兵的是刘邦本人。张良把兵法《太公兵法》讲给别人听，谁都听不懂，只有刘邦一听就明白。萧何也讲明，能跟刘邦商量军事事务的，只有韩信一个人。刘邦怎么会感觉不出来？从技术角度讲，刘邦最晚发现韩信的才能是说不通的。

其实，萧何行事一直谨小慎微，只有背锅时敢于得罪人。因为萧何在背锅时与刘邦有默契。萧何每次背黑锅，无疑都是有利于刘邦的个人利益。原本丰沛的将领们都以为刘邦是要拜他们为大将，当得知是个乳臭未干的无名小卒时，恐怕都得嫉恨得咬牙切齿。陈平也是刚来到刘邦阵营，被刘邦破例封为都尉而已，就招惹得周勃诬陷陈平贪污受贿、在家乡与嫂子通奸、品行不端。那么韩信被拜为大将军，位在众将之上，可想而知，韩信将会面临什么，刘邦将会面临什么。而且，韩信还是个二十多岁的毛头小伙，一贯对属下嬉笑怒骂的汉王，还要对这孩子恭恭敬敬，人心不服啊。

刘邦把韩信安置到萧何直接管辖的业务系统中，萧何又一反低调常态，力荐韩信为最高军职，可能就是刘邦刻意为之。可以确定的是，刘邦认识韩信在先。刘邦把韩信交到萧何手里，萧何又死保韩信。

如果这件事是萧何力推，汉王仅为安抚和留住萧何才做的，那刘邦所面临的压力无疑会小很多。这么看起来，是萧何为了韩信得罪了沛县众将，在为难汉王本人。刘邦这个看似云淡风轻的决定，其实是顶住了来自沛县功臣集团的极大的压力。但萧何力保举荐，后来刘邦越级提拔韩信时面对的压力，确实是降到了最低。

当韩信拜将，一军皆惊时，怒气都是冲着萧何的。沛县那些出身草莽、屠狗之辈的将军们，估计也不会去堵汉王刘三哥的大门了。顶多是沛县乡党们心里暗骂，萧功曹你个杀千刀的，居然逼汉王做了这么个无厘头的决定。

如果萧何果真是与刘邦在暗地里进行配合，那这简直是艺术级的权谋教材。这一口黑锅，绝对是萧何所背的经典之锅。但为什么后来就不像是黑锅了呢？因为韩信太生猛，太过神武。当年的黑锅反成了萧何月下追韩信的美谈，成了萧何的成绩。

可惜，我们面对史书，只能揣度它的不合理，无法再明确第一历史的真相。针对这件事情的动机，只能是猜测。但萧何强行举荐韩信为大将，得罪人却是实实在在的。为了举贤而招怨，这口锅倒也算是实锅。

## 03　第三锅：强抓壮丁

刘邦作为汉集团的军事首领，在楚汉战争时期，长期在关东与项羽辗转作战，军队的驻扎、修整和补充补给多是在关东的荥阳。为前线输送粮饷、补给兵源，是萧何的职责与能力所在。楚汉战争的几年间，刘邦只是偶尔回到关中的栎阳，即萧何和太子所在的汉国都城。萧何，实际上承担着朝政治理功能。

刘项楚汉战争期间，刘邦每次遇到败仗，治理后方的萧何就把新兵给刘邦续上，一次又一次。

这期间，韩信也被刘邦偷过兵，做过冤大头。之后韩信就气得不听刘邦的了，他带着重新攒出来的兵马自立为齐王。

可见，萧丞相甘愿做这被刘邦予取予求的冤大头都习惯了。萧何是提着裤腰带和脑袋在给刘邦擦屁股。要知道，彭城大败后，刘邦的部队基本就溃散了。萧何连那些关中的老弱病残及未成年人都强征入伍，在关中百姓的眼里，萧丞相是在到处抓壮丁。这背后是巨大的行政压力。

这口最大、时间最长的黑锅，萧何默默地扛在肩上，甚至还要把自己家里所有的男丁送到前线，给刘邦当人质，让刘邦对自己放心，并暗示刘邦随便作，老萧无论如何都会为你兜底。

## 04　第四锅：就他萧何不是狗

刘邦称帝后，计功封侯，感念萧何的默默贡献和背锅行为，强行给萧何定为首功。

武将们终于爆发了，觉得自己在前线打仗，凭什么让躲在大后方的萧何受封最大？刘邦说："你们是扑猎物的猎狗，萧何是指挥打猎的猎人。人家这才是大功。而且，萧何把全家男丁几十个人都送到我军营里当人质，跟随我打仗，把宝全押我身上了。你们这些武将都是裸官，家人都不在我这里，最多一家出两三个人跟随我。你们有什么可抱怨的？"

群臣心想，皇帝你可真行，我们都是狗，就他萧何是人。于是不敢再多说。

等功臣分封完毕，又要搞功臣排座次。刘邦强行把萧何排第一，把战功最大、身上有七十多处刀疤的曹参排第二。将领们又爆发了。

刘邦心里偏袒萧何，又借着鄂秋的说法，以萧何是保全大后方不断提供兵源、税源，才支持屡败屡战的刘邦支撑到最后的胜利。这是保全大后方的万世之大功，不是阵前杀人的一时之小功，以此强行给萧何保住第一的排名。武将们估计又都在骂骂咧咧，合着拿命挡刀的不如征粮的，萧何可真是坐着喝茶成第一啊。

不仅如此，刘邦还将替萧何说话的鄂秋由关内侯升为列侯，又重重地扇了群臣的脸一把。武将们估计都要气得吐血了，他们看到，原来只要夸一夸萧何，就顶得上出生入死多年才拼得的列侯之位。刘邦这么一操作，萧何估计心里要哭了。他家连院墙都舍不得修，节俭至此，要那么多食邑只会招惹嫉妒，他不图这种赏赐。可自己啥也没干、啥也没说，就得罪了满朝大臣，让刘邦给树了不知多少政敌。他想低调，刘邦偏让他树大招风。

这表面上是萧何长期背锅与刘邦长期愧疚之下的结果，其实是刘邦借萧何代表的文官集团打压武将集团的气焰，是刘邦重视文治转型，需要文臣与武将相互制衡的结果。

刘邦还把萧何全家十几口人全封了一遍，看似是在感激萧何，其实是把萧何架在火上烤，让他成为众矢之的。

排座次的这口大黑锅还没背完，刘邦觉得火还是太小，又给萧何加了一把小火，添了一口小锅。刘邦公开对群臣说："那年在沛县，我出差去咸阳，你们给我随份子钱，都统一给了我三钱，就人家萧何又偷偷给我多塞了两钱，给了五钱。"我们代入一下角色，就知道萧何当时听了刘邦这话，在心里肯定骂了一句："刘邦，你真是嫌我人缘太好啊！"

武将们一听，好你个萧何，说好的统一给，背着我们偷偷多随份子钱，置我们于不义。大家心中对萧何的怨恨，在这一刻应该到达了顶峰。

其实，刘邦常年把大后方的行政工作全部撂给萧何，多少是不放心的。哪个帝王不担心出现失控的权相呢？同为丰沛集团出身的萧何，和武将们存有一定程度的离心离德，对于刘邦来说未必是坏事。于是，刘邦报恩的同时，也不忘强化萧何的招黑体质。

## 05 第五锅：压榨民力罪萧何

汉高帝八年（公元前199年），当在外征战的刘邦回到长安时，发现丞相萧何主持兴建的朝宫正殿未央宫过于奢靡华丽，当场大怒，责问萧何，说现在天下正乱，最终鹿死谁手还不一定，修这么华丽的皇宫是要作死吗？

萧何却说，天子是以四海为家的，不壮丽不足以显示天子的威仪。现在天下正乱，老百姓耐力强，苦一苦建个壮丽的皇宫，后世也就不用再劳民伤财，反复扩建了。

刘邦听了很高兴，但他恐怕心想："这下对百姓而言，大兴土木、滥用民力、效仿秦朝苛政的是萧何，我不知情，与我无关。"

剪灭异姓王战争时期，萧何治理关中，征发大量民兵服徭役修建了未央宫和长乐宫。萧何更是把关中的老弱病残与未成年人都征兵发送到关东战场，支援一次次失败的刘邦。战争所需的大量军粮、军需、军费、徭役与兵役，都是萧何不断征缴和征发的。秦朝的徭役多，汉朝也不算少。而且萧何从汉高帝二年（公元前205年）开始就"为令约束"，把当年宽松的约法三章变为《汉律》九章，以法令约束百姓。

恐怕当时的关中百姓很郁闷：萧丞相治下，怎么和所谓的暴秦无二呢？但关中的兵役、徭役和税赋如此繁重，关中人还是死心塌地地追随刘邦。这与萧何顶住后方巨大压力、对压力风险进行有效控制和平衡有直接的关系。

关中百姓可能会觉得，未央宫这个压榨老百姓的工程，都是萧何作的孽，皇上不知情。但这种朝宫正殿的大型工程，没有皇帝对工程预算和设计方案的批准，怎么可能动工？萧何与刘邦，还是一如既往地默契。

## 06　第六锅：成也萧何，败也萧何

韩信被诱入长乐宫暗杀，又是萧何亲自去请他。之前萧何顶住丰沛集团的压力举荐韩信，背的是吃里扒外的黑锅。可是韩信才能出众，最终成为不世出的一代名将、声威赫赫的建朝功臣。本来萧何月下追落魄的韩信已经是美谈，这下可好，韩信成了名人，最后杀韩信这个任务也落在萧何身上。

于是，成也萧何，败也萧何。诛杀名将的刽子手黑锅，舍萧何其谁？萧何从韩信身上博得了一个识人荐才的美名，最后落得一个卖友杀才的恶名。

曾经的黑锅好不容易洗白，没想到最后骗杀栋梁，一下又重新被刷黑。这正应了一句话，出来混，迟早都是要还的。而且，刘邦得知韩信被萧何所杀后，听从张良计策，故意"使使拜丞相何为相国，益封五千户，令卒五百人一都尉为相国卫"（《汉书·萧何传》）。召平告诉萧何说，皇帝表面上是加封你，并派五百士兵做你的卫队，实际上是忌惮你，让部队控制你。于是萧何大惊，听从召平的计策，将自己的全部家产都捐给前线的刘邦作为军费。这才让刘邦放心。

一边是吕后拉自己害韩信，一边是害了韩信皇帝就不信任自己。萧何夹在中间，里外不是人。不仅背上了杀功臣的骂名，还为此散尽家财。萧何背的锅，实在是沉重。

## 07 第七锅：萧何自污

萧何的黑锅背着背着就不够用了，都要自己造锅了。

萧何的门客劝萧何说："相国您功高盖主，又太过贤能。皇帝常年在外打仗，关中的百姓只认得你萧相国，不认皇上，您快要被灭族了。你何不多买些田地，并低价赊购、借贷，以此来玷污自己的名声，这样皇上对你就放心了。"萧何赶紧听从门客的主意，把自己狠狠地自污了一把。

当刘邦打完仗回关中时，老百姓拦住圣驾，控告相国用低价强行购买民间的土地房屋。刘邦觉得很高兴，萧何终于自己惹了众怒了，他笑呵呵地让萧何自己去跟百姓谢罪，没有追究萧何的意思。

其实，萧何家住在贫穷偏僻的地方，连院墙都没有。他这样节俭，就是怕有人盯上他后代的财富，然后故意整他们家。节俭到这种地步，恐怕刘邦也不信萧何会用如此笨拙且露骨的方式贪污。

萧何自污，历来是明哲保身的经典案例。本来勤俭爱民的萧何，不惜故意侵占民利以自黑，降低民望以讨安于刘邦。

萧何贪污，原本刘邦不追究，让他自己去处理。但萧何没忍住，前脚还在自黑，后脚就又要用刘邦的私产收买人心，想干点好事修补名声。他提出让刘邦把皇家上林苑的空地分给百姓耕田。刘邦大怒，觉得萧何不想背黑锅、当坏人了，开始用皇帝的财物收买人心，惦记上刘家产业了。他直接把萧何下狱，公开的罪名就是萧何接受贿赂、得罪百姓，却要用皇帝的钱去讨好百姓。

但经过统率宫廷禁军的九卿、卫尉王氏的劝谏，刘邦虽然不高兴，但最后还是想通了，又把萧何给放了。其实，卫尉历来掌握宫廷禁卫，这个职位不会常随刘邦出征。卫尉这么敏感的重卿都站在萧何一边，替萧何的忠心作保，刘邦意识到，萧何其实有能力动摇他的权力，但他从来没有这么做过。为什么要针对萧何这样既有能力又忠心耿耿的老实人呢？真的动萧何，反而会失了人心，结局莫测。

当萧何迈着老步，战战兢兢地向刘邦请罪时，刘邦反而像是对萧何道歉似的说："老萧啊，别这样，你为民请命，我不但不允许，还把你给下狱了，就当是我做回暴君，为你增添些贤相的风采吧。"

此时，刘邦已经是在病中。临死前的刘邦，似乎老泪纵横地握住萧何的手，终于最后表示了一次："老哥哥，你背的黑锅太多了，这次我来背一回吧……"

刘邦驾崩两年后，萧何终于也病重了，也要撒手人寰追随刘邦而去了。

汉惠帝亲临府邸，问萧何："您走了谁能代替您？"估计萧何心里一愣，想："这话太后不是问过先帝了吗？还追问得很详尽，怎么又问我？那我是说真话还是假话？能说到皇帝心坎里吗？我说错了将来会被牵连吗？"或许一瞬间，萧何脑海里闪现了很多想法。但他敏感地意识到，这个回答，不仅可能答不对，还可能在将来祸连子孙和自己的声名……

于是，这最后一锅，将死的萧何决定不背了："知臣莫如主。"萧何模棱两可又圆滑地拒绝回答，把问题又抛给了汉惠帝。

一代名相、"背锅侠"萧何，就这么结束了自己波澜不惊又风光无限的一生。他被西汉历朝皇帝不断地怀念，其子孙屡次被加封，萧何的声名也被历史迅速洗白。因为没有人能忘记，刘邦帝业之所以速成，是因为刘邦只管打天下，汉朝真正意义上第一位治理天下的文治开创者，其实是刘邦的皇权分身——萧何。

## 08　皇权的文治分身

如果萧何的行事作风一贯耿直，从来不怕得罪人，倒不像是一直在背黑锅了。奈何萧何是㞞的时候特㞞，送儿子当人质，故意贪污自黑，把谨小慎微、明哲保身发挥到了极致，才显得这些明显有利于刘邦却会得罪刘邦集团百官的耿直像是背锅。萧何在耿直与圆滑之间收放自如的背后，是他与刘邦能关起门说话的高度互信。就像萧何早年给刘邦随礼时，能偷偷多塞二钱那样，他们之间到底多亲密，亲密到关起门怎样算计底下人，旁人是无法察觉的。

萧何出身于刘邦早期搭建的沛县地方班子，可谓知根知底，相知相敬，共同成长。这个班子的特征就是，他们是沛公私党，离开后来已经称侯称王的刘邦恐怕没有多少势力有兴趣收留他们，因为他们缺乏全国性的政治资源和渠道。其中，萧何是尤其谨慎小心地侍奉刘邦。

虽说萧何在沛县的官级比刘邦高许多，但刘邦是早年外出游历的游侠，结识了张耳一类的梁楚知名豪杰。刘邦在本地又是豪门女婿，是黑白两道通吃的地头蛇。他是丰沛乡党的凝聚核心和人际纽带，是真正掌握高级资源的人。就像是，一个人如果开了家公司，找了他的小学同学、高中同学、大学同学、自己的邻居、前单位同事、打球认识的球友等等进来工作，甚至持股。这个老板本人跟这些同学或故交都很要好，但这些故交之间属于几个不同的朋友圈，此前互相不认识。那么这些跨圈子的朋友勾结起来，把老板踢开的可能性有多大？萧何老成持重，明白平台的重要，他对权力本质的理解是极为深刻的。他知道刘邦在外积累了一定的声望和名气，拥有全国性的资源。在军事上，刘邦是绝对的主心骨。萧何非常明白丰沛集团存在的纽带是谁，也非常明白谁掌握着核心技术和资源。萧何知道自己的定位是什么。

萧何这个人被评价为“文无害”，他精通文书行政工作。他一生勤于政事，专于行政实务，治理有方。进了咸阳，别人想着抢珠宝，他却想着抢档案文书。一个不喜欢行政工作的人，能有这样的热情吗？皇帝又知人善任，安排萧何做的都是他喜欢并擅长的工作。最终，一人之下，万人之上，如此如鱼得水的人生，萧何自然不会生出什么逆反之心。

再加上萧何的性格谨小慎微，敢于承担脏活累活，对刘邦的心思洞若观火，经常挺身而出替刘邦解决难题。刘邦舍不得也没理由忌惮他。毕竟，从刘邦的角度说，一个谨小慎微、有礼有节、从来不越权力雷池半步、行事极有分寸的丞相，真的扳倒了，去哪里找替代他的人呢？

让萧何想办法搞粮食增产、税收增长、征兵扩源、户口摸查、利弊分析，他很在行。要说智谋计策和分析大势，张良来刘邦这里以前，并未见萧何有出色的谋划能力。刘邦早期就是项楚的跟班，是一支很普通的队伍，没有见到萧何当时有奇特的建树。萧何早期劝降沛县县令都差点弄巧成拙，险些被县令所杀。萧何明哲保身的性格如履薄冰的窝囊，更显示出他并没有驾驭丰沛这帮屠狗莽汉的底气。萧何的智谋不及张良，纵横不如郦食其，他属于少说多做的实干家。

萧何是一个洞察细微的明白人，他对韩信敏感的性格就拿捏得很到位。但他并没有足够的交际能力，去像刘邦那样左右逢源，通吃各方。在交际方面，萧何可能很平凡。鸿门宴这种场合，就没有萧何的用武之地。但戏水分封后，劝阻内部冲突时，他的稳重却发挥了很重要的作用，治理后方更需要倚靠他的能力和稳重。萧何也是务实且有自知之明的管理型人才，他知道能与刘邦商量军事的只有韩信，不是自己。更知道做臣子的本分，是替君主宽心和分忧。

这就是萧何。刘邦有幸能遇见萧何，萧何有幸能遇上刘邦。在乱世之中，君臣两不疑，一个掌兵，一个掌治，二人共管皇权，才让以他们两人为首的地方性政治集团，以历史极为罕见的速度上升，奠定了一个两百多年大王朝的帝业根基。皇帝，只有刘邦一人。但皇权的建立，萧何有一半的功劳。而这也正是汉初君臣共天下的框架之始，给汉初历史灌注的一种别样的政治生态特征。

# 六、纠结兵仙

## 01 以德报怨，高调还报

韩信从小志向远大，却家境贫寒。他的母亲死了，因家里贫困，没有钱下葬，但韩信仍然坚持到处寻找宽敞的高地葬母，好让母亲的坟墓旁可以安置万户人家，显得气派。韩信对母亲的感情可见一斑，这说明韩信重感情，同时说明他很看重面子。

韩信自尊心强，家里贫穷，他却不愿务农，长期在朋友家蹭吃蹭喝。比如，他曾在南昌亭长家蹭饭几个月，被亭长的妻子讨厌，她故意错开吃饭时间让他扑空。亭长夫妻对他表示轻蔑时，韩信断然与他们绝交，可见其性格之敏感。

韩信到河边钓鱼，河边洗衣服的漂母见他总饿肚子，就连着几十天给他饭吃。韩信说将来一定报答漂母。受人恩惠时极易感动许誓，也足见韩信的性格敏感。不过韩信很自信，相信自己可以报答恩人。

等后来韩信成为楚王，他首先想到的是公开且高调地报恩。如果不是韩信自己大张旗鼓地宣传自己报答一饭之恩，这些历史故事恐怕流传不到今天。但韩信给了漂母千金，却只给亭长百钱，并公开指责亭长是小人。他用区别对待羞辱了轻蔑自己的亭长一家，抬高了漂母这样无所求的一方，同时满足了自己的报复欲，宣泄了自己的委屈。

韩信在亭长家里蹭吃蹭喝数月，最后亭长妻子只是吝啬粮食，故意不给他做饭，他就觉得自己受到了羞辱。而漂母虽然给他做了几十天的饭，却当面指责他这个大小伙子不能自食其力，言辞比亭长妻子更严厉。韩信当楚王衣锦还乡后对漂母的高调报恩，其实更多是为了恶心亭长一家。这其实就是衣锦还乡后一种更高级的炫耀。从这件事可以看出，韩信为人恩怨分明、睚眦必报、自尊心很强、性格敏感。

饭可以吃不饱，刀剑不能不佩。秦汉之时，金属是稀罕物。韩信经常吃不上饭，平日里却坚持佩戴刀剑，表明韩信在乎身份，讲究器具，尊重自己的武士身份。

韩信以贵族之地葬母，常佩贵族武器，在刘邦面前讲求礼节，可见韩信自视甚贵，自尊心极强，追求远大。

街头的屠夫看韩信穷得吃不上饭还装武士，说他虽然长得高大，其实“中情怯耳”，于是故意找碴，让韩信要么打败他杀了他，要么就从他的胯下钻过去。韩信为了不与纠缠，从屠夫胯下钻过，接受了胯下之辱。从此，当地人都认为韩信怯懦，认为他整天佩着刀剑，面对一个屠户却没有那种“十步杀一人，千里不留行”的侠客气质。比起项羽这种力能扛鼎、身先士卒的战将，韩信并没有高强的武艺，他追求的也不是匹夫之勇。他内心的志向，是研习统帅技术，将来位列人君。

韩信当了楚王后，专门让这个给他施加胯下之辱的屠户做了楚国中尉。他故意以德报怨，让羞辱过自己的人在自己手下做事，为自己过去受过的委屈出了一口气，他很在乎自己曾经的经历和感受。不过，中尉是负责禁军的职位。韩信召见这个屠户，让他做楚国中尉，他当年与屠户可能并非陌生的路人，否则韩信不会让仇人轻易成为负责自己安保工作的楚国高官。韩信对其评价是“此壮士也”，说明韩信清楚这个屠户的能力。但将楚国中尉轻易授予没有军功的故旧，可见韩信虽为诸侯，却没有建立自己的嫡系班底。

韩信对自己的少年过往特别在意。他报复的手段表面上是高调地以德报怨，实则是羞辱对方来出气，让这些仇人反被嘲笑有眼不识泰山，并使这些故事广泛流传。可见，韩信自己的内心不仅敏感，而且对舆论心理把握得也很精准。

韩信后来对刘邦说，刘邦最多只能带十万兵，而自己领兵则是“多多而益善”，没有上限。韩信的用兵才能，就体现在他对军事心理的把握精准、带兵能力强上。刘邦每次留给韩信一支规模小、战力差的部队，韩信都能一次次地迅速发展壮大，说明他征兵、带兵、练兵、调兵、用兵和整编降卒的技术能力是非常强悍的。

史书中没有直接记载过韩信是如何带兵的，却记录了韩信大段总结项羽爱兵如子之带兵特点。如果韩信不是一个深谙驭兵、带兵之道的人，就无法做到这样分析另一位军事奇才项羽之带兵得失。

他说项羽待人恭敬慈爱，言语温和。他看到生病的人，会心疼得流泪，将自己的饮食分给病人。韩信看在眼里，心里明白，激励将士、爱惜将士是驾驭士卒军心的重要手段。韩信能够共情士兵心理，这是用兵才能的一大体现。

## 02 缺乏表现，怀才不遇

韩信投靠项梁时，就是个无名小卒。项梁死后，他又跟着项羽，但只是个执戟郎中，属于近身侍卫一类。倒是能和项羽搭上话，给项羽献策，但项羽一向不采纳。

其实，按项羽的军事才能应该不难发现韩信的才华。但项羽始终不用韩信，大概还是因为韩信“中情怯耳”。项羽既是统帅，又是战将，力拔千斤，一贯敬重五大三粗的壮士。他心中对战法技术虽然精湛，但在性格上表现出敏感柔弱的韩信，或有所不屑。

灭秦之后，韩信又跑到汉王的阵营。结果混得不比在项羽那儿强多少，仍然是无名军吏，负责接待宾客。由于犯错，韩信被军法连坐，正要被处死时，才临死悲呼：“王上难道不愿意争天下吗？为何要杀壮士！”夏侯婴惊奇于他的一表人才，欣赏他并救了他，而且向刘邦推荐他。但刘邦仍只是让他做负责管理军粮的治粟都尉。

治粟都尉与负责后勤粮草的萧何少不了打交道。萧何也很惊奇于韩信的才能。韩信认为萧何已经向刘邦举荐自己，但刘邦仍然不重用自己，觉得不得志，就离开汉营。萧何欣赏韩信，于是把他追了回来。

萧何向刘邦举荐韩信，说若不用韩信，韩信一定会逃跑。刘邦为了给萧何面子，决定任命韩信为将军，萧何说将军职位不够高，韩信还是会逃跑。直到刘邦说任用韩信为大将，萧何才表示可以。但萧何认为刘邦素来轻慢无礼，拜大将就像对小孩呼来喝去，韩信还是会不满。最终刘邦听取萧何的建言，择良日、斋戒、设坛、行拜将大礼，让韩信得到了最高的礼遇。

这一段萧何代表韩信与刘邦的对话，反映出萧何对韩信性格的侧面描述，那就是清高自傲、自尊敏感。

让刘邦必须对这个二十多岁的小伙子表示最大的克制和尊重，刘邦同意了，这说明萧何与刘邦认同韩信出众的才华，也都发现了他这种敏感小气的性格。其实，刘邦一直不用韩信的原因是刘邦面临的压力过大。陈平也是灭秦之后才来到刘邦阵营的，只拜了一个都尉，就遭到周勃等人刻意的构陷。刘邦深知，如果不能疏导丰沛武将的妒恨情绪，直接拜韩信为大将只会造成人心混乱，韩信也会觉得委屈。萧何追韩信，被误以为是萧何都要逃离汉中，反而把韩信这个青年的压力转到了萧何头上。

夏侯婴和萧何能挽留韩信，并不是偶然。他们两人都是秦吏出身，在军事技术方面或不及韩信，却都是察言观色的好手，能观察出韩信的性格特征。善于察人用人的刘邦自不必说，肯定更是把握住了韩信的敏感、清高、多思的性格。从后来韩信说的“汉王遇我甚厚，载我以其车，衣我以其衣，食我以其食”（《史记·淮阴侯列传）可以看出，性格粗放的刘邦比别人要格外礼遇这个年轻人。萧何和刘邦都看出了韩信缺什么，渴求什么，而且直击韩信的心理要害。

在萧何近乎以自己的去留“逼迫”刘邦必须任用韩信的情况下，汉王刘邦“无奈”，只得拜籍籍无名、职位低微的青年韩信为大将。这个操作直接震惊了刘邦手下的所有人，因为谁也没觉得这个叫韩信的年轻人有什么能耐。

刘邦等于是将军权分出去一部分给了韩信，这是刘邦在识人、用人上的一次豪赌。韩信成为大将军后，第一次为刘邦分析形势，就从项羽的性格、为人到项羽诸将的想法、士卒的体会，再到诸侯对项羽的不满，一直到秦地民心。他的分析全部是从心理出发。这是韩信展示自己对各方心理拿捏之准的一次大秀。这种独特的分析方法，也让刘邦大呼过瘾，开始信任韩信。包括韩信后来用兵如神，打出背水一战，都是很好地把握住了己方士卒心理，利用并诱导了对方士卒的心理。韩信是个军事心理学大师，他对君心、将心、军心、民心都有精准的揣度。

韩信是一个受尽世态炎凉的、性格敏感、长期抑郁不得志的人。敏感给了他强大的共情能力，让他把同理心天赋运用到战略战术之中，屡屡切中个体性格与群体性格之中人性的弱点与人心的需求。

可韩信虽然知晓人心，但常常当局者迷。他只是善于分析别人，对自己的性格和自己的人际关系却一直看不清楚，容易受情绪支配。韩信不像郦食其那样敢自吹自擂，更多是在乎面子、端着架子，所以很难通过毛遂自荐给君主留下深刻印象。最终，韩信也是靠被贵人不断推荐，才挤入了刘邦的核心团队。韩信在表现自我方面脸皮薄，轻易张不开嘴，颇为被动。而且，少时被人厌嫌的韩信，有着过强的求名欲，这是容易暴露的情绪弱点，容易被情商更高的人所利用。他虽然善于分析舆论心理以及别人的心理，遗憾的是他并没看透刘邦和萧何，自己反而被刘、萧二人看透了。

韩信以少胜多，出人意料地接连克定魏国、代国、赵国，名声大噪，但受封赵王的人是刘邦的老朋友张耳。韩信准备继续伐燕伐齐时，又被打光了士兵的刘邦悄悄夺了军队，他只好重新征兵练兵，这应该是让敏感的韩信感到有点挫败的事件。毕竟，自己功劳虽大，但论情分和地位，身为一个年轻人是不容易挤进刘邦那个老人圈子的。性格敏感的韩信岂会感觉不到这一点？他自视甚高，觉得大将军也只是自己的一个起点。韩信的志向不仅仅是做一名将领，他心中的目标终点，至少也是君王。但刘邦此时只奖赏他一个“相国”的虚衔。这不是韩信想要的。

其实这个时候，韩信已经在拉团队了。他个人的主要智囊广武君李左车、谋士蒯通都是在伐赵时期入伙的。韩信能察觉到自己在刘邦以乡党为主的团队中，人脉和情感根基不稳，在外得封为王确实是比在朝堂上做大臣更为适合的出路。

韩信此后受命伐齐，却在得知齐国经郦食其游说已表示归顺的情况下，仍然为揽功于自己而强行绕开刘邦的王命，武力伐齐，害得郦食其被齐王烹杀。此后，韩信就是实质上的诸侯，而不再是汉国官僚，称王是早晚的事。

## 03 既瞻利益，又顾名节

项羽的将领龙且号称很了解韩信的为人，认定韩信胆怯。韩信在认识他的人眼里，经常被评价为“怯”。当然，韩信也利用了龙且对他的刻板印象，让深信他怯懦的龙且不顾风险，深入追击，最后果然中了韩信的诈败之计而败亡。

其实，从韩信的用兵来看，他声东击西打魏国，背水一战打赵国，出其不意攻入齐国，佯装战败、诱敌深入杀龙且，没有一次不用到心理战。韩信对敌方主将的心思、敌我军心都拿捏得十分准确，才能运用这些出奇制胜的战术。一旦对心理判断有偏差，同样战术战法的结果就会大相径庭。

此前对战赵国时，韩信还收集情报，详尽地分析陈余一方的心理。得知唯一看破自己心理战的李左车不被陈余信任，他才放心大胆地设下心理局。

韩信的经历，给了他在领军作战时对他人的性格心理进行敏感捕捉与判断的巨大加成，成为军事心理学大师。但韩信忍不住自己的欲求了，直接向刘邦讨要代理齐王即假齐王的名分。这对韩信来说，是他的一个人生转折点。如果刘邦一直不立韩信为王，韩信后来的结局大概会像陈平那样，封为列侯，在朝堂为臣，甚至执掌相权。但韩信忍不住了，这是楚汉战争演进到后期，韩信成功率最大也是最后的一次机会：他要当君王，不要做官！韩信终于把自己远大的追求和志向摊牌了。

刘邦原本很震惊，也很生气，毕竟此前韩信不顾王命强行攻齐，害死了刘邦手下最优秀的纵横策士郦食其。刘邦骂道：“你韩信竟然趁我之危，这时候自立为王，要挟我？”张良与陈平两大谋士赶紧提醒，意识到当下局势的刘邦，立刻话锋一转：“大丈夫做就做真王，做什么假王！”刘邦索性不让他做什么代理齐王，直接让他做了真齐王。

二十多岁的年轻人，靠着自己的努力和能力，仅仅奋斗了几年就当上了大国君王。还有什么过去的心病不能一扫而空呢？这大概是韩信一生中最幸福的时刻，是看似遥不可及的远大志向得到实现的一刻，是让韩信永远也不想再失去的春风得意的一刻。

项羽派说客去游说韩信倒戈。韩信对项羽的说客讲，虽死不易其主，绝不背叛刘邦，并借机对项羽发了一通牢骚。他对楚使说，我在你们霸王那里如何如何不得志，霸王如何如何不识货。韩信是想让使者传话回去给项羽，出一口自己当年居于人下、无人赏识、郁郁不得志的恶气。他感恩刘邦，实际是为了刺激和羞辱项羽，这符合韩信一贯在道德上指摘对方的报仇手段。

不过，此时的韩信也确实是真心感激刘邦。毕竟刘邦能够让他一步登天式拜将，那是罕有的赌博，对他是何等的信任与栽培。当智囊蒯通继续劝韩信不要再忠于刘邦，趁机三分天下、鼎足而立时，韩信表明了态度：他不愿意向利背义，不愿意背叛对自己有知遇之恩的汉王。

“利”与“义”，就是韩信的生死命门所在！于利而言，韩信的志向到了“王”这一步，已经实现了。他满足了。于义而言，他也想保全名节，不负报恩刘邦的美名。

蒯通最后一次谏言韩信，已经把韩信的优柔寡断、畏首畏尾、将来不会有好下场给直接点出来了。韩信也知道如果背叛刘邦，可以获得更多利益，因此犹豫不决。他又自以为功多，认为汉王最终不会夺他的齐国，最终不忍心背叛汉王。

称王称君这一场大梦，足够让韩信沉湎一生，他无法接受已经实现的梦想又得而复失。这种抑郁少年终于拨开云雾见青天的得志，让韩信的心态无法再接受退一步海阔天空，铺垫了韩信此后的命运与结局。

韩信对贵族身份有很高的追求，所以他忍不住求利，屡次暴露给刘邦他贪心的一面。他越级讨要利益，不顾王命攻击齐国，以要挟的方式讨要齐王封号，受人恩惠却得罪于人。反遭威胁时，又犹豫不决，无法斩断自己对恩义的执着，不忍心背叛已经对自己不满的刘邦。

刘邦是懂韩信的。他知道韩信在齐国立功有了威望，齐国又距离汉国最远，不易控制。刘邦利用韩信富贵欲还乡的情感依托，改封韩信为楚王，韩信欣然接受。但韩信没有意识到，他在楚地的根基远远不及在齐地。

## 04 既丢利益，又失名节

钟离眜事件，最能反映韩信敏感又纠结的性格。

刘邦通缉项羽手下与韩信有交情的钟离眜，韩信窝藏并保护了他。后来刘邦到了楚国，给韩信施压。韩信原本想要造反以对抗刘邦，却觉得自己当下没明确的罪状，带着侥幸心理想要面见刘邦解释，又怕被刘邦当场拿下。他希望刘邦放过他，所以想让钟离眜自首。结果，钟离眜失望自尽，让韩信拿着自己的人头献给刘邦。韩信把钟离眜的人头献给刘邦，刘邦仍然抓捕了他，将他由诸侯王贬为侯爵。从此，韩信认定自己是忠臣，而刘邦背信弃义。

钟离眜得知韩信要出卖自己，临自尽前大骂“公非长者”。项羽的阵营中的龙且说韩信怯懦，与韩信关系亲善的钟离眜临死又高呼韩信不是个长者，大概最终认同了龙且对韩信怯懦的评价。对韩信来说，这实在是一个讽刺……

也许在逼死钟离眜的那一刻，连韩信都不得不接受这样一个事实——他真的是一个怯懦的人，别人从没有误会他。这种突然自知的清醒，是很痛苦的。所以，他都不好意思对钟离眜直说“我想杀死你”，而是钟离眜看透韩信后拔剑自刎的。不过，韩信还有一个安慰自己的理由，那就是忠义不能两全，对朋友钟离眜不义，是为了对皇帝刘邦尽忠。

韩信如果不重恩情，就不会藏匿项羽阵营中唯一与自己亲近的钟离眜。韩信如果不重恩情，索性就与刘邦直接开战，反了刘邦，鹿死谁手也未可知。但韩信不愿意背信弃义，惹上不忠的骂名。所以，韩信重“义”。但如果韩信重“义”，就不会打钟离眜的主意，逼得钟离眜自尽，也不会包庇反汉的人才，忤逆刘邦。这其实又是为了保全自己高居王位的“利”。

韩信畏首畏尾、优柔寡断、举棋不定，在“利”与“义”之间纠结的一面在这个事件中体现得淋漓尽致。对钟离眜和刘邦，韩信都是好人做一半，坏人做一半，怎会有好下场？出手出一半，斩草不除根，这就是蒯通屡劝不能，吓得装疯赶紧逃离的原因。韩信已经摸了老虎屁股，却优柔寡断，还要坚持伴君……他的命运，蒯通已经看穿了。

从军事上说，韩信对技术的自信是绝对的，他在制订作战计划时敢于走风险大、收益大的豪赌路线。可那仅仅是技术上的自信，韩信在政治决策、人情世故上总是患得患失。应该说，韩信不是怕死的人，但他真怕失去九死一生才换得的显赫地位，也是真怕再回到被人瞧不起的日子。性格敏感的人，不怕一无所有的拼搏，唯怕得而复失的跌落。

韩信早年卑微，经历过怀才不遇和被小人羞辱。在军事上他无疑胆大且务实，但在与人交往方面远不如刘邦务实和心胸宽广。他喜欢心里藏事，很容易积攒怨气。他始终没能建立广泛的人际圈，让自己在遇到伯乐前就早早出头。

从穷小子迅速变成诸侯王的逆袭经历，塑造出他明显感情用事的性格，造成他对来之不易的地位和利益患得患失。他对“利”是极度渴望的，一生都在逐利，对于“义”也是努力保全的。这两方面在他人生历程中均得到了鲜明体现，但却是因同一经历而相生又因同一处境而相克的矛盾。直到他为了保全自身而挣扎着出卖了朋友，努力兼顾“利”与“义”的情感需求才彻底幻灭。他自己的心理防线被突破了。

此后，韩信就变成了一个哀怨的失意者。他不努力和刘邦的圈子搞好关系，不积极参与朝堂事务，耻于与沛县集团的要员往来。

韩信最怨恨的人是刘邦。与其说他怨恨刘邦给他安了莫须有的罪名，不如说他在怨恨刘邦毁了他的节操。韩信把钟离昧的人头献给刘邦，负友负义，心里背负着道德谴责的包袱，却还称得上对刘邦忠心，可换来的竟是刘邦硬扣到头上的涉嫌谋反之罪。他没想到自己已经做了这么大的牺牲，却连忠臣之名也没得到。当然，主要是他的“利”也被刘邦剥夺了，他无法从情感上原谅刘邦夺去他的王爵。

韩信素重情义，很介意自己的过去，很想维系情义。可强烈的野心和志向以及那个时代弱肉强食的生存逻辑，却让他夹在“利”与“义”之间首鼠两端。韩信经历了世态炎凉，感受得到人心冷暖，想要呵护自己对知遇与恩惠的忠诚，却又为志向和利益而不得不放弃。他终究只是一个技术达人，原有价值观在世俗人情中被一点点撕裂。

艰难的时候，韩信依然保持初心。但利益诱惑足够大时，他难以自全，陷入纠结。当被逼迫成为一个卖友求荣同时被夺走荣誉利益的人时，他愤懑不平，对刘邦知遇之恩的感激也荡然无存。因为在他眼里，他什么都没有了。刘邦同时击碎了他的两面，无论是情义、名声还是志向、利益。

## 05 性格决定命运

诸侯王是除了天子外最尊贵的君。但韩信对做天子、夺取天下却没有足够的动力。某种意义上讲，如果成为天子，其实也就没有人能赏识自己了。因为已经处在最高一层，只能睥睨脚下众生，没人能看清光环背后真实的自己。长期缺乏认可、怀才不遇的人更需要别人的肯定和赏识，一朝得志之人更需要别人的注目和理解。

韩信虽有王者之才，但他的性格根本适应不了王者的高处不胜寒，忍受不了王者那种不需要别人理解的孤独。他太过于追求身份认同和他人的评价，而非刘邦那样倾向于坐定现实利益而无畏人言。韩信无法理解刘邦很多战后政治策略的动机，包括剪除异姓王，他认为那仅仅是出于刘邦的贪欲和恶念。

从政治形势上讲，韩信始终没看懂汉初朝廷和诸侯之间权力形势演变的大趋势。在“君王”与“臣侯”的等级观念上，他更加保守，他是一个天真的期盼大封建旧制度和旧世界回归的梦想家。韩信更没有看出，刘邦的政治基础与社会基础越来越稳固。当楚汉战争这个窗口期过后，想要撼动刘邦，那需要不可计量的成本，已经难以实现。相比萧何、张良，韩信对政治形势的判断明显幼稚。

与刘邦这样能够创造权力的创业者相比，韩信更像一个典型的能够在制度框架内运用权力的执行者。韩信执迷于复辟旧制度，做封建君王。刘邦却倒向秦制，抑制异姓封建诸侯。当韩信选择君王之路而非将相之路时，两人在制度理念上的根本性矛盾就调解不开了，冲突迟早会爆发。

韩信最终被自己虐待过的家仆出卖，被他所信任的丞相萧何诱骗到长乐宫，被萧何与吕后联手诛杀。实际上，韩信是死在自己对“利”与“义”的纠结上。

此时刘邦已经不再年轻。一旦刘邦死去，只有三十岁的韩信如果举兵，谁能对抗和压制他？无论是外戚一党还是功臣一派，都在为刘邦死后的格局盘算和筹谋，韩信却成为两边都不买账的最大不确定因素。韩信丝毫没有察觉出自己的危险处境，没有察觉出连萧何都在忌惮他。萧何虽谨慎却有清晰的原则，那就是保证汉廷的利益。萧何推荐韩信是为汉廷，杀韩信也是为汉廷。萧何懂韩信，韩信却当局者迷，看不懂萧何。

刘邦不是没给过韩信机会。他曾让韩信评价大臣，未必不是想让韩信多与老将老臣们亲近。尤其是韩信与萧何、夏侯婴的关系应当不错，因为这俩人都是他的恩人。从个人关系突破，建立与丰沛功臣集团的交情，未必不是一条保存自己、登顶庙堂、执掌相权的门路，就像抱住王陵大腿的张苍那样。

其实，韩信也曾尝试去与朝臣走动。他去拜访樊哙时，樊哙见到已经被贬为淮阴侯的韩信，出于列侯之臣对曾为诸侯之君的敬仰，扑通跪下，一口一个“大王”。但韩信依然克制不住自己的怨愤和失落，面对樊哙对着自己顶礼膜拜行跪礼，他竟当场嘲笑樊哙说：“生乃与哙等为伍！”这可真是抑制不住得罪人的孤傲——韩信打心眼里看不起樊哙等人。

刘邦也给韩信安排过走外戚的路子。比如，韩信的亲信李左车，后来就被刘邦安排到太子刘盈身边任职。韩信与张耳算是并肩战斗过的战友，张耳又是吕后的亲家。如果韩信能通过张耳父子与李左车等人加强与外戚的走动，也未必不是一条路。如果能搭上外戚这根线，吕后可能也不会急着杀他。可韩信偏不走这条路，他临死时仍在发自内心地蔑视吕后母子是“儿女子”。

刘邦的意思是：韩信啊，你还年轻，又不是丰沛与外戚两大派系的人，加入汉阵营也比较晚，以后应该多跟大臣走动走动，将来我没了，你也能有个着落。可一代兵仙韩信骄傲啊，觉得自己的军事才华无人能及，除了刘邦、项羽，他会服谁，愿意巴结谁？他是把各大派系得罪了个遍。

在外征战的刘邦听闻韩信在关中被杀后，说“且喜且怜之”时，应是真心的。刘邦和彭越没有恩情，所以彭越和韩信同样的情形时，刘邦对彭越之死并不“怜之”。

刘邦不是没想过保全韩信。他把韩信降王为侯，放在长安足足五年多。不仅不杀他，还时不时找他谈谈天下大事，让韩信点评一下大臣。刘邦让他上朝，韩信总是借口有病不去。刘邦把韩信一直留到自己将死，但可惜的是韩信始终没做到让功臣集团和外戚集团容下自己，因为韩信从没想过放下身段。韩信也从没想过，他之所以能活着仍是出自刘邦对他最大的保全，是因为刘邦不想让他死。

本来这次刘邦平叛前就专门征召韩信跟随，可桀骜不驯的韩信以生病为由拒绝跟从。如果韩信跟从刘邦去平叛，就不会落得在京师被外戚集团和功臣集团联手诱杀，在刘邦回来之前就被夷三族的下场。

韩信结交的朋友不多，但他拥有很强的共情能力，有强大的同理心，知晓人心。韩信是通过对照自己，看清了人性的共性，以己推人地理解了别人的心理。他更偏向于技术型人才，而非刘邦那样的交际型人才。

韩信的共情，来源于他对世界的感受和纠结。韩信迈不过去心里的坎，也在于他的痛苦和纠结。刘邦也懂人心，但那是频繁和人打交道实践出来的，属于共情能力中的认知共情。韩信的内心敏感更倾向于情感共情，其弊处就在于一旦别人的性格和思维逻辑和他相距太远时，他就会出现判断偏差。其实，项羽和韩信是有相似之处的，都更加重视技术带来的成就感，但两人也都过于沉溺于个人恩怨，过于感情用事。

韩信对项羽的判断很准，但对刘邦的判断就出现了致命偏差。因为韩信无法理解刘邦的情感观和道德观。刘邦太务实了，务实到他既可以做韩信这样性格的人，也可以摇身一变，变成处于韩信性格对立面的人。

韩信面对恩情举轻若重，刘邦面对恩情却举重若轻。韩信有严重沉湎于过去的一面，但刘邦更多时候只活在当下，这与两人的经历有关。韩信是长期低谷一朝得势，刘邦是从低到高慢慢攒势，两人的命运曲线不同。

当送出钟离眛的人头时，韩信的价值观被撕裂了，他无法面对不再完美的自己，无法接受一个真实的“向利背义”的自己。他无法再保持高贵，不仅是身份上的，更是精神上的，他自幼追求的高贵感已经被践踏。他后期的心理越发失衡，更多处于跟着一叶障目的负面情绪走的状态。一旦被情绪主导了思路，就不会再像昔日那样对他人的心理有着敏感精准的判断力。说到底，即使他的同理心再强，他自己的心理问题从来就没真正得到解决过。

从降王为侯开始，他内心追求的梦就碎了。得而复失的痛苦感，让他变成了一个完全不在乎政治残酷性的天真派，甚至裸奔派。当韩信选择怨恨刘邦，下意识地把背义的责任推给诬他不忠的刘邦时，他就选择了从心而活，不再逐利而生。但这颗躁动的心，已然为他招来了杀身之祸。

刘邦后来抓住曾教唆韩信谋反的蒯通，又给放了。放了蒯通，是刘邦感念韩信的追随之情而为他做的最后一件事了。大概他真正想放的，是那个总也驯服不了的韩信罢。

靠惊世骇俗的政治眼光，面对重重阻力而拜韩信为将，原本就是刘邦引以为傲的风险投资杰作。韩信的横空出世本就是刘邦本人引以为骄傲的作品，非不得已，刘邦怎么舍得毁掉韩信呢?

# 七、大隐于朝

## 01　理想与现实

张良的祖上世代为韩国国相，直到秦国灭韩。在反秦战争爆发前，复韩、相韩，恢复祖业荣光一直是张良追求的目标。张良是战国时代的封建贵族子弟，代表战国传统旧贵族的利益和理想，很早就谋划和组织过行刺秦始皇的博浪沙暗杀事件。他一直是韩国复国主义者。

沛公刘邦当初前去投靠楚王景驹时，在留县遇到了同去拜见景驹的张良，二人一见如故，结下了友谊。张良以负责车马等后勤工作的厩将身份加入刘邦的队伍。后来，刘邦见景驹无能，选择投效项梁。张良便趁机劝说项梁支持韩国复国。项梁应允，便将与张良亲善的故韩国宗室子弟韩成立为韩王。张良于是离开刘邦，辅佐韩王成，追寻自己匡扶韩国、恢复祖业的理想。

反秦战争时，张良是韩王成的臣子、韩国司徒。项梁死后，刘邦被楚怀王派去西征伐秦，主动拐向颍川一带，帮助在当地打游击的韩王成与张良平定韩地。韩王成与张良感激刘邦，张良便代表韩王成，作为刘邦的盟军，协同刘邦西征，并给刘邦出谋划策。彼时，刘邦将张良视为良师益友，而非臣下。张良曾习得《太公兵法》，把计谋讲给别人听，别人都听不懂，只有刘邦一点就通，心领神会且执行到位。刘邦的性格、悟性以及对张良的信任，难免让张良生出知遇之情，两人配合起来相得益彰。

张良在战略战术上的见识和计策，对急于抢先攻入关中的刘邦来说，如同雪中送炭，是十分关键的助力。在刘邦面临情势最危急的鸿门宴前夜，与张良有交情的项伯前去劝说张良率领韩军背离刘邦，可张良不仅没有离开刘邦，反劝项伯帮助刘邦化解危机。张良为刘邦攒成鸿门宴之局，助刘邦度过最危险的时刻，深受刘邦器重。尽管如此，张良依然未忘记匡扶韩国的理想。戏水分封后，张良便郑重地告别刘邦，回归韩国。

可是后来，韩王成反而因派张良协助刘邦而被项羽扣留并杀害。项羽强封自己的心腹郑昌为韩王。张良效忠的韩王成一死，战国时期的故韩国宗室韩氏一脉就此断绝。张良一心一意想要光复故国、重续祖业，不料却因与刘邦的友情而令韩国成为项羽的重点打压对象，最终失去了自己的祖国。

虽然他运筹帷幄之中，决胜千里之外，但处在秦汉大变局中，直到复国的韩王成被项羽杀死都一直没能看清，或者为了理想而不愿意看清这样一个局势现实：战国时代的诸侯国虽然也长年互相征伐，但彼时还能维系长期的列国平衡之势，但从秦始皇统一到秦末乱战以来，平民属性的诸侯纷纷涌现，传统旧王族已是明日黄花。故六国贵族势力也是良莠不齐，战国时的格局早就被摧残得七零八落。东周列国时期的旧平衡格局根本无法还原。

当坚持了几十年的理想昙花一现地失而复得又得而复失，到楚汉战争开始时，张良已经是另一个人了。

雄心壮志已消退的张良，只有刘邦这样一个知遇之情尚存的明主，而且是声望、号召力上尚可与仇敌项羽较量的诸侯可投。韩王成死后，张良逃出项羽的控制，正式投靠汉王刘邦，而且倾尽其才协助刘邦。他是为了效忠刘邦，还是为了给韩王和韩国报仇？大概两者兼有。

刘邦的战略眼光好，长于决策。楚汉战争真正的战略制定者，是洞察天下大势的张良。张良在战术设计上非常独到，对宏观形势也洞若观火。张良为刘邦制定了楚汉战争的战略基调：笼络英布、彭越两路诸侯，把汉大将军韩信放开自成一系，再以几大军团为盟友，由彭越的梁国、英布的九江国、韩信的齐国在疆域上三面合围项羽背朝大海的西楚国。如此，项羽无论如何骁勇善战，在地缘战略形势上都已四面楚歌，被切断外援、严密封锁，变得孤立和被动。

张良放弃复国理想、完全效忠于刘邦的投名状，还在于他激烈反对儒生郦食其恢复对六国王族后代进行分封的主张。在楚汉激战难休、不进则退的困境下，年迈的刘邦也许是心急于巩固战果，觉得能安心做个王就不错。他听信了郦食其代表的儒家一贯之复古主张，准备分封六国宗室后裔为王。张良得知后，立即劝阻刘邦。

张良重点讲道："天下士人远离家乡追随汉王，就是想要立功获封土地。如果恢复战国王族后裔，那么天下士人就会各归其主，回到家乡，谁还愿意效忠汉王？"刘邦听张良分析后，把嘴里的饭都喷了出来，大骂郦食其："竖儒！坏我大事！"然后让郦食其销毁那些刚制作好正准备分发的六国印玺。

也许是刘邦有心试探，故意想听听张良的意见。张良作为曾经的六国复国主义者，此时立下了反对恢复六国王族的立场誓言，刘邦一定是满意的。张良是个何等明白的人？大势已不可逆，英雄也终归顺应了时势。

张良学的是《太公兵法》，是黄老之学、人君南面之术，也就是专门研究权术权谋的。他是国师、谋士，是相国世家的政治大师。郦食其虽是牙尖嘴利的交际能臣，但提出的这个方案其实是中看不中用的儒家方案。郦食其只是策士，当个外交官还可以，在制定根基性的国策上，眼光毕竟短浅。而张良能把大势分析得特别清楚，能一针见血地利用现有资源，实现别人想不到的奇谋，制定出完美的可行性方案，分析出这样做的诸多可能性和应对预案，这就是谋士与策士的区别。

张良明白，这个分封的馊主意会让刘邦本人陷入极大的集团内部人员动摇，且陷入外部被动的舆论中。他知道刘邦要真是分封六国贵族，极可能会被孤立，形势会走向崩盘。对刘邦这种人事构成的军事集团而言，从上到下都会爆发极大的信任危机。他们这些军功阶层打下的城，最后被分给了他们根本不认识、不熟悉的贵族裙带群体，这早晚得出事，届时汉王为诸侯之长的领军地位就会崩塌。刘邦脑袋一热，病急乱投医，要干糊涂事，而张良为了友情，不顾自己的理想，不得不去劝阻……从这件事开始，身为著名贵族复辟奋斗者的张良，就转向为旗帜鲜明地反对贵族复辟了，不再持自己的原生立场了。

张良的大多数计谋都是没有公开流传于世的。这个计谋却流传甚广，或许也是刘邦为天下皆知的以复韩为己任的张良如今投入汉营所做的背书，消除其他臣僚对张良立场之顾虑的方式吧。

## 02 帝师帝友

刘邦平定天下、建立汉朝后，张良逐渐处于半隐退状态，却始终以刘邦幕僚的姿态站在刘邦这一方。在刘邦出征时，他也经常随军献计。虽然离开官场，但张良一直在为刘邦出谋划策。比如劝都关中，他是以中央基本盘的战略安全为主要考量，是站在皇帝本人的立场上，而不与诸官为伍。

刘邦称帝建朝之初的三个月内定都洛阳，却又想听从娄敬的意见，依靠关中的山川形胜优势以及故秦地的经济优势，扼住天下之咽喉，拊压天下之背，重新回到关中定都。

可群臣多是关东人士，嫌关中离家乡太远，都反对建都关中。刘邦于是又专门询问忠实于自己个人立场的张良之意见。张良力主建都关中，称关中是金城千里，天府之国。刘邦非常信任张良，有张良为刘邦下定决心，刘邦当天就宣布还都关中。不过刘邦原本就经营关中数年之久，群臣纵然反对，但在关中或都置有产业，返回关中不至于动摇集团利益。当时异姓诸侯王的势力仍然强大，中原四战之地一旦有变，在后方的关中也能产生新的本地军事力量。还都关中不仅是为了依靠关中，更是要防止关中出现不受控的权力真空。张良心中应有此分寸。

张良是韩国人，长期在三川郡与颍川郡一带活动。洛阳附近就是张良的家乡，但张良能够回避乡情，对刘邦直言以谏，坚定了刘邦把汉朝都城迁回关中的决心。张良这种一切只为刘邦个人利益筹谋的忠心，自始至终让刘邦感动。在平定功劳进行封侯时，刘邦甚至想要给张良封三万户侯，却被张良推辞。

张良深具远见卓识。可惜项梁不会用他，韩王成也没能用好他，项羽也无法用他。只有刘邦，张良讲出的别人不懂不在乎的深刻之计策，刘邦一点就通，还身体力行。他劝阻刘邦从函谷关入秦、劝阻刘邦驻跸咸阳宫、劝阻刘邦分封六国后裔、劝阻刘邦定都洛阳、劝阻刘邦废立太子。张良的很多建议都是逆着刘邦想法的，但刘邦往往欣然采纳。如果没有刘邦，或许张良的才能也不会发挥到那么极致。

但张良所怀几十年的复韩幻梦，不得不破灭。他是最早反秦的先锋，是六国复辟主义者，最终却不得不亲手参与促成又一个王朝制度的诞生。他为故国韩国复仇，协助刘邦灭秦，为韩王成报仇，协助刘邦灭项羽，却始终无法实现自己最初的理想——复韩。

张良劝都关中并随刘邦入关后，长期闭门不出，基本上转入半隐退状态。从他真正投入刘邦旗下到汉朝建立，不过四年时间。他中途加入，不想去蹚派系博弈的浑水。张良终其一生，与刘邦是知己，是敢于得罪群臣、直谏刘邦的诤友。他们的个人情分很深。张良没有嫡系，没有朋党，没有从属的派系势力，只有跟随刘邦几年经营下的一份情谊和互相欣赏。他的半隐退，更像是他一直以来的夙愿——唯愿相韩，不入他朝为官。

因为张良明白，相权已是丰沛集团的囊中之物。有萧何这统管大后方多年、众望所归的丞相在，自己这个依附刘邦个人的幕僚肯定没有机会。即使入朝为官，他也难以施展自己的政治抱负，又何必让刘邦为难？当然，他在朝堂上仍旧有影响力，这影响力依旧是通过刘邦个人施加的。

刘邦最终也还了张良一份心愿。后来，他把与淮阴侯韩信同名并随张良与刘邦入关的韩国公子韩信封为韩王。

在楚王韩信、梁王彭越、燕王臧荼、淮南王英布、赵王张耳、长沙王吴芮、韩王韩信这些异姓诸侯王中，只有一个韩王信是六国贵族后裔。这其中，未必没有给张良面子的因素在内。

韩王信本是韩国的一名将军，随张良与刘邦入关灭秦时立下功勋。项羽杀掉与张良最亲密的韩王成后，立郑昌为韩王。韩王信则被刘邦任命为韩国太尉，负责讨伐郑昌，并最终被刘邦立为韩王。让韩氏韩国复国，这很像是刘邦给张良还了一个愿。

张良复韩的理想又一次实现了，但他此时早已看清了天下形势。刘邦已然成为皇帝，与异姓王暂时被掩盖的矛盾迟早会爆发。韩国虽然又立了一个韩氏公子，但韩国已不再是当年的韩国。张良又岂能背离刘邦，去辅佐并非像韩王成那般与自己亲近的韩王信？

果然，刘邦虽然复立韩氏韩国，却又把韩国整体迁移到北疆。韩国就剩下个名号，无复战国时的韩国疆域和实力，有名无实。最后，韩王信也因联合匈奴反叛而被刘邦所灭。

张良早先是为韩国复国奋斗，他却比项羽、楚王韩信、韩王信等人更早看清形势，深知战国七雄时代已一去不复返。可他起初还是出于个人情感而不愿背弃韩王成，直到韩王成死了，这才定下心为汉王谋江山。他不是为汉军事集团谋划，他是立足于为刘邦个人谋划，一切以刘邦的个人利益为先。这是感刘邦的知遇之恩，维系他与刘邦更多的是出于个人情感。

张良曾有着自己的小固执。他一心想恢复韩国，想重现世代相韩的祖业荣光。当理想大势已去，张良不得不面对韩国不可复的现实。尽管辅佐刘邦，但他最终未踏入汉朝官场。张良的内心隐藏着一些孤独和无奈，以及对出世的消极回避。

张良洞察大势，有大智慧，却长年拗不过出身情感，是一个做逆流之事的悲情才子。直到遇见刘邦，张良才实现了自己的才学价值，却无奈地与早年理想渐行渐远。留爵位而弃官职，是他的解脱，也是刘邦对朋友的尊重——放开一个倾力支持自己、不愿参与派系斗争的天才谋士。

刘邦很护着张良。他明白张良的处境，知道张良身后没有集团，只是孤身一人。张良怀着知己知遇之情，与刘邦个人站在一起。他甚至不用替大汉王朝多考虑些什么，只替刘邦个人想办法，服务于刘邦的个人利益。张良是一个游离于功臣集团之外的存在，这一点和郦氏兄弟等人迥然不同。

## 03 人臣平衡术

刘邦说：“夫运筹策帷帐之中，决胜于千里之外，吾不如子房。”张良与萧何、韩信并称汉初三杰，萧何主管行政，韩信只管打仗，而张良则在帷幄之中，私下给刘邦出各种“阳谋”“阴谋”。张良在看大势、做策划、搞谋略、定步骤上是无双高手。

张良服务于刘邦个人，所以他的计谋，比如出尔反尔，绕过刘邦派出去的说客郦食其、陆贾，诈武关守将；比如，鸿门宴上强留项伯救刘邦，劝刘邦臣服项羽；比如，在刘邦就国汉中时劝刘邦烧栈道，断士兵后路；比如，阻止刘邦分发印玺给六国宗室助其复辟，断儒家与贵族地主期盼的方案；比如，劝都关中，让群臣希望离家乡更近的期待落空……这些都是得罪刘邦手下人但却对刘邦个人有益的计策。当然，张良与刘邦之间还有更多没有传世的隐秘计谋。

不过，张良的分寸拿得很好。他知道自己出的主意都是得罪人的，所以在利益上，他主动退让，尽量减少自己招惹之人的不满。

刘邦在对丞相萧何有所怀疑和不满时，张良反而主动让刘邦加封萧何为相国。虽然这个建议有捧杀萧何之嫌，可凭张良的影响力，这个表态实际上是给萧何卖了一个大人情。

刘邦要封张良三万户，他主动推辞，只要留县万户。他要留县的表面意思是，留县是他与皇上相遇的地方，是为了感恩刘邦，给足了刘邦面子。但背地里，他另有筹谋。他一个韩国人，一个颍川人士，家乡和刘邦丰沛功臣集团的沛县太过遥远。要经营刘邦朝堂上的人脉，就得先攀老乡。而留县位于刘邦与功臣们的家乡丰沛所在的泗川郡，这就等于张良把自己的家族转了个籍贯，从中部的颍川郡直接转成了与刘邦集团同郡的老乡。留县又与吕氏外戚的家乡砀郡比较近，这又意味着张良的食邑离丰沛和砀郡都很近，张良家族与功臣集团和砀郡从臣走动，可就方便多了。

张良作为顶级黄老之术与权谋大师，入世至极似出世，其实他是大隐隐于朝。表面上他整天养病，但他从来没有远离权力场。张良从刘邦称帝后入关那一年开始经常闭门，辟谷养病。但病恹恹的他，实际上活到刘邦去世后八年，那会儿连汉惠帝刘盈都已经驾崩。张良的父亲张平在韩悼惠王二十三年（公元前250年）去世，张良要比刘邦年长许多。刘邦对张良的尊敬，也是对一位博学睿智的兄长的敬重。可张良养病就养了十五年之久，张良是真的生病，还是借生病为由，远离官场是非？

司马迁在《史记·留侯世家》里提到："（张良）所与上从容言天下事甚众，非天下所以存亡，故不著。"张良给刘邦提供了很多计谋，但并未都被记录下来。他就是一个关起门给刘邦出主意的智囊谋主，不知道出了多少不为人所知的得罪人的计策。可他很会韬光养晦，不干拉人头的活儿，而且经常闭门不出，不见客人，与各方势力尽可能保持距离。虽然可能得罪人，但在个人利益上对沛砀功臣的威胁比较小。大家也都明白他是站在刘邦立场的谋主，也就不会过多埋怨他。

张良还很注重团结。他能够自保，主要是与砀郡从臣、吕氏外戚的关系搞得比较好。

吕氏外戚原是砀郡的豪门，迁徙到了沛县。刘邦起义时，在砀郡的芒山与砀山一带招兵买马，准备起义。到刘邦伐秦时，楚怀王封他为砀郡长。傅宽、灌婴、郦食其、郦商、陈平等砀郡功臣都陆续归依刘邦。丰沛集团与砀郡集团，就是刘邦的两大臂膀。张良的长子张不疑后来继承留侯爵位，在诸吕之乱后不久获罪夺爵，应是与吕家关系亲密。次子张辟彊，更是十五岁时作为汉惠帝的侍中侍奉汉惠帝与吕后。汉惠帝驾崩时，张辟彊向砀郡出身的时任丞相的陈平献计，让陈平把禁军兵权让给吕家，继续站队吕后。陈平听从了张辟彊的建议，遭遇失子之痛却又惴惴不安而流不出泪的吕后才放松警惕，为儿子放声大哭。

可见，张良家族一直在经营与砀郡外戚和砀郡散臣的人脉关系，哪里是什么事了拂衣去、深藏身与名的仙风道骨的做派。张良是家族式地经营朝堂关系，就连汉武帝时的酷吏名臣、御史大夫张汤与其父，都是张良的族人。毕竟，张良属于黄老道家，专攻权谋，朝堂上那点事，他再明白不过了。

在刘邦晚年，张良就瞅准机会，押宝在吕氏外戚集团上。刘邦要换太子时，吕后的两个兄弟建成侯吕释之与周吕侯吕泽急忙赶去堵截张良，强行让张良帮忙出主意。张良出了个主意，让他们把刘邦都请不出山的商山四皓找来，说这样太子之位就保住了。依张良之计，刘邦不仅没有废黜太子，还让太子身边多了一股以商山四皓为首的人事力量，羽翼更加丰满。

这一次之后，张良就和太子、吕后的关系近了很多。张良后来直接就成了太子党，被任命为太子少傅，教导太子。太子是外戚集团的命根子，由此可见，张良与吕氏外戚的关系肯定也差不到哪去。

商山四皓连刘邦都请不动，但张良出个主意就能让外戚请动，恐怕张良也是事先给四个老头打了招呼的。商山就在武关道上，武关道连接着战时的秦国关中与韩国南部。刘邦从武关道灭秦就出自张良的谋划，显然张良对武关道沿线非常熟悉，他与商山四皓有故交的可能性不小。而且民间有一种说法，说四皓中的夏黄公就是三试张良而传授张良《太公兵法》的黄石公。那么，真正请动商山四皓的应该是张良。张良家族于是在惠帝朝与吕后朝的地位十分稳固。

刘邦这次动议换太子的运作之后，太子背后突然多了一股张良、四皓等散派大臣，这大概是刘邦一石二鸟之计，既丰满了太子羽翼，又弹压了外戚，迫使外戚服从刘邦的刘氏封王政策，交易达成。

在这次易储之争里，表面上是吕后请求张良帮忙请到了商山四皓，坚定了刘邦立刘盈的想法。实际上，外戚势力是刘邦牵制中央内部逐渐合流的丰沛乡党集团和外来归依集团的直接力量。刘邦把江山都托付给吕后，岂会在立太子问题上纠缠不清？这更像是张良给刘邦出的主意，教刘邦如何去安抚情感上更离不开的戚夫人，同时也把张良自己和商山四皓一并划入太子势力，在外戚集团之外组建另一股太子党，增强太子面对外戚的独立性，加强了太子继位后的支撑力量。张良是能和刘邦关起门商量事的私属幕僚，吕家兄弟找张良是找对人了。而且，整个易储事件都有可能是张良教刘邦做的一个局。刘邦真正的目的在后续章节中会详细分析。

## 04　善事始终

刘邦最后一次出征讨伐英布时，张良带病送刘邦出长安城。张良让刘邦将京畿兵权交给太子，让太子做监军的将军。刘邦每次嚷嚷着要换太子，张良都会反对。张良后来就成为太子党，用自己对刘邦的个人影响力，为汉惠帝刘盈的上位保驾护航。刘邦驾崩后，吕后感激张良，希望张良可以出山辅佐新帝。可张良又开始辟谷养病，不仅不出门，还不吃饭。吕后亲自去请，劝张良说：病得再重，一定要吃饭啊，吃了饭才能出山辅佐好新皇帝啊。张良放心了，因为吕后相信他真的病了。

张良恐怕已经看清了外戚集团虽然此时掌权，但外戚集团的权力具有不可持续的局限性。张良无非是借口身体多病，搪塞邀他出山的吕后，避免自己与一时占上风却没有血统优势的吕氏外戚绑定过紧，陷入派系斗争而已。以张良的威望，如果吕后要与萧何、曹参等人恶斗，一定会把张良推到风口浪尖，以张良取代萧何。但张良决定退一步海阔天空，避免了与丰沛功臣集团撕破脸，不让吕后利用自己。后来，吕后熬死了萧何、曹参，才将被丰沛功臣掌控的相权一分为二，让丰沛的王陵与亲吕的陈平同任丞相。又过了两年，吕后才把王陵给挤掉，让自己的情人审食其接替王陵为相。张良一直处在半隐退状态，就是为了躲是非，避免卷入斗争。

刘邦死后，张良知道没有人能再像刘邦那样对自己绝对放心并保护自己了，所以开始韬光养晦。外戚集团与汉惠帝欠张良很多人情，张良装成病秧子，不积极参与朝政，皇帝和外戚集团也不好说什么。但他与另一个耍性子装病的韩信不同。他虽然装病不出山，但让十五岁的小儿子张辟疆劝陈平站队吕后，向吕家交出禁卫兵权，又在关键时刻协助当权派。所以即使张良不在朝堂之上，也不会受到忌惮和排挤。

张良曾力挺萧何为相国，萧何也算是欠过张良人情的。而且，张良把家族都搬到了沛县旁边，人为地设计成刘邦集团的同郡老乡。汉惠帝继位以后，张良两不相帮，一心养病，丰沛功臣也不好去动他。

张良一路与刘邦建立高度捆绑的个人关系，显示出很强的策划艺术。他不慕强谄媚，而是在一方弱势的时候提点施助。比如，外戚遭遇换太子风波时，他才向外戚集团示好。这背后是他能看清换太子风波的实质和走向，然后用雪中送炭而非锦上添花的患难见真情，做到让外戚打心里感恩他。

其实，张良对刘邦也是这样，才能换得刘邦的真心。留县相遇，洛东受阻，鸿门险局，就国汉中，返迁关中，包括他背叛了自己曾坚持的韩国复国理想，阻止刘邦分封六国贵族，都是在刘邦处于危机和落魄时伸出温暖的手，站在刘邦的立场上为刘邦着想。

别人危难时救急以施恩，别人风光时韬晦以避祸。张良若即若离、分寸得当，不让自己卷入你死我活的斗争中。如果说刘邦是在搞帝王制衡术，那么张良算是把人臣的平衡术玩到了极致。

萧何、韩信、张良有声望，有能力，都是一把利剑。张良愿意为他人效力，大家都欢迎他。韩信不愿意为他人效力，大家都畏惧他。畏惧他，就要搞死他。能力太大，怀璧其罪。韩信与张良在政治能力上基本是反着的。韩信消极对待政治，张良积极对待政治。俩人都爱装病，但最后的结局截然不同。

其实，我们每个人身边都有一些类似张良、萧何、韩信的人物存在。有的人老成持重，让人放心，把事务管理得井井有条。跟着这类专注于做事的人，做事必须认真细致，虽然累却很有安全感。这类人就像萧何。有的人技术过硬，恃才傲物，虽然做事细致、精准，却过于独立，性格高傲、孤僻，不太擅长与人协作。很多闷头搞研发的技术达人都这样。这类人就很像韩信。有些人做营销总是能出其不意，次次打中人心，在制定方案时总是很有灵感，助力产品销量大增，这不就是张良？还有那些很能侃大山的优秀的销售员、业务员，总是能搞定看起来很难搞的客户和订单。他们看起来总是侃侃而谈，大吹大擂，但说出来的话却让人很信服，这不就是郦食其？

持重的管理者，精准的营销者，过硬的技术人员，如攻城拔寨般地拿下订单和渠道的业务员，汇聚了这些人才，不就形成了一个非常不错的团队和平台吗？可惜的是，很多时候主政者却是项羽这一类的人，他们看谁都笨，听谁说话都烦，全靠自己繁忙且勤奋地勉力维持着局面，不去寻找哪个人能帮忙分担业务，还觉得都是别人无能、不用心。

这倒也罢了，依靠个人能力撑着，在环境不变的情况下顶多成长得没那么快。可还有一些如胡亥一般的人，听不得一点不好听的话，洞察不了人的品行和特点，就喜欢那些装腔作势的只说不做还掣肘做事者的小人。他们沾染到权力时，就自以为很强大，其实是给又笨又懒的自己营造了一种莫名其妙的伪安全感。他们看着所有人都怕他，所有人似乎都在做自己的事，其实他的团队中，每个人都是摸鱼者。这种外强中干的团队文化，导致将熊熊一窝，容易被其他优秀的平台与团队轻易击溃。

真正难得的，还是刘邦。外表上看起来大大咧咧，粗犷直爽，其实心思细腻深邃，这两种特质有可能重叠在一个人身上吗？刘邦就是。刘邦主要的性格特点就是：神经大条，心思细腻。

在那个多变且快节奏的乱世里，刘邦的这一性格特质是他适应时代、取得成就的重要原因。韩信、张良、萧何都很有才能，可事实是，沛县那伙功臣只服刘邦。即使最有领兵才能且独立出去的韩信，为什么被轻易地移封、削爵、诱杀？根本原因就是，他没有自己长期培养的嫡系团队和集团平台。他的个人能力虽然强，但他的集团反抗能力差。这就是创业者与经理人的区别：一个是扩展性地创造权力，一个是在框架内使用权力；一个是制定游戏规则的人，一个是遵循游戏规则的人；一个是绝对的庄家，一个是优秀的玩家。

萧何、韩信、张良三个人中，萧何是有幸在战乱中意外成长出头的平台核心创始人物之一，而韩信和张良则是因为受这个成长迅速的平台所吸引而后期加入的高能成员。刘邦自己也是离不开这个平台和团队的。汉初三杰的威名，其实也是刘邦对他们，兼对自我的一种营销结果。

性格决定命运。汉初三杰中，萧何在刘邦临终前被一度下狱而差点儿无法善终，韩信在刘邦活着时就没能善终。只有谋天划地、乘势驭术的张良稳稳地将命运掌握在自己手中，成了三朝的常青树，从汉高祖到汉惠帝，一直活到吕后称制的前少帝时期。

# 八、新的平衡

## 01 汉初五大人事构成

刘邦的政治基础，并不如秦朝那么强固，更像是通过招安纳降而临时拼凑起来的一个贵贱参差、鱼龙混杂的多方利益拼盘。刘邦将多方派系集团或利益群体最终融合为统一的汉初功臣集团。其主要构成有：

### （1）丰沛乡党

代表人物：萧何、曹参、周勃、樊哙、夏侯婴、周昌、卢绾、王陵等。

这是刘邦尚为平头百姓，起事之前就始终跟随他的丰邑、沛县的乡党旧部。这个群体也是刘邦从起义到受封汉王前这创业的前四年间，团队班子的主要来源。这一系堪称凝聚力最强的朋党集团。根据李开元教授的统计和推定，刘邦受封汉王之前，加入刘邦团队的主要成员中，籍贯可考者超过七成是沛县人士。统计主要人员加入刘邦集团的从起地，则有近四成是在沛县。①

丰沛功臣集团仍然可以再进一步细分为三派：

**县吏派**：萧何、曹参、夏侯婴、周昌、任敖、周苛等沛县大吏、小吏，甚至刘邦也可以粗划入这个群体。他们是刘邦的白道关系网，多为刘邦客卿的性质，受刘邦尊重。县吏派与县豪经常走动，所以与县豪派的关系不错。以刘邦个人作为两派纽带，县吏派与县民派也有长时间的合作与往来，关系也尚可。县吏派在

① 李开元：《汉帝国的建立与刘邦集团》，三联书店2023年版，第140页。

县民派与县豪派之间，算是三派间亲密关系比较居中，是其他两派都能接受的中间群体。由于具备专业官吏的技能与素养，这些人多进入文官系统。

**县民派：**樊哙、卢绾、周勃等是刘邦在丰沛的民间关系。他们在县里的职业各异，但都属于刘邦在道上的兄弟，在当时属于壮士。这一派高度依赖和依从于刘邦本人，其中不乏屠狗、草莽之辈，多为武将。这一派多为刘邦家臣的性质，与刘邦最亲近，也因此与县吏派关系相对良好。县民派与县豪派距离最远，合作很少，较为生疏。

**县豪派：**王陵、雍齿等县豪出身的人。如同后来从砀郡搬来沛县的吕公家族，这些家族是原本在沛县就有一定声望的豪门，与刘邦更多是合作关系，是沛县中与刘邦关系最为疏远的一系。王陵、雍齿等均与刘邦或多或少有嫌隙。但王陵在汉惠帝时接任丞相，而且其门徒张苍后来成为汉文帝时期西汉在位时间最长的丞相，可见这一派的力量也很强大。从吕公乔迁宴来看，县豪派与县吏派经常走动，关系不错。但与县民派阶层差距较大，距离较远，互相比较生疏，并不亲密。

所以，这三个群体中，与刘邦关系最近的是县民派，他们普遍是刘邦在军中的战将。与刘邦较近的县吏派成为高惠两朝的文官轴心。与刘邦关系最远的是县豪派，但这一派仍然在惠文两朝屡次成为文官轴心。

**（2）吕氏外戚**

吕氏外戚代表人物：吕泽、吕释之、审食其（吕后情人）、张敖（吕后女婿）、樊哙（吕后妹夫）等。

吕氏外戚原为砀郡豪门，是汉初能够与丰沛集团相抗衡的一大人事集团。汉初十八侯中，和吕家存在关系桥梁的就有近半数，或是吕泽旧部，或为刘盈恩人，或为砀郡同乡。其他功侯中，郭亭、郭蒙、朱轸、靳强、陈涓、戎赐、刘钊等人，也是可考的曾隶属于吕泽的部将。审食其常年跟随吕后。吕氏执政后，还有一众吕家子弟以外戚身份受封为侯。

**（3）砀郡从臣**

砀郡从臣代表人物：陈平、灌婴、郦商、傅宽（从起砀郡）、张苍（籍贯为三川郡，与砀郡临近）、申屠嘉、陈涓（从起砀郡）等。

根据前述李开元教授的统计和推定，在刘邦受封汉王之前加入刘邦团队的主要成员中，籍贯可考者七成是沛县人士，还有四分之一是砀郡人士。在统计主要人员加入刘邦集团的从起地时，则有百分之三十六在沛县追随刘邦，三成在砀郡追随刘邦。

如果说丰沛集团是刘邦麾下第一大地域人事构成，砀郡吕氏外戚与砀郡从臣合在一起的砀郡集团则毫无疑问排在第二。在高惠吕三朝，三公九卿中出身沛县的人数最多，其次则属砀郡。

刘邦的岳父吕公曾为砀郡豪门，刘邦在砀郡的砀山起义，刘邦自立为沛公后长期在砀郡一带征伐。刘邦伐秦时被楚怀王封为砀郡长，以砀郡为后方治地。显然，刘邦与砀郡的密切程度，仅次于与丰沛家乡的关系。

砀郡的主要人物中，傅宽是刘邦自立之初收集魏咎残兵时在砀郡加入的；灌婴、郦食其、郦商则是在反秦战争中加入的。陈平是在楚汉战争中加入的。

砀郡从臣与砀郡吕氏外戚作为同乡，关系应不会太差。由于砀郡的地理范围太大，砀郡从臣加入刘邦队伍的时间较为分散，因此多为派系色彩不明的归依散臣，聚党条件比较差。像郦商家族与陈平，起初依附的都是同郡的吕氏外戚。郦商为吕后的智囊，其子郦寄也与外戚吕禄交情匪浅。陈平则在刘邦驾崩与刘盈驾崩时主动向吕后表忠心，并被吕后提拔为丞相。灌婴也与丰沛集团的周勃关系良好。

总的来说，砀郡从臣虽然往往以个人身份依附于吕氏外戚或丰沛集团，却是汉初仅次于丰沛集团的第二大地域性人事集团。他们往往成为皇帝用以制衡丰沛集团的一系势力。比如，汉文帝为了迫使丰沛集团的周勃交出相权，让砀郡出身的陈平与灌婴相继两次替代周勃。

### （4）归依散臣

代表人物有：韩信、张良、陆贾、刘敬（赐姓）、叔孙通、季布、栾布、刘襄（赐姓）、吕青、张苍等。

这一系没有特殊的情感纽带凝聚，所以多为刘邦个人所倚重。像张良，经常站在刘邦个人的立场为其献策，甚至不惜与百官相左。韩信则是刘邦顶住压力聘请的大将军。这一系最大的特征就是：同是功臣，但出身各不相同。他们和丰沛集团、外戚集团、砀郡从臣均没有太强的纽带，也不像丰沛集团和外戚集团那样有同乡或同族的坚固人际纽带。

这一系很多都是转投甚至投降刘邦的，如韩信背叛项羽后转投刘邦，张良从韩国转投刘邦。叔孙通原为秦朝博士，张苍原为秦朝御史，季布是项羽的将军，吕青是项羽的令尹。刘襄原名项襄，是项羽的同族兄弟。他们都在项羽败亡后投降了刘邦。栾布是梁王彭越的手下，彭越被诛后他被刘邦起用。这一系多在刘邦称帝后才展现出才能，因而为刘邦所赏识，进而得到刻意拔擢的一类官员。他们多活跃在刘邦称帝到刘盈继位之间的这段时期。这类臣子，分散没入汉初功臣集团中，只能高度依附于刘邦个人，或者像张苍如同对待父母一样侍奉王陵夫妇，依附于丰沛或外戚的某个主要大臣，再或者像张良与叔孙通那样围绕太子形成一个小团队。他们本身没有任何人际纽带可以凝聚为一个政治集团，只能说是一类人，而不是一派人。

### （5）异姓诸侯

代表人物：韩信、英布、彭越、张耳、卢绾、韩王信等。

这一派是刘邦在初平天下时所分封的异姓王。其中，英布、彭越是刘邦在逐鹿战争时期的盟友。韩信是从刘邦阵营中独立出去的称王势力。卢绾则是刘邦建朝后，从丰沛亲信中分封出去的燕王。韩王信是曾经韩王成派出的追随刘邦入关的韩将。张耳原是项羽所封的诸侯王，由于早年与刘邦有交情，转投刘邦，成为刘邦的亲家。诸侯群体面对汉廷，有着需要共同捍卫的利益，因此经常互相声援、掣肘刘邦。刘邦后来所谓的诛杀功臣，其实是诛杀异姓诸侯王，或者像韩信这样做过诸侯、有诸侯级号召力的昔日王者。他们是君，是仅低皇帝一等的君，而不是臣。

## 02　内部的三角制衡

汉初的功臣集团，其背后所代表的社会基础是汉初军功受益阶层。军功爵制在秦朝统一天下之后，在秦始皇的去封建设计之下逐渐式微。但是，秦朝的崩溃以及秦汉之际的残酷战乱，让继承秦地的汉王赢得了天下。从灭秦战争到楚汉战争，再到剪除异姓王的战争，这个持续十五年的乱世，是军功爵制强烈反弹的一次机遇期，重新形成了强固的汉初军功受益阶层。

在刘邦建立汉朝的当年，他发布了《高帝五年诏》，下令“复故爵田宅”，正式承认了秦朝的二十等级军功爵。但与秦朝在统一后推行的虚封列侯以及苛刻的封侯标准导致列侯数量稀少不同，刘邦时代分封了近一百五十个列侯。列侯是二十等爵中的最高爵位，秦代可考的列侯仅寥寥几人而已。可见刘邦虽然承秦制，但同时也对秦制进行了大幅度的纠偏，局部重启封建，以弥补秦制跳脱时代强行零分封、过刚易折的局限。

以二十等爵制为根基，以这个制度背后庞大的军功受益阶层为社会基础，列侯作为该制度最高象征，在汉初形成了一个庞大的统治集团。这就是汉初功臣集团。这个集团内，又可分为众多人事集团，如丰沛功臣集团、砀郡功臣集团、外戚集团、归依散臣等。他们在外掌兵，在内掌文，依托于军功爵制中列侯作为高等爵的世袭特点，形成了一个庞大的、盘根错节的裙带关系网，长期垄断着汉初相权。

直到西汉建立六十多年后，才出现了除外戚以外，第一个非开国功侯本人及其子孙出身的丞相或相国，其间也只有吕产一人以外戚身份任相而已。直到西汉建立整整一百年时，以开国功臣石奋之子石庆卸任丞相为标志，西汉开国功侯及其子孙所代表的汉初功臣集团才彻底离开了相位。其间的十九位丞相或相国，仅三人是外戚，二人是景帝朝、武帝朝的功侯，一人是因任相而封侯，其余十三人均为刘邦时代的功侯及其子孙。可见该统治集团之强大，历史韧性之强。以丰沛一系的周勃与砀郡一系的陈平联手诛杀汉惠帝之子汉后少帝为标志，汉初功臣集团甚至能弑君改立皇帝，能量巨大。因而，有人称汉初是君臣共天下。

刘邦在位期间，最牢固且强势的地域人事集团是丰沛集团。这是刘邦在沛县时就经营的班底，可以说最得刘邦信任，也最为可靠。这个集团的头号人物，就是常年坐镇行政中心、在刘邦屡屡出征时实际担起皇权的文治功能、率领百官治理国家的丞相萧何。刘邦就将开国首功封予萧何。

其次，是以吕后为首的吕氏外戚集团，以及吕氏的砀郡同乡陈平、郦商等人。以陈平为后期代表的砀郡从臣，在惠吕时期始终依附吕氏集团。但吕后本人一死，砀郡出身的陈平、灌婴与郦商家族就与丰沛集团的周勃握手言和，铲除诸吕。汉文帝就是反复让砀郡出身的陈平和灌婴，两次顶替掉丰沛集团的周勃担任丞相。不过在陈平、灌婴以及周勃死后，以丰沛和砀郡为前两大地域构成的开国地域人事集团自然消解。长期经营关中人脉的开国功侯子弟们基本融合为一个没有太强地域之分的开国功臣子弟圈，继续把持相权。

在楚汉战争以及剪灭异姓王战争中崛起的归依散臣，相较而言处于弱势。他们的出身各不相同，几乎没有结党能力。深孚众望的张良并无结党之意，且为刘邦的个人幕僚，功成后主动隐退。另一大功臣韩信则主动请封为诸侯王，并不属汉廷中央官场的势力。他们皆是靠各自独具之才能，为刘邦个人服务。

这一系更多是楚汉战争结束、天下已定时，刘邦根据朝政需要，陆续纳入朝廷，所以势力最弱。他们当中的许多人并没有军功，没有列侯之位，只是作为刘邦幕僚的郎官跟随刘邦，所以影响力普遍只限于刘邦一朝，很难像功侯集团那样，通过列侯之位把影响力传续给子嗣。像迁徙关东贵族这种阻力极大的工作，或者像树立朝堂秩序以限制在大殿耍酒疯的屠狗将军的工作，刘邦需要却得罪人的工作，基本是由刘敬和叔孙通这类人去做的。不过，他们也会凭借才能结交重臣，在皇帝去世后尽可能地依附几大集团。如张良家族为砀郡的吕氏外戚以及丞相陈平出谋划策。叔孙通则是太子的老师。陆贾也为缓和陈平与周勃之间的关系牵线搭桥。张苍则是得到丰沛丞相萧何赏识的下属、丰沛丞相王陵如同义子的门徒。

归依散臣相对不够强势，也是因为楚汉战争只有四年，时间较短，不比刘秀、朱元璋等几十年创业的权势积累。所以，从灭秦开始就跟随刘邦的丰沛乡党集团与吕氏外戚，在与皇帝的亲近度和信任关系上肯定占优。

那么，刘邦时代的三大派系，基本上可以这样划分：乡党（丰沛元从功臣）；后党（吕氏外戚及依附吕氏的同乡砀郡从臣）；帝党（高度依附于刘邦本人的归依散臣）。

这三派力量并不是敌对关系，而是制衡关系，处于三足鼎立状态。居中的刘邦对朝局有着高度掌控力，如果有任何一方对皇帝不忠，另两方都会进行钳制与替代。

## 03　剪除异姓王

刘邦代表的秦末新兴平民诸侯在军事角力中胜出，又将项羽的春秋式分封方案推翻，适度向秦制反弹，最终融合出封建与郡县并行的郡国制后，这些底层属性的新兴诸侯，仍必须继续分出胜负。这是文字、风化、伦理被秦朝统一之后，不可避免再次趋一之大势。这个历史方向的天秤，在激烈的统一又激烈的分裂之后，正被拉回再次统一的方向，处在封邦建国和集权统一两种惯性的激烈碰撞期。

刘邦没有选择，如果不分封，意味着推翻秦朝的主要理由和大半执政合法性就不存在了。但如果分封，像项羽那样逆历史潮流而动，也根本回不到战国时期的列国均势和地缘平衡，战火就停不下来。旧王族、旧贵族在秦汉之际已被战争杀掠抽空，这个阶层到汉初已近真空状态。在农业经济和人口遭到重创的萧条形势之下，各方诸侯势力专独且自治，掠民逐利的军阀属性都太强。这个时期没有强势的宗族力量可封建，无法用血缘纽带构建跨地缘平衡。异姓之间没有家庭伦理限制，出于利益产生的战争冲动难以被遏制，互相之间的战争极容易被触发，且极具摧毁性。

在经过秦的统一和楚的分封两次比对之后，华夏大地以满目疮痍、家家冤魂过半的结果给出了答案。人们显然已经明白到底是统一好还是分封好，尽管人们在郡县制度下，对地方长官如何做到不唯上是从、如何重视地方诉求、如何克制不伤害地方利益等方面还存有巨大质疑。但人们开始真正明白，必须有一个统一的国家进行全局协调，设定框架内协商性的博弈，才能约束军阀，避免毁灭性的战乱。

把控兵权的军阀们却不这样想，他们恐惧刘邦。因为刘邦坐拥秦地，实力远超任何一方诸侯。这对诸侯本体而言，并没有平衡感和安全感。刘邦作为迅速崛起、尚不稳定的主导势力，为了自身的安全，加强中央集权和国家向心力、凝聚力，削弱诸侯已成为必然的选择。他或许不会如今人一般宏观地分析历史规律，但他肯定能察觉到切实的战略危机，害怕随时可能引爆的新的战乱源头出现，颠覆了汉朝的秩序。毕竟，秦皇帝、楚义帝、西楚霸王，这些刘邦此前的所谓天下共主接连遭遇了速亡命运，他岂能没有类似担忧？

这个时候，西汉朝廷纵然有多股力量纠缠，但在外部遍地诸侯的尖锐矛盾倒逼下，内部却实现了稳定的平衡和团结。这个时候的西汉朝廷是高度配合刘邦的。在强大的外部矛盾压力下，刘邦的皇帝生涯一直是在征讨反叛、剪除异姓王的奔波劳碌中度过的。到最后一次出征英布前，刘邦甚至已经疲于亲征，想让太子上阵。

但显然，即使刘邦除尽中原地区所有的异姓王，他也没有办法选择秦朝那样纯粹的郡县制和彻底集权。他选择了分封宗室为同姓王。一方面，他不能背离汉朝的换代合法性来源，即反抗秦政，必须与秦制划清界限。另一方面，以西汉初建时的行政能力和经济水平，留下地方的中间阶层与权力真空，无疑仍会给遍地的野心家机会，倒不如一个萝卜一个坑，让自家人来填补这个缺口。

刘邦是历史上第一个由草根一跃成为天子的人，这鼓舞了无数野心家。四年称王，又四年称帝，身边的新贵们，一半是屠狗枉法之辈，一半是只有三四年交情的所谓功侯，有几人心里是真服气刘邦？王陵这个丰沛豪族出身的老哥起初就不服，曾经信任的雍齿则一直都不服。鸿门宴时的左司马曹无伤早早就叛变。很早就加入刘邦阵营的陈豨也反了。连最亲密且一起创业成功的发小卢绾，最后也公然投向匈奴。巨大的家族利益和生存忧患面前，情感深厚的挚友也并不可靠。这个朝堂的人事局面真能让他那么放心？刘邦采取郡国并行制，究其设计初衷，恐怕不乏借地方实权宗室向朝廷官僚集团施压以达到新的政治平衡的思虑。

最可靠的不是情感维系，而是制度设计下的各方利益平衡。郡国并行制加宗法文化下的小宗封国，是他的无奈，但他觉得非常合适，比立刻实行完全的中央集权或者完全的诸侯分封都更安全。他曾敲打即将就国的侄子吴王刘濞，说天下同姓为一家，让刘濞不要有反心。其实，他非常明白分封的后续麻烦。作为一个划时代的政治家，他怎么会不明白这种制度意味着什么，怎么会不明白同姓之间随着血缘、距离、感情与时间的疏远，一样会变得陌生且敌对？这就是刘邦的选择，有隐患，但利于当下稳定，他无法逾越，也乐于接受。

刘邦称帝之初，从归依散臣中独立出韩信为诸侯王，从丰沛近臣中独立出卢绾为诸侯王，加上主要盟友英布和彭越，儿女亲家兼老相识的张耳，形成了尊汉异姓诸侯。此时，刘邦还没有想到剪除异姓王。但随着刘邦的皇帝之名分优势不断挤压诸侯，刘邦发现异姓王并非难以逐个拔除。当初天下纷纷反秦，是怨秦朝不分封诸侯，而无所谓分封子弟还是外姓。西汉朝廷的列侯集团，面对各大诸侯国，利益方向无疑也是一致的，那就是保卫西汉朝廷这棵大树，否则树倒猢狲散，列侯谁也没有好下场。他们配合刘邦，着眼于剪灭异姓王的国家战略，解决外姓诸侯仍旧实际割据一方的局面，维系西汉朝廷的稳定和安全。

汉初皇室算是人丁较为单薄，刘邦的儿子都很年幼，加上兄弟和侄子也不过十几人。刘邦称帝后用数年时间，马不停蹄地征战，最终基本扫平异姓王，替换掉除长沙王吴芮以外的所有异姓诸侯王，定下非刘氏不得为王的同姓封王制度。

其实，刘邦剪除异姓王，除了要从外部构建朝廷的稳定外围环境外，也是要从内部确立刘氏的绝对主导权。郡国并行为两汉皇权的稳定奠定了基调。刘氏大多为侯，除了皇帝本人外，皇族与其他功侯并没有本质差异。但从刘邦立下白马之盟后，就确立了非刘氏不王的同姓王制度，才真正让刘氏压倒了吕氏，能够支撑皇权对抗功臣集团，奠定了汉朝四百余年的法统。不仅在两汉之交的乱世，中原是各地宗亲出身的诸刘争天下，甚至到三国还是蜀汉在延续汉祚。这是因为刘邦的同姓封建，使刘氏宗族能够占据地方贵族阶层的空缺，不至于早早毁于强势的权臣之手。但刘邦需要先剪除异姓王，才能实现同姓分封，才能让外部宗亲势力反过来制衡强势的功臣集团。

当刘邦将大部分诸侯都替换成自家年幼的子弟时，诸侯国仍拥有地方上的完全治权，调兵权、使节权、官员任免权都是在汉文帝、汉景帝时期才逐渐收回的。汉初的分封可以理解为：皇帝将天下一分为二，一半是关西的朝廷直辖区，另一半是关东诸侯国封区。皇帝在朝廷直辖区内施行中央集权制度，诸侯国高度自治，朝廷并不干预其治理，还留有先秦特征。

## 04 外部三角制衡

与西晋的宗王出镇、以军镇为据点的点型封建，以及明初在北方边塞、沿黄河流域、沿长江流域进行多层外围线型分封不同，西汉的分封是典型的面型分封。以关西一个大面，压制关东诸多小片，并控制了关西与关东交接线的各个要塞。

在内，皇权与功臣集团充分合作。功臣集团的利益也集中于朝廷，与皇权一致。通过强化中央集权，以朝廷辖区的政治、国力优势，压制对朝廷有潜在威胁的诸侯王。

在外，诸侯皆为刘姓宗亲，会对朝廷的功臣集团时刻维持战略压迫感，功臣集团无法控制皇权而坐大。一旦朝廷出现控制皇权的权臣，会触发法统紊乱，导致关东合纵进攻京畿。功侯必须依仗皇权嫡脉大宗的强大来避免可能触发的诸侯夺位之战。朝廷官僚体系中也有大量宗亲力量的存在，诸侯的地方官吏中也有大量外派的功臣。

皇权在势弱时期也可以靠外戚的力量来正常维系对功臣集团的强势，这是刘邦为身后布局的让外戚支撑皇权的传统。毕竟秦始皇的皇权设计之一大缺陷，就是没有外戚作为皇权的支撑。地方上的诸侯王也多与汉廷外戚派出的外戚族女进行婚配，实际上也往往是诸侯国地方上的外戚。可一旦外戚坐大，功臣集团又会通过与宗亲合作来铲除外戚，平定诸吕之乱大致就是如此。前朝文官、后宫外戚与地方宗王，即功臣、外戚、宗亲，形成一种更高维度的三方制衡，一个更复杂的钳制局面。汉初的政治演化，基本就在这个制衡思路里进行，包括吕后专政、迎立代王、景帝削藩、武帝掌权等一连串事件。

不过，还有一个不在刘邦设计里的更高维度的制衡，成为倒逼汉初封建能够尽可能克制地方封建力量混战的重要因素，那就是草原的统一与匈奴的崛起。

中原在秦朝时最先统一。北方的草原紧跟中原脚步，在秦末汉初的冒顿单于的领导下，也开始统一步伐，形成一个强大的草原国家。匈奴不仅夺取了秦朝的河套地区，而且不断侵扰汉朝边境。刘邦试图击败匈奴，却遭遇白登之围，由此认识到此时匈奴之强大，远非一战而定。加上汉朝当时还有大量异姓诸侯在背后虎视眈眈，刘邦不愿加高军事杠杆，不愿大量损耗朝廷维系对关东优势性平衡的有生力量，转而采取了与匈奴缔结和约、进行和亲的对匈政策。

不过，匈奴此后仍然不断袭扰汉朝边界，尤其是汉朝直辖区域的西北边境。匈奴还干涉汉朝内政，经常策反汉朝的边境诸侯，甚至参与腹地诸侯反叛汉廷的联合军事行动，试图左右汉朝局势。这些汉廷直辖区被动接受的战争与外交考验反而磨砺了汉廷直属军队的锐气。相当于处在西北的汉廷，替关东腹地的各路诸侯国扛住了外患，间接成为天子守国门。到了汉景帝时，吴楚等七国处于远离匈奴之患的腹地，承平日久，看似富强，以为汉廷不堪一击，遂贸然发动反叛。其结果出人意料，吴楚军队面对被匈奴磨砺出的汉廷直属军队反而不堪一击，被迅速平定，成为诸侯势力转弱的决定性事件。

匈奴的崛起，是刘邦没有预料到的。刘邦用同姓王代替异姓王，也或有用血缘纽带高度绑定诸侯国，以避免臧荼、韩王信、卢绾等异姓王频繁投靠匈奴的类似事件发生。同姓王背叛家族的成本更高，而且同姓王得到的汉廷支持力度也会更大，能更有效地应对外患。

作为西汉朝廷与分封诸侯在内的整个华夏圈共同的强敌，匈奴在一定程度上令汉朝各地投鼠忌器，不敢轻易掀起内乱，削弱了诸侯国反叛朝廷的动力，也削弱了朝廷削藩的动力。这是一个更大更外围的制衡因素，倒逼整个华夏汉地中原文化圈必须团结，使得汉初封建总体进入稳定期，没有形成新一轮的混战局面。

当然，汉初也没有统一昔日属于秦土的南方诸越之国，但这些国家相比匈奴而言，并没有对汉朝形成致命的威胁。此时的汉朝形势已经基本趋稳。我们看到：

西汉朝廷，存在一种小三角制衡：丰沛集团、外戚集团、归依集团鼎立，呈现出一种内部性的三方制衡。

整个汉朝，存在一种中三角制衡：功臣力量、外戚力量、宗亲力量鼎立，呈现出一种交织性的三方制衡。

整个天下，存在一种大三角制衡：西汉朝廷、诸侯封国、外族鼎立，呈现出一种外部性的三方制衡。

三重三角制衡的稳定性，帮助西汉稳定了国祚，给了刘邦驾崩后骤弱的皇权在后来能够不断伸张的空间余地。在惠、文、景及武帝前期四朝，汉朝的权力构成一直在这三角结构框架内进行博弈，始终斗而不破，保证了国家的基本稳定。

汉朝的分封制度，是后战国时代，对秦国的极端集权和项羽的极端分封两次极端方案的经验教训进行的批判性继承。相对秦朝而言，汉朝由汉初封建到汉武集权的过渡是比较成功的。汉朝的分封是历史性妥协，先将法统意识和价值观紊乱的社会稳定下来，而后通过数代人渐进式的政治努力，最终消弭封建，实现集权，成功消化掉实封制的潜在险患，从半秦制集权方案过渡到汉制集权方案。

汉朝分封制向集权制过渡之所以成功，社会条件发生变化是不可或缺的。

社会条件，可分为普遍文化心理条件和阶级结构条件。秦灭六国是硬件统一，但舆论尚未完全认同中央集权，故而在激烈的统一后，爆发了一次更为激烈的分封制复辟反弹。但这次反弹，却向所有人展示了分封制再也无法回到先秦的均势状态。各方军阀混战，耗尽了地方力量和资源进行碎片化的割据战争和存量掠夺，最终以八年内天下户口减损七八成、经济秩序崩溃、社会治安混乱、生产力倒退、民怨沸腾而结束。

此前拥护分封制的舆论对集权的激烈抵触从此开始逐渐改变。自原生社会就惯有的分治社会，失去了先秦时那样足够的舆论支持。人心向往统一安定，逐渐成为普遍的意识。百姓对诸侯的主君效忠意识和封建属民意识，在整个汉初不断趋弱，而对皇帝的效忠意识和国朝属民意识不断加强。

另一方面，这场破坏力巨大的乱世混战，极大地改变了汉初的阶层结构。历经数百年发展和积淀，控制着大量地方资源、基层人口与土地，私兵众多的先秦贵族阶级被消耗殆尽。刘邦建汉后，对关东大贵族动辄举族强行迁徙，控制力度极强，就是由于这个控制关东地区基层资源和要素且有强大舆论导向能力的中间阶层，在秦末楚汉战争中被抽空了实力。刘邦实现统一的背后，是王朝周期律下的马尔萨斯陷阱，随着大量人口死亡迎来的社会中间阶层的真空，人地矛盾相对缓解，给予了汉朝一张白纸可作全新图画的历史条件。只不过，这个条件的实现过程是极其残酷的。

很多人都认为刘邦是在妥协，这是汉初政治上的遗憾。但是准确地讲，这是一次历史性的妥协，而不是个体性的妥协。刘邦虽然无奈，但对实行郡国制并非不情愿。同姓王郡国制也不能说不是当时最好的选择。毕竟，那就是王绾与淳于越苦谏秦始皇而不被采纳的方案。谁顺应历史的潮流，谁就会走上历史舞台。只能说，刘邦顺应了时势，而不是像秦始皇那般醉心于改造时势，故而奠定了西汉强大的社会基础和政治基础。

# 九、易储之争

## 01 太子身后的力量

很多人都觉得，刘邦特别想换太子，想让刘如意继位，甚至想杀掉发妻吕雉。但刘邦一共有两次动议要换太子，至少第一次很可能是声东击西，醉翁之意不在酒。

刘邦想废掉刘盈的太子之位，改立刘如意的明面理由是：太子的性格不像他，刘如意的性格像他。加上刘如意的母亲戚姬是刘邦最宠幸的妃子，无论到哪里征战都会带在身边，而且戚姬常对刘邦日夜啼泣，希望能改立他的儿子刘如意为太子。

但刘邦把江山留给当时只有几岁的、乳臭未干的幼子，问过朝臣吗？问过劳苦功高的吕后吗？问过具备超强人脉关系的大舅子吕泽吗？他们这些人显然对现任太子更满意。太子刘盈是即将成年的嫡子，陪父亲走过创业艰难期，有资历，从汉国时期就留守栎阳做储君，已历十年。

刘邦当年为了逃命能把儿女双双推下车，当了几十年的造反头子，在死人堆里砍杀了多少年，然后他的决策会是因为爱情而不顾事业稳定、为图开心就将艰难积累下的家业豪赌一把？估计只有和戚姬一样的人，以为被称作皇上就可以操控一切，对权力本质的认识还停留在低阶水平，才会相信刘邦会这么做。

实际上，戚姬争储的做法是主动往吕后及吕氏家族的枪口上撞，这正是吕后后来把她折磨成人彘的原因。她应该学学汉文帝的母亲薄姬是怎么“躲子弹”、躲是非的。

吕后家族是什么样的存在？难道是靠裙带窃取了刘邦江山的一群宵小？

刘邦是个县里道上的人物，有社会关系，但没钱。吕家是个外地刚来的富豪，有钱，但没当地关系。两家一拍即合，当即联姻。联姻之后，刘邦后来在吕家原籍的砀郡进山养私兵，招人马。刘邦在芒山与砀山落草期间，是吕雉经常带人为刘邦供应后勤物资补给，甚至也是吕雉带人在县里为刘邦制造声势，招募新兵。但是，吕家在诸吕之乱后倒台，这里的记述就变成了吕雉跟着刘邦头顶的一片紫气祥云找刘邦。

刘邦为什么要在芒砀山落草招兵？因为芒砀山属于砀郡辖地，吕家迁到沛县之前就是砀郡的豪门。刘邦后来被楚怀王封为砀郡长，管辖整个砀郡。而吕后后来封诸吕为王，吕泽的儿子吕产就被封到了砀郡所在的梁国。吕氏家族中，功绩最大的是吕后的兄弟吕泽，其次是吕释之。吕泽与吕释之的食邑户数均莫名失载，但吕泽是双食邑，户数想必不会少。

汉初十八侯中：

樊哙，刘邦的先锋大将，吕后的妹夫。

张敖，刘邦的老友赵王张耳之子，吕后的女婿。

郦商，吕氏同乡砀郡人。在刘邦驾崩的关键时刻向吕后的情人审食其献计。郦商的儿子郦寄，是吕释之儿子吕禄的好友。

灌婴，吕氏同乡砀郡人。刘邦死后，以列侯事吕后。

傅宽，刘邦在砀郡时招收。

丁复，吕泽曾经的部将。

蛊逢，吕泽曾经的部将。

夏侯婴，吕后儿女即汉惠帝和鲁元公主的救命恩人。

能位列十八侯，当时在刘邦的开国功臣集团中权势都是很大的。其中和吕家存在一定关系桥梁的就有近半数。其他功侯中，郭亭、郭蒙、朱轸、靳强、陈涓、戎赐、刘钊等人，都曾属吕泽所部。惠吕时期封侯或子孙封侯的吕泽旧部还有冯无择、周信、吕婴等人。其他主要功侯中，审食其是吕后的情人，丞相陈平也是吕家砀郡同乡，后来与吕后时期的吕氏保持友好关系。

当然，并没有直接证据说明他们与吕氏一定是同党，但亲、姻、门、乡、故，是人类社会尤其是政治组织中历来不变的裙朋渠道，即使今天的名利场上仍然如此。如果十八侯中有八人和吕氏存在人际交集线，即使没有直接证据证明他们都结党于吕氏，但这种可能性也不小。这起码说明吕氏在前朝能搭得上话的重量级人物有很多，人脉非常广。这履历背后的影响力是明显的，虽非直接证据，却是线索，是现象。只是吕氏后来被诛，吕后一支嫡脉断绝，吕氏家族对西汉的贡献势必被弱化。

吕泽，吕后的哥哥，在前朝代表着吕家势力。他在史料中虽然也被多处提及功绩，而且有“复发兵佐高祖定天下”（《史记·高祖功臣侯者年表》）的肯定评价，但记录他的翔实程度与史料中透露出的他的实际影响力相比，简直少得可怜。吕泽可是敢在刘邦动议换太子时，向刘邦的个人幕僚张良强行索求计策与信息的人物，可见其强势。吕泽比刘邦早死几年。吕泽死前，一般是由其代表吕氏家族出面进行活动。而吕泽死后，吕氏人脉自然归于吕后座下。吕氏在刘邦死后，一跃成为可以封王的强势集团，一度压制住了丰沛集团。

太子身后有这么强势的一个外戚集团，刘邦要实现对戚夫人说的那些废太子的话，需要花费的代价有多大?

刘邦是否真心想要一个几岁的孩子做接班人，这是一个见仁见智的问题。在刘邦那个年代，连起居注都没有，即使刘邦这些话是存在的，也可能被史家选择性地展示了。我们甚至可以大胆假设，或许刘邦曾抱起幼儿刘如意，说过几次哄孩子的话：“我的小儿子，让爹抱抱，乖乖，长得越来越像我，要是你将来当皇上，肯定和爹一样威风。”这句话被听到的人转述，尤其是在吕氏倒台之后，被反复重点提及和记录为：“高祖以如意类我，常欲废太子，如意几代太子者数矣。”这种假设的可能性也不小。

刘邦可能是口是心非，可能是随口一说。即使说了那些哄戚夫人的话，甚至多次表示想要更换太子，但他不会真的去这样做。理由很简单，现实大势如此，即便他是皇帝也由不得他这么做。他连仇人雍齿都不敢动，早早地给雍齿封了侯，让他动吕家的命根子太子刘盈？除非他想自己的功业和果实立刻被毁掉，想自己的朝堂立刻乱掉。

当然，还有另一种可能性，刘邦确实想改立刘如意为太子，虽然不是一朝能够成功，但他正在这样为刘如意去布局自己身后的人事。那么，他必须剪除吕家势力。吕家在朝堂的势力，当然也会反扑，可朝堂上显然没有爆发此类事件。

## 02　第一次易储之争

吕释之与吕泽堵截张良，请计阻止换太子，应该是在汉高帝八年（公元前199年）吕泽去世之前。刘邦第一次动议换太子的时间没有明确记载，但根据《史记·留侯世家》的记载顺序，至少是汉高帝八年吕泽去世以前。刘邦定都关中并返回关中是汉高帝五年（公元前202年）五月，张良随刘邦入关。之后不久他就辟谷不食，因病闭门不出有一年多。

汉高帝六年（公元前201年）到汉高帝七年（公元前200年），当时汉朝廷的主要工作是三次大规模的分封列侯。当时以十月为岁首。第一次分封是汉高帝六年十二月到正月，第二次是汉高帝六年六月到八月，最后一次是汉高帝七年年中，春天。

张良于汉高帝六年正月受封列侯，还与刘邦一起发现待封诸将在议论谋反，他建议刘邦在时间上最先封雍齿以安人心。因此，张良应是在汉高帝六年十二月到正月之前的半年还有活动，然后一年多闭门不出，至少到汉高帝七年正月之后，他才又再次开始活动。而这段时期，刘邦处理韩信谋反的谋主是陈平而非张良，可见张良确实暂时处于隐退状态。

汉高帝七年十二月，刘如意被封代王。汉高帝九年（公元前198年），刘如意被改封为赵王。汉高帝七年春，刘如意刚刚被封为代王，至少这个时间点不会被议立太子。这段时间张良正在闭门谢客，其间刘邦过曲逆，加封陈平为曲逆侯，印证此时陈平依然为谋主，张良还未复出。那么，刘邦第一次动议换太子应该是汉高帝六年初，或者汉高帝七年中到汉高帝八年吕泽身故之间的事。

但刘邦在汉高帝七年四月就离开京师前往洛阳，并在汉高帝八年（公元前

199年）秋，即十月，仅仅半年后就已经在东垣击败韩王信余部。可见刘邦这次出征，从汉高帝七年春开始就不在京师。那么废立太子这种震动朝堂的大事，恐怕不会是在外征战时发动，不应是汉高帝七年时发生。

结合以上信息，有理由认为刘邦第一次提出换太子的时间，最可能是在汉高帝五年（公元前202年）六月张良入关，到汉高帝六年（公元前201年）十二月到正月，汉廷第一次计功封侯，张良称病闭门谢客前的半年内。

刘邦这次提出换太子时，虽然太子刘盈只有十一岁，但刘如意也仅仅是个五岁的孩童。太子刘盈的同母姐姐鲁元公主此时已经联姻赵王张敖，成为赵王后。王朝新立，刘氏还未有人称王。刘氏宗亲也只是封侯，但吕后后来却可以代理皇权。除了皇帝本人，很难说刘家比吕家的势力大。局势不稳，刘邦却公然要换太子为一个幼儿，其用意恐怕不是觉得这幼儿可以胜任太子。

其实，在局势不稳定的时期，要将太子改立为一个五岁的小孩，理由竟然是这个孩子像自己，这个理由本身就很无厘头。刘邦更可能是在为自己的嫡系和近臣讨要更高的侯第排次和更多食邑，增加和外戚集团讨价还价时的筹码。

朝堂上列侯分封的工作大抵在这两年博弈得最为激烈，但关东地区仍是异姓王林立。刘邦自己虽为皇帝，除了被外戚集团所控的嫡子刘盈一人，其他儿子都只是如秦始皇诸子一般为皇子，并无封地或君爵，都是匹夫之身。内忧外患是现实。如果刘邦在这一年撒手人寰，很可能真的不会有什么后来的大汉四百年。

刘邦借换太子之议挑动外戚集团根基性的核心利益，让他的大舅子吕泽颇为被动。结果是，汉高帝六年正月，刘邦的庶长子刘肥被封为齐王，这是刘邦第一个封王的儿子。刘邦的亲兄弟刘仲、刘交及族兄弟刘贾均被封王。

如果这次太子之议是在汉高帝五年底到汉高帝六年初发生，实际上最先得利的是长子刘肥。这恐怕是醉翁之意不在酒，声东击西。因为吕后最介意的，除了最受刘邦宠幸的戚夫人和刘如意母子，也会合理地忌惮身为长子的刘肥。刘肥此时是刘邦唯一成年的儿子，算是有显著的年龄优势。刘肥的母亲曹氏到底是情妇还是吕雉嫁给刘邦前的正妻，长子为什么沦为庶子，其实也是个历史谜案。毕竟刘邦娶吕雉有联姻性质。

议太子之位，更像是要敲打外戚集团，让外戚集团在刘氏由列侯升为诸侯时不敢阻拦，是为刘邦封亲族，尤其是封亲子、封长子撕开政治缺口。但如果直接议立长子刘肥为太子来干扰外戚集团，又过于明显，恐怕真的会掀起满朝的储位之争，给年长的刘肥以遐想，也会引发外戚集团的实质反扑，动摇国本，容易失控。所以，借个人的偏爱喜好，议立排行第三、当时只有五岁的刘如意，明知朝中大多数人都不会同意，实际是虚晃一枪，倒逼外戚集团拥戴刘邦大封同姓王，尤其是大封庶子的政策。

这一次，丰沛集团中也有重臣站出来反对刘邦，即御史大夫周昌。御史大夫位列三公，是文官系统内仅次于萧何的二把手，相当于副丞相。周昌是沛县人，也是县吏出身，和萧何应有不少交集。而且“自萧、曹等皆卑下之”（《史记·张丞相列传》），萧何、曹参等人对周昌都很尊敬。周昌当时是丰沛集团的重要代表人物，他在朝堂上和私下里均对刘邦据理力争，力保太子，反对易储。为此，吕后还给周昌下跪行礼，感谢周昌的大恩。

不过，周昌也是亏在这里了。刘邦放弃易储，但他知道他借刘如意一个几岁的小孩在朝堂上做政治牌这么一打，他死后刘如意就危险了。到了汉高帝九年（公元前198年），代王刘如意被改封为赵王，即将离开京师就国，刘邦为刘如意的安全感到忧虑。于是他让被吕后感激的周昌自降职位，跟随刘如意去赵国，担任丞相保护刘如意。周昌不得不答应，就此退出了汉朝最高权力圈。

我们后人有“上帝视角”，觉得刘邦要封王直接封就是，而且历史的走向就是封同姓王。但实际上，历来政策的口子都是一点一点撕开的。刘邦所处的那个节点，是效法周朝分封还是秦朝的不分封，是封功还是封亲，还有很多争论，并不明朗。因为刘邦封列侯的时间晚，有些功臣按捺不住都准备造反了，逼得刘邦赶紧先封雍齿以稳定人心。所以，封侯都有阻力，需要格外小心谨慎，给无功的宗亲和乳臭未干的小儿封王，更不会是那么一帆风顺的事情。

封长子刘肥为王，恐怕在撕开这个口子之前，最大的阻力就来自外戚集团。毕竟，如果不封亲族，势力一支独大的就始终是嫡母和外戚。此时吕家封了一堆侯，刘家也只是封了一堆侯，但实权将来却掌握在吕后手中。封长子，意味着太子的主要对手——他的庶出兄弟们，拥有了实质性的国家实力做后盾，外戚并不情愿。可只有这样，刘邦子孙、刘氏家族才真正安全。秦始皇的诸子惨死，嬴秦速亡，殷鉴不远。刘邦是亲历者。

这次吕后与吕泽为了应对皇帝提出换太子的进攻，亲自堵截张良，强行让张良帮助出谋划策。张良和刘邦是能关起门说话的关系，张良也不大可能会背着刘邦参与储位之争这样的派系博弈。吕泽找到张良，逼着张良为太子谋划，看似是病急乱投医。于是，张良出了个主意，让吕泽把商山四皓请来辅佐太子。其实，这应该是张良亲自帮太子运作。但刘邦真正见到商山四皓，感叹太子羽翼已成，已经是第一次动议易储之后很多年的事情。实际上，这条建议至少在当时就不痛不痒，根本不是救急之策，并没有解决当时的问题。

张良作为高度依赖刘邦个人的私属幕僚，恐怕早就知道这是刘邦的一个局。搞不好，还是他教刘邦设的局。吕泽来找张良，也不是病急乱投医，而是精准试探。因为张良代表刘邦的个人立场，而不是国政立场。张良给吕氏侧面透露出的信息是：别着急，太子的地位很稳固，你随便请几个皇帝几年都不会搭理的老头做做样子就行。

此时，吕泽大概已经明白，这刘邦是醉翁之意不在酒，要的是其他政治利益的交换。而张良出了这个主意，吕泽为太子招纳商山四皓又很顺利。这次改立太子，不仅没有动摇太子根基，实际上还助太子丰满羽翼。尤其是外戚被动地帮助太子补充了一波非外戚集团的幕僚，实际上让太子旗下有更多的人事群体可依靠，减弱了对外戚集团的依赖。刘邦这么搅动易储这个敏感议题，反而颇有为太子筹谋、一箭三雕的感觉。

刘邦如果真想换太子，还会在后来给太子做这样的配置吗？秦廷大儒、桃李满门的叔孙通做太子太傅，刘邦个人最倚重的谋士、汉初三杰之一的留侯张良做太子少傅。太子背后的吕后，外戚集团的吕泽，刘邦一个也没动。在刘邦晚年征讨英布、离开京师的敏感时期，让张良也去辅佐太子，而且他还把关中的兵权都交给太子。他把张良都留给了太子，四个历史上无名的老头，刘邦真的会那般在乎？

刘邦在第二次易储之争后对戚姬说，太子连商山四皓都能请来，羽翼已成，这大概只是在戚姬面前的表演和敷衍之词。

戚姬恐怕对前朝之事之人所知并不多。如果戚姬能有点政治智慧，看明白这些，也不至于让刘邦这样利用，最后下场那么惨了。她是真以为皇帝的权力来自皇帝两个字，可以决定一切人的生死。但皇帝，其实有太多的身不由己。

刘邦不是不知道吕后身后的政治势力有多强。刘邦所谓的换太子，大抵是搞政治平衡，威慑外戚集团，并不是动真格的。

第一次提出换太子，是为了打开刘氏子弟封王的闸口。刘氏无功者多，刘交、刘贾封王也就罢了，农民刘喜、儿子刘肥封王，实际上是开了汉初无功而立的先河，撕开了政策口子。这一年开始，刘氏家族才真正成为王朝的轴心力量。

刘邦要做的不是春秋战国时眼看着别人家越做越大的周天子，而是要做秦始皇时期，王绾、淳于越等人不断建言却被秦始皇拒绝的分封皇子为王的一家一天下的皇帝。而刘邦需要扫除的第一个障碍，就是外戚集团的阻挠。易储之议，其实就是在敲打外戚：没了储君，你家什么都不是。刘邦要的是外戚集团乖乖听话，不要给刘邦找不痛快的一笔政治交易。

张良真正给吕氏兄弟提点的，恐怕也是这个，而不是四个被传奇化的商山老头。当然，权谋之术是不上台面的隐学，却恰恰是张良研究的东西——南面之术。

## 03　第二次易储之争

丰沛功臣集团与外戚集团的对抗，是刘邦驭下的重要制衡布局之一。在刘邦的制衡结构设计中，这是对立的两方，一直不对付，以方便皇帝居中平衡。

易储之争再起时，吕泽已经死了好几年，前朝旧部与吕氏外戚之间断了一根线，外戚集团的力量转弱一些。所以，本来处在幕后的吕后只得亲自扛起吕氏外戚的大旗。

汉高帝十一年（公元前196年）初，刘邦征讨陈豨时，萧何与吕后合作，竟然在刘邦离京期间干了杀韩信这件惊天大事。当时正在马邑征讨叛军的刘邦得知韩信已死，一时间情绪复杂。

要知道，那个时候杀功侯是一件很敏感的事情，直到汉文帝时期都不能随意擅杀依附吕氏的功侯。因为在汉初的二十级军功爵制下，功侯代表的不是某个人，而是代表一个立场统一的庞大的军功受益阶层。他们依赖于军功制度，与皇权共享天下。但萧何与吕后认定韩信谋反并灭口韩信，没有走正常的审查程序，甚至绕开了皇帝本人的决断，可以说是触碰了红线。这对高祖时代的整个汉初军功受益阶层的心理影响很大：爵位得到了，也随时会被轻易拿走。

吕后之所以要杀韩信，是因为韩信与正在反叛的陈豨有勾连。阳夏侯陈豨是东郡人，与戚姬是同乡。戚姬的儿子刘如意在汉高帝七年（公元前200年）到汉高帝九年（公元前198年）之间，受封为代王。而戚姬的这位东郡同乡自此兼领代国国相，掌控代国军政，名义上辅佐刘如意。他应为戚家势力，支持代王刘如意。

汉高帝九年，刘邦将刘如意改封为赵王，并派丰沛集团的重要代表，且力阻废太子的吕后恩人周昌随刘如意前往赵国。兼有丰沛集团和吕氏外戚双重派系色彩的周昌，果然告发陈豨豢养大量门客，意图谋反，刘邦开始调查陈豨。

汉高帝十年（公元前197年），陈豨被步步紧逼，最终反叛汉朝。这次的反叛规模非常大，刘邦只得亲率大军前往征讨。

从某种意义上说，陈豨反叛即使不是直接由储位之争诱发，其背后也有陈豨在储位之争中站队刘如意，从而被支持太子的周昌逼反的迹象。毕竟陈豨与戚家及刘如意的关系颇深，站在了吕后的对立面。毕竟，靠戚家关系获得刘邦的宠幸，只是一时之利。如果不能扳倒吕氏，推刘如意成为太子并继位，陈豨即便此时不反，将来也必不被吕后所容。那么，陈豨在政治斗争中落败，公然反叛之后，吕后之所以要杀韩信，就是因为韩信偏偏要与陈豨这个戚家色彩鲜明的叛将勾结，已然站在吕氏外戚和太子的对立面。在吕后看来，一代兵仙站队刘如意，岂能让他活到刘邦驾崩之后？

丰沛集团与外戚集团竟然会合流到一起，背着刘邦做出擅杀顶级功侯韩信这样震动朝野的大事。即便韩信真的有反迹，但在皇帝不知情时越级决策诛杀，这也给了刘邦不得不高度警惕的信号。刘邦常年在外打仗，内廷是吕后在管，外朝是萧何在管。他俩要是合流到一起了，京城事务就可以绕开刘邦，刘邦对京师的控制力无疑会下降，面临潜在政变的风险就大多了。

萧何杀自己的故交韩信算是投名状，不再要当年“追韩信”的美名，反而有利于萧何在太子继位后的权力稳固。这意味着，此前在遇到外戚掣肘时站在皇帝一边的丰沛集团，也开始站在外戚一边了。

萧何与吕后合作杀韩信时，萧何以及他代表的丰沛集团就已经出现明显的保太子、保吕倾向。丰沛集团之所以与外戚集团合作保太子，是因为他们也需要稳定利益。刘邦渐老，如果易储，那就是连外戚都换了。虽然此前砀郡外戚与丰沛功臣是制衡双方，有利益博弈，但好歹吕氏是从砀郡迁徙到沛县的，与丰沛功臣都是故旧，江山也是两大集团辅佐刘邦打下的，再来个外地且无功的戚氏外戚算什么？戚夫人是东郡人，戚姓外戚和人数占第一、第二的丰沛功臣与砀郡功臣可没什么交集。

刘邦听从张良之计加封萧何为相国，并且派出五百相国卫间接控制住萧何。这种捧杀手段，吓得萧何捐出了全部家产，算是刘邦对萧何与吕氏外戚合作的敲打。

韩信刚死，吕后又擅自将已经定罪流放到蜀郡的彭越带回到刘邦身边，逼刘邦进一步定彭越为灭族之罪。吕后跳开刘邦，直接参与前朝事务与斗争，甚至拉拢势力的动向越发明显。

汉高帝十一年（公元前196年）末，刘邦最后一次御驾亲征，征讨最后一个强势异姓诸侯英布。刘邦本想历练太子，让太子带兵去平定英布，但被吕后给硬挡下了。毕竟，太子作为吕后的独生子，若有不测，吕家外戚就会全军覆没。

恐怕刘邦此时对吕后和外戚的不满也达到顶点。尽管如此，刘邦还是听从张良之计，将出征期间的关中兵权交给太子。张良献计让萧何升任相国，让太子掌控京师兵权，是劝刘邦对两边同时加恩，以稳住两派和京师。大概刘邦已经准备好了，待平定英布后再秋后算账。

这时，刘氏已经遍地是诸侯王。平定淮南王英布后，连刘邦的第七个儿子——只有两岁多的刘长也被封为淮南王，只差第八个儿子刘建还未封王。诸侯虽然大体平定，但刘邦对朝堂的担忧越发强烈。出征期间，他不断派使者回长安询问相国萧何在做哪些事。这反常之举引起了萧何的不安，吓得萧何连忙自污以安刘邦之心。

果然，刘邦击败英布后回京，再次发出废立太子的强烈信号，而且借萧何讨要上林苑为由把他给下了大狱。

刘邦这是对外戚集团和丰沛集团同时开火。他能同时敲打两派的核心利益，倚仗的就是多年来平定异姓王的成果——到处都是刘家子弟的诸侯王。刘氏宗族已经从外围制衡了西汉中央的两大政治集团，刘邦身为大族长的实力更硬了。

第二次易储风波时，刘邦不给萧何带领的文官系统任何反应机会，先将萧何下狱。丰沛文官，也就是说丰沛的县吏派、县豪派，已然呈被刘邦弹压之势。刘邦任命武将樊哙为相国，任命武将周勃为太尉，大力提拔丰沛县民派的地位，他要用军方势力压制肯定会反抗的文官。

最关键的是，刘邦将掌管京畿禁军的关键职位中尉任命给戚姬之父戚鳃。这次刘邦说要换太子，有可能是要动真格的了。一场大清洗，似乎即将上演……但刘邦很快就停止了，因为他察觉到死亡即将来临。刘邦还是放出了萧何，恢复其相位。对太子，也借太子太傅叔孙通的谏阻和商山四皓归顺太子的由头，正式结束易储之议。

之前刘邦没想到自己会死，所以他要保证自己的权力稳固，不能让两大派系苟合，所以左右搞制衡，到处敲打。他威压外戚，逮捕萧何，大概他还想继续搞政治洗牌活动。但第二次易储之后没多久，刘邦发现自己真的快死了。刘邦的箭伤创口应该是已经感染了，不断恶化，他的身体在不断衰竭。这下刘邦不敢再折腾了，否则在权力过渡的敏感时期，就连他的大汉基业都不一定保得住。当时，叔孙通就是拿赵高与胡亥的前车之鉴来劝阻刘邦的。

最后，借着酒宴上商山四皓的露面，刘邦对着一心想让儿子当太子的戚姬说，太子羽翼丰满，他已经无能为力了。这句话的分量，实际上是让所有人都打消了对储位的心思。

看着哭得梨花带雨的戚夫人，刘邦让她跳一支家乡的舞，自己为她唱家乡歌：

> **鸿鹄高飞，一举千里。羽翮已就，横绝四海。**
> **横绝四海，当可奈何？虽有缯缴，尚安所施？**

太子就是那高飞的鸿鹄，谁能拿他怎样呢？无论刘邦这一次提出换太子是真心还是假意，他都明白了，自己贵为权威最盛的开国皇帝，也无法撼动吕氏外戚与太子的地位。太子、吕氏已经展翅高飞，皇帝又能把他们怎样？一样的无可奈何。

刘邦大概也流泪了。他难道不懂戚姬母子的命运会走向哪里吗？他当然懂，但又能怎样呢？庞大复杂的利益链下，常人不敢想象的利益格局碰撞之下，人在局中，谁能主宰自己的生死呢？史书上寥寥几笔，在现实中都是残酷的博弈。在枪林箭雨的死人堆里，在尔虞我诈的关系圈里，在波谲云诡的政治斗争里，一路摸爬滚打走到今天的刘邦，岂能不懂当局者的无奈？那悲怜的歌声，是刘邦能给予戚姬的最后安慰，也是为自己身为皇帝也无法逾越现实所发的慨叹罢了。

刘邦身后的人事布局，是为刘盈而布。换太子，只是敲打外戚集团的空话而已。连刘盈这样背后有强大政治力量且将成年的嫡子都压不住的朝局，换作更小、更没势力和背景的庶子刘如意，继位风险和政权风险只会更大。胡亥和始皇诸公子的悲剧，离当下才十来年的光景，刘邦难道不会想到曾在秦朝朝堂任职的叔孙通口中所说的秦始皇与胡亥的前车之鉴？但是，刘邦已没有时间改变这个布局了。

刘邦这些年为太子筹谋，同时，把刘如意架到火上烤，借他敲打吕氏。刘邦临死时，知道自己两次拿刘如意做易储对象敲打太子和吕氏，等于害了刘如意。但他此前为刘如意着想，让刘如意早早赴赵国封地，并让德高望重的三公之一、力阻废太子的御史大夫周昌主动降职去做赵国国相，以保护刘如意。但戚姬走不了，刘邦刚一驾崩，她就被吕后虐杀。戚姬作为皇帝的妃嫔，在皇帝活着时不可以跟着儿子到赵国当太后。不能随意更改制度的刘邦尽管贵为皇帝也保不住爱姬的性命。

刘邦希望刘盈能够稳稳地继位，也希望刘如意能作为诸侯安全地活下去。也许父亲刘邦临终前，已经和刘盈推心置腹地说过这些，希望他能保护好弟弟们。也许这就是刘盈登基后一心保护刘如意却最终没能保下从而自暴自弃的原因。这大概是父亲对他最大的期许。刘盈也怨自己，连父亲的嘱托都没做到。刘盈甚至连自己都没有保护好。

刘邦大概没想到刘盈后来死得早，他也没想到吕后能把自己仅十岁左右的亲外孙女嫁给自己的亲儿子当皇后，让刘盈至死不碰皇后，没有嫡子。当然，刘邦更想不到刘盈的几个庶出幼子——少帝和幼年诸侯王会被功臣集团屠戮殆尽。

刘邦活着时，其实他就已经闻到了即将蔓延开来的宗室血腥味，意识到了刘如意的生命危险。因为他突然发现，压下萧何后提拔上来的樊哙依然属于丰沛集团，依然是刘如意的威胁。

# 十、还歌大风

## 01 最后的挚友

汉高帝十年（公元前197年）末，刘邦的父亲太上皇病逝。刘邦曾在长安东边兴建了一座完全模仿家乡丰邑街道和住宅的城池，将家乡的邻里迁移到这里，专门陪伴思乡情切的太上皇。太上皇去世后，刘邦将这座城池定名为新丰，用以怀念自己昔日的家乡沛县丰邑。

汉高帝十一年（公元前196年）初，刘邦御驾亲征，前往代地平定陈豨叛乱。这已经是刘邦称帝的第六年，第四次御驾亲征。这个所谓的皇帝，总是没在都城宫殿里舒服多久，就要马不停蹄地东征西讨。

汉高帝十一年下半年，担心下一个被讨伐的诸侯就轮到自己的淮南王英布公开造反。这时，刘邦恰好生病了，回到都城还没休息多久，实在是没有精力再次出征，他想让太子刘盈率军前往平叛。吕后却哭着阻止刘邦说："皇上虽然得病，还可以勉强乘坐辎车，躺着指挥军队，众将会尽力辅佐。皇上虽然受些苦，为了妻儿还是要自己振奋一下。"刘邦听到这话，失望道："竖子果然扶不上墙，还是我自己去吧！"刘邦只好拖着病躯，再次亲征英布。

刘邦虽然击败英布，却在战斗中不慎中箭。这对他正生着病的衰老身体而言无疑是雪上加霜。于是刘邦先行回京，顺便拐到许久未归的家乡沛县看望乡亲，让将领分两路继续追杀英布的残余部队。

刘邦回到京师，已经是汉高帝十二年（公元前195年）年初。病情不断恶化时，他又得知了一个令他心痛的消息。陈豨的降将招供说，燕王卢绾也曾参与谋划陈豨叛乱。

最后一个反叛刘邦也是最让刘邦伤心的叛臣就是爵位最高的卢绾。刘邦原本不愿相信，于是派如同家臣一般的审食其去燕国了解情况，先接卢绾回长安。

卢绾看到吕后在一个春天之内连续主导诱杀淮阴侯韩信与梁王彭越两位诸侯，英布主动反叛又被诛灭。这些诸侯死后，其封国陆续被赐给了刘邦的小儿子们。现在异姓王只剩下燕王卢绾与长沙王吴臣。他担心吕后最终也不会放过自己，而且前来询问自己情况的又是吕后的情人审食其。卢绾担心这是吕后欲加之罪，是针对自己所设的圈套，所以坚持称病不去长安。

果不其然，审食其回去就向刘邦禀报说卢绾要造反。刘邦很生气，但仍然没有判定卢绾造反。可又有消息传来说，卢绾已经派使者去了匈奴，刘邦大怒，这才认定卢绾已经造反。但这一次，刘邦实在没有力气御驾亲征了，他终于放弃了本该由他完成的第七年第六次御驾亲征，而是让樊哙前去平叛。

可卢绾其实并没有明显的反状，只是在汉军进攻燕国时，联络匈奴得到了政治庇护，出了长城。卢绾率全家与兵卒驻扎在长城脚下，继续派使者与刘邦沟通和解释，希望能得到刘邦的宽恕。

刘邦认定卢绾反叛时，怎么能不心痛呢？四个月前，刘邦中箭后回京的路上，还专门拐到家乡沛县，怀念与卢绾等昔日老友们当年在家乡时舒心又快活的小日子呢。

惜字如金的司马迁在《史记》中给卢绾立传时，介绍到他与刘邦是同年同月同日生的世交和发小，用了三个“相爱”来描述他们两家父辈以及二人童年和青年时期的亲密关系。卢绾追随了刘邦一辈子，是刘邦能关起门说话，而且能同寝同食的挚友。

要知道，刘邦兴建都城长安前，长安乡邑就是卢绾的长安侯国。卢绾是刘邦关系最铁、最亲密的发小，刘邦有什么好处都优先紧着他封。汉王时期，卢绾就已经被封到咸阳南郊的长安邑。这里处在昔日的咸阳城边，扼守渭河南北交通的要地，是关中最富庶的区域。当时咸阳城被项羽烧毁，刘邦定都在九十里外的栎阳。司马迁在这里专门强调，汉长安就是秦咸阳，正是在说，刘邦封卢绾为长安侯，其实等同于封卢绾为咸阳侯，这是莫大的宠幸。汉朝建立后，卢绾当即被拜为三公之一的太尉，地位与丞相同尊，为最高军职。

刘邦决定建新都，征用了长安，就要徙封卢绾。恰好当时燕王臧荼的反叛被平定，燕王的位置空了出来。众臣都知道刘邦最想让自己最亲密的发小卢绾当诸侯王，于是顺着刘邦的心意推举卢绾为燕王，刘邦欣然同意。

众多诸侯王中，刘邦最信任的就是卢绾，他是丰沛集团内唯一被封王的功臣。卢绾可以说是嫡系中的嫡系。刘邦能把他放出中央执掌一方为王，是用他在外面制衡中央的功臣集团，实际上他也是最后被废的异姓王。

可是称帝后期，刘邦的策略转为剪除异姓王，“非刘氏而王者，天下共击之”（《汉书・王陵传》），只承认同姓王的合法性，连女婿张敖都不放过，降王为侯。卢绾自然就处在了一个尴尬的位置上。作为沛县集团唯一封王的刘邦最信任的丰沛乡党第一铁杆，功臣集团对他的嫉恨自不用多说。刘邦的宗室、外戚等亲族与卢绾的关系也是间接的，并不亲密。卢绾其实能依靠的只有刘邦本人，但刘邦将卢绾封王也有六年之久，相隔太远，这些年多少会生疏一些。

卢绾出于对王位的眷恋，在摸不清刘邦罢王降侯的底线以及忌惮吕后的狠毒的情况下，从利益和安全两方面考虑，最后在局势逼迫下选择暂时投靠匈奴，再向刘邦作进一步的解释。

与卢绾情况相同的楚王韩信，从汉高帝六年（公元前201年）被贬为侯，一直到汉高帝十一年（公元前196年）被吕后秘密杀害，刘邦并没有对韩信动过杀心。刘邦把韩信留在长安做侯，未必不是想让他和自己的女婿张敖一样，放弃王位就行。张敖就是放弃王位，在侯位上善终的。韩信与刘邦有知遇之情，辅佐之功。张敖更是刘邦的女婿，是刘邦年轻时老友张耳的儿子，刘邦对他们是有感情的。

刘邦在给其他异姓王制造冤案、下杀手时，毫不手软。彭越和刘邦只是协同作战过。英布更是项羽进攻刘邦据守的函谷关的大前锋，曾差点儿置刘邦于死地，后来背叛项羽才成了刘邦盟友。他们之间本来就是谈利益的，刘邦杀他们不牵涉感情。

刘邦的目标就是剪除异姓王，是要对异姓王制度宣战，而不是非要将每个异姓王都杀掉。如果作为挚友的卢绾愿意韬光养晦，甘心降爵为侯，与丰沛的老朋友们重新活络起来，也未尝不能善终。而且，刘邦最终留下了吴芮的儿子——长沙王吴臣，作为唯一的异姓王，一直传了数代，直至无后而除国。如果卢绾能早一点看清形势，恳请刘邦将他徙封至偏远小国，交出燕国，也未必不会善终。

最亲密的丰沛近臣本该风风光光地与刘邦共享富贵，做个安安稳稳的列侯，出将入相，替刘邦鞍前马后。毕竟卢绾是刘邦最信得过的人。可偏偏封卢绾为诸侯时，刘邦还没有想到剪除异姓王这一步，只想着让信任的人做王能够更加安定，替自己扩充关东力量。在预料不到形势发展时，刘邦把这唯一的挚友放出去做了王，本是为卢绾好，却没想到害了他，更伤害了两人亲密的关系。

一旦做了王，卢绾也害怕他与丰沛集团的关系疏远了，又让眼红之人和外戚集团不放心。已经封王六年，与刘邦远隔千里六年难见的卢绾，终究是无法确认刘邦的底线是要杀他还是降爵为侯。卢绾一直称病不朝，没有正式反叛，联系匈奴也只是寻求政治庇护。刘邦宣卢绾回朝，卢绾不回，在证据不足的情况下直接单方面宣布卢绾已经造反，与韩信当年的情形比较相似。在卢绾还没来得及全面起兵的时候，刘邦先出击，然后像当年对待韩信一样，待把卢绾押回京后，再宣布经调查，卢绾并没有实质反叛，降为侯爵……这也未必不是刘邦想要保全卢绾的一种可能。卢绾也没有昏头和疯狂，他的选择是等待。

由于卢绾与刘邦仍旧是挚友，有一定的互信程度，可能也留有对话通道。卢绾已经想通了，自己刚逃出长城外，刘邦就将最后一个小儿子封为燕王。刘邦主要是想推动同姓王制度，韩信、张敖、吴臣都容得下，也不必非要杀他这个发小，不是针对他卢绾这个人。刘邦在卢绾逃出长城后，立即赦免了参加反叛的燕地官吏和百姓。刘邦给卢绾发出的信号，卢绾看明白了。吕后虽然会难为他，但只要有刘邦在，他就不会有生命危险，至少也能做个侯。

卢绾最终做出选择，愿意去相信刘邦能原谅他的鲁莽。他在长城下盼望着可以回到汉朝，准备亲自向刘邦谢罪。但当时卢绾得到消息，刘邦已经病重。于是，卢绾率全家与兵卒等在长城下，期待上天保佑刘邦能够挺过去，待皇上病愈后他再回长安，向刘邦负荆请罪。

可惜，天意弄人，卢绾再也没有等到与刘邦的和解，因为刘邦终究还是驾崩了。

也许，刘邦在情感上想让卢绾回来。成年后的酒肉朋友可以背叛，但童年的挚友，已与每个人已经形成条件反射去呵护的青春回忆、自我价值密切关联，谁愿意主动抹除呢？但刘邦已经撑不下去了，他和卢绾都没有机会挽回这最后的反目局面了。

也许，刘邦临死前在理智上不想让卢绾回来。在卢绾这件事上，他已经没有力量再决定什么了……难道要在咽气前让卢绾回来，让他被吕后整死吗？

高处不胜寒的至尊之位，竟让皇帝无法保全他的一个儿时玩伴，一个同年同月同日生，一起长大，一起读书，一起生活，一起创业，一起造反，一起享富贵，一起分天下，一辈子的老伙计，好兄弟……

当驻扎在长城边上，等待消息的卢绾听闻皇上驾崩，悲痛不已。他自知归汉无望，也不会被朝堂上各派势力所容，只好黯然转身，入降匈奴。

卢绾在匈奴被封为东胡王，却仍想找机会回汉朝。只是刘邦去世仅一年后，他也病逝于匈奴。他的妻儿后来逃回汉朝。他的孙子卢他之则在汉景帝中元六年（公元前144年），作为东胡王降汉，受封为亚谷侯，终于完成了其祖父卢绾的遗愿。

这一刻，卢绾在地下，终于也有颜面去见刘邦，并向刘邦说一声："我没有背叛你。我仍然是汉臣，是一生忠于你、追随你的兄弟……"

## 02　死里逃生的樊哙

卢绾谋反，刘邦因病得比较厉害，就命令樊哙以相国的身份去燕国平叛。于是，有人私下里和刘邦说樊哙与吕氏结党，皇帝一旦去世，樊哙就会带兵把与吕氏和太子争储位的戚夫人和赵王刘如意杀死。刘邦听后勃然大怒，命令陈平与周勃去前线夺了樊哙的兵权，并立刻把樊哙斩首。

可这件事恐怕不仅仅是刘邦觉得樊哙和吕后要在他死后杀皇子那么简单。在清醒时的刘邦眼中，樊哙只是个粗人武将。但刘邦临死时听到这个说法时，樊哙已然成为刘邦无法放心的、难以控制的权臣了。

那刘邦临死前，樊哙是什么身份？二十万在外征战的汉廷精锐部队的主帅——军队之首。相国萧何被以贪污与讨要上林苑之罪下狱后，樊哙身兼相国之职——百官之首。

刘邦死后，樊哙就成为丰沛乡党的核心人物。首先，他起码是丰沛县民一派的核心，加上丰沛县吏一派的核心人物萧何刚刚被刘邦下了狱，所以一时间樊哙成了丰沛集团的主要代表。樊哙此时和刘邦在丰沛集团里的人际地位比较接近。论军权，刘邦第一，樊哙第二。如果刘邦死了，樊哙就是第一。樊哙又是吕媭的丈夫，同为吕公的女婿、吕氏的联姻对象。说句现实的话，假如刘盈和吕雉被樊哙拉下马，吕家照样是外戚。所以，樊哙此时在吕氏外戚眼里的位置，也与刘邦比较接近。刘邦是大女婿，樊哙是小女婿。如果刘邦死了，樊哙就是大女婿。

在丰沛集团内部，樊哙属于县民派武将，与萧何这些县吏、县豪出身的丰沛文官关系不够亲近。但只要刘邦一死，假设樊哙掌权，放出萧何，就能卖丰沛文官一个大人情，稳定住来自丰沛集团的压力。

刘邦的病情恶化得很快，应该是箭伤感染导致的。刘邦从平民做到皇帝，樊哙一直都是他的亲密门徒，也是性格直来直去的武将。但刘邦刚给樊哙加了一堆权力光环，就发现自己的身体快不行了。他可能猛然意识到：如果自己去世，樊哙对皇权的可替代性威胁巨大。集文武最高长官于一身，集刘邦座下两大人事集团之纽带身份于一身，这样级别的权臣即使未来不篡位，至少也是新君刘盈无法撼动的存在。何况，还有人说刘邦一死，樊哙就要先杀皇子。

刘邦自知病危，临死让陈平和周勃星夜兼程，赶去樊哙军营，杀樊哙，夺军权。周勃是丰沛集团的县民派武将，也是领兵能手。可周勃是丰沛武将中，大哥刘邦与二哥樊哙共同的小老弟。让周勃杀樊哙，周勃会干吗？周勃要是杀了樊哙，大概以后在丰沛圈里的名声也就彻底臭了，还把吕氏也得罪了。

陈平是出色的谋士，此时却仅是依附于刘邦本人的私属幕僚，而且周勃在陈平当年投身汉营时，诬陷陈平贪污、与嫂子通奸，算是与陈平结过梁子。刘邦让陈平与周勃一起去，是同时监视和制衡周勃，待周勃夺了樊哙的帅印与相印后，让两人互相牵制。但陈平也知道，杀樊哙会同时得罪丰沛集团和吕氏外戚集团。他和周勃都不傻，所以不主张杀樊哙。

刘邦给出的杀樊哙的表面理由是把樊哙视为吕后一党，认为他会杀刘如意。可刘邦还是低估了樊哙的影响力，以及陈平身为砀郡人、与吕氏为同乡的身份顾虑。陈平对此时的皇帝病危、靠山将倒有极强的不安感，已经打定主意要投靠砀郡同乡的吕氏，又怎么会真的去杀吕家的女婿？

如果刘邦是要动吕后或吕氏，为什么不直接对吕后采取措施？刘邦不一定有打击外戚的意思。即使有，也应该是全盘谋划，而不是针对樊哙一人的孤立事件。这叫打草惊蛇。刘邦只是临死时突然想到戚夫人与刘如意母子的命运以及忧虑樊哙现在的身份属性会制约刘盈，心中愤懑不安而已。陈平是出色的谋士，不会不明白这些的。

刘邦这个奄奄一息的皇帝的遗诏，没能让周勃和陈平对樊哙最终下得了手。他们只是暂时趁刘邦还活着，赶紧先卸了樊哙的军权，把他抓了起来，同时观望刘邦的身体状况。刘邦果然不久就驾崩了，陈平和周勃决定把宝押在樊哙身上。事实证明他们赌对了。

刘邦驾崩，吕后秘不发丧。陈平离开周勃与樊哙的军队，提前赶回长安向吕家解释樊哙之事。但陈平中途接到给他的诏书，让他和同为砀郡同乡的将领灌婴替砀郡吕氏守卫荥阳。荥阳就是后来的汜水关、虎牢关，扼守在中国第二地理阶梯的豁口处，是汉朝朝廷辖区和关东诸侯封国的交接门户。入了荥阳，就是后来的两汉司隶，汉朝京畿大区。

所以，陈平和灌婴两个砀郡同乡率十万部队，负责看守关西门户，锁住关东。而丰沛集团的周勃，则负责把二十万精锐安稳地带回京师。但樊哙没死，实际上这二十万军队如郦商、审食其给吕后的建言一致，是樊哙和周勃两个丰沛将领在统领。

陈平得到皇帝驾崩的消息时，又果断只留下同乡灌婴守住荥阳，自己则快马加鞭赶回长安，去和吕后表忠心，说不杀樊哙是为了吕后和汉惠帝。这是陈平表明自己站队到吕后一边而不是丰沛集团一边。或也是第一时间暗示吕后，荥阳的十万守军是坚定地站在吕后一边的。吕后这才放心，让陈平留下辅佐汉惠帝。

后来，陈平还被吕后接连提拔，一直做到丞相。毕竟，陈平和吕后是砀郡同乡。陈平借放樊哙的这个机会，向吕后示好，使得陈平、灌婴、郦商等砀郡从臣与砀郡吕氏外戚暂时结盟，成为后来吕后乃至汉文帝用来制衡垄断相权的丰沛集团之重要力量。

有意思的是，历史上有关樊哙的主要活动记录，基本到刘邦驾崩为止。吕后虽然恢复了樊哙的爵位和封邑，但这个在外戚和功臣两边都吃香的人物，仅在刘邦临死前的萧何被关押期间短暂地担任过相国，之后很快就离开了最高政治舞台，再也没有任相或掌军。

汉惠帝时期，即使是吕后掌权，对樊哙也是持压制和弃用策略。匈奴单于向吕后写羞辱信的时候，樊哙想借机主动领兵出征，但吕后宁可倾向作为归依散臣的项羽旧臣季布，也不给樊哙一点面子和机会，没有采纳樊哙的主战意见。吕后虽然不会杀他，但仍延续了刘邦临死时打压樊哙的思路。吕后也不傻，其实也能看明白樊哙这个多方纽带人物的潜在威胁。

## 03 往事随风

> 酒酣，高祖击筑，自为歌诗曰："大风起兮云飞扬，威加海内兮归故乡，安得猛士兮守四方！"令儿皆和习之。高祖乃起舞，慷慨伤怀，泣数行下。谓沛父兄曰："游子悲故乡。吾虽都关中，万岁后吾魂魄犹乐思沛。"
>
> ——《史记·高祖本纪》

最后一次出征讨伐英布时，刘邦中了箭，身体每况愈下。返京路上，他专门绕道回到了故乡沛县。他带着家乡的孩子们一起高唱他写下的《大风歌》，并亲自击筑伴奏，又随乐起舞。慷慨悲歌之后，他含着泪对家乡父老说："游子悲思故乡。我虽然定都关中，但我死后的魂魄，还是会追随着对故乡的爱，回到沛县。”

刘邦是在西安的汉长乐宫离开人世的。而他的灵魂是否真如他临终前的遗愿，最终回到了他心心念念的故乡沛县？

> “且朕自沛公以诛暴逆，遂有天下，其以沛为朕汤沐邑，复其民，世世无有所与。”沛父兄诸母故人日乐饮极欢，道旧故为笑乐。十余日，高祖欲去，沛父兄固请留高祖。高祖曰：“吾人众多，父兄不能给。”乃去。沛中空县皆之邑西献。高祖复留止，张饮三日。沛父兄皆顿首曰：“沛幸得复，丰未复，唯陛下哀怜之。”高祖曰：“丰吾所生长，极不忘耳，吾特为其以雍齿故反我为魏。”沛父兄固请，乃并复丰，比沛。
>
> ——《史记·高祖本纪》

回到沛县，与父老乡亲一起怀旧畅饮，并休养箭伤十几天后，在沛邑父老的劝慰下，刘邦原谅了曾经为雍齿而背叛自己的家乡丰邑，不再耿耿于怀。他决定取消此前对沛邑与丰邑的差别对待，也免去了丰邑的税赋。

刘邦回到长安，他感觉到死亡的临近，于是他派人给秦始皇等几位绝后的前代帝王守陵，四位诸侯王陵各派十户人家守，秦始皇陵派二十户人家守。另外，他还给自己少年时一直仰慕的魏公子无忌也派了五户人家守墓。

刘邦随性不拘，大概最怀念的还是昔日在家乡小邑中斗鸡斗狗的快乐生活吧。此时的刘邦，身为帝王，回首一生功业，仿佛突然理解了因其他帝王同样的高处不胜寒，理解了身为帝王的无奈。在这空旷而又森然的豪华宫殿中，他只看到了英雄日暮时，那最后一缕渐暗的斜阳……

在他临死前两个月，他的挚友、燕王卢绾逃出长城外，最后一个威胁皇权的异姓王被剪除了。他把自己的第八个儿子——最小的幼子刘建，也封成了诸侯王。至此，从二十多岁的长子刘肥到仍是幼儿的刘建，刘邦所有的儿子都成为诸侯王。

起兵近二十年来，刘邦从一介布衣平民，到少年游侠，到秦朝小吏，再到落草为寇，到自立沛公，到砀郡长、武安侯，再到汉王，到诸侯盟主，最后成为皇帝。这逆天改命的一生，看起来贵不可言的一生，何其畅快，何憾之有？终于把最小的儿子也推上王位时，他或许就已经没有继续支撑下去的意志了。

毕竟，在这马不停蹄、东征西讨、奔波劳碌的一生中，想做的都做完了，还有什么可留恋的？偌大的宫殿，他驻留过几天？终究只是留给子孙们的产业。富有四海，他享用过多少？他终究只似历史手中一枚奔劳至死的棋子。芒砀山起兵，夺取沛县，灭秦战争，楚汉战争，剪灭异姓王战争，一直到他死的那一年，他始终在路上，与军队一起。为自己创下的这份家业，为自己身后的儿子们，一直在路上，无法停歇……

他超过昔日他口中的那位"大丈夫"秦始皇了吗？做出不得已妥协的他，用尽一生的努力，最后才刚好企及秦始皇二十六年（公元前221年）丞相王绾请封始皇诸皇子为诸侯，以及秦始皇三十四年（公元前213年）淳于越请封始皇诸公子为诸侯的历史标尺。

二十年前，出身原生贵族的秦始皇只要点点头，就可以轻易实现同姓王郡国并行制，但秦始皇不答应。历时二十年，出身布衣的刘邦历经艰辛，与天下英豪不断周旋作战，九死一生，才终于在临死前两个月把最小的幼子封王，最终做到被秦始皇拒绝的分封诸子之议。

刘邦大概从未想过要超越秦始皇。他出身农民，他只想让他的每个儿子都能继承到一份不薄的财产。刘邦见证了秦始皇身后子孙全部惨死的历史悲剧，他肯定不愿意做那样的皇帝……他想让他的儿子们体体面面地活着，守住他一刀一戟打下的江山。

回到长安后，刘邦对想要给他医治的太医怒道："我以一介布衣，手提三尺剑定取得天下，这不是天命吗？命运由天，虽扁鹊又如何！"刘邦赐给太医五十金，从此便拒绝医治不断恶化的箭伤，静待死亡的来临。

连最后一个没当上王的小儿子也当上王了，刘邦大概觉得，他该做的、能做的都做完了。他在楚汉战争时就慨叹过："天下纷纷，何时定乎？"这之后又奔劳了近十年，他累了，太累了，不想再征战了，想休息了，是真的想合上疲惫的双眼了……

如果没有秦汉之变给予的机遇，有谁会知道，这个本该是史书上无名的小吏，乐观开朗的外表下，心中曾有多少不为人知、怀才不遇的委屈苦闷。有谁会知道他心有雄才大略，又有谁会在意，他叫刘季，还是刘邦……

可到头来，这梦幻般的人生，只是用另一种看起来“贵不可言”的方式，像自己的父亲那样，给儿子们置点家业，留点财产。苦与累，不过都是为了这个家，为了八个儿子。置家四海，还歌大风。在生命的尽头，比起皇帝，刘邦更像一个父亲，更像一个远望故乡的游子。

汉高帝八年（公元前195年），汉太祖高皇帝刘邦驾崩于长安长乐宫，葬长陵。

汉惠帝元年（公元前194年），赵王刘如意被害。汉惠帝七年（公元前188年），汉惠帝刘盈病逝。汉高后八年（公元前180年），刘邦第四子刘恒登基，是为汉文帝。至此，刘邦八子，或被害，或薨逝，只剩下刘恒和刘长两人。

刘邦心心念念地让儿子们继承自己的家业，害怕他的儿子们会像秦始皇的那些“匹夫”儿子们一样被屠戮。可他还是没想到，分封诸子为王，其实也是为儿子们招祸。杀死秦始皇与汉高祖孩子们的，不是某个人的意志，而是权力的意志。

历史，就是这样残酷。只是写它的人，总想让它更像一篇英雄的童话，拥有一个完美又振奋的结局。

# 第三章

# 文景的缓进

# 一、吕氏覆灭

## 01　妻子的报复

刘邦驾崩后，吕后拖延多日不敢发丧。当时的局面是，陈平与灌婴这两个吕后的家乡砀郡籍大臣率十万防守军队驻扎在荥阳，即西汉朝廷直辖区与关东诸侯分治的前沿关卡，而丰沛集团的樊哙和周勃则掌握着在关东平叛的二十万汉朝精锐主力部队。所以，与外戚集团交好的又一位砀郡籍大臣郦商，赶紧找到外戚集团的核心人物——吕后的情人和谋主审食其说明形势。他们说服吕后不要在这种形势下搞政治肃清。吕后也明白过来，不能和功臣集团硬碰硬。

陈平快马加鞭赶回皇宫，告知吕后周勃正押送樊哙回京，灌婴驻守荥阳，军队形势非常稳定。太子刘盈继位已成定局，吕后明白周勃和陈平都决定向新帝臣服，很是宽慰。于是，吕后让陈平“傅教孝惠”，让他辅佐与教导皇帝，并任命他为郎中令，为九卿之一。原为刘邦个人幕僚的陈平从此投吕。

汉惠帝刘盈即位后，从萧何到曹参，丰沛集团一直垄断着相权。刘盈见到接任萧何为相国的曹参终日饮酒作乐，不积极作为，曾婉转地通过他的儿子曹窋，问曹参为什么不积极配合皇帝的工作。结果，曹参直接回怼惠帝：“我不如萧何，你不如刘邦，咱俩都不行，萧规曹随吧。”

高风亮节，无为而治？身为臣子，当面说皇帝水平不行，而且认为无过即是功，还暗示皇帝不应该对人事工作有任何插手和调整的意图。这种话也就只有对刘盈这种好脾气的少年皇帝可以一说。刘邦刚死才几年，皇权的威严竟跌落至此……面对掌控相权的丰沛集团的非暴力不合作，刘盈很无奈，只回了一句：“好吧，您继续休息吧。”

吕后此时正在为儿子攒人马。吕后的同乡，砀郡陈平利用逆旨不杀樊哙，向吕后外戚集团表明归附。砀郡的郦商则在刘邦驾崩的关键时刻为吕后出谋划策，其家族也与吕氏族人亲善。连项羽的旧部季布，也在朝政中有了重要的建言机会，并为吕后所赏识。叔孙通和张良原本就是太子的老师，这时也站在惠帝一边。砀郡的灌婴也在惠吕两朝积极侍奉皇帝与太后。砀郡从臣与归依散臣，成为汉惠帝时期的重要集结力量，是皇帝与吕后的盟友。

可占据上风的，依然是长期垄断相权的丰沛集团。但在丰沛文臣与砀郡文臣两派相衡、外有封藩的状态下，朝局倒也确如曹参所说，基本稳定。吕后在惠帝继位的七年里，并没有像后来那样疯狂地提拔吕家子弟，挤压丰沛集团。因为刘盈是嫡子继位，正统性很强，天下咸服，地位较为稳固。

惠帝执政这些年，吕后没太折腾，主要还是报复曾经威胁她们母子的人。吕后第一个杀的就是曾经与刘盈夺嫡的赵王刘如意。刘盈知道母亲要杀弟弟，还千方百计地保护刘如意，但最终没能护住。

刘如意的母亲、刘邦最宠爱的戚姬，原本被吕后囚禁为奴，却整日唱着哀怨的歌曲。吕后杀死赵王后，将戚姬剁掉手脚、挖掉眼睛、戳聋耳朵、割去舌头、毒哑声带，然后扔到茅厕里，虐残为人彘，还让汉惠帝去看人彘。

汉惠帝心地善良，觉得父亲在时纵有政治争端，但终归都是一家人，是亲人。惠帝看到昔日艳丽动人、能歌善舞的戚夫人竟被母亲如此虐杀，彻底崩溃了。

吕后是刘邦的原配妻子，父亲吕公放着县令不让她嫁，硬是把她许配给一人吃饱全家不饿的刘邦。刘邦混社会混到带朋友蹭大哥家的饭，让嫂子刮锅底给脸色看，可见谈不上富贵。吕后父亲让吕后当自己是刘邦的箕帚妾，必须一心一意地侍奉夫君。刘邦虽然此前并没有娶亲成家，但在外边勾搭女人，有一个私生子刘肥。吕后嫁给刘邦，头一胎只生下一个女儿鲁元公主，她在家族中的地位恐怕不高。很多年后，吕后才又生下唯一的儿子刘盈。

之后，刘邦就落草为寇，需要吕后不停跋涉，带人进山给刘邦这群人送粮、送衣。此后，刘邦又成为沛公和武安侯，西征伐秦。吕后在家乡侍奉刘邦父亲，照管全家。好不容易听说自己的男人伐秦成功，将成为诸侯王，全家都要苦尽甘来时，刘邦却又得罪了已经成为诸侯盟主的项羽。项羽的都城就在沛县旁边的彭城。这下，全家都被抓走，成了项羽的人质。

这些年，刘邦只派了家臣审食其在老家协助吕后照料亲人。审食其一直跟随吕后受难，而刘盈其实在汉高帝二年（公元前205年）就已经回到刘邦身边。吕后经历了楚汉战争打得最激烈、项羽差点儿阵前烹杀刘邦全家的最危难的几年，刘盈并没经历。直到刘邦称帝的前一年，吕后才被项羽放归汉营，成为真正的王后。

当刘邦搂着戚姬甜蜜时，吕后正作为朝不保夕的阶下囚，替刘邦承受着苦难和代价。当爱妾戚姬诞下刘如意时，刘邦为了逃离项羽的追击，差一点就把吕后的两个孩子都推下马车抛弃。这是要吕后的命啊。

回到刘邦身边的吕后又得到些什么呢？她已年过四十，人老珠黄，常被刘邦反感，夫妻间早已没有什么甜蜜可言。甚至她与共患难的审食其成了情人，聊以慰藉，刘邦心知肚明却根本不在意。刘邦的心思全在戚姬身上，只要面子上过得去，妻子在外边跟谁好，他都无所谓。吕后身为糟糠之妻，陪伴丈夫度过了最艰难的岁月。但当丈夫终于成为头顶紫气祥云的不世英雄后，除了一个正妻的名分，其他方面已经全然不在乎自己。甚至自己的儿子也屡屡因丈夫陷于宠妾的甜言蜜语而身处存亡险境。这对一个女人和母亲的伤害，是非常大的。

刘邦终于死了。吕后积压十几年的怨恨，全部发泄在戚姬身上。但善良且天真的刘盈，即使见过战争的残酷，却何时见过家人之间的这种歹毒的虐杀行为？况且这位让自己瞠目结舌的毒妇竟是那位谆谆教导自己的慈爱母亲。

哪怕是正常处死戚夫人，都不会让刘盈的人生观、价值观、家庭观、亲情观瞬间崩塌。刘盈见到戚夫人的惨状，精神崩溃，当场大哭，一病不起一年多，身体从此逐渐垮掉。他突然不知道该如何面对自己这位惨无人道的母亲，甚至不知道该如何面对去世的父亲，如何面对自己。

吕后大概也没想到，她的所作所为会报应在儿子身上。她可能后悔了，但身为一个政客，这条路仍然要往下走。儿子的身体越是孱弱，吕后就越要杀掉刘邦其他的儿子们。

下一个，就是刘邦最年长的庶长子刘肥。这时，汉惠帝又站出来了，他察觉到母亲想在酒宴上毒死大哥刘肥，竟主动要喝毒酒，逼得吕后只得作罢。刘肥见吕后如此狠毒，只好通过割地讨好妹妹鲁元公主，才让吕后放过了他。

吕后见已经被吓得大病的儿子如此呵护兄弟们，而且刘盈的贤名恐怕也已经传开，这才罢手，十几年没有再杀刘邦的儿子。

不过惠帝与吕后执政的十五年里，刘邦所封的诸侯王儿子们年龄普遍都小，威胁不大。到了吕后执政后期，她又封汉惠帝刘盈的几个幼小的儿子、自己幼小的外孙以及吕氏族亲为王。关东的多数诸侯王们常年“长不大”。而且她分封的这一批集中在京师的诸侯王，不去封地，有名无实，在吕后去世后被一网打尽。然后，汉文帝朝又迎来了一波“幼儿诸侯潮”。

吕后有能力和意愿弄死那些刘邦所封的黄口小儿同姓王。吕后的个人盘算是让诸侯王普遍年幼化，受制于朝廷，这其实对汉廷的稳定起到了关键作用。有了诸侯无事的前提，才有惠吕时期的无为而治。

当然，在吕后临死的前一年，她感觉自己的身体快不行了。而此时，她的孙子西汉后少帝还只是个孩子。她一咬牙，在汉高后七年（公元前181年），逼刘邦的第五子刘恢自尽，饿死了刘邦第六子刘友。刘邦的第八子刘建也突然死亡，吕后又派人杀掉了刘建唯一的儿子。加上刘盈与刘肥之前就已经病逝，刘邦的八个儿子此时就只剩下第四子刘恒和第七子刘长。刘恒是因为擅长守弱退让，刘长则是生下来就失去母亲，由吕后一手带大，有情分在。

因为妒恨、猜忌之心，吕后常将自己和家族置于险地。吕后不得不铤而走险的原因，还是因为她吓垮了自己的儿子惠帝刘盈，导致刘盈二十多岁就英年早逝。她不得不扶持幼弱的孙子为帝，自己临朝称制，咬着牙硬撑时局。

## 02　惠帝之死

刘盈十六岁继位，二十三岁去世，没有嫡子。因为吕后恐惧到让儿子娶了十岁出头的外甥女张嫣为皇后，而刘盈根本无法接受。

吕后为什么让自家近亲搞乱伦呢？那个年代，入仕选拔的制度和渠道尚未形成。巨大的官职利益链，主要掌握在开国功臣群体手中，尤其是垄断相权的丰沛集团。皇帝能够名正言顺选择的皇权支撑力量，除了宗亲，就是外戚。在当时的历史条件下，异姓掌权后更危险，就算想要广揽贤才，也只能在亲中选贤。

外戚就是皇族需要仰仗、必须仰仗、方便仰仗、合理仰仗、放心仰仗的，补充高层官僚职位的最重要的渠道之一。这是从汉初持续到汉末，即使出了王莽这种外戚篡位的鼻祖，皇帝也没法舍弃外戚这个工具的原因。后世朝代，造纸术、印刷术逐渐成熟，强势的士大夫阶层形成，各种制度性制衡设计都完善后，这些后世士大夫总是批判两汉重用外戚的弊端和漏洞，实际上是不谙时情，以今度古。外戚力量是汉初皇权构架最重要的支撑方，而且在当时是合情合理、合礼合法的。

所以，在人丁单薄的刘邦嫡脉中，吕后宁肯舍了老脸，让家族乱伦，也要堵住新的外戚进入渠道。否则，吕氏的权力就会直接分流到皇后一支的外戚手中，这是吕后非常害怕的。汉朝刚刚建立，人事格局不稳，各方利益集团强大。失去刘邦个人权威的皇权骤然趋弱，根本没有能力维持现有的利益格局和政治秩序。后来历史已经证明，吕家这种外戚即使一度攥着最高权力，一旦失势，那都是要亡族灭种的。

鲁元公主至少在汉高帝五年（公元前200年）已经嫁给张敖，她的年龄比弟弟刘盈至少要大七八岁。母亲不在身边的几年时间，都是十来岁的姐姐带着几岁的弟弟熬过来的。尽管吕后让惠帝强娶张嫣为后，而且后来千方百计地想让张嫣怀上嫡子，但要刘盈和姐姐的孩子有夫妻之实，他是无法接受的。

汉惠帝其实和后宫嫔妃生有好几个庶子。偏偏就是这位外甥女张皇后，一生无子。

年轻的汉惠帝在位时没有做什么惊天动地的大事，而是把权力基本交给了母亲，他只是依照父亲的遗愿保护兄弟。除了刘如意母子外，其他兄弟他算是暂时保下了。

刘盈受到人彘惊吓后，一直体弱多病，终于还是驾崩了。这个少年皇帝其实没有过过几天安心的日子，处在权力中心，他一直担惊受怕。功臣集团不配合，外戚集团拿他当傀儡。

作为皇帝，他虽然没能振作起来。但是，他也主导干了一件事——修建汉长安城的城墙。现在，还可以看到这座城墙昔日夯土砖块纹路的断壁残垣，默默地隐在西安市郊的荒草间。刘盈的陵墓叫安陵，与疑似赵王刘如意陵的封土紧挨着，与父亲刘邦的长陵距离最近。长、安二陵，合起来，就是长安。善良的刘盈，是一个好儿子，是一个好哥哥，却生在帝王家，终究没能力做一个合格的皇帝。

吕后终是没等到张皇后生下嫡子。刘盈一死，她就不得不让尚是孩童的刘盈庶子继位，是为前少帝。她自己作为太皇太后临朝称制，直接独掌大权。但她又偏偏杀了这个庶子的母亲，这让前少帝憎恨张皇后与吕后。吕后不得不废杀前少帝，又改立刘盈的另一个庶子为后少帝。这样一折腾就埋下了法统危机，为后来功臣集团反攻倒算、强说小皇帝并非刘盈亲生子提供了理由。吕后的恐惧与毒辣，反而让吕氏家族踩了更多的雷。

主少国疑，吕后又在衰老，丰沛集团仍然尾大不掉。而刘邦的大多数儿子都不是吕后所生，不会坚定地站在自己这个曾经残害刘邦骨肉的嫡母一边。只有吕家才是吕后最放心的势力。

吕后无奈地顶住压力，强行分封吕姓王。原本天下都已经认同了刘邦的非刘氏不王，现在吕家要封王，这是明显的倒行逆施。这对陈平、周勃等人而言，又是个选边站队的节骨眼。

继萧何、曹参两代丰沛集团县吏派垄断相权之后，吕后终于在汉惠帝六年（公元前189年）将汉初独相制改为秦时双丞相制。丰沛集团的县豪派王陵此时任首相，吕后的砀郡同乡陈平也终于被吕后扶到次相的位置上。

丰沛集团虽然盘根错节，但县吏派毕竟一直是文官系统的轴心力量。吕后让当初与刘邦最疏远的县豪派担任首相，让普遍为武将的县民派周勃担任太尉，算是侧面分化丰沛集团，让萧何与曹参等经营相权与文官系统近二十年的县吏派暂时被压制，并且让砀郡从臣也分走相权。

汉惠帝七年（公元前188年）刘盈驾崩时，陈平有些犹豫，不知道该站在丰沛一方还是吕后一方。已经隐退的留侯张良之子，侍奉惠帝的侍中，年仅十五岁的张辟彊，大概背后有其父张良的指点，主动提点陈平说，不哭刘盈，背后原因是她担忧陈平这些功臣不牢靠，只有将禁军兵权交给吕氏子弟，她才能放下心。张良家族给陈平传递了这个重要的信号，陈平一听就明白了，张良是劝他站队吕后。张良与陈平是当世的两大谋士，陈平怎能不听张良计策？于是，他立刻利用丞相的职权，任命吕家子弟掌握京师和禁宫兵权。吕后心安，终于为自己这个早亡的、唯一的儿子放声大哭。

有时候历史的细节就是这么有意思，吕后哭儿这个事件，为什么是张辟彊告诉陈平，而不是其他人？因为这个三言两语的小小对话，其实高度浓缩了惠帝党张良与陈平两个核心要员和代表，在这个皇帝驾崩、权力最不稳固的时间点，人事即将迎来剧变期，对该群体自身命运的讨论和决议。

陈平等砀郡从臣再次选择与吕后合作，主动投向吕氏外戚集团。而周勃这个在丰沛集团内原本被文官系统边缘化的县民派，得了吕后拜他为太尉的好处，也站到吕后一边，支持封吕氏为王。

反对最激烈的是丰沛集团的台面人物王陵。所以他被吕后彻底扫地出门，卸了相权。陈平当了首相，吕后的情人、外戚集团中同样出身沛县的审食其任副相。陈平和周勃站在吕后一边，被说成是陈平和周勃忍辱负重，准备日后兴刘，这类说辞看看就好。因为他们即使能把握好权力分寸，但能保证自己一定能活过吕后吗？简直就是开玩笑。他们只是想坐定分配当下的利益而已。

所以，在汉惠帝驾崩前后，吕后利用了丰沛乡党的复杂性，对丰沛集团有所分化。在丰沛集团内被边缘化的刘邦门徒、县民派周勃，是支持分封诸吕的。之前的丰沛县民派的核心樊哙又是吕后的妹夫。所以，此时在丰沛集团中不占主要位置的周勃替吕后站台，支持吕后大封吕家为王为侯，是在趁机扩大县民派的影响力。

至此，汉惠帝驾崩后的权力动荡局面才算是稳定下来。

## 03 诸吕之亡

可是，吕后中途换了一次皇帝，动摇了法统。而且，吕后没能熬到后少帝长大。汉高后八年（公元前180年），吕后一死，砀郡从臣反而和丰沛功臣集团彻底站在一起了。

其实，砀郡从臣的代表陈平自从靠站队到外戚集团取得了吕后的支持，获得了相权后，也深知吕后年老，丰沛集团的力量不仅强大，而且是具有可持续性的，只是暂时蛰伏。吕氏外戚是靠吕后的血缘纽带暂时代理皇权，一旦作为血缘纽带的吕后死了，吕氏继续执掌皇权的合法性就不在了，丰沛集团肯定还是要反攻倒算的，陈平也一直很担心未来。

这个时候，归依散臣中善于游说和雄辩的纵横策士陆贾，为陈平谋划了结交周勃以图未来的策略。毕竟，陈平是谋士，而陆贾是策士，策士是纵横家，擅长游说各方，合纵连横，更懂得如何搞人际关系。最终，在陆贾的谋划下，陈平与曾经在刘邦面前构陷过自己的周勃暗地里站到了一起。只待吕后一死，陈平与周勃就会合力扳倒吕氏外戚集团。

张良、陆贾这些归依散臣屡次帮助陈平出主意，实际上也是在选边站。砀郡从臣的实力弱，一旦砀郡吕氏外戚倒台，砀郡从臣势必又会被丰沛集团边缘化，而这些刘邦时代的归依散臣更是会作鸟兽散。归依散臣见陈平是第一个也是当下唯一一个非丰沛集团出身的丞相，于是借这些时机相继向陈平代表的砀郡从臣靠拢，抱团取暖。后来，陈平还给了陆贾钱财和人马，让陆贾奔走于公卿之间，后来的陆贾俨然已经是陈平势力的核心人物之一。

诸吕之乱，怎么看都是吕家傻乎乎地被瓮中捉鳖了。至为关键的人物，矫诏将皇帝符节交给周勃、陈平的纪通，就是丰沛系子弟。而设套让吕氏三王交兵权回封地的，则是砀郡从臣郦商的儿子郦寄。郦寄本是吕禄的好友，他在这场政变中出卖了吕禄。之所以说吕家对形势认识不清，主要是他们没看清砀郡从臣一系的立场变化。

吕后活着时，打压丰沛集团第三代丞相王陵，让吕氏夺了相权，将副相之职分给砀郡从臣的陈平。吕家外戚一直认为砀郡从臣是站在自己一边的，甚至在吕后死后还这么想。所以，吕禄在内倚重砀郡籍陈平，对外则令砀郡籍灌婴为将，阻挡诸侯王的进攻。结果却是陈平在内协助丰沛集团新一代的领军人物周勃夺取京师兵权。灌婴在外临阵倒戈，就地安营，转而逢迎和安抚藩王，策应周勃在内的反吕行动。这标志着砀郡从臣对吕氏外戚系的全面倒戈。

周勃能成为这一代丰沛集团的关键人物，在于灌婴与周勃交好，陈平也与周勃交好，三人成为关键时刻有决定性影响的团体。当失去吕后这一权威人物和政治纽带后，融合了归依散臣的砀郡从臣，决意融入更稳固的丰沛功臣集团。

此时，作为诸侯的刘家子弟，无不磨刀霍霍进中央抢夺帝位。主少国疑，诸侯王无法忍受庶出的幼儿为帝。没了吕后的吕家外戚，尤其是名不正言不顺的吕氏封王，本就惹得天下的舆论声讨，是刘姓诸侯王最天然的讨伐借口。

本来最强势的吕氏外戚，现在简直成了一块专招苍蝇的无用腐肉，失去了起码的合法性，成了天然靶心，朝廷各派谁还会保他们呢？吕后当年其实也是为了自己的安全，坑了后来的侄子们。当诸侯夺位的全面战争爆发在即，同样代表朝廷利益的丰沛功臣周勃与砀郡陈平，为了朝廷的稳固，不得不握手言和。他们以迅雷之势消灭了吕家势力，并将吕氏改立的刘盈庶出之幼帝称为野种而杀死。他们同时安抚和拖住各方诸侯王，在内利用刘章，对外许诺麻痹刘襄等强势藩王。实际上，他们是在暗地策划让没有太强背景的弱藩诸侯入京城继位。

如果要问陈平、周勃代表的归依功臣集团和丰沛功臣集团为什么要做得这么绝，其实也是现实困境所迫。很多学者把诸吕之乱解释为吕家的跋扈，或者陈平、周勃的野心，未免流于表面和阴谋论。事实上，平定所谓的诸吕之乱并未给此二人带来更多的权力好处。

诸吕之乱其实是以齐王刘肥之子刘襄、刘章、刘兴居代表的最先成年的刘邦孙辈，试图以主少国疑为由发动的诸侯王军事夺位事件，这是七国之乱的一次提前预演。如果战争打响，最相似的案例莫过于明初的靖难之役。其实，汉朝朝廷此时面临的困境比已经成年的明朝建文帝更为紧迫。汉朝能够成功平稳地过渡，不至于大起战端，是因为朝廷官僚集团在面对外藩威逼的求生本能下，力保朝廷这棵庇荫开国功侯群体的大树稳固。同样是布衣皇帝的朱元璋，却更信亲亲之道，早早地就通过三大案毁掉了朝廷官僚集团的实力基础，以致建文朝时书生当国，年轻的皇帝专断，朝廷无将可用。但汉初的代价，却是刘盈这支皇族嫡脉被功臣集团牺牲。这是汉明两代面临藩王叛乱压力，结局走向不同的根本原因所在——权力制衡方向不同。

吕后作为开国嫡母，最后的皇族权威人物，尚能维系主少国疑的中央与地方宗王的脆弱平衡。吕后一死，可以说，众诸侯王以刘盈幼子身份存疑和吕氏外戚专权为名的发难将会集中爆发，多路诸侯发兵夺位已是箭在弦上。此时，少帝又控制在吕氏手里，从内部局势来说，陈平为首的砀郡从臣倒戈，外戚和丰沛的制衡局面已被打破，丰沛集团也被掌握京师兵权的吕氏所提防和排挤。无论吕氏外戚与刘氏宗亲之争是胜还是败，丰沛集团如果不主动出击，都如同坐以待毙。

砀郡从臣和丰沛元从作为刘邦旧臣，同属汉初开国功臣集团的组成部分，代表着汉初的军功受益阶层，他们的权力来源与外戚和宗亲都不相同。随着时间推移，开国老臣逐渐凋零，而功臣子弟都是混京师的，其地域标签会逐渐淡化，两派合流其实是大势所趋。他们法理上的权力来源是列侯制度，实际上是一根绳子上的蚂蚱，因此在维护中央权威与稳定政治利益上是高度一致的。如果任由任何一个封王以武力夺得大位，局面恐怕都会像后来靖难之役的结果一样——朝廷官员大清洗。

吕后死时，皇帝只是个孩子，各大诸侯国准备随时借诛除吕氏的名义，发动对朝廷的内战。这个时候，一旦带着自己独立班底的诸侯王来了，无论是哪派开国功臣，都会树倒猢狲散。

周勃与陈平如何不怕？与其坐以待毙，不如先下手为强。他们采取了比起战争更稳妥的方式——坑幼主，坑吕家，骗藩王。他们先拿掉合法性存疑的幼儿皇帝和刘盈一支的吕家外戚，堵住各路藩王必然会喊出的两个口实和旗帜。吕后临死时让吕产为相国，位在陈平与审食其两位丞相之上，是在侵夺相权。于是，周勃与陈平合作，抢先一步诛杀吕氏。又在迎合强藩的假象下，迅速拥立一位实力较弱但辈分高且为人贤能的长君，造成既成事实，让强藩师出无名。于独占拥立之功的他们，于免于战祸的天下，这是最好的结果。结局也正是如此。

吕氏被铲除，功臣集团把代王刘恒迎到了长安城，然后杀掉了汉惠帝的庶出幼子后少帝刘弘以及其他几个庶子幼王。最令人唏嘘的是，亲手诱杀刘盈的几个儿子、行绝刘盈之后的人，正是当年不顾性命把刘盈从车轮下救出的夏侯婴。当一个人有了妻儿，有了事业，有了家产，有了依靠自己才能稳定生活的亲朋，有了身后一缕缕利益链条时，他就不再是当初那个纯粹的人，不再是一个可以高喊对错道德的人，而是一整个利益链中不能崩断的螺丝钉。史书寥寥几笔，背后是无数豪门亲朋之性命身家。

你死我活的图存斗争中，浓浓的血腥味蔓延开来。

# 二、弱王进京

## 01 血色皇位

就在齐王刘襄以为自己能得到帝位时，长安的功臣集团却私下联络了代王刘恒，希望他来长安做皇帝。作为小国代王的刘恒，对自己为何能被立为皇帝反复思考过，并让近臣推理原因。

代国的郎中令张武说得很直接，他认为周勃、陈平这些开国功臣都老奸巨猾，现在已经血染京城。迎立代王，肯定有不可告人的阴谋和目的，不能轻信妄动，要静观其变。

代国中尉宋昌的看法是，从汉高祖打天下到现在，海内大定，人人自安，是汉统与刘氏正得人心之时，所以周勃、陈平等人才能轻而易举地铲除凭借权力狐假虎威、外强中干的吕氏。现在，朝廷内部有一批身为刘氏宗亲的官员和功侯，地方上有各路刘姓诸侯王，那些开国功臣不敢也做不到摆控皇帝。而且，代王现在是高祖仅有的两个儿子里最年长的，治国贤能闻名天下，那些功臣们也是想靠棵大树好乘凉。他让代王不用质疑。

不得不说，宋昌的眼光非常精准。他真正看清了汉初各方制衡局势的关键要害，真正清晰地洞察了时势。开国功臣集团受制于外部的刘姓宗亲势力，而外部的刘姓诸侯又受制于强势的朝廷中枢。融合分封制和宗法制的同姓王郡国制度，让皇族迅速开枝散叶，帮助皇权克服了出身布衣、缺乏家族声望、主少国疑、权臣易现、诸侯易变等不利稳定之因素。前几代的不稳定局面被逐步改善，形成了以刘氏为核心的政治平衡态势。

但代王刘恒心中仍旧不安，他和母亲商量，让人占卜，并派出自己的舅舅去长安，与正在合作的丰沛功臣代表周勃和砀郡功臣代表陈平面对面地谈，摸清各方的立场和态度，深入了解这次迎立的目的。结果是，王舅回到代国，向代王明确了功臣集团的诚意。

从后来的事件走向看，功臣集团也是真心拥立小国出身的长君、贤君的，这毕竟是对他们自己、对朝局都最优的平衡点。否则，功臣集团将面临的是不可控的内战。功臣集团内部对拥立谁为皇帝有过商议。齐王刘襄在灭诸吕行动中给予吕氏的外部牵制最大，其弟刘章又代表他在朝中任职，是诛杀吕产的直接功臣。刘襄是刘邦的长子长孙，刘盈嫡脉已绝，立刘襄倒也合情合理合法。但刘襄在齐国有自己的班底，诸吕之乱也是因为他发兵催动，他的齐国外戚又很强势，功臣们实在不想再引狼入室。刘恒为人隐忍不争，他的母亲薄太后又没有什么势力，而且比较通情达理、安分守己。刘恒作为刘邦在世的两个儿子中最年长的，继位也很合理。于是功臣集团打定主意，迎立刘恒。

代王刘恒吃了定心丸，向京师进发。即将到达前，他仍非常谨慎地叫人先进城查看局势，才踏入长安地界。此时，群臣给了代王盛大的恭迎仪式，刘恒也亲自下车回拜，向群臣表明了自己的贤德和对诸位重臣的尊重。但周勃却带着玉玺，希望私下交给代王，被刘恒拒绝。代臣宋昌站出来，以“王者不受私”（《史记·孝文本纪》）为由，让太尉当着群臣的面奉上玉玺。这说明刘恒此时仍高度警惕，怕被控制，传达了自己执政的独立意志。而且，刘恒大概已经定下朝堂人事策略的基调，即尽可能不让周勃占据更多的拥立之功，尽可能地压制丰沛功臣。

进入长安城到达代邸后，刘恒的人身相对安全。进行了礼仪性的退让后，他便在群臣的拥立下继位。

要说功臣集团也算是极其狡诈和狠辣的，张武所忧也不是完全没有道理。毕竟，功臣集团把控长安已经二十年了，他们是先将代王迎入长安，才进行清宫，迁出并杀死少帝的。这是功臣集团留的后手。行此绝刘盈之后之人，正是当年冒死将刘盈从车轮下救起的夏侯婴，以及齐王之弟刘兴居。齐王一派见刘恒继位大势已定，只好借此清宫行动表态支持刘恒，以让新帝放心。

少帝未死，而刘恒已入长安，其实这是汉文帝一生中最大的污点——谋逆。中国历史上最著名的几位太宗都是谋逆得位，只能说开国法统不稳时，皇权交替的风险很大。但刘恒后来的贤德，却让世人大都忘掉了他这一刻的决绝。功臣集团故意留这个尾巴给汉文帝，也是故意要把汉文帝拉下水。因此，他没得选择。

当刘恒当晚要入住未央宫时，又遇到侍卫的刻意阻拦。周勃发话，侍卫才放刘恒入宫。这可谓是周勃给刘恒的一个下马威。但兵权交接应是按照王舅薄昭与功臣集团提前达成的协议，刘恒当夜即将宫廷防卫兵权全部收归自己带来的代臣手中，近臣宋昌和张武接管了京师和宫城的防卫兵权。这说明功臣集团虽然跋扈，但并没有胁迫皇权的预谋和对抗迹象。代国虽小，但与长安同处汾渭盆地带中，若刘恒遭遇不测，针对功臣集团的大规模叛乱只会更严重。

代王进京，其实不只是贪图地位，更是保住了自己和全族的生命。若齐王刘襄继位，刘恒作为汉高祖仅存的两个儿子之一，恐也难逃政治迫害。入长安继位，对刘恒而言，不只是求权，更是求全、求生的选择。

这次死于非正常权力交替的，可能不止刘恒的几个侄子，也就是刘盈的儿子少帝和几个幼子，还有刘恒自己的妻儿。代王王后原本给刘恒生了四个嫡子（《史记·孝景本纪》记载有三子。《史记·外戚世家》记载有四子。），但刘恒还没入长安称帝时，代王后就死了，她的四个儿子也在汉文帝称帝到立刘启为太子的短短两个月间，全部病死。

按吕后强行给刘邦诸子配吕氏女为王后的惯例，刘恒母子这般懂得退让容忍之人，大概率也是娶了吕氏女为代王后。而且，吕后最后只留下刘恒与刘长两个刘邦庶子，其中刘长是吕后养子。刘恒母子没有受到吕后迫害，恐怕也和这位代王后有关。很可能，代王后不仅是吕氏族女，而且是直接死于诸吕之乱中的吕产、吕禄等权力最高的吕氏权臣之女。若如此，刘恒无论是否继位，为不落下把柄，代王后都留不得。但王后之死应该是体面的，因此几个儿子的嫡子身份犹在。但刘恒继位，几个嫡子与功臣集团有了不共戴天之仇，如果这些儿子中有被立为太子者，也迟早不为功臣集团所容。

因此，这次继位背后到底付出了多少血腥的代价，我们不得而知。这位汉太宗与唐太宗相同，都是爱惜羽毛的贤君，却也都烙下了杀亲以自保的原罪，是永远无法抹平的愧疚，亦成为他们鞭策自己的动力。

无论过程多么残酷，刘恒终于回到了童年时的故乡关中，以新家长之姿，踏入了差一点就永远也回不来的长安，踏入了那个久违的“家”。

## 02　被追着打的周勃

刘恒继位后，立即根据朝局态势做出了人事调整和昭示继位的封赏。首先就是肯定诸吕之乱是吕氏外戚借非刘盈亲生的假皇子为帝发动的叛乱，周勃和陈平为首的百官制止了此次动乱，铲除诸吕。作为吕后情人的审食其被免相。

汉文帝知道，此时的丰沛集团仍然是最大的派系。砀郡籍的陈平本就是主相和平定诸吕的主谋，他希望陈平继续担任主相以制衡丰沛功臣。但陈平自知此时皇帝和他的势力都相对较弱，称病让贤于丰沛集团的周勃。汉文帝无奈，只好让周勃任主相，让陈平退居次相。

但汉文帝借阻遏诸侯发难之功，又让砀郡籍的灌婴接替周勃升为掌兵的太尉，加大对丰沛集团的遏制。灌婴与周勃素来交好，周勃也没有反对意见。担任最高职位三公之位的人员比例，砀郡和丰沛成了二比一。

之后，文帝论功赏赐百官，基本原则是先封具有拥立之功的功臣集团，其中又优先着重封赏丰沛集团，尤其是周勃本人，然后是有拥立之功的刘氏宗亲，最后才是追随自己的代国班底。他对周勃近乎极致的封赏，一方面收买和安定了功臣集团的人心，使他们对新君的行事风格放心；一方面，也让周勃感受到了巨大的功高盖主的压力。毕竟，一次性搞倒吕家几个诸侯王，抢夺京师军权，废立和杀害少帝，大家都是提着脑袋干大事，可对周勃的封赏也太过了。这样的捧杀，功侯们不会怪汉文帝，但肯定会眼红周勃。

周勃此时的声望虽然如日中天，但他之前只是丰沛集团里被挤压的县民派大老粗，而且还在王陵大义抗吕时，站到了吕后一边，帮着吕后把丰沛集团的第三任丞相王陵给拉下马，导致了丰沛集团长达八年失去相权。在汉文帝的欲擒故纵之下，开始出现周勃是功臣而不是社稷臣的说法。而且汉文帝还采纳了这种说法，直接把这说法给炒热，扩大化了，等于是公开给周勃贴上曾经投吕的标签，给周勃塑造投机者形象，进行舆论打压。周勃身边的人劝周勃，这种捧杀会给他招来祸患，令周勃十分恐惧。

汉文帝继位之初，是想通过砀郡集团制衡丰沛集团。但砀郡集团毕竟较势弱，之前陈平是和吕氏外戚集团合作才揽得首相之位。现在周勃代表的丰沛集团彻底搞掉了吕氏外戚，风头无两，一时独大。陈平也明白要趁着和周勃合作诛吕的热乎劲儿，保持与丰沛集团的良好关系，不愿意做汉文帝的制衡工具，再卷入激烈的政治斗争。

但周勃越是当下长安城中最大的势力，汉文帝就越是忌惮他。汉文帝知道周勃是个粗人，故意问他一些刁钻的数据难题，周勃答不上来。汉文帝又问陈平，陈平其实也答不上来，但陈平知道这些数据应该问职责相应的大臣，而不应问丞相。汉文帝做了十几年的代王，有治国经验，他又怎么会不知道？他故意这么问，就是想让周勃无颜再继续担任丞相。

通过暴露周勃在文化素养和政务能力上不足以承担首相职责，汉文帝迫使周勃自己辞相隐退，之后就将相权集于陈平一身。这是十年来，双丞相制再次回归独相制。这是对朝廷政治牵制的布局，可惜陈平任相一年多后就病逝，汉文帝不得已，只能又将周勃提至丞相位。

汉文帝为了继续把丰沛集团和周勃拉下马，以教化百姓为由，疏散京师功侯回到封地。没多久，又恳请周勃回到封地，以做归封就国的表率。周勃只好答应，再次罢相。借此机会，汉文帝启用砀郡灌婴为相。

汉文帝继位这两年，借立太子、立皇后等事件，多次益封功臣，提升民爵，不断减除酷刑和连坐，进行赦免，对汉初军功受益阶层和百姓持续施恩，在最短的时间内赢得了口碑。但他收买中下层人心的时候，屡次针对高层的丰沛集团代表周勃出手，终究是不情愿让周勃任相。

这次接替周勃的灌婴，原本与周勃交好，这倒是不至于让周勃担忧被后续清算。周勃不争了，决定回封地做个安乐侯爷。然而，回封地就能当个安乐侯吗？周勃想多了。周勃突然发现，本该坐镇首府的郡守经常来他的封地视察……

对周勃这样的丰沛功臣集团里最具声望的领袖人物，刘恒还是要继续弹压。周勃也很郁闷，这位皇帝特别贤柔，特别仁爱，对所有人都很好，为何偏偏对他是一路追着打，完全不给喘息的机会？

周勃回到封地后，每听说郡守又来封地视察，就觉得是皇帝要来杀他，吓得披甲自保。最后，反而因为他披甲，地方上就说他谋反，把他抓了。但抓了一个当过丞相的谋反嫌疑人，朝廷却不审，把他撂到长安的县级监狱系统里莫名其妙地用刑，乱审一通。

周勃被狱吏严刑拷问，被审得莫名其妙。他非常郁闷，他不知道皇帝想要他怎样，不知道要自救该往哪个方向努力。最后，周勃向狱吏行贿后，狱吏才给他透露，想要自保的话，就要让公主为他作证。

公主是刘恒的女儿，周勃的儿媳。周勃的儿媳如果能作证，周勃和他的儿子儿媳难道想不到？何必要一个狱吏去替周勃出主意？这大概是有人要给周勃传递信号，引导他该往哪个方向做。

公主于是先找到了自己的舅爷薄昭，舅爷薄昭又找到了自己的奶奶薄太后。然后，薄太后又要求皇帝放了周勃。刘恒照做，赦免了周勃，恢复了周勃的爵位。

这里很有意思。公主、国舅、太后，绕了一大圈外戚去为周勃说情……难道公主就不能直接找奶奶吗？当然可以。但直接找奶奶，舅爷还怎么一起卖这个顺水人情？薄氏外戚，尤其是薄昭这种前朝的代表人物，周勃该欠的人情一个都不能少。

整件事情的起因，就在于周勃当年给刘恒设的一个套。刘恒要解开这个紧箍咒，必须周勃这个套上紧箍咒的人来解。这个套是什么呢？汉文帝不能重用外戚。这应该是当年刘恒与周勃等人在迎立之前的谈判内容之一。

拥立刘恒时，功臣畏惧新外戚集团坐大，言明立为新帝的条件是外戚要“善”。功臣说吕氏不善，而薄姬仁善，才迎立代王刘恒为帝。换句话说，就是

“薄氏不能做吕氏”。这是给汉文帝背后的薄系外戚提前戴上了紧箍咒。汉文帝展现与功臣集团的合作姿态，也并未刻意扶持自家外戚，甚至没有在继位封赏时将在这一过程中起到重大作用的汉文帝最信任的舅舅薄昭封侯。薄昭是后来立太子时才受封为轵侯，只是外戚恩泽侯，而非以拥立从龙之功正当受封，性质不一样。

刘恒继位仅仅数月，先代王后所生的几个嫡子就病死了。如果不是因瘟疫之类的烈性传染病而同时死绝，背后不知道藏着多激烈残酷的斗争。这个时候，正是周勃当右丞相，权势最盛之时。这事件背后是否有周勃的作用，不得而知。几个嫡子死后，刘恒不敢轻易立太子，万般推托，甚至扬言要让有德行的诸侯王做储君。让诸侯王做储君，把朝廷利益拱手相让，这不是要功臣集团的命吗?不过，刘恒还是很快完成了立太子、立皇后、封国舅、“施德惠天下”的一系列动作，最终封宋昌为卫将军、壮武侯，代国从臣六人皆官至九卿。汉文帝这是借表面让贤，跟功臣玩非暴力不合作，让功臣妥协。文帝把自己的人马布局妥当之后，才对周勃动手，逼他把相权交予陈平。

再后来，汉文帝对周勃追着打，一直到周勃这次通过薄太后免罪出狱后，才算彻底罢手。从此，太后、国舅、公主都救了周勃，举世皆知。一大串外戚都是周勃的恩人。周勃如果还拿当初的协议限制外戚，岂非恩将仇报？周勃对汉文帝外戚的紧箍咒，这就算是彻底解开了。周勃从此远离权力中心，但也得到善终。

## 03 以退为进

汉文帝的薄氏外戚终究还是没能坐大。薄昭作为皇帝的舅舅，没有太多历史记载，只是偶然出现在替皇帝写信训斥淮南王这次事件中。但汉文帝前元十年（公元前170年），将军薄昭因杀汉使而被汉文帝活活逼死。他本不想死，但汉文帝派人在他活着时给他哭丧，让他不得不死。这背后，杀死母亲唯一的弟弟的汉文帝面临的是怎样丢车保卒的政治斗争，也成了谜团。

如果说汉文帝是公私分明，大义灭亲，所以才杀舅舅，其实也站不住脚。仅说刘恒的亲儿子，也就是后来的汉景帝，皇太子刘启和吴王太子下棋玩时，发生了点口角，就用棋盘把人家吴王太子给砸死了。这种事情，汉文帝对亲儿子都没有大的惩治，显然也不是为了虚名而大义灭亲的人。

舅舅杀使，汉文帝却紧抓不放，最终逼死舅舅。我们很难知道细节，但大致可看出，汉文帝时代的政治斗争一直都在进行。值得注意的是，薄昭被杀时，汉文帝在距离长安一百五十里外的甘泉宫。舅舅为什么杀汉使，汉使是功臣集团派出的还是皇帝派出的，从长安派出的还是从甘泉宫派出的，都不清楚。薄昭是车骑将军，位次上卿，触碰最高军权。汉文帝是想把外戚集团做大的，但一直都有阻力。

汉文帝之所以最终还是不愿与朝堂上的老臣撕破脸，主要还是碍于政治形势尤其是诸侯国形势。毕竟，以齐王刘襄为代表的刘氏第三代子弟已经开始陆续成年，在吕氏掌权前后没有倒台的淮南王刘长也已是成年之姿。他虽然被功臣集团忌惮其吕后养子的身份，但毕竟是汉文帝外仅存的高祖之子。新一波的诸侯王正在长大，朝廷的稳定才是最重要的。

为解决藩王坐大的外部局面，汉文帝从大国分割出土地，重新封予该大国小宗出身的刘姓功侯，分化瓦解大国的领地。他以铜虎符、竹使符名义上控制郡国的调兵权和外交权。很多人都认为汉景帝平定七国之乱和汉武帝推恩令是汉初解决诸侯国问题的开始，其实真正给予削藩思路、定下分化瓦解诸侯国政策的是汉文帝刘恒。最了解地方诸侯国失控坐大和自治要害等政治逻辑的，正是出身诸侯国、当了十几年诸侯王的代王刘恒。坐拥朝廷资源后，他非常明白抑制诸侯国坐大的关键在哪里。

汉文帝本该优先封自己的儿子为诸侯王，但要从朝廷中央辖区分割土地时，果断放弃了分封儿子。他选择了另一种怀柔方式，先将关东大国分为小国，分割既有的诸侯国。这就是汉武帝推恩令的前身，贾谊为汉文帝献出的“众建诸侯而少其力”（贾谊《治安策》）措施。

关东地区的诸侯大国，经过吕后杀刘氏宗亲、封诸吕和幼孙，周勃、陈平又除诸吕，反复易主的折腾过后，暂时无力对抗此时的朝廷。高吕时期对诸侯王的反复虚耗，导致除了最远的楚国，多数诸侯王很少能够持续常年地经营封地。

刘恒继位后，曾经与他争位的刘襄及其弟刘章不知得了什么病，竟相继在一两年间英年早逝。另一弟刘兴居也造反自杀，齐地自此平定。汉文帝的七弟、淮南王刘长也因图谋造反被流放。

刘恒采用贾谊的政策，分齐国为六，分淮南为三，既削弱了大国，又让百姓觉得这像是在行恩德。毕竟，关东的百姓只是习惯了封建制度，但他们并不在意管理自己的封君是不是大国诸侯。毕竟，刘姓通过休养生息、宽刑简法的恢复政策，正处在得人心的历史时间点。皇帝此时才是天子，诸侯王是皇帝的亲族，诸侯国大一点小一点，对百姓来说都是无所谓的。

当然，大国的诸侯王心里肯定是不痛快的。汉文帝的分化大国政策，正是推恩令的源头。只不过汉文帝的皇权还处在相对弱势时期，需要关东宗亲诸侯与关内功臣集团互相制衡。所以，汉文帝只能借机行事，偶然为之。但他集中力量先分割关东中腰地带的齐国，无疑让后来景帝朝七国之乱中北方的赵国与南方的吴、楚等大国无法实现合纵，也称得上是地缘政治的大手笔。

五年的时间，刘恒基本掌握住了有利于巩固自己权力的内外政治新平衡。当然，皇权和相权之间、刘恒与功臣集团之间的斗争，在各自的底线框架内，仍然持续进行着。

汉文帝当初相继用陈平、灌婴制约周勃，但陈平、灌婴都是只做了一年丞相就去世。汉文帝仍任用与丰沛不相熟的大臣担任三公来制衡丰沛集团。他曾经还想提拔刘邦纳降的项羽旧部季布做御史大夫，位列三公。但季布与丰沛集团是战场上的老对手，季布在吕后时期又在朝堂上当着吕后的面斥责丰沛的名臣樊哙，因此遭到丰沛集团的极力排斥。汉文帝招季布来到长安，滞留一月之久，最终因阻力太大而没能任用。

陈平死了，灌婴死了，地域性的功臣集团基本上就消解了。丰沛元从、砀郡从臣、归依散臣从此融合，形成统一的汉初开国功臣集团。当然，随着打天下的第一代风云人物的凋零，后来上位的多是当初创业时的二三线人物，或者袭爵的第二代、第三代子弟。但这仍然是一个寄生于西汉朝廷也支撑着西汉朝廷的庞大的利益集团。

这些列侯曾代表军功爵制度下每一个细分的爵位等级。这些爵位，决定了无数个有过从军立功经历的家庭田产指标。在二十等级爵位制度的前八级，一般属于民爵。八级以上属于官爵。汉文帝经常找各种理由加封民爵，不仅是安抚和笼络这个群体，也是趁机稀释爵位的含金量。最终，民爵太过普及和泛滥，不再具备功爵性质。

功臣集团这个列侯爵位群体，原本代表了全天下的军功受益阶层。但皇帝滥封民爵，让绝大多数平民都被纳入爵位体系，间接瓦解了军功爵的阶层属性，增强了低爵位者的编户民属性，将他们从功臣集团控制下转移到皇帝控制下，成为支撑皇权的社会基础。

灌婴死后，相位之争即将再起风波。汉文帝到底会怎样对待这个强势的功臣集团？

# 三、诸侯列侯

## 01 都能接受的人选

汉文帝和父亲刘邦一样，是一个重旧情的人。刘邦称帝后，曾还歌大风，回到家乡沛县，与父老欢庆数日，慨言死后魂魄犹归故里。汉文帝掌控住局势后，也回过代国，在太原与父老相怀，逗留十几日。从八岁到二十三岁，汉文帝在代国做了十五年的代王，可以说，代国就是他的第二故乡。

西汉前期，萧何、曹参都是独相制下的相国。汉高帝十一年（公元前196年），刘邦加封丞相萧何为相国。此后，相国萧何、相国曹参都是独相。惠帝后期，相权被一分为二，设置了左右丞相。其中右丞相是首相，左丞相是副相。后来，汉高后八年（公元前180年），吕后在快咽气的时候任吕产为相国，在右丞相陈平和左丞相审食其之上，但吕产很快就被杀。然后到汉文帝前元元年（公元前179年），文帝逼右丞相周勃让出相权，使陈平成为独相。至此，汉朝的丞相又恢复为独相制。

丞相人数的变动与功臣集团的强弱势头是有关的。刘邦在位时以乡党为首要支持力量，所以一直采取独相制，把相权交给丰沛乡党。从汉惠帝开始，吕氏和汉文帝面对强势垄断相权的丰沛集团，开始让砀郡籍大臣与丰沛集团瓜分相权。到汉文帝时期，两大地域派系功侯融合为开国功臣集团，短暂的双相制衡才宣告结束。开国功臣集团携废立之威，再次坐大。汉文帝此时虽贵为皇帝，但只是长安官僚体系的“插班生”，人单势薄。

灌婴一死，周勃被压制，面对开国功臣集团的压力，汉文帝没有更多制衡功臣集团的人事筹码了。汉文帝必须想方设法，将高层权力逐渐过渡到具有代地背景的官员手中。可是，让代邸旧臣掌握相权是不可能的，毕竟连皇帝的资历都尚浅，何况代国的那批低阶属官。但好不容易搞倒了周勃，再让功臣集团继续推出人选，汉文帝也是难以接受的。

就在这两难之际，一个各方都能接受的合适人选浮出水面。这就是西汉的超级寿星，历经战国、秦始皇、秦二世、楚霸王、汉高祖、汉惠帝、吕后、汉文帝、汉景帝的九朝老臣，最终活了百余岁的汉初“活文物”，张苍。

张苍是荀子的徒弟，李斯的同门，贾谊的老师，在汉景帝初年才去世。张苍在秦朝时就是柱下御史，应见过秦始皇。后来他追随刘邦创业，又在刘邦平定异姓王时立功封侯。他的封侯时间是在刘邦称帝之后，派系色彩较淡。他是职业官僚出身，精通历法、乐律、图书和刑法。汉初时他在丞相府邸办公，颇受丰沛党首萧何的器重，他还和丰沛系第三任丞相王陵的关系非同一般。早年他犯法要被处决时，被王陵看中救下，从此如侍奉父母一般待救命恩人王陵夫妻。实际上，他就是王陵的干儿子。因此，他和丰沛集团搭上了线。

张苍的家乡在阳武，而陈平的家乡是阳武下辖的乡邑户牖。由于陈平应生于战国时期的魏国，他出生的年代正好是秦国的蒙骜伐韩，韩国献成皋和巩，秦界推至大梁，初置秦三川郡前后。几年后，秦国又攻打魏国，沿黄河设立狭长的东郡。到秦国灭魏，又在附近设立砀郡。彼时区划较为混乱，陈平的家乡秦砀郡户牖乡，和张苍的家乡汉河南郡阳武县，处在三郡交界位置，户牖乡与阳武县曾有过辖属关系。因此，张苍和陈平也能攀上一层同县老乡的关系。

张苍还一度任赵国国相，辅佐过刘邦的好友兼亲家赵王张耳及其儿子。张耳的儿子赵王张敖后来降为宣平侯，是吕后的女婿。在惠帝朝和吕后朝，张敖是惠帝皇后的父亲，是国丈。张苍与他是旧相识，相当于与外戚也有交集。

张苍的外戚线，还不止张敖一条。张苍在汉高祖时期封侯，最后一直担任淮南国的国相，一直辅佐高祖的儿子刘长，直到汉文帝继位。刘长刚出生就失去母亲，他从小是吕后一手带大的。吕后是他的嫡母，也是他的养母。正因如此，刘邦其他儿子除了刘肥早逝外大都被吕后所害，最终只剩下刘恒和刘长。吕后晚年，辅佐养子刘长的张苍就从淮南国被调任到中央担任御史大夫。刘长大概也参与举荐了这位在淮南国任相十四年的能臣。

但最关键的一点是，张苍还曾两度任代国国相，与代地方国官吏有交情，熟悉代地人脉，和代地的官场应有一定的联系。虽然他任代相在前，与汉文帝在主政代地的时间上并无交集，但想必在刘恒的代邸人马中，多少还是有些张苍的人脉。张苍最终在汉文帝一朝任丞相达十五年之久，是整个西汉在位时间最长的丞相。从某种程度上来讲，他是一个既有代地官僚小集团背景又为多方可接受的人物，成了文帝朝的调和剂。就连汉文帝本想重点培养的贾谊也是张苍的门生，跟随张苍学习《左传》。张苍对汉文帝也明显表示亲近。张苍成为丞相能够兼容各派，而兼容各派也正是汉文帝择相的思路。

当然，张苍能让汉文帝和功臣集团都放心自己，他也是给过汉文帝投名状的。张苍在汉文帝前元四年（公元前176年）任相。汉文帝前元六年（公元前174年）时，张苍就收集完了证据，出卖了自己曾经的主君淮南王刘长。

## 02 诸侯杀列侯

淮南王刘长因系吕后养子，一直为功臣集团所提防，立新帝的时候压根就没考虑他。刘恒继位后，也仅剩这个弟弟与自己同为汉高祖儿子，难免对他有所提防。而且，汉文帝要树立贤君典范，起初并未为难这个弟弟。但刘长自己肯定是有忧虑的，为了撇清自己与外戚集团的关系，刘长决定拿外戚集团仅剩的存苗开刀。

这个仅剩的存苗，就是吕后的情人——辟阳侯审食其。刘长在袖子里藏了一个铁椎，在见到审食其的时候，出其不意，当场把他锤死了。他杀审食其的理由是什么呢？为母报仇。

汉高帝八年（公元前199年），刘邦路过赵国的时候，他的女婿赵王张敖献给他一个美人侍寝，但刘邦并没有收其为妃嫔，她一直留在赵国，不久就发现怀上了刘长。但紧接着，赵王的丞相贯高谋杀皇帝的事情败露，赵王也牵连获罪，包括正怀有龙种的刘长的母亲。

刘长的舅舅就通过关系找到吕后的心腹审食其，希望审食其能帮忙带话给吕后，让吕后出面替怀着龙种的刘长母亲说点好话，把她放出来。毕竟她妹妹是吕后的女婿赵王与女儿鲁元公主的人，还怀着刘家的孩子。可他舅舅真是“找对”人了。审食其把话带到后，善妒的吕后一听，立马就有了情绪，根本不搭理。审食其也就没多说什么。

刘长是在狱中出生的。他的母亲觉得自己怀着龙种，却受到如此待遇，特别委屈，愤懑之下就自杀了，婴儿刘长这才被抱到刘邦那里。除了刘肥，刘邦的儿子都是刘邦在四十岁左右才开始出生的。好不容易老来得子生了老七，却让老七成了没妈的孩子，刘邦很后悔，他安葬了刘长的母亲，还把刘长交给吕后抚养。刘邦当时正在灭异姓王，封同姓王，多个孩子其实是好事。因为多个儿子就能多封个儿子为王，多占个坑。

刘邦把刘长交给吕后抚养，嫡母吕后就是刘长的养母。刘盈此时已经十几岁，吕后也乐得身边多一个小孩子陪伴。刘盈和刘长的感情也不错。如果刘盈死后真的一个儿子都不剩，吕后很可能会扶持刘长称帝。刘长其实就是刘邦诸子中的吕后一党。但吕后一死，诸吕被功臣集团铲除，刘长的位置就很尴尬了。

刘长应该能明白她母亲为什么一定要死，就是为了证明他的身份。刘长后来也应该明白，他舅舅让审食其告诉吕后，审食其已经照做了，是吕后不愿意救或者不能救。刘长杀审食其的理由就是，审食其如果能在吕后面前为他母亲多说几句好话，吕后肯定就能救下母亲。这种随意有罪推定的逻辑，也是欲加之罪何患无辞。这事本身就是刘家的家事，根本怪不到审食其头上。

这个时候，作为诸侯王的刘长，用一个很牵强附会的理由，就无故击杀了一个列侯。那个时候，皇帝杀列侯都是极其罕见的事情。吕后虽心狠手辣，但她杀过几个列侯？刘邦身为开国之君，又杀过几个列侯？

吕后在位时举行酒宴，当时被封为朱虚侯的刘章就因为吕家子弟提前离席而将其当场刺死。当着吕后的面，一个宗亲列侯就敢如此恣意妄为，连吕后都不敢动他分毫，可见已经行废立皇帝、政变弑君之实的列侯地位之高。

外戚集团倒台了，与吕后最亲密的审食其被罢相，但他之所以没死，就是有列侯这个身份在保护他。功臣集团可以杀吕氏，但不会轻易杀列侯，尤其是沛县出身的列侯，尽管他曾经是政敌。功臣集团不能放任列侯枉死，这口子一旦撕开，就会成为政治先例，以后皇帝再想杀列侯，政治传统的阻力就会小很多，这是功臣集团为自保而设置的一个原则底线。可淮南王刘长以报私仇为名，不仅杀了一位亲吕的大臣，更是开了谋杀列侯而不被追究的先例。

## 03 辟阳侯之死

审食其之死，让时人震撼。更让人瞠目的是，这完全可以当作是废掉刘长诸侯之位的罪行，汉文帝竟然以亲兄弟就剩这一个为由，不予追究。这件事对各方的心理影响巨大。

对汉文帝刘恒而言，他当时面临的形势比较复杂，主要就是受制于功臣集团，甚至是受到威胁。审食其是亲吕的列侯，按说已经失势，但功臣集团竟然不株连这样一个吕党的核心人物，其实就是在展示列侯作为一个集团对皇权的压制——列侯不能杀。诸吕如何定性，牵连谁不牵连谁，此时的刘恒是没有足够的发言权和决策权的。

但刘长锤杀审食其后，情况有点微妙。刘氏宗亲当众击杀列侯而不被汉文帝追究，列侯都看在眼里。这说明什么？这是汉文帝在强调，诸侯在外，仍然可以制衡功臣。朝廷如果再有变，外围刘氏宗亲仍然会直接向列侯发难。先有刘恒的安全，才有功臣集团的安全。但刘长的行为属于枉法行为，对刘恒而言亦是诸侯的越权行为，是对自家外戚的威胁，这点不利于皇帝。

对功臣集团而言，即使派系对立，但不对列侯赶尽杀绝，不开这个杀列侯的政策先河，是做给皇帝看的，让皇帝也不好开这个先河。这是防止汉初君臣共天下的规矩被破坏，防止列侯被轻易地夺爵枉杀。所以，他们只是边缘化审食其。无论此前怎么敌对，审食其本身就是功臣集团的一部分。这不是维系派系利益，而是维系集团利益。

但刘长这样当街怒杀列侯且汉文帝不追究，这就等于刘氏宗亲在炫耀力量。

列侯难免兔死狐悲，人人自危。

对于汉文帝的母家薄氏外戚而言，《史记·淮南衡山列传》记载："当是时，薄太后及太子诸大臣皆惮厉王。"这是对薄氏外戚的一种震慑。因为审食其具有功侯和外戚党人双重身份，随意击杀审食其既是杀列侯也是杀前朝的外戚人马。威慑外戚的这个效果，倒是功臣集团想要的。如果前朝外戚的裙党可以随意击杀，那本朝外戚的人身安全该如何保障呢？本朝外戚将来成为前朝外戚呢？薄昭后来替汉文帝写信警告刘长，可见薄氏外戚从此站到了刘长的对立面。

对于汉室宗亲诸侯而言，汉文帝是功臣集团拥立的皇帝，功臣集团有控制皇帝的趋势，之前周勃他们也把刘襄等宗室力量耍得团团转。这个时候，刘长为被吕氏压抑已久的刘氏干了这么一件解气的事，无疑是提振了宗亲士气，宗亲肯定是欢迎的。什么列侯，什么外戚，最后天下还不是刘家的？刘家杀你，你也没脾气。

对于刘长自己而言，审食其辅佐吕后时得罪了不少大臣，大臣们对杀审食其这件事的态度其实是摇摆不定的。汉文帝觉得刘长杀审食其，既震慑了列侯，也威胁了自家外戚，在态度上不置可否。刘长是掐准此时的审食其是个招苍蝇的软柿子，才敢对他动手的。

刘长借此博取了声望，尤其是在宗亲中。最重要的是，他从诸侯中最不被汉室宗亲力量看好的与吕氏亲近的吕后养子，变成了与吕后和审食其同时有杀母之仇的吕氏仇敌。这是刘长在与吕氏做切割，洗白自己的立场，用杀吕氏近臣之名，让各方不再视自己为吕氏养子。事实上，从这个事件之后，刘长成功地把整个舆论都带到"自己站到吕氏对立面"的节奏上，在改造自身形象上比较成功。

审食其案是比较微妙的，各方有可接受的理由，也有各自的顾虑。实际上，刘长是钻了一个各方态度暧昧的空子，冒了一定的政治风险，做了一件让各方既有收益也有顾虑的事。所以，最后他才能借各方微妙的情绪逃过政治审判。从他挑软柿子、找立威点以及预判各方当下的反应来看，应该是有一定斟酌后才出手的。

此举戳破了列侯的声势泡沫，让臣民意识到，功臣虽声势浩大，能够杀少帝，但不是任何时候都能动皇帝。该事件在当时放出的政治信号是，汉文帝的外围有时刻盯着功侯们的诸侯宗亲来制衡功臣集团。刘恒则最大化地利用了这一事件，强化了皇权的居中平衡作用。

皇权与相权以及地方诸侯王权之间的天平在这件事后发生了一定的倾斜。刘恒借此事件掌握了一定的主动权，间接站了宗亲的队，拉了一边打了另一边，阶段性的扶弱抑强。

可是，刘长不明白出头椽儿先朽烂的道理。他与吕氏做了切割，替自己揽了声望，顺便撑了皇帝一把。但各方态度都暧昧，也意味着各方态度都多少存在着不满。

刘恒又故意放纵和捧杀了刘长几年，使刘长变得更加膨胀，甚至觉得自己作为仅存的刘邦两个儿子之一，隐然有宗亲领袖之姿，开始频繁在礼仪规格上僭越。他没有意识到，汉文帝一直在警惕他。功臣集团也乐于借机除掉这个公然与列侯群体作对的野蛮王爷。

## 04 张苍的投名状

汉文帝任用的丞相张苍做过代国国相，也做过淮南王的国相。而且，他在淮南国经营和辅佐刘长十四年，对淮南国的情况最为熟悉。举报和主抓调查淮南王刘长谋反的工作，他手到擒来。可以说，这就是张苍当上丞相后的投名状——出卖前主。

当汉文帝与功臣集团在继位早期的第一轮激烈博弈期结束后，汉文帝的皇权和功臣集团的相权已达成稳定平衡的状态。在新一茬的小诸侯王渐渐长大，地方局势又开始趋紧时，刘长之死成为汉文帝与功臣集团重新握手言和的标志，是汉文帝同意列侯不能杀的潜在协议的默认。审食其之死与刘长之死背后，是一场迟来的政治追杀，是皇权与相权间的政治暗语。

当刘长发现他的亲“大哥”汉文帝总是纵容他的任何僭越行为，他就越来越放肆，越来越藐视法度和礼仪。张苍主动替汉文帝收集刘长谋反的罪状，最后还力劝汉文帝，一定要法办淮南王。张苍出场的阵势非常大，不仅丞相与御史大夫两位最高官员联名，而且抬出二千石高官共四十三人联名，请求汉文帝一定不能顾念手足之情，必须法办刘长。

张苍是刘长的旧臣，刚刚当上丞相一年多就这般出卖旧主。可刘长的行径把薄太后也给吓住了，汉文帝又何尝不希望把他除掉呢？但自幼不怎么相见的所谓亲兄弟就剩这一个了，而汉文帝是要当贤君、当仁君的啊。大臣们看皇帝为难，就提议流放淮南王，皇帝这才同意了。

可这时候，一个汉文帝时期新崛起的政坛新星袁盎劝汉文帝不要把刘长流放到蜀郡。因为蜀郡遥远，路途险峻，刘长的性格刚烈，恐怕会死在路上。如果刘长死在路上，汉文帝就会背负上杀弟的恶名。汉文帝不同意，他给予了刘长最高级的囚犯待遇，但还是坚持将他流放。

其实，性格刚烈就会死在路上的这个预判性的逻辑很难让人信服。袁盎的言下之意，其实是说："张苍说要把刘长流放到蜀郡，但他绝对活不到蜀郡。"汉文帝为什么不听袁盎的？因为汉文帝心知肚明，他就是想让刘长去死。他不会公开杀刘长，但如果刘长暴死，那他也没办法。后来刘长死后，汉文帝还很伤心，说早知道就听袁盎的了。但他真的会听吗？袁盎这么一引导，民间可能还真就认为刘长是因为性格刚烈才死的。袁盎很会说话。

袁盎是以前吕家外戚手下的小吏。从他的出身看，汉文帝可能还吸纳了一些吕氏外戚在长安留下的旧部散臣。毕竟，这些人失去了靠山，而汉文帝暂时缺乏人马。

张苍卖前主既让汉文帝放心，又让功臣集团放心。从此，他就稳坐相位，足足十五年。但恐怕汉文帝最看中张苍的，还是他的年老。张苍任相时已经七十六岁了，而汉文帝此时才二十多岁。老人显然折腾不动什么。

应该说，汉文帝是想和功臣集团达成一个平衡。汉文帝想伸张皇权，而功臣集团却想尽可能地限制皇权，张苍就是一个大家都可以接受的折中人选。

功臣集团迎立汉文帝，主要是因为他不如其他诸侯那样背景强大，却有辈分最高最年长的宗法和名义优势，且有持重贤名。当时从兵力上咄咄逼人的齐王刘襄，自带强势的外戚集团和现成的官僚班子，在中央又有刘章、刘兴居等兄弟内应为官，就连同为汉高祖仅剩两个儿子之一的刘长，也与吕氏外戚有过密的关系。功臣集团怕的不是在铲除诸吕上被政治清算，因为铲除诸吕、杀少帝是任何一个诸侯王登位的合法性所在，他们真正怕的是刘襄、刘长等人与朝廷内部存在千丝万缕的勾连，能够迅速地控制朝堂，排挤开国功臣集团。

而代王刘恒在朝中无任何联络或布局，无一丝势力，甚至需要舅舅往来都城与功臣谈判摸清状况。他又愿意与功臣集团达成协议，自限势力，继位后势必要仰仗功臣集团。没有优势，就是刘恒最大的优势，这是他被选择拥立的原因。

所以，虽然汉文帝已经斗倒了权臣周勃，但他需要稳定，不能再将政治斗争扩大范围。毕竟，外面还有那么多眼馋汉文帝能够以藩王入京称帝的诸侯王呢。刘邦时代形成的权力构架，内外平衡，不是短期内就可以彻底打破的。功臣集团之所以拥立汉文帝，也是因为这一点。他们没想架空汉文帝，只想保住自己的集团利益。

毕竟，如果皇权强大到他们无法平衡，就像后来汉武帝酎金夺爵那样一次性就可以削掉一大半的功侯，哪有功臣集团的活路？文景武三朝，一直都在找理由削侯。即使自己与高祖皇帝一起打江山，按规定自己的侯爵就能被子孙世代继承，但现实中根本不可能。世间哪有安乐侯？因此，功臣集团也必须抱团，只有形成一个牢固的利益集团才能自保。

汉文帝此时的皇权还处于相对弱势，只要能够基本驾驭朝局，他也不想触碰功臣集团的底线。因此，汉文帝和功臣集团一直在博弈，却又互相明白对方的底线，不能撕开过大的对抗裂痕，双方处在长期合作又竞争的基本相安状态。以合作为主，有限竞争，一致对外，保护朝廷，这就是汉文帝一朝的政治主线。

汉文帝的薄氏外戚和窦氏外戚，一直被汉文帝刻意压制着，始终没有坐大。汉文帝的代邸旧臣，有代地背景的功臣以及拔擢的一些学术型、技术型的青壮新官僚，形成了一股新的皇权力量，不让外戚来代表皇权。汉文帝的皇权、功臣集团的相权、关东诸侯的王权之间，长期处于三方平衡中。汉文帝利用这种平衡，实现经济的恢复、发展和积累，靠做大汉朝的国力与关东诸侯进行赛跑。所以，汉文帝和功臣集团的博弈始终处在试探性地不碰触对方底线的框架内进行。这是一种斗争外的默契。

开国功臣集团还远没到要退出历史舞台的时候。皇帝虽然受制于他们，但皇帝也需要他们的支持，所以他们的后代还在沿袭祖上的爵位和人脉。暂时来讲，汉朝还没有更好的渠道和条件去形成一个全新的皇权政治基础。

惠、文、景三朝，皇帝保护功臣集团在中央官场的利益，维系朝廷的稳定和凝聚力，以保证对地方封国的强势。这是皇权与官僚系统双向的选择，是互利彼此，是时代需要。西汉的真正方向性趋稳，实则是汉文帝所奠基和开启的。

汉文帝只是适度提拔了宋昌、张苍、张武、冯唐等有代系背景的官僚，虽然敲打了丰沛集团，甚至一度将周勃下狱，但并未打破既往的朝廷人事格局，仍保存着功臣集团的既得利益格局，他只图取得一个自如驾驭的平衡状态。但是张苍任相十几年后，汉文帝民心所向，权力越发稳固。他想要进一步扩张皇权，开始跃跃欲试。

可想摸透汉文帝看似没有波澜的后半生，想要明白汉文帝真正在对抗的是一种什么形势，我们必须先看懂戴在汉文帝头上的那个紧箍咒——无为而治，看懂整个秦汉时期的治国思想与学派之争。意识形态才是汉文帝想要攻克的堡垒。

# 四、秦汉无为

## 01 秦丞相首提以“无为”为纲

汉初的治国核心理念是无为而治，属于老子的治国思想。老子是道家学派的鼻祖，因此，“无为”是道家的核心主张。可是，“无为而治”第一次作为基本的国策方略、治国指导思想被当朝执政者提出，其实并非在汉，而是在秦。汉承秦制，不仅继承了秦的律法，其实连“无为而治”的治国理念也受到秦的影响。当然，这个秦，主要指的是吕不韦执政时期的秦国。

> 文信侯曰：尝得学黄帝之所以诲颛顼矣，“爰有大圜在上，大矩在下，汝能法之，为民父母”。盖闻古之清世，是法天地。凡十二纪者，所以纪治乱存亡也，所以知寿夭吉凶也。上揆之天，下验之地，中审之人，若此则是非可不可无所遁矣。天曰顺，顺维生；地曰固，固维宁；人曰信，信维听。三者咸当，无为而行。
>
> ——《吕氏春秋·季冬纪·序意》

吕不韦曾经在《吕氏春秋》的序文中，以文信侯的身份提出了两个对汉朝影响深远的关键词——“为民父母”与“无为而行”。

我们认识秦，有时候太过着眼于秦始皇统一后作为祖龙的历史身影，忽略了秦朝本身就是列国制度演变的最终历史汇流期。秦的试验虽然失败，但它本身就是站在时代最前沿的探索者和先驱者，其制度绝非始终铁板一块。所以，把秦始皇个人的主张和理念当成秦的所有主张和理念，真的是小看了秦这个存续数百年的政权了。

“无为而行”曾是秦始皇发动统一战争之前秦国的国政基调，这个基调就是辅佐秦王、号称秦王仲父的秦相国吕不韦奠定的。《吕氏春秋》实际上就是吕不韦为秦国统一天下而先行尝试的文化统一之纲领。吕不韦还将此书“布咸阳市门，悬千金其上，延诸侯游士宾客有能增损一字者予千金”（《史记·吕不韦列传》），似是效法商鞅徙木立信，要以《吕氏春秋》的治国思想来为秦国将来的统一，扩大舆论影响力，树立秦国统一的文化号召力，指明秦统一之后杂取兼容的文化建设思路。吕不韦是希望秦国的统一与统一后的制度建设能够以《吕氏春秋》作为政治纲领。

> 王者执一，而为万物正。军必有将，所以一之也；国必有君，所以一之也；天下必有天子，所以一之也；天子必执一，所以抟之也。一则治，两则乱。
>
> ——《吕氏春秋·审分览·执一》

“天下必有天子，所以一之也”，这就是《吕氏春秋》所提出的大一统目标。但是，吕不韦倡导的大一统制度，和后来秦始皇统一之后所推行的集权大一统制度，是不一样的。

> 众封建，非以私贤也，所以便势全威，所以博义。义博利则无敌，无敌者安。故观于上世，其封建众者，其福长，其名彰。
>
> 王者之封建也，弥近弥大，弥远弥小。
>
> ——《吕氏春秋·审分览·慎势》
>
> 诛暴而不私，以封天下之贤者。
>
> ——《吕氏春秋·孟春纪·去私》

吕不韦所提倡的，就是封建大一统，其实就是刘邦的郡国并行制。与秦始皇后来的零分封大一统相比，吕不韦恰恰主张的是君臣共天下，与西汉皇帝与功臣集团的共治天下颇为相近。

> 天下，非一人之天下也，天下之天下也。
>
> ——《吕氏春秋·孟春纪·贵公》
>
> 故威不可无有，而不足专恃。
>
> ——《吕氏春秋·离俗览·用民》
>
> 安危荣辱之本在于主，主之本在于宗庙，宗庙之本在于民。
>
> ——《吕氏春秋·有始览·务本》

天下，必有天子。天下，又非一人之天下，天下是天下人之天下。这是和汉初的治国思想，汉文帝的“朕获保宗庙以微眇之身托于兆民君王之上”，“且朕既不德，无以佐百姓”（《史记·孝文本纪》）如出一辙的天下观，与汉文帝的民本思想类似，与秦始皇的振救黔首的大救星、万民之主的皇权定位则不同。

> 故治国无法则乱，守法而弗变则悖，悖乱不可以持国。世易时移，变法宜矣……因时变法者，贤主也。
>
> ——《吕氏春秋·慎大览·蔡会》

吕不韦认为法令必须坚持，但法令应因时因便而改变。既要依法治国，又要灵活立法，因时变法。要根据时代条件，对法律不断地进行调整。不得不说，这一点又和汉初为了恢复人口凋敝和经济，宽刑简法，根据时代需要去调整法律的政策思想一致。

所以，如果按照吕不韦对秦国的统治思想设计一直走下去，以《吕氏春秋》为纲领，秦朝的理念可能会与汉初颇为类似。刘邦、萧何等人少年时，正是《吕氏春秋》问世之际。这是一次名动天下的文化大事件，刘邦等人大概率是受过其影响的。只是碍于汉朝以推翻秦政立国，不可能直接宣称自己继承的是秦国思想。

为什么吕不韦版的秦国政治纲领会与汉初如此相似呢？因为吕不韦的思想看似驳杂，其实就是汉初作为治国理念的黄老道家思想。

## 02 汉承秦制背后的黄老与法家

班彪曾言，“汉承秦制”（《后汉书·班彪传》）。秦朝是以事决于法的法家理念治国，而汉初是以无为而治的黄老思想治国。为什么无为之汉制可以继承重法之秦制呢？这是因为，黄老道家思想本身就是法家思想的源头之一，与法家思想可谓是剪不断，理还乱。

秦朝独尊的法家，可以称作秦晋法家，也叫西方法家或法家刑名学派。在秦晋法家思想随着秦朝灭亡一起被批臭之后，有浓厚法家色彩的黄老道家思想在此时出来救场了。它的本质，也是法家。比如，战国末期的韩非子，后世一般评价他为法家思想的集大成者。那在西汉的司马迁眼里，韩非子属于什么思想流派？

司马迁为韩非作传，是在《史记·老子韩非列传》中，这是一篇为老子、庄子、申子、韩非子四人并作之合传。司马迁为何要把提倡“无为而治”的道家学派的祖师爷老子，和大讲“法术势”的法家学派的集大成者韩非放在一起，这是巧合吗？其文末尾，司马迁已经写明原因：

> 太史公曰：老子所贵道，虚无，因应变化于无为，故著书辞称微妙难识。庄子散道德，放论，要亦归之自然。申子卑卑，施之于名实。韩子引绳墨，切事情，明是非，其极惨礉少恩。皆原于道德之意，而老子深远矣。

这根本不是巧合。在司马迁所处的时代视野里，并没有东汉儒家那样界限分明的学派划分。司马迁认为他们都是源于“道德”，也就是源于道家。但是司马迁仍然把后世认为是法家典型的申子、韩非子与道家典型的老子、庄子作了一个区别。他认为韩非子应该是哪种道家？答案是黄老道家。

韩非者，韩之诸公子也。喜刑名法术之学，而其归本于黄老。

出乎很多人的一般认识，韩非在司马迁眼里竟然是黄老学派之大家。黄老思想大谈黄帝，是时人托名黄帝之学说，研究人君南面之术，也就是研究君主统治方法，可以理解为当时的朝堂管理学。其实黄老之学本身就有一个别称叫“道法之学”。黄老既讲道也讲法，既重法与术，也重德与教。要理解汉初为什么能够汉承秦制，就先要明白，法家本身就是道家的枝，而道家本身就是法家的干。它们两派是很像的，法家本来就是从道家分化出来的。

黄老道家产生于齐国的稷下学宫，而稷下学宫又是齐法家的大本营。齐法家也叫东方法家，对应西方的秦晋法家。也就是说，法家其实分两派，一派是东方的齐法家，另一派是西方的秦晋法家。齐法家的代表人物是田骈、慎到等人，同时又属于稷下学宫黄老之学的两大流派。从某种程度来说，齐法家本身就是黄老道家。稷下学宫黄老三大派中另一派以环渊为代表，著有《黄老帛书》，故而有人将他们称为齐法家，也有人将他们称为黄老道家。在法家名声随着秦朝灭亡而被批臭之后，汉代则多言黄老而罕言法家。而以三晋之一的魏国李悝、三晋之一的韩国申不害以及秦国的商鞅所代表的西方秦晋法家，则是齐法家的又一个分支。

道法自然，道和法本身就是道家的两个核心观点和工具。法家是道家的儿子。只不过齐法家讲道法融合，而秦晋法家则越来越多地偏向于讲法。秦晋法家属于黄老中的激进派，齐法家则属温和派。

其实，秦晋法家就是在“道法”的“法”之方向上更加深入，逐渐走入了为法而法的死胡同，很大程度上抛弃了对“道”的追求。齐法家、黄老思想与秦晋法家的最大不同点在于，黄老的法治思想是强调“去私而立公”（《黄帝四经·经法·道法》）与“事断于法”（《慎子·逸文》），认为法令不仅要约束百姓，也要约束君主。而秦晋法家则强调“权制独断于君则威”（《商君书·修权》），将法律作为君主的统治工具，认为君主应当超然于法外。

因此，西汉前期垄断相权的强势开国功臣集团，以及靠相权压制王权的吕不韦，都选择黄老道家为纲领。这样既能继承秦固有的法家之制，同时还能以黄老思想为基准，敦促君主的自我约束，塑造君臣共天下的政治生态，对君权进行限制。

> 道生法。法者，引得失以绳，而明曲直者也。故执道者，生法而弗敢犯也，法立而弗敢废也。故能自引以绳，然后见知天下而不惑矣。
>
> ——《黄帝四经·经法·道法》
>
> 法出乎权，权出乎道。
>
> ——《管子·心术》
>
> 贤生圣，圣生道，道生法。
>
> ——《鹖冠子·兵政》

在黄老著作中，道与法相结合的理念亦是核心观点。法家最早源于道家。道法，法家其实原本就是道家派生出的学派。在法家的著作中，同样有大量道家思想的存在。例如，法家经典《韩非子》中，《主道》《守道》在谈“道”，《南面》即黄老道家所研究的人君南面术，《解老》《喻老》是解释老子哲学思想的。可见，韩非子的法家思想本身与黄老道家息息相关。

道家思想还有一大流派是老庄道家。黄老，就是黄帝加老子。老庄，就是老子加庄子。它们的共同点是老子，老子的核心思想就是“无为而治”。区别就在于黄帝治国，庄子修心。

黄老思想属于治术，是入世意义上的，是托以黄帝的权术思想与老子“无为而治”的治理思想二者融合起来形成的治国理念。黄老不仅是“清静无为”的世界观，更是一种治国的方法论，是“无为而无不为，无为而有为”。比如，高吕时代休养生息以恢复人口，文帝时代开放山田泽矿、鼓励农业生产与工商业发展以做强经济。黄老主张“无为而治”，不是“不为不治”。用今天的话讲，类似于市场经济理念，不过多干预经济，让经济自然恢复。但如何“无为”，如何“无为”而且“大治”，又是一套方法论。这种方法，就是政策上不干预，但政策上依据目标加以引导。法令上不严酷，但必须坚持法治化治理。目标上不激进，不滥用权力和民力，但一定是有目标的，且追求“治”的目标。西汉的文景之治，就是对治世目标的追求。

老庄思想中的“庄”就是晓梦迷蝶的庄子。把追求精神逍遥的庄子思想加进去，道家思想就会更偏于修身养性，更凸显出世意义，是把无为的理念用到了个人的心性修为中。它相对而言不那么像是用来改造国家和社会的方法，更像是世界观。到了魏晋门阀时代，社会有门阀化趋势，玄谈之风起，老庄思想就压过了黄老思想。

黄老思想两度成为秦汉时期的治国思想，为什么后来就销声匿迹，人们提到道家似乎就只剩下修身养性的老庄一派呢？

## 03 秦代黄老思想之兴起

《吕氏春秋》以黄老道家为基础思想的倾向是较为明显的：

> 三者咸当，无为而行。
>
> ——《吕氏春秋·季冬纪·序意》
>
> 三者之成也，在于无为。无为之道曰胜天，义曰利身，君曰勿身。
>
> ——《吕氏春秋·季春纪·先己》
>
> 君道无知无为，而贤于有知有为，则得之矣。
>
> ——《吕氏春秋·审分览·任数》
>
> 君服性命之情，去爱恶之心，用虚无为本，以听有用之言，谓之朝。
>
> ——《吕氏春秋·审分览·知度》

吕不韦是怀着统一之目标，完成了这样一个为军事统一作舆论思想铺垫的大型文化工程。他有统合各学派之意，所以兼容各学派之长。

> 老耽贵柔，孔子贵仁，墨翟贵廉，关尹贵清，子列子贵虚，陈骈贵齐，

阳生贵己，孙膑贵势，王廖贵先，儿良贵后。

——《吕氏春秋·审分览·不二》

《吕氏春秋》虽然是试图统战百家的文化武器，但对君王的要求，却明确是无为而行，是把道家黄老派的主张作为治国纲领。在君王统治思想上，无疑是以黄老思想为本色。因为《吕氏春秋·季冬纪·序意》就是《吕氏春秋》之序言，其中“无为而行”是吕不韦亲自论作，正是全书的核心纲领所在。

吕不韦的“无为而行”理念，大概延续到秦王政十七年（公元前230年），也就是嬴政发动统一战争的那一年。从政策与制度上被正式推翻，则是在秦始皇二十六年（公元前221年），秦始皇统一六国后正式废封建，行郡县，推行秦晋法家主张之改革。

也就是说，嬴政早年亲政并扳倒吕不韦后，其实仍奉行过吕不韦的黄老路线至少七年。如果按制度上正式否定《吕氏春秋》“众封建”的路线来算是十七年。如果把他继任王位后没有亲政的时间也算上，那么秦王政时期，黄老道家影响国政路线的时间足足有二十五年。秦始皇建立王朝后的十二年，才是法家思想占绝对主导思想的十二年。但秦王政的二十五年，却很可能是黄老思想占上风的二十五年。毕竟，秦昭王时期，长平大战之后，“秦虽破长平军，而秦卒死者过半，国内空”（《史记·白起王翦列传》），秦国实际上是惨胜，国力和人口都遭受重创。紧接着的邯郸之战再败之后，秦国也处在休养生息恢复阶段。吕不韦采用黄老思想治理秦国，恰如汉初一般，有时代条件之需要。

秦始皇本人也表现出有黄老倾向。有没有线索？当然有。嬴政读《韩非子》后，非常欣赏和推崇韩非子的思想。韩非子是谁？法家之集大成者。所以，嬴政有法家倾向没错。但道法一源，韩非子也是黄老道家，深受黄老思想的影响。

司马迁把韩非“归本于黄老”，因为黄老道家与法家同出一脉，是秦汉之时公认的。虽然后世将法家与黄老道家做了切割，把韩非本人的黄老属性给剔除干净，但在秦汉时人眼中，黄老和法家是相近的。站在司马迁的历史视野里，说秦始皇最欣赏的学者韩非是以黄老思想为本的学者，并不为过。因此秦始皇的思想里岂会完全没有黄老的存在?

且不说《吕氏春秋》中大量讲“无为”之道，就连《韩非子》中也不少。

> 权不预见，素无为也。
>
> 夫物者有所宜，材者有所施，各处其宜，故上下无为。
>
> 虚静无为，道之情也。
>
> 动之溶之，无为而攻之。
>
> ——《韩非子·扬权》
>
> 凡德者，以无为集，以无欲成，以不思安，以不用固。
>
> 所以贵无为无思为虚者，谓其意无所制也。夫无术者，故以无为无思为虚也。
>
> 虚者之无为也，不以无为为有常。
>
> 上德无为而无不为也。
>
> ——《韩非子·解老》

韩非子是老子“君道无为，臣道有为”的忠实信徒，是推动无为理念在治国思想中发展运用的关键性学术人物。他的主张，就是君主无为，“故明主治吏不治民”（《韩非子·外储说左下》）。

黄老道家和法家一样，都是钻研“人君南面之术”。从这个角度讲，黄老道家是保守的法家，而法家是激进的黄老道家。同是“人君南面之术”，黄老道家主张通过无为的方式，达到天下大治，在维护法令的同时讲究道德。而法家主张通过律法惩治的手段，达到天下大治，不必拘泥于形式上的道德。

其实仔细想想，法家强调法令，人人遵照法律，社会井然有序，自然不需要君主去做轰轰烈烈的大事，不必有为。法家，只是强调法律作为达成“无为”的一种手段。“无为”是目标，而不是像黄老那样把“无为”直接作为手段。法家也提倡无为，不过是君道无为，臣道有为，法令有为。但法令有为，本身就是为了解放君主的精力，不需要君主去决定所有的事情。但作为臣子，执行法令，必须有为。所以，秦晋法家并不排斥严刑酷法。韩非子就是在以法为术的方向上又进了一步，但君主无为的目标是很明确的。

秦王嬴政是很欣赏韩非子的思想的。甚或说，在吕不韦一直以来的调教下，秦王嬴政也非常明白黄老哲学中的“无为而治”。所以，他被诟病为“暴君”的行为，基本集中在他生命中的最后五年。而在秦王嬴政发动统一战争之前，除了郑国渠，我们甚至说不出他做过什么惊天动地的大事。秦王嬴政时期，执政思想可能是以黄老思想为主。秦始皇虽然最终没有延续和采用以黄老治国的思想，但不代表秦始皇时期没有黄老思想中“无为而治”的制度痕迹。

包括五德终始说、兴义兵统一说在内，甚至博士制度、廷议制度，笼络鲁地儒家的策略，都带有《吕氏春秋》倡导的兼容百家之思想。嬴政不提《吕氏春秋》，是因为他扳倒了吕不韦，不适宜再提。但不代表他年轻的时候，完全不读和否定《吕氏春秋》。嬴政没有继续走吕不韦的路线，但吕不韦作为他的政治导师、权力运作的启蒙者，而且《吕氏春秋》又是在秦王嬴政早年任内成书，是名动天下的巨著，吕不韦本人和《吕氏春秋》之黄老思想，对嬴政的思想和执政方法的影响是绝对存在的，而且很可能是比较大的。正式称帝前，秦王嬴政政并没有明确推翻吕不韦的黄老治略。

任继愈先生曾在《中国哲学发展史》一书中评价《吕氏春秋》，认为该书是以道家思想构建其体系，“我们把他堪称秦汉时期道家思潮的开始”。

## 04　西汉黄老与儒家的对决

秦朝灭亡后，汉朝重用包容并蓄的黄老思想。黄老思想既能为其他思想拨乱反正，又能够纠错刚性的秦朝思想政策，对秦朝法家有否定性的一面。黄老道家和法家同出一源，同样注重法令治国，提倡君主无为。黄老道家是能够最大程度继承秦制框架、既保留秦制优点又兼容秦制法家思想的学派，也有着对秦朝法家批判性继承的一面。

黄老道家原本是战国道家的正脉，在战国晚期曾一度独盛，压倒百家。黄老道家的学术中心在齐国的稷下学宫，稷下学宫的慎到被划入齐法家，亦专攻黄老之术。实际上，他研究的“法”，就是黄老道家的“法”。

西汉时，法家思想被批臭，已是明日黄花，趋弱式微。秦汉研习律法，很少直接称法家，而往往称研习刑名或刑德之术。黄老道家为汉初法治提供了学术思想与理论支持，而研究刑名讼狱之事的法吏乃至酷吏则成为汉初法治的执行群体。

汉初以黄老道家思想治国，既非与秦朝相反的政策，又反而能在秦晋法家思想崩溃已不堪用的情况下，最大程度地承继秦制的思想基础。

汉宣帝把汉王朝的制度称为王霸杂之。后来，人们通常用“外儒内法”来形容效法汉朝的后世王朝。但“外儒内法”还有另一个别称即“内用黄老，外示儒术”。“法”与“黄老”的概念，在很多语境下是互通的。

法家的核心主张——法、术、势，都源自道家思想。法家只是把道家的“天地不仁”“道法自然”这些理念，不断向归纳统治技术的方向上深入实践，但这一派的实验无疑是失败的。正如荀子游历秦国后对秦国的判断，认为秦国的治理水平很高，但没有儒且不讲教化，因而这种统治又是很脆弱的。

秦法叫“律”。商鞅就是把“法”从魏国带到秦国，改名叫“律”。而法，就是“道法”中的法。道法，后来被用于治国，就成了刑德之术或刑名之术。刑是法，德是道。刑是手段，名是规则。道是途径方向，法是方式方法。道德，道法，刑法，刑名，刑德，这几个词绕来绕去，其实讲的是一个道理。即使放到今天来说，道德和法律是社会约束力的两种形式。只不过道德是非强制性的，是社会提倡的准则上限；法律是强制性的，是社会要求的准则下限。

道生法，是黄老道家的重要命题之一，明确揭示了道与法的基本关系：法由道派生，是道这一宇宙根本法则在社会领域中的落实和体现。

道家形成老庄道家与黄老道家两个流派。黄老道家进一步形成东方的齐法家，并派生出西方的秦晋法家。秦晋法家在秦朝成为指导思想，最终随秦朝败亡而瓦解。汉初则采用具有齐法家框架的黄老道家作为指导思想，纠正秦晋法家的偏执，继承秦晋法家的精髓。但汉初施行黄老治国百年之后，儒家又将黄老道家从神坛上拽了下来。

儒家也分派别，战国后期比较有影响力的有孟学和荀学。孟学即邹鲁之学，继承和发展了孔子的仁政与王道思想，是儒学正统，或可称为广义的鲁学。鲁地是儒学大本营，亦是西楚霸王项羽曾作为鲁公时的封地。秦始皇曾拉拢鲁生，但秦制主张大一统集权，儒家主张分封众建，本质不可调和，秦始皇最终被儒家所攻讦。项楚集团推翻秦朝后，项羽曾设计很受儒家欢迎的“天子—霸主—诸侯—列侯”的复古封建四级制，可这般不合时宜的制度设计终究失败。当坐拥秦地再次统一的刘邦杀死项羽后，鲁邑儒生甚至要为项羽守死节，坚持不降。

这次短暂的儒家复古理论实践失败后，儒学的中心开始从鲁学转向齐学。战国后期，齐国稷下学宫的学术领袖荀子，就是法家韩非子与李斯的老师，他主张性恶论，被称为儒法兼修。但正因为荀子与传统儒家的性善推导、仁义思想有所不同，最终被后世儒家踢出孔庙。可见儒学到了齐国的稷下学宫，也会受到黄老道家和齐法家思想的影响，开始重视“法”的作用。

西汉时期，儒家经学公羊派的代表人物董仲舒，属于齐学一派。汉武帝最后所推崇的官学，其实就是强调大一统思想的儒家公羊学。这一派将过去保守的倡导封建的鲁地孟学进行改造，提炼出能够契合大一统王朝的新儒学理论，为汉武帝的扩张提供了激进的儒学理论支持，这就是借鉴了老庄道家的内圣外王之儒学理念。

说起来，秦晋法家的创始人、魏国变法与《法经》的设计者李悝，以及深受李悝影响、设计过楚国吴起变法的吴起，都是儒家子夏的徒子徒孙。而儒家公羊学的开山鼻祖——公羊高也是子夏的弟子。其实各个学派，除了核心主张之外，都会在集权与分权两种方案中，依据时代条件来回徘徊，以因应时代需求。诸子百家各种思想之间也在博弈与融合。说到底，这只是一套如何契合当世社会文化心理，同时让君主愿意买账的意识形态工具而已，有时是换汤不换药，换个招牌复营业。

法家与黄老道家讲律法，而儒家讲礼法。“法”是上层对下层进行约束的规则制度，更强调事后惩罚。“礼”是上层对自身阶层进行约束的规则制度，更强调事前克制。它们本质上都是希望寻求一种可以约束人性之恶、弘扬人性之善的制度途径。儒家在经历每次实践挫败后，也在不断改进自身的理论。

汉代的儒家不再大讲封建与垂拱，而是讲有为，但提出的“仁政”有为、内圣外王，其实是在“道”的路上持续深入。儒家要求人类约束内心，是为“诛心”。法家讲“无为法制”，是在“法”的路上持续深入。法家要求人类约束行为，是为“诛行”。儒家和法家最后成了两端极值。

秦晋法家只研究治术，以性恶推导，不论美德，越发形成激进的意识形态，最终主张禁绝百家。而另一个强调“有为”的儒家，也主张独尊儒术。因为“有为”，思想目标就太明确，很容易排斥其他思想。

相对而言，黄老道家主张道法并用，既讲类似于儒家仁政的“德政”而非泛道德论，同时提倡有法可依，依法治国。因为只有法律健全，人人按明确的规则行事，社会有条不紊地自然运行，才不需要过度的人治，才能做到统治者的“无为而治”。所以，黄老道家也讲法治，但不是秦晋法家的激进法治，而是温和法治，因时易法，灵活立法，不搞酷法镇压。

黄老道家是儒法之间的一个居中协调点，是一个折中方案，符合汉初在制度上有限妥协的历史需要。西汉选择黄老道家思想治国，是因为黄老道家能够否定激进的法家，同时作为激进法家的源头思想也能够兼容温和法家，是汉承秦制的最佳思想平衡点。

可儒家作为天下第一学、秦汉识字教育普及的第一线推动者，从来没有放弃过重新向朝堂进军。儒家一直在发挥影响力，试图撼动黄老之学的国家指导思想之地位。

在刘邦时期，儒家力量占主导地位的是刘邦身边的杂儒，而不是醇儒。比如叔孙通、郦食其、陆贾这些儒生，他们学贯多派，非常务实。见刘邦集团普遍不喜欢儒家，他们便用更实用的纵横学或黄老之学折中，讨职于刘邦。儒生陆贾给刘邦讲礼制王道，刘邦厌烦。他就给刘邦进献《新语》，转而明确兜售“道莫大于无为”的黄老思想，把礼法结合当作自己的核心主张，最终深受刘邦认可。实际上，这是一个儒生为刘邦确立了汉初无为而治、与民休息的黄老基调。

刘邦死后，渐渐代表黄老道家思想的却是开国功臣集团。功臣集团的命运走向，也与黄老道家思想的指导地位密切相关。

黄老道家思想，由于倡导“法大于君”，所以实际上相比秦晋法家提倡的强化君权，又是一种相对限制君权的思想。所以，在汉初皇帝与宗亲诸侯、功臣列侯共天下的现实局面下，黄老道家思想是被整个统治阶层普遍推崇的。有黄老道家思想在，汉初的高、惠、吕、文、景，就无法做到汉武帝的酎金夺爵。汉承秦制的军功爵制、授田制则是列侯们高居庙堂、世袭罔替，功臣集团与皇帝共天下的制度保障，是功侯们作为既得利益集团的合法性所在。而黄老道家思想即温和的法治思想，就是护佑这种制度的国家指导思想和社会共识。

刘邦愿意采用黄老道家思想治国，是看中了黄老道家的温和法治、无为休息。其核心需求是为了继承秦制，修正秦制，恢复国力。但刘邦死后，汉朝制度稳定下来，国力也得到恢复，功臣集团则更希望用黄老道家思想中的“去私而立公，事断于法而不断于君”等思想，来限制君权对功臣集团的转强趋势，以免皇权伸张而动摇“君臣共天下”的局面。这一点是客观现实所逼。

随着西汉中期汉武帝将君权彻底伸张，实现了皇帝私天下，仅酎金夺爵事件就以不痛不痒的理由削掉了大半功侯的爵位，可见守护黄老思想就是守护功臣集团自家的富贵和地位。

但君权的极度伸张，又反过来刺激统治集团限制君权的需求再次高涨，直至昭宣时期，霍光代理君权，废立皇帝，霍光再次借用公羊派儒家削弱皇权权威。这一次公羊派主张的已经不是改制，而是传国异姓说，让皇帝交出权力，改朝换代。以石渠阁会议为标志，以穀梁派为代表的鲁学再次完成自我升级，被汉宣帝用来制衡公羊派。但限制君权的保守儒学已然占据上风，成为西汉后期的流行理论，导致了汉哀帝尝试自改姓氏和国号的再受命事件。最终，儒家从根子上瓦解了刘汉皇族的血统合法性，最终酿成王莽篡汉，以一位大儒皇帝之姿全面推行儒家复古改革。

儒家的这次改革又失败了，却反向衬托出刘氏招牌的比对价值。人心向刘，东汉由此建立，但黄老道家已然被儒家彻底压制，再无出头之日，渐渐瓦解。

## 05 东汉儒家对黄老的拆解

两汉定儒家经学为官学之后，儒家就在排挤黄老道家的生存空间。东汉儒家通过给战国诸子百家及著作分门别类，硬生生把黄老道家给肢解得支离破碎，不成体系。黄老道家的主体著作，多被扫进杂家，因为黄老道家把“无为”作为直接主张。既然无为，自然就包容并蓄，兼采百家，没有强烈激进的意识形态，这与杂家的特征确实相似。

在西汉前期，黄老道家思想作为官方指导思想，直到汉武帝改制之前，存续了百年之久。从东汉之初的时间节点来看，黄老道家思想作为治国理念，比儒家思想治国的时间仅仅少了几十年而已。但黄老治国期间，从西汉立国到文景之治，再到汉武雄途，为汉朝奠定过多次成就。从汉武帝晚年转向儒家之后，接二连三出现的却是武帝晚年之凋敝、西汉晚期政治之衰颓、王莽改制之失败、两汉之际之惨烈战争。

东汉初年，处在西汉末年儒家登堂入殿和新莽的儒家复古改革彻底失败之后的历史节点，儒家复古主张破产后的现实压力很大，儒家理论的受众多少会有动摇。而这种对儒学的动摇，很可能会让统治集团重新审视黄老道家的价值。刚刚经历挫折的儒家官学，最忌惮的必然是曾主导过汉制度的道家黄老之学。

东汉初期的儒家，在复古之核心主张幻灭后，甚至一度失去其世俗性特征，转向谶纬神秘主义，大有神学化、宗教化的倾向。以白虎观会议为标志，东汉儒家的地位才得到进一步稳固。奉旨将会议成果总结编纂为《白虎通义》的班固，自然也要对各派进行抑制，以维护儒学的官学和统治思想的地位。为避免黄老道家思想死灰复燃，威胁儒学地位，黄老道家势必是重点弱化对象。

在《汉书·艺文志》中，班固对儒家的评价是：“唐虞之隆，殷周之盛，仲尼之业，已试之效者也。”他认为采纳儒学就是历代盛世的根本原因。班固是儒学的经学大家，亲自参与推动儒家进一步巩固在东汉的地位。他自己是儒家，他在编纂《汉书》时，实际上是要为儒家学派做推捧的。

《汉书·艺文志》的著录部分，把各种先秦与秦汉的典籍都分门别类，划分好学派，有非常大的政治意义，这是儒家根据典籍影响力来钦点学派的划分方案。把大的百家典籍分到小的学派，自然就弱化了大典籍的影响力。把小的典籍分到大的学派，自然也是给大学派掺水。这种既当运动员又当裁判的钦点式排名，正是儒家手上的利器。

所以，班固把儒家说成是三代兴盛之因，极尽赞美儒学，来稳固儒家在东汉的官学地位。但又侧面地称当下儒家是滥竽充数、歪曲经典的"辟儒"，导致儒学衰落，实际上是为王莽这位大儒皇帝的儒家改制失败做辩解。

在《汉书·艺文志》中，班固对道家的评价是："知秉要执本，清虚以自守，卑弱以自持，此君人南面之术也。"他把道家描绘为倡导君主本人清静无为、谦让守虚的学派。这其实是把原本作为一种治国之术的黄老道家"君人南面之术"给矮化成了老庄学派的修心之法。他也提到"及放者为之，则欲绝去礼学，兼弃仁义"是道家中的败类，但这就是道家中的不那么讲求仁义礼仪而讲究事断于法的黄老道家思想。东汉儒家通过给道家下定义，把道家整体概念换成老庄道家，黄老道家就自然被排斥和边缘化了。

尤其是在东汉初与西汉初同样民生凋敝、百业待兴的情况下，轰轰烈烈的儒家复古改革运动破产，国家需要与民休息，恢复经济。这个时候，边缘化黄老之学，让老庄成为道家的核心思想，甚至在东汉末年引导道家去向佛教学习，彻底成了对儒学官学地位难以撼动的思想，同时把道学理论完全改造成魏晋的老庄出世道学，正是东汉作为官学的儒家为稳定自身地位，必须要做的。

在《汉书·艺文志》中，班固对杂家的评价是："兼儒、墨，合名、法。"儒家把有黄老道家思想本色的《吕氏春秋》《淮南子》扫进小门小派的杂家之中，却对杂家定义为儒法兼修，偏偏不提道家。

道家只有老庄，而杂家又无道家色彩。如此叙事，仿佛秦汉并无黄老道家之著作。汉初黄老治国之后，黄老道家就烟消云散了似的。

很多学者也是看出过这点巧去黄老概念之端倪的。胡适在《中国中古思想史长编》中提出："杂家是道家的前身，道家是杂家的新名。汉以前的道家可叫作杂家，秦以后的杂家应叫作道家。"任继愈也认为《吕氏春秋》是秦汉时期新道家思潮的开始。比如，《吕氏春秋》是以黄老道家思想为核心纲领，然后兼蓄各家之长。但是，东汉的史家班固在《汉书·艺文志》中，就将其归为杂家。把秦汉时期带有鲜明黄老道家思想的著作列入学派影响力较小的学派，瓦解黄老道家学派影响力，这还真不是个例。其他还有一些黄老道家思想比较浓厚的，如《管子》被扫到兵家，《淮南子》也被扫到杂家。

在汉武帝建元新政，把儒家捧上神坛的历史节点上，淮南王刘安曾凝聚黄老道家门徒对抗汉武帝的去黄老、尊儒家。刘安为主张黄老治国的窦太后献上了西汉黄老道家思想的集大成之作《淮南子》，这是一次文化声讨，是在意识形态上挫败儒家主导的建元新政，是黄老道家学派在汉武帝初年一次成功的反扑。冯友兰在《三松堂全集》中评价道："从这两个标准看都不能说刘安是杂家。他有一个中心思想，那就是黄老之学。"

黄老道家是东汉官学儒家的忌讳。儒家不想有人自居黄老，人们也不敢自居黄老，所以一度是治国指导思想的黄老之术就成了小门小派的杂家。

在《汉书·艺文志》中，班固对法家的评价是："及刻者为之，则无教化，去仁爱，专任刑法而欲以致治，至于残害至亲，伤恩薄厚。"法家路线因秦始皇改革失败而破产，被彻底批臭。尤其是先秦法家提倡集权，先秦儒家提倡分封，可以说是完全对立的两股学术思想力量。秦始皇最后在儒家淳于越与法家李斯的路线之争中选择站在李斯一边，对儒家焚书坑儒，对法家以吏为师。因此，法家一直是儒家的世仇学派。《汉书》里对法家的措辞真是一点没客气。

东汉儒家既当运动员又当裁判，给各著作、各学派排座次，于是黄老道家被隐没了。抑制黄老道家，是东汉儒林心照不宣的潜规则。但东汉末年，统治秩序崩溃，儒家思想又进入低谷时，高诱作《吕氏春秋注》，才敢实质性地点出《吕氏春秋》"此书所尚，以道德为标的，以无为为纲纪"，"大出诸子之右"。"以道德为标的，以无为为纲纪"，就是道家思想。

汉末派生出一个宗教性的道教。黄老道家也于魏晋时期渐渐被老庄派所排挤出局。后来的道家，就成了一种世界观。现在的人们一说道家，要么就是谈神论鬼的道士，要么就是清心寡欲的隐士。之所以只剩下这种印象，是因为真正用道家思想教人们入世建功的黄老道家，早在两汉就已被瓦解了。黄老道家所实践的方法论，在后来儒家思想漫长的历史实践和统治地位下，最终被吸收和湮灭了。

萧何是律法专家，曹参用黄老治齐，张良所习的是道家著作《太公兵法》，陈平本好黄老之术，他们都是黄老道家的门徒。

从刘邦的取向和态度看，刘邦是反对激进的法家主义的，他对秦朝苛政持否定态度。但刘邦同时又讨厌秦朝法家的对立面——儒家。刘邦讨厌儒生，羞辱儒生，屡屡见于史书记载。熟悉秦律的刘邦、萧何、曹参等秦吏，既不认同秦朝的苛政严刑，又反感作为秦朝法治对立面、提倡礼制的儒家主张，其实这就是黄老倾向。

最终，刘邦集团自然选择了法家的源头即更温和的法家，也即黄老道家。这是早年成长的“黄老独盛，压倒百家”的战国末期最流行之思想，也是秦国统一之前的主张。黄老道家成为汉初治国的核心思想，可以说是历史的选择。跳脱出血缘王朝的断代视角，汉初政治形态在某种程度上就是否定秦始皇晚年政策，对秦王嬴政初年政治形态的回归而已。

黄老道家提倡法治之下的宽刑简法、与民休息、礼法结合、无为而治。汉承秦制而不承秦政，就是黄老道家的灵活性所在。

在丞相陈平去世之后，汉文帝和窦皇后都是《老子》的黄老治国理念的拥护者，但汉文帝却不一定甘心做一个黄老道家的拥护者。就是他，对黄老道家发起了第一波冲击。这是儒家与黄老道家在汉初历史上的第一回合正面交锋。

# 五、改制失败

## 01 贾谊的方案

汉文帝时，功臣集团是黄老道家思想的卫道士，他们需要黄老道家思想“事断于法而不断于君”的原则来限制皇权。需要黄老道家思想的温和法治理念来维系汉承秦制，维系军功爵制与授田制对汉初军功受益阶层和功臣列侯的爵位、地位和财富合法性的制度保障。所以，功臣集团异常在乎黄老之学作为治国指导思想的地位。汉文帝面临的就是这样的朝堂。

汉文帝在黄老道家“无为而治”的主张上可谓是身体力行。但还应该注意到的是，汉文帝也在不断利用儒家来制衡黄老道家学派。汉文帝一代的儒家正铆足全力，争取让皇帝成为儒家的信徒，进一步冲击黄老道家学派的地位。

汉文帝亲自提拔的宠臣中，贾谊是最著名的儒士。贾谊是“仁义不施而攻守之势异”（《过秦论》）的仁政主张者，是个以儒家政治主张“仁政”“王道”为核心思想的儒生。他虽然不是醇儒，却是儒家改革派的代表人物。

先秦儒家一直主张封建。但秦汉之际以复辟封建为诉求的惨烈战争，加上汉朝已发展了二十多年，关东诸侯王反复更立，诸侯的权威感已经逐渐萎缩。此时同姓王制度深入人心，刘姓一家一天下的血统权力理念反而成为人心所向。周勃之功，是安刘之功。平定诸吕，是以拥刘为名。汉文帝登基后，又不断制定惠民措施，百姓此时更认可皇权的主君性，皇帝的权威已经渐渐压倒了诸侯王。秦朝求而不得的民心所向，在文帝朝正走向现实。

人心不再执着于先秦的封建制度，如果儒家还是抱着周制复古主张不放，那就成了刻舟求剑，抱残守缺。在这个时间点上，儒家终于出现了贾谊这个初生牛犊不怕虎的改革者。贾谊对儒家主张最大的改革就是不再以传统的周制分封为目的，而是以分封为手段，主张“众建诸侯而少其力”（《治安策》）。

当然，要儒家这么大的学派一次性地从封建扭转到集权并不容易。贾谊的主张，是以封建制封建，以封建去封建，以封建亡封建。他的这个思想，在《吕氏春秋·审分览·慎势》中也提及过：“众封建，非以私贤也，所以便势全威，所以博义。”汉初的列侯人数由秦代的屈指可考激增到数百，其实也是在大夫、列侯一级实践众建理念。

贾谊依然遵循儒家“古者圣王制为等列”（《治安策》）的封建等级分明之政治正确，嘴上说封建制度是好的。但他认为诸侯国太大了，实力太强了，应该分得特别小、特别碎才行。不然，诸侯国稍微实力强一些，就必然会起反叛之心。他把上到诸侯王下到列侯，全部比作包藏祸心的潜在逆贼。他认为封的诸侯、列侯越多，皇帝越安全。这也是后来汉武帝正式定为国家制度的推恩令的源头。

汉文帝将齐国一分为七，将淮南国一分为四，就是采纳并局部实践了贾谊的谏言。但汉文帝终究没有大动干戈地对所有诸侯出手，毕竟这个时候，内有强大的功臣集团钳制皇权，外有诸侯虎视眈眈。如果内外平衡掌握得不好，汉文帝的皇权也是随时会受到内外两面夹击的，极不安全。他必须有一个稳固的政治基础，所以不能挑起大规模的对抗。

贾谊毕竟是站在学术立场上考量，他看不到汉文帝身后盘根错节、千丝万缕的庞大裙带利益链条，他不知道汉文帝正在驾驭的平衡是建立在隐性的风险和残酷之上，他只是站在学术角度去做理论分析。可是，贾谊依然是儒家里程碑式的人物。他对关东局势的观察和研究，虽然属于“学院派”，但却为汉朝皇帝指出了很多解决现实问题的思路。他是儒家第一个深刻剖析封建制度有极大不稳定性和弊端的儒家改革者。总的来说，他也是一个兼学百家的杂儒。所以，这种理论炸弹的出现，说明儒家开始加速改变。

贾谊直接指出关东“大国之王幼弱未壮”（《治安策》）。这些诸侯之所以还没有对朝廷发动反叛，是因为大国的诸侯王年纪还很小，汉朝派去的太傅、丞相等官员还能把握住诸侯国的国政，局面尚能稳定。但将来诸侯王长大，肯定会携威重而生出反叛之心，到时候情况就危急了。他点出了高惠吕三朝不断杀诸侯王的一个客观结果，就是用幼儿替换将成年的诸侯，让诸侯王的位置总坐不长，往往还没长大、羽翼还没丰满就换人了。这为汉朝平定诸侯争取到了时间差，这是一个历史机遇。总体上，汉文帝是稳定住了局面，但远远没有到能够在他任内解决问题的地步。这是汉文帝的无奈。

贾谊初出茅庐，年少无畏，最显稚嫩的就是他向外部的关东诸侯宗亲力量和内部的关中功臣集团力量这两大制衡势力同时开火。如果皇帝真的按照他的理论去办，恐怕连皇帝都得栽。

贾谊甚至把功臣集团的招牌名臣樊哙、郦商、周勃、灌婴，比作对汉朝不忠心的潜在叛逆之臣。他说这几个人只是侯，只有食邑，没有王国，要是给他们十座城，他们也会反……要知道，周勃、灌婴此时都是正在掌权的权臣，贾谊说这话不是自找政治报复吗？其实用些死了的人举例也行啊。

要只是说点坏话也就罢了，贾谊还断了人家在京师的人脉和路子。他帮助汉文帝修改各种律法规定，其中就包括“把列侯全部赶回封地，不让他们留在京师”。尤其是汉文帝还劝周勃以身作则起带头作用，先回封地，借此卸了周勃的相权。这是多得罪人的事。如果只是在京师朝堂上跟诸侯王隔空对骂也就罢了，可这些功臣集团的列侯是京师当下的权贵，他们就在朝堂上。

汉文帝原本还想让贾谊任公卿之位，结果周勃、灌婴带着其他几个功臣集团的重臣，包括丞相、太尉等两公在内，一起弹劾贾谊，说他就是个狂妄少年，绝对不能委以重任。汉文帝一看这阵仗大了，就刻意疏远贾谊，把他赶出中心权力场，保护性地调离到离长安最远的长沙国。毕竟，当时正是刚继位的汉文帝与功臣集团的博弈期，满城风雨，保不准就会牵连到谁。神仙打架，一个年轻人很容易被误伤，甚至被碾杀。

不过，贾谊敢赤裸裸地点出皇帝的危难处境，犯了诸侯与列侯等各利益群体的众怒，他本人也是有派系立场的。贾谊是汉文帝继位之初亲自提拔的廷尉、前河南郡守吴公举荐的博士。贾谊又是张苍的学生，张苍此时是御史大夫，是继任丞相的首要人选。可见，贾谊本身就是替汉文帝和张苍冲在最前边进攻周勃的马前卒。

可惜，贾谊很悲情，他没看透自己的命运。在外放的地方饱尝十年贬谪的风霜后，梁王坠马而死。贾谊作为梁王太傅，觉得自己没看管好梁王，不会得到有知遇之恩的汉文帝的原谅，抑郁而死。

贾谊虽然提出了很多奠基文景之治和汉武盛世的理论，但终究还是太书生气，致使自己本可能有更广阔舞台的人生在三十二岁就早早骤谢，如果他能活到五六十岁，未必不会在景帝朝甚至武帝朝发光发热。

## 02　改正朔，易服色

贾谊短暂的人生中最大的一项改革倡议，是“改正朔，易服色”。这六个字，就是后来汉武帝最终才做到的事情。这六个字，乍一看好像是个无关紧要的关于礼仪文化制度的改革倡议，实际上它的分量特别重。它直接摧毁了黄老道家思想在西汉初年的国家指导思想地位，直接动了功臣集团的命根子，即功臣集团存在的合法性问题。

改正朔，就是改岁首，重新规定一年的第一个月是哪个月。秦朝和太初元年（公元前104年）之前的汉朝，岁首是十月。比如，汉文帝前元元年九月过了，就是汉文帝前元二年十月。易服色，就是改王朝官方服装的标准颜色。汉朝一共有过三种服色，汉高祖到汉武帝改制前，服色和秦朝一样是黑色。汉武帝到西汉末，服色是黄色，东汉则是红色。

为什么要改这些呢？因为秦汉要用五德终始说解释王朝为什么要更替。古人没有科学概念，不知道自己生存的世界是什么样的存在，甚至汉武帝之前，世人连兰州以西到底是什么样子都说不太清楚。虽然当时的古人没掌握科学，却也需要解释世界的存因和人类的存因，不然没有安全感。如果人类连自己在哪，自己为什么存在，为什么有些自然现象那么吓人还能杀人，对这些一概解释不了，那人们就会非常恐惧大自然。所以，即使是编，古人也要编出一套解释，来抚慰大家对未知的恐惧，给人们的日常生活以更多的确定性和安全感。

五德终始说就是这样来的。五德，对应的是五行，同时对应五种颜色。五行，即金、木、水、火、土，他们相生相克。古中国人认为世间万物就是这五种元素构成的，就像古西方人有持原子说和原气说的。

这个逻辑放到为什么会有不同的王朝，即为什么天子的家族经常会变，战国时期的阴阳家就继续编，说王朝有五种德行，对应着五行，一个克一个，一直在循环。他们说“虞土、夏木、殷金、周火”，四个王朝就是木克土，金克木，火克金。秦国的《吕氏春秋》带有统合诸子的性质，所以把阴阳家的这一套也大书特书。我们在今天看这些是迷信，放在当时就是宇宙学问。阴阳家搞这个最专业，能把世界的逻辑暂时说圆了，那大家就都采用阴阳家的说法。这个发明用来解释世界存因与王朝存因很重要，否则就是文化空缺，就没人能解释为什么会有王朝的存在，为什么会有王朝的更替，为什么王朝会出现混乱。

秦始皇也欣然接受了这套解释，在建立秦朝后，他依据五德说，认定秦朝是克周，也就是克火，所以他应该是水德，色尚黑。秦朝的龙袍、官服、旗帜、军装都以黑色为主。关键是依据这套理论，硬加了一个虞朝的说法，虞、夏、商、周、秦，秦朝刚好是第五个王朝，五行聚齐。秦朝大概认为自己是终结者，是天命所归，不会再改变。

但很可惜，秦朝的天命速丢。刘邦在造反时，给自己搞了一出赤帝子斩杀白帝子的天命传说。所以，他作为赤帝子，旗帜和主色是红色。但是到了汉高帝二年（公元前205年）时，成为汉王的他，通过自称黑帝，主动把服色与旗帜色改为黑色，与秦朝保持一致。他有讨好故秦地父老，让他的关东军政集团与秦地经济集团相融合的考量，也有对汉承秦制的昭示意味。

但是，汉朝建立并稳定后，这就有点说不过去了。毕竟，以前的汉王代表秦民，现在的汉朝代表天下。刘邦是推翻秦朝才获得了帝王合法性，结果反而选用和秦朝一样的服色，搞得刘氏像是嬴氏的接班人，这成何体统？天下人会怎么看？按说，秦朝是水德，尚黑色，汉朝灭秦，应该是土德，尚黄。

丞相、太尉与功侯代表这时一起站出来，集官场的最高能量，把贾谊一顿狂损，硬是把他给贬了。为什么他们要这么费劲地整走一个年轻的贾谊呢？

贾谊给汉文帝的建议是："改正朔，易服色，法制度，定官名，兴礼乐，乃悉草具其事仪法，色尚黄，数用五，为官名，悉更秦之法。"（《史记·屈原贾生列传》）如果让改正朔和易服色的议案通过，意味着承认汉朝是时候改制了。跟着就是更改制度，更改法令，变更官阶。"改正朔和易服色"，只是一个和缓的说法，本质是改掉保护他们这些功侯的制度。等于是要推翻汉朝前期的所有法度，是要对汉初功臣集团以及其代表的汉初军功受益阶层这个既得利益群体釜底抽薪，打破汉初黄老道家思想对他们的制度保障。

贾谊要"悉更秦之法"，而汉初军功受益集团受到汉承秦制的军功爵制的保护，他们怎么会让汉朝"悉更秦之法"？

贾谊是一个儒生，改制运动如果由贾谊主导，就是儒家所主导，汉武帝后来所做的一切都会提前上演。那么，连保障功侯既得利益的黄老道家思想中的"君道无为而臣道有为，限制君权"的思想，合法合理地扩大大臣权力的统治理念和君臣伦理基础也会被改掉。皇权伸张之后，皇帝与功臣集团共天下的平衡局面就会被彻底打破。酎金夺爵会在文帝朝就发生，功臣列侯们一夜间全都从列侯变成庶民，甚至面临牢狱之灾……

贾谊在汉文帝继位之初就已经把五德说抛出来，成了一颗舆情炸弹。虽然后来贾谊已经不在了，但这种舆情被贾谊挑起来后，肯定会出现越来越多的对汉朝为什么要随秦制的质疑声音。对维护黄老道家思想的功臣集团来说，这是贾谊和儒家发起的赤裸裸的意识形态之战。功臣集团如果输了，可能饭碗都要被砸了，后来历史是证明过这一点的。这就是汉文帝后期以改德运为中心的政治斗争的关节所在。

但汉文帝还是暂时放弃了贾谊。他不能在自己继位之初、权力没有巩固之时，就冒这么大的对抗风险。他议贾谊为公卿，就是在试探功臣集团的反弹程度。果不其然，一个小小的贾谊就引得三公出动。而且，即使功臣集团此时倒台，与皇帝两败俱伤，最后坐收渔利的只会是诸侯王。内外制衡形势还在，如果天秤被砸碎，不是皇权胜利，而是直接天下动荡。

汉文帝的皇权，此时还与功臣集团的相权、关东诸侯的王权处于三权平衡状态，和后来经过文帝文斗、景帝武斗之后，汉武帝时期那个相权、王权力量齐衰不再需要内外制衡的局面还差得远。贾谊说得都对，都是大方向，但事情要一件一件去做。政策口子，历来是一点一点撕开。汉文帝是个政治家，他明白利害。所以，他把贾谊先后给外放到长沙国与梁国做太傅。但长沙国是异姓王国，不敢对下派的贾谊不敬。梁国是汉文帝儿子的封国，是汉文帝直接控制的诸侯国。汉文帝没有彻底放弃贾谊，而是保护着贾谊。他是在积蓄力量，等待时机。

汉文帝前元十二年（公元前168年），贾谊死了。汉文帝原本把贾谊放在自己小儿子的身边，是在告诉他，虽然暂时无法起用他，但一直没有遗忘他，贾谊却因梁怀王坠马死亡抑郁而亡。就在贾谊死的这一年，一直隐忍的汉文帝开始发起动作了。如果贾谊还在，这个时候本该是他为汉文帝冲锋陷阵的时候。

## 03 汉文帝的出击

汉文帝前元十二年，汉文帝首先以缇萦救父的感人孝心为契机，顺势废除了肉刑。这是对法令的大幅度改变，甚至是原则性的改变。毕竟，黄老道家思想也是坚持法治的，与齐法家的主张一致，只是比秦晋法家要温和。但汉文帝大幅度地动摇法治原则，其实已经是在对功臣集团依仗的黄老道家做攻击准备了。这似乎是一个宣示改制的前奏。

汉文帝前元十三年（公元前167年），汉文帝要求大规模增加对汉雍五畤的祭祀。汉雍五畤，就是在离京师不远的雍城祭奠五帝的祭祀场所。这是一个重要的礼仪事件，此举意味着汉文帝与功臣集团的博弈势头再起，大方向又被汉文帝拉扯到王朝的礼仪制度上。汉文帝在暗地里已经着手再次出击了。

汉文帝前元十四年（公元前166年），又一个儒生，公孙臣，继贾谊之后，站出来建议汉文帝“改正朔，易服色”。

把这次礼仪事件作为突破口，和贾谊十多年前的提议是一样的。这次，贾谊如果活着，肯定会振奋不已。汉文帝已经做了十四年的皇帝，权力已经巩固，不再是继位之初那般弱势，他终于又一次借儒家出手了。

当然，汉文帝此时的丞相年老的张苍是汉高祖时受封的列侯，为了保护整个功侯集团的利益，张苍把这颗“深水炸弹”给挡住了。

关于汉朝为什么以十月为正朔，张苍说原因很简单，高祖当年到达霸上，正式灭亡秦朝，接管咸阳，就是王朝更替之始。当时就是十月，所以汉朝的正朔定在十月，是以纪念高祖灭亡秦朝为开始，和秦朝定的十月无关。如有雷同，纯属巧合。正朔这一项，张苍算是圆过去了。

关于五德，张苍组织专业人士进行了一番极其专业精准的推定，而且还利用丞相管理治水的职权，搞了一场黄河水德大秀，最终认定汉朝就是水德。他更是说汉文帝的这个时候，水德正处在旺盛的时间点，改不得。

至于为什么秦朝也是水德，张苍解释说汉朝才是真正水德之开始。秦朝就是个短命鬼，哪有什么德。张苍看似是在侮辱秦朝，却也是找了一个精彩的理由维护汉朝继承的秦制，因为他们是受秦制保护的群体。

无论张苍有多少派系交集的折中背景，他的第一身份都是列侯，属于军功爵制和授田制保护的军功受益群体。在这种整个利益集团安身立命的问题上，他必须代表开国功臣对抗皇权的进攻。张苍是一个八面玲珑的人，所以丞相一干就是十几年。但牵涉到制度之争，关系到功侯们安身立命的根本，张苍不得不站在自己所属的利益集团一边。

张苍是历法和算术专家，在秦朝就是御史，又在萧何手下工作多年，资历上压倒所有人，专业上是权威。他亲自组织工作，搞了一次权威认定，得出汉朝是水德这个结论，汉文帝就不好再说什么。张苍绕来绕去，其实就是为了一件事，不变动，不改制。不断有儒家挑起这个说法，张苍必须回应，并用结案的方式一次性扼杀这些意识形态挑战。这次，功臣集团又赢了。汉文帝没多说什么，公孙臣被罢免，这件事不了了之。

可三年之后，一场比张苍的水德大秀更震撼的大秀突然上演了。成纪县当地发生百姓目击黄龙现身事件，这下张苍傻眼了。这个事件轰动天下，印证了土德说。汉文帝立马让公孙臣回来，拜为博士，主持“改正朔，易服色”的改制大工程，并且再次亲自郊祀五帝。汉文帝要借这次影响极大的礼仪事件加强皇权的神圣性。

其实，汉初皇权的神圣性很弱。比如，刘邦称帝初期，有一次宴请群臣，有些武将在宫殿里喝高了，跟人吹牛大喊时一激动直接拿着佩剑就砍皇宫大殿的柱子。刘邦都看不下去了，但也没法惩治他们。毕竟他们本身就是一个草莽出身的军事集团。刘邦虽然也和秦始皇一样是皇帝，但威严感着实差很多。

到了刘盈执政时期，曹参甚至羞辱皇帝说："皇帝，你能力不行，不要瞎折腾。"刘盈的两个幼子，前少帝被吕后杀死，后少帝被功臣集团杀死。汉文帝又是被大臣所立，初来乍到，和群臣不停地搞妥协和平衡。汉初的皇权一直得不到伸张，经常是需要妥协的。如果算上秦朝，秦始皇被批判为暴君，胡亥更是昏庸至极。从汉文帝那个历史节点来看，可以说皇帝这个称号作为统治君主的世俗性很强，但神圣感是很弱的。

神性，在古代是很重要的。古人必须依靠神学叙事来获得确定性和安全感，获得政治存因和统治合法性的圆融解释。因此，在儒家理学革新、去谶纬神学性之前，皇帝都喜欢封禅泰山。那是为了象征皇帝垄断了与苍天和神明交流的权力，垄断了宗教解释权与宇宙天命沟通的权力，在统治者的身份之外，又加了一层宗教性的光环。

汉文帝这么操作，君主的威严以及他个人的权势就顺势得到了极大的加强。法家讲究用法术树立权威感、强化君权，而用仪式感很强的礼仪、礼制来塑造天命和树立权威，包括祥瑞、天兆、谶纬，都是儒家惯用来包装君主形象的手段。很多学者怀疑这次黄龙事件是公孙臣故意制造的，但公孙臣只是一个儒生，恐怕没有这么大的势力。但如果他背后是汉文帝，那一切就解释得通了。

这个事件产生的震动是非常大的。在丞相之位上长达十五年的功臣集团代表张苍，因为水德推定结论被严重动摇，自觉弄巧成拙而很是尴尬，于是他谢病称老。汉文帝不仅顺势逼张苍暂时退隐，后来还利用其他一些案子让张苍彻底称病，辞掉丞相一职，退出朝堂。此时，汉文帝已经有了心仪的丞相人选，那就是自家的外戚——皇后的弟弟窦广国。

窦广国是窦皇后失散多年的弟弟，长自民间，没多少文化。如果让他当丞相，那就是让丞相之位虚置，为皇帝所控，这是皇帝乾纲独断的开始。

汉文帝当然不会就这样收手，他还有组合拳。汉文帝同时利用术士新垣平，让他一起参与改服色事务。新垣平不断为汉文帝制造一些谶纬征兆和祥瑞事件，让汉文帝可以持续地找到扩大皇帝礼仪和权威的理由。他不仅新建了规格等同于雍五畤的渭阳五帝祠，而且将皇帝郊祀制度化。

汉文帝利用礼仪事件制造仪式感和天命感，不断扩大皇帝在民间的神圣性和话语权以及皇帝的职权范围，颇有势要引导全民对他个人崇拜的势头。事实上，这一套革新方式收效很好，自此皇帝在地方上的威望逐渐压过了诸侯王与丞相。黄龙现身和新垣平策划的一系列天兆事件，替汉文帝打开了改制运动的突破口。这些天兆事件，很可能是皇帝在背后支持、刻意制造的神迹。

汉文帝执政第十七年，新垣平派人献上玉杯，杯上刻有“人主延寿”四字。于是，文帝下诏把这一年改元为新的元年，下令天下民众可以尽情地聚会、饮酒。

这次改元的意义很大。汉武帝以前的帝王并没有专门的年号，都是按照帝王执政的年份数字顺序纪年。汉文帝借此天兆事件改元，并不是创立词语作为年号，而是从汉文帝执政第十七年开始重新计数，之后依次被称为后元一年，后元二年……而汉文帝执政的前十六年，则被称作前元。

这是帝王第一次进行中途改元，是皇帝向天下宣示天子的职权影响力，天子拥有开启新纪元的权力。这象征着君权已经得到进一步强化，也预示汉文帝“改正朔，易服色”的汉家改制的大幕即将拉开。后来的汉武帝想要比汉文帝再上一层楼，就只能发明年号了。

汉文帝甚至已经让博士诸生依据儒家《六经》编纂成《王制》，而且谋划巡狩和封禅之事。秦汉的博士一般都是儒生，汉文帝的封禅也应是指封禅泰山，即儒家的圣山。此举与拉拢儒生的秦始皇和尊儒的汉武帝的套路一样。

到这里，我们已经完全能感受出汉文帝想做的就是汉武帝后来做的：改正朔、易服色、修郊祀、尊儒学、封东岳、改纪元、定汉制、强君权……后来汉武帝成功的改制蓝本，就是汉文帝最初设计出来的。

被视作无为而治的黄老思想支持者君主形象背后，汉文帝其实是一个追求王道、仁政、贤君的儒家理想的皇帝。从他最欣赏的贾谊，到精通礼仪的袁盎，到冲在一线的公孙臣，再到留给儿子的儒法兼修的晁错，这几个人都有儒家背景。汉文帝一直都在依靠儒生，他虽然无为而治，却终是想要像自己的孙子汉武帝后来做的那样，用儒家扳倒已经显得保守僵化的黄老卫道士——汉初功臣集团。将黄老内用，将儒学外示，汉文帝是这一思路的首创者。

汉家改制，伸张皇权，这就是汉文帝的目标，也是汉文帝一生的悲哀和遗憾。差一点，汉武改制就是汉文改制，中国第二个封禅泰山的皇帝就是汉文帝了。可就是差这一点，改制受命的成就最终只能由他的孙子实现了，汉文帝终究无法超脱他所处的时代。

# 六、千秋颂声

## 01　改制失败

汉文帝改元，重用儒家的公孙臣主持改制，并利用新垣平持续制造的谶纬天兆等事件，借机扩大皇权影响力，树立起了皇权的威仪，策应儒家改制，但改制已经严重触动了功臣集团紧绷着的神经。张苍已经倒台，有利于维护“君臣共天下”局面的黄老治国理念岌岌可危，功臣集团不得不进行反制。他们并没有直接向主抓此次改制的设计者公孙臣发难，而是从正在活跃的次要人物——术士新垣平着手。汉文帝就是栽到这个新垣平身上了。

就在新垣平准备制造周鼎现世的神迹时，有人上书，告发他作假。由于新垣平策划得不够缜密，实施时露出破绽，被功臣集团的人揭穿。新垣平被破局，更多线索与矛头应该都指向了汉文帝本人。为了加强君权权威，汉文帝才主动出击搞了这些礼仪噱头。

新垣平作假欺君的证据确凿，如果汉文帝继续和功臣集团对抗，结果无非两种。第一种，是功臣集团进一步把汉文帝参与并支持制造这些虚假神迹的证据摊开在世人面前，让汉文帝的声威与脸面扫地。第二种，是汉文帝直接对功臣集团动刀，大规模肃清，打服对手，掀起全面的人事斗争和政治对抗。

是退，还是进？汉文帝犹豫了。

汉文帝后元元年（公元前163年），新垣平欺君，被夷三族，改制正式停摆，皇帝不再亲祀渭阳与长门五帝祠。此次改制，在汉文帝摩拳擦掌、雄心勃勃改了年号的后元元年彻底失败了。汉文帝从此不再提“改正朔，易服色”之事。

汉文帝后元二年（公元前162年），张苍被免相，汉文帝想让自己的外戚窦广国做丞相。也许对汉文帝来说，在关键时刻放弃了推进三年的改制，这已经是对功臣集团的极大退让了。那么，汉文帝自己任命一个丞相，功臣集团也退一步行不行？

要知道，汉初时的丞相之职被汉初功臣集团垄断了六十多年，其间只有诛除吕氏之前，被吕后的侄子吕产短暂把持不到一年。可见，相权就是功臣集团的命根子，这个“奶酪”不好动。一旦让窦广国任相，那必将是激烈的政治斗争，大概率会突破汉文帝和功臣集团原本默契的双方底线，把管控在各方底线之上的框架内博弈，升级成为皇帝带领外戚、帝党与功臣集团在可控框架外的全面对抗，甚至对决。

窦广国是皇后在民间失散二十多年的弟弟，同时相认的还有一个和窦广国一起被拐卖的哥哥。窦氏原本没有外戚，但当了皇后之后，忽然冒出两个亲兄弟。他们长自民间，一直给人当雇工干粗活，没多少文化。窦广国兄弟二人封侯比较晚，哥哥还是死后追封。周勃和灌婴等人主动派人结交和敲打二人，就是怕不谙朝局潜规则的他们给皇帝当枪使。如果让窦广国这样缺少文化的人当丞相，那无疑是让窦广国成为皇帝的提线木偶，功臣集团定会激烈地反扑，政治形势的不确定性会加剧。

窦皇后或许是为了保住弟弟窦广国的性命，插手了丞相任命一事，还亲自出面，恳请汉文帝不要让他弟弟任相。窦皇后很喜欢读《黄帝》《老子》，崇尚黄老道家学派。她是宫女出身，也许是受到汉文帝的影响才喜欢黄老道家思想。也或者她知道汉文帝代王后的几个嫡子是怎么死的，也知道汉惠帝的儿子们是怎么死的，知道经历什么样的残酷斗争后，才轮到自己做皇后，轮到自己的儿子做太子。她也知道薄太后的弟弟、汉文帝的舅舅薄昭是因为什么最终被汉文帝牺牲掉，被逼自尽，当然还有曾经风光无限、瞬间死绝的吕氏外戚，这些都让她触目惊心。所以她忌惮功臣集团，不愿意招惹功臣集团，不愿自己的家人和子孙被当作棋子来激烈地对抗功臣集团。

窦皇后大概也是想效仿她的婆婆——唯一躲开吕后魔掌的仁善的薄太后。薄太后很懂得韬光养晦，对窦皇后也很好。她知道窦皇后父母早亡，两个兄弟失散，所以薄太后诏有司追尊窦后的父亲为安成侯，很怜惜这个儿媳。婆媳相处得很和谐，没有宫斗的迹象。窦皇后不一定是真的喜欢读《黄帝》《老子》，但她后来在景帝朝、武帝朝，一直都是功臣集团与黄老道家学派在宫中的援依。她坚持让汉景帝和汉武帝都读《黄帝》《老子》，她是想一家人都平平安安的。

薄太后、窦皇后都是无为而行的贤者，可能她们更在意保全这个家庭，而不是非要得到多大的权力。这也许是汉文帝只舍了一个舅舅就没有再继续推自家外戚到前台的原因。他们见过太多血雨腥风之惨烈，波谲云诡之莫测后，更想做相依为命的一家人吧。

汉文帝看到忧虑的窦皇后时，终于又一次选择了退让。他放弃了让窦广国任相，而是让作为汉初功侯的御史大夫申屠嘉接任相位，这原本就是功臣集团推上去的接替人选。汉文帝终于还是放弃了对功臣集团发难。

## 02 谦逊的皇帝

汉文帝懦弱吗？不，他只是没有打破既有的平衡。但他开创了文景之治，给了儿子开局一挑七的经济实力，给了孙子尽收东亚、远拓中亚的基础，还给了孙子一个虽然屡遭失败但已非常清晰的改制手段、方案和方向。最终，他的孙子效法他，实现了汉武改制，给出了从秦始皇到汉武帝，秦汉变局的最终答案。

汉文帝妥协了，向功臣集团妥协了。他放弃了，选择了申屠嘉，又一个功臣集团成员。他选择了继续夯实刘氏与朝廷的根基，而不是为自己的权志欲望做一些虚耗国力的内斗。他从儒家想要的贤能有为之君回到了无为而治的无为之君，成了韬光养晦的刘恒。

刘恒，是高祖的第四个儿子，从他出生起，他们母子就被父亲冷落。他的母亲很少能见到父亲。父亲有一个坐镇家族的妻子，就是强势的吕后；也有一个到哪里都会带上的爱妾，就是戚夫人。而他的母亲，没有名分优势，也没有刘邦的宠爱。他的母亲本就是被刘邦从魏国掳来的魏王豹之妻。

刘恒更像是身处一个单亲家庭，只有他与母亲相依为命。他不像嫡兄刘盈受群臣簇拥，不像长兄刘肥受父亲器重，不像三哥刘如意受父亲宠爱。他永远是躲在父亲目光不及之处的皇四子。作为第四子，他和三哥封王的时间差了整整五年。他的封国，是三哥有了更好的去处后剩下的。

他不到十岁，就背井离乡去了封国代国——一个北境小国。当他听闻远在故乡长安的父亲死了，他为母亲担心，他不知道母亲是否能活着来到代国。所幸，在刘恒到代国一年后，薄姬成了唯一没有遭到吕后迫害的夫人，她来到代国，成了代国太后。在吕后残杀诸刘的一次次风波中，他又和母亲一起相依为命，最终活了下来。对那个将幼年的自己早早赶出来的故乡长安和祖业，他已经不抱任何奢望。

刘恒是寂寞的，他几乎没有得到过父爱。但刘恒也是感恩的，因为他有相依为命的母亲，有最深厚和开明的母爱。刘恒也是痛苦的，因为只有他自己知道，一旦刘襄继位，他就会死，他的家人也不会有好下场。可如果自己继位，他的几个孩子，又活不下去。他袒护家人一生，却很可能不得不对自己难以保住的几个孩子残忍。这是他的原罪。这原罪，让他无论怎么追求圣贤克己，都无法洗净权力的肮脏。权力纵然能呼风唤雨，但在他眼中，也只是实现保护自己与家人能够生存下去这么小小的愿望的唯一可选的选项。

汉文帝后元二年（公元前162年），汉文帝跃跃欲试的权力欲、杀伐欲最终冷静下来。他知道，他不用和谁对抗，不用残杀和迫害，不需要用伏尸百万流血千里的天子之怒，依然可以向历史和父亲的在天之灵证明，他这个看似平庸的四子，才是汉太祖高皇帝最优秀的儿子，才是能把大汉王朝带向强盛和繁荣的，才是能够被叫作太宗的，受万世敬仰的大汉皇帝。

他放弃了，选择继续维持既往的平衡，继续守护自己一直相依为命的母亲和妻儿，继续爱惜自己的臣民，安静对待这个正处于恢复期和快速发展的国家。有些事，只能交予后人做了。

汉文帝的改革，只是汉制在黎明中刚刚攀爬而出的一缕曙光，没能成为照耀整个秦汉时代的亮丽色彩。他退了这一步，却让后来的历史海阔天空。

秦始皇是第一个皇帝，汉文帝是第五个皇帝，但汉文帝彻底扭转了“皇帝”这个称号在百姓心中的意义。

秦始皇是一个原生贵族。嬴氏贵族的香火，可以上溯到原始氏族社会。所以，秦始皇虽然统一中国，结束分裂，但他天然保有旧贵族的驱民意识。在《史记·秦始皇本纪》中，那些秦朝的铭文只歌颂并国止乱、法令出一的统一之功，多是施恩家仆的感觉，没有爱民如子的思想存在，这是因为秦始皇本就出身于视民如产的王族贵族。秦朝提到百姓时，通常是“忧恤黔首，朝夕不懈”“黔首安宁，不用兵革”“烹灭强暴，振救黔首”“黎庶无繇，天下咸抚”“武殄暴逆，文复无罪，庶心咸服”“亲巡远方黎民”……秦朝的皇帝，更像是只可远观的大救星，像是万民的主人，而不是可以亲近的慈爱的父亲。

刘邦一生戎马，在皇族为平民属性的西汉建立后，他大多数时间辗转在华夏大地的行军路上，来不及履行一个坐镇中枢、开创文治的皇帝之职责。汉惠帝又只是一个功臣不配合、外戚当傀儡的孱弱少主，真正开创汉朝文治基调的是汉文帝。

《史记·孝文本纪》的文帝诏书所体现的政治价值观和对皇权存在的逻辑解释与《秦始皇本纪》截然不同：“恺悌君子，民之父母”“不为百姓，朕甚愧之”“无害于民”“忧苦万民”“便万民之利”“朕既不德，无以佐百姓”“以微眇之身托于兆民君王之上”“天生蒸民，为之置君以养治之”“务省繇费以便民”“岂称为民父母之意哉”“先民后己，至明之极也”“以全天下元元之民”“欲为省，毋烦民”……

汉文帝把皇帝这个概念塑造成了一位怜爱万民、悲悯而谦逊的慈父。如果没有汉文帝，就难以出现西汉的贤君政治以及后世“君为父，民为子”的皇帝与子民的伦理关系的论调。汉文帝为此后两千年的皇帝概念和皇帝与百姓的关系做出了明确的框定。这是一次对秦朝统治理念的关键调整，是一次奠定帝制时代君民文化心理的创举。秦始皇始终没能统一的关东民心，至此被汉文帝统一了。关东的舆论，已是人人心向汉廷，向“帝”，而不再向封国，不再向“王”。有了这个文化心理转变，集权制度后来才有了匹配的民意基础。

汉文帝实际上是汉朝文治和汉制的重要探索者。但是他本人的形象，如同他一生对自己“谦逊”“贤德”“简朴”的要求，虽然几乎无瑕却并不夺目，远不如他的孙子汉武帝那般耀眼甚至刺眼。可是，仔细审视从秦到唐的千年政治历史，汉文帝堪称帝制时代第一个贤君典范，这一令人称道的地位直到八百年后出现了唐太宗，才算有企及者。他们都在长久乱世之后，重新树立起并发展“君为民父”“爱民如子”的民本思想和贤君政治，重新强调了“皇帝”与“民”之间的鱼水关系。

汉文帝在位二十三年，宫室、园林、狗马、服饰和御用器具没有增加多少，关于工程的决策以便民为先，一旦有害民众就立即废除。汉文帝曾要建一个露台，工匠计算要花费一百斤黄金，他认为百斤黄金相当于十户中等百姓全部家产，于是作罢。汉文帝常穿粗丝衣服，要求后宫夫人衣服不能长到拖地，帏帐不能绣花。他要求皇室成员要为天下做榜样，杜绝奢靡，坚持勤俭。

汉文帝的一生都在推崇“德”。汉文帝是一个极具反思精神、务实精神、悲悯精神以及同理心的人。他强调的“德”，并非强加给别人的行为准则，而是对自身的要求和鞭策。相反，他从未对他人的失德行为有过苛责，显得十分包容。汉文帝的每道诏令几乎都有“朕既不德，无以佐百姓”的自责和惭愧，还有“以眇眇之身获保宗庙”的惶恐和责任感。作为汉朝守成之君的典范，这一尚德自谦的风格影响了西汉乃至后世君主的自我评价。

## 03 权与治的抉择

汉文帝的一生，身体力行着一个圣君该有的德行。他赞叹贾谊的《过秦论》，反思秦亡之教训，探索制胜关东封建之法宝。他践行轻徭薄赋，与民休息，以农为本，废刑宽法，开放矿泽，发展手工业和商业的治国理念，自身勤俭慎政，将西汉帝国辖区的经济推向大发展时期。他首设籍田，由皇帝亲自耕种，以示他的重农重产之理念，鼓励田桑。他的经济改革缔造了中国历史上第一次帝制时代的盛世，是后来西汉朝廷消除分封、实现中央集权、攘除外患的基础。

就连被说成是他的男宠的邓通都是他经济改革中的一员金融干将。汉文帝继位时，汉廷无法有效控制铸币权，金融形势已经面临危急。吴国作为关东最富强的国家，占据渔盐之利和密集的铜矿，十分富庶，利用铜石作为铸币原材料的优势，通过大量发行钱币，暗中对全国经济进行金融利益掇取。

汉文帝给予亲信邓通巴蜀铜山开发权，大量铸造质地优良的邓通币。邓通最终不负文帝所望，抵抗住了吴国的金融攻势。吴国钱以发行量大占优势，邓通钱以质地优良取胜。这一时期，吴国与邓通所铸的钱币流遍全国，这不得不说是汉文帝的一次成功的金融保卫战。否则，在那个金属铸币的年代，金属货币作为硬通货，如果成色和质量被比下去，朝廷连起码的货币发行杠杆都控制不住，经济是更容易崩溃的。如果吴国控制了整个汉朝的货币发行，那么就可以通过铸币来控制全国的经济收益分配，进行看不见的经济榨取和金融操控。

汉文帝任用邓通也是有战略意义的。如果没有汉文帝的金融保卫战，仅靠后来汉景帝朝禁止“私铸钱”是无济于事的。因为官铸货币如果品质成色不过关，对货币发行的调控技术和品控管理不过关，强行推广禁令并不符合经济正常运行所需的供需规律，只会加速社会经济循环的混乱。秦二世大量铸造缺斤少两的轻钱就是个典型的反面例子。王莽也频繁改革货币，最终造成钱不是钱，经济秩序崩溃，民不聊生。

汉文帝没有选择秦朝那样，在这么庞大的统一国家的国土上，由官方贸然地硬性禁止地方铸钱，而是让邓通铸钱直接与吴钱进行市场比拼，展开品质竞争，最终没让吴国控制住整个天下的货币金融命脉。朝廷能够保存鼓励农业商业发展后的经济存量果实，后来也才有能力平定七国之乱。景帝时平乱后彻底打掉吴国，才最终实现禁止“私铸钱”的客观条件。

汉文帝的经济改革和探索，也为后来汉武帝再次实现中央集权后的货币政策提供了宝贵的理论基础和政策经验，才没有再次上演秦朝那样经验不足的国政困局。

汉文帝的货币政策夯实了西汉的经济基础。从某种意义上说，后来的桑弘羊改革重点在于如何更巧妙地抽取经济存量，是当世之功。而汉文帝所奠基的恰恰是如何做大经济增量，提出了如何守住经济基本面的调控与攻防策略，是万世之功。

汉文帝鼓励农桑，免除田税，并加封民爵，在军功爵缺乏落实背景的和平时期，对各级民爵增加授田额度，加速秦末以后地广人稀时代的土地开垦速度。同时，汉文帝废除酷刑，引导节俭的上层社会风气，减轻非生产领域的徭役征发数量，让大量的劳动力投入到社会生产中。

在鼓励农业实业生产的同时，汉文帝一改抑商政策为惠商政策，下令“开关梁，弛山泽之禁”，鼓励商业发展，最终实现“富商大贾周流天下，交易之物莫不通”，社会物资供应和流通越发充足和便利。帝制时代之后，第一个繁荣的盛世景象逐渐出现了。

除了实业和商业，汉文帝还重视积贮战略。根据贾谊的理论改革国家积贮政策，增强经济抗风险能力，以此匹配措施，抑制商业快速发展阶段可能出现的囤积居奇的垄断现象。

汉文帝可以说是一心为民，把自己的执政精力都放在全方位恢复经济的政策制定和探索之中，所以，他没有那么多的英雄故事情节可被记载。但他开创的文景之治，就备受后世推崇。汉文帝的窦皇后作为他政策理念的守护者，一直在敦促汉景帝和汉武帝坚持汉文帝的有益政策。汉文帝的政策遗风，一直到汉武帝初期都在发挥作用。

然而，功臣集团里有些人，依然是不太体谅汉文帝的谦让和苦心。申屠嘉任丞相后，对汉文帝毫无发自内心的尊重。在他的眼里，邓通、袁盎、晁错这些汉文帝提拔起来的寒门职业官僚全部都是佞臣宵小，只会谄媚皇帝，他一贯无礼待之。甚至因为邓通与汉文帝不以君臣之礼相处，他借机颁丞相令，强招邓通，扬言要直接杀掉邓通，就算皇帝也保不住他。

汉文帝不愿意让丞相失脸面，不愿与其产生龃龉，就让邓通去磕头求饶，给足了申屠嘉面子。这其实是相权对皇权公然的挑衅，但汉文帝忍了。申屠嘉对汉文帝重用的袁盎开始也是一贯轻蔑待之，但袁盎不畏申屠嘉的相权之威和他刻薄的态度，坚持找到相府，讲明礼仪，表示汉文帝虚怀若谷，广纳贤才，而丞相却以一己好恶闭塞视听，排斥异己。从这以后，申屠嘉才收敛了自己一贯的孤高心气和无礼态度，理解汉文帝的心胸，对袁盎表示尊重。可是，申屠嘉不一定明白，遇上汉文帝这样的谦让贤君，他才能有这么大的官威。汉文帝死后，申屠嘉还差点杀了晁错，结果汉景帝根本不吃他那一套，申屠嘉被根本不怕他的景帝活活气死。也许他被气死时才知道，汉文帝是一个对他多忍让的皇帝。

## 04 霸陵千古

汉文帝是个贤君，爱民之君，这一点无可非议。汉文帝很清楚自己继位的真相。这样推崇德的一个人，他自己死后该如何面对父亲和嫡兄？刘恒为自己选定的霸陵，远离父兄的长陵和安陵，远离咸阳原上的西汉皇家祖坟，孤独地守在白鹿原的山塬之上，守着他的依然还是窦皇后和母亲薄太后。他希望用爱民如子的贤君之道来洗刷自己得位的残忍，用一生忏悔“朕既不德”。

身为刘邦的四子，刘恒从小在诸皇子中并不起眼，他的母亲也备受刘邦冷落。由于缺乏父亲重视，他的内心，仿佛有那么一丝即使登极都无法磨尽的自卑感。但他们母子反而因祸得福，没有被吕后视为威胁，没有卷入长安城中诡谲多变的残酷政治斗争中。幼年受封代王的他，和母亲一同远离富庶却充满是非的长安，去了紧邻匈奴外患被时人视作苦寒之地的代国，即今天的山西中北部一带。这对母子，像是被人遗忘的隐士，在那个偏远的角落里，淡泊远望着长安城中的纷纷扰扰、各派此起彼伏的斗争与变迁。

刘恒没有想到，他会在乱局中被选作天子。刘恒母子很会躲是非。他上台后愣是把千钧一发的局面给化解掉。因意外得位，他始终谨小慎微，怀着一种足够感恩又足够敬畏的心态，执掌着家国重器。君临天下，尚能心怀悲悯。手握生杀，却能克己复礼。身处洪流，仍能潜心前行。缔造盛世，始终不求彰功。无欲而刚，这才是最强大、最自如、最独立的人格。

曾经百炼刚化为绕指柔。汉文帝、薄太后、窦皇后，甚至是汉文帝的宠妃、简朴且无子的慎夫人，都是低调不争之人。汉文帝后来守护的就是这样一个在冰冷的政治氛围中取暖的家庭。

汉文帝曾站在霸陵北边，在汉高祖灭秦时驻军的霸上，今西安白鹿原原头，眺望通往新丰的道路。这是通往关东，通往代国中都，通往慎夫人的家乡邯郸，向东离开长安城的必经之路。他指着这条路，让慎夫人弹瑟，自己则合着瑟的曲调歌唱。霸陵，就是他将来葬身的地方。他心里很是悲凉。他回过头问群臣，石头棺椁弥紧缝隙，是否就无人可以打开？大臣张释之却说，只要陵墓里有能引发人们贪欲的东西，即使用整座终南山做棺椁，也还是会有缝隙。如果没有引发人们贪欲的东西，即使没有石椁，也无需忧虑。汉文帝很是赞同。

与高帝长陵邑和惠帝安陵邑都要额外迁徙人口填充陵邑不同，汉文帝在故芷阳县改建霸陵邑最大程度避免劳师动众。他要求霸陵一律用瓦器，不准用金、银、铜、锡等贵重金属作装饰，不准修建高大的坟墓，以便节省，不烦扰百姓。汉文帝的陵墓不起高大的封土，在台塬的平地上，即今天西安市白鹿原的江村大墓。汉文帝是历史罕有的刻意不起坟丘而埋在台塬之上的帝王。他很可能是最被后世盗墓贼嫌弃的"寒酸"墓主。与他儿子奢华的阳陵相比，与他孙子庞大的茂陵相比，他至为简朴的霸陵，也像极了他隐忍低调的风格。

汉文帝在遗诏中说："我听说天下万物萌生，没有不死的。死是天地之间的常理，生物的自然现象，怎可以过分地哀痛呢！现在世人都喜欢生而厌恶死，死了人花钱厚葬，以致弄得破产。长久服丧以致伤害生理。我很不赞成这种做法。况且我生前不德，对百姓无所帮助，现在死了，又让人们长久地为我服丧哭祭，遭受寒冬酷暑的折磨，使人家父子悲哀，老幼伤志，减少饮食，断绝对鬼神的祭祀，这就加重了我的不德，怎么对天下人说呢？我获得保全宗庙的机会，以渺小的身躯凌驾于天下万民和诸侯王之上已经二十多年了。依赖天地神灵，社稷洪福，才使国内安宁，没有战乱。我很不聪敏，常常担心有过错，使先帝的遗德蒙受羞辱，年长日久，害怕自己不能善终。如今能有幸得以享尽天年，还能被后人供养在高庙里，以我的不贤明，却得到这样的归宿，还有什么值得哀痛悲伤的呢？"

他在遗诏中要求，在他死之后，天下臣民哭祭三天就可以去掉丧服。官员不能为此禁止百姓娶妻嫁女，饮酒吃肉。送葬不要陈列车驾和兵器，不要组织百姓到宫中哭祭。应当哭祭的宫人只早晚各哭十五声就停止。非规定哭祭时间不要啼哭。服丧时间根据级别只需七日到十五日即可。霸陵附近的山水要保持本貌，不要破坏自然。而且后宫自夫人以下直到少使这七个等级的宫眷一律都允许回家。也许这一刻，他想起了被吕后扣留并残杀的戚姬，他希望这些陪伴过自己的、被禁锢在宫廷中的夫人们，都可以有一个好的结局。

经历了汉文帝后元年间，缺少精彩历史故事的沉闷与平静之后，汉文帝后元七年（公元前157年），汉太宗文皇帝刘恒驾崩于未央宫。他是汉朝最终承认的仅四个有庙号的西汉皇帝之一。

汉文帝直到死都在感恩，都在知足，都在谦虚，都在为别人着想，担心自己的死会给臣民带来负担。他像一位大隐于朝的哲人，悟透了名利之欲，看破了生死，心如止水，无怨无恨，不贪不悲。汉文帝的一生，实在是找不到秦皇、汉武那般波澜壮阔的恢弘气象，也没有汉祖、唐宗那么多跌宕反转的故事情节。但《史记·孝文本纪》的字里行间，透出的是一种巨大的精神力量。那种身为至尊帝王，却能有如此通透心性的力量，令人肃然起敬。

司马迁辅佐汉武帝实现太初改制，他在评价汉文帝由于谦让而未能成功改制时大呼道，这就是孔子口中的“仁”啊。

何谓功业？或许，真正能够被历史回眷绵长的，不是挥剑扬鞭，不是巍峨殿堂，而是“霸陵如故，千年颂声”（《史记索隐·孝文本纪》）。

# 七、新君快刀

## 01 制衡形势

汉文帝死了。他此前把家庭经营得很团结，太子刘启的地位一直很稳定，堪称西汉继位最稳定、最顺利的皇帝。以丞相申屠嘉为首的功臣集团，正在审视着这位新皇帝的作风。

汉景帝继位后，向群臣表示自己推崇先帝的政策基调，表示极力尊崇先帝的无为而治，大有昭示延续与功臣集团友好相处的意味。

作为功臣集团代表的丞相申屠嘉看到汉景帝有不折腾的意思，立刻回礼，提议尊孝文皇帝为太宗，立太宗之庙。汉景帝当然很高兴。父亲文帝是藩王入京，被群臣议立为皇帝，毕竟得位不正。虽然先帝在位二十多年，天下敬仰，但这么快就为先帝立庙，无疑象征着汉文帝自成一宗，自身就是无可辩驳的大宗，自己接替皇位的合法性大大加强。

毕竟汉朝时，只有极有声望的皇帝才能上庙号。即使汉武帝这样执政半个多世纪、开疆拓土的绝对权威君主，在儿子汉昭帝时也没能被立庙号，而是隔了一代，到汉宣帝继位后，为了巩固自己对宗室议题的主导权，才在一片争议声中给汉武帝上了庙号。而汉景帝刚刚继位，群臣就为汉文帝上庙号，实际是送给汉景帝一个皇族宗法制下面向天下巩固大宗地位的示好大礼包。

与此同时，汉景帝还效法汉文帝，加赐民爵，田租减半，积极与匈奴和亲，大有完全继承先帝政策路线的意味。汉景帝与功臣集团，君臣你来我往，非常友好和默契。

然而还没多久，群臣就发现味儿不对了。汉景帝毕竟不是汉文帝。汉文帝是在吕后的刀刃上如履薄冰地活下来的，所以深谙韬晦之道。可刘启从小就当太子，是被父母、祖母一路呵护过来的贵胄少年。他曾经和同母胞弟梁王刘武，纵马直闯司马门，犯下僭越之罪。他曾经和吴王太子下棋时发生口角，直接用棋盘砸死了吴王太子。他本人可绝不是汉文帝那样的谦谦君子，而是一个惹祸少年。

功臣集团很快就发现，景帝根本没打算继承文帝的政策，只是把政策刀尖换到了另一个方向上。

汉文帝在国政路线上遵从无为而治的理念，但把实现集权的突破口放在用儒家及儒家的礼制改革方案，去冲击功臣集团及该集团所守护的黄老道家治国思想上，最终失败了。刘启做太子时，一直以来是将这些看在眼里的。汉文帝为什么会在最后时刻遭遇挫败，决定放弃改制的根本原因在哪？根本原因是，汉初一直以来的三角制衡还在。

小三角制衡中的三方与刘邦时代大同小异。刘邦时代是砀郡外戚、丰沛功臣两方在中央制衡，诸侯在地方对中央制衡，异族之国在外对整个汉土制衡。而在文景时期，新一辈功臣们及其子弟们都混迹京畿，已经没有旧地域派系之色彩，两股力量融合为开国功臣集团。皇帝则集结了新外戚和依附皇帝的郎官等近臣官僚，由皇帝率领的帝党人马直接替代了当年更强势的外戚集团。

帝党依附于皇权，包括外戚、军吏、士吏、法吏、儒吏，以及郎官制度下各种皇帝随从与幕僚出身的、被皇帝拔擢入仕的职业官僚。

到汉景帝时，功臣集团中追随刘邦创业的功侯基本都去世了。当下该集团的台面人物多是受军功爵制保护、承袭爵位的开国功臣的子弟。功臣集团是一直垄断相权的群体。从高祖到景帝的倒数第二个丞相，西汉开国六十多年间，除了吕产短暂地担任过相国，其他十二个丞相，全部来自开国功臣集团。

而诸侯王的王权不仅是对关东地方有威胁，对朝廷的渗透和影响也很大。有很多诸侯王的胞亲刘氏子弟也会被封侯，长期待在长安经营，在朝廷谋职。

帝党、功臣、诸侯的三角制衡一直很牢固，何况还有匈奴的持续骚扰和威胁。因为有这种大制衡背景的存在，所以同属朝廷中央的皇权和相权，必须保持基本的合作，不能过度内耗，否则朝廷力量塌陷，朝廷就会被匈奴和诸侯威胁。

西汉前期，匈奴在军事上虽然更占主动，但无法通过掠土来经营汉地。毕竟汉朝时东亚不少地区仍是未化之地，连今天匈奴龙城遗址出土的瓦当都写的是汉字。唯一能和汉朝匹敌的匈奴连自己的文字都没有。即使匈奴依仗游牧民族特有的全民皆兵优势打击了汉朝的中枢，也会有关东地区的汉朝诸侯顺势进入或成为新中枢，填补汉地的权力真空。

分封制度的一个显著特点就是，它有很多地方上备选的国家班子，无非是谁做全天下的代表。分封制度下的王朝，不是今天意义上的国家，而是由封建体系下很多个治权独立的国家构成，是一个国家联合体。犬戎攻破镐京，周朝不灭，东方仍旧相安。但西晋时匈奴攻破洛阳，就中原板荡。明亡后北京被清占据，天下大势就迅速归清。当然，汉朝的封建体系向心力要远超周朝，汉廷的实力也是汉地中最为强大的，所以匈奴对汉廷的军事行动，更多是勒索和劫掠性质的。

对西汉朝廷来说，如果与匈奴内耗太大，关中力量塌陷，会让关东的诸侯力量渔翁得利，所以需要掌握维系平衡的分寸。朝廷要以举国之力对抗匈奴，甚至彻底打击匈奴，前提条件是要摆脱诸侯国的掣肘，要整合诸侯国的资源和力量。而在高惠文景时期，这个条件并不具备。此时，如果诸侯国的利益被朝廷强夺，诸侯国根本不会轻易就范。无法整合关东的资源，那么汉初的朝廷只具有三分之一汉地的实力而已。汉初的政治秩序，更多是由朝廷与诸侯国间实力差距的杠杆效应来维系，而不是汉武帝实现大一统后，已经能够碾压匈奴，整合化一的举国之力。

对关东诸侯国来说，更是没理由和匈奴对耗。如果不是被朝廷逼得紧，关东诸侯国也不会狗急跳墙，闹出特别大的动静。汉朝之所以能够将封建体系维系将近一百年，其中一个重要因素是汉廷在西北，临近游牧与农耕分界线，承担了大部分对抗匈奴的责任。这和唐朝能够在安史之乱后挡住西北的外患压力、维系腹地藩镇体系一百五十年之逻辑相似。没有强大的西北部中央对腹地经济形成的护翼，关东平原腹地如果直面游牧民族也难以平稳发展。这是一个倒逼汉廷与诸侯平衡的因素。

汉文帝当初不能与功臣集团决裂，强推改制，就是因为当时关东诸侯力量很强，朝廷内功侯力量很强，外部匈奴蛮国力量也很强。加上汉文帝就是功臣议立外请的“插班生”，皇权处于弱势。一旦皇权与相权内耗，朝廷的关中力量就会塌陷，大小三角制衡的状态就会被打破，而且整体上会往不利于皇帝本人的方向倾斜。所以在最后时刻，汉文帝收手了。

汉景帝眼睁睁地看着父亲想要靠儒家的礼制改革方案来加强皇权力量的策略最后被功臣集团所羁绊，他应当是有自己的想法的。

## 02 外围控制策略

鉴于汉文帝受制于功臣集团而改制失败，汉景帝大概认为皇权伸张的主要阻力来自列侯，走直接加强皇权来压制相权和王权行不通，因为皇权和相权同在一条船上，不能内耗。这意味着搞直接强化中心的策略行不通，有掣肘。那么可以换个思路，优先控制郡县和诸侯国，通过高度掌控外围，用外围形势的好转来包围功臣集团。毕竟功臣集团与皇帝同属中心，通过可控的刺激外围来迂回制内，功臣集团即使不满，也必须和皇帝捆绑。

如果外围合围中心的策略能够成功，下一步皇权就不怕和相权代表的功臣集团直接撕破脸，进入对抗。解决了功臣集团，中央集权制度就实现了。没了掣肘，就如秋风扫落叶般尽除关东诸侯，统一全国之力与匈奴决战。其实，后来大致的历史走向就是这样。

当然，汉景帝的想法很可能没这么清晰，因为他没开上帝视角。但汉景帝看到父皇的失败，他肯定转变了思路。既然中心化策略会被功臣集团掣肘，那就从外围策略着手。

汉景帝的外围策略，主要是：诸侯削藩，加强皇帝对关东的控制；治吏，加强皇帝对郡县的控制；和亲，稳定外部匈奴势力，尽可能降低外部打乱内部平衡的不确定性。

汉文帝选择中心策略加强皇权，任用儒家直接推动朝堂礼制改革，但最终失败。而汉景帝要实现对外部的强控制，从诸侯和郡县下手，那么就需要强化对官僚体系的控制力，让皇帝能够更深度地掌控上下间的行政渠道资源，故而选择有法家倾向的法吏甚至酷吏来作为君权触角和爪牙，大规模地整顿吏治，对地方人事进行换血，迫使地方站位。

晁错，曾任太子太傅，是汉景帝的老师，自幼学申子与商鞅的刑名之术，后来又官派修习过儒家《尚书》。他在汉文帝时期就主张削藩，自然而然成了汉景帝初期以法家手段为主来改革的法吏派代表，是汉景帝实行的外围策略的主推者、设计者和操盘手。

汉景帝和晁错想要尽快实现他们的政治理想。君臣兼师徒二人，摩拳擦掌，跃跃欲试，准备干出一番大事业。首先就是用法家一贯的手段，修改法令，整顿吏治，强化皇帝对朝廷辖区的行政控制，加强中央集权。

汉景帝继位之初，对功侯夺爵、对诸侯削藩是非常困难的。但依仗朝廷有立法权的优势，打破旧有法令所维护的侯国、王国垄断人口之特权，却是晁错可以做的。汉景帝在晁错制定的方案下推行移民政策，让“其议民欲徙宽大地者，听之”。这势必是倾向于朝廷管辖郡县的移民政策，是朝廷公开与功侯抢人口。

汉景帝整治吏治，下诏说官吏“受财物，贱买贵卖，论轻”，主持修改法律，加强对贪污行贿行为的监督和提升惩治力度。

汉景帝又“令天下男子年二十始傅”。始傅就是开始服徭役。原本军功爵制下，爵位等级高的家庭，男丁服徭役的年龄按梯次要晚几岁，但汉景帝统一了年龄，相当于取消了高等爵阶层的特权。这无疑是让功臣集团的既得利益受损，并且通过徭役加强了对功侯子弟的控制。

丞相申屠嘉发现汉景帝对晁错的支持力度极大，已经威胁到代表功臣集团的相权之权威，于是开始着手扳倒晁错。但由于皇帝坚定地站在晁错一边，申屠嘉不久后竟被活活气死。遇上我行我素、油盐不进、有脾性的少主，申屠嘉对汉文帝那股硬气劲儿根本没用。

申屠嘉死后，新任的丞相是功臣集团的第二代、开封侯陶舍之子陶青。晁错升任御史大夫，为众卿之首，仅次于丞相。然后晁错就主持推行削藩，罗织各种罪过，削除诸侯的支郡土地。更改与诸侯相关的法令三十章，使得各路诸侯一片哗然，纷纷攻击晁错。

从汉文帝初年灌婴卸任太尉之后，汉朝就一直不设太尉之职。所以，这个时候的御史大夫相当于朝堂的第二号人物，等同副丞相兼下任丞相优先继承者。丞相更替，多数会由御史大夫升任。晁错拿到了这个职位，大致就是将来的丞相了，这将打破功臣集团对相权的垄断。

晁错成了整个功臣集团的眼中钉，也成了诸侯的眼中钉。此时在依附皇帝的帝党群体中，不只有以晁错为代表的法吏派，还有一股力量是儒吏派，代表人物有外戚窦婴和汉文帝旧臣袁盎。他们都有儒家倾向，而且窦婴和袁盎都曾经任吴国相，窦婴后来向汉景帝推荐袁盎。两人与晁错的关系一贯冷淡。汉景帝偏袒晁错，除了儒吏加窦太后外戚出身的窦婴作为近臣敢和晁错争几句，没人敢和晁错争辩政策。

汉文帝用儒家没能成功，汉景帝就重用法吏。所以，儒吏派虽然同样是依附皇权，但暂时没有太大作用和发挥余地，相对稍受冷落。他们也将法吏派的代表晁错视为眼中钉，只是碍于皇帝对晁错的宠信，为了有利于皇帝的大局，儒吏派并没有对晁错直接发难。

晁错孤立无援，除了皇帝支持他，整个朝堂上都是反对者，连晁错的父亲都能看出晁错处于危险处境。然而，对于改革形势过于乐观的汉景帝和晁错两人，认为对外适度挑动削藩、对内加强皇帝的行政权，分寸都在掌握中。当功臣集团想和皇帝势力斗争时，会发现诸侯的威胁更大了，所以列侯不敢轻易发作。诸侯想要发作时，帝国辖区的中央集权能力更强了，皇帝的政治动员能力、资源调动能力和决策能力更强了，可以用朝廷的实力弹压关东诸侯，所以诸侯也不敢轻易发作。这样内外压力两相对冲，制衡杠杆仍然握在皇帝手中。

这个预判的问题在于，皇帝的执政能力更强，功臣集团是不敢轻易发作，但关东诸侯是没有理性可言的。可能在晁错和景帝的分析中，诸侯实力不如朝廷，不敢向朝廷发难。可战将出身、经营吴国几十年、与汉景帝有杀子之仇的吴王刘濞却不知道自己的实力不如朝廷。刘濞很膨胀，认为汉景帝就是一个嘴上没毛的小孩子，产生了自己才是强大一方的错觉和误判。吴王刘濞等看不清实力的诸侯最终果然成为点燃乱局的导火索。

晁错和汉景帝压根没料到关东局势会恶化得这么快，他们危险的平衡很快就达到了警戒值。七国之乱爆发了。

## 03 七国之乱

汉景帝是一个急性子，他少年时干下了闯司马门、砸死吴王太子这些冲动的事。而晁错，这个作为皇帝左膀右臂的法吏代表、皇帝的老师，性子也急，他继承了秦朝以来法家一贯缺乏统战意识的冒进缺陷，终于把皇帝带到一场未可知的战争中。

这时，汉景帝的另一臂助儒吏派的代表外戚窦婴和袁盎，只能在这个危急的情形下，借机劝汉景帝杀掉晁错，以拔除反叛七国打出的“清君侧，诛晁错”的旗号，期待这样就能让七国退军。因为关东地区的不少士卒和百姓受到叛军蛊惑，真的以为皇帝神志出现问题，被权臣晁错所挟持、架空。

当然，晁错之死，功臣集团的代表丞相陶青肯定也会借机出一份大力，不会缺席。就在七国反叛似有燎原之势，而处在巨大精神压力下的汉景帝仍犹豫是否杀晁错的时候，陶青给他来了个下马威，“助力”汉景帝做出决断。

如果说儒吏袁盎还是关起门和汉景帝说话，是在帝党内部讨论，那么丞相陶青则是带领着朝廷上负责京师守卫的中尉嘉、掌管司法的廷尉去找皇帝。他们首先表明吴王反叛有罪，然后请陛下杀晁错全家。这里连负责统领京师禁军的中尉都来了，耐人寻味。当汉景帝看到中尉来时，恐怕脊背发凉。外面的刘氏诸侯四处点燃战火，如果京城禁军再发动一场政变，再上演一次诸吕之乱，汉景帝不就成了后少帝？

这个时候，其实汉景帝刚继位才两年多，能够依仗的人才实在有限。与自己坚定站在一起能领兵抗敌的人物主要就两个。

一个是唯一的同母胞弟，曾经一起闯司马门的梁王刘武。刘武与汉景帝的兄弟感情很好，脾性也相投。所以在继位之初，七国之乱即将爆发时，汉景帝极力拉拢这个亲弟。尤其是梁国处在朝廷辖区和关东诸侯国中间的咽喉部位，地理位置显要。所以宴席上汉景帝甚至脱口说，将来死后要传位给这个弟弟，搞得刘武和他们的母亲窦太后都很开心，把他的话当真了。毕竟，打仗亲兄弟，刘武与汉景帝是天然捆绑在一起的。如果汉景帝完蛋了，刘武作为亲弟，也会被关东其他诸侯清算。所以保汉景帝，如同保自己，此时二人是拴在一根绳子上的蚂蚱。

另一个是外戚中很有才名的窦婴，窦太后的侄子。因为汉景帝说要传位刘武，窦婴作为帝党当众反驳，惹恼了窦太后，被解职。不过面对七国之乱的危局，窦太后又反过来去跟窦婴说好话，窦婴才出来帮忙。

这两个人可以说是和汉景帝一条心的。其他的像袁盎这种搞交际和礼仪的，根本不顶事，他去做吴王说客，差点被吴王杀掉。所以，皇帝能够仰仗的人太少，须与功臣集团合作才行。

七国叛军气势汹汹之际，这个时候，丞相陶青先把吴王指责一番，并提出让皇帝杀晁错，其实这是功臣集团向皇帝开价码要价了。现在功臣集团依然是朝堂最庞大的力量，连中尉代表的京师军队都站队丞相，如果功臣集团想要再上演一幕"周勃迎代王"，搞个里应外合迎藩王，汉景帝就会很危险。汉景帝杀晁错，对外是除口实，揭谎言，不得不做；对内，更是安抚朝堂，让中央不出现裂痕，避免功臣变心倒戈，逢迎诸侯，让功臣集团放心配合景帝平叛，更是不得不做。

汉景帝急火火地把晁错给杀了。当然，七国怎么可能为此退军？但晁错已死，七国不退军，七国实质是谋反而非清君侧的谎言也已经被戳破。我们不知道汉景帝内心具体是怎么想的，他事后没有追究袁盎提议杀晁错的责任，在校尉邓先当面指责他杀晁错时，表示后悔，并为此给邓先升了职。也许汉景帝明白，晁错给自己做了一个死局。无论七国退不退军，晁错都不得不杀。否则无法瓦解叛军起兵的合理性，无法通过舆论暴露其叛逆实质，朝廷军队在民心舆论与政治号召力上的优势就建立不起来。

汉景帝表示为杀晁错后悔，是为自己的出尔反尔、冤杀恩师的理亏，向天下、向帝党原本以晁错为首的法吏做个交代。

功臣集团拔掉卡位丞相的晁错之目标达到了，当然也愿意配合皇上。因为他们也不想让诸侯颠覆了中央，毕竟诸侯有自己的班底，自己的军队。如果朝廷倒了，功臣集团面临的是什么局面也不好说。没有几个诸侯会像汉文帝那么贤仁。

功臣集团立刻让周勃的儿子周亚夫和郦商的儿子郦寄接受汉景帝调遣。周亚夫带领三十六将军，前往南路击吴楚；郦寄前往北路击赵；将军栾布前往中路击齐；大将军窦婴屯驻荥阳，扼守朝廷辖区门户。

最高军事长官——与丞相平级的太尉之职，已经被废除二十多年，现在又为丰沛籍二代周亚夫单设，让他统管精锐部队，对阵实力最强的吴楚叛军。砀郡籍功侯二代郦寄攻赵国。高祖朝从梁国归依的老将军栾布攻齐国。然后，汉景帝让自己人外戚窦婴驻守荥阳。

荥阳在西汉前期极其重要，因为它是朝廷辖区的门户，与梁国形成一道沿黄河的中线切割带，防止关东南北实现合纵。汉景帝把窦婴设为大将军，仅次于周亚夫，是把自己人放在荥阳做托底，让功臣集团在前边冲。这样布局，既能面对诸侯国做最后的防卫，且把最后的防卫力量握在皇帝手里，保证了如果功臣集团的周亚夫在前线动向不对，窦婴能直接把其锁在关外。

梁王刘武坐镇梁国，横挡在以吴王为首的叛军通往关中方向的路中央。刘武很能扛，扛到基本弹尽粮绝，很是惨烈，他几次希望周亚夫大军来救，但周亚夫不来，刘武就坚持着继续扛。

周亚夫认为，吴王带领的叛军是乌合之众，虽然来势汹汹，但肯定会一鼓作气，再而衰，三而竭。汉军有城有粮，只要闭门不出，往后拖，耗到远道而来的叛军粮食补给出现问题，士气低落，再追出去打就可以了。

果然不出周亚夫所料，吴楚叛军一直耗在梁国，久攻不下，无法打通南北会合通道，也不敢绕过梁国向前奇袭。最后周亚夫看准叛军已经没有士气，追着士气低迷的吴楚联军打，当下就把叛军击溃，一战定天下。

七国之乱，竟然三个月就平定了，恐怕出乎包括汉景帝在内的所有人的预料。不过，这次叛乱被迅速平定，也有汉文帝的一份功劳。

原本，刘邦分封同姓诸侯，把长子刘肥封为齐王，治七十多座城，把四弟刘交封为楚王，有四十多座城，把侄子刘濞封为吴王，有五十多座城。这三王就占整个天下的三分之一了。但汉文帝把齐国一分为六，这次叛乱只有齐地分出的四小国，被分裂的原齐国始终无法整合到一起统一调度。齐地中，齐王虽然也曾想参与反叛，但最终还是没有站到叛军一边。济北王则是坚决反对叛乱，被叛军绑架胁迫。所以，参与叛乱的齐地诸侯一直为未参与叛乱的齐地诸侯所牵制，困在齐地无法动弹，没能与吴楚军队会师合纵，共同西进。

当年汉文帝专门将亲儿子——与汉景帝一奶同胞的刘武，从代国袭封到梁国，实现了从荥阳到梁国一线对黄淮南北的战略切割。让关东南北无法实现合纵并向西席卷，给了汉军分而制之、逐个击破的窗口期和地缘战略优势。当吴楚军队被周亚夫迅速击溃时，战争结果基本就失去了悬念。如果齐国未被分割，而是以七十城之大国之姿参与，那么后果不堪设想。

作为太子的汉景帝杀死吴王太子时，汉文帝表面上赐给吴王拐杖让他安心养病，其实就已经在为七国之乱这一天做筹谋。如果汉文帝活着时爆发就自己面对，如果汉文帝死了，就只能由汉景帝这个初生牛犊来面对了。

## 04 戳破诸侯泡沫

汉景帝最大的槛，也是西汉最大的槛，终于迈过去了，还迈得异常轻松。可见，天下人心向汉，汉文帝之后的关东，已经不是秦始皇面对的那个关东，不再是期待始皇死而地分的关东。

汉朝不断地徙封、夺爵、分割，让北方诸侯国已经凝聚不到一起。这个时候，虽然封建制度犹存，但百姓心中对先秦封建制度背后的层层归属，本级效忠的文化观念、惯性心理和意识形态，已经先于封建制度垮塌了。在春秋后期鲁国权贵季孙氏家臣南蒯之叛中，我们看到的那种只忠于主君而不能越级忠于国君和天子的封建伦理已经崩塌了。西汉走到这个时间点，已经真正是“刘氏左袒”，人心向汉，向刘，向皇帝，向天子，而不向诸侯。

声势最大的南方诸侯吴楚最后士气低落，很多士兵在逃跑时被自己人踩踏而死。因为吴楚士卒根本不知道，自己放着太平富足的日子不过，跟着姓刘的国王攻打姓刘的朝廷是为了什么。尤其是此时作为一代贤君、言行举止无不表现出以万民为重、深受天下万民敬仰的汉文帝刚刚去世，诸侯就反叛朝廷，但关东百姓已经不再像秦朝时的那般排斥皇帝制度了。汉朝经营了六十年后，关东舆论和百姓的意识形态已经发生了质变。

七国之乱平定后，关东诸侯在制衡中顿时成为塌陷方。汉景帝趁势收夺各诸侯国的支郡、边郡，削减分化较大的诸侯国，并且调整了原诸侯国的地盘和国君。此时，十八个诸侯国中有八个成为汉景帝儿子的封国。可以说，诸侯力量已经进入了至暗时刻。

为了补偿刘武，扩张亲弟的实力，汉景帝又把梁国给划成了巨无霸诸侯，一下让刘武扩张成了有四十多座城池之最有实力的诸侯，以从外部继续牵制声望正隆的功臣集团。

七国之乱时，刘礼率兵驻扎在霸上，是拱卫京师的最后一道防线。刘礼深受汉文帝和汉景帝信任，他是与晁错一起师承张恢的同门师兄弟，可以说是汉景帝的自己人，忠诚的帝党成员，被封为新的楚王。

七国之乱后，十八个诸侯国中有超过十个诸侯国是绝对忠心汉景帝的。而剩下的或是小国，或是新徙封的弱王，或是君主尚小，暂时构不成威胁。

急性子的汉景帝，在继位之初试图在削藩上快刀斩乱麻，却没想到捅了马蜂窝。可捅了马蜂窝才发现，马蜂都是没刺的样子货。反而这快刀乱斩，歪打正着，斩获了朝廷面对关东之空前优势。这一捅，捅破了关东封国的实力泡沫，让天下人都看清了汉文帝治下的朝廷辖区与诸侯治下的关东封国力量对比是如何悬殊。

这个对比是全方位的，包括军事实力、经济实力、动员能力，还有当年秦始皇始终得不到的关东舆论号召力。吴王刘濞在反叛时自称东帝，更是完全没有意识到合法性舆论的重要。吴楚部队最终败于士气低迷，除了后勤出现问题外，也是因为诸侯已经不得人心，士兵不愿无意义地效忠和牺牲。同是关东封建诸侯，但封建伦理已经垮塌。这个最大的泡沫，可能连诸侯们和朝廷自己都没有想到。

功臣集团借这波不世军功，一时间再次壮大起来。汉景帝却因为这次有惊无险，在巨大教训的洗礼下，从此学乖了，由意气风发、初生牛犊不怕虎的急性子皇帝，变成了步步为营、不露声色把人往死里逼的沉稳君主。

关东诸侯骤弱，天平一端倒下去了，这对整个汉朝的制衡形势都逐渐产生越来越深远的影响。进一步抑制诸侯肯定是要做的，但渡过了西汉最大危机的汉景帝，已经变得稳重和老辣，并没有操之过急，他没有在七国之乱后立即进行削藩。因为放眼望去，朝堂上还都是功臣集团的人。这时削藩，把天平砸碎，搞不好最终得利的是功臣集团。他并没有忘记，在战争最严峻的时刻，连最适合发动政变的京师军统领都和丞相站到一起，来和自己讨价还价，做政治交易。

进一步限制诸侯是早晚要做的，但内外制衡暂时还不能放弃，平叛后的主要矛盾发生了转移。制衡，是不能让任何一方过于强势。关东骤弱，但功臣集团骤强。但也正是因为关东已弱，当汉景帝真的对功臣集团再次出手时，也不必再像汉文帝时期那样畏首畏尾。以周亚夫为代表的功臣集团，并没有发现有利于功臣集团的制衡已经被打破。此时皇帝不再受诸侯掣肘，如果功臣集团真的与皇权对抗，那么局面其实已经有利于皇帝。

晁错虽然死了，但晁错定下的事，汉景帝迟早还是要办的。下一步，该轮到功臣集团了。但这次，汉景帝不急。

对皇帝而言，平叛的三大功臣中，窦婴是跟着自己的，功劳最大的太尉周亚夫则当仁不让地成为功臣集团的新领袖，只有梁王刘武，虽然他是与自己感情很好的亲弟弟，却总惦记着哥哥的那句让他当皇太弟的口头之约，汉景帝为此担忧。

# 八、废立太子

## 01 栗姬的短见

汉景帝做太子时，碍于祖母薄太后的情面，就娶薄氏外戚族女为原配夫人，即汉景帝继位后的薄皇后。但薄皇后无子，梁王在窦太后的支持下又觊觎皇太弟之位，汉景帝只能匆忙立栗姬的儿子——庶长子刘荣为太子，以断绝梁王的心思。薄皇后为皇后，但太子却是栗姬所生的庶子。此时薄太后已经去世多年，汉景帝正等待时机废掉薄皇后。栗姬成为皇后指日可待。

汉景帝的姐姐，窦太后的长女馆陶公主，为自己的女儿陈阿娇向栗姬求亲，希望陈阿娇和太子刘荣结姻，将来能做上皇后。

馆陶公主的政治能量绝对不容小觑。窦太后去世时，将自己所有的遗产都留给了馆陶公主，可见其对女儿的宠爱之深。梁王做不了皇太弟，心中不平，经常犯浑，屡次犯罪。他畏惧汉景帝，就藏匿于馆陶公主庄园，靠馆陶公主这个姐姐在皇帝与太后之间说和。馆陶公主其实就是窦太后与前朝的一根联络线，是窦氏外戚的代表人物。她也经常给汉景帝进献美人，她儿子在景帝前元年间就早早封侯，可见她与汉景帝这个弟弟的感情也非常好。

但栗姬嫉妒心强，她怨恨馆陶公主总给汉景帝献美人，就丝毫不讲情面地回绝了馆陶公主的求亲。从此，馆陶公主怀恨在心，常对景帝说栗姬的不是。

栗姬拒绝的是一个在皇帝身边说话分量很重的姐姐。即使汉景帝没有昏聩到听信妇人嚼舌根的地步，但如果馆陶公主没有巨大的政治能量也不敢在皇帝的身边搬弄是非。栗姬莽撞间拒绝了馆陶公主，其实是拒绝了与整个窦氏外戚联姻，错过了储位之争的决胜关键。

其实栗姬之所以敢这么任性，除了她自己情商略低之外，主要还是有汉景帝的爱护。汉景帝是比较率性的贵族公子哥的性格，也带着几分莽劲儿。他做太子时碍于薄太后为后宫之尊长，被迫与薄氏外戚联姻。但他始终都没有喜欢过薄皇后，很少宠幸皇后，没让薄皇后有个子嗣。栗姬则不同，汉景帝前三个儿子都是栗姬所生，可见栗姬在被汉景帝刚刚纳为夫人时，有过多年的专宠。

今天汉景帝阳陵的帝陵封土附近，有两座高规格的陪葬陵墓封土。一座是汉武帝的母亲王皇后墓，还有一座“阳陵北约二百米，泾阳界内”的封土，就是始终没能当上皇后的栗姬墓。栗姬墓的规格是两墓道，明显高出一般妃嫔的规格，此墓是汉景帝在世时所建，可见“刻薄寡恩”的汉景帝对栗姬的哀思之切。

可以想见，曾是任性贵公子的青少年刘启被迫娶了一个自己根本不喜欢的薄氏女为妻子，一肚子憋闷。不久，他遇上了性格相投的齐国人栗姬，纳其为夫人。栗姬政治不成熟的表现，或说明了她的娘家没有什么高人能给她指点。栗姬并非关中的公侯贵族之女，而是任性的刘启为自己选择的女人，是他情窦初开时，内心认定的自己的第一个妻子。用现在的话来说，这就是初恋。

那么薄太后已经去世多年，栗姬的儿子又被册立为太子，栗姬虽然在这一年已经陪伴了汉景帝一二十年，却在汉景帝心中有着对原配一样的尊重，那么薄皇后被废后时，为什么栗姬没能直接当上皇后呢?

因为她得罪的不仅仅是馆陶公主，而且是整个窦氏外戚，包括窦太后本人。

馆陶公主的能量非常大，能够影响窦太后的判断。那么窦氏外戚就断然会阻止汉景帝立栗姬为皇后。汉景帝废后却不立后，最大的阻力当来源于窦氏外戚。

毕竟，当时在栗姬那里碰了钉子的馆陶公主，转身与刘彻的母亲王夫人达成两项联姻之举，一是时为胶东王的刘彻与公主的女儿陈阿娇，二是公主的次子陈蟜与王夫人的三女儿隆虑公主。窦氏外戚此时支持的是王夫人。

但汉景帝对栗姬还抱有一些期望。汉景帝有一次病重时，嘱咐栗姬将来要善待他的儿子们，这明显是要把江山托付给栗姬母子，要让栗姬当太后。但栗姬却傻乎乎地表示坚决不答应，而且出言不逊，说了一些充满怨妒之意的话。汉景帝用这话去试探栗姬，想必馆陶公主没少跟汉景帝讲栗姬的不是。一试探，栗姬果然如馆陶公主所言。汉景帝大失所望，发现这个“初恋”的思想从未进步，也决定放弃她。

汉景帝在七国之乱前为了拉拢亲弟梁王刘武曾说过死后传位于弟的话，为自己惹来了大麻烦。七国之乱平定后，汉景帝仓促立庶长为储，是为了杜绝刘武的想法，避免朝堂出现争储风波。立刘荣为太子本来就是权宜之计。

但汉景帝可能确实不太喜欢刘荣这个儿子。刘荣后来被废，作为临江王涉嫌犯罪，在审讯时自杀而死，应该是性格比较软弱的。刘荣有个性格特别强势的亲妈栗姬。抬起杠来连皇帝都敢杠、公主都敢怼的强势母亲，更容易教育出性格懦弱的孩子。从这里推断，栗姬和刘荣母子，很可能是典型的泼妇妈加妈宝男之组合。

刘荣性格弱，不为汉景帝所喜。栗姬如果被立为皇后，就又是个妒恨心强，毫不慈悲，毫不怜惜汉景帝诸子的吕后式的狠皇后。但吕后还能拎得清轻重，在刘邦面前至少不会表现出对刘邦儿子们的敌意。栗姬却没有吕后的城府和稳重，不具备一个政治家的气质和手腕，在皇帝面前就表现出不耐烦。这让汉景帝更不放心了。这种女人要当太后，皇室恐怕无法安宁。

汉景帝试探栗姬，其实已经表露出有意立她为后，否则不会说这种托孤般的话。栗姬的拒绝，不仅是不顾及汉景帝的家庭亲情，也是在动摇汉景帝的政治路线。

## 02 废立太子

汉景帝此时正处在与关中朝堂上的功侯集团斗争中，处在与关东封国诸侯集团的斗争中，任用更多的是晁错、郅都、宁成、周阳由等法吏甚至酷吏。从京畿到郡县再到边境，汉景帝一直在和两大集团争夺政治和人事高地，处于非常激烈且关键的博弈期。

栗姬不答应善待汉景帝的儿子们，体现的不仅是妇人之短，更是动摇汉景帝此时的政治制衡布局，栗姬等于是直接站到了皇帝的对立面。

平定七国之乱后的前元年间，以立下不世军功的开国功臣子弟周亚夫为首的功臣集团，全面垄断着丞相、太尉、御史大夫三公职位。皇帝暂时处于有惊无险后的蛰伏状态，与功侯集团相安无事。此时，帝党在朝廷势力上并没有占上风，皇帝反而是在战后对关东诸侯封国的布局上占据优势。

汉景帝平乱后的关东十八国诸侯分封形势就是：汉景帝的八个儿子，加上汉景帝的帝党刘礼，以及与汉景帝一奶同胞的兄弟、窦太后的亲儿子刘武，超过大半是汉景帝的嫡系。

汉景帝又任用酷吏为京畿长官，打击京师功臣集团，并任用法吏控制朝廷郡县。汉景帝时期，是高、惠、吕、文、景、武这汉初六朝中，唯一的史料中出现的所有郡守都不是功侯，不属于功臣集团的一朝。

在京畿对抗功臣集团，在朝廷辖区控制郡县，在关东诸侯国遍封自己的嫡亲，这就是汉景帝的以外围制衡中心的策略。功臣集团看似垄断三公，其实皇帝已经通过外围权力布局，包围了朝堂力量。

而栗姬是怎么回应汉景帝的呢？她不准备善待汉景帝用来包围功臣集团的儿子们，且不论家庭情感的因素，仅从政治路线的角度来看，栗姬这等于是在说："老娘若当了太后，准备和关东那边的帝党自己人斗一斗……"这是要打乱汉景帝的制衡的节奏啊。汉景帝无法容忍栗姬当面说要推翻他的路线，十分愤懑，却隐而不发。

从功臣集团的反应来看，丞相陶青是拥护刘荣的，这代表着栗姬、刘荣与功臣集团的关系可能不错。她与汉景帝嫡亲的关东诸侯关系一直冷漠，加上栗姬连汉景帝身后的窦氏外戚之重要人物长公主也得罪了，栗姬到底是个什么路数不好说，但她若当上太后，把汉景帝亲手促成的平衡局面全给搅乱，逆着汉景帝的路线来是没跑的事。

汉景帝的一句试探，结合大的形势，基本可以判断：栗姬与刘荣不是汉景帝政治路线的拥护者。为此，他已经下定决心废掉太子刘荣。

汉景帝前元六年（公元前151年）年末，汉景帝废薄皇后，但没有立太子之母栗姬为皇后。王夫人又在朝堂上设局，派人鼓动大行令上奏谏言立栗夫人为皇后，结果惹怒了皇帝，以越职言事为由杀了大行令，引发了朝堂易储之争。

汉景帝前元七年（公元前150年），太子刘荣被废，栗姬被打入冷宫。从立场上说，栗姬是站到功臣集团利益一边的，于是功臣集团力保太子。陶青激烈反对废太子，被汉景帝顺势罢相。当然，汉景帝还做不到让自己人当丞相，功臣集团威望最高的太尉周亚夫转任丞相。但汉景帝又顺势废了太尉之职。三公重新变两公，相当于收走了最高军职，不再让功臣集团插手军权。

周亚夫的立场也是反对废太子，但他既然为此接任丞相，算是得了汉景帝的好，没有反对得太过激烈。持续半年的风波，最终以汉景帝顶住朝堂压力，册立王夫人为皇后，其子刘彻为太子，宣告结束。

但王夫人的儿子刘彻，仅排行第十。如果王夫人没有百分百的把握确定景帝一定会立她为皇后，那么设局扳倒前太子岂不是有很大可能为他人作嫁衣？如果王夫人能百分百确定自己一定会成为皇后，与皇帝有如此高的互信程度，那就很难说这场长达半年余、在前朝引发轩然大波扳倒了丞相使三公变两公的易储政治斗争，皇帝对王夫人所设之局毫不知情。从情理上看，这可能就是汉景帝自己设的局，只不过是王皇后在操盘。

事实上，大行令的职责是负责诸侯王事务，与太子并无太多交集，反而是和因胶东王刘彻年幼而作其代理人的王夫人的母家有不少来往。这个事表面上是王夫人所为，但也许就是汉景帝刻意而为。大行令可能是被汉景帝设局给坑了。

其实，汉景帝并不是一开始就想废黜栗姬。当初在七国之乱的最危急时刻，统领京师禁军的中尉竟然跟着丞相一起，当面要求汉景帝诛杀帝师晁错，这无疑是一种威胁性暗示。连京师禁军都控制不住，对任何皇帝而言，都意味着巨大的危机，都是耻辱。平定叛乱后，景帝立刻替换中尉嘉，提拔卫绾为中尉，首先解决了最敏感的安全问题。

卫绾是郎官出身，代国人，属汉文帝的代党，是文景时期的帝党。他本人持儒家倾向，可算是儒吏派。汉文帝曾经说卫绾是忠厚长者，叮嘱汉景帝将来要善待。在汉景帝还是太子时，曾经想请卫绾吃饭，但卫绾刻意谢绝不去，宁可得罪当朝太子。但汉景帝继位后，理解了卫绾的谨慎忠厚，而且认为卫绾的谨慎是对的——身为皇帝近臣，如果结交太子，皇帝就不能放心。后来汉景帝把卫绾封侯。

但更重要的是，卫绾与废太子刘荣有亲戚关系。刘荣被废后原本应该被牵连，但汉景帝对他予以特赦，让他暂时回了老家，离开朝堂。卫绾是代国人，栗姬是齐国人，不会是本家亲戚。那么这层亲戚关系，应该是通过与废太子刘荣或栗姬家族结姻亲而成，没有直接关系，后来也才没有被过分株连。汉景帝把卫绾安排给刘荣，可见对栗姬是有心的。

还有窦氏外戚的大功臣窦婴，也被汉景帝安排为刘荣的太子太傅。虽然栗姬得罪了窦氏外戚的馆陶公主这一条线，但汉景帝用窦婴这一条线，重新把刘荣母子与窦氏外戚搭上线，以缓和栗姬与窦氏的僵持，降低来自窦太后的阻力。后来窦太后坚持要杀死逼死刘荣的酷吏郅都，为长孙报仇，说明来自窦太后的阻力确实已被缓解。

汉景帝其实为栗姬做了很多保障性的人事安排，可惜栗姬却搞不清自家形势，更想不到她与刘启的爱情为什么会变质至此。母子俩的大好前程就这么被自己的低情商给耽误了。

太子刘荣被废，汉景帝再也不见愤懑的栗姬，刘荣两年后获罪自杀，栗姬抑郁而死。也许在栗姬死的那一刻，汉景帝是很悲痛和遗憾的。对于三十多岁的汉景帝而言，自己的“初恋”和她所生的自己的第一个儿子，终归是死在自己的手里。

汉景帝曾经也如栗姬那般鲁莽，但他在七国之乱遭受威胁时，逐渐看清波谲云诡、暗流涌动的政治斗争之后，终于学会不动声色，步步为营了。可心胸狭隘的栗姬，没能跟上他前进的脚步。身处残酷的权力场，他只能牺牲不懂得变通、会破坏全局的栗姬。他能为曾经最爱的栗姬最后做的仅仅是让栗姬以高规格葬在阳陵。待自己死后，昔日赤诚相爱的两人，再相伴于地下……

# 九、诸臣黄昏

## 01 再次卡位相权

七国之乱后到换太子风波之间，汉景帝并没有对功臣集团采取太激烈的对抗措施，只是暗中培植自己的力量。与此同时，加剧敛财，积累国用。他启动了自己未来的陵寝——阳陵的修建工程，将关东豪强迁到阳陵邑。他取消了汉文帝时期的开放关卡政策，重新在水陆要道设关，为国库增加过路费收入。

汉景帝蛰伏数年后，突然发动闪电攻击，迅速完成废立太子的整个过程，象征和昭示着集权制度即将达到一个历史性的新水平。对汉景帝而言，选择能够配合并延续自己路线的外戚和皇子，借机牵连打击功臣集团，并向全天下昭示皇权的伸张和皇威的强化，是一箭三雕的事。这个事件的首发政治意义不可小觑，但历来被后人低估，因为废太子在后世成为常见的历史现象。

要知道，在汉景帝之前，只有一位西周天子周幽王想要废立王后与太子，导致西周灭亡。诸侯国君废立太子也十分罕见，如晋献公换太子，卫宣公暗杀太子，都造成几代乱局。秦始皇死后继承顺位被打乱，一样带来乱局。

站在汉景帝时代的历史视野中，这是太子制度诞生以来，首次成功且稳定地废立太子，汉景帝堪称古今第一人。汉景帝是第一位易嫡、易储，成功废立皇后和太子的天子。这在当时的民间其实也是一颗舆论炸弹，让天下臣民知道，原来皇帝的君权已经可以摆脱传统礼制的束缚，对时人内心的震动和对政治伦理、文化心理的改变是非常大的，完全不亚于后世的任何一场礼仪事件。因此，汉景帝正式宣布次年改元，进入汉景帝中元年间。

汉景帝这个时候，要开始与功臣集团展开全面斗争，更需要法吏派来干脏活儿，故而暂时把依附他的儒吏向后放。如窦婴与卫绾等人，皆因废太子而被罢黜，暂时隐退。到酷吏干完脏活儿，汉景帝才开始重启儒吏。

继任丞相的周亚夫默认了汉景帝这一回合的胜利，但是很快在其他方向上对汉景帝进行反制。比如窦太后瞅准皇帝声威大振的时机，要给王皇后的哥哥王信封侯，周亚夫却直接将该案挡掉，理由是：汉高祖约“非刘氏不得王，非有功不得侯。不如约，天下共击之”。天下共击之，话说得非常重，好像给皇后的兄弟封个侯，就要击外戚或者击皇帝了。然而，这句话本来就有问题。

汉高祖白马之盟，说了非刘氏不王，但没有说外戚不能封侯。汉高祖自己给吕后的父亲兄长，以及汉文帝给窦皇后的兄长，都是封了侯的。外戚恩泽侯，比起立功封侯虽然有些没面子，是靠裙带关系得位，但也是正经的受封职位。周亚夫拦住皇后兄弟封侯，根本就是胡编理由，利用相权限制皇权，本质上就是对抗。

在拦下汉景帝给外戚封侯的同时，汉高祖功臣周苛的孙子、周昌的孙子都被封侯。周苛、周昌兄弟、周勃都是同乡，都姓周。史料虽然没有记载，但指不定他们是沾亲带故的。总之，同样是无功封侯，周亚夫只为功臣集团子弟行方便。

这一次，汉景帝忍了。但周亚夫是军人出身，政治敏感度明显有些低，手腕简单。他得手一次后，准备故技重施，最后栽了。

有匈奴王投降汉朝，汉景帝要给投降的匈奴王封侯，周亚夫以降王不守节为由，又要阻拦封侯。汉景帝这次其实占着理了，所以否了周亚夫。毕竟，当初东胡卢王投降，汉朝都给封侯，这是惯例。匈奴王投降，要看汉匈之间的战略意义，决定是否封侯。对方降汉，是扬汉威，封侯是振奋民心之举，否则以后谁还愿降汉？但周亚夫似乎对汉初历史常识比较匮乏，总打不到点子上，对舆论会如何看待这个事件也没有准确的预判。他这次完全没占住理。

第一次给外戚封侯时，周亚夫胡编理由阻拦，因为汉景帝是为自己人讨利，不好发作。但这次可以说汉景帝是为国决策，反而是丞相站在列侯立场，存有私心，有误国之嫌。汉景帝借此事逼周亚夫病退。不得不说，周亚夫不适合当丞相，这一点汉景帝大概早就看出来了。这和汉文帝难为粗人周勃的路数几乎一致。

接替周亚夫任相的，是御史大夫刘舍。刘舍是汉高祖时期的功侯子弟，也是一个没有存在感的丞相。说明至此，不仅是刘舍本人很谨慎小心，而且是整个功臣集团都因皇权权威的加强，处在了下风。这时，汉景帝把帝党的卫绾推到了御史大夫的位置上，事态仿佛又回到了汉景帝初年晁错担任御史大夫时的局面。帝党任御史大夫，随时顺位接替丞相之位。区别仅在于晁错是法吏而卫绾是儒吏。

## 02 伸张皇权

压制丞相权威，卡位抢夺相权，只是汉景帝打击功臣集团众多手段的两个组成部分。汉景帝的一项核心策略是以外围权力布局包围中心，其中一条就是要加强皇帝对郡县的控制力。

根据李开元教授统计，史书中出现的郡太守为汉初军功受益阶层出身的占比是：汉高祖时期占百分之八十八，惠吕时期占百分之六十，汉文帝时期占百分之四十，汉景帝时期为零，汉景帝时期但凡史料中出现的郡太守都不是军功受益阶层出身，比武帝朝比例还低。可见，汉景帝通过控制郡县，由外而内对功臣集团的权力空间进行挤压，外围策略是一直在进行的。

而加强中央集权，高度掌控郡县，就需要大力整顿吏治，设计对官员的监督机制，强化皇帝对官僚的约束能力。整顿吏治，也是汉景帝一直到临死都在推行的。汉景帝是帝制时代第一个把打击贪腐、从立法上制约贪官提到台面上重视的皇帝。

汉景帝为了能够深度控制行政体系，任用了一批法吏如酷吏郅都、宁成、周阳由等人。法吏依靠严酷的执法，在京畿地区打击贵胄，其实主要的打击对象就是活跃在京师的功臣集团家族。汉景帝任用法家酷吏，让京师权贵叫苦不迭，却又无可奈何。

像酷吏郅都干脏活儿都已经干到逼死前太子刘荣的地步，因此惹怒了把家庭团结和家人平安看得比什么都重的窦太后。窦太后要杀郅都，汉景帝却偷偷放过他，将他调任雁门太守，防御匈奴。但许多年后，窦太后还是知道了郅都的去向，郅都终被窦太后所杀。汉景帝对法吏的保护也算是尽到了最大努力。

由此可见，汉景帝这个人对亲儿子都不手软，情感上稍显凉薄，但做事的目的性非常强，把事业放在第一位，极力庇护对自己事业有利的人。也许，郅都被杀时，汉景帝会想到自己当年没能保住的老师晁错吧。他需要法吏、酷吏来为自己控制各大政治集团。

宁成等法吏，都效法郅都打击京城功侯权贵的治理方法。后来，所谓酷吏的严苛执法已经被推广到地方，官吏普遍效法他们的严厉风格，形成了惯例和成法。这是汉景帝整顿吏治的最终成果，大大强化了皇帝与朝廷对郡县的控制力度。对功侯进行由外而内的压制成效显著，外围化策略可以说是非常成功的，这也是中央集权制度下，职业官僚责任制度和新治理模式的重要探索期和成形期。

功臣集团的势头越来越弱，汉景帝通过罗织各种罪名，借机削侯。吕后掌权十几年，削除的侯国只有个位数。汉文帝执政二十多年，削除的侯国也只有二十来个。在汉景帝执政的十六年里，削除的侯国超过四十个。

汉景帝八次赐民爵，除了两次是在原有爵位上升级爵位，其他六次都是全民赐爵。即使是没有爵位的家庭，也会得到爵位，因此产生了大量的有爵位家庭。每家都有特权，意味着每家都没有特权。这样就打击了功臣集团背后的原军功爵特权阶层力量，即军功收益阶层，稀释了民爵的特权，将低级功爵平民化、全民化。功臣集团背后的政治基础加速瓦解。如果说此前，汉初功臣集团曾经代表了一个阶层，那么到汉景帝后期，他们就仅仅是朝堂上的一个群党集团。

在三角制衡中的三方——帝党、功侯、诸侯中，诸侯王力量在七国之乱后已经塌陷并被汉景帝所掌控。关东诸侯王国趋弱，外部制衡形势就逐渐式微。汉景帝没了诸侯的掣肘，通过外围包围中心之策略，抑制并打击了功臣集团，让功臣集团从平叛后的强势状态逐渐进入衰退和蛰伏期。汉景帝顺应大势，全方位瓦解功臣集团，不可谓不狠。功臣集团中的老一代能臣已经凋零，周亚夫这些顶梁柱级的子弟又被压制住，如今只剩下无力与汉景帝对抗的功二代。

汉景帝通过阳陵工程持续不断地吸金，充盈国库，并迁徙关东豪强到阳陵邑。他屡次大赦天下，释放生产力。在经济建设上，一边延续汉文帝的鼓励生产，一边开始把文景之治创造的社会增量利益转换为国用。如果说汉文帝时期是国绌民富，那么汉景帝时期就是国库日益充盈，逐渐实现国富民强。

同时，关东诸侯国作为更高一层的制衡方之塌陷，也让汉朝朝廷与匈奴的力量对比发生了显著变化。在前元年间，汉景帝奉行积极和亲政策，而在改元中元之后，随着朝廷实力增长，汉景帝对朝廷控制力度的加强，中央集权跃到了进阶后的波峰状态，汉景帝开始对匈奴变得态度强硬。

汉景帝中元二年（公元前148年），匈奴侵略燕地，遂不和亲。汉景帝中元三年（公元前147年），匈奴两王来降，皆封为列侯。汉景帝中元六年（公元前144年），匈奴入上郡遭到抗击。汉景帝后元二年（公元前142年），郅都率军击匈奴。后来雁门大战，太守冯敬力战而死。还有李广在上谷、上郡、陇西、北地、雁门、代郡、云中一次次与匈奴大战，使匈奴闻风丧胆。

这个时候，汉景帝虽然还没有像后来的汉武帝那样，对匈奴转入积极的进攻姿态，但已经从前元年间积极的和亲姿态，转为消极的和亲与积极的防御姿态。这正是关东诸侯力量走弱后，大的平衡状态逐渐出现变化的体现。这时，汉匈天平已经开始朝向中央集权加强的汉朝倾斜，整个天下的平衡也向着有利于朝廷的方向倾斜。

进一步收拾完功臣集团，没有了朝堂上的过多掣肘，又该进一步收拾关东诸侯力量了。当列侯趋弱，汉景帝并没忘记借此时机，加大力度削弱关东诸侯力量，实现对列侯与诸侯的螺旋打压。

汉景帝将诸侯国丞相贬抑，更名为相；不再设置诸侯御史大夫，并取得朝廷对列侯和诸侯王的立嗣权；在马政上，规定高五尺九寸以上、齿未平的马匹不得出关，实现朝廷对良马的垄断。

最关键的就是汉景帝中元五年（公元前145年）的诏令：

> 景帝中五年，令诸侯王不得复治国，天子为置吏，改丞相曰相，省御史大夫、廷尉、少府、宗正、博士官，大夫、谒者、郎诸官、长丞皆损其员。
>
> ——《汉书·百官公卿表上》

从汉景帝中元五年（公元前145年）开始，诸侯王失去了对国家的治权。这是自秦朝之后，又一次集权与分治被逆转的历史情境。

以前朝廷只能下派诸侯国丞相，现在诸侯王不能再自己任命官员，诸侯国丞相只能叫相，而且大幅度缩减诸侯国的国家官员配置，以强化朝廷对诸侯国的控制。

实际上，此时的诸侯国已经由朝廷直辖。虽然名义上关东封国还没有实现郡县化，但诸侯王已经基本失去了对本国人事权、财政权、军权、司法权的掌控，只剩下享用"衣食租税"的权力，已经是事实上的去自治化、官僚化。秦始皇最终没能压住的关东封建制度，在汉景帝时期开始全速进入衰亡过程。而汉武帝后来的推恩令、左官律和附益法，无非是以立法方式，加速诸侯国裂变转型为郡县的形式制度，已经处于顺水推舟的收尾阶段。

汉初的封建终于在汉景帝的时代完成了退出历史舞台的质变。一个空前的大统一王朝，一个完善的汉制，已经呼之欲出。一个在秦制基础上矫枉纠错、涅槃重生的大一统中央集权制度，正如朝阳般冉冉升起。汉景帝对得起祖父和父亲，完成了他们未竟的使命。

汉景帝中元六年（公元前144年），"行幸雍，郊五畤"，这是一次罕有的隆重祭祀五帝之礼仪事件。汉景帝更像是在给曾经被迫放弃祀权的父皇说，他已经扫清了曾经掣肘父皇，导致其抱憾至死的这些障碍。汉文帝没有做到的事，他即将做到。

其实，还是差那么一点点，还有最后一个障碍存在。只是汉景帝暂时不知道该怎么办。这最后的障碍，就是和他一母同胞且立下勤王大功的亲弟弟——梁王刘武。

## 03　未竟之事

各大诸侯国均已经被削弱，削权，无力对抗朝廷。但唯有这个梁王，是窦太后心心念念的小儿子，汉景帝唯一的同母兄弟。当初平定叛乱，汉景帝把梁王所辖的梁国一次性扩大为占有四十余城的庞大诸侯国。但在两次立太子时，梁王仍对景帝曾经那句传位给他的话念念不忘，对储君之位垂涎欲滴，利用母亲窦太后去影响皇帝，试图当皇太弟。

由于袁盎等人极力反对立梁王，汉景帝得以顺利立刘彻为太子。梁王为此恼怒，还派刺客进京暗杀袁盎等皇帝近臣，把皇帝气得要惩治他。后来梁王躲起来，还闹出误会，让窦太后以为皇帝是杀了弟弟，哭着怒问皇帝："帝杀吾子！"误会澄清后，借太后这么一闹，皇帝与梁王才冰释前嫌，可从此就疏远多了。

削藩削谁太后都支持。汉景帝为了孝顺太后，唯独不敢动这个梁王。有窦太后在，梁王既是太后曾经力推的储君人选，又是天下第一大诸侯，在中原威胁关中门户。怎么削这最后一个大藩，原本是个棘手的难题。如果汉景帝驾崩，年幼的太子刘彻又该怎么面对这个强大的叔叔？

时间站在了汉景帝一边。汉景帝中元六年（公元前144年），梁王薨。这个从小与汉景帝最为亲密，一起闯祸惹事，替他在前线冒死杀敌，又曾经想要接他的班，像个烫手山芋般的弟弟，终究是死在哥哥前边了。汉景帝恐怕是又悲又喜。

可满心都是家庭和家人平安的窦太后，又跳出来跟皇帝置气："帝果杀吾子！"

这个时候，汉景帝的姐姐馆陶公主在汉景帝与窦太后之间起到了关键的游说作用，并为汉景帝和太后策划分割梁国。汉景帝借太后哭闹的由头，顺势分梁国为五国，刘武的五个儿子全部为王。孙子们都有了着落，汉景帝也没了威胁，两全其美，家事与国事一箭双雕，于是太后也高兴了。其实，窦太后作为一个老到的政治人物，已经失去小儿子，岂会不更为大儿子的安全与地位着想？恐怕这借孝心分割诸侯之计，也正合太后之意吧。

终于，一切都妥当了，一切都差不多完成了。汉景帝再次改元，步入了他人生的最后两年多时间，进入了后元年间。

汉景帝后元元年（公元前143年），是周亚夫被逼死的一年。被罢相后，周亚夫一直愤愤不平，经常在公开场合驳皇帝的面子。在这一年，汉景帝借周亚夫儿子买五百副铠甲给周亚夫当陪葬品，以涉嫌谋反的罪名，把周亚夫下狱。周亚夫和他的父亲周勃的境遇总是非常相似。当年周勃也是因为披甲被抓，但周勃心心念念是回家，向皇帝低头妥协。周亚夫觉得受辱，最后在狱中绝食而死。

周亚夫被活活逼死后，周亚夫曾阻拦的皇后哥哥王信立马被封侯，这宣告着汉景帝与功侯集团斗争的巨大胜利。面对这次皇帝的立威之举，皇权伸张，功侯集团失去了最有声望的领袖人物，也彻底失去了以往的强势。这个集团终于到了日落西山的阶段了。汉景帝觉得这群人难再掀起大浪，无法再对皇权有所威胁，于是下令省彻侯之国，不再让列侯必须回到封地接受朝廷的监管。毕竟，连他们垄断丞相职位和相权六十多年的局面，也被汉景帝完全打破了。

汉景帝后元元年（公元前143年），事迹乏善可陈的功二代刘舍被罢相，卡好位的御史大夫卫绾接任丞相。卫绾只是郎官出身，这是自汉高祖以来，第二个并非开国功臣及其子弟而担任丞相的人，第一个并非开国功臣及其子弟或皇帝外戚担任丞相的人，历史意义巨大。而同时接替卫绾成为御史大夫的直不疑，也是郎官出身，也非功臣集团一派。

汉朝取消太尉，三公只剩丞相与御史大夫两公。此时，功臣集团不仅失去了两公之位，就连下任相权都已经被皇帝牢牢控制住了。

功臣集团已经衰落，汉景帝索性在后元二年（公元前142年），将原规定资产十万方可为官的标准，下降到四万，进一步开放入仕渠道，打破一直以来功臣集团对官职官位的裙带垄断。

汉景帝的一生，当了二十多年的莽撞太子，在继位后的前3年，同时对功臣集团和关东诸侯亮剑，却让自己陷入了西汉最危急的时刻。可最终逢凶化吉，有惊无险，只三个月的平叛就让大汉王朝的前途豁然开朗，仿佛旧日换新天。此后他变得更加稳重，在十三年内有条不紊地对关中列侯和关东诸侯进行螺旋打压，同时把这两股力量推入了衰亡之路，让西汉王朝迎来了质变点。

然而，汉景帝仅在位十六年，前不如父亲在位二十多年，后更不如儿子在位五十多年。汉景帝的身体快要不行了，他已经没有时间做更多的事情了。本该由他完成的，对功侯与诸侯的终极一击，他做不了，只能交给刘彻这个少年了。

汉景帝曾一度冷落了依附自己的儒吏，重用法吏甚至酷吏，推行自己的外围控制策略，对制衡双方进行螺旋打压。汉景帝更倾向于做一个法家皇帝，因为他曾经看到想做儒家皇帝的父亲，是怎样在最后时刻被迫放弃。但这不意味着他不认同自己的父亲，从汉景帝最后为儿子刘彻所做的布局，就可以看出端倪。

汉景帝任用法吏派搞斗争搞集权，干脏活儿，甚至背负了刻薄君主的名声，为儿子扫除了两个最大的障碍。他在儿子的身边，布满了儒吏。

窦氏外戚的窦婴、王皇后同母异父之弟——王氏外戚的田蚡，“俱好儒术”。太子少傅王臧，“属明儒学”。太子太傅兼丞相卫绾，也有儒家倾向，后来配合儒家改制时，上奏罢黜法家、黄老道家、纵横家等学说。汉景帝把刘彻生生打造成了一个被“儒门子弟”所围绕的太子。

汉景帝的用心可谓良苦。他知道法家能干脏活儿，但搞不好兼收并蓄，终究是会惹得舆论不满，这是秦汉变局的历史一次次证明过的。但他也知道，黄老道家之学已成为功臣集团的工具，已走到死胡同了。在连纸张都尚未发明、遍地文盲的2000年前，治理数百万平方公里的广袤国土，想要抑制地方上层出不穷的地头蛇、土皇帝，技术难度太高了。法治诛行，纵然出发点是好的，但国家太大，郡县太远，上令下达，法令体系工具就会变味儿。所以汉景帝的一生一直在不断强调吏治的重要性，推进吏治改革。

汉景帝时代的集权水平即将质变，他是帝制时代直接感受到中央集权制度弊端一面的皇帝。那弊端就是，职业官僚制度天然更容易滋生贪污腐败，裙带成风。他也是帝制时代第一个大力整顿吏治的皇帝。

汉景帝虽然没有时间去完善制度，但是他改变了西汉初年的整个封建平衡局面，让皇权在与开国功侯集团、关东诸侯集团的竞争中，赢得了实质性的胜利。他是实现汉朝制度量变积累成质变的掌舵者，虽然他没有足够的时间去探索更匹配时代的新制度，但他肯定深刻思考过统一国家制度的构建这个新时代的新命题。

仅凭刑名之术，无论是激进法家还是温和法治的黄老道家，都不足以在更广袤的国土上、更漫长的历史刻度中，约束那些不断滋生的、越来越多的潜规则和寄生虫。诛行的同时，必须加上诛心。坚持法律之外，还要在每个人从童年甚至出生开始，就树立起一种自我约束的道德伦理。无论是法家还是黄老道家都是“诛行”。只有儒家，能够“诛心”，而且是深刻的“诛心”。所以汉景帝在刘彻的周围，放满了儒吏。

汉朝在汉武帝后期出现的思想特征：道法相融，儒法兼存。内用黄老，外示儒术。外儒内法，王霸杂之……这种子，其实在汉景帝晚年就已经给儿子种下了。

儒家将再一次冲击黄老治国的地位，向日薄西山的功臣集团发起第二次攻击，第三次攻击……但汉景帝看不到了。

汉景帝后元三年（公元前141年）正月，汉景帝临死前，拖着油尽灯枯的身体，勉力支撑，用尽最后一口气，为年仅十六岁的太子刘彻提前举行了冠礼，向天下昭告太子已经成年，也向太子周围的各种势力表明，太子继位后可以直接亲政，任何人都没有理由掣肘新帝。

汉景帝后元三年，在位十六年的汉景帝刘启驾崩。

有人说他庸碌，说他刻薄，说他只是继承了父亲的路线，分享了父亲的成果。他夹在汉文帝开创治世与汉武帝雄途远迈的历史之间，仿佛只是一个过渡。长期被他螺旋打压到式微的诸臣、诸王、功侯和宗亲，有谁会愿意为这个苛刻的君主请一个庙号?

然而，他是一位继往开来的关键转折性人物。他所做的努力，当世的人不理解，认为没有可让人过多称颂的地方。但历史的走向最终证明了，他的诸多决策和影响力是巨大且长久的。

可是，僵而未死、正处在暗弱时刻的功臣集团与关东诸侯，并没有彻底离开历史舞台。熬死了汉景帝，刘彻年仅十几岁，主少国疑之时，皇帝权威骤弱，列侯与诸侯将一同迎来最后的回光返照。建元新政，即将开始。建元新政，即将结束……一众儒吏，以及想搞儒家改制的小皇帝，将被一竿子打翻全船……

# 第四章

# 武帝的抵达

# 一、改制再败

## 01　儒家改制之预热

汉景帝四十多岁去世，来不及做更多的事就撒手人寰了，留下年少的刘彻继位。汉景帝临死时，在刘彻身边安排的辅臣多持儒家主张，是在为刘彻的汉制改革做准备。

汉文帝曾经尝试过儒家主导的汉制改革，但最终由于作为改制先锋的新垣平被功臣集团抓住把柄并弹劾成功，以失败告终。汉景帝短命，没能熬到亲手操刀第二次改制，只能寄希望于自己这个儿子能够借助身边他安排好的班底，再次发起汉制改制。

刘彻继位时只有十六岁，汉景帝还专门为他提前举行了冠礼，以示他继位后可以直接亲政，不受牵制。但主要的阻力恐怕还是来自黄老之学的忠实信徒——汉景帝的母亲窦太后。

窦太后其人，以卑贱孤儿之身嫁给汉文帝。婆婆薄太后为人慈祥，对窦氏很好，让她直接做了皇后，并体恤窦氏，专门给窦家讨了爵位。窦太后与薄太后一样，也是贤惠的女人，一切都以家庭的稳定与安全为优先考量。

但是，与很少干预政事的薄太后不同，窦太后经常会干涉朝政。她希望大儿子立小儿子为皇太弟。她在梁王触犯法律时袒护梁王。她在得知长孙刘荣已经失去太子之位，还被酷吏逼死时，坚决要杀朝臣为孙子报仇。她长期让馆陶公主活跃在各方之间，甚至影响了皇后与太子的废立。

窦太后之所以会对朝政过度敏感，是因为她跟随汉文帝亲历了吕氏外戚与汉少帝被功臣集团屠杀，汉文帝原配代王后诸子暴亡，汉文帝改制遭遇功臣集团抵制而告败，汉景帝面临七国之乱来势汹汹时谋主晁错被迫害，以及汉景帝当时遭遇的威胁和危机。窦太后的一生，见多了权力斗争中的血腥杀戮。她不是真的喜欢什么黄老之术，而是真的害怕儿孙也走到那一步。

汉景帝将相权从功侯集团手中夺走后，让郎官出身的卫绾与直不疑担任丞相与御史大夫。卫绾有儒家倾向，直不疑却属黄老道家学派。他们虽非功侯集团出身，却都年老稳重。汉景帝留下这两个老臣，其实还是想要多一些牵制，方式更稳妥一些。可少年汉武帝继位后，摩拳擦掌，哪管那么多。

汉武帝一上台就发动了一场此前未有过的规模最大的举贤良方正对策，让各地诸侯、功侯、官员，广泛推举贤才为皇帝进言进策，并将他们作为后备官员。其实，此举本身没有太大的阻力，因为这是很多关系户借机入仕的渠道，并不被朝臣所排斥。被视作教育普及第一线的儒家历来在贤良方正方面占优势，因此举贤良方正对儒家是最大的利好。丞相卫绾还趁机上奏，借这次对策罢斥法家、纵横家等学派，说他们是乱国政。朝廷显然是故意在给儒家开绿灯。

董仲舒就在这次举贤良方正对策中脱颖而出，但董仲舒毕竟不是京师各派系的圈中人，做幕僚又屈才，于是被任命为诸侯国相，放到地方上历练。

儒家代表的是周制理念，讲究以民为本的王道思想，强调德治教化的统治手段。这种思想在两周延续了八百年，早就深入人心。秦朝的激进法家思想只短短10余年就崩溃。汉初强调温和法治，君臣共天下的黄老道家思想也不过几十年的光景。加上儒家是奋斗在民间教育第一线，是推动有教无类的大众教育的学派，早就深入到社会基层的肌理之中。作为战国、秦汉时期的第一大显学，统治集团至多也就只能压制儒家，而不可能消灭儒学。汉初几十年，儒家再次集百家之长，进行自我改造，放弃分封制主张，转而形成更加适配集权制的儒家版大一统理论。汉初皇帝想要推翻黄老道家所保护的汉承秦制，君臣共天下，势必要借助于儒家。董仲舒所属的儒家经学公羊派就是能够兼容大一统思想的学派。

所谓举贤良方正，除了高官们能够举出一些关系户，更多的就是地方上推举上来的素有贤名的俊才。而这类地方俊才，多无朝堂人脉，又自幼接受儒家教育，更倡导朝廷进行改革，以扩大自己所处的地方及民间参政的权力。这类人聚在一起，改变现状就成为其第一话题。他们的方案当然就是儒家方案。

丞相卫绾看准时机，发起罢黜诸子学说的提议，虽然没有点明要罢黜黄老道家学说，但法家的申、商、韩非等也多持黄老之说。卫绾此举，正是汉景帝所期待的改制第一步，从理论上打击黄老之学。汉武帝虽然年少，但受儒吏熏陶，想必也大致明白这是伸张君权之举，是祖父文帝与父亲景帝的遗志，因此果断且默契地表示支持。

这次改制行动，由汉景帝后元时期留下的老丞相卫绾挑头冲锋。果不其然，卫绾与直不疑很快因过失被罢免。两位老臣最先倒下。

## 02 建元新政

建元元年（公元前140年），趁皇帝年少，功侯集团和诸侯集团早就按捺不住要反扑，想动摇汉景帝确立的那套新的治理模式。谁料十六岁的小皇帝一上台，反而先下手搞建元新政，还是儒家那一套，试图借此压制功臣集团。老臣们没想到乳臭未干的孩子一上台就废话不多说，直接抡拳头。但这群个个是豪门贵胄的老狐狸们岂会向一个孩子束手就擒？

不过卫绾的第一击，功侯集团可能还摸不清到底是卫绾要拼命，还是小皇帝要拼命，所以这一轮先扳倒卫绾与直不疑这两个先帝留下的老臣。

小皇帝上台不到一年，就更换丞相与地位等同副丞相的御史大夫。这次，窦氏外戚的窦婴成为丞相。已经废止多年的太尉一职恢复，由王氏外戚、皇帝的母亲王太后的同母弟弟田蚡担任。作为丞相主要接班人的御史大夫则由齐国国相牛抵担任。

牛抵本人除了姓名外，史料没有任何记载，他属于哪一方势力已经无从知晓。但他在任时间短暂，应该只有几个月就被罢免。御史大夫为三公之高职，一年内连换三人，可见建元元年的人事斗争之激烈。

丞相窦婴与田蚡很快联名向朝廷推荐新的御史大夫——名儒赵绾。

这一次功臣集团恐怕要炸锅了。扳倒了两个老臣，功臣集团仍然没得到丞相和御史大夫的位置。三公俱换，外戚垄断两公。外戚拜相原本就只吕后时期有过，这已经让功臣集团恼怒。但好歹窦婴也是立过功的外戚功侯，田蚡虽靠裙带成为外戚恩泽侯，好歹也是列侯。此前卫绾和直不疑虽然是郎官出身，与关内这批开国功侯集团子弟不是一个圈子，但好歹还是立过军功、受封列侯之人。天子与列侯、诸侯共天下这个法理还没有动摇。如今丞相的接班人——御史大夫，让一个没有封侯的儒吏来做，那岂非将来的丞相连列侯都不是？这样的任命让列侯集团还有什么安全感可言？

从刘彻的角度讲，这次人事安排原本就是这个少年君主的一次大手笔的政治交易。

首先，丞相窦婴是窦氏外戚，功名卓著，是做丞相的不二人选。让他任相，以窦太后与馆陶公主为代表的窦氏外戚集团是支持的。

其次，太尉田蚡是王氏外戚，是与刘彻亲近的舅舅。太尉与丞相并为最高官职，本已长期不再设置。汉武帝这次短暂复设太尉，实则是为田蚡量身定做。让国舅担任执掌军事的太尉，有利于皇帝本人控制军权。田蚡在门客籍福的劝说下，主动支持窦婴任相，加上此前他较为尊敬窦婴，此时二人关系不错，窦氏外戚也不会反对田蚡为太尉。

汉武帝做太子时的太子太傅是被罢免的老丞相卫绾。卫绾此前一直为丞相，太傅之职更多应是挂职。与刘彻接触最多的老师则是太子少傅王臧，早年师从一代名儒申公。刘彻继位后，有儒家倾向的老丞相卫绾才刚刚提出罢黜几大学派就被弹劾下台，但他依然要继续推进儒家改制，这位老师王臧要为他冲锋在前，推动汉朝的第二次大规模儒家改制。于是，王臧推荐了自己的师兄——同样师从申公的赵绾来牵头改革。

窦婴与田蚡明白皇帝想要改制的心思。吕氏之后，外戚再次掌握相权，这本身就是让功侯集团忌惮的风向标，何况丞相与太尉均为外戚？因此，窦婴与田蚡也明白，他们本身就是功侯集团的靶心，只能与皇帝站在一边。

窦婴本身就倾向儒学。田蚡虽然早年学习过黄老之学，但他更像是一个投机主义者，如今要支持皇帝，就又转向推崇儒学。王臧是刘彻老师，是与皇帝本人亲近的人物。于是，窦婴与田蚡二人共同推荐王臧的师兄赵绾为御史大夫，意味着他们支持这次申公弟子负责设计的儒家改制。

丞相、太尉、御史大夫这三公，相当于被窦氏、王氏、皇帝三方共同瓜分，根本没有功臣集团什么事。

再看诸卿。帝师王臧任郎中令，负责皇帝的近卫与顾问管理工作。

窦婴的铁杆好友——灌夫，任太仆，掌管汉朝已经规模极大的战略交通物资，执掌马政。

大行令，换成了一名叫光的官员。他属于哪派无从知晓，但从他次年就被罢免来看，应属于功臣集团的打击对象，大概率是改制派。

汉景帝时期留下来的廷尉瑕，曾亲自主抓审理周亚夫案件，最后逼死了这位功臣集团的精神领袖。这个廷尉瑕无疑是功臣集团的敌对方，应是拥护皇帝改制的。

汉景帝时期留下来的中尉宁成，也是著名的酷吏。中尉是执掌京畿禁军的长官，如果京畿地区发生政变和动乱，中尉是必须控制的要职。汉景帝任用酷吏宁成做中尉，正是因为酷吏打击遍布关中京畿地区的功侯贵胄子弟时毫不留情、敢于得罪人，因此宁成本就是与功臣集团不对付的。汉武帝继位后的建元元年（公元前140年），宁成由中尉调任内史。内史是治理整个关中京畿地区的最高行政长官，是直接抑制京畿权贵的职位。这显然都是功臣集团不愿意看到的。

丞相窦婴虽是窦氏外戚，但身为儒吏，在儒家改制这一项上是十分支持汉武帝的。毕竟，虽然刘彻的奶奶窦太后喜欢黄老之学，讨厌儒学。可窦太后曾多次向汉景帝推荐窦婴为相，那么窦太后也应该会支持窦婴。刘彻封馆陶公主的女儿陈阿娇为皇后，馆陶公主也会坚定地站在他那。窦婴与灌夫也必然是支持刘彻的。那么三公五卿都是支持刘彻的，这场改变汉承秦制的汉制改制，史称建元新政，有什么理由不成功呢？

汉武帝立马让赵绾、王臧师兄弟二人着手改制。改制的主要内容除了汉文帝当年布局过的封禅东岳、改正朔历法、易王朝服色之外，还要在长安城南修建明堂。

这些措施表面上是改革礼制，实际上是打击君臣共天下的政治生态，伸张君权，在儒家圣王的包装下，强化君主神性与祀权，塑造君主执政的权威。一旦选择了儒家改制方案，就意味着保护功臣集团利益的伦理依据不复存在，君主将拥有剥夺功臣既得利益的权力、对功臣子弟轻易削爵的法理依据。功臣子弟这个盘根错节的关中小圈子将失去人事主导权，很难再长期垄断公卿之位。

儒学虽然不是宗教，却是礼教。一旦修建儒家尊奉的最高礼仪建筑明堂，就像一个宗教国家修建了万人敬仰的大教堂一般，赋予君权以神性，使皇权得到伸张。明堂是儒学殿堂，儒学就是周学。那么汉承秦制，自然就成了汉承周制，与秦制无关的汉制被创立。明堂只是一座建筑，却昭示着皇帝将彻底倒向儒学，与君臣共治天下的黄老道家思想彻底决裂，与功臣集团彻底划清界限。

建元新政期间，为了修建好这座在礼制上丝毫不能马虎的明堂，汉武帝甚至请来了已经八十岁的鲁地大儒，赵绾与王臧的老师——申公。在汉文帝时就出任博士的申公，拖着年迈的身躯，再次来到长安，被委任为太中大夫，专门担任此次兴建明堂与汉制改革的设计顾问。如果改制成功，申公将由此成为一代儒家圣人。

功臣集团岂会罢休？宁成调至内史后空缺出来的中尉一职，由张欧接任。张欧是开国功臣安丘侯张说的庶出小儿子，少年时研习刑名之学，精通秦制，正是开国功侯集团这个圈子里的典型子弟。因此，尽管功臣集团圈子丢失了九卿中的四个，却将掌管京畿兵权的中尉牢牢控制在手里。刚刚调任为内史的宁成不久便获罪，被判处髡钳刑。功臣集团的第二轮攻击正式展开。

## 03 兵败如山倒的改革

其实，直到这时，一直持黄老主张的窦太后也没有要为难正在亲政的少年刘彻。但老太太肯定没少规劝小孙子，让他不要太冒进，什么都听信儒生。精通理论而缺乏权斗经验的御史大夫赵绾，也出来放昏招了。

赵绾知道窦太后常劝皇帝不要听信他们这一派，于是他建议皇帝不必再将国家政务向窦太后汇报。此举显示出赵绾、王臧等儒生在政治斗争中的幼稚。他们根本就没有意识到窦太后的政治能量，也没有意识到拉拢原本是盟友的窦氏外戚的重要性。他们天真地认为，皇帝拥有的权力，是文书之上规定出来的，皇帝可以任意行使权力。他们天真地认为，皇帝不向窦太后奏报，不与窦太后商量，窦太后就什么都不知道，什么都不参与了。

窦太后得到此消息后勃然大怒道："此欲复为新垣平邪！"

老太后想起了二十多年前，让汉文帝改制功亏一篑、被功臣集团扳倒的新垣平。应该说，赵绾和王臧确实很像新垣平，因为他们在修建明堂工程中的贪腐证据，无论是真是假，起码是解释不清的，早就摆放在窦太后的案头了。不用说，这些黑材料，大概率是功臣集团呈到窦太后这里的。

建元二年（公元前139年），丞相窦婴、太尉田蚡同时被罢免，御史大夫赵绾与郎中令王臧师兄弟二人获罪下狱，他们八十岁的老师申公也被遣返回鲁地。廷尉（时称大理）、大行令光、太仆灌夫均被罢免。加上前一年就已经获罪的中尉宁成，三公九卿凡是支持改制的，全部倒台。

原太常许昌接任丞相，赵周接任太常，石建接任郎中令，石庆接任内史，他们都是开国功侯子弟。接任廷尉的信，接任大行令的过期，显然也不会是改制派。

对御史大夫赵绾与原郎中令王臧的审判，应该是持续了一年多。直到建元四年（公元前137年），御史大夫庄青翟才上台。这一年，廷尉又连续换了两次，先是廷尉迁，然后是廷尉建。可见此前的信虽然不支持改革，但不一定敢得罪皇帝，直接处死赵绾、王臧这两位皇帝亲信。但连续换人之后，最终赵绾与王臧被逼自尽。此后，建元五年（公元前136年）与建元六年（公元前135年），廷尉仍然年年换人。建元元年（公元前140年）的三公，两免一死；九卿中支持改制的五卿，三免一罪一死。

一边是少年皇帝和王氏外戚，一边是京师权贵与辈分最高的窦太后，这是罕有的激烈人事斗争。执掌审判的廷尉一职在那几年间成了烫手山芋。

但这次斗争虽然激烈，却仅仅局限于人事层面，应该说窦太后只是为皇帝踩急刹车而已。三公五卿俱倒，这显然并非太后一派的政治能量所能达到，背后是功臣集团与改制派的相搏。如果不是太后踩这脚急刹车，执掌京畿部队的中尉、执掌宫廷禁卫的卫尉若试图用诸吕之变的方式来应对这次皇帝的掀牌桌，那又会是一番什么场景？那就不是人事斗争了，而是政变，是叛乱了。

就在四五年以前，相权还长期被功臣集团把持。这些功臣二代、三代纵然没有周亚夫那样的声望，但朝廷的军队、京师的军队毕竟是他们这个盘根错节的圈子经营了几十年的。皇帝的一纸命令不是万能的。军队中的基层人事已被关中勋贵子弟长期渗透，一旦兵变，结局未可知。

汉武帝想要真正改制成功，真正抑制住功臣子弟，还需要培植一支自己的禁军力量，代替这个被世家子弟渗透的旧军队才行。

窦太后虽然喜欢干政，但终归总是为家人着想。她应是再次感受到了熟悉的危机感，像强大的吕氏外戚被一夜间清洗干净时，像少帝和惠帝诸子被一起杀死时，像文帝原配王后的几个嫡子暴死时，像新垣平被功侯集团扳倒时，像汉景帝面临七国之乱手足无措又被功臣集团威胁时的那种危机感。

窦太后这一次行动，其实折了窦婴与灌夫等自家窦氏外戚的人马，丢了相权，得到的只是些许功臣集团口头上的爱戴，实际是赔本的买卖。她一个将死的老太婆，图什么呢？老太后哪里是喜欢黄老之学，而是深知只有黄老之学可以让皇室与功臣集团相安。她其实是为了刘家社稷，为了孙子和外孙女，最后当一回恶人。窦太后决定做这个减压阀，站出来敲打孙子，安抚为捍卫自身利益随时会铤而走险的功臣集团。

这个一上来就折腾的小孙子又是什么态度呢？听话、蛰伏、无怨无恨、顺其自然。此时只有十几岁的汉武帝，虽然血气方刚了一回，却很快又显示出了持重的一面。他抑制住了冲动，决定韬光养晦。

让汉武帝止步的，就是这三公五卿齐齐倒下的震撼场面。少年刘彻虽然并没幼稚到认为皇帝可以凭一纸诏令就决定一切，但是，也许他本以为只要把朝堂上的重要职位换成他的人马，就可以决定大多数事情，因此急于改制。

可当他看到，明明三公五卿都是自己人，面临政治发难却一个个都不顶用，如鸟兽散，满盘皆落索。这种脆弱的班底，用他们去改制，去顶住巨大的压力实现宏图大业，刘彻的脊背不会感觉到一股深深的凉意吗？他应该已经看清了，他依靠的到底是一些什么人。是一个利益拼盘，一群政治投机者，一群纸上谈兵的理论家，一群在关键时刻既不会攻也不会守，扛不住压力，却自高身价、患得患失的叔叔大爷们。

这群人中，只有窦婴是在军中有威望的。但窦太后决定壮士断腕，撤下自己的侄子窦婴，不给改制派任何升级冲突的希望。刘彻应该是看明白了这群表面支持自己，实则各怀己私的老狐狸们的根基并不稳固。可即使他们有了根基，可能也会反过来成为功臣集团那样让小皇帝忧心的群体。

所以，在窦太后做最高决策的建元年间，刘彻再也没有碰任何敏感议题。但他不是放弃，而是培植自己的嫡系青年将领，以及绝对忠诚的禁卫军，并在对南方用兵的战事上，提升自己的青壮幕僚在军中的影响力与民间声望。

刘彻后来虽然依然追求改制，但并不再谋求冒进式改制。之后，他把改制分解成很长的时间步骤，花了几十年才完成。

刘彻后来不再针对功臣集团搞对抗，而是懂得了扶弱抑强的权力制衡之道。在功臣集团势弱时，刘彻甚至还提携重用了一批此前让他新政破产，让他充满挫败感的功臣集团之要员。他终于明白，任何一股势力尾大不掉时，都会变得自私和腐朽，不再忠诚，随时倒戈，暗藏祸心。所谓的派系，没有永远的敌人，也没有真正的朋友。没有谁好，没有谁坏。只有因时而变，因需而用，他们都是汉王朝的人才蓄水池。

刘彻做事不再一味追求理论，而是先攒出一个嫡系班子，一股有能力落实计划的嫡系力量。他需要卫子夫、卫青、公孙贺、公孙敖这样一个只属于自己的人际圈，也在母亲的规劝下，懂得必须更尊重陈皇后与馆陶公主，哪怕她们很过分。

一个成熟的政治家，破茧而生。奶奶应该很欣慰。这场残酷的历练，孙子竟能领悟要义并主动蛰伏。这个小孙子被点醒了，开始懂得分寸比方向更重要。少年刘彻这一蛰伏就是五六年，甘当摆设。可奶奶应该也明白，未来仍然属于这个天生的政治大师，内明外晦的孙子。

# 二、外戚之死

## 01 打造嫡系

建元六年（公元前135年），窦太后去世。汉武帝很快免去窦太后在建元二年（公元前139年）扶持的丞相即开国功臣许温之孙、柏至侯许昌。新上任的丞相是汉武帝母亲的弟弟武安侯田蚡。

这一次，汉武帝起用母家外戚，又给功臣集团一记重拳。其实，在建元新政受到挫折之后，汉武帝应已明白，临时搭建起来的草台班子，又是窦氏，又是王氏，又是儒生，利益方向各不相同，这样的班底是不可能成事的。汉武帝的嫡系人马还没有走上台面，此时只能先用与自己血缘近的人，但刘彻的小圈子正在加速形成。

建元二年，汉武帝在与自己关系要好的姐姐平阳公主府结识了卫子夫、卫青姐弟。他将卫子夫纳入后宫，让卫青在建章厩任职。秦汉曾在汉长安城城外、未央宫西有建章乡。建元三年（公元前138年），汉武帝扩建秦代留下的皇家禁苑上林苑，建章于是被划入上林苑。后来，汉武帝晚年又将这里建为新的朝宫——建章宫，并在此设置了一支由皇帝直接掌握的近卫禁军——建章营骑，这便是赫赫有名的羽林军的前身。

卫青幼年放牧，又到平阳公主家做从骑，是骑马高手。他初在建章任职时，应是为未央宫西建章乡附近的中厩所管理的中从骑，即皇帝的随从骑兵。在卫子夫怀上身孕后，陈皇后的母亲馆陶大长公主便公然打压卫家姐弟。汉武帝为护他们姐弟，提拔卫青为建章监。

卫青此时应该已经是能在皇帝身边随行的骑兵长官，品级不高，但却是汉武帝的贴身近臣。这个时候，平阳公主所属的王氏外戚应该是声援卫家姐弟的。毕竟窦氏外戚与王氏外戚的矛盾不能摊开在高层斗争，只能在这种下层人事上互相给对方下马威。

其实，馆陶公主要杀卫青，并不能影响卫子夫已经怀孕的事实。这么做，是为了给王氏外戚看——如果平阳公主再敢给汉武帝献夫人，无论谁入宫，家里都会遭殃。这是对王氏外戚以及仗着王氏外戚撑腰、想争宠的妃嫔之震慑。

但汉武帝岂会吃这一套？汉武帝提拔卫青，王氏不会阻拦。如果卫青再遇不测，那窦氏就不只是杀一个小卒，而是诛杀皇帝近卫，有谋逆之嫌。

建元二年（公元前139年），十七岁的汉武帝开始营建自己的陵邑——茂陵邑。建元三年（公元前138年），汉武帝扩张上林苑。这些圈地的政策，实际上是在壮大皇帝的经济实力，并借庞大的园囿私下训练兵马。比如建章监，以及后来上林苑中的昆明池，都是操练骑兵与水军的场所。这一年，卫青掌管的建章监，又恰被扩进上林苑。卫青的职责其实不轻，他是在为皇帝建立一支私属骑兵。就是这支建章营骑，最终发展为大名鼎鼎的羽林军。

于是，以卫氏为中心，汉武帝收获了一批年龄相仿的嫡系班底。主要有卫夫人的弟弟卫青，刘彻做太子时的太子舍人、娶了卫子夫大姐卫君孺的公孙贺，还有汉武帝身边的随骑郎官公孙敖。他曾在窦氏外戚——馆陶大长公主迫害卫青时挺身相救，与卫青关系十分亲密。再就是陈平的曾孙——陈掌，娶了卫子夫二姐卫少儿。后来卫子夫与卫青的弟弟卫广也屡立战功，做到中郎将。

汉武帝可以直接控制的由同龄人组成的卫氏外戚小圈子形成后，母家王氏外戚如舅舅田蚡等人对青年汉武帝的影响力就变得越来越可有可无。

汉武帝打造嫡系班子，除了拔擢自己可控的卫氏外戚以外，还着重打造一个直接由皇帝控制、与外朝的功臣集团相隔离的中朝人才储备库，这就是后来在汉武帝晚年形成的直接压制以丞相为首之外朝的中朝系统。

汉初的丞相职权很大。比如后来田蚡做丞相后，甚至能不经过汉武帝同意，就任命两千石级别的高官。汉初的相权被功臣集团长期垄断，因此从汉文帝开始，皇帝就建立了一个与自己亲熟的后备人才库，与各大集团竞争重要官职，以保障皇帝起码的权力。这个后备人才库往往来自皇帝身边的近侍。

皇帝仪仗排场大，需要很多人作为随从或侍卫，为皇帝贴身服务。这部分人虽然职位低，但由于经常近距离接触皇帝，与皇帝互相熟悉，所以容易被皇帝本人发现，很容易被皇帝提拔，成为宠臣。他们当中，年纪轻且级别低的通常是郎官，分为议郎、中郎、侍郎、郎中等。他们的职责一般是给皇帝驾车、值班看门、做贴身护卫等。其中与皇帝从小玩到大的，如韩嫣，是经常与皇帝一起玩乐的宠臣。然后比郎官级别更高一些的近随，有中大夫、太中大夫、谏大夫等。这些大夫级的官员，属于皇帝身边的谏官或智囊，相当于拥有正式建言权力的皇帝幕僚。

与在地方上和外朝机构中长期摸爬滚打，靠高层官僚提携的臣子不同，这些属于内廷中朝系统的郎官与大夫是皇帝近从，其上升的动力来自皇帝的赏识和信赖。他们做到高官后，可划入皇帝嫡系人马，故而中朝官一般都是鲜明站队皇帝的帝党成员。

大夫多由已经有一定做官资历者担任，多是前朝重臣推荐，派系属性相比郎官更为明显一些。而皇帝早年身边围着的少年郎官，更像是一块块未经雕琢的璞玉，自少年起就被汉武帝调教。他们从入仕之始，就与汉武帝本人绑定在一起，后来普遍成为帝党的中坚力量。郎官多出身于寻常富贵人家，少有功臣子弟。功臣子弟固然与皇帝和官僚集团的关系都不错，可越是左右逢源的越不能被一方所完全信任。为了避免被功臣集团掌握自己的情报动向，皇帝更愿意从平民家庭和外戚中选择郎官。

汉文帝时就已经大力拔擢中朝郎官出身的帝党成员。到汉景帝晚年，终于第一次从开国功臣子弟手中夺得相权时，就是让郎官出身的卫绾和直不疑一度担任了丞相与御史大夫，抑制了开国功臣子弟圈的嚣张气焰。中朝系统长期存在，早前只是一个备用人才库，而形成拥有最高权力的中朝机构则是在汉武帝晚年。虽然早期只是一个备用人才库，但如果没有一定学识、缺乏察言观色和聪敏劲儿，仍担不起这个职责。

卫青就是郎官出身，后曾任太中大夫，属中朝系统出身。而从卫青开始的大司马职衔，后来更是成为最高权力机构的中朝之首长。卫青成为大将军后，也为汉武帝不断推荐优秀人才，成为汉武帝近从，为中朝系统补充人员。比如主父偃、田仁、任安等，最初都是卫青向汉武帝推荐的郎官。汉武帝实行的是推荐问责制，推荐官员与被推荐的郎官之间有连带责任，如果后者没有皇帝需要的才能，推荐官员同样要受到一些惩罚。因此这些后来担任要职的官员，也可看作卫青输送给皇帝的卫氏外戚外围成员。

汉武帝早期，知名的少年郎官有严助、朱买臣、司马相如、东方朔、徐乐、严安、吾丘寿王、司马迁、张骞、桑弘羊、韩嫣等人。其中，严助、主父偃、朱买臣等人活跃在地方，担任郡守、诸侯国相等职，成为封疆大吏。张骞则是历史上划时代的外交家。桑弘羊是财政专家。司马迁是史学大家。其他郎官也都文采斐然，替皇帝宣扬帝德，替皇帝个人出谋划策，陪皇帝嬉戏游玩。而卫青介绍的郎官如田仁、任安等都是禁军骨干。他们各有所长，作为一个高水平的智库，撑起了想要成就帝王伟业的少年天子。

他们中不少人都出身平民，由于成为皇帝亲信而飞黄腾达，扶摇直上。但最终由于根基单薄，很多人又在激烈的政治斗争中被抓住把柄而获罪殒命。比如，主父偃向汉武帝提出推恩令，用众建诸侯，将诸侯国不断分割给诸侯所有子弟的形式，对诸侯国温水煮青蛙，进行最后的瓦解。主父偃熟悉诸侯事务，所以被刘彻派到诸侯国任职，并让他收集罪证打击诸侯王，但他最终仍然死在诸侯王们的政治反扑与弹劾之下。

郎官出身的严助，在建元三年（公元前138年）帮助汉武帝策划并介入东瓯国与闽越国战争，是实现汉武帝军事决策自主的功臣。严助是会稽郡吴县人，对东南情势颇为了解。在东瓯国向汉朝求援时，严助驳斥主张不管的田蚡，力主介入并救援东瓯国。但汉武帝当时不到二十岁，受朝堂掣肘，不便直接用虎符调兵。严助受命于少年皇帝，仅持节杖前往会稽郡调兵。会稽郡太守此时想要站队以丞相许昌为首的功臣集团，不愿出兵。严助当机立断，将会稽郡司马斩首，震慑住了会稽郡的官吏，调出会稽郡兵马前往救援东瓯国。闽越闻讯撤军，东瓯国从此自愿归入汉朝。

严助帮少年皇帝未费一兵一卒就兼并了一个国家，让少年皇帝第一次做军事决策就大获成功，在朝堂上极大地增加了话语权。三年后，严助又出使南越国。南越国派太子入汉朝为质，表示臣服。严助是汉武帝少年时期少有的能臣，是少年汉武帝立威于朝堂的关键人物。但后来他在地方任职时与淮南王交好，后因受淮南王谋反牵连而被处死。

汉武帝本不想处死严助，但负责此案的张汤受王氏外戚的田胜与田蚡提携，与田甲、田信等人交好。严助曾经驳斥田蚡，得罪过田蚡。张汤审判严助时，认为他作为皇帝近臣，更应该避免与外臣交往过密，尤其是淮南王刘安这种包藏祸心、时刻盯着皇帝动向的诸侯王。张汤以郎官必须坚定地站在皇帝一边、避免外朝从他们这里获得皇帝的机密信息为由，谏言汉武帝最终放弃严助。

严助的同乡朱买臣，经严助推荐成为郎官，后来一度做到九卿之位，但因犯错被降职为丞相长史。朱买臣后来为严助报仇，协助功臣集团出身的丞相庄青翟与卫氏外戚提拔的减宣，共同对付王氏外戚推上去的御史大夫张汤，制造冤案逼死张汤。朱买臣最终被汉武帝认定为欺君，被杀。

皇帝之所以对朱买臣下狠手，是认定他卷入了派系之争，已经不是纯粹的帝党，为了一己立场而欺瞒皇帝，对皇帝使用诈术。郎官出身的官员直接依附于皇帝，属于帝党，一旦卷入派系斗争，就将是皇帝大忌。后来的司马迁之所以获罪，又何尝不是因为碰触了皇帝的这根敏感神经。

汉武帝前期，依靠这些青壮派少年郎官梯队的人才，迅速形成了一个可以直接任用的帝党官员储备池。

## 02 叔舅之死

窦太后去世后，窦氏外戚走弱，王氏外戚走强。王氏外戚的田蚡担任丞相，这本是与皇权不合作的功臣集团的挫败，但偏偏是汉武帝的这个舅舅，更让武帝感到挫败。

在早先田蚡提出不出兵救援东瓯国时，汉武帝就对田蚡的保守军事路线极为不满，说田蚡这个人根本不足以与其商量这些事情。后来田蚡做了丞相，仗着自己是皇帝的舅舅，不仅奢靡腐败，骄横跋扈，甚至越权行使皇帝的决策权。他把一些原本没有官职的人一下子就提拔成两千石的高官，导致汉武帝生气地质问他：“您想任命的人都任命完了吗？我也想自己任命些官吏！”

田蚡四处搜刮财宝和掳掠妇女，侵占田宅，甚至想把考工官署的朝廷用地都划给自己扩建私宅。汉武帝愤怒地说：“你怎么不把武库都拿走呢！”田蚡是王太后同母异父的弟弟，觉得自己是尊贵的丞相，甚至对同为王氏外戚、王太后的同父哥哥——盖侯王信也表现出不敬。

在继位之初的建元与元光年间，汉武帝逐渐有了自己的同龄朋友圈，有了嫡系的少壮派班底。他对外戚集团与功臣集团之争也有了新的认识。那就是，老一辈外戚虽然与自己血缘近，但不一定贤能，甚至不一定是真心辅佐自己。功臣集团纵然与皇权竞争近百年，却也并非都是与皇权敌对的骄横无能之辈。

武帝一直任用精通黄老之学的汲黯，说明他也开始懂得黄老道家学说的有用之处。但他同样多次举贤良方正文学，设置五经博士，积极拉拢儒家，汲取儒学的精华。汉武帝心中慢慢形成一种辩证的、平衡的、唯才是举的人事观。

窦太后死后，田蚡为丞相，韩安国任御史大夫。韩安国曾任梁王相国，长期活动在窦太后、馆陶公主与梁王之间，也曾通过田蚡得到王太后赏识，与窦、王两家外戚关系均不错。最高官职再次回到两大外戚手中。

但汉武帝没有再像建元新政时那样，立刻实行汉制改制。因为他明白，既有制度也可以为他所用。他的嫡系帝党公孙贺在这一年也升任太仆，负责全国马政。卫青、公孙贺、公孙敖等汉武帝的嫡系帝党，开始频繁北击匈奴，建立军功和威望，成为军功爵制度下的新一代列侯，蚕食着此前功臣集团长期把持的军中职务与利益盘面。

汉武帝经历数年的韬光养晦，已经懂得缓进缓取，借力打力。在黄老道家理论支撑的汉承秦制之上，不再追求表面上轰轰烈烈的改制，而是将这旧制度化为己所用，扶引以卫青、霍去病为代表的卫氏外戚新军功集团的崛起。这大概就是武帝内用黄老的初期实践。

二十多岁的青年皇帝在不断成长，田蚡在这个时候却仍旧作妖。不得不说，人与人的差距是巨大的。但田蚡的下场最终竟是离奇死亡，成了一桩汉武帝时期有名的悬案。

当初，田蚡当上了丞相，但窦氏外戚中最有声望才干的窦婴却因为窦氏的走衰，没能再次被起用。田蚡此前对窦婴毕恭毕敬，现在却一副小人得志的嘴脸，多次对窦婴不敬。窦婴有一铁杆小弟灌夫，脾气火暴，为替窦婴出气而多次羞辱田蚡。于是田蚡与窦婴、灌夫算是结下了解不开的梁子。田蚡利用丞相职权，多次想要借机给灌夫治罪，但由于灌夫手中掌握着田蚡的一个秘密，是能让田蚡身败名裂的把柄，因此田蚡对灌夫又忌又恨，不得不收手，隐忍不发。

但灌夫也不是省油的灯。元光四年（公元前131年），田蚡的大婚之日，灌夫耍酒疯大闹其婚礼。田蚡忍无可忍，立即以对赐婚的太后大不敬之罪，将灌夫单独关押，并搜罗灌夫其他罪状，还下令逮捕所有灌氏族人。田蚡决定快刀斩乱麻，第一时间控制住所有可能将秘密泄露出去的人。

窦婴为救灌夫，向皇帝说情。皇帝认为都是外戚，自己夹在中间犯难，决定让窦婴与田蚡当面对质。在对质过程中，窦婴认为灌夫大闹婚礼酒宴有罪，但罪不至死，不应该给灌夫安上其他罪状，将他处死。田蚡则说灌夫招揽豪士，对朝廷不满，意图谋逆。说着说着，两人气性上来，火药味越发浓烈，开始互揭老底，控诉逐渐升级。

面对他们二人的说辞，汉武帝并不做决策，而是让朝臣们评价。这本该是一场罕有的大规模的朝臣站队现场，但朝臣也都小心翼翼，不敢轻易得罪任何一方。只有三个人敢发言。

首先，职权仅次于丞相的御史大夫韩安国出来站队。韩安国表示，两人都对，但韩安国又大谈灌夫两代为国家所做的贡献。

然后，一贯刚正的主爵都尉汲黯，认为窦婴对。

再然后，一贯谦谨的内史郑当时，虽然认为窦婴对，但不敢坚定立场，态度模棱两可。

汉武帝看到就三个人发言，其他人都不敢说话，愤怒地说，恨不得杀掉这些平日里整天对田蚡和窦婴议论长短，到了廷议时又不敢吭气的两面派。

廷议结束后，皇帝去太后宫里，被太后埋怨说不保护舅舅。于是，皇帝无奈之下，最终判灌夫满门抄斩，窦婴欺君下狱。窦婴为求自保，拿出了汉景帝给他的遗诏，诏曰："事有不便，以便宜论上。"但汉武帝查了尚书保管的备份档案，没有这份遗诏，于是以伪造遗诏之罪，杀死了窦婴。

可蹊跷的是，窦婴死了才三个月，丞相田蚡就离奇中邪，不停地谢罪，不久就因病而死。

对汉武帝而言，田蚡的死亡时间恰到好处，很难不让人遐想。

## 03　皇帝的盘算

该事件虽然源于窦婴、灌夫与田蚡的宿怨，但真正的开端却是田蚡与窦婴都无法预料到的灌夫耍酒疯大闹婚宴这个突发事件。田蚡当下决定抓捕灌夫及其所有亲眷，以防灌夫泄密。但是田蚡做到了吗？并没有。

灌氏族人逃亡隐匿起来，无法公开告发田蚡。但既然是逃亡和隐匿，他们会先寻求谁的保护呢？一直以来扶持灌夫的窦婴，必定是他们寻求保护的对象之一。且不说灌夫所掌握的田蚡秘密此前是否已经告知窦婴，就是在此事件之后，能够将这个秘密告诉皇帝的，也只有窦婴这样有声望的功侯和外戚。

假设窦婴已经掌握了田蚡的秘密，他会怎么做呢？窦婴瞒着家人上书汉武帝，得到召见。他向汉武帝讲了灌夫耍酒疯的事情，汉武帝认同他，还与他一起吃饭，但表示自己不能在两家外戚之间站队，于是让他们当廷辩论。其实，走到这一步，汉武帝的倾向已经非常明显，他是支持窦婴的。

田蚡知道耍酒疯不至于将灌夫满门抄斩，以斩草除根，杀人灭口，所以他给灌夫罗织的死罪是其他罪状。但灌夫只是窦婴的朋友，而田蚡却是武帝的舅舅。汉武帝如果要帮田蚡，可以直接挡掉窦婴的求情。毕竟这也不是要伤害窦婴本人，对窦氏外戚那边是说得过去的。但此次事件的另一方却是田蚡本人，稍有不当，就会定性为田蚡制造冤案，欺君罔上。因此汉武帝如果真的是想保持中立或者站队田蚡，是不可能组织廷辩的。既然组织了，用意就很明显，要用这件事打丞相田蚡的脸，扳倒田蚡。

这次廷辩表面上是窦婴与田蚡对质，实际上是汉武帝与田蚡的博弈。所以廷辩过程中，韩安国倾向窦婴，汲黯支持窦婴，郑当时原本也想支持窦婴，但又不敢明确表态。他们都明白皇帝之所以要组织廷辩，就是让他们来做这个坏人，唱白脸，这样扳倒舅舅田蚡的就是大臣们的公议，才能对王太后那边有个交代。

汉武帝之所以迫切地想要扳倒田蚡，是因为田蚡的跋扈已经触碰到他的底线了。元光三年（公元前132年），黄河决口，从河北改道由淮河入海，灾民遍地。汲黯与郑当时组织治水和救灾，试图堵住决口，让黄河回归故道。但丞相田蚡的食邑在鄃，在黄河故道之北，没有遭受天灾。但若是继续堵塞决口，黄河向北再次改道如出现变故，会影响他的食邑。于是他力阻治水，声称黄河决口改道是天意，不应人为干预，此项工程于是作罢。

汉武帝岂能不知道这是田蚡以权谋私，拿国家利益来填补个人利益？但是汉初制度就是如此，相权强大，如果丞相阻挠政务，那即便是皇帝强推，也事倍功半。何况无才无德的田蚡仗着自己是太后的弟弟，已经是汉初最猖狂的丞相。对汉武帝而言，功臣集团的丞相虽然对抗皇权，但治理天下不至于这般儿戏，毕竟他们在意的是君臣共天下。天下乱，关中的权威就会下降。某种意义上说，功臣们也把自己当作汉朝关中政权的小股东，要保护汉朝朝廷的利益。但田蚡这个拎不清的外戚，作为丞相显然连起码的道德标准都没达标。汉武帝恐怕已经在找机会拿下田蚡，母亲这个面子不得不驳。

窦婴给了汉武帝机会，于是组织当廷辩论，试图用众望来压倒太后的私情。但他没想到，只有三个大臣敢发言，没人愿意在皇帝与太后之间站队。因此汉武帝才说恨不得杀了郑当时这些首鼠两端的人。汉武帝说郑当时“平生数言魏其、武安长短”，显然是说郑当时在私下多次评论窦婴与田蚡的优劣。不必说，郑当时作为一个虽然过于谨慎但清廉正直的好官，肯定是认同窦婴而不认同田蚡的。汉武帝组织廷辩，就是因为深知他们平日里对田蚡的不满，想要借助公评扳倒田蚡。谁知道他们此时反倒不敢说话了，坏了皇帝的盘算。

廷辩结束后，王太后对皇帝表示极大的不满，说她还活着就都欺负她弟弟。

等她死了，他弟弟就成了任人宰割的鱼肉。太后还抱怨说，要没了皇帝，她们家人都不知道该怎么活下去了。

王太后指出了两点。第一，弟弟被欺负。田蚡显然理亏，处于下风。如果在廷辩中申诉失败，很可能会被定罪、罢相。第二，皇帝组织这些人廷辩，这些人却只会做墙头草，随风摇摆。这是顺便点出了皇帝的心思，指出皇帝想要借这些人来说话，这些人却只顾自保而不敢直言。这是暗示皇帝只有自己人可靠。

王太后是一个饱经政治斗争的太后，斗倒了栗姬和太子刘荣，才扶儿子当上皇帝。在汉景帝、窦太后的权威下，王太后始终能拿捏好分寸。汉武帝怀着什么样的心思，根本逃不过她的眼睛。

汉武帝被王太后揭出自己的小心思后，还被侧面嘲讽，说他看不准朝臣，故计划失败。他也撂了一句很重的话："俱宗室外家，故廷辩之。不然，此一狱吏所决耳。"他先是表面上解释说因为都是皇家亲戚，才让朝臣来辩论和廷议。如果不是为了保住亲戚的脸面，他让一个狱吏就可以决定这些所谓外戚的生死。可见，汉武帝当日也特别恼怒，已经起了粗暴解决此事的心思。

这个时候，郎中令石建又向武帝进言田、窦两人之事。石建是开国功臣子弟出身，在建元新政失败后，因为人稳重，被窦太后安排做了郎中令，到了元光四年（公元前131年）这一年，做了将近十年。郎中令是掌管皇帝幕僚与智库的，管理中朝官。窦太后去世后，功臣集团的丞相许昌、御史大夫庄青翟等被罢免，石建却依然不倒。显然，汉武帝本人也对这位虽出身功臣集团但为人处世都很正派、谨慎谦卑的郎中令很满意。史书在这里只记载他又向皇帝进言了一些关于窦婴与田蚡的事情，但没有再交代是什么。

假设窦婴原本就知道田蚡的秘密，那么窦婴在求见皇帝，与皇帝一起吃饭的时候，应该就告诉了皇帝。但皇帝碍于与田蚡的情面，所以并没有揭开这个秘密，希望田蚡体面下台。窦婴在廷议中应该没有当场揭露田蚡这个秘密，否则田蚡就真的必死无疑。

但事情也有另一种可能，就是汉武帝已经在派郎中令石建私下去了解窦婴与田蚡二人之争的来龙去脉。灌夫那些藏匿着的家人或门人很可能已经从石建这里，向皇帝告发了田蚡的秘密。

太后施压，韩安国这一派大臣又不敢站队皇帝，汉武帝就将灌夫灭门。但汉武帝可能已经从灌夫那里得到了他想要的信息，即田蚡的把柄。汉武帝之目的若达到，必然不会心疼灌夫这样一个他原本也着重打击的地方豪强。但对窦婴，他是晾在一边，既不接见，也不给他最终定罪，就是关在牢里。其实，汉武帝此时大概已经在找机会扳倒田蚡了。田蚡一倒，窦婴就会复出。

窦婴反而开始不理智了。他反复求见皇帝，皇帝不肯见。他于是拿出了汉景帝给他的遗诏："事有不便，以便宜论上。"其实，也没有什么震惊人的内容，就是说可以越过正常程序让皇帝直接接见他。皇帝拿到这份诏书后，也确实直接接见了他。但他们最后一次见面都说了什么，并没有明确的记载。

窦婴如果没有必须面陈皇帝的机密信息，也不会大费周章，而且拿出这样一份表明自己享有特权的诏书。难道只是为了跟皇帝当面求个饶吗？恐怕不会。因此也有可能，窦婴想明白了汉武帝要扳倒田蚡，于是必须要再见皇帝一次，把田蚡的秘密说出来。但是窦婴没想到，自己就是栽在这一举动上。

皇帝见窦婴在前，查宫廷的对应档案在后，结果查不到。明显后来有人借机做文章，而且给窦婴安了一个"家丞封"的伪造诏书罪名。窦婴是有多愚蠢，要伪造诏书来坑自己呢？显然，这是故意栽赃。但至少这一次，窦婴一定和皇帝讲了一些非常重要、很有分量的事情。皇帝知道了，但他也决心处死窦婴。

总之，田蚡没能控制住灌夫的所有家人，那么他的秘密，在各个环节都很可能已经被皇帝掌握。具体是什么时候，可能是窦婴第一次见皇帝，可能是皇帝私下派遣石建调查灌夫一事，也可能是窦婴拿出诏书后最后一次见皇帝。

但是显然，田蚡的秘密，汉武帝即使知道，也不愿意公之于众。

## 04 两大外戚玉石俱焚

田蚡的秘密就是，他曾在建元新政时，与前来长安的淮南王刘安进行过利益交换，并且田蚡还对淮南王说过皇帝年少无子，假如皇帝有不测，淮南王应当继任为皇帝的话。这话从某些渠道被灌夫得知。

当时淮南王刘安知道少年刘彻初登基，大搞建元新政，扶持儒家对抗黄老道家，想要用儒家之制取代自秦制改来的汉初黄老之制。刘安到长安，就是代表宗室诸侯，向窦太后献上黄老著作《淮南子》，表明地方诸侯们都支持黄老之学，反对建元新政。当时刘彻刚刚登基，皇位不稳，王氏外戚那时候也没有真正形成力量。地方诸侯与关中功侯都反对建元新政，支持窦太后。如果窦太后要废帝，也是轻而易举之事。

因此，在这种时候，田蚡说出若皇帝有不测，淮南王当立为皇帝，其实是暗示如果皇帝倒台，自己会站队淮南王，表示拥立淮南王。尽管从宗法上说，淮南王根本没有什么可能继承皇位，但田蚡这么讲无疑是表示将来刘彻没了，希望淮南王收留他。但是想想都知道，他是刘彻的舅舅，一个无能的外戚，若没了皇帝外甥，他什么都不是。这话虽然大逆不道，但也就是逢迎客套的场面话而已。刘彻不会真害怕田蚡造反通敌，也不会认为田蚡真的有这个想法。

可是如果这个秘密被公开了，皇帝自己的亲舅舅都不支持自己，外戚和诸侯王搞到一起，简直就是一个笑话，无疑又会让汉武帝难堪。因此，如非迫不得已，这种无碍大局却丢脸面的事情，汉武帝是不会主动公开的。何况用这种事情扳倒田蚡，伤了与母亲的感情，其实得不偿失。在晚年巫蛊之祸爆发前，汉武帝还是很注重家庭关系之体面的。

窦婴想要用这件事翻身，他自以为是给皇帝雪中送炭，递了一把可以扳倒田蚡的刀，实际上是抓不到狐狸却惹了一身骚。在母亲与窦婴这个表叔之间，想想就知道汉武帝会怎么选。因此，诏书事件即使不是汉武帝派人所为，也是汉武帝对换诏书的王太后、田蚡等人睁一只眼闭一只眼的结果。

汉武帝虽然爱才，但窦婴拿出了一份随时可以觐见皇帝的特权诏书，汉武帝不会高兴。窦婴又是想靠公开皇族和外戚的丑事脱身，让皇家颜面扫地，汉武帝不会高兴。窦婴若扳倒汉武帝的舅舅，让太后痛心，汉武帝不会高兴。窦婴以此激起整个窦氏集团与王氏外戚集团之间的全面对抗，让人事平衡局面发生动荡，汉武帝也不会高兴。几个不高兴之下，或许窦婴与田蚡一起退出历史舞台，才是最好的结局。当然，这是一种推测。

廷辩的朝会后，田蚡抱怨韩安国不明确支持自己。韩安国则对田蚡说，他应该主动请辞，以退为进，皇帝才能念他的好，而不应该与窦婴互揭老底，惹怒皇帝。田蚡表示自己当时一时心急没有想到这一层，这说明田蚡后悔与窦婴互相攻击，那么他之后应该会单独向皇帝表示谢罪。田蚡也意识到这件事情根本没完，自己的大祸在后边。

窦婴的案子博弈不断，拖拖拉拉小半年，到十二月，窦婴终因伪造诏书而被处死。当时，以陈皇后与馆陶公主为首的窦氏外戚势必震动。

但是没多久，丞相田蚡就中邪，不停地喊谢罪，距离窦婴被处死才三个月就病死了。

首先，田蚡从民间摸爬滚打做到丞相之位，他的心理素质不会脆弱到死了一个窦婴就吓成神经病。其次，田蚡经常喊谢罪，也就是他知道自己有罪，而且是不可能被饶恕的罪，一旦公开就身败名裂的罪。最后，田蚡之死，虽然不大可能那么巧是病死，却也不是他杀。总结来看，田蚡最可能的还是自杀。什么事情能逼他自杀？那就是他已然无法反抗，但如果他自杀，损失会降到最低，也就是能保住家族的富贵。

汉武帝恐怕对窦婴也曾犹豫，但最终下了狠心。灌氏族人传播田蚡的秘密时，很可能不止汉武帝一人知晓，而是很多大臣都知道了。皇帝保也不是，杀也不是。窦婴让皇帝骑虎难下，是靠间接打汉武帝的脸来求复出。而且，既然要杀田蚡，而不仅仅是扳倒田蚡，就要同时杀窦氏外戚的窦婴安抚王氏外戚。汉武帝这才放弃窦婴。

显然，能逼田蚡走到自杀这一步，又希望放过田蚡家人的，只有汉武帝。窦婴死后，汉武帝应该已经向田蚡表明掌握了田蚡的罪证，而且是灭族之罪。但如果他自尽，可以留他家族富贵。田蚡这样自私自利、奢靡腐化之人，想活而又必死，不能反抗，才会让他生出惊惧之状。他最终应该是感受到这个他看着长大的外甥之决绝，才不得不自尽，并制造病死的假状，保住了汉武帝与王太后之间的感情。这与汉文帝时期的薄昭之死有相似之处。

也许，田蚡最初只是想杀掉握有自己把柄又对自己无礼的灌夫。窦婴充其量是察人不明，最多是被关押一阵子。但田蚡没想到，窦婴有遗诏，更没想到已经接见窦婴的皇帝，也会对窦婴下狠手。窦婴对田蚡而言，不仅仅是一个政敌，也是同一类人。窦婴是窦氏外戚在外朝最有威望的外戚领袖，而他田蚡亦然。汉朝近百年，外戚能做到丞相者仅吕产、窦婴与田蚡三人。吕产是被功臣集团所杀。窦婴却是被皇帝所杀，而且明显是冤杀。田蚡看到窦婴就这样死了，岂能不兔死狐悲？田蚡自尽时，大概是无比绝望的。

同样不得不识相的还有御史大夫韩安国，郑当时也是韩安国一派，他们都与张羽关系亲密。但韩安国不仅与窦氏外戚关系交好，早年也结交过田蚡，与王氏外戚关系也比较好。两派相争，韩安国与郑当时其实是夹在中间，里外不是人。汉武帝当廷指责郑当时，并将他降职，实际上是做给没有力挺窦婴的御史大夫韩安国看的。韩安国也明白，没有顺着皇帝设计好的剧情做事，他们都不被汉武帝待见了。田蚡死后，韩安国身为御史大夫、代理丞相，却当着皇帝的面，意外地从车上摔下来，摔断了腿，只好暂时辞官回家养病。又是如此巧合。

窦婴、田蚡与韩安国都意外倒台后，汉武帝在元光五年（公元前130年）再次启用开国功臣子弟，任薛泽为丞相，张欧为御史大夫。这次汉武帝是反向平衡，让原本没落的开国功臣集团再去制衡两大外戚。这一年，田蚡暴亡，王氏外戚基本退出了最高权力圈。但依旧是同年，御史大夫张欧手下的侍御史、与田蚡的哥哥田胜交好的张汤，负责查办陈皇后巫蛊事件，最终扳倒陈皇后，窦氏外戚集团最大的靠山也倒台了。就在窦氏外戚集团与王氏外戚集团玉石俱焚、一同瓦解之时，汉武帝已经着手人事格局的新平衡。

元光五年与元光六年（公元前129年），汉武帝把重心放到了军事上，依旧是大力培养嫡系将领，通过对外战争与外交控制军权。汉武帝已经不再打算像汉文帝与汉景帝时期那样，与开国功臣集团在文官系统内拉拉扯扯、反反复复，一次次去进行皇权与相权的对抗。汉武帝已经放弃了改制这种文攻的形式，他找到了自己的新方法，那就是迂回攻击，放弃争夺相权，利用军权去架空相权。

在两股老外戚势力玉石俱焚之时，唐蒙通夜郎，司马相如通邛、笮，汉朝在向西南夷的扩张上取得了不小的成就。然后是卫青、公孙贺、公孙敖等汉武帝自己的少壮派嫡系将领出击匈奴，卫青得封为侯。真正为汉武帝自己所控制的卫氏外戚和武帝朝新的军功集团开始崛起。

# 三、改制终成

## 01 儒家登顶

汉文帝曾任用儒生公孙臣、术士新垣平等人发起改制，试图改正朔，易服色，更秦法，定汉制，改纪元，封东岳，兴礼乐。这一套儒家改制方案可以破除汉初制度对君权的枷锁。但汉文帝伸张皇权，塑造圣主的改制，却遭到了推崇汉承秦制和黄老道家“君主无为”理念的功臣集团抵制，最终失败。

十六岁的汉武帝曾经发起建元新政，再次发起改制，提出罢申商韩苏张之言、立明堂、巡狩、改历、改服色、封禅等事宜。董仲舒也在天人三策中提出“推明孔氏，抑黜百家”，“改正朔，易服色”。但是，这次建元改制只持续了不到一年，就被窦太后全面推翻。三公及五卿被撤换，所有政策全部废除。在窦太后的支持下，主张黄老道家之君主无为的功臣集团再次占据上风。

建元六年（公元前135年）：窦太后去世，汉武帝开始反击。开国功臣子弟出身的丞相许昌与御史大夫庄青翟被罢免。王氏外戚出身的田蚡任丞相。与窦氏外戚馆陶公主和田蚡都有交情的韩安国任御史大夫。

元光元年（公元前134年）：汉武帝初令郡国举孝廉各一人。于建元新政失败后，再次举贤良文学对策，并开始施行董仲舒天人三策中的部分儒家主张。确立了皇帝作为天子，承天受命的神性理论。

元光二年（公元前133年）：汉武帝前往雍城郊祀五畤，这是传承自秦汉祭祀诸方上帝的传统。皇帝扩大祭祀的权力、等级和规模，这也是汉文帝昔日发起改制时的一项重要举措。这是强化君权的神性，伸张皇权之举。此后，直到征和三年，汉武帝共十余次亲自到雍城祭祀五畤。雍城在秦汉时期的地位，等同于宗教圣城。

汉武帝又在长安南郊建立了太一祠，祭祀楚国至高之神东皇太一。如果说五方上帝是北方列国神明的地缘信仰融合，那么楚国的东皇太一被汉武帝列入祭祀，则意味着南方信仰体系的地位被提升。汉武帝全力营造皇帝对教权与祭祀权的垄断，强化皇权神性的一面。

元朔元年（公元前128年）：汉武帝下诏举孝廉，确立了察举制。民间的入仕渠道在一定程度上被打开，持续冲击开国功臣子弟的执政基础。

元朔五年（公元前124年）：汉武帝罢免了开国功臣子弟出身的丞相薛泽。这一次，汉武帝任命在贤良对策中看中的儒吏公孙弘为丞相，封平津侯。这是一次破天荒的事件。这不仅是儒家第一次成功冲击相权，而且是非功封侯。此前只有列侯能够担任丞相，从公孙弘开始，没有列侯爵位者也可以被任命为丞相，同时因任相而封侯。

这次不是儒家公孙臣作为博士牵头改制，也不是儒家赵绾作为御史大夫牵头改制，而是儒家子弟成为一人之下，万人之上的百官之首——丞相。

这是儒家登顶的时刻，天下儒生无不欢欣鼓舞。朝堂发生此种重大变化的背后，是漠南之战中卫青击败匈奴右贤王部，被封为节制天下诸侯兵马，一人之下，万人之上的汉大将军，连他的三个幼子也被汉武帝封侯。有强大与牢固的军权托底，汉武帝从功臣子弟手中夺走相权时，才不会畏惧功臣集团的威胁。有相权的辅助，汉武帝的军事战略才会得以支撑和实现。相权与军权相辅相成。

汉武帝将两项最重的权柄同时授予了儒生出身的公孙弘、家奴出身的卫青。这是作为汉初世袭贵族群体，开国功臣集团溃败的质变点，是庶民政治对贵族政治的一次里程碑式的胜利。这一年，整个大汉的臣民都斗志激昂。因为他们看到了，皇帝将最高的两个职位赋予了平民出身的官员。“王侯将相宁有种乎”再一次回来了。

当然，此时普通人想要跃升的希望仍然渺茫，这是生产力水平和时代条件的局限。但毕竟在这历史一刻，平民心中第一次出现了如此耀眼的希望。

此刻，随着中央集权制度的逐渐完善，职业官僚群体也在变得强大。先秦贵族理念的余晖即将落下，贵族地主的时代将要过去，编户民阶层将走向第一个历史红利波峰期。

当上丞相的儒家公孙弘趁热打铁，于这一年奏请皇帝，给博士官各安排五十名弟子，免去其赋税、徭役，然后依照品学高低，分别补任郎中、文学、掌故等官职，特别优秀的就提名推举，品学平庸的就予以罢免，凡是有特长的，全部提拔高级官职。汉武帝为五经博士设置的这些弟子，作为储备官员，就是兴办太学之始。加上汉武帝推广文翁兴学的经验，下令让天下郡国都立学校官。地方上的郡国学与太学，构成了汉武帝时期完整的儒家教育系统。而这些学府的建立，本就是仰仗一直身处民间普及教育第一线的儒家支持。

汉武帝为什么要选择儒家？儒家的骨子里又到底是什么学派，从秦始皇到汉武帝，令秦汉帝国与这个学派始终纠缠不休？

## 02 为什么是儒家

秦始皇焚书坑儒时，坑的是术士，但皇子扶苏又称这些术士为“诸生皆诵法孔子”。汉文帝改制，亦是儒生与方术士并用。到了汉武帝改制，同样是依靠儒家与方术士两大势力。最早的儒，到底与术士有什么渊源？为什么到了秦汉时期，如董仲舒等大儒依然动辄大讲天地神明，甚至秦汉儒家经学还充满了谶纬神学，有鲜明的神秘主义倾向？

20世纪前半叶，章太炎作《原儒》，胡适作《说儒》，郭沫若作《驳〈说儒〉》，冯友兰作《原儒墨》，都曾大量探讨了孔子创立儒家学派之前的“儒”，即原儒，到底是什么样的群体，是什么样的职业或阶层。这场学界大辩论后续的影响很深远，对历代中国人早已习以为常的概念——“儒”，提出了被世人忽视的起源问题：儒到底是什么，从哪里来？直到20世纪后期，还有孔祥骅作《先秦儒学起源巫史考》，仍在深入探讨这个问题。

孔子为儿嬉戏，常陈俎豆，设礼容。

——《史记·孔子世家》

孔子自幼就喜欢礼仪之事，对孔子生平事迹的第一段记载就是：青少年孔子对父母丧葬礼仪的坚持。

夫儒者滑稽而不可轨法；倨傲自顺，不可以为下；崇丧遂哀，破产厚葬，不可以为俗；游说乞贷，不可以为国。

——《史记·孔子世家》

其中，重点指出了儒者的一项核心主张是丧葬之礼。

出则事公卿，入则事父兄，丧事不敢不勉，不为酒困，何有于我哉？

——《论语·子罕》

孔子描述自己时，也讲到自己频繁接触丧事。

我，大史也，实掌其祭。

——《左传·闵公二年》

王前巫而后史。卜筮瞽侑，皆在左右。

——《礼记·礼运》

周代负责祭祀的巫官与负责记录的史官，实为同源。巫史兼任，是殷商时期王权与教权相合的表现。

因此，礼祭与修史原本就是孔子这位大儒的两大专业方向，在商周时期很可能是巫史一体的儒者的两大职能。

第七版《辞海》对“儒”单字的来源解释是：“古代从巫、史、祝、卜中分化出来专为贵族人家襄礼的知识分子。”可见学者们结合诸多这类文献中的记载，普遍认为孔子创立儒学之前的原儒，是一类专职从事礼仪祭祀的神职官员，这种观点如今被普遍接受。

《说文解字》对“儒”的解释是：“儒，柔也，术士之称。”故秦汉之时，时人对“儒”的解释就是“术士”。

术士，其实是偏向巫官之神职功能。而孔子以后的儒家，却剔除了原儒的巫者神职之功能，转向于世俗化的礼官与史官职能。礼与史二者之中，又尤其重礼制这个方向。

为什么孔子要把同兼巫、史职能的原儒，转向改造为礼、史职能呢？

殷人尊神，率民以事神，先鬼而后礼……周人尊礼尚施，事鬼敬神而远之，近人而忠焉。

——《礼记·表记》

殷商文化重巫鬼，周文化则重天人。

殷商的青铜技术曾领袖群伦，所以依靠先进的青铜冶炼技术，武器更为先进，因此更加尚武好战。殷商重视商业，对鬼神的祭祀催生出发达的酿酒业，农耕与渔猎等多种生产形式较为平衡，更偏向于综合经济。

周文化则是更典型的农耕文化传统。周人祈天，求天，敬天，畏天。只有上天赐予下民风调雨顺，农业人口才能获得更稳定的收成。也只有统治者讲道德，讲礼仪，少一些战争，才会促进社会的稳定，不扰乱安土重迁的农人四季耕作。农耕族群更重视对确定性的经验之总结，对不确定之鬼神的祈求性信仰没那么重视，不需要以此来抑制对杀戮与献祭的欲望放纵。

子曰：“周监于二代，郁郁乎文哉，吾从周。”

——《论语·八佾》

这就是孔子的选择。他倡导与主张的是周制、周礼与周文化，而非殷商文化。

吾求亓德而已。吾与史巫同涂而殊归者也。

——《马王堆帛书·要》

孔子将原儒之道中的巫鬼元素剔除，只剩下礼仪德行，也并不以史官自我定位。而礼仪与德治，一个是以礼法约束贵族的客观行为，是方法；一个是以道德约束贵族的自我要求，是观念。这其实就是周文化的内核。

儒家所尊奉的元圣，就是周公。周公在周文王与周武王的德治理念下，制定礼乐、宗法、封建等制度。孔子孜孜所布之道，其实就是以礼制与德治为核心的西周之王道思想。东周虽然礼崩乐坏，但是西周的王道思想仍然深入人心。

子不语怪力乱神。

——《论语·述而》

因此，孔子剔除原儒的巫鬼神职之能。他放弃了殷商原儒的巫鬼文化，全力将他本人所创立的儒学拉向世俗化，他研究的是治国之道，安天下之道，而不再秉持原儒自远古蒙昧时期形成的神教祭祀之术。

但是孔孟所处的是乱世，各国你攻我伐，早已没有了起码的秩序可言。故而这段时间，儒家所倡导的是恢复西周的大封建。封建之秩序，相对于乱世自立更加具有统一性，而且又相对能够承认和兼容遍地诸侯已然自治的事实。因此先秦儒家追求封建，只是为了让诸侯们退一步海阔天空。

然而遵循霸道的秦朝，用武力强行统一，两千年前就在数百万平方公里土地上强推行政上的统一，却没有任何全民文化心理与新价值观构建的理论支持。

周制虽然三百年即崩溃，但周制背后的周文化逻辑、周文化心理，却运行了八百年之久。它在上层破碎了，却在中层与基层支撑着春秋战国社会的前行。比如礼乐制度中对礼仪德行的尊崇，宗法制度中的宗族自治与孝道文化，一直到近代甚至到现代，都有公众文化心理的遗留，有着极强的历史生命力。

更何况，在秦朝那个距离周代很近的时代，秦的制度硬件并没有配套足够匹配的秦文化软件。商鞅那一套秦晋法家是诛行之规则，并不是收心之文化。吕不韦那一套杂取兼收，其实也只是对周文化的东拼西凑，不得要领，缺乏文化说服力。因此秦朝到后期，那种上层的秦制度与下层的周文化之间的不兼容，造成秦朝官方几乎无法在道统层面上解释清楚秦朝立朝法理，形成了质疑秦朝统治合理性的舆论浪潮。

秦朝灭亡后，汉朝采取郡国并行制，是一种历史妥协。在能够兼容和匹配大一统制度的大一统文化思想出现之前，局部采取秦制，局部恢复封建。到汉武帝时，作为齐地之学代表，儒家公羊派的董仲舒在《天人三策》中指出："《春秋》大一统者，天地之常经，古今之通谊也。"其实，就是说礼崩乐坏只是乱世中的阶段性现象，而最终天下还是会归为一统。以礼乐为代表的周制回归，是迟早之事。因为统一是天地之常态，古今之通性。这其实代表着儒家从秦朝的主张封建，已经实质转向开始支持大一统。

儒家为什么会有这个灵活性？因为东周儒家提倡西周之制，可西周讲究的是"普天之下莫非王土，率土之滨莫非王臣"的封建统一，而不是集权统一。西周并非不想集权，只是受生产力水平与族群融合程度限制，没有能力实现集权。但封建统一也是一种统一，儒家既可以拿封建二字对抗统一，也可以拿统一二字对抗封建。全看当时儒家在提供理论支持时，选择前两个字为重点，还是后两个字为重点。侧重不同，也可自圆其说。

> 夏人殡于东阶，周人于西阶，殷人两柱闲。昨暮予梦坐奠两柱之闲，予始殷人也。
>
> ——《史记·孔子世家》

孔子先祖是宋国栗邑的殷商后裔。因此，孔子一生为恢复周制与周文化奔走。到了临死之时，梦见自己死后所尊的是殷商之礼，仍然认同自己是殷商的后裔。但就是这样一个殷商后裔，却把殷商的巫鬼文化彻底扫进历史垃圾桶，扛起了周文化的大旗。

孔子所建立的儒家学派，是秦汉第一大显学。儒家不是个别学者关起门做研究，而后发表著作、设计制度。儒学因契合周文化的底层逻辑，普遍被东周时中层士人与底层百姓所认同。于是有教无类的儒家四处开堂立学，成为在基层第一线普及教育的学派。儒家授予中底层百姓的其实就是那时候的人们所普遍认同的做人的道理，即讲礼仪、有道德。在传媒技术落后、学习成本异常高昂的上古时期，这样一个在垄断家学的世家之外向民间普及文字与知识、为基层提供基础教育、四处办学扫盲、传播普适理念的学派，它的社会脉络分布之广之细，几乎是秦汉任何一个政权都无法摧毁的。

儒家代表的就是周人的文化，传播的也是周人的文化。只有百年的秦汉制度，其实也无法对抗儒家所代表的八百年的周文化。这就是秦始皇拉拢儒家为博士，汉朝君主更是让儒家冲在第一线，为汉朝改制做旗手的原因。笼络儒家，就是笼络普天之下绝大多数的读书人。

汉武帝独尊儒术，其实是顺应教育形势，顺应当时知识分子普遍的愿望，这也不例外。其实，他所谓的独尊儒术，就是给在世间分布最多最广的读书人群体——儒生，提供一些学而优则仕的官方选拔渠道。其他的百家，只是不被官方制度性选择，也并没有说要毁灭性打击。像法家就只是一个工具，其理论受众只有帝王和法吏，没有大众。而儒家则早就与大众你中有我，我中有你。儒家理论就是大众理论。不选择儒家，难道又要效仿一次秦始皇对抗天下舆论的困局吗？

## 03　迟迟不来的第三次改制

公孙弘任相，是儒生第一次成为朝廷丞相，这是儒家登顶的一个里程碑。这是汉武帝刻意为之的，就是要让儒家登顶。但汉武帝最初的选择并非公孙弘。

元朔三年（公元前126年），孔子的十世孙、西汉开国功臣子弟、蓼侯孔臧本要接任御史大夫，成为未来接任丞相的第一人选。这是对开国功臣子弟与儒吏之间的一个平衡。但在功臣子弟处于高危打击对象的这个节骨眼，孔臧并不想接招，对汉武帝说自己愿做九卿之一的太常，不愿做三公之一的御史大夫。功臣子弟群体推出的人选自愿放弃，实际上是给汉武帝腾地方，安排自己人。汉武帝看孔臧退却，就同意孔臧接任太常的请求，改任当时已经七十四岁的名儒公孙弘为御史大夫。元朔五年（公元前124年），公孙弘才以御史大夫这个丞相第一候选之职，接任丞相。

公孙弘虽然是儒家，却很懂官场之道，什么都听汉武帝的，只愿做个执行者、辅助者类型的宰辅。儒家的公孙弘与黄老道家的汲黯多有摩擦，实则是两大学派及其理论在朝堂上博弈的表现。公孙弘一路高升，汲黯却停滞不前，后来被屡次下放地方，可见汉武帝的取舍。应该说，公孙弘虽然做官多有投机之处，但为儒家在朝堂上争了一口气，更是为儒学争到了很多扶持政策。对于独尊儒术，董仲舒提供的是理论支持，而公孙弘是太学、郡国学等独尊儒术的政策推动者与落实者。

公孙弘七十六岁当上丞相，八十岁在丞相任上去世。其实，公孙弘与贾谊同岁。他曾经在汉文帝时期与贾谊一起成为汉文帝的博士。贾谊是发动汉朝第一次儒家改制的主推手，可惜被功臣集团狙击，被外放地方，英年早逝。公孙弘当时作为儒生，也被功臣集团排挤，罢官回乡。少年汉武帝初继位，发起汉朝第二次儒家改制——建元新政。公孙弘再次被举贤良对策，征为博士。但是，这次改制不久也失败，而公孙弘被朝廷以出使匈奴不力为由，再次罢免。

似乎汉朝的每一次儒家改制，公孙弘都参与其中，直到他以儒生之出身位极人臣，成为儒家登顶的象征。

但是，事情没有这么简单。当公孙弘继任丞相后，他虽然将儒家地位抬至新高，但他一定也发现了，汉武帝根本没有发动第三次改制的动向。他这个儒家丞相在位期间，直到死在丞相任上，汉武帝也没有下决心改制的意思。不过，公孙弘倒是想要推一把。

元狩元年（公元前122年）：汉武帝前往雍城郊祀五帝，捕获一头奇怪的神兽，有司说这是麒麟，是上天赐予的祥瑞。这个有司泛指中央官署，背后应是丞相公孙弘。可汉武帝紧接着就把麒麟给烤熟，祭祀时给五帝加了一餐烤麒麟。这么对待祥瑞，等于销毁证据。

过了一段时间，有司又请命改元，以天瑞创建年号，从汉武帝继位起，每六年一个年号。从这以后，汉武帝就发明出年号这个东西了。汉武帝之前的年号建元、元光、元朔，都是这一年追加的。这一年改元之后的年号为元狩。

以前的帝王都是按照帝王执政的年份数字来命名年份的，但汉文帝发明了改纪元这个事情，意味着改元这一年有重大转折。但之前仍然是按数字顺序，只不过之前的叫作前元，之后的叫作后元。汉景帝也改过两次，所以有个中元。汉文帝发明改元，其实就是为了配合第一次改制。这能提醒老百姓，以后制度不一样了，进入新纪元了，也能让政策更深入人心。

汉武帝现在又发明出年号这个事物，等于是加强版的改元，用意很明显。这是以公孙弘为首的儒吏，希望推动第三次改制。公孙弘是齐人，他应该还联络了齐地的济北王，让济北王以天子可能将要封禅泰山的名义，上书将济北国所辖的泰山及周边一带献给朝廷，成为朝廷直属的郡县。皇帝于是给他划了其他一些县作为补偿。

这些表明，儒家丞相公孙弘是想要推皇帝封禅的。可惜的是，曾给窦太后献上黄老著作《淮南子》的淮南王刘安，作为主张黄老道家的宗亲领袖，这时正在搞叛乱活动，恐怕也与朝廷内尊奉黄老的功臣子弟集团有不少勾连。汉武帝大概觉得时机未到，最终封禅之事不了了之。

如果说，汉文帝与汉武帝初年，两次失败的改制是重用儒家来改制，那么公孙弘登上相位后，汉武帝就只是重用儒家，却并未让儒家改制。公孙弘之前参与过的两次改制都失败了，最终他也没能推动汉朝的第三次改制。

公孙弘去世后，汉武帝朝所封的列侯、李广之堂弟李蔡接任丞相。继第一个儒家丞相之后，这又是第一个汉武时代军人上位的转折。汉武帝与功臣子弟集团对相权的争夺与较量仍在继续。李广死后，失去了家族军中代表的李蔡也获罪自杀。庄青翟、赵周等功臣子弟仍然不断冲击相位。尽管，比起汉文帝与汉景帝，汉武帝有能力上来一个杀一个，但仍然不能完全压制住这个经营百年的开国功臣集团。

其实，汉武帝之所以半推半就，迟迟不让已经就位的儒家开展第三次改制，也是因为他在等待另一个群体发力。毕竟儒家正面硬撼黄老道家已经遭遇两次失败了，纵然现在汉武帝的军权越来越牢固，可总不能与几百个功侯全都撕破脸吧？他需要一种新理论与儒家理论合力打击黄老理论。

他等的是哪些人呢？就是与儒家同源的术士、方士们。如果说儒家与黄老道家是台面上彼此对立的理论竞争，是正面硬杠，那么这一次以公孙卿为代表的方士登场后，就是在挖黄老道家的墙脚，给黄老道家理论来了一个釜底抽薪——抢走对黄帝的解释权。

## 04 术士对黄老的釜底抽薪

元狩五年（公元前118年）：汉武帝听方士少翁之建议，改建甘泉宫，用来祭祀和供奉东皇太一，并首次巡幸甘泉宫。但少翁因把戏拙劣，不久被汉武帝秘密处死。

元鼎四年（公元前113年）：能为汉武帝提供改制理论的方士公孙卿，终于出场。

这一年，汉武帝两至雍城，郊祀五畤，也就是五帝，并策划改革对神明的祭祀制度。在第一次前往雍城时，他就下令在汾阴设立后土祠，并亲自前往汾阴祭祀后土，此举昭示着汉武帝统揽教权的改革已经启动。这一次，汉武帝不会像前两次改制一样，只拿儒家理论背书，在无法完全说服臣民，尤其是在无为而治的黄老道家理论仍然没有显著瑕疵与过时性的情况下，就去鲁莽行动。汉武帝这一次要彻底压制和瓦解黄老道家理论，要让天下臣民接受一套皇权与教权合一的全新理论。

几个月后，汾阴后土祠旁发现了一尊宝鼎，汉武帝于是将宝鼎迎至甘泉宫摆放。

年底，汉武帝再次前往雍城祭祀。他身边的方士们对他说，五帝是太一之佐，应该立太一为主神，由皇帝亲自郊祀。这些方士请汉武帝将东皇太一的地位升至五帝之上，包括黄老道家推崇备至的黄帝，将五帝降格为东皇太一的佐辅。

术士的新晋代表公孙卿更是对武汉帝拿出了申公秘书所记载的黄帝往事。这本秘书上大概是讲，黄帝当年在荆山铸宝鼎，用宝鼎沟通了天上的神明，最终于甘泉乘龙飞升，成仙而去。公孙卿所讲的黄帝飞升的故事，其实是说，汉武帝所得的这个宝鼎就是黄帝当年用来沟通神明的通信工具。他又推算汉武帝得到宝鼎的时间，“与黄帝时等”，这意味着汉武帝得到这个宝鼎的使命，与黄帝相同，也是要沟通神明，成为第二个黄帝。此说意味着汉武帝与黄帝就是一个轮回，汉武帝就是黄帝命。这背后正是五德终始，说汉武帝应该改服色为黄色，这其实就是为改制做铺垫。

元鼎五年（公元前112年）：年初，汉武帝从雍城直接前往甘泉宫，正式设置了独立的太一祠坛，并将五帝坛环居其下，宣告五方五色帝从此屈居于东皇太一之下。东皇太一成为汉朝的主神。汉武帝这次换神行动，大致宣告完成。

汉武帝把东皇太一压在五帝之上，意味着东皇太一代表的是至高上天。汉武帝一方面从宗教地位上矮化黄帝，一方面又自比黄帝之命，向代表至高上天的东皇太一祈求自己也能像黄帝一样最终飞升成仙。但他真正的目标，是要塑造一个可以用来操纵黄帝的天神，并把自己定位为黄帝接班人，从而全方位垄断对黄帝的解释权。

黄老道家的神主牌，第一是黄帝，第二是老子。黄老道家是托黄帝和老子两人之名，以老子无为理念为基本思想，套进传说中黄帝如何治理国家的方法，建立的一套国家治理理论。现在黄老道家的神主牌被汉武帝用捧杀的方式，给搞成神神叨叨的封建迷信。以后，老百姓在听到黄老道家托名黄帝的理论时，感觉就全变了，这就是在瓦解黄老的理论体系之基础。可以说，黄老的神主牌，被方术士给偷了。

不过，官方的换神行动完成后，臣民接受还需要一段时间，于是汉武帝开启了他的巡游封禅之旅。这个巡游封禅的目的，本质上就是宣传汉武帝的新教权领袖的形象。他四处跑，其实就是一种摆脱了黄老道家理论束缚后的皇权新形象的巡回宣传、全国路演。

元封元年（公元前110年）：汉武帝亲率十八万大军，向北巡狩，威震匈奴。回来的路上，他还亲自前往桥山祭祀黄帝陵。当然，汉武帝此前宣传黄帝是飞升成仙了，不该有陵墓。公孙卿替他作出解释，说这是黄帝飞升之后，百姓为了纪念黄帝而建的黄帝衣冠冢。

从这里就能看出，以公孙卿为代表的方士群体，是在赤裸裸地挖黄老道家的墙脚，把对黄帝的解释权硬生生地抢走了。这一系列针对黄帝形象的神化塑造，都是有针对性的、策划好的。

黄老黄老，结果汉武帝把黄老的“黄”，把历史性的、人格化的，第一次称霸天下，建立华夏部落联盟的上古帝君，硬生生搞成了一个神话性的、神格化的、修道飞升的神明。公孙卿所发现实则是“发明”的黄帝故事，明显超出旧有黄帝传说的范围，把一代雄主黄帝给捧杀成了神仙。

按功臣子弟集团尊奉的黄老道家理论，黄帝是一代圣主，你刘彻应该好好学习黄帝如何治国。他们把黄帝捧得很高，托黄帝之名，行自己的政治主张来压刘彻。

刘彻反而借力打力，化刚为柔，反客为主，欲擒故纵，让方士把黄帝继续抬高，抬高至不可以世俗之道待之的神话传说。本来民间受黄老道家思想之影响，常称道黄帝做过哪些为国为民的好事，这些事迹压在汉武帝头上，制约着汉武帝的决策。现在黄帝神乎其神了，已经成了神仙了。神仙做的事，是凡人该去模仿的吗？汉武帝头上的那个枷锁，反而落下了。

汉武帝还留了一手。他不仅要把黄帝形象改造成神，还要在黄帝以及其他四帝头上，加一个东皇太一。这下，慕强的民众不仅把“华夏第一领导”黄帝给非人化看待，黄帝头上还莫名其妙地多出了一个更大更崇高的“领导”，那民众肯定要去传颂更大的“领导”，反而不那么关注小“领导”黄帝了。这就是换神计划加抬神计划，彻底让黄老道家对黄帝惯有的解释权发生瓦解。黄老道家再想提起黄帝时，那就是个神仙了，你拿神仙在朝堂上说什么政治呢？

这就是汉武帝迂回取胜的政治艺术啊。当然，汉武帝现在要做的是巡回演出。

汉武帝在元封元年（公元前110年）这一年终于封禅泰山。在儒家与术士的说法中，黄帝也曾封禅泰山，黄帝的一部分解释权同时被转给儒家了。说起来，秦汉儒家多出自齐鲁，而术士也多出于齐鲁，儒家与术士的渊源可见一斑。而泰山，就是齐鲁圣山。封禅泰山，就等于是安抚东方。

这次封禅之后，汉武帝明确了五年一巡守，从此开启了他的“旅游生涯”。其弊端，就是要耗费大量的国家赋税来满足他的巡游配套，耗费了大量的民脂民膏。其好处，是他能够到处考察实际地形。比起此前居于深宫，此举强化了辽阔幅员的汉朝各地之统一意识，同时也能鞭策地方全力做好基础设施建设。

例如这次皇帝巡游，亲眼看到了黄河瓠子决口后数百里黄泛区民不聊生的实际景象，终于明白自己被舅舅田蚡这些人忽悠成什么样。这次他亲自下派并督导官员，坚决推动黄河治理，并在东方长期驻留，亲自巡视黄河治理成果。他不仅在黄河沉玉璧与白马起誓，向天下与百官表示不治理好黄河誓不罢休，而且命百官自将军以下全部去背木头参与筑堤堵河，并且还作哀歌黄河泛滥的《瓠子之歌》，令天下臣民传颂，使全国上下铭记黄河治理与兴建水利的重要性。

在皇帝的亲自督导下，汉朝最终将黄河河道归位，遏制了黄河泛滥，让关东平原再次恢复昔日的生产盛景。此后，汉朝掀起了一轮水利建设热潮，全国东南西北的水利工程纷纷兴建，可耕作的良田因得到灌溉而面积大幅扩大。

功绩需要付出代价，这个代价高昂，但不付出代价也不一定就能得到更好的结果。这对任何帝王而言，是一个需要拿捏分寸的平衡。汉武帝纵然在存量利益分配上各种巧取豪夺，但他开疆拓土、大规模兴建基础设施、开辟西域的对外贸易通道，仍不失是创造性地扩大了全国增量利益的盘面。

## 05 太初改制

元封二年（公元前109年）：汉武帝于建元新政之后，再次修建明堂。不过这一次的明堂，并非在京师长安，而是在泰山脚下。其后，汉武帝多次巡游东方，封禅泰山，往往同时祭祀明堂。

明堂，是儒家最高等级的礼制建筑，是儒家的精神圣地。封禅成功，明堂建成之后，汉武帝的改制就属于临门一脚，如箭在弦上而无人能阻了。

太初元年（公元前104年）：大中大夫公孙卿、壶遂，太史令司马迁等上言："历纪坏废，宜改正朔。"武帝诏兒宽与博士赐等共议，认为应该用夏之正朔。之后，公孙卿、壶遂、司马迁等人共造汉《太初历》，以正月为岁首、服色尚黄、数用五、定官名、协音律、定宗庙百官之礼仪制度。

漫长的兴太学、定年号、任儒相、祭后土、神黄帝、尊太一、封泰山等铺垫已经一点点实现，有节奏地不断突破黄老道家的底线，又每每迅速收手，降低对黄老道家的刺激压力，汉武帝的切香肠战术已经基本成功。改正朔、易服色、兴礼乐、定制度，这对黄老道家的终极一击，反而显得是这么顺其自然。

这一年，汉武帝还兴建了新的朝宫——建章宫，成为他后期长期居住的正殿。建章宫相比于未央宫，明显具有对皇权的神性包装。现在的建章宫遗址范围内，除了十余米高的建章宫前殿台基遗址外，还发现了东宫门外双凤阙遗址。这个阙楼残留的夯土台基就有十几米高。据推测，汉朝的双凤阙可能有近六十米高。后来，曹魏对铜雀台的建设灵感，就是源自双凤阙之典故。

建章宫中还有一个宽阔的人工湖叫太液池。池中有三座假山，象征着东海的瀛洲、蓬莱、方丈三座神山。后世的唐长安大明宫太液池、元大都太液池均沿袭此名。

另外，建章宫遗址范围的西北角还发现有建章宫神明台遗址。这是约五十米见方、十余米高的汉朝巨型建筑。《史记·封禅书》与《汉书·郊祀志》均记载其"度五十余丈"，高度至少为今天的一百一十五米。神明台上有巨大的铜铸仙人。这高大的祭祀神明之建筑，应是汉长安城的奇观建筑。

这次负责改制的，是术士公孙卿、壶遂，太史令司马迁，以及熟悉天文的方士落下闳、唐都等人。司马迁祖上是周代的太史，掌天官事。术士与史官负责改制，其实就是汉代之巫与史的再次合作。

汉武帝这次改制设计，并没有重用儒家。而且，在建立长安奇观性质的礼仪建筑时，没有选择建元初年的儒家明堂方案，而是选择了神明台这样一个术士所推崇的神权方案。

从某种程度上说，即使黄老道家倒了，汉武帝也并不希望儒家成为绝对的统治思想。长安的明堂实际上在汉平帝时期由王莽主持修建完成。那时已经是儒家借王莽之力发动复古运动的前夕，西汉已经走到了尽头。汉武帝建神明台而不建明堂，正是要昭示西汉走的是王霸杂用的道路，虽然重用儒家，却并不被儒家所绑定。其涵义就是，西汉没有国教。这也是利用术士对儒生进行制衡的措施。

从汉文帝的后元改制失败，到汉武帝的建元新政失败，再到汉武帝的太初改制成功，前后六十年的时间，汉朝终于摆脱了功臣集团曾经对皇权施加的汉承秦制之黄老思想枷锁。君臣共天下，已成往事。从此以后，皇权的威严至高无上。

汉武帝终于脱下了那身承自秦朝的黑色龙袍，换上了代表自己开启的新纪元之黄色龙袍。大汉的黑色旗帜缓缓落下，黄色旗帜高升飘扬。从此，每一年的岁首，从十月变成了正月。

汉武帝终于实现了一个夙愿，洗刷了他少年时代建元新政挫败时的耻辱。但他足足磨了三十五年，与功臣集团对耗了三十五年。他不再是那个冲动的少年，而是深藏不露、有条不紊、步步为营、有耐心懂分寸的政治家。

就在太初改制正式实施的一年前，元鼎五年（公元前112年）年底，汉武帝以列侯给宗庙所献祭的酎金成色不足为由，对列侯夺爵百余人，占当时列侯总数的一半。

曾经，汉朝的皇帝削一个侯，都是震惊朝野、引起功臣集团反弹的大事件。这一次，汉武帝一次性就削掉百余个。一半的列侯消失了，多少贵族梦断。这一次，功臣集团出身的丞相赵周，也因检查不力而被下狱，然后自杀。

这就是汉文帝与汉景帝求而未得的，皇权之伸张。

# 四、将门之争

## 01 李广之死

元狩四年（公元前119年），六十多岁的三朝老将李广最后一次随卫青大军出征匈奴。在卫青获得匈奴单于的位置情报后，卫青决定让公孙敖与自己一起正面对敌，却让前将军李广绕道东路，迂回攻击单于。李广知道，这次是与匈奴的漠北大战，不仅是汉朝与匈奴之间的一次战略性决战，也是威震天下数十年却守多于攻、始终未能封侯的自己最后一次立功封侯的机会。他本是前将军，苦求卫青将正面与匈奴对战立功的机会交给自己，卫青却断然拒绝，非让他绕远攻击。果不其然，他在迂回绕行时多次迷路，耽误了些时间，匈奴单于最终逃脱。李广部队也未能追上匈奴部队，李广失去了人生最后一次立功的希望。

李广悲愤而又绝望地说，自己一生与匈奴有大小七十余战，最后一次却因卫青让他绕远，又迷了路，天意终不能封侯。他已经六十多岁了，不能再被刀笔吏所羞辱。不愿意面对审判的李广，拔刀自刎。李广部队哭声震天，百姓闻之无不垂泪。

卫青作何感受呢？大概是无奈。卫青之所以断掉李广的念想，是因为汉武帝的安排与意志。这对卫青而言，是不可违背的。

其实，此前与匈奴的多次交战中，李广均请求汉武帝让自己率部参战。但是汉武帝认为他年老，总不同意让他出征，直到这次元狩四年的漠北之战才最终答应他出征。可是这一次卫青仍然被汉武帝暗地里告诫，不要让年老的李广对战匈奴单于，这是汉武帝对卫青明确的嘱咐和命令。而李广“时知之”，他知道皇帝对他这次出征的安排，却依然向卫青讨要这个机会。

卫青拒绝了，把机会给了公孙敖。但公孙敖最终也浪费了这次机会，没有立功。

皇帝为什么要抬公孙敖而抑李广呢？因为李广此时已经六十多岁了，而皇帝这一年只有三十八岁，公孙敖与卫青此时都差不多是三十多岁不到四十岁的样子。卫青与公孙敖是好友，他们年轻时都是汉武帝身边的骑郎，他们才是同一个朋友圈，十几岁就与汉武帝相伴在一起。汉武帝征讨匈奴，战略上对匈奴之优势是综合国力使然。他肯定希望将这种立功的机会给予自己的嫡系朋友圈，而不是李广这种关陇兵学将门出身的世家代表。

其实，在关陇一带的秦汉直畿地区，这种兵学世家并不少见，他们自秦代就活跃在战争舞台上。

秦汉显赫的家学世家，有王翦—王贲—王离—王元—王威、冯去疾—冯劫—冯无择—冯敬、蒙骜—蒙武—蒙恬—蒙毅、司马错—司马靳—司马昌—司马毋怿—司马喜—司马谈—司马迁、杨熊—杨椤—杨喜—杨敞—杨恽。

这些大大小小的世家望族，不一定每一代人都出高官。但在那个书简的制造、书写、存储、养护成本都异常大的、文盲遍地的时代，祖上但凡有过勋贵，家族就可以掌握一些相对深奥的知识，甚至一个地方大家族能储存一些珍贵罕见的竹简之书籍，只供自己家族的子弟学习，就会形成自己一门垄断之家学。这些家学世家与侯门世家还有所不同，主要是靠才学武艺傍身，为朝廷贡献才学，得以安身立命，在朝为官。这些家族子弟并不一定是贵族，却属于家境殷实富裕的豪族良家子阶层。

李广所在的李氏家族，也是这样的世家。曾经参与灭燕和伐楚的秦将李信，就是李广的祖先。在李广自杀的这一年，当朝丞相就是李广的堂弟李蔡。而李广的三个儿子都是汉朝的官吏。但前两个儿子已经去世，只有三儿子李敢当时正随霍去病部队征讨匈奴，后来立功封侯。李广家族当时是非常显赫的世家。汉武帝时期封侯的李朔，据后世记载，也出自李广所属的陇西李氏。他们这些陇西李氏的子弟，就是典型的兵学世家。

因此汉武帝并非不照顾李家，李家有好几个列侯，还出了丞相。汉武帝只是认为李广已经年迈，即使占用一次珍贵机会，立功封侯，除了对李广个人有一定的情怀意义外，对汉武帝的人事布局没有任何促进影响。

汉武帝之所以要偏向给公孙敖立功的机会，就是因为他要提拔以卫氏外戚为核心的嫡系圈子。而这圈子的核心大臣——大将军卫青，是一个极其谨慎的人。卫氏能够坚持到汉武帝晚年，与奴婢出身的卫子夫、卫青姐弟自幼寄人篱下察言观色，形成的极其隐忍、谨慎的性格与行为方式有很大关系。这样一对姐弟，也是汉武帝心目中最佳的贤后与贤臣之代表。

与李广相似的例子之前也有过。有一次出征匈奴，将军苏建全军覆没，剩下他一个光杆司令逃回了卫青的营帐。卫青与手下商议该如何给苏建定罪，有人建议卫青杀掉苏建。因为卫青多次出征，统帅兵马，还未曾杀过副将。这次杀掉苏建，就是立威的好时机。

苏建是什么人？他有三个儿子，其中第二个儿子，就是被匈奴囚在北海放牧，坚持不降匈奴，位列麒麟阁十一功臣之一的苏武。苏建的大儿子叫苏嘉，在汉景帝平定七国之乱时，在与吴楚的战役中立功，被封为江阳侯。七国之乱是汉景帝前元三年（公元前154年）的事件，而这次苏建随卫青出征，是在元朔四年（公元前125年），已经过去了三十年。苏建的大儿子在三十年前就能够立功封侯，至少是长大成人。那么，当时的苏建至少也有三十多岁近四十岁。在三十年后，他此时至少也有六七十岁了。

苏建是文景两朝的将领。他的儿子与孙子活跃在武昭宣时期，显然也是汉初形成的一个不大不小的世家。他的情况与李广颇为相似，但苏建的事件发生在李广自尽之前几年。

卫青这次没有听取处死苏建立威的建议，而是认为自己即使受到如此尊崇，也不能绕开皇帝擅自决定诛杀苏建这样的老将。于是他将苏建发回京师，让皇帝裁决，以示自己不敢专权。这种有才干又不桀骜的臣子，如何不让汉武帝喜爱和欣赏？

苏建回京后，汉武帝没有杀他，而是让他缴纳赎罪金后，把他贬为平民。卫青不仅让皇帝放心，而且也极力避免自己与这些将门世家以及功侯世家之间发生矛盾。

李广自尽前，卫青原本仍是想要将李广迷路贻误军机的事件报告给汉武帝，让汉武帝裁决，却没料到李广为了不受审判，竟然拔刀自刎。

这一次漠北之战，卫青由于遵从了汉武帝的事前安排，相当于是听从了汉武帝越级指挥。李广作为前将军没能得到正面对敌的机会。公孙敖此前获罪被免去侯爵，此后数次在恢复侯爵的机遇面前无功而返，这次显然也辜负了汉武帝与卫青的期望，又一次无功而返，浪费了与匈奴单于决战的机遇。如果真的让李广正面对敌，而让公孙敖迂回包抄，或许李广军真能大败匈奴，最后活捉单于。但历史没有如果。

桃李不言，下自成蹊。李广之死引起了上上下下的广泛同情，那么卫青也就多多少少在舆论上受到逼死李广的质疑。可是卫青执行的不过是皇帝的意志。在皇帝的计划中，卫青和李广就不该遇上单于。

这次漠北之战，其实汉武帝把最精锐骁勇的部队都给了霍去病部队，特意让霍去病部队去击杀匈奴单于。由于后来得到消息说匈奴单于不在此前安排的霍去病部出击路线上，还专门把霍去病部队与卫青部队的行军路线对调，刻意让霍去病得到击杀匈奴单于的不世功业。卫青部队的主要目标一直都是匈奴左贤王部。

然而后来阴差阳错，不知是情报有误还是怎么回事，虽然调换了路线，卫青仍然遭遇了匈奴单于部队，击杀单于主力的任务仍意外地落在了力量稍次的卫青所部头上。

也就是说，汉武帝从来就没有打算让卫青部去对敌单于，更没有打算让李广去正面对敌匈奴单于。李广在卫青意外得到此天大之功的机遇下，又向卫青讨要俘杀单于的天大之功，实则有贪功之嫌。恐怕卫青避免让一个六十多岁的老将对阵匈奴单于，未必就是不合理的安排。若非李广刚烈，自尽而死，李广迷路而错失击杀匈奴单于的历史责任，反而不利于李广。

但李广自尽死了，逝者为大。即使不让李广打头阵本就是皇帝的意志，也是合情合理的安排，但卫青对天下人已经解释不清楚了。所有人都认为，资历深厚的老将李广是被卫青逼死的。卫青却不为自己辩言，替皇帝扛下这口舆论的黑锅。

公孙敖不争气，李广事件影响又恶劣，卫青率领次级力量之军队也没能彻底击溃匈奴单于部，最终卫青没有得到爵位上的加封，所属部下更是没有一人封侯。汉武帝很生气啊，他错过了此生唯一一次俘获或者诛杀匈奴单于的机会。为了安定舆论和军心，他也只能委屈卫青所部。卫青对此毫无怨言。

## 02　卫青的守弱之道

元朔五年（公元前124年），王夫人正受宠。卫青主动拿出汉武帝赏赐给他的千金作为贺礼，去给王夫人的父母赠金拜寿。

这位王夫人，很有可能是汉武帝母亲王太后的族女。王太后的母亲是汉初开国异姓王燕王臧荼的孙女臧儿。她们家族在燕赵所在之河北有一定的经营。臧儿一心要把自己的女儿嫁到皇家，于是把大女儿王娡与小女儿王儿姁都嫁给了尚为太子的汉景帝。

后来汉景帝封王娡，也就是汉武帝的母亲王夫人为皇后时，王皇后的妹妹王儿姁已经去世。王儿姁留下了四个汉景帝的儿子，分别是广川王刘越、胶东王刘寄、清河王刘乘、常山王刘舜。其中广川王、清河王、常山王的封地都在河北一带。而胶东是他们的姨母王娡的儿子刘彻被册立为太子之前的封国，之后被封给刘寄。

王娡只有刘彻一个儿子，因此妹妹留下的几个儿子，在宫中其实也是以王娡为依援。这四个王爷与汉武帝的关系都很好，其中胶东王刘寄与汉武帝关系最好。最小的刘舜屡次犯罪，汉武帝也都会宽恕和赦免他。他们既是汉武帝的亲兄弟，也是王太后的外甥，因此也可以算作是王氏外戚集团的重要助力。他们四人有三个的封国都在河北，可见王家在河北一带确有所经营。而王娡的同母弟弟，曾为丞相的武安侯田蚡，他的封地也是在黄河以北的武安到鄃一带。因此，来自河北地区赵国的汉武帝的王夫人，其实很有可能是王太后族中之女。

卫青是卫皇后的弟弟，做大将军时已经位极人臣。卫皇后出身平阳公主府，受平阳公主的提携才能入宫，是平阳公主的故人。平阳公主又是王太后的长女，长期活跃于朝堂，亦可谓是工氏外戚的代表人物。因此，卫青姐弟其实曾是王氏外戚的边缘人物，后来经汉武帝扶持，独立出来成为汉武帝中后期最大的卫氏外戚集团。

汉武帝宠幸王夫人时，卫皇后已经三十余岁并诞下长子。汉武帝虽然更喜欢年龄更小的王夫人，却也并不打算动摇他在外戚上的人事安排，不会让这些宠妃威胁到皇后的地位。故而“王夫人幸而宗族未富贵”，王夫人的家属并没有被封官赐爵。

当时卫青已经是前朝人人下拜的大将军，是皇后的亲弟弟、太子的亲舅舅，一人之下，万人之上的卫氏外戚的核心，却主动巴结汉武帝嫔妃的父母。汉武帝知道这件事以后，提拔了给卫青出主意的手下宁乘，以表示对卫青的赞许和回礼。

元朔五年（公元前124年），卫青功高，封无可封，汉武帝就将卫青的三个幼子封侯。卫青以幼子还在襁褓中，封侯会伤了士气为由，推辞不敢接受，汉武帝却硬是要封他儿子。可见卫青家中是有妻子的。

到了元鼎二年（公元前115年），汉武帝已经四十二岁，他的大姐平阳公主至少长他几岁，此时恐怕已经是奔五十的妇人。卫青是汉武帝皇后的弟弟，应该也小汉武帝一些，此时可能只有四十岁左右。那么平阳公主大卫青恐怕没有十岁，也有七八岁。卫青这个年纪，如果不出意外，妻子尚在。

当时平阳公主已经死了两任丈夫，询问左右可以嫁给哪位列侯。左右都说可以嫁给大将军卫青。平阳公主笑着说卫青曾经是她的家仆，经常作为骑奴随从她出入各种场合，怎么能做她丈夫？但周围的人劝公主，卫青现在尊贵无比，说动了平阳公主。平阳公主的儿子曹襄也娶了汉武帝与卫皇后的长女卫长公主，因此，在汉武帝中后期，王氏外戚已经瓦解之后，平阳公主又反过来依附卫氏外戚。她与卫皇后谈及想要嫁给卫青之后，卫皇后告诉了汉武帝，汉武帝就让卫青娶了平阳公主。

此时卫青有妻，那么平阳公主一来，就要把卫青的正妻给降为妾。卫青毫无怨言，皇上怎么说，他就怎么做，一生尽忠尽职。

老将苏建曾经责备卫青说，天下贤士都称赞和仰慕卫青，希望卫青能够广揽天下贤才。卫青却拒绝说：“彼亲附士大夫，招贤绌不肖者，人主之柄也。人臣奉法遵职而已，何与招士！”在卫青的心里，他要做的不是战国四君子，或者吕不韦、窦婴、田蚡那样大量豢养各类奇才门客的权臣。对他而言，他就是一个战将，是一个安守分内之责的大臣，是一个简简单单的职业军人。

这种思想的背后，是卫青、霍去病等人与汉武帝之间的一个默契，那就是以卫、霍为首的汉武朝新兴军功群体，不再以贵族自居，而是职业官僚。这正是配合着汉武帝的中央集权化改革而出现的新功侯、新官僚意识。对于卫青而言，他也只不过是皇帝的“门客”而已。他的幕僚与智囊，也是吃朝廷俸禄的军事参谋，有正式军职，并不人身依附于卫青。他认为不必也不该去招揽各种人才，形成对君权的威胁。

在他的影响下，他的外甥霍去病也持有这种思想。平日里寡言少语的霍去病，对想要给他置宅子的汉武帝说：“匈奴未灭，无以家为也！”霍去病的态度，别说是开府招揽门客了，他连家都不要。他们的自我定位，就是皇帝的臂膀、皇帝手中的剑，是大臣，是官僚，是武将，是武器，而不是分食君权的君侯。

卫青是懂汉武帝的，汉武帝也是懂卫青的。卫青出众，为汉武帝争气，让汉武帝不再像汉文帝与汉景帝一样，执着于和开国功臣集团争夺相权，而是依靠卫青为皇帝伸张的军权，形成了一支庞大的由皇帝直接控制的汉朝中央军以及禁军力量。这支军队，游走在华夏大地，四面出击，威震天下。淮南王刘安谋划叛乱时，其中一个重要讨论环节，就是如何应对卫青这支力量。刘安最后决定，在谋反前要先暗杀卫青。可见卫青这支力量对皇权的支撑力之强。

以卫青为首的新兴军功集团，不止有奴婢出身的卫氏外戚，也有李广、苏建等汉初将门世家良家子阶层。他们所构成的军事集团，就是汉武帝的核心力量所在。有了这个压轴的核心力量，推恩众建弱诸侯，酎金夺爵弱列侯，甚至在朝堂上接连处死、逼死数任丞相，在地方上设立监察大区、刺史十三部，收揽地方权力，这些看起来政治阻力会很大的政策，落实起来才会显得轻而易举。

汉武帝在中期，之所以将相权经常撂给儒生或开国功臣子弟，却不再像汉文帝、汉景帝那般受相权掣肘，也不执着于与功臣集团激烈争夺相权，是因为他已经用军权压倒了相权。汉武帝抓住了那个政治杠杆。这杠杆，就是南征北战中打磨出的军队，以及在对匈战争中形成的武帝朝新军功集团。而那个杠杆的支点，就是卫青。

## 03　何世无才，患无卫青

汉武帝曾说："何世无才，患人不能识之耳，苟能识之，何患无人！"他知道，三人行，必有人才。而他很自信，自己就是能够雕琢璞玉、挖掘才能、调教千里马的伯乐。他慧眼识才，也会用人才。

卫青去世不久后，汉武帝下诏说："盖有非常之功，必待非常之人……夫泛驾之马，跅驰之士，亦在御之而已。"他仍然认为，非常之人是可以寻求到的。卫青虽然去世了，但只要他还在，他就能挖掘与创造出第二个卫青……

霍去病就是汉武帝属意和栽培的第二个"卫青"。可是霍去病终究不是卫青。卫青是被父亲嫌弃的放牧娃，后来又做了公主府的养马奴。进入宫中后，又被陈皇后和馆陶公主长期威胁。卫青这一生寄人篱下，如履薄冰，因此他懂得克制自己的情绪，节制自己的行为。

但霍去病不一样，他是外戚贵公子，却受舅舅卫青和姨母卫皇后教导，明白只有表现出色才能讨好皇帝，证明自己的存在价值，而不是在宫中吃闲饭。他与卫青一样，是一个私生子，只是比出身奴婢的姨母与舅舅小时候更富贵，但也多多少少是寄人篱下的富贵。这种寄人篱下，让霍去病渴望成为一个有父亲的孩子。于是后来功成名就时，他回乡认下了抛弃自己的父亲，并把弟弟霍光带到京城栽培。他更显得少年轻狂，血气方刚，是一个纯粹以成绩和领导的夸奖，作为自我激励与自我认同感来源的勇猛少年。他甚至带有些贵公子的顽劣习性，在军中经常不够体恤士卒。

当漠北之战时，在卫青与李广军队都没能吃掉匈奴单于斩获大胜时，率领最精锐汉军深入匈奴腹地的霍去病，却大败匈奴左贤王部，封狼居胥，达到了他军事生涯的巅峰，与卫青一同被拜为大司马。此次霍去病部下封侯者众多，其中就有李广的小儿子李敢。从此，卫青的门人故交开始转投霍去病。

虽然匈奴单于被赶到漠北，漠南再无王庭，但汉军马匹损失严重，国内经济也面临困境。汉武帝故而收缩对匈奴的攻势战略，转而重点经略西南、东南和朝鲜半岛。卫青的权势有所趋冷，进入半隐退的状态。也许，不争不抢，本就是卫青想要的。

霍去病持有“无以家为”的态度，其实也不喜欢被这些背离舅舅转投自己，朝三暮四的势利小人们围在身边。他心中其实是替舅舅卫青打抱不平的。

霍去病的部下，李广的小儿子李敢，认为卫青故意给父亲穿小鞋，造成父亲含恨自杀的悲剧，愤怒难当，竟然动手打了卫青。卫青却“匿讳之”，依然沉默不做辩解，也不声张此事，主动替李敢隐瞒了这次袭击大将军的以下犯上之罪。这样的卫青如何不让武帝放心？

可是，霍去病少年意气，如何能坐视把自己栽培成才的舅舅受这种羞辱和委屈，如何能咽下这口气？于是，霍去病趁陪皇帝外出打猎的机会，一箭将李敢射死。汉武帝得知真相，又替霍去病隐瞒，说李敢是被鹿撞死的。

在汉武帝的眼里，霍去病是他发掘与驾驭的第二匹千里马，是卫青之后卫氏外戚集团的第二代顶梁柱。可是汉武帝也不能让这些关陇世家寒了心，几年后太子成人，汉武帝就将李敢的儿子李禹派到了太子身边，并且让太子娶了李敢的女儿为妾。假若太子顺利继位，李家亦会继续受到荣宠。汉武帝晚年，还曾对李广的孙子李陵寄予厚望。

可见，在对军权的人事构成上，汉武帝是用外戚中的优秀近臣，与兵学世家中的优秀良家子，共同组成一个压倒了开国功臣子弟集团的新兴军功集团。将外戚与世家作为制衡的双方，军中势力就可以避免一家独大，保证武帝对新组建的中央军与禁军的控制。汉武帝是乐于看到他们两头互相不服，但同时希望两边是斗而不破，以大局为重。可是，霍去病虽然有着可与卫青媲美的军事才能，却缺乏卫青出色的政治嗅觉以及极强的政治隐忍力。

射杀功侯在当时的影响，堪比当年淮南王刘长锤杀辟阳侯审食其。功侯，是军功爵制度体系下所形成的汉初军功受益阶层中的上层代表群体。汉景帝以前，皇帝几乎没怎么杀过功侯。景帝和武帝朝，皇权得到了大幅度的伸张后，也要正式定罪审判才能杀功侯。这等私下射杀功侯的恶劣影响是相当大的，会打破汉武帝设计的军方力量平衡。如果霍去病不是一年多后就英年早逝，不知道这样一个血性青年身处高位的时间久了，还会惹下什么样的事端。

但汉武帝很自信，他认为只要有他这个能驾驭所有人才的皇帝在，什么样的人都能为他所用。霍去病死后，汉武帝依然宠爱霍去病的儿子霍嬗。当他想把霍嬗培养成另一个霍去病时，霍嬗又十几岁早逝。汉武帝想起这父子二人的命运，颇感悲伤，写下《思奉车子侯歌》。

霍去病早逝，卫青也去世了。汉武帝晚年，最终扶持去世的宠妃李夫人的哥哥李广利成为汉军精锐的统帅，期待他成为自己的第三个杰作，又一匹卫青、霍去病那样的千里马。李广利虽然不及卫霍之才，但最终也建功立业，成为军中的顶梁柱。同时，汉武帝也在挖掘李广的孙子李陵这样的世家人才，希望他们延续祖辈的辉煌，与李广利这些新外戚一起，延续固有的军方人事构成和制衡策略，成为汉武帝后期攒起的外戚加世家双翼，武帝朝第二波新军功集团。

这一次，李广利与李陵倒是没有像霍去病一样早逝。但李广利醉心于争权夺利，私心太重，搞乱了朝堂。最终李广利被汉武帝灭族，主动葬送了汉军精锐，投靠匈奴。

李陵也是在初露锋芒时就遭遇了全军覆没，被匈奴俘虏，在奸臣挑拨下，汉武帝误以为李陵将家学秘密授给匈奴，帮匈奴人练兵，从而怒杀李陵全族，逼得李陵最终也不得不投靠匈奴。

也许，汉武帝到了晚年，对军事统帅的培养和布局接连失败，守着乌烟瘴气的朝局，家庭境遇已然凄凉时，他才会明白，臣子的才能是可以发现、驾驭和使用的，但卫青的正直、仁善、退让、和柔与分寸感，并不是任何人可以调教出来的。这种人格特质，霍去病没有，李陵没有，李广利更没有。

汉武帝在那时应该终于明白，他的事业不仅仅是他自己一个人创造的，也是卫青与他一起创造的。不是他调教出了既身怀绝技又虚怀若谷的卫青，而是卫青本身就是一个虚怀若谷之人。这也是天赋，可遇而不可求更不可教的天赋。

卫青能遇到汉武帝，是卫青的幸运，但汉武帝遇到卫青，又何尝不是汉武帝的幸运呢？知遇之情，知己之谊，相知相信，怎么会是单方面的呢？汉武帝带着君王的优越感，自以为是驾驭着卫青这匹千里马前行的伯乐，没有卫青也可以让其他人变成卫青。可他安稳的人生、顺利的事业背后，又何尝没有做事分寸得当的卫青，一次次不顾脸面与自尊，在暗处替他挡剑消灾，负重前行呢？如果卫青是李广利，恐怕汉武帝晚年的悲剧只会提前到来。

卫青始终是懂汉武帝的，但汉武帝到晚年才终于完全懂了卫青。于是，他将目光再次投向卫氏外戚集团中，又一个性格与卫青极其相似的青年身上。那就是霍去病的弟弟，同样很有分寸感的霍光。

当老迈的汉武帝将幼子刘弗陵托付给霍光的时候，卫青已经去世二十年，汉武帝后来又经历了很多惨痛的事情。这一刻，他大概从霍光的身上看到了卫青的影子。那是同样的忠心、同样的坚韧、同样的谨慎、同样的礼让，那就是卫青身上，并不因帝王如何驾驭而存在的、属于其本人的光芒与特质。

此生得遇卫青，何其幸哉？这一次托孤霍光，汉武帝终于放下了帝王潜意识里的傲慢，才没有再看走眼，没有再错付。

# 五、多欲皇帝

## 01　内多欲而外多求

汉武帝是个什么样的人？刚愎自用、好大喜功？知人善任、雄才大略？

汉武帝是一个“内多欲而外施仁义”的人。他内心有众多欲望，对外又在乎自己贤达的帝王形象。这是汲黯对他的评价。

汲黯是谁？汉景帝当太子时的潜邸旧臣，刘彻的长辈，一位坚持原则、敢于对皇帝直言不讳的铮铮谏臣，他勇于揭露权贵的劣行。史书记载他性倨少礼，不能容人之过，经常“面折”他人，让别人下不来台。

汲黯研习的是黄老学派，他虽然不是开国功侯子弟，但主张汉初黄老“无为而治”的思想，有学术理论影响力。他经常反对汉武帝使用武力征伐，比如建元年间反对刘彻介入闽越与东瓯的战争，反对汉武帝放弃和亲而与匈奴长期交战等。

汉武帝评价汲黯为社稷之臣。就是这位汉武帝经常表示反感却又较为爱惜的直臣，经常讲他不爱听的话，惹怒皇帝。汲黯曾评价今上多欲。当时，汉武帝正和刚刚征召来的儒生们大谈治理天下之道，说自己要如何做贤君。奉行黄老的汲黯冷冷地说：“陛下内多欲而外施仁义，奈何欲效唐虞之治乎！”意思就是，你内心有这么多想要做的欲望，却表面上施行仁义，怎么可能成为唐尧和虞舜那样垂拱而治的君主？汉武帝听后，估计心里已经翻江倒海。面对这些刚招来的贤良方正，天子正在吹嘘，却被当头浇了一盆冷水。

“上默然，怒，变色而罢朝。”汉武帝先是沉默了。一般被人一语说中自己的心思或软肋，是会突然蒙了。然后汉武帝发怒后离开，是反应过来自己被人揭短，丢面子了。

还有一次，汲黯因为此前比自己资历低的属下，官职一个个都超过了自己，认为汉武帝任命官员不顾资历，怨讽皇帝用群臣就像堆木柴，后来者居上。汉武帝又一次“默然”，等到汲黯走了，他才生气地说道：“人果不可以无学，观黯之言也日益甚。”他这是骂汲黯越来越不学无术。

还有一次，匈奴浑邪王归降汉朝。汉武帝下令征发大量车辆迎接，以展示汉朝的实力。但当时朝廷的官马损失严重，长安县令凑不够足量的马匹，汉武帝大怒，要杀长安县令。加上民间有百姓和归降的浑邪王部队进行物资交易，被地方官吏判为走私，要处死几百人。汲黯为长安县令与这些百姓求情，直言汉武帝“庇其叶而伤其枝”，耗用这么多巨资去打仗，就不该厚待这些投降的匈奴人，反而应该把这些俘虏都充为奴隶，把他们的物资发放给百姓。此举同时否定了汉武帝征讨匈奴又优待投诚匈奴两个决策的正当性，汉武帝又一次“默然”。他恨恨地说：“吾久不闻汲黯之言，今又复妄发矣。”意思就是好久没听汲黯说话了，今天他又开始犯神经病说胡话了。

汲黯能让汉武帝一次次沉默，而后发怒，经常被贬到地方上做官，却又舍不得彻底弃用。也许，汉武帝明白，汲黯虽然是个嘴上不饶人的毒舌，但汲黯懂自己，每一次都能让他恍然间蒙住。因为汲黯总能直指自己都没有反应过来的决策与行为之底层逻辑。汲黯这面镜子，总能让沉醉于赞颂与成就中逐渐麻痹的汉武帝，突然看到另一个自己。即使他依然要按照自己的欲望去做，但汲黯终究还是给了他一个不同的看自己的角度。

汲黯说的“内多欲”，点出了汉武帝穷其一生不断折腾的动力所在：他贪图的目标太多了。

汉武帝想要改制，摆脱继承自秦的汉初之制，完成属于大汉，属于他的汉制之创制。

汉武帝想要功绩，把他所能管辖的领土大幅激增，拉到一个前无古人、世无企及者的面积水平。

汉武帝想要名声，做一个万世称颂的圣贤之君，留下千古一帝的伟业，受众生崇拜。

汉武帝想要权力，不只是名义上的皇帝职能，更是从身边的羽林军到数千里之外的远征军，从散布在国土上数不清的小吏到居于庙堂之上的百官之长，每个人都要听命于他的权力，更是能够如臂使指地控制整个家国天下的权力。

汉武帝想要慧眼，发现卫青、霍去病、李广利等人的才能，成为一个不断挖掘不世将才的君主。

他想要圆满无瑕的生涯，一个与卫青等嫡系能臣有始有终的君臣佳话，至少在巫蛊之祸以前他是这样想的。

汉武帝想要美满融洽的家庭，即左拥右抱，才女、美人在怀，又与卫子夫这位年轻时由自己亲自选择的结发妻子、自己第一个孩子的母亲相携到老，与太子父慈子孝，让太子继承衣钵。

汉武帝还想要最坚固的刀剑、最快的马匹、最遥远国度的信息和臣服，想要从方士口中得知宇宙的真相。他还经常微服出巡，身为皇帝，却连自由都想要。

汉武帝想要的太多了，他做过的事也太多了。如果他不是这样多欲的人，他不会把放在别的朝代要经几代人之力，上百年才能完成的事业，毕其功于一身；也不会让其他王朝十几代人后才会出现的末世疲态，在他这个千古一帝任内就早早出现。他想做到的事情太多，结果往往不尽如人意。比如，他年轻时想要众多的人才聚集在自己的麾下，但在波谲云诡的政治斗争中，频繁的集团势力迭代下，他身边很多人才被卷入各种案件，最终被判处死刑。汉武帝外示儒术，内用黄老，实则是采用黄老的法治主张。哪怕近臣有一点罪行，都依法论罪，从不宽饶。

比如，主父偃和严助，是他非常想留下的两名得力干将。主父偃以一人之力，靠揭发诸侯王，帮他拔掉了几个诸侯国。严助更是在地方上当机立断，以一己之力，助他夺取会稽郡兵权，影响了东南战局，使少年君主迅速在朝堂上和军队中立威，拥有了话语权。他们获罪后，汉武帝是想留下他们的，但最终还是决定依法处置。汉武帝手下的郎官中，能人很多，这种诛杀能人的事件也很多。

汲黯认为汉武帝这种做法是苛刻待人，心胸狭窄，故而愤怒地劝谏他，说他辛辛苦苦地发掘人才，却对有限的人才进行无限的诛杀，人才迟早会被杀光。

汉武帝这次却笑着回应，说任何时候都有大把的人才，就看谁能独具慧眼，识别出来这些人才。人才就像有用之器一样，有才却不让君主尽用其才，和没有才能是一样的，不杀留着干什么。

汉武帝此番话语，显示出了他身为一个统治者，求才若渴，并且善于调教和挖掘人才，尤其是有潜力的黑马型人才。卫青、霍去病等均是经他雕琢的璞玉，终成大器。其实就算后来的李广利，才能虽然不及卫、霍之绝世天资，也未必不是人才。征服大宛，毕竟是唐朝以前汉人所能达到的极限远征，李广利二次而成。但是，汉武帝又有冷落贤才的一面。那些人才在他看来，是要实现目标的器具。目标，就是他的欲望。

他是整个社会金字塔顶端的人，甚至没有比他国力更强的国君存在。如果他只是一个受他人认同来决策行为的帝王，那就根本不会承受巨大的社会压力，非要去实现所谓的众多伟业，像汉文帝，也得到了万民爱戴。而汉武帝的行为，不止于社会评价。只有自我认同欲望很强的君主，才会推着自己朝着历史成就的无人区，不断冒险前行。刘彻、嬴政就是这种人。他们必须要历史走向他们的设想与意志，不接受目标的改变。那欲望就强迫着他们朝自己选定的方向前行，一旦停歇，自我认同感就会受挫。

他们又是精明无比、聪慧过人的君主，所以总能在这种危险平衡之下，走历史的钢丝，在高社会压力水平下，完成几代人都不一定能完成的事业。能力和技术不够的君主，可能早就粉身碎骨了。所以他们都是受自己内心功欲所支配的轴人型君主。

多欲，正是汉武帝一生最核心的性格概括。

汉武帝在建元元年（公元前140年）举贤良文学，对董仲舒的策问一开始就提到他“是以夙夜不皇康宁，永惟万事之统，犹惧有阙……欲闻大道之要，至论之极”。这一年他才十六七岁，还是一个孩子，就日思夜想，迫切地想要知道当个成功皇帝的方法，直到最后还在追问："今子大夫既已著大道之极，陈治乱之端矣，其悉之究之，孰之复之。"不仅希望得到治国之道，还希望得到更多具体的方法。应该说，汉武帝的第一大欲——帝王功业之欲，从他十六岁继位时就一直在主导他的决策行为与目标追求。从某个角度来说，他自己又何尝不是他欲望的奴隶和工具，终其一生都为实现那高不可求的欲望而不断奔忙呢？

他只有七八岁的时候，馆陶公主抱着他，问他想要什么样的媳妇，他就说要娶馆陶公主的女儿阿娇，用金屋藏娇来讨好馆陶公主。晚年老迈时，他很喜欢同样少年老成的儿子、后来的汉昭帝刘弗陵，认为他像自己。也许，他是一个早熟的儿童，是一个早智的少年。当他十六岁时，他不像胡亥那样荒唐，不像汉惠帝那样迷茫，不像汉宣帝那样淡泊。只有十六岁，他就渴求做一代贤君。三十岁以后，他已经不满足于圣贤的自我要求，追求的是为万世开疆，为千秋定制，追求天下一统，做一代雄主。他最大的欲，就是帝王功业，哪怕当世没有对手，他也要赢。他不仅是要赢别人，也要赢自己。

## 02　为大欲克制小欲

正是因为汉武帝很早就立下了这个终极目标、终极欲望，反而让他不断克制自己众多的小欲望，与小欲望作斗争。

首先，他是一个有些感性，有翩翩才情的贵公子。他需要克制他感性一面的欲望，比如情欲。

从汉高祖到汉武帝，高祖宠幸戚夫人，经常是戚夫人跳楚舞，而高祖伴楚歌。高祖写《大风歌》《鸿鹄歌》，俨然有诗情文采，有艺术细胞。

汉惠帝安陵邑，也迁徙了关东倡优乐人五千户到这里，可见他也有艺术爱好。

汉文帝曾与慎夫人在霸上鼓瑟长歌，音瑟和鸣，说明汉文帝也有艺术爱好。

汉武帝的卫皇后、李夫人都是擅长歌舞之人。汉武帝本人的诗歌造诣也是帝王中少有的出类拔萃者。他作有《白麟之歌》《宝鼎》《天马》《瓠子之歌》《芝房之歌》《盛唐枞阳之歌》《西极天马之歌》《朱雁之歌》《交门之歌》，传世诗歌有《秋风辞》《天马之歌》《西极天马之歌》《李夫人歌》《悼李夫人赋》《思奉车子侯歌》。他是一位极擅长作词的帝王，艺术爱好显而易见。

> 北方有佳人。绝世而独立。一顾倾人城。再顾倾人国。宁不知倾城与倾国。佳人难再得。
>
> ——李延年《佳人曲》

李夫人出身音乐名门，擅长舞蹈。当汉武帝听到李延年的《佳人曲》，召见李夫人后，诗歌高手遇见乐舞高手，那叫一拍即合。其实，后来还有一个艺术细胞异常发达的唐玄宗，他和杨玉环属于同一种情况。

汉初的几位帝王，基本上就汉景帝没有这种情趣。汉景帝属于下棋急了，就掀棋盘把对方给砸死，进宫门懒得下车就硬闯司马道，一上台就削藩逼反七国的那种暴脾气。但汉武帝是有艺术细胞的人，对美有追求，对获得美有欲望。因此李夫人与汉武帝感性艺术的一面有极强的共鸣，她深知汉武帝喜欢的不只她这个人，更是汉武帝心中幻想出来的那个完美无瑕的伴侣。因此，她临死前不让汉武帝见她最后一面，害怕破坏她在汉武帝心中的完美。

汉武帝晚年的政局，多少受到了他对后宫夫人情感上的影响。感性上的、艺术上的欲望，对唯美感受的欲望，他也需要付出巨大的情绪成本去克制。

有一次，汉武帝获得一匹神马，便下令乐官和司马相如创作诗赋，配上乐曲。汲黯劝谏说，圣明君主创作乐章，在上赞美先祖，向下教导百姓，现在皇上得到一匹马，就给谱成在宗庙演奏的歌曲，祖先及百姓怎么听得懂这些唱的是什么玩意儿。汉武帝又是沉默不语，一脸不悦。

汲黯是谏臣，也是诤友、严师。身边有这样的诤友和严师，才能帮助汉武帝更好地克服欲望。

元鼎五年（公元前112年），汲黯去世，这一年汉武帝四十五岁。汲黯生前曾经嘱托李息揭露张汤的奸诈欺君之罪行，但李息畏惧张汤，始终不敢向汉武帝进谏。当汉武帝通过调查得知此事后，愤怒地将李息判罪。

也许，汉武帝是以此怀念汲黯这位直臣、诤友。他给李息定罪的时候，或是在遗憾和缅怀世间再无汲黯这样的人，能够平等而无惧地面对他，敢于指出他自己都没察觉到的刚愎和错误。汲黯死后，史书中没有再出现汉武帝默然的记录。围在他身边的，只剩下千篇一律的歌颂者。从此，他需要独自去面对他的欲望，独自去与他的欲望作斗争。

其实在刘彻十六岁时，董仲舒就在《天人三策》中着重提出："故为人君者，正心以正朝廷，正朝廷以正百官，正百官以正万民，正万民以正四方。四方正，远近莫敢不壹于正，而亡有邪气奸其间者。"

董仲舒对君主个人提出了皇帝首先要正心，国家继而能正道的思想。这也是对少年的他为君之道的一种提醒。故而，后来的汉武帝，纵然有诸多的欲求和索取，但在表面上依然坚持的是一种内守王道、外张法度的原则。因此，他在诸多政治斗争中，无论是依据法律准绳和舆论形势进行人事博弈，都不追杀、妄杀与残杀，还是像霍去病这种他想保住的肱骨之将才，绕过法律，替霍去病遮掩罪行，总体而言都是为了大的功业欲望与目标。

汉武帝既有过分强烈的欲望，也明白自我约束的重要。否则，他就会走向秦二世或隋炀帝的下场。少年的他，受到董仲舒理论的一些影响，很早就有了守正思想的萌芽。如果不是活了七十岁，在位半个多世纪，汉武帝在越来越没有制约的环境中开始暴露出放纵的一面，其实仅论早年，汉武帝还是颇有贤君风采的。

汉武帝虽然在晚年开始有些放纵自己的情欲，但早年并不放纵。在长子出生以前，汉武帝为了执政路线之大局，为了他成为千古一帝的大欲望，的确在克制这些小欲望，从他控制长子的出生就可以窥见一斑。

建元二年（公元前139年），十七岁的皇帝主持的建元新政失败。正是岌岌可危、焦头烂额时，被他接到后宫的卫子夫，已被他遗忘到脑后很久。这一年，卫子夫趁皇帝挑选宫人出宫之际，哭着求皇帝放她走，反而激起了皇帝的怜爱之心，再次临幸卫子夫。卫子夫这一次怀上了皇帝的第一个孩子，于是受到了皇帝的专宠。

卫家姐弟是平阳公主府的人，而平阳公主是王太后的长女，如同馆陶长公主是窦太后的代理人一般，平阳公主实际上属于王氏外戚。王太后当年为了把儿子推上太子之位，与馆陶长公主结成亲家，因此馆陶长公主女儿陈阿娇登上了皇后之位。如果说陈皇后与刘彻的婚姻是一场政治联姻的话，那么卫子夫大概就是刘彻真正的初恋，而且怀上了他的第一个孩子。在情感上，卫子夫不是原配，胜似原配。

但在刘彻成为皇帝后，王太后与窦氏就成了竞争关系。当时皇帝只有十六七岁，与其年龄匹配的王氏族女可能并不多。卫子夫很可能是王氏外戚的平阳公主暂时推出来，以填补刘彻后宫真空，与陈皇后竞争。可能也正是因为此，建元二年（公元前139年），在政治斗争最激烈时，窦氏外戚占了上风，刘彻才冷落了王氏出身的卫子夫。

某种程度上说，刘彻对哪位夫人能够在恰当的时候怀上孩子，甚至怀上儿子，都是有一定把控的。刘彻冷落陈皇后，使其始终未能怀上孩子，但临幸王氏外戚推出来的卫子夫，让其怀上第一个孩子。虽然这一胎应是后来的卫长公主，是个女儿。但从刘彻子女的资料来看，此后十余年，刘彻让卫子夫连续怀了三个孩子，在又是两个公主后，在刘彻二十九岁时，卫子夫诞下第一个儿子，也就是太子刘据。此后，刘彻与其他夫人的子女才陆续出生。

卫子夫与刘彻长子出生的那年，卫青被封侯，他是汉武帝重点要提拔的、具有卓越才干的嫡系班底成员，是汉武帝自己可以直接控制的卫氏外戚。卫青与刘彻本身就是自少年相交的同龄老伙计。

建元六年（公元前135年），窦太后去世。

元光五年（公元前130年），窦太后的外孙女陈皇后被废。

元朔元年（公元前128年），皇长子刘据出生，卫子夫被立为皇后。

元朔三年（公元前126年），王太后去世（一说为元朔四年去世）。

元朔五年（公元前124年），卫青被拜为大将军，位超丞相。

元朔六年（公元前123年），王夫人开始受宠。

元狩元年（公元前122年），皇帝唯一的儿子——皇长子刘据被立为太子。

元狩二年（公元前121年），王夫人去世。

王太后代表的王氏外戚，虽然早期利用卫子夫对抗窦氏外戚，窦氏衰落，陈皇后被废后，卫子夫做了皇后，但她与王氏族人毕竟不是自家人。前面已经分析，王夫人姓王，赵地又是王氏外戚经营之地，她有可能是刘彻的母亲——王太后的王氏族女。王夫人可能在王太后活着时就已经进宫，但汉武帝铁了心要扶持卫氏，在卫子夫生下长子前，他根本不给其他妃嫔生下长子的机会。

直到长子出生，卫子夫有理由被立为皇后，卫青又争气地立功封侯，成为位超丞相、节制诸侯的大将军，成为刘彻在朝堂上的顶梁柱后，刘彻才开始宠幸其他嫔妃，让其他嫔妃有生子机会。刘彻次子刘闳，大致在王夫人被宠幸到去世的两年间所生。

大概就是王夫人所生的次子出生前后，为了给已经崛起的卫氏外戚吃定心丸，也让突然拥有了皇子作为依靠的王氏外戚彻底绝了争储的念想，刘彻正式册立七岁的皇长子刘据为太子。

因此，很多人觉得汉武帝在位半个多世纪，子嗣较少，尤其是儿子很少，这与汉武帝本人可以控制对各夫人的专宠程度应有一定关系。因为什么时候生孩子和生儿子，对汉武帝的外戚乃至朝堂的人事布局影响很大。从这一项上可以看出汉武帝早年之克制力，为了他最大的欲望——成为一代圣君雄主，他可以牺牲一些较小的欲望。

但也有很多欲望，他越来越无法克制，甚至没有意识到需要去克制。比如，汉武帝是一个求道之人，身处那个距离科学诞生很遥远的年代，希望得到世界运行的规律，他难免陷入方士的迷信话术之中。

## 03　无法停下的脚步

有更多的求索欲望，往往就有更多的迷茫。汉武帝是一个有强烈求索欲望的人，不止为汉朝人打开了中亚和东亚的社会政治全景画卷，让汉朝人知道了西域的样貌，他对神秘事物、世界运行的真相也持有巨大的好奇心、求知欲，以及畏惧感。

汉武帝不仅借助神祇达成政治目标，而且心里确实有些相信此类鬼神之说，比如十六岁的武帝看到董仲舒《天人三策》中的上天神秘力量，可能曾经信以为真。比如，每每碰触到巫蛊之术时，汉武帝畏惧鬼神的敏感神经就会被挑动，被人利用此弱点。迷信，其实就是汉武帝最大的软肋，这导致了他晚年的悲剧。但在这个弱点被抓住之前，他还是很注重遮掩它的。

汉武帝曾宠信过四大方士：李少君、李少翁、栾大、公孙卿。李少君只有五十岁左右的面相，自称是七十岁，可他给人透露出一种有一两百岁的感觉。他在宴会上和一个九十多岁的老人谈起，他曾经与这位老人的父亲交往的回忆，竟然被这位老人验证为真。李少君还曾当着汉武帝的面，识别出一件他曾在战国时期见过的铜器。他的一些灵丹妙药，治好了不少重病之人。最神奇的是，在他临死前，汉武帝竟然梦到了与他一起仙游。这些不知是他用高明伎俩为汉武帝做的一个局，还是汉武帝真的遇到了什么神人。总之，汉武帝对他深信不疑。

后来又来个李少翁，他又是会炼金术，又是为汉武帝去世的夫人招魂，让汉武帝在朦胧间看到了爱姬的灵魂。但他后来黔驴技穷，又策划让牛把天书吃到肚子里，试图制造祥瑞，却被汉武帝发现破绽，一怒之下给杀了。

汉武帝不像秦始皇和汉文帝。秦始皇诏方士炼丹寻仙，多少是抱着死马当活马医的念头。汉文帝就更是摆明在利用这些鬼神之迹，提高君权的神性，加强皇权。毕竟，汉文帝是一个窥破生死之人，他连自己死后的祭祀都下令从简，又怎么会真的迷信鬼神。

《史记·封禅书》记载，汉武帝平日的拜神行动——“其事秘，世莫知也”。如果司马迁不是专门负责跟随皇帝，记录这些细节的太史，恐怕也不会知道得这么清楚。汉武帝早期是私下里做这些事，很少宣传。他是真正虔诚的信徒，不是装样子。所以，汉武帝发现李少翁是个骗子后，是真的愤恨。他杀了李少翁，却将此事“隐之”，不让世人知道皇帝悄悄处死了他。他也知道，相信这些东西并非体面的事情，所以才会遮遮掩掩，但总忍不住再去相信。

不久之后，来了一个李少翁的同门师兄弟——栾大。汉武帝又相信了他对着带磁性的棋盘隔空挪棋子的把戏。为了表明自己仍旧虔诚，汉武帝对栾大谎称李少翁是吃马肝吃死的。汉武帝让栾大负责炼金，封了他很多将军职衔，还把自己的女儿卫长公主嫁给了他。可惜他后来策划的神迹破绽越来越多，而且方术大多不灵验，汉武帝终于又发现被骗。这次连女儿都搭进去了，他更加恼怒，不仅腰斩了栾大，还把推荐栾大的乐成侯也一并夺爵弃市。

最后一个术士公孙卿再卖弄把戏时，其实汉武帝已经不怎么相信。但公孙卿是个聪明人，他策划的祥瑞，往往能够直接与汉武帝的政策相结合，主要是用神迹包装，配合汉武帝改制，包括五帝历史传说、山川崇拜以及国族意识的构建等。所以作为吹鼓手，他的这一套，对汉武帝而言，即使没那么相信，却有其利用价值，所以汉武帝并没有杀他。

汉武帝就是这么一个有欲望的人。他什么都想要，包括长生不老、羽化成仙。汉武帝在克制自己这些欲望上，相对而言是失败的。因为，纵然他雄才大略，可他的骨子里仍然只是一个精明的贵公子。他实现千古帝业的大欲背后，多了一些他的才智、天赋与殊能，少了一些像汉文帝那样对芸芸众生的悲悯、对生离死别的窥破。所以，在他的大欲总是差那么一点要实现时，他选择的是再赌一把，一定要彻底胜利。

发动一系列战争带来的副作用，汉武帝并非没有意识到。他明白代价，甚至亲口说出，自己的所作所为"不得不劳民。若后世又如朕所为，是袭亡秦之迹"，但他追求的就是在他的任内一劳永逸。他的帝王权威与声望，不要说西汉后面的皇帝，下一个能够达到的，大概要到唐朝了。他用他的聪慧才干、精明谋略，完成了对整个天下的极端透支与动员。

当他听到主父偃向他强调"国虽大，好战必亡；天下虽平，忘战必危"，当他听到徐乐为他分析当今"天下之患"在于像秦朝一样"土崩"，他大呼与他们相见恨晚，并立即授予他们官职。汉武帝明白他的做法有多大的代价和风险，甚至有多损他的声望与威严，但他忍不住，就是想要毕其功于他一人，好让子孙能够垂拱而治。

告缗令，算缗令，六改货币，均输平准，盐铁官营，榷酒酤，高频率地巡游，大规模地移民，关东二百万流民难安，黄河泛滥二十年难治……

他更像是一个技术极其精湛的赌徒，赢一把再收手，再赢一把就收手，最后赢一把一定收手……但只要他活着，再赢一把的欲望什么时候是个头呢？他是被欲望支配着向前走的皇帝。

汉武帝的母亲王太后，本身就是二婚嫁入后宫，不断向上攀附权力，最终靠权谋斗争斗倒了栗姬和太子，才登上后位，使儿子从诸侯王成为太子。彼时刘彻只是一个幼童，他自小遇到危险就会被母亲庇护在身后，遇到胜利就被高高捧起。在他眼中，世界总是风平浪静，前程总是一帆风顺，这养成了他一贯自信自负的心态。除了奶奶窦太后在他继位之初给他泼了一头凉水外，他的一生都在走上坡路。

他从小就被众星拱月、呼风唤雨，自出生就是尊贵无比的皇子，幼年时就成为坐拥一方的诸侯，童年时又被皇帝晋升为太子，少年时就成了拥有整个天下的天子。他就像现在那种从小就戴惯了大红花，从小家里墙上就挂满奖状的孩子，虽然聪明过人、自信无比，却始终被更好更完美的成绩、更高更成功的成就——这些惯性的欲望所鞭策和支配，无法停下追求更完美、更圆满、更出色的脚步，这是一个成绩导向的行为逻辑。但已经成了皇帝，他要如何才能拿出其他皇帝都做不到的、更好的成绩单呢？与秦始皇相同，汉武帝也是轴人、狂人。不是轴人的话，就不会把历史的进程，包括走向强盛，也包括走向衰退的速度，都大幅度加快。

海内虚耗，户口减半，百姓流离，物故者半。他早就看到了实现欲望的代价，却仍旧没能忍住欲望，停下脚步。他赢了所有人，唯独赢不了自己强烈的欲望。也许，当他原本完美的人生在晚年出现了他自己都想不通何以至此的人伦悲剧时，他会怀念那个评价他“多欲”，又帮他克制欲望的汲黯吧。如果当他沉浸在过度膨胀的自负中时，汲黯能来点醒他，或许结果会不一样吧？

可惜，世间再也没有那个能让他一次次沉默的汲黯。

# 六、霸权转移

## 01　匈奴政权

秦始皇二十六年（公元前221年），秦统一华夏，建立了中华第一个大一统王朝。

秦始皇三十二年（公元前215年），秦将蒙恬率三十万秦军北击匈奴，将匈奴逐出河南地，即河套地区，并屯兵上郡，修筑长城、直道、驰道，以加强对匈奴的防御优势。

几年之后，匈奴太子冒顿鸣镝弑父，射杀头曼单于，自立为匈奴大单于。冒顿单于在位期间，击败东胡王、月氏王，吞并楼烦、白羊部落。丁零、浑庾、屈射、鬲昆、薪犁等部族纷纷臣服于匈奴。楼兰、乌孙、呼揭等二十六个西域国家，最终也被匈奴降服。冒顿单于还趁秦汉之际中原大乱，夺回河套地区。他基本上统一了草原诸部，并将势力范围扩张到河西走廊与西域，并设计了草原诸部的联合国家体制，建立了强大的匈奴政权。

这是紧随着华夏中原的秦汉王朝统一之后北方草原的第一次统一。

汉高帝七年（公元前200年），汉高祖刘邦亲自领兵迎击匈奴，却被冒顿单于围困在白登山。从这一刻开始，汉朝皇帝已经意识到，匈奴不再只是一个袭扰北方边境的较强的蛮族部落，而是领土广袤、深不可测的强大政权，以汉朝初年疲敝的状态，根本不可能将其制服。

双方对峙下，汉高祖刘邦与匈奴冒顿单于达成秘密协议，汉朝开始逐渐转向与匈奴和亲，与匈奴约为兄弟之国。这是华夏天子第一次将自己的身段放这么低。

汉朝皇帝给匈奴单于的书信会先敬称“皇帝敬问匈奴大单于无恙”，而匈奴单于给汉朝皇帝的书信则会先称“天所立匈奴大单于敬问皇帝无恙”，甚至还会更加傲慢地称“天地所生日月所置匈奴大单于敬问汉皇帝无恙”。

2020年，蒙古国公布了疑似匈奴龙城遗址的考古发掘成果，其发现的一块瓦当残片上写着“天子单于”，另一块残片上写着“天子单于与天毋极千万岁”。可见，汉朝与匈奴约为兄弟之国，和后世的北宋与辽国约为兄弟之国类似。两国君主皆自称为天子，实是并驾齐驱。中国历史上很少有天子同时承认其他国君为天子的情形。这对秉持“天下观”的华夏而言是一种法理上的缺憾，可见此时汉朝对匈奴之被动与匈奴之强盛。

汉初实行和亲政策，汉朝大量派出或真或假的公主前往匈奴进行联姻，汉朝对匈奴隐晦地实行了“嫁妆贸易”，给予匈奴丰厚的物资，设立关市，让匈奴人越来越多地得到汉朝生产的物资，以换取匈奴尽可能不侵扰汉朝的边境。

元光二年（公元前133年），和亲政策从白登之围延续到了汉武帝亲政之初，元光二年这一年，历时六十余年，以汉武帝策划的马邑之谋失败而告终。这次汉武帝试图诱杀匈奴单于并歼灭其部队，却打草惊蛇，徒劳无功。从此，汉匈和亲断绝。

这六七十年的和亲政策，使得匈奴更多地用和平手段获得汉朝这个生产高地所产出的物资，因此没有与汉朝发生过全面战争或大规模冲突。但当匈奴贪欲高涨时，他们不断侵扰汉朝边境，劫掠边境的人口与财富，甚至掳掠技术人才，这让汉朝倍感困扰。汉朝边关的百姓，被匈奴时刻威胁财产乃至人身自由与生命，朝不保夕，毫无安全感可言。匈奴的威胁给汉朝带来的压力不断升高。

这六七十年中，匈奴达到了鼎盛时期，汉朝也在一点点恢复经济，走向复兴。早前，秦汉统一中原早于匈奴统一草原。秦朝自身的结构性问题没能解决，迅速崩溃，但汉朝很快又以郡国并行制度衔接秦朝，再次统一。匈奴统一草原应是在汉初。中原与草原的一前一后统一，有其内在的地缘因素和历史逻辑。

草原的强大，是倒逼中原必须靠统一降低行政成本，打破区域行政壁垒，以高效应对外部矛盾的动力之一。

而中原的统一，又对草原诸部形成了巨大的压力。这种压力，不只是军事上的。草原游牧民族逐水草而居，生于马背之上，从小就学习射猎，人人善于骑射，全民皆兵。受生产力和高纬度地区自然条件所限，必须靠南下劫掠才能获得富足的汉地所生产的丰富物资以维系生活。但中原这个农耕地区一旦统一，哪怕是像秦始皇那样，依靠阴山与燕山等山脉、山系，修建长城，设立关卡，拒游牧民族于阴山以北，建立足够的动员优势阻止游牧民族南下劫掠华夏族人，都将对依赖中原物资贸易的草原游牧民族产生毁灭性的打击。

因此，草原也会被中原的统一所倒逼，进而也形成一种草原式的统一。这种统一，说白了就是建立部落联合的草原政权，然后在统一的计划、部署与指挥下，草原各部不再以松散的、局部的小范围劫掠华夏边地，而是有组织地组团劫掠。

当中原再次统一，而草原也已经整合，匈奴与汉朝其实就形成了一种均势，谁也破不了谁。如果汉朝把战略资源全部用于对抗匈奴，这对匈奴也是一种严重的生存威胁。而匈奴就算能够摧毁汉地，以匈奴此时的文明程度也远不足以统治汉地。西汉时期的匈奴和西晋到唐宋的五胡、突厥、契丹、女真等民族不同，西汉的匈奴人“毋文书，以言语为约束”，是一个连文字都没有形成、文化落后的民族。龙城考古发现的“天子单于”瓦当，其实上面都是汉字。

或者说，是华夏族与汉人太过超前，在那个蛮荒遍地的时代拥有了早熟的文化、技术，以及有先进动员能力的官僚组织架构，还有数百万平方公里的广袤国土，这在当时的古大陆上可谓是鹤立鸡群。汉朝中期开始，更是对周边族群形成了绝对战争优势。

汉初长期采取和亲政策，是因为内部还有很多结构性问题没有解决。但恰恰是因为汉初处于守势，匈奴的重心也在西北方向，汉朝廷辖区实则是替处于中原与南方的内陆腹地的诸侯国与南方藩国，抵挡住了当时强大的匈奴军队。朝廷军队在对贪婪的匈奴一轮轮地防守与厮杀中，早已经百炼成钢。故而当深处腹地，不闻边塞刀枪之声已经数十年，承平日久，忘战、厌战的七国叛军试图杀向长安时，竟在周亚夫、窦婴等率领的朝廷军队面前不堪一击，朝廷军队个把月便平定了声势如此浩大的叛乱。这迅速平定叛乱，与秦末关东起义迥然相异的战争结果，连汉景帝自己都没有想到。

从更大的视角来看，不断提高生产力的汉地，与不断通过和亲、小范围劫掠汉地获得充足物质资源的匈奴，或已形成了一种历史性的地缘分工。匈奴从河西走廊的陆上丝路和草原丝路出发，打通商路，一直到西域，也可以说匈奴最早连通了大半的丝绸之路，只不过这条丝绸之路通向草原而不是中原。匈奴扮演的角色，其实是人少而善战的马上民族，他们负责贯通商路，作为汉朝与西方国际社会之间的“中间商”赚“差价”，赚取巨额的商业贸易利润。

匈奴对丝路的掌控，从张骞开辟丝路后，汉地丝路贸易迅速形成就可以窥见一斑。对汉民族而言，张骞开辟的丝路是较为陌生的道路。当时这条商路，从河西到西域，几乎都是匈奴全线控制的势力范围。因此，张骞第一次出使匈奴，在外滞留了十余年之久，很难说张骞对汉朝贯通西域的全盘构想，不是基于匈奴已经控制河西与西域的事实上，产生进一步思考。张骞滞留匈奴的十几年，他的主要学习对象就是掌握了商路信息的匈奴。脱困匈奴之后，张骞两次出使西域，对西域情况已经相当熟稔。而匈奴人当初软禁张骞的理由，就是汉朝使者不应该越过匈奴去联络匈奴以北、以西的国家，这其实就表现出匈奴对商路信息的垄断。

汉匈和亲历史时期，匈奴之所以强大，其实是因为背靠汉朝，沟通西域，在东方的汉朝与西方的西域两边信息不透明时，利用东西方信息差，控制商道陆权，做了一个不断汲取两方营养的“中间商”。汉武帝击败匈奴，实则是中原“工厂老板”夺走了“渠道商”的通路，自产自销，从此没有“中间商”赚差价，为汉朝带来了更丰厚的利润空间。

## 02 对匈四大战役

元朔二年（公元前127年），汉武帝派遣卫青等人，发动对匈奴的河南之战，收复秦末乱世被匈奴人夺走的河套地区。

元朔五年（公元前124年）至元朔六年（公元前123年），汉武帝派遣卫青等人，发动对匈奴的漠南之战，击败匈奴右贤王。

元狩二年（公元前121年），汉武帝派遣霍去病等人，发动对匈奴的河西之战，将河西走廊收入囊中，令霸占河西半个世纪的匈奴人哀歌道：“失我焉支山，令我妇女无颜色。失我祁连山，使我六畜不蕃息。”

元狩四年（公元前119年），汉武帝派遣卫青、霍去病各领五万精兵，并配数十万后勤部队，发动对匈奴的漠北之战，针对性地打击匈奴左贤王与匈奴大单于。此次与匈奴的战略性决战，因原本部署对阵匈奴单于的霍去病所部遭遇了左贤王部，原本部署对阵左贤王的卫青所部遭遇了匈奴单于部，原计划被打乱，而错失了覆灭匈奴全军、俘虏单于的机会。但经过这次对匈奴的严重军事打击，匈奴不敢在漠南设立治理机构，此后“匈奴远遁，而漠南无王庭”。

这四场战略性的汉匈大战，除了第一场汉军收复秦朝的河南地属于汉人本身比较熟悉的区域，后面三场大战其实都属于深入汉人并不熟悉的区域。

恰恰在第一场河南之战结束的第二年，第二场漠南之战开始的前两年，元朔三年（公元前126年），在匈奴和西域学习并行走了十几年的张骞回到了汉朝。他将自己用十几年时间默默记下的匈奴国与西域各国的信息提供给汉朝。这样关键的情报，正是对匈奴以及其背后的北方、西方严重缺乏了解的汉朝亟需的。

汉朝虽然与匈奴斗了几十年，但都是被动防守，从未深入匈奴腹地。匈奴这么一个草原上的马背民族，为何能形成一个能压制汉朝的强大政权？这个草原政权的国内形势、军政格局、势力范围的具体情况，能够真正了解这些信息的汉人，不是寥寥无几，而是除了张骞，恐怕再没有第二个。

汉朝的这些和亲行动，应只能大致获取匈奴的粗略信息。但张骞与堂邑父两人来回穿越匈奴国境时反复被抓，在匈奴这种严防程度下，估计汉朝对匈奴没有什么深入了解。张骞的使命，出使是其一，搜集情报也很重要。他掌握的西部信息，才是汉武帝急切需要的。

张骞归国后，立刻被汉武帝拜为太中大夫。张骞带回来的西部信息被汉武帝掌握之后，汉武帝制定了两年一次的对匈四大战役的后三大战役，在战略攻势上可谓是一气呵成。张骞成为漠南之战的主要向导，在这场大战中因功封侯。与张骞一起初露锋芒而被封侯的，还有霍去病。

汉武帝曾想教霍去病孙吴兵法，霍去病却说："顾方略何如耳，不至学古兵法。"霍去病重视方略，一改中原部队以往常规的战术战法。在河西之战、漠北之战中，霍去病率领的骑兵部队轻装简从，军队灵活机动，常常以迅雷之势深入敌境，善于利用大迂回、大纵深穿插作战战术，出其不意地重点打击敌军中枢，甚至直接斩首敌军首领。这是一种直冲敌后敢死队式运动游击作战方式，让其他汉朝将领常常跟不上霍去病的脚步，因行军迟缓，落后深入敌军后方的霍去病太远，无法及时与霍去病会合。但霍去病的这套战法，却与匈奴这个马背上的民族的战法相似，而且在技术、装备、素养与纪律性上比匈奴更强，战力更强悍。

霍去病能够对匈奴以彼之道还施彼身，尤其在深入河西时，对一片汉人陌生的区域，能时刻掌握地理、地情与方向等信息，张骞提供的西部地理情报至关重要。从某种程度上说，因为有张骞的存在，汉朝对匈奴的战略挤压进程至少提前了数十年。卫霍功绩和汉武大略背后，是以张骞提供的匈奴及其后方的信息为战略基础。

但是，张骞本人比较倒霉，原本已经封侯的他，在这次对匈军事行动中，被安排到汉朝与匈奴接壤的东部地区，跟随李广将军出右北平，从河北一带出击匈奴。张骞此前被困匈奴十余年，是被困在西部。他始终心系使命，花费漫长时间掌握的地理信息，也主要是匈奴的西部——河西到西域一带。让他从河北出击匈奴东部，而他对匈奴东部的地情民情的熟悉程度又不如对西部，这其实是扬短避长。这一次，他触犯了会师迟到之罪，用他仅仅拥有两年的侯爵抵了刑罚。

也许，汉武帝也发现，让张骞纵横于战场，其实是对张骞的才能的错用。此后，汉武帝让张骞全力主抓外交工作。在霍去病打通河西走廊，打赢漠北之战，将匈奴赶出漠南之后，汉武帝立即派张骞带使团再次出使西域，前往乌孙游说，结交西域各国，在西域减弱匈奴的影响力。

已经控制河西走廊的汉朝，开始跳开匈奴经营西域的商路控制权。

此后纵然匈奴与羌人联合侵扰，但随着汉民大规模地移民河西，他们已经无法动摇汉朝对这条被雪山与沙漠所夹、靠雪山融雪形成河流的绿洲廊道的牢固控制。

匈奴的国内格局——匈奴单于的王庭居中居北，王庭西南为右贤王所部，东南为左贤王所部，基本上就是个三角格局。如果汉朝把这三大势力击溃，匈奴的气就泄了。其实自第二场漠南之战起，汉武帝的外交战略和军事战略就非常明晰。

河南之战，收复秦朝失地，建立在河套地区的坚实的前沿据点。

漠南之战，重点打击右贤王部，降低匈奴从西套沿黄河南下，对河西走廊的策应能力。

河西之战，夺取西域与中原取直的联络线——河西走廊。

漠北之战，同时打击左贤王与匈奴单于，从战略上将匈奴赶出漠南草原，保证西部战略通道之安全。

从元朔二年（公元前127年）到元狩四年（公元前119年）的九年内，汉朝对匈连续发动了四大战役，之后匈奴被赶到漠北苦寒之地，无法再控制西部商路的河西段。汉武帝对匈的阶段性战略决战宣告结束。

其实最后一场大战，如果不是卫青与霍去病出击的路线出了岔子，应该能俘获匈奴单于，迫使匈奴称臣。这本是汉武帝计划的终极一战。此战过后，汉朝损失马匹严重，已经无法持续支撑对匈战役，但也算是取得了战略成功——漠南无王庭。此后二十年，汉武帝没有再对匈奴发起大规模的战役。

当初在中亚的大夏国，张骞发现从身毒国即印度方向也能传入汉朝货物。他认定南方也有一条道路可以沟通西域与西方。打通河西走廊前，在汉武帝支持下，张骞也派出多支南路使团前往西南，寻求开辟商路。

对匈战役结束后，汉武帝开始重启对西南夷的经略，并在长安凿建昆明池，以此向天下宣示汉朝要攻克昆明，打通南方的商路。其后，汉武帝在南线商路上相继平南越，平西南夷，平东越，平滇国。不过，当打通这条商路后，汉武帝大概也发现这里群山阻碍，想要通过身毒国沟通西方的难度还是比走河西走廊的大。汉武帝最终还是选择将河西走廊作为连通西方的首要文明通道来经营，这就是著名的丝绸之路。

## 03 丝绸之路

汉武帝平定了东亚一圈邻国，已经没有什么可以掣肘汉朝的力量。经略西南多年后，汉武帝大概也发现，张骞提出的身毒国之商路，显然没法与维护成本低、便利、处于中线的丝绸之路相比。南方的山实在太多了，而且周边国家复杂，盘踞在沿线的大大小小的国家都像土匪一样，共同经营商路的政治成本太高。

地处青藏高原北缘的西北丝绸之路则不同。那时候青藏高原就没什么人口和国家，北边又是沙漠、戈壁，也没什么人。关中——陇西——河西——天山，这一条狭窄的地理廊道，尤其是已经被汉朝控制的河西走廊段，基本上就没有其他势力能大规模骚扰，贸易中断风险是最小的。

秦汉之际的战乱削弱了中原的实力。匈奴紧随秦朝的脚步，在汉初统一草原，并压制住汉朝。那么，汉朝等于是被西南的青藏高原、横断山脉、云贵高原，缅甸的掸邦高原，以及越南的长山山脉阻隔，在西北部、北部、东北部，又被匈奴、草原、大漠阻隔。

汉朝被各种地理和政治屏障合围起来，封闭在欧亚大陆的东端。漠北决战之后，匈奴的势力范围收缩。汉武帝基本上已经贯通了汉朝与西域之间的河西走廊，在匈奴势力与青藏高原北缘之间撕开了一条最易于联络西方的大道通途。汉朝绕开匈奴这个东买西卖的“中间商”，自己直接经营这条重要地理廊道上的商路。

汉朝与西域的使者、商队开始源源不断地往来于丝绸之路。西方的各种作物、特产、文化、技术纷纷传入汉地。文明的交流得到空前的发展，汉朝得到的外部输入性的增量利益巨大。作为文明通道，丝绸之路繁荣的贸易就此形成。

除了西北的陆上丝绸之路以外，还有南方丝绸之路、草原丝绸之路、海上丝绸之路等多个文明大通道。

海上丝绸之路的繁荣，依赖造船与航海技术的进步以及海权时代的来临。西汉显然还不具备这个条件。

相对而言，南方丝绸之路距离华夏最大的农耕经济高地黄淮海平原较远。国内南方的山地就比较多，更何况要翻过天堑一般的青藏高原、横断山脉、群山林立的云贵高原，以及东南亚的高原群山。中原王朝能以岭南的珠江三角洲平原为经营据点，将领土沿着越南长山山脉东侧的沿海走廊，稍稍深入更南的地区，就已达极限，沿途各种国家势力分布凌乱。印度次大陆又是两重天险阻隔。零星的货物纵然能够从南方丝绸之路中转过去，但南方丝绸之路作为大型文明通道的条件，比起西北丝绸之路的长安经渭河地堑，沿河西走廊，最终由天山廊道西出帕米尔高原，显然要差不少。何况秦汉时期只是刚刚纳入南方的国土，真正对南方的经济进行大开发则要到东晋、南朝与南宋等多个时期的向南人口大迁徙之后了。

那么，秦汉时期有条件成为第一大贸易与文明通道的就只有西北陆上丝绸之路。而且，这条路经天山、河西、陇西、关中，在汉朝腹地后，此路到达的第一站大都会就是西汉的京师长安。定都长安的王朝往往能够把国家版图与势力范围拓张到最西边，最大程度地保障商路的秩序。往来东西方的贸易货物，经由长安和关中平原这个地堑型廊道，可以向青藏高原以东的中东部腹地、巴蜀盆地等各个方向集散与分流。

这样，长安就成了陆权时代政治中心、军事中心与经济中心叠合在一起的中心城市。在经济上，作为对外贸易第一站的关中有足够的财富来养兵。在政治上，关中替东方腹地抵挡住西北部外族施加的地缘压力。在军事上，关中又有四塞之固，进可攻退可守。汉地于是形成关中前沿与关东腹地一前一后的分工格局。

不过，草原王朝能够赶在中原王朝之前控制这条通道，也是有地缘规律的。西汉前期，汉朝奉行同匈奴和亲与开边的政策。匈奴借机东买西卖，在西域与汉朝之间控制关键的商道。匈奴之所以能够最早发现且整合与控制这条商路，是因为匈奴还有蒙古高原上的草原丝绸之路，此路也可以抵达西方。尽管这条草原商道沿线的人口稀薄，产业稀少，但匈奴作为游牧民族，四处迁徙，能敏感地获取当时在东西方之间尚不被世人广泛知晓的地理信息。匈奴通过草原之路，最先发现了东西方的差异。匈奴有了西域这个目标后，再在青藏高原北麓寻找并发现河西走廊——这条最宜居宜商的地理廊道，然后赶走当地的月氏人，控制这条廊道，利用信息差，在东西方之间坐享交通之利。

汉武帝对匈四大战役后，汉朝就把这条西部商道夺到手中。如果说在东西方之间，草原丝绸之路是北线通道，西北丝绸之路是中线通道，南方丝绸之路是南线通道，那么就是汉朝控制了中线与南线，但发现南线并不理想，最后还是要靠中线通道沟通西域。

可是，匈奴仍然掌握着北线的草原丝绸之路，仍然可以在北线通往西域，与汉朝争夺控制权与影响力。因此，后来分裂出去的北匈奴依然可以坚持与汉朝作对到东汉，而没有控制这条北线通道的南匈奴只能依附于汉朝，并在魏晋时期内迁。而传说中，最终匈奴逃往欧洲，建立了匈人帝国，成为令欧洲闻风丧胆的上帝之鞭，大概也是因为北匈奴到最后仍然掌握着北线的东西大通道。

漠北之战是一个分水岭。汉朝掌握了丝绸之路的河西段，还发现建设南线通道的可行性不高，就全力经营丝绸之路。而后，汉朝就要着手挤压匈奴在西域的影响力，开始抢夺西域。

张骞第二次出使西域之后，没能说动乌孙国倒向汉朝。乌孙此时还不敢相信陌生的汉朝，不敢背离匈奴，但乌孙也派大规模的使团前来汉朝，考察具体情况。乌孙国了解到汉朝的强大后，也与汉朝和亲联姻。

张骞回到汉朝后，被汉武帝任命为九卿之一的大行令。大行令原先掌管诸侯国事务，但诸侯国逐渐式微后，事务就不那么繁重。自张骞当上大行令，大行掌管的事务就拓展到国际外交领域。张骞仍然不间断地向西域各国派出使节，为大汉朝制定了未来的外交政策。可惜的是，一年多后张骞就病逝了。

张骞并没有立下赫赫战功。他赎罪时被免去的博望侯爵位，始终没能再立功恢复。但后来的汉朝使者，即使在张骞去世后也无不打着博望侯的名号出使西域，因为博望侯张骞就是西域各国都认同的一张通行证。如果没有他，卫青、霍去病等人在完全不知道匈奴地情的条件下深入河西、漠南、漠北，结果是否还会如历史发生的那样一贯顺利，汉武帝征讨匈奴的进程是否会在短短的十年之内完成攻守易势，都不得而知。

没有人能为张骞计算军功，因为他的功劳是隐性的。他极大地减轻了中国走向世界过程中的阵痛与代价，极大地推动了中国走向强盛的进程。这些不是军功，却是里程碑式的贡献。张骞像一盏路灯，照亮了汉朝的大方向，照亮了后世的方向。汉武帝还是爱惜他的，让他官至九卿，成就了这个西汉乃至中国的首位世界级的专业外交家。司马迁描述张骞的功绩时，用到了一个词——“凿空”。张骞凿空了西域，指引汉朝将五千里的丝绸之路，变作了自己的领土。

## 04 一征大宛

元封年间，经过十年的休养生息，汉朝损失殆尽的马匹资源逐渐充足起来。汉武帝认为汉匈形势发生了变化。汉武帝亲率十八万大军，亲临匈奴故地，北登单于台，旌旗绵延千余里，威震匈奴。汉朝对匈奴开始再次转入积极姿态。

但那些夹在汉匈之间两头索要好处的西域小国，明显更畏惧在西域驻军并逼西域小国称藩称臣的匈奴，对只在贸易与外交上拉拢他们的汉朝，经常毫不客气。

其中，与敦煌相邻的楼兰、车师是西域最东端的两个国家，紧贴着汉朝，所以比较畏惧汉朝，但又积极配合匈奴骚扰汉朝，动辄截杀汉朝商队与使团。

已经平定南方与朝鲜的汉武帝腾出了手，改变一贯的拉拢策略，对西域国家采取恩威并施的手段。他派赵破奴等汉朝将领，俘获楼兰王，攻破车师国，先拿这两个挨着汉朝的匈奴代理国开刀。

不久，令匈奴人畏惧的大司马、大将军卫青病逝。西域西端的乌孙国在汉武帝远交近攻，动真格地讨伐西域国家后，决定倒向汉朝，与汉朝和亲。自此，汉武帝开始推动西域成为汉朝的势力范围。

汉军活捉楼兰王，大破车师国，震动西域。匈奴害怕出现西域小国纷纷结好汉朝之势，急需遏制这种趋势。当时在西域，匈奴是瘦死的骆驼比马大，对西域的影响力仍不可小觑。匈奴在西域一直设有僮仆都尉，专门掌领西域，收取西域诸国的赋税。匈奴经营西域半个多世纪，并不是一朝一夕就可以瓦解的。匈奴人的僮仆都尉一直到汉宣帝设置西域都护府才被终结，可见匈奴与汉朝争夺西域的博弈时间之久。

汉武帝既已经打服了西域东端，为了进一步挤压匈奴在西域的空间，决定派使者前往西域西端的大宛国，试图与大宛交好，并希望大宛国给汉朝提供一些当地特产的好马。但汉朝这一次遭遇了外交困局。

大宛国认为汉朝距离大宛遥远，所以不仅不同意给汉朝大宛马，还杀死了不愿把汉朝用来换马的财宝交给大宛的汉朝使者。

这样恶性的外交事件，如果汉武帝不反击，势必会动摇已经倒向汉朝的西域小国之人心。杀鸡儆猴，惩罚大宛，是汉武帝不得不抓的外交与战争杠杆。只有把大宛打服，已经归附汉朝的西域国家才有信心继续跟随汉朝。于是，汉武帝派李广利为主帅，征调了地方诸侯国的六千名骑兵，又凑上地方上几万个不良青年，也就是街痞，临时组成了一支远征军，前往西域征讨大宛。

之前对匈奴的战役，是汉朝被匈奴压制了大半个世纪后，对匈奴的伸张之举，是汉朝与匈奴两国的对战。漠北之战后，汉朝与匈奴间的形势发生逆转，汉朝开始主动压制匈奴，占据上风，但这也仅仅是汉匈两国国力与军力之间的转折。

这次征讨大宛的意义却完全不同。汉朝虽然是一个经济发达的大国，但由于历史的惯性，在世界地缘战略上仍处于挑战方。而匈奴虽然有所衰落，甚至军力已经明显不如汉朝，但仍然抓着区域乃至国际间的霸权杠杆。大汉与匈奴会如何完成霸权的更替？匈奴在西域的霸权，又会以什么样的形势转移到汉朝手中？

李广利讨伐大宛，这就是霸权的转移之战，是秦汉时代一次国际地缘格局分水岭式的剧变，是世界军事史的一次里程碑。

大宛国处在帕米尔高原的西麓，在今天的中亚地区。走出河西走廊之后，只能沿着塔里木盆地这个全是沙漠的死亡之海两侧前行，要么走北侧的天山一线，要么走南侧的昆仑山一线。只有这两条线上有雪山融雪化成的河流可以形成绿洲，进而形成人类居住的城邦。

李广利远征大宛国，是除了唐朝再次越过帕米尔高原之外，中国历史上距离最远的一次西征，而且远征军规模庞大，可谓是前无古人，后世也极其罕有。

初出茅庐的李广利带着一支临时拼凑的痞子军到了西域，终于还是让大宛国言中了。大宛国在西域的西端，距离汉朝太远。汉朝军队到了后，大多数西域小国还是不把汉朝放在眼里，都紧闭城门，不让汉朝军队进城补给。军队只好沿着狭窄的绿洲带，挨个儿进攻沿途的城池，攻下来就进行补给后再向前进军，攻不下来就只能趁着补给没有耗尽，绕过城池去攻下一座城，直到再次拿到补给。

李广利与这支痞子军一路的艰辛，经常被忽略。李广利的军队行进到大宛，就需要一年的时间。这一年里，李广利需要记住部队所到的每一座城、每一个西域国家的地情、军情。然后还要不断与西域各国作战，总结对方的战术战法、国力、兵力等信息。但痞子军本身就是临时拼凑的非职业军人，战力有限。这一路战斗不断地消耗兵力，李广利眼看着越来越多的士兵倒下，死在这里，又要鼓励活着的士兵坚持下去，坚持到大宛……这场远征，恐怕比唐僧的九九八十一难苦多了。

当李广利终于打到靠近大宛国东边的郁成国时，几万汉军只剩下几千人。大宛国的盟友郁成王不仅不肯助汉军过境，还攻击汉军，轻松击败了李广利这支疲惫不堪的汉朝痞子军，让损耗很大的汉军雪上加霜，伤亡惨重。李广利只好逃离西域，狼狈而归。他回到了汉朝境内的敦煌，这一来一回就是两年的时间。

在汉朝征讨大宛国的同时，匈奴也在给汉朝施加压力。汉武帝想介入匈奴内斗，接受匈奴左大都尉的投降。匈奴也瞅准机会，以此为口实，再次派八万大军到漠南，全歼汉朝赵破奴在受降城的两万部队，策应大宛，试图牵制正在征讨大宛的汉朝。

匈奴左贤王率八万匈奴军队吃掉两万汉军，这是漠北之战十六年后，匈奴部队再次大规模地出现在漠南地区。这意味着此前漠南无王庭的平衡局面被打破。匈奴为了西域霸权，随时要反攻汉朝。事实上，两年后匈奴就扣押了汉朝使者苏武等人，与汉朝再次陷入战争状态。

对于受降城两万汉军的全军覆没，举朝大臣都希望停止攻击过于遥远的西域小国大宛，先将军力全部用于对抗匈奴。但只有汉武帝认为，大宛之战优先于对匈之战。因为汉武帝明白，征战漠北的匈奴本部，其实没有什么实质性的战争利益可言。但是，如果汉朝在西域的外交杠杆断裂，现有的这些亲汉西域国家将纷纷重新倒向匈奴，那么经营十几年的西北商路就会瞬间垮掉。汉朝辛苦建立起的贸易通道和贸易带来的输入性利益就会被中断。因此，征服西域是远比打击匈奴本部重要的事情。

这就是天下霸权争夺的逻辑。大国之间的抗衡，风险更大。然而，打掉大国的小国代理人，才能形成杠杆效应，让形势倒向自己。匈奴这次出击漠南之狠辣，是为了牵制汉武帝同时进行的远征西域，是在急切地保护匈奴已经被严重威胁的西域霸权。汉武帝也明白，打匈奴是两国边境之争，征大宛则是天下霸权之争。小国此时都在观望。

## 05 二征大宛

李广利狼狈逃回汉境后，上书汉武帝，请求带着残兵回长安，攻打大宛之事可以日后再做打算。李广利是汉武帝在卫青去世之后大力栽培的新外戚，搞砸了这次前无古人的远征任务不说，竟然还想退缩。汉武帝大怒，下令李广利所部胆敢擅自进入玉门关者，就地格杀。

其实对汉武帝来说，河西之战让年轻的霍去病挑头，而非老道的卫青，就是一种试验。这次让李广利承担军事史上里程碑式的、地狱级难度的远征，其实也是一种试验。所以，他当年给霍去病配的士兵通常是“敢力战深入之士”。这次远征大宛，汉武帝也是在拿初出茅庐的心腹将领当碰运气的试验品。

可如果李广利畏惧替汉武帝冲在最前，不想做他的试验品，汉武帝有多狠？一边是李广利想逃回汉朝。另一边，汉武帝借李广利的弟弟李季的罪名，把包括其两个弟弟李延年和李季在内的李家灭族。也就是说，当李广利带着残兵想回汉朝时，汉武帝把李家人全部灭族，只留下一个李广利。李广利要么九死一生，下决心打下大宛，回来立功封侯，重立门楣，要么死路一条。李广利大概这时才明白，自己就是一件试验品，一件不值钱的试验品，只有成功或者失败两条路，没有逃避的选项。

这次汉武帝变得认真起来，他专门花了一年时间，再次为李广利征调了六万军队，当然其中还有不少是痞子军，而且配给了十万头牛，三万多匹马，过万头驴、骡、骆驼。依靠这些庞大的畜力，汉军携带了富足的粮食、兵器、弓弩。

这是仅次于漠北之战时，汉武帝给卫青、霍去病十万精锐部队，搭配了数十万后勤人员的第二大规模的动员。这次还是汉朝在遭遇大规模蝗灾等天灾的节骨眼上，发动举国之力进行的远征。卫青、霍去病、李广利，他们能够完成这些军事史上的奇迹，让原本安土重迁的农耕文明部队，能够在环境恶劣的地带击败机动性更强的远方民族部队，就是依靠这强大的后勤动员与组织。这些数万乃至数十万人的后勤部队，其实就是移动的汉朝粮仓与城堡。

基于第一次征讨大宛的失败经验，汉军找到了西域国家的弱项。于是，汉朝士兵配备了大量弓弩，拥有西域良马的军队就怕汉朝的弓弩扫射。当汉朝以数百万平方公里、数千万人口规模的大国之力，去认真攻打这些还处在城邦时代的小国时，这些小国吓傻了。

太初三年（公元前102年），李广利再次从敦煌出发，征讨大宛。李广利明白，自己也是敢死队的一员，也就无所顾忌了。这一次汉军庞大的阵势，震慑了此前那些不给汉军开城门的西域小国，因为这支移动“城堡”的人数甚至是他们全国人口的数倍。

西域小国纷纷给汉军打开城门，并献上军需补给品。李广利这次利用汉军先进的弓弩技术优势，大量射杀大宛守军，直接攻入大宛腹地，并围住了大宛都城。不过，这仍然是地狱级的远征，汉军损耗得只剩三万多人。李广利围攻大宛都城四十多天，攻破了大宛外城。大宛百姓与贵族全部逃到内城，李广利俘获了大宛大将煎靡。

西域的取水技术太过原始，大宛国竟还不具备凿井技术，使用的水源是地上河流。李广利利用这个弱点，截断了城外的水源，令被围困的大宛都城内发生水荒。总体而言，汉朝国家制度奠定的超大国家规模与国家动员力，以及汉朝的军事、生产技术全面大幅领先于西域，是决定汉朝能够完成这次历史罕有的远征之最根本的原因。

当初觉得汉朝根本不可能威胁到大宛的大宛国王，这次傻眼了，他将为自己在大国外交中的自大和鲁莽付出血的代价。大宛贵族看到这次排山倒海、覆压而来的汉军，一副不灭国复仇誓不罢休的凶狠架势，也明白不把这个自大误国的国王杀掉，就无法阻止汉军。于是，大宛贵族发动政变，杀死国王，向汉军求和。他们提出给汉军提供食物与给养，并让汉军挑选汉朝当初希望与之交易的大宛良马。但如果汉军还是不答应，他们就杀死所有大宛良马，与汉军玉石俱焚。

李广利考虑到，大宛国刚刚俘获了汉人工匠，可能将掌握凿井技术，加上大宛盟友康居的部队正在观望局势，非要灭亡大宛也无法占领并统治这遥远的异族国家。但没有大宛种马，汉武帝原本的战略目标就无法实现。拖得太久徒增变故，只会推高汉军的风险。于是，李广利同意了大宛的乞和。

李广利挑选了三千多匹良马，获得了大宛献上的食物，并且让大宛签订了城下之盟，扶持了一个亲汉的大宛贵族成为新的大宛国王，满载而归，班师回朝。在回去的路上，李广利顺势攻破了两次西征都抵抗汉军最凶猛、杀死汉军最多的大宛东部邻国——郁成国的都城。郁成王逃往康居后，康居看到汉军大破大宛的汹汹阵势，急忙将郁成王献给汉军，郁成王最终被汉军所杀。

就在李广利围攻大宛之前，途中西域国家纷纷给汉军献上补给时，还有一个西域国家不肯与汉军友好，便是仑头国。仑头国对汉军强硬抵抗，最终被汉军破城灭国，并被全城屠杀。仑头国还有另一个名称——轮台国。李广利灭轮台、破大宛之后，汉武帝就在轮台设置了使者校尉，作为西汉的据点，专门负责西域事务，兼司屯田，供应往来西域的汉朝使者。

多年之后，主战派建言汉武帝在轮台屯田戍兵，被汉武帝以《轮台诏》回驳。如果汉武帝同意在轮台使者校尉的基础上，大规模地屯田戍兵，则意味着要与匈奴设置在西域的僮仆都尉展开对西域的终极竞争，那其实就等同于设置西域都护府。

汉武帝没有这么做，而是选择息战。后来汉宣帝时期，条件成熟，汉朝才最终在轮台境内设立西域都护府，彻底终结匈奴对西域的统治，将西域全面转为汉朝管辖的番邦，纳入汉朝版图。汉宣帝接过汉武帝的接力棒，继续五征车师，终于彻底将匈奴驱逐出西域。但这一切，都始于李广利成功的第二次远征。

这次远征，是天下霸权的转移，是东亚地缘格局剧变的分水岭。匈奴对西域的控制已经被动摇。汉朝对西域的掌握也已经过了质变点。远在七千里之外的长安，竟然将西域东端的大宛国几乎打到国破家亡。大宛国以东的今新疆地区，大宛国以西的今中亚地区，无不震惊与恐惧。

李广利回师的途中，带着数千匹良马作为战利品，浩浩荡荡地再次经过这些西域小国时，这些城邦无不闻风丧胆。他们纷纷将自己的王子送到汉军之中，让他们跟随汉军去长安城，做大汉皇帝的人质，以表明本国自此归附汉朝。一年多后，大宛国也将王子送到长安，表示归附。

一雪前耻、凯旋的李广利，威震中亚与东亚。如果说卫青与霍去病得到的是汉人的敬仰、匈奴人的畏惧。那么此刻的李广利，隐隐有超过这两位前辈的势头，这是汉朝将领第一次威震世界。此时的汉朝是当之无愧的世界第一大国。

但这样的胜利付出了巨大代价。李广利第一次远征，所剩部队十不存一。李广利第二次远征，所剩部队也只有六分之一。最重要的战利品——三千匹大宛良马，回到长安时也仅剩一半。这举国之力换来的至多就是一场惨胜。

汉武帝知道这代价之大，但他就是忍不住要做这世界级的霸主，世界级的强大国家，要抓住这个杠杆。此战后，天下间的新秩序终于形成。大汉终于成了万世之表，成为后世中国版图的奠基者，统一的多民族国家精神之最鲜明的起点。

其实，汉武帝这一生都在付出代价，告缗令、算缗令、六改货币、均输平准、盐铁官营、榷酒酤、高频率的巡游、大规模的移民、关东二百万流民难安、黄河泛滥二十年难治，这开疆拓土的国家荣耀，使不少汉人觉得自豪与骄傲，于是给自己的孩子取名叫广汉、广国、充国、定国，也有很多汉人为这些功业付出血泪汗水，给孩子取名叫延年、延寿、去病、去疾、病已，只希望孩子能好好活下去。

汉武帝就是这样的赌徒，技术精湛的赌徒。他是伟大的胜利者，却也把整个天下变成了予取予求的赌桌筹码。海内虚耗，户口减半。竭民财力，物故者半。

多少人的生死离别，只是他追求再赢一局的沙盘推演中，用来微操的游戏数据而已。但是，他真的在整体上赢了。这样的结局是否弊在当代和利在千秋，功过评说，还是留给每个人去判断吧。只能说，攘四夷，广土境，他带领的大汉，赢了一大局。

当两个大国之间霸权发生转移时，这么一场利用区域战争杠杆，两役而定数百年世界格局的立威之战，对想做墙头草的小国彻底的威慑之战，几乎是不可避免的。大宛这样的小国是悲哀的，但小国也有自己的生存自守之道。没有守好小国生存与平衡之道的大宛，成了这场霸权转移的地缘大变局中最大的献祭品。但大国，又何尝不是即使赢牌也难下赌桌的赌徒？汉朝付出了代价才获胜。可如果获胜的不是汉朝，谁又知道分裂、乞降的会不会是汉朝，被挂在城头的是不是汉朝……

大宛国这样一个在西域最不可能被汉朝击败的匈奴代理人，也倒下了。这意味着不会再有西域国家会为匈奴去和汉朝拼命了。匈奴在西域最后的霸权利益与统治秩序，只能自己守护了。那么，之后匈奴就只能自己上场，与汉朝进行终极肉搏了。汉武帝晚年对匈奴的第二波战役潮，就此开始。

但没有了替汉武帝分忧的卫青，只剩下一个搞内乱的李广利，不仅让汉武帝后院起火，还在这第二波对匈战役中连连败北，甚至让老迈的汉武帝遭遇了一生中最痛苦的挫败。

# 七、巫蛊悲剧

## 01　巫蛊之祸

汉武帝一生中经历过三次巫蛊事件。第一次是陈皇后使用巫术诅咒其他妃嫔而被废。第二次是有人告发丞相公孙贺的儿子用巫术诅咒汉武帝。第三次就是最著名也最惨烈的巫蛊之祸。

征和二年（公元前91年）的一天，汉武帝梦到一群木头人拿着棍棒想要攻击他，自此就生了病，精神很差。江充与太子刘据、皇后卫子夫有过节，担心武帝去世后自己被太子清算，便宣称武帝的病是巫蛊作祟引起的。

于是，汉武帝派江充查办巫蛊案。江充到处掘地，寻找被埋起来诅咒武帝的木头人，并趁机栽赃陷害，清除异己，前后有数万人受牵连而死。

江充看出汉武帝的猜忌心理越发严重，便派巫师称皇帝生病的根源是皇宫里的蛊气。汉武帝派江充在宫里四处掘地寻蛊，又派按道侯韩说、黄门苏文等人协助他。江充先从后宫里那些不被宠幸的妃嫔的住处依次寻找，一直搜到皇后宫中和太子宫中，掘开卧室的地面。江充声称在太子宫中发现大量木头人，还有写着诅咒皇帝的丝帛。

太子非常害怕。少傅石德对太子说，既然没有办法解释清楚，不如先起事反抗，日后再对皇帝解释，否则会重蹈扶苏的覆辙。太子见江充死咬自己，便依计假传圣旨，将江充、韩说等人逮捕并杀死。

太子派人把一切禀告皇后，之后打开武库，试图调兵夺取长安城的控制权。

长安城内一片混乱。苏文逃出长安，回到甘泉宫，向汉武帝汇报说太子谋反。汉武帝认为太子只是太害怕，又怨恨江充，才发生这样的变故，于是派使臣将太子召来。可使臣不敢进入长安，反而回去汇报说太子已经造反。

汉武帝勃然大怒，命令丞相刘屈氂镇压叛乱，不能让叛军逃出长安城，他自会奖惩分明。太子则宣称，皇帝在甘泉宫因病被奸臣挟持，自己才是在平叛。汉武帝从甘泉宫回来，到长安城西的建章宫亲自下诏，调动三辅周围各县的军队给丞相刘屈氂管理。侍郎马通也赶到长安，夺走太子的骑兵，擒获太子少傅石德，并与大鸿胪商丘成等人一起围剿太子。

太子召见禁军将领、护北军使者任安，命令任安发兵。可作为卫青旧部的任安拜受符节之后，返回营中，闭门不出，既不帮太子也不攻击太子。可见，卫氏整体上要安分守己得多，只是被迫临时起兵，并没有完善的计划。太子只好率军离开，与丞相刘屈氂带领的军队大战五天，死亡数万人，血染长安。民间都认为“太子造反”，都不支持太子，而丞相刘屈氂的兵力持续加强。

最终，太子兵败，向南逃至长安城的覆盎门。昔日卫青提携的司直田仁正把守城门，放太子逃出长安城。丞相刘屈氂想杀掉田仁，御史大夫暴胜之却保下了田仁。汉武帝听说后震怒，逼暴胜之自杀。汉武帝派宗正刘长、执金吾刘敢带着圣旨，将皇后的印玺和绶带全都收回，皇后卫子夫自杀，汉武帝将同情太子的任安和田仁一同腰斩。

汉武帝封赏平叛有功的马通、景建、商丘成为侯爵。太子的门客则全部处死。凡是被太子逼迫参与叛乱的，全被流放至敦煌郡。凡是跟着太子发兵的，全部以谋反罪灭族，包括太子的家人。最终，唯一幸免的是太子那还在襁褓里的孙子。

就在汉武帝震怒、群臣惶惶不安时，壶关三老令狐茂上书劝汉武帝，说太子是至亲骨肉，被江充这个奸邪小人陷害，子盗父兵只是为图自保，情有可原。汉武帝看后有所释怀和醒悟，但并不赦免太子。

太子藏匿在湖县，后被发现行迹，自缢而亡。汉武帝悲伤不已，因为陪伴自己五十年、封后三十八年的妻子死了。汉武帝二十九岁时才出生的姗姗来迟的嫡长子，自己看着长大并寄予厚望的太子，也死了。他身边陪伴最久的至亲家人们，一下子全都没了。

不久，汉武帝怜太子无辜，兴建思子宫，又在湖县建了一座归来望思之台，天下人闻之无不悲之。汉武帝最终认识到，这是自己遭遇的一场人伦悲剧。但这悲剧的源头在哪里呢?

## 02 李广利与汉武后期制衡

李广利到底是个什么样的人物，为什么一个已经失去了李夫人这个姐姐的光杆外戚，能以一己之力推动李氏崛起?

元鼎五年（公元前112年），李夫人兄李延年入宫。

同年，李夫人入宫，得到汉武帝专宠。

李夫人入宫后，其实李氏外戚并没有崛起。长兄李延年只是一个得宠的乐官，并没有直接威胁到卫氏外戚。毕竟，李夫人算是卫青的妻子平阳公主举荐给皇帝的，本身受惠于卫氏外戚，所以李夫人虽然受宠，但汉武帝没有刻意拔擢李家人，李家不敢冒犯皇后代表的卫氏外戚，应与卫氏关系颇好。

转折点是李夫人生下刘髆不久后病逝。李广利掌兵，是在李夫人死后。李夫人临死前故意不见皇帝，让皇帝产生遗憾，答应照顾李夫人的三个兄弟。李延年虽只是个乐官，但在内廷受到皇帝宠信。汉武帝更器重的是三兄弟里的李广利，委以兵权，任命他为贰师将军，举国之力支持他远征大宛国。

这时，卫青已经去世，卫氏集团断了重要的臂翼。汉武帝已经开始有意识地提拔李氏外戚执掌兵权，建功立业，就像当年扶持卫青、霍去病这些卫氏外戚一样。

卫氏集团看到这个强力竞争者的出现，肯定要有所打压。没了李夫人，卫氏外戚反攻李氏，不费吹灰之力。于是，卫氏外戚用李延年的弟弟李季秽乱后宫的事实牵连打击李广利，李延年、李季兄弟二人因“坐奸”获罪，被灭族。

李夫人死后，李延年等宫内的兄弟先卷入斗争遭殃，但李广利靠在外领兵出征，最终撑下来了。李氏外戚能在以皇后、太子为核心的卫氏集团绞杀下，留存下李广利一人，主要是因为李广利在全家被灭族的最危急关头，在军中争了一口气。

李夫人死了，李氏外戚集团才开始崛起，真正建立李氏外戚集团的其实是李广利。

李广利不是卫青、霍去病那样的战神，而是以勤补拙的中资将领。两位兄弟被灭族时，他正带兵在外。他在前线领兵，背后却被汉武帝灭族。他只能打赢硬仗，然后将功赎罪，求得赦免。在被灭门后，已经没有族人的李广利才重新建立起门庭。

李广利一败一胜，两次远征，前前后后历经三年多。第二次伐大宛是从太初二年（公元前103年）（一说为太初三年），打到太初四年（公元前101年）。结合李广利在前线作战与弟弟在京师被杀的时间，可以推算出李夫人之死发生在太初元年（公元前104年）以前。

而李夫人的儿子昌邑王刘髆死在汉武帝后元二年（公元前87年），当时刘髆的儿子刘贺才三岁。按刘髆十五岁就有刘贺来推算，没有记载出生时间的刘髆，应该是在元封五年（公元前106年）前后出生。他出生后，李夫人就去世，那么李夫人死亡的时间应该是元封五年至太初元年之间。李延年死时，李广利立下大功，没有被株连和清算。那么，李延年应该是在太初二年至太初四年间被杀。

元封五年，卫青病逝。卫氏外戚失去了军中的顶梁柱。

元封六年左右，刘髆出生，李夫人死。

太初元年，李广利率军出征。

太初二年，卫青与卫皇后的姐夫、太子刘据的姨父公孙贺开始担任丞相，执掌文官系统十几年。公孙贺的儿子、卫皇后的外甥公孙敬声亦任九卿之一的太仆。

太初二年至太初四年，李广利的两个弟弟被灭族。李广利携战功独活，从此封侯拜将，成为皇帝身边掌兵的红人。

汉武帝开始公开培养李广利。卫氏外戚原本要借李夫人早亡对李氏外戚赶尽杀绝，但李广利凭借自己的军功和皇帝的扶持独活下来，并开始积蓄李氏外戚力量，威胁卫氏。

灭族李家是依法株连，汉武帝“后怜其家”是用军功和情分以个人名义担保，留下李广利。其实从第一次被灭族开始，李广利和卫氏的矛盾就不可调和了，他是汉武帝时期的“赵氏孤儿”。

汉武帝以酎金夺爵削除一半列侯之后，功侯势力与诸侯势力都已转衰，作为文官系统之首的丞相已是汉武帝嫡党卫氏外戚的囊中物。这时，形势已经发生微妙的变化，原本开国功臣子弟、王太后外戚，与武帝的卫氏外戚还有制衡和竞争。现在卫氏外戚一家独大，如日中天，皇后与储君都地位稳固，已隐隐有包围皇权之迹象。

赦免并栽培李广利，是汉武帝在卫青死后培植新外戚势力的伊始。这是一次皇帝制衡卫氏集团的措施。相权已经给了卫氏，军权就不能全部给卫氏。

李广利的崛起实质上是汉武帝刻意推动的。之所以选李广利，是因为刘髆最小，对太子没有太大威胁。何况说是外戚，姐姐死了，李氏在后宫根本就都没有援依。加上此时李广利的族人尽死，他无疑更容易直接受皇帝控制。

李广利的军事才能不够卓越，但也算达标。而汉武帝选择在李夫人死后才扶持李广利，恰恰体现出他既希望有新力量牵制卫氏，但又希望新力量不能真正触动卫皇后和太子的地位。帝王的居中制衡，向来要的是斗而不破的效果。

李广利成为汉军精锐主力的统帅，成为军方的代表，而公孙贺长期经营相权。李氏外戚与卫氏外戚的制衡局面就此形成，这就是汉武帝后期为避免皇权被一家独大的卫氏外戚集团在人事上包围，刻意设计的新平衡。

但他没想到，十年后这个制衡局面将被打破，巫蛊之祸爆发。最终，汉武帝希望斗而不破的两方竟然斗到了鱼死网破。

## 03　同乡钩弋夫人

汉武帝后元二年（公元前87年）二月，汉武帝在病重期间，临死前两天，正式册立只有七岁的幼子刘弗陵为太子，结束了戾太子刘据死后迟迟不立太子的局面。

据《史记·外戚世家》记载，为避免刘弗陵继位后，其年轻的母亲赵婕好，也称钩弋夫人，将来成为太后会淫乱自恣，没有人能制约她干涉朝堂，祸乱国政，年迈的汉武帝在立幼子之前，故意杀掉了钩弋夫人。这一段历史是司马迁去世后发生的，由西汉褚少孙补写。

不过，《汉书·外戚传》中记载，钩弋夫人是在甘泉宫犯了错，被皇帝谴责，忧惧而死。

这两种记载中，钩弋夫人的死法不同，但也点出了一个细微的差别：《史记》点出的是汉武帝的心境——“钩弋夫人留不得”。而《汉书》点出的是钩弋夫人的心境——“皇帝不愿留我”。

有人认为钩弋夫人参与了江充构陷太子的巫蛊嫁祸，理由是他们都为赵国人，是同乡。但事情似乎并没有那么简单。

江充是邯郸人，早年常混迹于邯郸赵王邸，而钩弋夫人是河间人，即今天献县的东部，邯郸距离河间二三百公里。而反观汉武帝此前宠幸的李夫人，其家乡是中山，即定州一带，距离钩弋夫人的家乡河间短至六七十公里。与邯郸的江充相比，李夫人和钩弋夫人更像是老乡。

汉武帝在巡游期间，到了河间，当地献上这个手握玉钩的美女。按钩弋夫人的大致年龄和汉武帝历次的巡游路线推算，汉武帝五十岁以后开始巡游天下，就只有五十九岁那年的巡游是从泰山到常山，唯一有可能路过河间。如果取直的巡游路线，汉武帝有可能就是在离中山不远的河间收了钩弋夫人。这一年是天汉三年（公元前98年），也就是说，钩弋夫人是在公元前98年被汉武帝纳入后宫的。

而且，钩弋夫人并非来自平民家庭，她的父亲曾经获罪，被罚入宫中做宦官。钩弋夫人的家族本身就和长安宫中有联系。她在家乡被献给武帝，很可能既有外戚权贵的运作，也有当地的配合。河间毗邻中山，而彼时李夫人的哥哥、中山人李广利是皇帝身边风头正劲的大红人。李广利为讨好汉武帝，让家乡中山的人运作献上钩弋夫人的可能性是有的，而且不小。

江充曾得罪过太子，他和宦官苏文等人无疑是反对卫系的一派。但此时能够和卫系制衡的，只有军方的李广利。他作为刘髆的舅舅、皇帝身边的军方红人，是最有条件对抗卫系的。在刘弗陵——这个武帝六十多岁意外得的老来子出生之前，刘髆还是皇帝最小的儿子，母亲早逝，他是更容易被武汉帝关注、宠爱和怜惜的小儿子。宫廷中，卫氏和李氏互有眼线，暗地里进行激烈的博弈。

天汉三年（公元前98年），河间地方将钩弋夫人献给汉武帝。

太始三年（公元前94年），钩弋夫人生下刘弗陵。

征和元年（公元前92年），前一次巫蛊事件愈酿愈烈，卫氏外戚的公孙贺被牵连灭族。李氏外戚中，钩弋夫人的家乡河间郡的临郡涿郡太守、李广利的儿女亲家刘屈氂继任丞相。

征和二年（公元前91年），最严重的巫蛊之祸爆发，皇后、太子自尽。卫氏外戚集团彻底倒台。

其实巫蛊之祸从人事上看，是李广利代表的李氏外戚集团与卫太子代表的卫氏外戚集团最后的火拼。先是卫氏外戚集团全面溃败，等汉武帝明白了李氏外戚的动机后，又将李氏外戚全面清洗。

再看钩弋夫人，她并没有李广利那样的政治能量和朝堂势力。巫蛊之祸爆发时，汉武帝活着的儿子有：

长子，太子刘据，母皇后卫子夫。

三子，燕王刘旦。

四子，广陵王刘胥。

五子，昌邑王刘髆，母李夫人。

六子，汉昭帝刘弗陵，母钩弋夫人。

这时，太子刘据已经三十七岁，长孙刚刚出生，而刘髆的孩子也快出生了，刘弗陵多大呢？仅三岁。

如果钩弋夫人只仗着皇帝的宠爱，就要为三岁的幼子争太子之位，需要发动多大规模的朝堂斗争？

此时，军方的统帅是刘髆的舅舅、李氏外戚的李广利。掌控文官集团的是担任丞相十二年的卫氏外戚公孙贺。钩弋夫人看着老虎和狮子互撕，她敢上去抢肉？她有什么十足的把握，汉武帝废掉太子后，会越过三个成年的儿子、众多年长的孙子，直接封她所生的三岁幼儿为太子？武帝快七十岁了，还能宠幸她多久？她甚至无法把握，如果自己的儿子当了太子，汉武帝还会不会让她活下去。

不是说钩弋夫人没有恃宠而骄，为儿子争太子之位的可能性。但这种可能性建立在巨大的不确定性上，很可能是为他人作嫁衣。因此，至少在巫蛊之祸爆发的那一年，大致可以排除钩弋夫人为三岁幼子争位的嫌疑。

但钩弋夫人就是无辜的吗？恐怕也不是。和她更像同乡的是李广利而不是江充。

李广利说起来是外戚，但他有一个作为外戚本不该有的致命缺陷：他是皇帝的小舅子，但他的姐姐死了。

巫蛊之祸爆发时，李夫人都死了十几年了。李广利这个空壳外戚和卫氏外戚集团有灭族之仇。第一次灭族中，很可能还包含了他的父母，可以说他与卫氏有不共戴天的血海深仇，双方完全没有和解的可能性。六七十岁的老皇帝一死，他必死无疑，他必须搏一把。

根据这些线索，可以做一个猜测：钩弋夫人是李广利通过运作献给汉武帝的美女，她本身就作为内应，吹枕边风，替代李广利缺失的姐姐的位置。

当然，卫氏与李氏，包括钩弋夫人自己，谁也没料到六十多岁的汉武帝和钩弋夫人竟生出个刘弗陵。汉武帝手里突然多了一张牌，钩弋夫人除了策应李氏，也多了自己的心思和立场。李广利的局最终被自己的内援给搅了。

## 04 屡试不爽的皇帝软肋

李氏最早找到迷信巫蛊这个皇帝的软肋，给皇帝做局，其实是在更早的公孙敖巫蛊事件中。从此用巫蛊给皇帝做局，就成了李氏在此后派系斗争中屡试不爽的窍门。

天汉四年（公元前97年），李广利和公孙敖分别率军北击匈奴。李广利率六万骑兵和七万步兵，另有路博德的一万步兵协从，实际控制着十四万汉朝精锐，这是进攻匈奴单于的主力大军。另外两路是公孙敖的一万骑兵和三万步兵，以及韩说的三万步兵，他们从侧翼牵制。从兵力配给上看，李氏外戚已经是军方最大的势力。

韩说是汉武帝的断袖佞臣韩嫣的弟弟，后来在巫蛊之祸中与太子为敌，被太子斩杀，也是站李氏的。

公孙敖此时作为卫青早年的救命恩人，也是卫青提携得最多的挚友，是卫系仅剩的军方代表，对卫氏的重要性不言而喻。但战局不利，公孙敖部损失过重，被判死罪，但按律可以花钱赎罪。此前，公孙敖就曾两次花钱赎折兵死罪。

按理说可以花钱赎罪，卫氏救下公孙敖原本不应是什么难事。但最后这一次很意外，公孙敖并没能花钱赎罪，而是诈死，不久后被发现，又被抓。这次被抓后，他也没有赎罪，也没有被行刑，而是被关押。在关押期间，公孙敖的妻子却被爆出使用巫蛊诅咒而获罪，最终牵连公孙敖于太始元年（公元前96年）初被腰斩灭族。

这背后，恐怕是卫氏想方设法要保公孙敖，而李氏阻挠他赎罪，千方百计要杀他。李氏弹劾他折兵之罪，杀不了他，就开始设计针对公孙敖的小规模巫蛊事件，另从他的妻子那边做局，最终扳倒了公孙敖——卫系在军中最后的代表。公孙敖之死，意味着卫氏外戚被排挤出军方高层，开始落了下风，双方的斗争越发激烈，迟早要爆发。

汉武帝开始大概也不打算真杀公孙敖，但只要案件一触及巫蛊，他就觉得有人能借这种秘术，于无形之中加害他。他对巫蛊太过畏惧，无法容忍。这一条是他对朝臣明示的绝对不能容忍的底线，因此，他最终不再保公孙敖。可是，皇帝明白这背后可能发生的派系斗争有越过他底线的趋势。为了平衡两派力量，汉武帝让亲卫氏的暴胜之任御史大夫，增强了卫氏在文官系统中的能量。卫氏失去了军权，却卡位下一任丞相。

太始三年（公元前94年），借钩弋夫人生下刘弗陵，汉武帝称钩弋夫人的宫门为尧母门，暗示可以将婴儿刘弗陵比作天子。

武帝这句有易储意味的话，既能震慑卫氏外戚与太子，也能敲打李广利，让李广利明白，钩弋夫人这个同乡已不是他的提线木偶，她与李广利存在竞争关系。他这是让卫氏外戚和李氏外戚都掂量着点，谁当太子，都是老皇帝一个人说了算。皇帝要是不满意，卫氏、李氏全得靠边站，让刘弗陵这个婴儿当太子都是皇帝一句话的事。为了加强对局势的控制，皇帝警告作为两大制衡方的卫氏、李氏，互相不要做得太过分。

这次的巫蛊事件，不像后来直指太子本人的巫蛊之祸，在折损最后的军方统帅后，卫氏与太子仍然隐忍下去。但双方的恶斗已经趋于白热化，挑破党争的脓包而突破皇帝的底线是迟早的事。这次成功的经验却让李氏得了窍门，在几年后故技重施，变本加厉。

征和元年（公元前92年），丞相公孙贺之子公孙敬声被告发挪用军费，被捕下狱。公孙贺便请命替汉武帝抓捕一直抓不到的通缉犯朱安世，以此给儿子赎罪，汉武帝同意了。后来，朱安世被捕，却在狱中诬告公孙敬声与阳石公主私通，而且行巫蛊之事，诅咒皇帝。次年正月，公孙贺父子双双死于狱中，并被满门抄斩，连汉武帝的两个女儿阳石公主、诸邑公主及卫青的儿子卫伉皆被处死。

汉武帝这一生都克制不住对神秘力量与死亡的恐惧。如果他像自己的祖父汉文帝一样窥破生死，不相信这些神棍的言论，没有迷信巫蛊这个被李广利抓住的软肋，这些悲剧或许都能避免。

公孙敖与公孙贺一样，是老皇帝从年少时就在一起共事和玩乐、一同经历五十年岁月的发小。李氏的两次进攻虽然得逞，但对老皇帝情感的触动应该不小。

第三次直指太子的巫蛊之祸，汉武帝也明白了李氏在扮演进攻方的角色。毕竟，扳倒公孙敖后，李广利在军中就再无竞争对手。扳倒公孙贺后，李广利的亲家刘屈氂成为丞相。每一次李广利都是最大获益方。而汉武帝之所以能够顺着他，也是因为他这个光杆外戚在弃用时也比较好拔掉，扶持他有利于限制卫氏。不过，汉武帝也留了一手，他越级提拔的刘屈氂只做了左丞相，右丞相之位暂时空缺，以待新的人选，仍给卫氏留有希望。但皇帝想不到的是，李广利的能量其实很大，而且胃口与野心更大。李氏第三次动用巫蛊，是裹挟皇帝拔光自己几十年的羽翼。

此前，汉武帝多次洞察到宦官苏文、常融、王弼对太子的构陷。比如，汉武帝生病，常融对汉武帝说，太子得知皇帝生病面有喜色。但当太子来见汉武帝时，汉武帝看到儿子脸上还留有泪痕，只是强颜欢笑安慰自己，他立刻明白常融在离间他们父子。经调查核实常融说谎后，他处死了常融。

这说明汉武帝对太子虽有警惕，但没有绝对的猜忌。卫氏、李氏之争本来就是他要的制衡局面而已。汉武帝唯一不确定的，是太子在江充构陷前后是否真想抢班夺权。其实在太子发动兵变后，汉武帝派出使者了解情况之前，认为太子只想抵抗江充，不会真的造他这个父亲的反。但当使者向皇帝谎报长安的情况后，他才误认为太子真的造反了。

当汉武帝最终发现太子是被江充逼到死角，已经无法自证清白才临时起兵，而且自己不断被近臣和情报人员欺骗时，他就明白，主动打破制衡局面，精心谋划，置对方于死地，还制作和放置巫蛊，诅咒汉武帝本人的，其实是李氏。

这次大案爆发之前，长安城聚集了大量的巫师。应当说，这是一次有预谋、有组织的迫害。但汉武帝作为一个古人，本人也很迷信，说他故意用巫术来“残害”已经体弱多病的自己，以嫁祸给儿子，恐怕不可能。很明显，能够这样缜密操作的，是这场风波过后，当时最大的得益方——李氏外戚集团。

李广利和刘屈氂这对亲家，借一系列巫蛊事件扳倒了两位公主、丞相、太子、皇后，同时掌控了军队和相权。替他们冲在最前面的江充原本应该是皇帝的近臣，本身就是为皇帝干“特务”工作，按说应该属于帝党。但在这场规模浩大的迫害中，汉武帝本人可能都没想到，江充、苏文还有去长安确认太子情况的使者，这些本该远离前朝党争的近臣完全站到李氏一边，与李氏配合得如此默契。巫蛊之祸的发生，正是因为汉武帝越来越老了，身边原本应该避嫌外朝党争的近臣，也开始在外朝两党中站队，为汉武帝死后的自身利益筹谋。

## 05　老皇帝的报仇

李氏外戚实际上是靠皇帝身边的大红人——李广利一个人的能量集结起来的势力。江充在前台运作，排除异己，苏文、常融、王弼等近臣是宫中内应，负责吹风。钩弋夫人则是后宫的内援。李氏通过前一次巫蛊之祸，扳倒了卫氏丞相公孙贺，推李氏的刘屈氂从太守跃升为丞相。这个时候，李氏既是军方的第一大将，又控制了相权，隐然压过了卫氏。汉武帝常让太子处理政务，卫氏集团仍然拱卫并代理着皇权，随时准备接班。但从卫氏失去相权开始，天平其实已经失衡，最终冲突的爆发就不可避免。

巫蛊之祸完全爆发后，太子败亡，商丘成直升御史大夫，马通、景建、李寿、马何罗、张富昌都因借此事件站队而封侯、获利。但是，在卫氏外戚与李氏外戚最后的火拼中，这些站到李氏外戚一边的臣子，是靠政治投机获得越级晋升，获兵权领兵出征，根基不牢。

汉武帝肃清了太子党，全面提拔李系，压制卫系，只是暂时的。说到底，刘髆只是个诸侯王，不是太子，母亲不是皇后。李广利凭借自己经营十几年的关系网，靠皇权倾斜才得以成事，以一己之力扳倒皇后和太子。这一派势力其实是各路对卫太子不满的势力临时集结在李氏外戚身边形成的乌合之众。李广利费尽心机，他的外甥依旧名不正，言不顺。根基不牢，地动山摇。等汉武帝回过味儿后，所有站队李氏的人马很快就被汉武帝全面肃清。

征和三年（公元前90年），李广利北征匈奴前，与刘屈氂计划立刘髆为太子，被汉武帝知晓。李广利因恐惧而于阵前投降匈奴，刘屈氂被腰斩于东市，两人皆被灭族。江充被灭族，抓捕太子的太守被灭族，苏文被虐杀。李氏外戚集团彻底倒台。

征和四年（公元前89年），多次公开为卫太子喊冤、站队卫氏的田千秋任相。

汉武帝后元元年（公元前88年），不到二十岁的刘髆莫名暴亡，钩弋夫人犯错而死。卫氏外戚霍去病的弟弟霍光被武帝任命为辅政大臣之首。

汉武帝自始至终就不想让刘髆继位。在他决定立刘弗陵为继承人的那一年，刘髆就莫名其妙地死了。这背后，是汉武帝对李氏一次次给自己做局的恨。

巫蛊之祸的第二年，内谒者令郭穰用和李氏迫害卫太子时同样的方式，告发丞相刘屈氂的家族用巫蛊诅咒皇帝，并揭发刘屈氂与李广利的阴谋，二人要拥立昌邑王刘髆为帝。郭穰后来升为中书令，汉武帝派他杀光监狱中的犯人，而丙吉明确告诉他，此时监狱中有太子家族的遗孤——仍是幼儿的皇曾孙刘病已。郭穰不仅没有强行屠杀，反而回去把皇曾孙的事情告诉了皇帝。汉武帝听说太子还留有血脉，于是作罢。郭穰很可能是站队卫氏外戚的皇帝近臣。汉武帝睁一只眼闭一只眼，给太子留了个后。

当老年汉武帝的嫡系近臣纷纷去世，他难免因为与年轻一代缺乏深度互信，变得猜忌多疑。公孙贺、公孙敖这些老臣原本还能给同样老迈的汉武帝撑住点事，汉武帝还能维系平衡，当这最后一批与皇帝同龄层的大臣去世后，汉武帝对朝局的控制难度只会越来越大。

这个六十多岁的老人，被一群关系更亲密的四五十岁的同龄人围在中间，而且他们每个人身后牵涉的利益链条都惊人地庞大……这种平衡其实很难拿捏，一不小心，哪边的利益没照顾好，就要出事。毕竟，嫡系都凋零了，剩下的这些精明的年轻人，即使嘴上大谈忠君爱国，难保其中没有野心家。皇帝其实很危险。

李氏把公孙敖、公孙贺这些和汉武帝差不多年龄的嫡系老臣挨个拔除，拔到最后，汉武帝突然发现连太子都被逼到墙角，皇后和太子都死了。环顾周围，自己身边儿竟然已经没有旧人了。

军权、相权一把抓，李氏独大。再让李氏发展两年，恐怕汉武帝自己的人身安全都没有保障了。那么，汉武帝就要打造出一支新锐的力量来替换李氏。

汉武帝早就着手建立中朝，也称内朝。晚期的中朝能臣中，既有卫氏的年轻人霍光，又有李广利的老部下上官桀，还有仅剩的老臣桑弘羊，以及能影响对匈战略的匈奴人——近臣金日磾。除了桑弘羊，另外三个都属于青壮力量。卫系霍光和李系上官桀是两个既有派系背景又在中朝任职、没有参与外朝斗争、没有个人仇恨和历史包袱的全新领头人，能够协商定事。

此时的人事局面就是，当一个六七十岁的老皇帝被一帮四五十岁的中年大臣所包围，他偷偷培养出另一群历史背景干净的二三十岁的青年大臣，把这些四五十岁的中年大臣也给围了。二三十岁的臣子的资历浅，暂时威胁不到老皇帝，他们的竞争关系比较弱。况且，他们被处于中间层的四五十岁的臣子压着，也必须仰仗资深皇帝的提携。汉武帝失去了六七十岁的人事班底，却突然推出来一整套由二三十岁的青年组成的全新班底，在清洗李氏后直接接收战果，纷纷顶替上岗。以为自己大获全胜的李广利恐怕没想到，老皇帝竟然留了一手。

汉武帝让近臣帝党充实中朝系统，首创内外朝的制衡。在外朝，卫、李两派制衡，而内朝与外朝也在制衡。围绕在皇帝身边的中朝官要避嫌，减少与外朝接触，因此这股新兴力量之前处于蛰伏状态，未被启动。

汉武帝就是依靠中朝的力量，查明外朝的平衡是被李氏设套打破，想必也查明诅咒自己的巫蛊事件是李氏一方为诬告太子而设的局。汉武帝的愤恨自然就全转到李氏这边。

李氏的要员，除了逃到匈奴的李广利苟活下来，其余的皆被武帝报复性地灭族、虐杀。同时，汉武帝不断提拔为太子喊冤的官员，甚至让站队太子的田千秋成为新任丞相，以此表明自己已经宽恕太子的态度。

汉武帝后元元年（公元前88年），马通看到汉武帝大肆诛杀当初参与扳倒卫太子的大臣，认为汉武帝不会放过自己，于是，他带着自己的兄弟马何罗、马安成，入宫行刺汉武帝，被在中朝任职的金日磾发现和阻止，最后被判罪处死。至此，汉武帝基本将参与迫害与围剿太子的李氏势力彻底清除干净。

常在河边走，哪有不湿鞋？既要制衡，要双方互相钳制，互相争斗，又要双方斗而不破，不能斗到白热化，这种危险的平衡下，玩弄权术的汉武帝哪能始终把分寸拿捏得那么精准？局势最后还是失控，爆发了巫蛊之祸，卫氏全线崩溃，李氏很快也被清算。当汉武帝终于发现嫡系旧臣和妻子、嫡子都被自己杀光时，不得不亲自收拾残局。

从巫蛊之祸这个历史时间点开始，重新被汉武帝释放出来的大一统中央集权下，职业官僚的党争特征越发明显，而君权的孤立性却越发强烈。回首间，衰老的汉武帝发现，自己竟成了孤家寡人。

# 八、史家赌局

## 01　李陵之祸

按王国维在《太史公行年考》中的考论，司马迁大约比汉武帝小十二岁。司马迁十岁习诵古文，二十岁游历天下，考察各地史迹。

他二十多岁开始做郎中，是三十多岁的青年皇帝的近侍，陪在“老大哥”汉武帝的左右，并奉命参与出使、征讨西南夷。当时，他就被汉武帝瞩定为下一任太史公。

近四十岁，司马迁接替病故的父亲成为新任太史公。几年之后，他参与主持改历法、推正朔等奠定汉制的改制工程，即太初改制。

这段时期，跟在汉武帝身边，已经做了十五年近臣的司马迁，大概也认为自己是武帝的近臣亲信，是一个能携手明君建功立业的一代俊才。直到遭遇李陵之祸，被汉武帝无情地论罪用刑，他才感受到这位“老大哥”的冷酷无情。

天汉二年（公元前99年），武帝派贰师将军李广利讨伐匈奴，另派李广之孙李陵率五千人策应李广利。李陵带领五千弩兵步卒，孤军深入，意外地与匈奴单于的精锐主力相遇，匈奴以八万骑兵围攻李陵的弩兵。经过八天的奋战坚守，李陵斩杀了匈奴兵一万有余，但由于无法获得汉军主力部队的救援，最终弹尽粮绝，投降被俘。

汉武帝让朝臣议李陵有罪还是无罪，百官都认为李陵有罪。其实，司马迁并没有主动说话，是汉武帝主动问司马迁的意见，司马迁被动回答了自己的见解。

司马迁毫无警惕意识，很自信，也很自然地“盛言”李陵是忠孝之人，能够以少量的兵力，直面十几倍于自己的部队，能够斩杀过万的首级，虽败犹荣。即使暂时被俘虏，但李陵没有变节，今后只要能回到汉朝，必定还能报效国家，成为栋梁。

然而，就是汉武帝的随口一问，司马迁的无心一答，司马迁获罪了，为李陵仗义执言成了他命运和心态的转折点。

其实，在被俘的一年多里，李陵没有变节。汉武帝虽然把司马迁下狱，但总体上是支持司马迁的说法的。这一年多里，武帝一直想把李陵接回汉朝。后来，他派公孙敖入匈奴，试图迎回李陵。但公孙敖从匈奴俘虏那里得到消息，李少卿（少卿是李陵的字）在为匈奴人练兵，已经变节。于是，公孙敖把这个消息带回给汉武帝，汉武帝震怒，族灭李陵全家。但后来才发现，这个李少卿不是李陵，而是李绪，他的字也叫少卿。李陵得知家人全部被杀，不愿再回汉朝，从此投靠匈奴。

为匈奴练兵的假消息传给汉武帝之前，其实汉武帝对李陵没有极大的怨气，在群臣都弹劾李陵的时候，他故意让司马迁发言，说不定也是想让司马迁说点客观意见，甚至可能就是想听到司马迁发出支持李陵的声音。司马迁说自己为李陵辩护，本就是“欲以广主上之意”，可见汉武帝的立场是希望有人替李陵说情。

真正触怒汉武帝的，不是司马迁为李陵说好话，而是司马迁对军事责任的划分。

> 初，上遣贰师大军出，财令陵为助兵，及陵与单于相值，而贰师功少。上以迁诬罔，欲沮贰师，为陵游说，下迁腐刑。
>
> ——《汉书·李广苏建传》

司马迁不断强调李陵以五千步兵斩杀了万余敌军，是杰出的将才。可当时率领汉军主力数万骑兵的李广利也才斩杀万余敌军，而且被匈奴合围，伤亡惨重。汉武帝认为司马迁是通过对比，讽刺李广利无能，并把责任往李广利身上推。这是潜在地质疑汉武帝的看人眼光和用人水平。

李陵早年与霍光、上官桀等中朝郎官交好，应是郎官出身。李陵的叔父李敢虽与卫氏的霍去病曾有仇怨，但这是上一辈的恩怨。李陵的堂弟李禹是太子的近臣，所以以李陵为代表的李家第三代与卫氏外戚的关系应该不错，那么李陵自然与李广利不对付。司马迁没能避开影射李广利这个禁忌，或也让汉武帝认为他在参与党争。

在汉武帝后期，李广利是朝堂上制衡卫氏集团的一方，是汉武帝人事布局的关键。李广利的崛起是汉武帝个人意志的体现。李广利的才能和权势也是汉武帝用身为君主的看人眼光与判断能力为他作保。司马迁触碰的已是汉武帝的禁区。对汉武帝而言，司马迁为李陵求情可以，但拿他当下最信任和扶持的李广利当垫背，这一点让汉武帝十分恼怒。

汉初皇帝身边一直围着一群像司马迁一样的郎官，作为帝党嫡系的培养池，不是每个人都冲着拜将封侯去。汉武帝给司马迁的定位就是一个技术型官僚和行走的书架，没事问一问典故和历史经验。可他主动一问司马迁，司马迁的回答不仅不令他满意，还让他止不住怒气，将司马迁下狱。这是为了震慑朝堂上暗地里质疑李广利的其他人。司马迁获罪，是汉武帝在杀鸡儆猴。加上李陵后来被误会投降，先被灭族，最后得知被灭族又真的投降，司马迁就解释不清自己支持李陵的正当性了。

按《太史公行年考》中时间的考证，担任太史公十多年后，作为皇帝的高级顾问，因对李陵事件的无心直言而触怒了汉武帝，被下狱一年多。在此期间，司马迁也想交钱赎罪，但他家中清贫，实在交不上赎金。朋友们见司马迁惹怒了皇帝，没有人为他仗义执言。最终，他被处以腐刑，成了一个自己都鄙视的阉宦，受人嘲讽的残缺之人。

此刻他终于明白，那位他侍奉了近三十年的圣主，已不再是当初那个拉着他们的手、带着他们这群意气风发的近臣一起缔造盛世的贤君明主了。

司马迁失望了，他对曾经被自己奉为明主的大汉雄主之信心，丧失了，对这个穷兵黩武、民生凋敝的大汉王朝，失望了……曾经追随汉武帝建功立业、名垂青史的梦想，终究成了皇帝一个喜怒转念之间，不顾近三十年的情分和功劳，一句话就把他变作阉人的笑话。

## 02 史家的胜利

李陵虽然变节，但李陵受误会而被灭族才变节的消息传回汉朝后，汉武帝可能有些后悔非要多嘴问司马迁一句。他比较依赖司马迁的知识、见解，对这个学识渊博、性格比较质朴的近臣，一时恼怒下了狠手，多少有些亏欠。于是，汉武帝专设了中书令这样一个压倒前朝高官的中朝宦官高职给司马迁，让他继续常伴自己身边。在汉元帝时，中书令一职的权势甚至压倒丞相。

司马迁果然也不抱怨，也不再说那些刺激自己的话，只是默默地工作。汉武帝大概以为司马迁已不再忌恨自己。直到卫太子巫蛊事件彻底爆发，司马迁已经完成了写史书的志向，把所有的牢骚一次性公开地发泄出来，而且是写在给一个即将处死之钦定罪犯的回信中，即《报任安书》。

在李陵之祸中，司马迁因为发表不利于李广利的言行，被下狱处刑。巫蛊之祸中，昔日的卫青舍人任安，是受卫太子大案牵连的罪犯，别人恐受牵连，避之不及，司马迁却在这时给任安回信，而且言辞间批判性很强，讽刺当今天子。司马迁故意将绝笔信写给这个将死的卫氏罪犯，等于是自己主动在政治大清洗中站队失势的一方，差不多是主动赴死了。

> 亦欲以究天人之际，通古今之变，成一家之言。草创未就，会遭此祸，惜其不成，是以就极刑而无愠色。仆诚以著此书，藏之名山，传之其人，通邑大都，则仆偿前辱之责，虽万被戮，岂有悔哉！

司马迁说得很明白，以前是因为书还没写完，才忍辱受刑，苟活于世，但现在他的书已经创作完成，并藏于名山之中，传之都会之间，即使再有一万次受戮，他也无憾无悔。

死日然后是非乃定。

司马迁说人死之后，自会有是非论定。

小老弟爆炸了，老大哥也爆炸了。汉武帝发现，原来司马迁一直耿耿于怀，一直在和自己赌一口气，他决定处死这个陪在自己身边三十多年的小老弟。

南朝宋裴骃《史记集解》注《太史公自序》引东汉卫宏《汉旧仪注》云：“司马迁作《景帝本纪》，极言其短及武帝过，武帝怒而削去之。后坐举李陵，陵降匈奴，故下迁蚕室。有怨言，下狱死。”

其实，司马迁在李陵之祸、巫蛊之祸中，两次都在对抗李广利，最终还是死于与李广利的对抗中。在《史记·匈奴列传》的最后一段：“贰师闻其家以巫蛊族灭，因并众降匈奴，得来还千人一两人耳。游击说无所得。因杅敖与左贤王战，不利，引归。是岁汉兵之出击匈奴者不得言功多少，功不得御。有诏捕太医令随但，言贰师将军家室族灭，使广利得降匈奴。”

王国维认为：“今观《史记》中最晚之记事，得信为出自公手者，唯《匈奴列传》之李广利降匈奴事。”他判断这一段是出自司马迁本人之手，是司马迁在《史记》中的最后一段记事。

也有学者认为这两句“贰师闻其家以巫蛊族灭，因并众降匈奴，得来还千人一两人耳”，与“有诏捕太医令随但，言贰师将军家室族灭，使广利得降匈奴”是征和三年（公元前90年）之事，与最后一整段记载的天汉四年（公元前97年）之事在时间上明显有冲突，故而认为这两句是额外添加进去的。

但无论这里是别人添加的，还是司马迁在《史记》已经完稿的情况下又专门添加进去，这两句都最能体现司马迁最后的心境。

当李广利最后听说他的家属也因巫蛊之罪被灭族，便投降了匈奴。皇帝下令逮捕李广利在京师的线人太医令随但，因为他向李广利泄露了其家族被灭的消息，致使李广利投降匈奴，葬送了汉军积攒多年的最后的精锐部队。

写到最后一句“使广利得降匈奴”时，《史记》完结了。司马迁最终赢了，汉武帝不断袒护并不惜为此对司马迁施加伤害的李广利，到底是个什么样的人，终于真相大白。司马迁沉冤得雪了！李广利是个无能小人，他对皇帝无忠心，领兵无才能，还不如李陵。司马迁对他的判断是对的，皇帝对他的判断是错的。汉武帝百般袒护的李广利，才是那个葬送汉军、投降匈奴、祸乱朝纲、二心叛汉的小人。

也许，这两句话就是司马迁以一扫自己多年愤懑的最后记录，也许已经身处牢狱的司马迁，让家人代笔，临时插入本已完稿的《匈奴列传》末尾，才会出现《史记》罕见的时间线混乱问题。

汉武帝杀了司马迁，杀了那个仿佛在洋洋得意、嘲讽和控诉自己的司马迁，杀了这个早就告诉他“你做错了”的人。司马迁大概只活到了征和三年，看到李广利叛汉投匈，没能看到李广利第二年在匈奴被杀，更没看到汉武帝下《轮台诏》，进行最后的反省。

司马迁死后，汉武帝也已是风烛残年的孤独老人了。而经历巫蛊之祸后，他的身边已经没有多少其他的老人了。在汉武帝后来反思巫蛊之祸时，或许多少也有对陪伴他三十多年的司马迁的悔意。如果他当初能耐心地听听这个博古通今、性情直率的近臣所讲的历史经验、对人的判断，大概他也不会在巫蛊之祸后落得个孤家寡人、举目无亲的田地。

司马迁在《匈奴列传》的结尾，写下最后一个“太史公曰”，最后一句是：“且欲兴圣统，唯在择任将相哉！唯在择任将相哉！”司马迁连叹两句“择任将相”，他大概想起了二十年前那个意气风发的青年汉武帝，也想起了当初那个满怀崇敬之心地追随汉武帝立法改制的自己，以及他们共兴圣统的志向……

而当司马迁抱着赴死之心，或含着泪写下了“唯在择任将相哉”这句终极一叹时，他是在文字的背后发问：“皇上，您现在任用的，相信的，都是些什么人，什么将，什么相啊？”

## 03 孤家寡人的反思

从小一起长大的玩伴公孙敖、公孙贺等人，自己的儿子、孙子、女儿、女婿、妻子，在巫蛊之祸中一个个地倒下，当看到自缢身亡的老妻卫子夫时，汉武帝是什么感觉?

公孙贺倒台之后，汉武帝可能觉得太子还能继续与李氏制衡。但太子已经被逼到悬崖边了，终究还是反了。当长安大战爆发，太子无论是主动还是被动，实际上都是反了。皇帝可以怜惜和纪念自己的儿子，但在法理上永远不能给儿子翻案。汉武帝无法公开为儿子平反，只能建思子宫，提拔为太子喊冤的田千秋为相，表示内心对太子的平反。

汉武帝后来甚至不顾李广利正在率领汉朝精锐部队在外征讨匈奴，对江充、李广利、刘屈氂、苏文等人的家人发狂式地抓捕和屠戮，全部灭三族，大开杀戒，这就是汉武帝明白真相后急火攻心的报复，报复他们做局让汉武帝亲手毁掉自己的嫡系圈子和家庭。

汉武帝到死不立李夫人的儿子——年长的刘髆为太子，宁可立一个最年幼的刘弗陵，让卫太子家的霍光来辅政，大概也是因为如果立了刘髆，那么意味着江充曾经的阴谋最终得逞了，妻儿就白死了，老伙计们也白死了，他对此有很强的抵触心理。江充整死的不只是一个个大臣，而是刘彻十几岁时就一起相伴共事近五十年的人际圈子。

汉武帝在十几岁成为傀儡皇帝时，就和卫子夫在一起。卫青、公孙贺、公孙敖这些人都是日日陪着他的“恰同学少年”。他们平时在一起玩乐，后来一起创业，一起分享事业的成功，互相支持，是几十年的过命交情，最后江充一个后来人横插一杠，骗老皇帝把自己的“发小”全杀光了，亲手毁了自己的“创业团队”。

晚年的汉武帝贪图钩弋夫人的年轻貌美，贪恋美人的皮囊，是让已经年老的自己找到一些征服感、雄壮感和年轻感。卫子夫虽然人老珠黄，但她的这个圈子才是汉武帝自幼以来的老友圈。相知相伴几十年的“老伙计”在他心里的地位是不一样的。甚至汉武帝和稍晚一代才开始追随自己的司马迁，也有比李广利、江充、刘屈氂这些人更深厚的感情。

这群老人彼此熟知底细心思，有这群人当朝堂顶梁柱，汉武帝在人事权力结构上，内心是安稳的，在情感和心理上是不孤独的、有安全感的。公孙贺原本就不想当丞相，是汉武帝硬逼着他接受了任命。毕竟，汉武帝老了，对这些老人有心理依赖。

可李广利做局，用一次次连皇帝都无法特赦的谋逆冤案，诱导老皇帝把支持自己的人都杀完了。此后，汉武帝才成了独自面对一群有代沟的后生的老人，既不安又孤独，高处不胜寒。

汉武帝发现自己的美好回忆和初心都被毁了，自认为无瑕的一生被毁了，在朝堂上的安全感也被毁了。江充破坏的不仅仅是一个局面，更是毁掉了一个有条不紊、自信、自如、自律、自得的政治家。李氏外戚集团让汉武帝陷入狂躁，给了汉武帝前所未有、至死难平的挫败感。

汉武帝对江充、李广利、刘屈氂等人可以说是恨入骨髓，一时冲动下，逼得李广利投敌，葬送了汉廷积攒多年的精锐部队。汉武帝彻底折腾不动了，一年多后，他颁下《轮台诏》，主动扭转了既往的路线，基本进入了心灰意冷、临终收尾的阶段。

征和四年（公元前89年），六十八岁的汉武帝在最后一次东巡祭祀和封禅之后，回到关中的甘泉宫，采纳了田千秋的谏言，决定罢斥方士与言神仙者。这些方士曾帮汉武帝成功改制，也曾导致他晚年的家庭悲剧。人生即将走到尽头的汉武帝，终于走出了迷信的怪圈，直面自己的软肋，不再畏惧未知与神秘。

汉武帝将当初公开为太子求情的田千秋拜为丞相，并再次改元。但他没有再新取年号，而是恢复数字纪元，将次年作为元年，史称后元。毕竟，当初发明年号纪元就是起于神仙祥瑞之说。

以史为鉴，可以知兴替，并不是一句口号。当一个帝王终于打磨出稳定的大一统制度，拥有了超越前人的生杀予夺之大权时，他最大的敌人就不是那些阴谋家，而是他自己，是他自己的欲望，他自己的喜恶，他自己的偏见，是他自己能否克制住轻而易举就能实现的对别人施加的伤害。如果一个人只活在内心的茧房里，就会觉得说顺耳话的人总是那么可爱，而讲逆耳话的人总是那么扫兴。权力，可以让人闭嘴，但代价是自己听不到更多的真话。权力，可以伤害别人的身体，却留不住别人的诚心。透支权力所得到的依然是权力架构背后，行使权力者的领袖信誉的崩塌。众叛亲离，依然会不期而至。

司马迁临死前认为自己在皇帝心中的地位类似倡优，其实这并不准确。汉武帝对他还是有一定感情和依赖的，否则不会让一个被自己害惨的人做贴身的中书令。汉武帝对司马迁的为人十分了解，他相信司马迁不是因为恨就会去害他的人，他对司马迁基本的信任还在。

汉武帝错了，司马迁没有放下怨恨。司马迁蛰伏在他身边的报复，不是用刀，而是用笔。虽然《景帝本纪》《今上本纪》能删，但司马迁那柔仁爱民的思想却留下了。终究，这隐在字里行间的思想，才是令汉武帝及后世所有的权力之主人，放松、懈怠克己的意志时，如坐针毡的报复凶器。

也许，就是汉武帝的不克制，才塑造了这样的司马迁，造就了这部被奉为万世楷模的《史记》，催生出贯穿中国两千多年的主流史观。汉武帝虽然没有写《史记》，但他在写“历史”，他的一举一动，都间接形成了《史记》。他可曾想到，自己也是《史记》的“作者”？试想，如果是那个始终意气风发，没有接受宫刑，始终认为自己是皇帝亲信的司马迁，会写出这样的《史记》吗？

司马迁也错了，他并不被世人所轻。他的死，或轻于鸿毛，但他活着时就已为世人留下了如泰山之重的《史记》。他书写了青史，青史也留下他永恒的姓名。

# 九、亢龙有悔

## 01 身后布局

钩弋夫人和李广利的家乡距离很近，二人是同乡，她可能是李广利的宫内盟友，间接参与了巫蛊之案。也可能她有了孩子后，汉武帝替她与李氏解绑，她并没有参与构陷太子。但无论如何，她充其量只是一枚棋子。

汉武帝生命的最后一年，不到二十岁的刘髆突然猝死，且死因不明。刘髆暴亡，意味着李氏被釜底抽薪，彻底清算。不久，钩弋夫人也死了。二人之死有什么联系，我们很难知道。但能让钩弋夫人惊惧而死的她的罪过，恐怕至少也是汉武帝深恶痛绝的谋逆级别。钩弋夫人到底是参与了迫害太子，还是太子倒台后反咬李氏？这些都不好说，但两人的死应该也属于最终的清算。

汉武帝坚持到临死前两天才立太子，而且不立年长的刘旦、刘胥，是为自己身后的霍光留辅政的余地。为此，他专门给霍光留下一个没有背景的幼子，让霍光辅佐。这个幼子仅有的背景——其母钩弋夫人也被提前清除。在汉朝，皇帝母族外戚获提拔，是一个合情、合理、合法、合礼的大臣选拔渠道。多一个女人加入，分享最高的权力，实际上是多出现一股完全不可控甚至是汉武帝完全不可预知的外戚势力。这对他全方位改革后的制度和晚年处在巨大争议中的路线，有极大动摇的可能。

无论汉武帝是直接杀钩弋夫人，还是间接施压逼死钩弋夫人，都可以说明汉武帝这种政治人物不会对一个比自己小五十岁的姑娘有什么深到不忍伤害的感情。

刘髆身后的李氏已经垮台，但是李广利作为当权派，经营了十几年的这张不大不小的李系人际网还存在。

卫氏虽然垮台了，但作为几十年的皇后外戚与储君积养的势力，恐怕早就渗透到各级人事脉络中了，比如霍光这个卫家的亲戚，影响力恐怕依然很强。

刘旦、刘胥在外边经营诸侯国，自己的班底恐怕也早就成形，他们一旦进入朝廷，肯定会带来更多冲击既有朝政人事格局的不明势力。

这些势力中的任何一派上来，都会将路线之争、集团斗争、后巫蛊时代的人事清算激烈地延续下去。汉武帝不愿意让这些势力进入朝堂，哪怕为了守护他一生的制度改革成果，他也不能让身后乱斗。因为人事斗争最后肯定会绑架政治路线，破坏与动摇既定的制度和政策方向。

在汉武帝眼里，刘髆和钩弋夫人都不能留，否则汉武帝的身后布局根本就无从设计。只能说，他们两个都是无法决定自己命运的棋子。汉武帝此时选中刘弗陵，正是因为他背景干净，年纪又小，是各派最好的妥协点。

汉武帝的五大托孤大臣：霍光，霍去病的弟弟，卫系。金日磾，霍光的儿女亲家，亲霍光，能够影响对匈外交路线。上官桀，霍光的儿女亲家，李广利的旧部，李系。桑弘羊，升任御史大夫，武帝财政改革的主要设计者之一，汉武帝罕剩的同龄老伙计，国家垄断经济集团与扩张路线的代表。丞相田千秋，为卫太子喊冤才被越级提拔为相，资历太浅，实力不硬，这是汉武帝弱化相权的举动。他在态度上持卫系立场，但也是他出卖放走太子的卫系司直田仁。他只忠实于皇帝，大体上就是跟着霍光的决策走，在前朝做一个低调的执行者，但他与霍光本人的交情并不深厚。

霍光、金日磾、上官桀是中朝官，代理皇权。田千秋、桑弘羊是外朝两公，执行以霍光为首的辅政班底的集体决议。

金日磾在辅佐昭帝的第一年就死了。而且，他本人是武帝近臣，以谨慎忠心、恪守礼节著称。但他曾经破获李系的马何罗兄弟针对皇帝的暗杀行动，与李系应该并不亲近。在受命托孤的时候，霍光与金日磾互让，说明他与霍光互相有一定的支持。他的早逝对霍光的权力稳固产生了一定的负面影响，让上官桀慢慢能挑战霍光的主导地位，进而产生了更大的野心。但在汉武帝去世前后，他们中朝三人组还是非常团结的。

霍光的上位，其实意味着汉武帝时代最后一波凭战功主导利益分配的军功制度理念开始淡化，军人与功侯开始靠边站，对皇权的影响趋弱。后来，连发出“明犯强汉者，虽远必诛”的陈汤，这种名将级别的军人，也沦落到被中朝随意摆布。相权代表的文官系统也进入影响力衰落阶段。真正的权力开始流向中朝系统。而最容易控制中朝系统的则是外戚。外戚不用再像吕氏那样抢夺相权，而是直接凌驾于相权甚至皇权之上。后来，王氏外戚一日五侯，王莽篡汉，无不是中朝系统蚕食并架空皇权的体现。

霍光、金日磾、上官桀三人在汉武帝驾崩后说，汉武帝留有遗诏，以他们平定马通兄弟对皇帝的刺杀为名，将他们三人封侯。可汉武帝的近侍王忽却扬言，皇帝没有这样的旨意。而且，作为首功的金日磾竟然坚决辞让，不接受封侯，使霍光与上官桀也不好意思接受，一直拖到一年多后，金日磾病重将要去世，他若不接旨，儿孙就会失去继承侯爵的可能，三人这才一起接受封侯。可见，汉武帝遗诏这个事情是有疑点的，汉武帝可能根本就没有给他们这三个中朝系统的辅政大臣封侯，想要让他们与外朝的规则立场保持一定的距离。

因此，汉武帝给自己身后的布局其实是：没有派系背景的小儿子继位，台面上的派系以卫系为主，李系和扩张派为辅。其实，汉武帝之所以敢强化卫系，是因为卫太子死了，而且不可能被公开平反。卫太子一系的皇孙被杀到只剩一个，此时也不能平反，他们手上没有可做皇帝的牌。如果不是一个没有母亲的小孩继位，残留的卫系根本没有存活的土壤。李系也同样如此，刘髆这张牌被拔掉后，李系也成了无头苍蝇，除了辅佐刘弗陵，选择并不多。此时的制衡局面，仿佛又回到了当年砀郡陈平与丰沛周勃必须合作保刘恒、保朝廷的时候。

把没外戚的小皇帝交给没皇帝的卫氏外戚，这是汉武帝刻意而为。

汉武帝最后还是想让卫系来辅佐皇权，还是想留下巫蛊之祸前的权力架构，毕竟卫氏外戚的卫青、霍去病等人的功绩彪炳史册，五十年来，卫氏的功绩和汉武帝一生的成绩是高度捆绑的。如果卫氏被历史否定，汉武帝也会跟着被否定。其实巫蛊之祸，本就是他被人做局，把自己完美的人生给搞成残局，带来了执政生涯最大的争议和瑕疵。

霍光上台后，以先帝遗愿为由，追封李夫人为孝武皇后，实际上这意味着巫蛊之乱中火拼的卫氏外戚与李氏外戚两大集团的残余力量和解，追封是用来安抚被追杀多年的李氏残余力量。同时，不追封汉昭帝生母钩弋夫人为皇后，也是避免汉昭帝生母的家族崛起为外戚。而李夫人背后的外戚，是真的被杀得干干净净，寸草不生了。没有外戚的小皇帝，也自然要积极听从几位辅政大臣的安排。

其实霍光和上官桀两人，并没有像外朝一样过于鲜明的卫氏或李氏的斗争立场和人脉。他们是中朝官，即使出身或过往经历与外朝的两大派系有过交集，但本质上都是天子门生，服务于内朝，不能与外朝有亲密往来。至少在把他们放到外朝之前，他们都是中朝系统内绝对忠于皇帝本人的少壮派。

但他们两个人既然分别有卫氏霍去病的弟弟和李广利远征大宛时的旧部的标签，那么他们就是卫家和李家残留在中下层人士中的争先观望和依附的风向标。他们必须依靠的中基层力量也就是这两股力量。他们其实是带着各自的标签，在中朝接收外朝两大人事派系同归于尽后的残留势力。这有利于底下人心安定，终止党争。他们在汉武帝设计的身后布局中，正式瓜分了权力蛋糕。霍光还与上官桀、金日磾都结成儿女亲家。最开始，霍光与上官桀作为青壮派力量刚上台，尚比较团结。他们作为亲家，让二人共同的孙女、外孙女，做了汉昭帝的皇后。

当然，权力蛋糕主要是分给卫系，由霍光主导分配，如果金日磾不死，也必与霍光站在一边。上官桀很久以后对霍光越发不满，集结越来越多霍光的反对派，两人爆发了新一轮火拼。只是当下主少国疑，他们的权力合法性均来自辅政大臣的名分，为了先巩固权力，双方的矛盾暂时被压了下来。

后来，汉昭帝英年早逝，朝臣先迎入了孝武皇后李夫人一脉的嫡孙——刘髆的儿子刘贺继皇位。他在位不到一个月就被霍光所废，是为汉废帝。霍光又迎立了霍去病的表兄卫太子的孙子——汉宣帝刘病已。

刘病已是卫太子留下的唯一血脉，先是被霍光的亲信丙吉抚养，后又被霍光少年时一起做郎官的好友张安世之兄长、卫太子过去的家臣张贺抚养。可以说，刘病已虽然远离朝堂，但一直是由霍光所在的卫系圈子在照顾。

霍光迎立刘贺是碍于宗法制度的继承顺位，但借刘贺昏庸而迅速废帝，绝了李系残留势力的想法，这其实仍是汉武帝晚年李氏与卫氏之争的最后余波，皇帝还是在这两家之间来回换人。

## 02 武帝悔过

汉武帝最大的功是晚年悔过，及时扭转大汉王朝的车头。

首先，汉武帝在位五十四年，亲政近五十年。很多大的战略，如果不是这样一个长寿的皇帝，从现实条件上说是实现不了的。

针对诸侯封建的推恩众建，发生在他继位十五年左右。虽然当时的封国还存在自治，但汉景帝实际上已经把遍地的地方自治变成了国家直辖，汉武帝只是为了防止诸侯再次抬头，以立法的方式顺水推舟裂解诸侯。

针对列侯封土的酎金夺爵，发生在他继位三十年左右。此前，汉武帝已经通过各种缓进式的儒家改制，瓦解了汉承秦制的那套有利于列侯做护身符的理念，加上对外战争建立了实力强劲且忠于皇帝个人的军事班底，新一波武帝朝列侯开始取代开国功侯子弟。

漠北之战中对匈奴战略性的胜利，是在他继位二十年左右获得。这一战是武帝对匈四大战役的最后一役，扭转了整个汉初对匈奴的攻守之势，并实现了对匈战争最大的战略收获——河西走廊与丝绸之路贸易。

平定东南、西南和朝鲜等周边国家，发生在他继位三十年左右。

打服大宛，征服西域，扶植汉朝在西域的代理人，分走匈奴的西域霸权，是在他继位四十年左右。

完成汉制改制，是在他继位三十五年左右，正式完成改正朔、易服色、定历法、东巡狩、封泰山、建明堂、兴礼制等改制措施。自汉文帝起屡次受挫的改制，最终成功。汉承秦制成为历史，汉朝从此确立汉制。

如果汉武帝像汉景帝一样，在位仅十几年就死了，那这些功绩绝大部分都无法完成。那么他是雄才大略还是庸碌无为，又有谁知道？体格与身体素质也是一种天赋。三四十岁就去世的优秀皇帝，中国历史上有过不少。

其实，汉武帝刚即位时也很冒进，但建元新政的失败让他学会了徐图缓进，步步为营，加上长久的寿命，他才实现了其他皇帝很难毕其功于一身的事业。

汉宣帝时期设西域都护府于轮台，轮台就是汉武帝当年派李广利西征时所灭的仑头国。武帝朝在此进行小规模屯田，设置接待往来西域的汉使与商人的使者校尉。

搜粟都尉桑弘羊与丞相田千秋等人，见李广利将汉军数万精锐葬送，尤其是需要积蓄几十年才能完成装备的大量骑兵损失惨重，意识到汉朝与匈奴的力量对比发生了变化，西域国家应该也都知道了汉军主力全军覆没的惊天消息。此时，想要维系汉朝在西域好不容易打开的同盟局面，势必会很吃力。于是，他们研究出一套方案，即募民迁徙至轮台，扩大屯垦，筑亭连城，以维持住汉朝在西域的威慑力。

连续征战三十二年，海内虚耗，户口减半。汉武帝最后一次东巡结束回到关中时，天下凋敝，家庭破碎，军队覆没，重臣凋零，主将背叛……此时，汉武帝已经到了不得不反思的地步。

谏言的主战派桑弘羊没有料到，汉武帝突然下诏否决在轮台屯田戍兵，一转以往积极的扩张政策，转为恢复汉初与民休息之政策。

桑弘羊主张的轮台戍兵，和后来西域都护府的作用差不多。但汉武帝放弃了设立西域都护府这样的历史成就，放弃了进一步与匈奴争夺西域霸权。

桑弘羊代表的是一个在战争政治生态中崛起的国家垄断经济集团。他是汉武帝的国家干预经济政策的主要设计者、推动者。充盈国库，增加军费，为长久的大规模战争提供后勤支撑，是桑弘羊的功绩所在。但他的政策设计过度掇取社会经济存量，长久下来，造成社会疲敝，人口锐减，流民遍地。桑弘羊代表的国家垄断经济集团，加上李广利曾代表的汉武朝新一波靠军功获取爵位和官职的军功获益集团，都是主战派。

但在汉武帝清洗李广利集团后，主战派其实已经被有效压制。仅剩桑弘羊这类技术官僚和经济利益集团之代表，已经无法再强势引导皇帝继续大规模远征。此时，汉武帝才能借《轮台诏》正式宣布，改变既往扩张路线，转向休养生息。

新任丞相田千秋只观望皇帝态度。皇帝此时的态度是“深陈既往之悔”，公开下诏，称长久以来“朕之不明”，并提出：“当今务在禁苛暴，止擅赋，力本农，修马复令。”皇帝封丞相田千秋为富民侯，以明休息政策，希望田千秋能够秉持济民、富民之政策，不复出军。

这一年，皇帝把经济政策专家、治粟都尉桑弘羊升为御史大夫的同时，任命农业耕种技术专家赵过为新任治粟都尉，也表明了他的新路线是恢复农本，而不是继续榨取存量利益。

《资治通鉴》采信《汉武故事》，记载了汉武帝在这一年稍早时，自悔道：“朕即位以来，所为狂悖，使天下愁苦，不可追悔。自今事有伤害百姓，糜费天下者，悉罢之。”（《资治通鉴·汉纪》）依此说，很多学者也称《轮台诏》为《轮台罪己诏》。

其实，汉武帝早就知道，他有亡国之迹的过度动员民力和透支国本，早就把国内的危机水平推高了。

## 03 免于亡秦之祸

元封四年（公元前107年)，关东遭灾，一时间出现了二百万规模庞大的流民。其中，过去依附豪强、没有户口的黑户就有四十万。丞相石庆与众臣想请求天子把这些流民迁徙到边疆，敷衍了事，而不是开仓放粮，赈济灾民，汉武帝见预案如此敷衍，便放话说这不是丞相的意思，让丞相告病回家休息，然后派人追究御史大夫以下持此主张的人。这是暗示石庆不能这么处理流民。

可石庆会错意，以为皇帝要放他走，又上书说要告老还乡，给贤能之人让出丞相的位子。汉武帝先是数落他一番，又说自己这么多年制定流民法，四处奔波想要治理灾情，最后说粮仓都已经空了，流民四起，而丞相却想请求朝廷将这么庞大规模的流民一迁了之，这会给国家造成动荡。现在辞职，是想把国家的烂摊子推给谁呢？要是不想干就回家吧。石庆以为皇帝真要放他走，准备递上辞呈，结果他的属吏点醒他，皇帝这是说气话，真要辞职怕是要被诛杀。有人甚至劝石庆直接自杀来避免家人被牵连。石庆惊恐，这才重新迎难而上，开始处理这棘手的流民难题。

汉武帝继位三十多年，竟一度产生了二百万流民，吓得丞相主动辞职避祸。这个流民规模，稍微处置不当，汉朝就会走向秦朝的结局。汉武帝如何不知道他连年征战给国家带来了什么？

汉武帝对发动一系列战争带来的副作用并非没有意识，他明白他的所作所为“不得不劳民。若后世又如朕所为，是袭亡秦之迹”。他追求的就是一劳永逸，让需要战争解决的问题在他的任内都被解决。因为他的帝王权威与声望最盛，有一些需要极端透支与动员民力的事情，他不做的话，其他的皇帝做不到。就像汉宣帝虽然也是一代中兴能主，但设立西域都护府这样的历史使命，也是在汉武帝灭仑头、控制轮台的基础上进一步完成。汉武帝西征大宛，用惨烈的战死率，举天下进行动员，才奠定汉朝在西域的霸权秩序。

其实，汉武帝对太子原本是放心的。在江充趁汉武帝远在数百里外的甘泉宫，借机诬陷太子，逼得太子不得不反的前后，汉武帝还几次识破苏文等人对太子的构陷。

如果汉武帝在六十五岁那年就病死，那么他几乎是一个完美的大家长。他虽有宠妃，但未曾抛弃年老的卫皇后，太子也被历练得敦厚老到，与他父慈子孝。

然而，他还是过高地估计了自己对大局的掌控程度，低估了以太子为首的反战集团和以李广利为首的主战集团斗争的激烈程度。因为太子与李氏背后所代表的不只是两股人事力量，更是两个经济集团。一种是内向的、以朝堂主导的文官官僚利益分配方案，另一种是外向的、以战功主导的武官军功利益分配方案。他们的矛盾是不可调和的，迟早要爆发。

汉武帝的自信来源于开疆拓土。平民百姓一边为汉朝的强大自豪，一边流离失所。汉武帝明知常年战争的弊害和内政压力越积越重，可对他而言，操弄天下更像是一场在沙盘上推演的数据收割游戏，他越玩越刺激，不忍停手，故而他一直站在主战派一边。

直到他被主战派裹挟，太子造反已成既成事实的情况下，才不得不清洗卫氏代表的守文派。在主战派一家独大后，汉武帝恼怒于在位数十年的自己竟被一个利益集团长期裹挟，致原本美满的家庭在两年间就家破人亡。在这局斗争惨败之后，他才利用自己布局好的中朝系统，将掌握外朝系统的主战派全面清洗替换。这种激烈斗争下的一百八十度大转弯，非汉武帝这样的权威帝王不能稳定实现。

人事清洗结束后，刘弗陵只是个小皇帝，真正的当家人是中朝领袖霍光。激烈斗争后，两派两败俱伤。两股残余的力量只好共同走入汉武帝晚年划定的与民休息政策中，暂时联合起来，跟随霍光的脚步。

在汉武帝晚年，《轮台诏》只是台面上的正式转折，真正对以李氏为主的新军功集团进行政治清洗的最难的工作，此前汉武帝已经做完了。那么，当他进行政策调头的时候，就不会再像此前一次次巫蛊事件中那样，被李氏集团牵着鼻子走。

如果汉武帝没有清洗主战派势力，而是把最艰难的工作留给霍光、汉昭帝、汉宣帝，恐怕那激烈的斗争会耽误昭宣中兴的出现，甚至可能让西汉提前灭亡，可能让魏晋南北朝的四百年乱世提前上演。如果没有四百年汉朝夯实的长期统一，中国的国家理念将有很大的不同。

当汉武帝察觉到自己的身体开始明显衰退，就要为年幼的儿子做最后的身后布局了。“亡秦之迹”的高压形势，只有他可以驾驭，他不可能留给这个孩子。汉武帝只是多欲且自负，不是昏聩不明，否则他不可能稳坐泰山五十多年而不倒。

## 04 对欲望最后的封印

对于一个最后拥有无上权威的老皇帝而言，有些需要时间和集权过程才能实现的事情，非他就做不到逆势而速成。如果几代人一点点地去磨，长期过程中不确定因素会很多。人类社会进步的轨迹是螺旋上升、震荡上扬的。顺应历史规律的历史人物，可以起助推作用，让历史的进程加快一些；违背历史规律的历史人物，可能会让历史的进程变慢一些。

如果汉武帝至死都只为自己的面子着想，把困难留给下一代，那更激烈的斗争恐怕在后面。其实，汉武帝在讲“欲求守文之主，安有贤于太子者乎”这句话时，他原本就是想把政策转向的任务留给太子的。皇帝岂能自己推翻自己的路线？只是他没想到，巨大的斗争压力下，卫太子没能撑到继位。因此，在对李氏背后的主战派进行大清洗时，汉武帝大概就下定决心，即使舍掉老脸，这个转变也只能自己亲自动手了。

汉武帝本人数十年来的战争路线，就是残留的主战派在汉武帝死后继续鼓动战争的一面旗帜。但主战派没有想到的是，汉武帝还没死，就自己亲手拆了这面招牌。这其实是汉武帝在路线合法性上，给等着他死后再把他的毕生路线奉为神主牌的主战派的沉重一击，决定性地卸掉了昭宣时期的历史包袱。

他是一个被自己的老师评价为“内多欲”的皇帝。穷其一生，他的功与过，都减少了历史的不确定性。他是一个千年历史尺度下的对中华历史特征有奠基性塑造的历史人物。但是，他一生都在与自己的欲望博弈，直到最后一刻。

如果他没有在最后时刻掉头，没有在功成之后自退，而是蛮干到死，把最棘手的政策难题扔给霍光这么一个依靠他的遗诏才获得些许执政合法性的年轻权臣，或者扔给刘弗陵这样一个被老狐狸们围在深宫的少主，那么那个艰难的调头，不是说一定完成不了，恐怕会伴随更大的动荡与弱乱。从汉朝与唐朝之间那些走马灯似的更替的政权，就可见一斑。

最后一刻，他放弃了自尊和脸面，放下了自己五十年的路径依赖与自信源头，纠正了自己的错误。无论他对自己的评价是否到了“朕所为狂悖”这样自责的程度，但起码“朕之不明”，这句话为霍光与汉昭帝、汉宣帝后来的政策，扫清了大部分障碍。这是他最后仅能做的也仅有他能做的事了。这就是班固一定要把《轮台诏》记录下来的原因。这是一份里程碑式的诏书，汉朝人都能感觉出来。

汉武帝给皇权加上了无限的权威，但在最后利用这权威平稳扭转车头的那一刻，他的自我否定才算是没有辜负这样的权威。在那种权威下，做与不做都只能出于自觉性。他利用他亲手塑造的无上权威，完成了其他皇帝根本不可能同时完成的众多任务，极大加快了中华走向统一强盛的进度。他也利用最后的余威，替后人做到了汉武之后不再需要汉武，把秦皇汉武的“亡秦之迹”路线亲手封印起来。因此，汉武之后无汉武，才是汉武帝的加分项。

垂老的汉武帝，给自己的政治生涯最终总结定性为“不明”。他战胜了对“成功”的过度欲望，压制住了内政、外战接连失利之后的不甘，不再纵容这些欲念与执念，这也是他对权力生态、政治伦理之理解与最后的升华，是他为中国历史最后的一项贡献。潘多拉魔盒由他打开，也最终由他合上。五十多年的时间，他的自控力终于战胜了权欲。这一刻，犯过很多错的他，或许不可能是一个圆满的皇帝，但他终于成为一位更加全面的政治家。

汉武帝后元二年（公元前87年）二月十四日，汉武帝刘彻驾崩于五柞宫，享年七十岁。十三年后，他的曾孙、卫太子之孙汉宣帝追尊其庙号为“世宗”。

重新开启大一统模式的汉武帝，与秦始皇一样遭遇了大一统超强动员力的反噬，不知不觉间也成了充满争议的皇帝，在暴君与雄主两个标签之间徘徊。我们探讨到这里，其实就已经明白，皇帝其实也是人，他们能创建成就，也会失策犯错。历史人物的功过背后，不是脸谱化的善恶好坏，而是他们应对一个个困局，做出一次次决策时，有些成功，有些失败。

汉高祖、汉文帝是以柔化刚，如水一样充满弹性的执政风格。他们懂得妥协的艺术，往往能让世道趋稳，化解内部矛盾。可是，柔则难立，外部积累的危机，他们常常无力解决。

秦始皇、汉武帝则是以刚克柔，如钢一样充满力量的执政风格。他们笃信胜利即目标，往往能扩大版图，开拓外部生存空间。可是，刚则易折，内部危机的积累，他们常常难以察觉。

自汉武帝构建大一统汉朝开始，除了两汉之际二十年混乱之外，大一统局面持续了两个多世纪。汉人对周边民族的压倒性优势则持续到西晋，有四个世纪。但西晋之后，则是三个世纪的漫长乱世，而且北方的汉人长期处于被少数民族压制的状态。尽管如此，即使少数民族掌握汉地政权，他们的追求也无不是秦皇汉武所奠定的大一统。追求统一，成了被刻在中国人骨子里的政治信仰。

大一统国家的历史构建中，有前人无数血和泪的代价，以及古人或善或恶的欲望动力在推动。历史有规律和方向，但关键历史人物对历史进程的推动或阻缓作用也是显著的。也许没有汉武帝，还会出现其他的类似风格的皇帝去做同样的事。但出现的时间拖得越晚，错过了历史兴盛周期的窗口期，错过了秦汉之时文化技术昌盛的窗口期，后世君主面对的社会固化之态势就越难以撼动，实现大一统的历史代价就会越沉重。加上君主能力大小也有不同，国家的历史走向也就越具有不确定性。历史给予汉武帝以机遇，他抓住了。

汉武帝的生涯并不圆满，但他终究是为秦汉变局画上了句号，是抵达了终点的掌舵者。此后，历史还在动态发展，但历史赋予后人的命题已然变更。大一统制度坏、空、成、住的秦汉百年变局，终于在汉武帝的统治下完结。

# 最终章

# 时代的尾声

# 一、徙陵集权

从秦朝到西汉宣帝时期，有一项为加强中央集权而产生的秦汉时代特有的制度——陵邑制，即在秦汉皇帝的陵墓附近设置城邑，朝廷往往将全国富豪迁到这些陵邑，以避免地方豪强大族势力进一步扩张，并加强京畿人口的经济实力，起到强本弱枝、拱卫长安的作用。

这些陵邑名义上是为守护帝王陵园而建，实际上是拱卫京师长安城的卫星城池。这些陵邑的人口规模庞大，最终成为京畿贵胄聚集居住的一个个富饶的消费型城市。其中，汉武帝的茂陵邑之人口规模，到西汉末年甚至超过了京师长安城。

西汉皇帝的陵墓往往是生前很早就开始修建，规模宏大。一个个高大的覆斗式的帝陵封土，多数矗立在长安城北的咸阳原之上。从渭河南岸的长安北望五陵间，地势比渭北的咸阳原低不少，可以仰望到高处北原之上的一排排、一座座黄土金字塔，此起彼伏，横亘于天际，四耸林立的壮观景象。其中，高祖长陵、惠帝安陵、景帝阳陵、武帝茂陵、昭帝平陵，这五座设有陵邑的帝陵最为著名，而且当地的侠少豪族众多，后来形成诗词中常见的“五陵”“五陵少年”“五陵豪杰”等典故。

汉文帝与汉宣帝以宗室子弟的身份入继大统，二人没有将自己的陵园选在咸阳原祖陵区域，而是选在长安城东。汉文帝的霸陵建在白鹿原上，汉宣帝的杜陵设在少陵原上。

陵邑制以秦始皇的丽邑为创制起点，到汉宣帝的杜陵邑成为最后一个拥有陵邑的帝陵为终点，西汉晚期无法继续维系为帝陵配建陵邑的这套制度。陵邑制几乎与秦汉中央集权程度同涨同消，二者的命运高度相关，这正是一面最能看清秦汉中央集权制度脉络与根源的历史之镜。

## 01 陵邑迁徙力度与皇权形势

**秦始皇丽邑**

秦王政十六年（公元前231年），始置丽邑，这是陵邑创制之始。秦始皇三十五年（公元前212年），迁徙三万家到丽邑，这是陵邑徙民之始。汉高帝十年（公元前197年），改丽邑为新丰。

**汉高祖长陵邑**

汉高帝九年（公元前198年），迁徙齐田氏和楚昭氏、屈氏、景氏、怀氏五个关东大族到长陵。

汉高帝继承了秦始皇的陵邑制。他依靠自己当世的兵威，实现了这一次针对关东旧贵族的强制徙民措施。人们误认为在抑制豪强上，是制度在起作用，但纵观陵邑的历史，汉朝第一次徙民能够如此顺利，其实是刘邦个人的权威在起作用。

**汉惠帝安陵邑**

安陵邑的爰氏、籍氏、闳氏、班氏等人均是楚人，而且不再是楚国旧贵族出身。另又迁徙五千户关东倡优乐人到安陵邑。他们善为啁戏，所以安陵也俗称女啁陵。

可见，汉惠帝的安陵邑迁徙的多数对象是关东的艺人和平民，这与抑制豪强的关系不大。西汉第二次徙民之力度其实已经骤降，和第一次强迁齐楚贵族无法相比。这就是汉惠帝时期皇权式微的体现。

**汉文帝霸陵邑**

霸陵邑是由秦朝的芷阳县更名而来的陵邑。史书未记载霸陵邑的迁徙对象是否为豪强，但汉文帝的诏书言明丧葬从简，不烦扰民众。现在考古确认汉文帝的霸陵就是白鹿原上的江村大墓，距离薄太后南陵与窦皇后陵的封土不远。汉文帝陵寝确如史书所言不起封土，印证了他建设霸陵的简朴和低调。这次改县邑作陵邑，徙民力度应不会太大。

**汉景帝阳陵邑**

惠文两朝，功臣列侯与宗王诸侯力量坐大，局面不利于朝廷。所以汉惠帝、汉文帝的陵邑迁徙力度已经比较弱。打赢七国之乱，实质上取得对关东的管辖权的汉景帝，可以说是开启了中央集权制度的反弹走高时期。所以，汉景帝的阳陵邑再次开始大规模地徙民。可是，这次徙民却是“募徙”，即花钱招募民众迁徙。与其他几次徙民相比，显然这次徙民的自愿性质很强。这次徙民，抑制豪强的作用肯定有限，因为对迁徙群体的指向性和目标性很弱，应该更多是出于为陵邑充实人口，建设卫城之目的。

**汉武帝茂陵邑**

汉武帝在位半个多世纪，所以茂陵邑有过早期、中期、晚期三次大规模的迁徙。

第一次，赐迁徙到茂陵的家族，每户钱二十万、田二顷。显然，这是效仿汉景帝，赐钱募民，此时汉武帝还没有完成集权改制。

第二次、第三次徙民，均迁徙家产在三百万以上的郡国豪杰到茂陵，这才是针对关东豪强进行标准化的强制徙民。这个时候，汉武帝已经大权在握，并且组建了强大的中央军队。开国功臣集团与诸侯国都越发虚弱，已经无力对抗皇权。坐拥大一统优势的汉武帝，才能成为刘邦之后真正再次做回通过陵邑制抑制关东豪强的皇帝。

**汉昭帝平陵邑**

汉昭帝在位时间短，而且当时年幼，由霍光辅政，所以他在位期间，没能向自己的平陵邑大规模地迁徙人口。但在霍光的辅佐下，昭帝时期曾两次向母亲钩弋夫人的云陵邑迁徙人口。第一次，也是招募的性质，既给钱，也给田宅，赏赐丰厚。

第二次迁徙的人口规模很大，有十万户，也有赏赐。但这一次与汉高祖、汉武帝时期不同，是针对关中的三辅富人的迁徙，而不是关东地区。云陵处在距长安百余里外的黄土台原之上，在汉武帝时常巡幸的甘泉宫附近。

这对三辅富人来说，是一种发配式的打击。所以，从这次开始，陵邑制的矛头已经不再只对准关东豪强，还包括关中权贵。

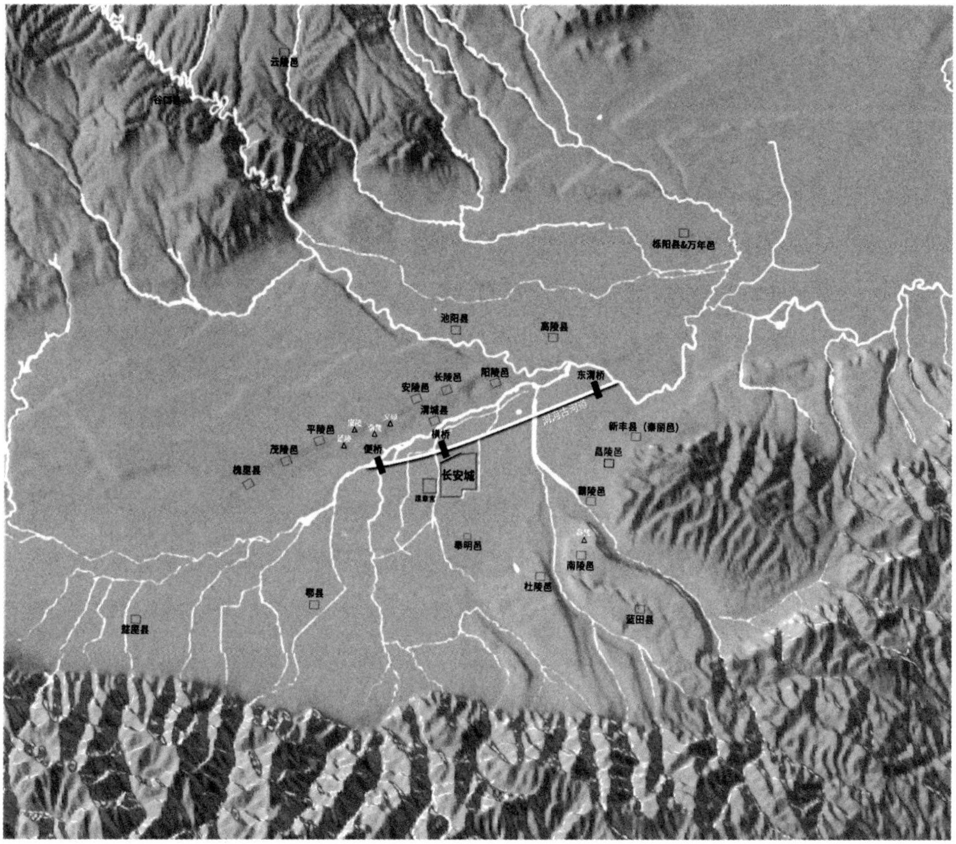


陵邑

汉昭帝平陵邑的迁徙是在汉宣帝时期完成的。这个时候，汉宣帝刚继位，仍然是霍光辅政。平陵这次徙民标准是郡国家产百万以上的富人，但仍然是招募的性质，以自愿为主，相比于汉武帝时期，强制性再次减弱。

而且，由于这一次汉昭帝死得突然，徙民政策必须迅速完成，汉廷的财政预算一时有缺口，竟然动用到了皇帝的私库水衡钱。水衡钱就是汉朝的内库，是皇帝自己的私人财产。霍光直接去动属于皇帝自己的钱，这么做是给刚继位的年轻汉宣帝一个下马威，暗示皇权的权柄实际在霍光手中。这次徙民仍然带有招募的性质，反映出皇权持续被压制后的式微。

**汉宣帝杜陵邑**

汉宣帝的杜陵邑是西汉最后一个建成的陵邑。杜县是汉宣帝年少时最喜欢游玩的地方。一方面，汉宣帝改杜县为杜陵邑，是为节省建设成本，这一点效法汉文帝改芷阳县为霸陵邑。另一方面，汉宣帝这一年刚刚扳倒了霍家，迁徙丞相、将军、列侯、二千石高官、家产百万者以充实杜陵。这一次，没有招募的性质，是汉宣帝掌控大权后伸张自己的权威。

而且，这次是对关东豪强与关中权贵的双向压制，是陵邑制打击面最广泛的一次。丞相、将军、列侯、吏二千石，这些恰恰是关中权贵的主要群体。

从霍光在昭帝时期徙三辅富人到云陵，再到这一次汉宣帝抑制关中权贵，朝廷的主要矛头已经从关东渐渐转向关中。关中朝廷内部的矛盾，已经开始超过关中与关东之间的地缘矛盾，成为汉朝后期的主要矛盾。

## 02　昭宣回光

昭宣中兴背后，皇权面对的压力越来越大。从霍光到王莽，外戚权臣势力益大，让刘氏皇帝将权力转交给其他家族，以和平之姿改朝换代的舆论呼声越来越高，传国易姓说大行其道。甚至连曾主管宗亲事务的宗室名儒刘向都支持传国易姓说，认为刘氏应该把江山拱手让人。

汉昭帝时，眭弘拿着一片被虫子啃过的树叶，说虫子啃噬出了“公孙病已立”几个大字，认为这是天意让汉昭帝把皇位禅让给一个姓公孙名病已的贤才。霍光听闻此言，立刻以妖言惑众之罪诛杀眭弘。其实，霍光怎么会不知道他的朋友家里正寄养着卫太子留下的孤儿——皇孙刘病已？眭弘在没有获得霍光首肯的情况下，借这个谶语事件，向汉昭帝曝光刘病已的存在，想挑起嫡庶与皇位之争，被霍光及时阻止和扼杀。但眭弘敢公开让皇帝禅让，借的就是传国易姓说的风靡之势。

“公孙病已立”后来成了有利于汉宣帝刘病已继位的谶语，但汉宣帝也被司隶校尉盖宽饶批判任人不当，被讽刺“不得其人则不居其位”，暗示他应该退位让贤。可见，汉宣帝也面临着传国易姓说的压力。

说起来，这与汉武帝弃用儒家有关。原本公孙弘成为丞相时，儒家扬眉吐气，但汉武帝迟迟不推动儒家改制。到太初改制之时，汉武帝重用的却是齐地方士与巴蜀术士。虽然仍以儒家改制的主张方案为蓝本，但最终在长安兴建神明台，而不建明堂，实际上还是暗地里排斥儒生。儒家丞相公孙弘死后三十多年里，汉武帝竟再未任命过一个儒家丞相。

当儒家的公羊派终于明白，汉武帝只是利用儒生冲击黄老道家，最终实行的是内用黄老、外示儒家，而非真正提携儒家。因此，公羊派积怨很深。

但霍光的出现，再次给了儒家一个机会。霍光是以权臣的身份辅政，势必要弱化皇权的威严。霍光在熬死了其他几个汉武帝留下的辅政大臣，尤其是丞相田千秋病逝后，在汉昭帝末期到汉宣帝前期，连续任用了两任儒家丞相蔡义和韦贤。霍光才是借儒家再次从理论上弱化君权的推手。只有弱化皇权的形象，霍光才能维系始终不让成年皇帝亲政的局面，为自己以臣压主、把持皇权提供合法性。

反观汉宣帝，在霍光死后，亲政任用的魏相、丙吉、黄霸、于定国这四任丞相全都是法吏出身。霍光在汉昭帝和汉宣帝时期施行的休养生息的政策，汉宣帝后来又重启外儒内法，王道、霸道杂用的伸张皇权之武帝路线，实现孝宣中兴。

可惜，汉宣帝更像是西汉皇权结构性地衰落与器质性病变前夕，回光返照般雄起而已。汉宣帝只能勉力维系自己任内西汉皇权最后的光彩，无力阻挡西汉走向衰微。整个天下，豪强大地主益发坐大，国家的宏观控制力、朝廷对基层的统治力越来越弱。在士族社会诞生的前夜，豪强地主与庄园经济走向巅峰时，新型社会阶层生态已经逐渐成形。先秦旧贵族地主阶层瓦解后，从秦皇到汉武时代，编户民成为政权基础的历史窗口期已然过去。

汉宣帝看到时为太子的汉元帝刘奭一味倒向儒家时，感叹道：“乱我家者，太子也。”太子身后已经站着一个声势浩大的儒家集团，他已然无力推动更立太子。汉宣帝在石渠阁会议后，能够扶持儒家经学中鲁学的穀梁派，去制衡动辄拿传国易姓说攻讦皇帝的儒家公羊派，但他已经不可能再让儒家退出西汉后期的权力竞逐游戏场。

到汉哀帝时，哀帝受到儒家传国易姓说的巨大压力，索性自己顺应“汉运将终，应更受命”的言论。不是让传国吗？汉哀帝自己改号，不叫汉了。不是让易姓吗？汉哀帝自己改姓，不姓刘了。于是，他改元“太初元将”，自号陈圣刘太平皇帝。他也不改制了，直接把自己给改了，这就是再受命事件。当然，舆论攻讦皇室，岂是自己改个名就能躲过的？此举于事无补。两个月后，哀帝又取消了如闹剧般的再受命。

西汉面对传国易姓说的压力越来越大，最终的结局只能是刘氏皇族乖乖把权力交出去，交给儒家。最终，外戚出身的大儒皇帝——王莽应运而生，取代了刘汉。但他的全盘儒家复古改制之失败，又让人们认清了这一套理论之虚妄，再次倒向刘氏，不过那时已经到东汉了。

当听信儒家之言的汉元帝放弃了陵邑制度，让陵邑制度退出历史舞台后，汉成帝顶住巨大的压力，试图恢复陵邑制度，最终他的反推失败了。这次努力的背后，反映出西汉后期各方围绕陵邑制度这一交火点斗争博弈激烈，皇帝已经无力维系该制度。

汉元帝只是躺平并顺从历史的大趋势。陵邑制根本维系不下去，而不是皇帝不想维系下去。因为陵邑制直接映射着西汉国家集权的程度与皇权的走势。

## 03 昌陵邑的路线之争

汉元帝为自己修建初陵渭陵，放弃了迁徙人口和修建陵邑。初陵，就是不建陵邑的陵园。渭陵处于平陵邑和安陵邑中间，这个位置已是城池数量最为密集的渭北区域，却也算是平陵邑与安陵邑中间较宽敞的一部分。

汉成帝继位之初，延续汉元帝不徙豪强、不建陵邑的做法。因此公元前31年，他将自己的初陵选在延陵，处于渭陵的旁边，在平陵邑与渭陵的中间，没有规划陵邑。因为如果延陵在此建陵邑，那渭北城池会更密集，变成几里一城。这个选址初衷就没考虑建陵邑。

但是到鸿嘉元年（公元前20年），汉成帝做了十三年皇帝，权力巩固了，于是想加强中央集权、重塑皇权的权威。这个时候，迁徙豪强、恢复陵邑制度就成为一个重要的举措。

汉成帝打了众臣们一个措手不及，他把建设了十年的延陵扔到一边，在长安东边、骊山脚下的新丰县戏乡境内，为自己兴建新的陵园——昌陵。但这个时候，汉成帝还是一步一步来的，他仍然把昌陵定性为初陵，没有直接设陵县，以免刺激众臣。

鸿嘉二年（公元前19年）的夏天，即建设昌陵的第二年，汉成帝下令恢复西汉迁徙豪强的陵邑制度，在昌陵旁兴建昌陵邑。昌陵邑作为秦汉最后一次陵邑制度的实践，昭示着皇帝试图重新加强对皇权的控制力。

他下令将地方郡国中家产在五百万以上的五千户豪杰迁徙到昌陵，并在昌陵邑赐宅邸和墓地给丞相、御史、将军、列侯、公主，以及在中央任职的二千石以上高官。

对关东迁徙的标准提升到五百万，政策打击的目标群体实力更高，其实是在缩小打击面。但是，相比汉宣帝的“丞相、将军、列侯、吏二千石”，汉成帝还加入了御史和公主两个群体。御史，在西汉后期多由儒家掌控。而公主，是外戚联姻的纽带之一。汉成帝时期，汉元帝的皇后王政君座下，王氏外戚集团已经坐大，儒家集团也已经形成力量。日后合流倾覆西汉政权的最大的两股关中势力已成气候。

汉武帝之前，皇权与被功侯集团垄断的相权之间的矛盾是次要的。皇帝与功臣集团都是关中贵族，他们与关东诸侯之间的矛盾才是主要的。

汉武帝之后，关东诸侯的实权瓦解，新兴豪强正在崛起。而关中的王氏外戚持续坐大，儒家经学在作为官学垄断入仕渠道的优势下，形成了关中朝堂上的儒家门徒群体。西汉的主要矛盾更多是关中朝堂内部的皇帝、王氏外戚、儒家官僚之间的矛盾。

陵邑制度的高潮期在武昭宣三朝，是因为这个时期旧势力衰落，新势力不成熟，是一个皇权独大的窗口期。而汉元帝时期，儒家势大了；汉成帝时期，外戚做强了，关中两大集团已经开始摆脱皇权的束缚。甚至，此前高度依赖皇帝血统的外戚——王氏，竟然可以在与汉哀帝、汉平帝完全没有血缘的情况下，始终屹立不倒。皇权被挤压的程度可想而知。

原本，贵族封建制度是一种秩序。当中小贵族逐渐消失，中层、基层的家族产权可以来回更替循环，那么大一统之后，唯一的皇族、大贵族又凭什么就能独此一家而存在，为什么不能更换呢？这是早期的集权王朝西汉无法圆融解释的一个政治逻辑。关东豪强作为与西汉开国集团完全没有关系的群体，他们与这个政权缺乏休戚与共的共鸣感。虽然他们的军政实力尚未成熟，但他们的舆论引导能力正在渗透地方基层。汉武帝时的豪强郭解、朱安世等人，就代表这种官府无力掌控的民间豪强。

后来，儒家见刘氏招牌越发不顶用，最终与王氏外戚合流，抛弃了刘家这面招牌，进行了一场更深入也更失败的新莽儒家改制运动。这本质上让刘氏皇族一家成为牺牲品，以保全泛关中集团在全国的主导地位。但这次儒家复古改制的失败迅速破坏了原本的稳定局面，反而让关东豪强捡走了刘家招牌，建立了东汉。可东汉的关中仍属司隶，儒家依然受到推崇，王氏又成了替罪羊。都城东移，象征着关中旧贵与关东新贵在大破大立之后，达到一个新的历史平衡。旧的关中秩序，已经瓦解了。

陵邑制并不是每次都能发挥抑制豪强的作用，其抑制的对象也渐渐由关东转向关中。汉成帝的昌陵邑增加了抑制外戚的措施，这是皇权在西汉后期整体的颓势之下试图自保的一次尝试，但最终失败了。

已经做了十几年皇帝的汉成帝，想要找回昔日汉皇的权威。他任命将作大匠解万年修建昌陵邑。这个时候，各方都必须要站队表态了。

自开国功臣集团退出历史舞台之后，儒家逐渐掌握了相权。元成两朝，除了王商和薛宣是外戚，其他的丞相如韦玄成、匡衡、张禹、翟方进、孔光都出身儒家。不过汉武帝以后，丞相也被掌控兵权的大司马压制，虽是外朝文官系统代表，却不再是百官之首。当时的百官之长——中朝领袖大司马，是王太后的兄弟王凤。

这次就建设昌陵邑表态，首先是王氏外戚一方的王商表示反对。

这个王商是王凤的兄弟，是破坏西汉无功不封侯制度的王氏一日封五侯的其中之一。他之前还任过丞相，算是王家二号人物。他是台面上反对建昌陵邑的主力。王氏外戚中多次提出反对的还有大司农中丞王闳、王太后与王凤的外甥——侍中卫尉淳于长，以及一直依附于王家的谷永。

各方就昌陵邑博弈的时候，时任丞相的是外戚集团的薛宣，他被王凤提拔，后来又娶了敬武长公主。敬武长公主与王太后是关系不错的姑嫂，算是搭上了王氏外戚的线。他作为迁徙对象，虽然没有明确表态，但身为依附王氏外戚的丞相，立场可想而知，他应该是反对建设昌陵邑的。

其实，这次昌陵邑博弈，主要发生在刘氏皇族与王氏外戚集团之间，儒家的阻力并没那么大。当时，儒吏出身的翟方进还在昌陵打击不法权贵，获升京兆尹，后来接替薛宣成为丞相。虽然儒家在汉元帝罢徙陵制度时提供了理论支持，但在汉成帝恢复陵邑时并没有明确站在第一线反对陵邑的迹象。这次是王氏外戚站在前台与皇帝对抗。因为昌陵邑迁徙的主要群体由此时掌权的王氏外戚构成。

汉成帝知道建设昌陵邑的阻力很大，借翟方进对司隶校尉涓勋的弹劾，把"素行公直，奸人所恶"的涓勋贬为昌陵令，主抓昌陵邑的建设工作。实际上这是汉成帝借其资历和经验，想把昌陵邑工作快速搞起来。涓勋与丞相和王氏外戚一派不和，作为昌陵令站到皇帝一边支持昌陵建设。

在西汉的关中地区，长安为京师而地位最尊，其次就是陵邑，再次是县邑。陵邑与县邑最关键的区别就是：陵邑由朝廷直辖管治，由作为中央职官的九卿之一的太常直接负责管理。县邑的上级是三辅，属地方政府。汉元帝放弃陵邑制后，陵邑的管辖权才从太常转到三辅。

这次恢复陵邑制度，汉成帝为什么不效法汉宣帝，选择既有县邑改置陵邑，以降低成本呢？因为三辅管县邑，而陵邑制若恢复，太常势必重新拿走所有陵邑的辖权，所以三辅为了自身利益，全力狙击昌陵邑，更不可能去支持汉成帝恢复陵邑，更不可能同意划出一个县邑转陵邑的主张。

就在汉成帝决定建设昌陵邑这一年，主管诸陵邑的太常一职换了三个人。先是已经任太常六年之久的王氏外戚王临被罢免，然后立场不详的史中短暂担任太常，不久改为由一贯与王氏外戚关系不好的杜业最终长期担任此职。王氏失去太常职位，很可能与王氏反对昌陵邑决策有关。杜业担任太常显然是汉成帝的意思。

这次汉成帝恢复陵邑制度，由太常重新管辖诸陵邑就顺理成章。杜业作为太常，肯定站在皇帝一边。这其实也是汉成帝抑制关中三辅，通过直接对皇帝负责的九卿从三辅地方行政机构那里，夺取八个陵邑的治权，加强集权的措施。但汉成帝最终失败了。可见，来自三辅的阻力也很大。而三辅机构恰恰是泛关中权贵的人事蓄水池。京畿事务可以放权，但收不回权。皇权的衰势可见一斑。

当时支持皇帝建昌陵邑的还有一股较大的力量，即军方。那时，军方的代表是“明犯强汉者虽远必诛”的名将陈汤。陈汤主动请缨，响应汉成帝号召，为建设昌陵邑身先士卒，为全天下做表率，举家搬到昌陵邑。

其他迁到昌陵邑的将门，还有班固、班超的祖上，汉成帝时的班婕妤之父，在汉武帝时期就出征匈奴的班况，还有左将军辛庆忌，他们都是将门世家。可见，昌陵邑以及汉成帝皇权背后的主要支撑力量，也有长期被文官压抑的武官。

然而，陈汤的表态立马遭到王氏的反击。王商直接出手扳倒陈汤，说陈汤妖言惑众，要他接受调查。此前，王商就要分出自己一部分的封地，推荐自己的大侄子王莽封侯。陈汤看见王商要打击他，立马给王商送顺水人情，向皇帝上书建议封王莽为侯。汉成帝见陈汤想要与王商缓和，直接批准王莽封侯。从这件事可以看出，陈汤的背后应该就是汉成帝本人。汉成帝也在争取王氏的支持和理解，希望昌陵邑能够建起来。

然而，王氏不会为这一点人情就妥协。王氏外戚以太后外甥苟参的儿子给陈汤行贿等事件为突破点，又给陈汤罗织了一堆受贿罪名，但都是在大赦之前。这也算是可进可退，如果陈汤不再支持建昌陵邑，那么这些罪过可以特赦。如果陈汤继续支持建昌陵邑，那么扳倒陈汤的罪名随时都抓在手中。

永始元年（公元前16年）四月，赵飞燕的父亲封侯。五月，王莽封侯。六月，赵飞燕封后。王氏外戚的太后之侄王莽封侯，加上赵氏封后，汉成帝的妻族成为赵氏外戚，这应该是王氏的一次妥协。但妥协是相互的，汉成帝打算放弃昌陵邑工程，以和王氏外戚达成政治交易。

汉成帝发起廷议，上上下下都反对昌陵的建设，要求“还复故陵，勿徙民”。七月，汉成帝下罪己诏，认为自己误信谗言，罢昌陵，恢复延陵。

诏书中提到，昌陵工程推行了五年，却连中陵和司马门都没动工，大量资金又不知道花哪去了。政令不出未央宫，这是皇帝统治力系统性衰弱的表现。汉成帝这次认栽了，直接给天下人认错。陵邑本为加强皇帝的威信，这五年博弈下来，最终还是损了皇帝的威信。而且汉成帝公开承诺，勿徙吏民。这下，外戚和关中权贵们算是吃了定心丸。被迁徙到昌陵的权贵又回到长安占地置家。

但陈汤这边还有动作。根据廷尉弹劾他的说法，昌陵邑虽然发诏停建了，但陈汤依旧和人说，迁徙政策仍然会继续。于是，陈汤与主持昌陵工程的解万年一起被流放到敦煌。

汉成帝知道陈汤是背了锅，他要想办法救下为自己当马前卒的陈汤。后来，汉成帝将陈汤内迁到安定，等事情淡化后又将他诏回长安，不久，陈汤死去，他再也没能翻身。昌陵邑事件连累一代名将晚景凄凉。

但在这次事件中，还有一个人的表态也很有分量，那就是刘向，汉元帝时期的老宗正，治史治学之大家，当世备受推崇的宗室名儒。汉成帝下诏罢昌陵邑这一年，刘向六十二岁，已经致仕。刘向表态反对建昌陵，意味着宗室也已经不支持陵邑制。

昌陵邑的失败，是陵邑制的失败，更折射出西汉政治生态的结构性变化。西汉皇权已经日薄西山，秦汉时代的统治力已经衰败，中国历史上中央集权制度的第一个强势期已经过去。

汉成帝终于感受到，或许只是祖先任内的一个小决定，但到了他的时代，却无论多努力也做不到了。

## 04 生产供应基地上林苑

不算上烂尾的昌陵邑，西汉的大长安城池圈，以长安为圆心，六十公里范围内，最终有二十一座城池。不过，二十五公里开外的只有盩厔、谷口、云陵和栎阳（与万年同城）这四座城。也就是说，包括陵邑在内的十七座城池，基本上都在以长安为圆心的二十五公里范围内。这个城池的密度是非常高的，放在历朝历代都是独特之存在。

西汉之所以强盛，与西汉强干弱枝的策略有很大关系。前面说了由太常直管的陵邑，那就还要说说水衡都尉管辖的上林苑，才能更好地理解陵邑是依靠什么存在。

上林苑是皇家禁苑。但西汉的上林苑地跨今西安市长安区、鄠邑区、咸阳市区、周至县、蓝田县五区县境，面积达两千多平方公里。这个规模远非历代京城附近的禁苑面积可比。西汉朝廷建这么大的禁苑上林苑，把关中平原的渭河南岸整个都封住，到底要干什么？

后世说汉武帝将天下贡赋的三分之一拿去“充山陵”，但却不提茂陵邑在西汉后期人口超过京师长安，是一座世界上人口最多的城市。后世为了贬抑汉武帝，也往往把上林苑描绘成皇帝的游乐之地，不提上林苑的主要功能。实际上，上林苑相当于后代的皇庄，是皇家的私属庄园与生产基地。或者说，上林苑之所以这么巨大且完整，更像是战国遗风，是皇帝本人在京师周边的“封地”。上林苑中的生产，包括养殖业、种植业、林业、畜牧业、渔业、副业、丝织业、手工业等多种产业。

上林苑中养殖着百兽禽鹿。皇帝祭祀祖先、宴请宾客都从上林苑取材。上林苑每次祭祀，射凫雁就达上万头，光养鹿的官奴婢就有五千人。卜式在上林苑专门负责牧羊，就被任命为郎官。仅捕捞昆明池的鱼到长安市场去卖，就会导致长安鱼市贱价。上林苑的白鹿、巨鳖、各种大型鱼类等特产数不胜数，西域的宝马、天下珍奇都充入上林苑养殖。

上林苑中有大量的良田和果园，而且种植着稻、粟、桑、麻、竹箭、姜芋、橘、橙、枇杷、柿、杨梅、樱桃、梨、枣、栗、桃、李、柰、查、椑、棠、梅、杏、桐、安石榴、椁、菖蒲、山姜、甘蔗、留求子、桂、密香、指甲花、龙眼、荔枝、槟榔、橄榄、千岁子、柑、豫章、檀、柘等数千种农作物、名果佳卉、奇草异木。其中很多是当时最好的特产品种，售价极高。上林苑还引进并大片种植养马的苜蓿，种植一望无际的葡萄用来制作葡萄酒。上林苑还有茧馆，是养蚕制茧的场地，大规模地种桑。皇后还会带着后宫女子举行亲桑活动，示范天下。皇家御用衣服的原材料多取自上林苑。苑中也有蒯池，生蒯草，用来织席。

上林苑内有一个庞大的生产体系，所以有一套专门的机构负责管理。汉武帝设水衡都尉管理上林苑。上林苑设六厩令丞，饲养大量的皇家马匹；设上林令丞，负责牲畜和动物养殖；均输负责上林苑内外各方物资的调配；禁圃负责种植；而农仓管理粮食仓库；加上上林苑出土的瓦当中的“上林农官”，负责苑内农业和粮食生产。

上林苑圈着终南山，玉石，金、银、铜、铁等高山矿藏，百工所取，供应京畿。汉武帝收回铸币权后，依靠上林苑的金属矿藏，专令上林三官铸钱，并下令天下只能流通三官钱。上林三官负责货币铸造可谓是重中之重。当代考古工作者还在上林苑的范围内发掘了举世罕见的西汉兆伦铸钱遗址，出土的西汉钱币规模之大为世所罕见。

上林苑还出土过一些汉代铜器，如陕西历史博物馆的西汉上林铜鉴，有铭文：“上林铜鉴容五石重四十四斤，阳朔四年五月李骏造二百四十枚，第廿四。”鉴用来盛水和盛冰，也可以沐浴时当镜子照。这些都是上林苑进行手工业生产的考古证据。汉武帝还在上林苑的昆明池内建造船只，编练水军。可见，上林苑还一度有造船工坊，苑内的辑濯一职就是负责管理船只的。

那么，这样庞大的生产体系，劳动力又从哪里来呢？

汉景帝时，以郎为苑监，官奴婢三万人，养马三十万匹。管理苑囿的苑监所管之养马的官奴婢就有三万人，上林苑中官奴婢的数量想必占比不小。

汉元帝时期，贡禹向汉元帝提议，说有十几万官奴婢整日戏游，无事可做，每年为他们耗费的庶民税赋就达五六万万之巨，应该免去他们官奴婢的身份，转为庶人，代替关东戍卒。可见，仅仅无事可做、靠财政支出养活的、冗余的官奴婢就有十几万。那么加上有事做的，汉元帝时的官奴婢总数起码二十万甚至三十万。同时，徭役制度下，各地戍卒也源源不断地在为朝廷服徭役，为官府充当劳动力。

上林苑的劳动力来源，显然很可能主要是这十几万或几十万的官奴婢。贡禹是儒家官员，在他的建议下，汉元帝多次缩减上林苑的规模。作为御史大夫，他的核心主张之一就是劝汉元帝让出上林苑给平民。汉元帝时期，上林苑开始萎缩，官奴婢也开始被裁员。可见，他这次裁员的主张也与上林苑有关。

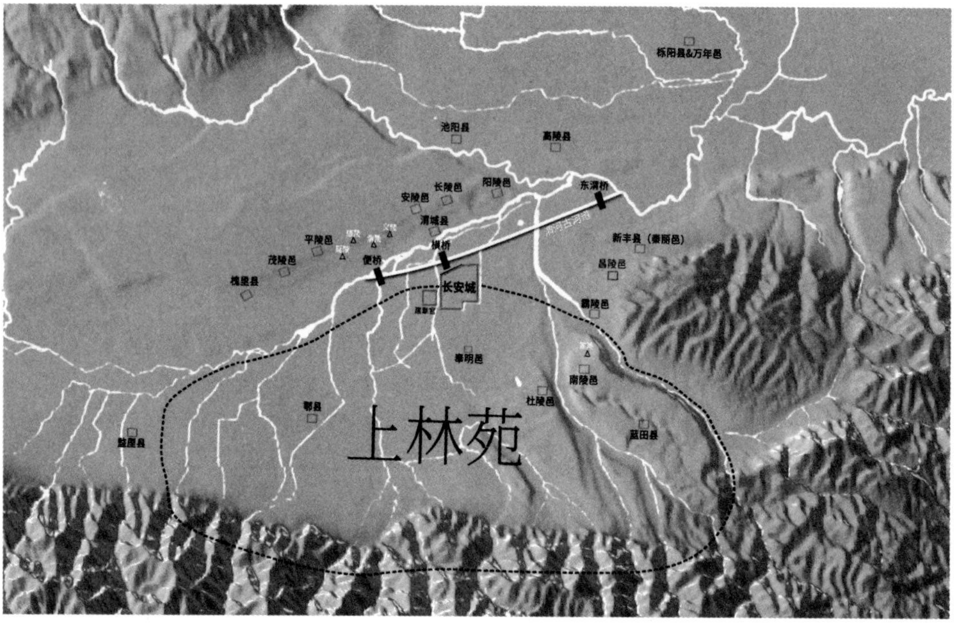


上林苑

这可以侧面印证官奴婢与上林苑之关系。官奴婢虽属奴籍，但显然是为朝廷服务的庞大劳动力的来源。能够戏游无事，税良民以给之，说明待遇不错且稳定，他们并非像先秦奴隶那般被压抑，很可能已经成为以上林苑为首的关中苑囿生产体系中的技术工匠。

汉朝的生产力相比后世，尤其是唐宋明清，是低不少的。汉初，铁器冶炼技术还处在发展期，还在用竹简作为文字书写的主要媒介和载体。那个时候，虽然汉朝建立了中央集权制度，但实际上，皇室的很大一部分开支和消耗，不是来自税赋，而是源于上林苑——作为皇家的私属土地，直接就地生产、供应。汉武帝最不体面的一件事就是曾规定只收白鹿皮为诸侯的贡品，逼迫诸侯高价收购只有他的上林苑里特产的白鹿皮后，再进贡给他，变相搜刮诸侯的钱财。可见，上林苑就是皇家的生产基地，也是皇帝统御关中各势力的最大实力支撑。

这大概就是唐朝的长安迫切需要运河输送关东的财富，更依赖关东的税赋，而汉朝关中的供应相对更稳定的因素之一。汉朝皇室的用度很大一部分是就地生产供应。皇帝把关中最肥沃的两千多平方公里土地直接作为私田私产，直接组织生产和供应。西汉的上林苑，相比后世分散在各地的皇庄，最大的特点就是面积大、完整，而且紧邻都城，不需要远距离的输运和损耗。

北从长安西侧的建章宫开始，到秦阿房宫留下的阿城，一直到南山，东从蓝田，西到周至，整个关中中部的渭河南岸几乎都是上林苑的范围。紧邻都城直接划出几县之地为禁苑，这在其他朝代是难以想象的。不过由于距离京师距离极近，又有环绕长安的众多河流作为漕运网络，上林苑供应皇室的物资运输成本与损耗应该是极低的。所以，西汉京畿贵胄的消耗，相对其他时期而言，很大程度上不依赖全国征敛后输入关中的内藏，而更多依赖于以上林苑为主的关中本地产出的水衡钱。

## 05　上林水衡钱与直辖陵邑

上林苑原本由少府管辖，但汉武帝大幅扩大上林苑的范围，并单独设置水衡都尉一职，来替皇帝掌管上林苑以及其他关中苑囿。

> 都内钱四十万万，水衡钱二十五万万，少府钱十八万万。
>
> ——《汉书·何武王嘉师丹传》

九卿之一的大司农掌管国库，管理国家财政收支。汉元帝时期，都内钱四十亿，就是国库的钱，属于大司农掌管。这些都内钱也用于全国财政支出和建设。而九卿之一的少府，则掌管皇帝内库和皇家私藏。少府与水衡都尉的区别在于，少府管的是全国上缴的皇帝内库，而水衡都尉只管上林苑及关中其他禁苑，实质上是管园子的。因此，水衡钱是皇帝内库中的内库，属于皇帝个人的小金库。在国家财政艰难时，皇帝常拨少府的钱以充国用，但拨水衡钱却是非常罕见的。汉元帝时期，全国上缴的少府钱才十八亿，水衡钱却有二十五亿之巨。可见，水衡钱根本就是皇帝的第一大钱包。

汉成帝后期的大司农，有攀附王凤的谷永，有从地方升上来的严䜣，有汉成帝的老师许商。少府有王凤提拔的陈咸，但陈咸通过贿赂亲帝派的陈汤才获得少府一职，少府还有汉成帝的老师许商，有许商弟子王吉的儿子王骏。在昌陵邑开工前后，水衡都尉由王太后同母异父的弟弟苟参和王太后的外甥淳于长担任。后期，水衡都尉由班婕妤的兄弟，王凤举荐过的班伯担任。

汉成帝最后把大司农和少府之职都抓在自己手中。而水衡都尉一职，中前期被王氏长期垄断，最后也被汉成帝抓到手中。

掌管大长安圈富人区诸陵邑的太常一职，前文也写到，原本也落入王氏外戚手中，在汉成帝发起昌陵邑建设时才一年两换，转到与王氏外戚对立的杜业手中。这是汉成帝的一次反击，总算是把太常一职从王氏手中夺了过来。

汉成帝与王氏的博弈一直在进行。而水衡、少府、太常代表的是上林水衡利益、皇室内藏利益、京畿直辖邑利益，都是控制大长安圈的要害。

西汉末年，《汉书·地理志上》记载的明确的人口数据为：

京兆68.2万人，19.5万户，平均按每户3人。其中，长安24.6万人，8.8万户，平均按每户2人，如果加上驻兵、商旅等常住人口，长安恐怕有30多万人。

左冯翊91.8万人，23.5万户，平均按每户4人。其中，长陵邑18万人，5万户，平均按每户3人。

右扶风83.6万人，21.6万户，平均按每户4人。其中，茂陵邑27.7万人，6万户，平均按每户4人。

结合《汉旧仪》的记载：

茂陵、平陵和杜陵皆三万至五万户。

武，昭，宣三陵，邑皆三万户。

惠帝安陵、文帝霸陵、景帝阳陵邑各万户，徙民于长陵等。

平陵和杜陵，按每户三人，发展到西汉末期，也至少各有十万人。何况杜陵邑不只有徙民，还有原县民，很可能不止十万人。

而安陵、霸陵、阳陵，如果徙民规模与长陵相等，发展到西汉末期，即使不及长陵的十八万人，五万人以上总是有的。

如果这五个陵邑总共有三十五万人，加上长安三十万人，长陵十八万人，茂陵二十八万人，长安城池群，仅仅长安与七个帝陵邑，就已经有一百一十万人。

故关中之地，于天下三分之一，而人众不过什三；然量其富，什居其六。

——《史记·货殖列传》

西汉被众星拱月的都城圈，大长安城池群的人口，再加上十一个县邑或后陵的陵邑，恐怕合计要在一百三十万人以上。整个关中三辅有二百四十四万人，超过一半都集中在以长安为中心的关中中部。这也许是当时地球上人口最密集的区域，也是富人最密集的区域。这样一个当时全世界最发达富裕的地区，是多大的一个财富规模？其中的利害冲突，利益集团，又会是怎样的盘根错节？

只有关中中部的上林苑内，始终不被高密度人口分布的城市所触及，始终保持没有过多消费型聚落的存在。

陵邑大多处在台原上，比如五陵处在咸阳原，是渭北高地，而东边的霸陵邑虽然处在白鹿原脚下，但霸陵毗邻白鹿原上的南陵邑，仍然位于高地上，杜陵邑处在鸿固原，今天叫少陵原。这些陵邑配合其他九个县邑形成的城池群，恰好围起了上林苑。众星拱月，从城池上看，是陵邑与县邑拱长安，但从区域形态上看，是围着上林苑的半圈城池带在拱卫上林苑——这片巨型的农林牧渔、矿业、手工业基地。

这个两千多年前的都城圈，拱卫的不仅是长安，更是上林苑。汉成帝这个时期选择陵邑，如果选在渭北的咸阳原上，就显得太拥挤，即使选在灞河东岸，也有些远离长安地界。但空旷的渭河南岸，却是皇帝万万不会碰触的上林苑平原地带，因为这正是西汉皇族的经济命脉。

上林苑的税赋产出甚至超过了少府内藏，超过了靠整个天下供给的大司农国库的一半。王氏外戚与皇帝在上林苑这个博弈点上，可谓是使出浑身解数，你争我夺。

太常管理直辖城邑。按照正常的县域设置，一大片生产区支撑一个中心的商业消费型县邑。但仅仅是西汉的关中中部，就打破了这种正常的县治格局。众多的陵邑与县邑，遍布于都城长安二十五公里范围内。两千多年前，百万级的庞大的脱产人口聚居在这大大小小的十七座城池里。

半环形分布的陵邑、县邑，组成了消费型城市圈，其中茂陵邑单个城池的人口甚至超过了长安。它们围着的则是皇家最大的生产基地——上林苑，这个庞大的关中统治集团共同的腹地。商业集中在半圈长长的城邑带中，而农林养殖业集中在一个偌大的上林苑中，这是古代一个极其罕见的区域经济格局，是古代一个超越一般县域设计的，一个更庞大的都市圈、大腹地、大分工体系。

大概正是因为这个格局，陵邑制才能成为西汉这一强盛王朝的独门绝技，才不会令长安周边密集的县域和县治产生行政上的混乱。因为有数县之巨的上林苑，汉朝才能通过朝廷巨额的财政支出和皇帝对大臣、贵族的赏赐体系，支撑和供养大城池群中庞大的人口。而后世没有这样的上林苑，也就难以支撑起这样的城池群以及建设城池群时迁徙来的人口。

之所以会有这个城池群，是因为作为一个都会圈，它们紧邻京师。这个向心力很关键，如果远离京师，那么迁徙豪强贵族就失去了强本弱枝的战略意义。西汉的陵，从长安之侧几公里到十几公里不等。西汉选陵距离京师很近这个因素，就是陵邑制能够形成的关键。

单座城池人口规模远比汉长安城庞大得多的唐长安城，在突破百万人口的时候，关东地区向关中的运粮已成问题，隋唐大运河在砥柱山的瓶颈，从唐高宗到唐玄宗，足足用了八十年才克服。而西汉相比唐朝，生产力更为落后，却供养着百万级的脱产人口，而没有出现对关东漕运过度的依赖，没有出现漕运瓶颈，恐怕这与上林苑这一数百年来始终封闭的皇家生产基地，提供了超过国库收入一半，超过上林苑产出以外的内库收入，使包含上林苑的内库整体收入追平国库有关。毕竟，上林苑是就地直接生产，比从全国征收运输的生产成本和损耗低很多。如果我们仅仅把上林苑理解为离宫禁苑、皇帝游玩场所，那么这个禁苑足足有数县之大，这简直不可理解，但如果按它其实是皇家庄园、京畿生产基地这样去理解，一切就都理顺了。

西汉中期实现大一统后，开辟了丝绸之路，西域商品源源不断地通过河西走廊进入陇西谷地，再进入关中平原。关中平原就是西进东入交汇的咽喉。

关中平原内，有集华夏生产技术之大成，汇集关东众多生产要素、全国最大的皇家生产基地上林苑，向西源源不断地输出中国特产。而在上林苑内，西汉开启了中国第一个物种引进高潮期，西方的大宛汗血马、苜蓿、葡萄等众多物产源源不断地输入关中。西汉还在当时气候比今天更温润的关中开展农业实验。众多的种植、养殖技术在关中培育成熟，“植之秦中，渐及东土”，这些技术最终向全国推广。

只有上林苑这样一块不予民间开发的超大型官营生产基地，才可以支撑十几个如此高密度的城市。也只有百万级城池群的消费能力，才能够就近盘活这样一整块超巨型的农林牧渔、矿业生产基地的贸易流通，实现就近产销一体化，压低经济成本和代价。这就是被世人忽略的、历史仅有的、盈利超过正常内库规模的西汉上林苑与历史仅有的、城市密度远超任何朝代的西汉陵邑的本质关系。一般的县域形态，是以一县之面积的生产支撑一个县城。而上林苑是以皇家封闭数县面积之生产，支撑数个皇家直辖的陵城。若无巨大的上林苑生产，则不足以支撑这样高密度的城池群。

# 二、西汉日暮

## 01　关中秩序的崩溃

纵观西汉的陵邑制度与上林苑的命运，二者可以说是息息相关，同消同涨。

汉高祖建政，时局不稳，丞相萧何就提出让他开放上林苑，由此惹怒汉高祖，被下狱。

汉武帝以前，除了汉高祖开国时迁徙战国旧贵族外，其实陵邑迁徙针对的人群并不都是关东豪强，多为募徙。这时候，上林苑的规模远不及汉武帝之时那么大。

汉武帝广开上林苑，将秦与汉初的上林苑扩至数县之大，同时，徙陵制度也迎来了发展高峰，开始强制迁徙关东豪强。

到元成两朝，陵邑制崩溃的同时，“水衡禁囿，严籞池田，假与贫民”，“颇割其三垂以赡齐民”，上林苑逐渐开放给平民耕作，开始加速萎缩。到汉成帝时，更是逐渐局部停止上林苑内的生产活动，转让宫馆，裁撤机构。

随着人口的不断增长，尤其是武昭宣三代的强势徙民之后，大长安城池群有二十多座城池，整个京师圈的脱产人口的暴增与集中，导致背后的城市粮食供给压力越来越大。当整个关中的人口压力增大时，无论是关中权贵还是关中平民，看着皇帝“圈地”——让数县之大的土地为皇帝私有，难免在道德上对皇帝有所指摘。但无论是县域级城乡的小区域分工，还是城池群与大上林苑的大区域分工，虽然是两种形态，但在相同的生产力条件下，最终是殊途同归，都会触及当时的人口与资源配比的极限。

关中贵族的人均资源收紧，皇权又开始衰落，大家就会盯着皇家上林苑这块香饽饽。所以，封禁庞大上林苑的压力在加剧，皇帝面临的道德审问越发激烈。持贤良文学一派经济主张的儒家，更是指责皇帝的理论旗手。上林苑和陵邑制都面临着来自官场、学界和民间巨大的质疑声，西汉朝廷已经坚持不下去了。

外戚崛起，从权力上与皇帝争夺对上林苑的控制。儒家官僚崛起，从理论上动摇皇帝独自圈地的合理性。地方利益固化，更让皇帝无法轻易碰触敏感的行政区划问题，无法开展加强集权的京畿区划改革。汉元帝放出去的权，汉成帝再也收不回来了。

更多的陵邑，需要更大的上林苑。如果上林苑在缩小，那么陵邑的供需矛盾就会加剧。这背后是关中中部拥挤在城池群中的贵族占有资源的收紧。压力之下，汉元帝开始不断割出上林苑，让与齐民。恐怕关中权贵也趁机取利，发上林苑的财。上林苑这个皇家直供地的萎缩，导致密集的陵邑供给压力，势必会伴随关中集团加剧征敛整个天下的税赋，以冲消长，而且征收成本更高，那么关中集团面临的关东舆论声讨压力就会趋高。

这可能是利于关中齐民的事，却不一定利于整个天下的百姓，这是儒家看不到也不会算的成本。皇族的京畿实力支柱在不断萎缩，皇帝对京畿的掌控力就不可避免地衰竭。关中的问题积重难返，京畿内部的矛盾在扩大，在西汉后期走向失控，导致西汉政权的灭亡与其他朝代相比更像是无疾而终。而真正的暗疾，在于固有的京畿利益分配机制开始错乱失衡。

没有西汉特有的上林苑，就没有西汉特有的陵邑。没有上林苑这个巨大的利益池，作为皇家于京畿在地化生产的产业集群来支撑西汉皇帝的赏赐体系，皇帝作为唯一法理上拥有治权的世袭贵族权威也无从维系。

陵邑制先崩盘，刘氏皇族的权威经历了再受命闹剧之后，也加速了崩盘进程。而王莽被关中集团和儒家集团一起包装为大儒皇帝，被推出，最终却只是个失败的残次品。最后，连关中集团数百年的封闭利益池上林苑也崩盘了。只能说，西汉在元成两朝，整个关中在西汉特有的利益内生机制和利益分配渠道就已经渐渐走向崩溃了。汉元帝在陵邑制上，无非是顺应趋势后“躺平”。而汉成帝是一个在位二十几年的皇帝，中途觉得自己可以扳回这个势头，最终在昌陵邑上铩羽而归，遭遇了一次必须下罪己诏的挫折。但汉成帝不明不白地驾崩之后，世人大致都看明白关中秩序即将走向崩溃、西汉已经日薄西山的大形势。

至于后世朝代，无论是关东本位的时代还是建都关中的唐朝，其关中秩序都与西汉的这一版截然不同。唐朝尤其是中唐以后成为一个更依赖全国税赋体系的典型政权。西汉的这个关中秩序诞生于大一统的草创时期，则有源自先秦深层历史惯性的、残留着浓郁先秦封建性的地缘格局特点。西汉皇帝还带有一点点战国食邑理念下的领主型君主特征，三辅、上林苑、陵邑就像是皇帝自己的“封地”或“食邑”。广阔的生产自留地上林苑、众多的太常直辖陵邑、庞大的官奴婢规模，无不体现着这种领主型君主特征。

虽然西汉已经实现大一统，已经开始依赖全国性的税赋，但对领地型经济的依赖度显然比后世强不少。西汉尽管已经建立了中央集权制度，但封建领主型的制度意识并没有完全消失，仍旧处在深层次的文化心理与历史惯性中，处在贵族时代与士族时代的转型过渡期中，上林苑与陵邑就是具体体现。只不过天子之邑是长安加十二个陵邑，是组团存在的形态。而供养这个城池组团的，就是上林苑这片大郊大鄙。因此，西汉的关中板块在全国经济循环体系中的经济独立性仍然很强。

隋唐京师长安时常在皇帝常年东巡时受到冷落，同样是定都关中，隋唐相比西汉，是另一种天下一盘棋的关中秩序。唐长安比汉长安更依赖全国供养，因此用另一种规模更大的单城，用触角遍布全国基层的成熟职业官僚系统，来网罗整个天下的士族郡望。

相比之下，西汉连地方士族都还没有形成。察举制尚未成为高度标准化的成熟选拔机制。关中统治集团并没有大规模地开放入仕朝廷的渠道。外戚、军功、世家、关中儒家经学门徒，还有居住在陵邑中的豪强，首先要进入关中才可以入仕朝堂。其实整体来说，西汉的关中集团更趋近于一个裙带性很强的地域集团。

关中和京畿内部矛盾激化，陵邑制被废止，关东新兴豪强阶层失去了进入关中京畿圈的门票，实际也意味着关东豪强失去了登堂入殿、进入最高统治阶层的最大渠道。迁徙豪强其实原是给他们入圈的机会，并不都是不利于关东豪强的。

事实上，徙陵在当时明面上的理由，就是一种临近天子的荣誉。

通过迁徙，移走关东新兴豪强大地主，用关中皇室的赏赐体系，用国帑与内帑的支出，能够一定程度上阶段性地缓解关东人口与土地矛盾。陵邑制崩盘后，关中与关东的阶层流动渠道也随之收紧，关东的地方矛盾开始尖锐，关中与关东人事隔绝的矛盾在持续激化。王莽开出错误的药方，加速了关中集团崩盘。诸刘逐鹿的关东则捡起刘汉的招牌，建立起关东本位的东汉。

后世王朝在新的统治秩序和社会形态下，缺乏置陵邑的条件，也没有必要再置陵邑。每个朝代在集权能力较强的时期都有大规模的人口迁徙，尤其是向京师迁徙富户、向人口稀少地区填充式地移民，这在史书中屡见不鲜，只是不以陵邑制为理由而已。王朝的国力才是根本。国力无法维系，制度也慢慢会无人履行，最终衰败。

陵邑制、上林苑都是那个大一统初生时代的产物。后世没有汉朝时期从战国遗留的国别性的区域经济形态，也就谈不上效法汉朝奇特的陵邑布局，就更谈不上建立这种城市布局背后的徙陵制度。那种区域经济形态走到政治秩序、社会规则、文化心理与战国渐行渐远的西汉晚期，也就基本到头了。

## 02 秦汉变局的落幕

汉高帝五年（公元前202年），天下已经统一，诸侯们在定陶共尊汉王刘邦为皇帝。当时，刘邦把秦朝那些严苛的礼仪法规全部取消，只拟定了一些简单易行的规矩。在庆功的酒宴上，庄严肃穆的大会堂里，群臣一边互相灌酒，一边互相吹嘘，争谁的能耐大，谁的功劳多。有些喝大的高官在国宴上大呼小叫，肆无忌惮。高官们聊到不服气处，一个个争得脸红耳赤，情绪一激动，拔出佩剑就往大会堂那精美的柱子上一通狂砍，以示自己的威风……汉高祖为此感到很头疼。

西汉这次国宴的场景和今天居民小区门口充满烟火气与嘈杂感的街边夜市摊也没多大区别。这就是喊出“王侯将相宁有种乎”之后的第一个朝代。这是第一个平民建立的朝代。这是一个逐步瓦解封建世袭贵族又强力抑制地方豪强的朝代。这是全世界最早在数百万平方公里土地上，分政区进行全国性的户口与人口统计的朝代。这是将“民户千二百二十三万三千六十二，口五千九百五十九万四千九百七十八”（《汉书·地理志下》）的人口统计精确到个位数，最终实现编户齐民的朝代。这是事实上废除了除皇族外所有封建自治权的朝代。这是中国仅有的四个超过二百年国祚的第一个帝制朝代。这是后来的两千年中，其他王朝都追随的时代，是后世臣民心中的理想王朝的样板。

汉朝之前，是一个只存在十五年的短命王朝——秦朝。秦朝出身诸侯国，改天换地的奋斗史有数百年之久。是秦朝，最先打开中央集权制度之盒，统一文字，奠定了大一统的国家制度，推行了最为激烈的去贵族化改革尝试。但秦朝失政，最终倒下了。

但此时，中国人的天命观已经发生改变，认为天命不完全向着贵族阶层。陈胜、吴广的起义虽然失败了，但中国首次平民起义产生的首发思想，被紧跟的汉朝定性为是积极的。这不仅鼓励了平民阶层，也成了皇帝必须坚持民本理念的动因之一。

底层出身的刘邦，最终在激烈的淘汰赛中胜出。刘邦的成功，本身就是齐民思想在中国扎根的标志。而齐民思想也是大一统制度在中国足够牢固，没有像西方那样最终又败给封建领主分权制度的基础之一。这种“王侯将相宁有种乎”的文化心理，后来已经属于中国人的集体无意识，被人们认为是天理。

西汉王朝的大部分时间里，皇族始终压制着新兴豪强阶层的崛起，把打击豪强、迁徙豪强作为西汉的国策。在某种程度上，西汉皇族主动避免自己成为豪强阶层的代表，而是与编户民站在一起。西汉缓进式的集权改革相比秦朝激进式的改革更为成功，成为中国历史上王朝的典范，开启了中华帝制史第一个强盛期。

这个时代，男人不论出身。正如被发往边疆的戍卒娄敬，穿着破衣烂衫求见刘邦，当即被刘邦拜为郎中。

这个时代，女人不忌二婚。汉武帝的母亲、姐姐都是生子后改嫁，没有遭到歧视，没有后世伦理对妇女的约束。

这个时代，文官不唯资历。田千秋从看守帝陵的高寝郎，到大鸿胪，再到被任命为丞相，只有短短几个月。

这个时代，武将不被压抑。汉承秦之军功爵制下，武人得爵，全凭军功。无论是降将、平民还是家奴，立功均可裂土封侯，光宗耀祖。

这个时代，有才不在门第。匡衡出身贫民，家徒四壁，但他幼时凿壁偷光，刻苦研习经学，最终位列丞相。

这个时代，有志不怕年高。张苍七十九岁拜相，公孙弘七十六岁拜相，韦贤七十二岁拜相，都是高龄任相。

血缘性的贵族社会正在瓦解。西汉王朝以草根班底以极快的速度崛起，白手起家、草根逆袭的传奇人物、事例特别多。老的贵族已经消失，新的世族尚未形成。旧的禁锢已经冲破，新的约束还没有出现。当齐民思想真正成为社会共识，当先秦那些从原始部族时期传袭下来的原生贵族退出历史舞台，“草根逆袭”的现象正是在西汉迎来了第一个历史高潮期，包括刘邦本人与多数开国功臣均属此列。

韩信穷到受人接济；樊哙是个屠夫；周勃是个劈竹子吹喇叭的；灌婴本来是个丝绸贩子；娄敬是一个路过的戍卒；英布、彭越都是土匪；萧何、曹参、吴芮不过是县吏。

即使到了汉朝中期，也有怀才不遇的主父偃散金断交、落魄才子司马相如与卓文君私奔、樵夫朱买臣被改嫁木匠的妻子抛弃这样的传奇。他们最终功成名就，史册留名。

尽管底层出身的高官没有深厚的根基，在波谲云诡的政治斗争中很容易败亡。尽管两千多年前的这个时代仍然只有零星的平民实现大幅度的阶层跃升，多数人至多完成小幅度的跃升，但先秦那靠血缘世袭官职、爵位、俸禄的制度枷锁，终归被秦汉时代的大变局彻底粉碎。

甚至贵为皇帝的汉武帝，愿意让一个家奴成为自己最尊贵的皇后。而被皇室驱逐，在市井之中斗鸡走马的游侠少年刘病已，依然可以成为宫廷的主人。他依旧愿意让故剑情深的糟糠之妻，做自己的皇后。皇帝都已经不在乎血统与出身，这个时代岂能不给平民更多的机遇？

源源不断地出现逆袭故事的背后，是秦汉变局塑造出的王朝性格、国家性格。秦汉两朝留给中国历史最大的遗产，是一种后来潜移默化深植在每个读中国书长大的中国人心中的文化意识，那就是将相本无种，男儿当自强。

在这种广泛存在的民间思想的压力倒逼下，后世中国的统治阶层在多数时期相比其他文明，需要更多顾及以民为本的执政理念，抑制贵族。平民阶层也不再执迷地认为自己天生低贱。古中国较早打破了血统性贵族的限制，这是中国统一形态能够长期维持的基础之一。

秦始皇二十六年（公元前221年），秦王嬴政在当时的秦国国都咸阳统一华夏，号曰“皇帝”，开创了第一个大一统中央集权制度的王朝。可秦朝迫于形势，对内采取刚性高压政策，导致秦朝在继承人出现问题时，迅速崩解。

秦二世三年（公元前207年），汉王刘邦定都栎阳，“汉承秦制”，治理故秦国地区，最终赢得楚汉战争的胜利，开创汉朝，成为皇帝。不久后，他在秦咸阳废墟旁边兴建新都长安，从此开启大汉王朝。

元封二年（公元前109年），长安城中的汉武帝完成了大一统的最后一块拼图——缔造成熟的“汉制”，成为后世效法的王朝典范。至此，统一成为中华文明独有的强大历史惯性，在随后几千年历史长河中成了人心所向。

秦朝，从栎阳到咸阳，历经百余年，最终摸索出了一条适合华夏的道路，但在更激烈的改革试错中轰然倒下。

汉朝，从栎阳到长安，又历经百余年，小心翼翼地重走了一遍试错的道路。汉朝，最终弥补了秦朝的缺陷，令大一统制度浴火重生。

秦制在逆境和荒芜中，开辟了一条历史道路。汉朝批判性地继承秦制，完善和填补了秦制的漏洞，形成汉制。秦朝与汉朝，同道一体，相克相生，殊途同归。秦与汉首次构建了华夏文明的国家实体与民族实体，成为中国作为统一国家的本源。秦与汉共同铸就了中国的传统制度精神，那就是齐民和统一。秦与汉共同铸就了中国人的个体精神，那就是每个人都有资格光宗耀祖，没有谁天生就是贵族。

但变局总会结束，当终结了大封建意识，熔铸出大一统观念，西汉也就完成了它的时代使命，走向黄昏。新的问题，只能由后人去面对了。

初始元年（公元8年），王莽自立为皇帝，定国号为“新”，西汉灭亡。历史翻开新的篇章。